中央民族大学“985工程”资助项目

阿尔泰神话研究回眸

那木吉拉 主编

AERTAI SHENHUA YANJIU HUIMOU

民族出版社

图书在版编目（CIP）数据

阿尔泰神话研究回眸/那木吉拉著. —北京：民族出版社，2011.1

ISBN 978-7-105-11309-5

Ⅰ.①阿…　Ⅱ.①那…　Ⅲ.①阿尔泰语系—神话—研究—中国

Ⅳ.①B932.2

中国版本图书馆 CIP 数据核字（2011）第 002915 号

阿尔泰神话研究回眸

作　　者：那木吉拉

责任编辑：张义军　千　日

出版发行：民族出版社

网　　址：www.mzcbs.com

地　　址：北京市安定门外和平里北街 14 号

邮政编码：100013

印　　刷：北京市迪鑫印刷厂

经　　销：各地新华书店

版　　次：2011 年 1 月第 1 版　2011 年 1 月北京第 1 次印刷

开　　本：787 毫米×1092 毫米　1/16

字　　数：760 千字

印　　张：40.5

定　　价：115.00 元

书　　号：ISBN 978-7-105-11309-5/B·479（汉 189）

前言

本书名之“阿尔泰神话”为“阿尔泰语系诸民族神话”的略称。阿尔泰语系诸民族包括突厥语族民族、蒙古语族民族和满－通古斯语族民族。该语系诸民族分布于中国、土耳其、俄罗斯、哈萨克斯坦、乌孜别克斯坦、吉尔吉斯斯坦、土库曼斯坦、阿富汗、阿塞拜疆、蒙古国以及东欧的一些国家。学术界有人主张朝鲜语也是属于阿尔泰语系，朝鲜民族也是阿尔泰语系诸民族之一，甚至有些学者主张日本语也属于阿尔泰语系，其民族也属于阿尔泰语系民族之一。

我国是阿尔泰语系诸民族最集中的国家之一。我国的突厥语族民族有维吾尔族、哈萨克族、柯尔克孜族、乌孜别克族、塔塔尔族、裕固（西部）族、撒拉族；蒙古语族民族有蒙古族、达斡尔族、保安族、东乡族、土族、裕固（东部）族；满－通古斯语族民族有满族、锡伯族、鄂温克族、鄂伦春族、赫哲族等民族。语族尚未确定的有朝鲜族。

中国阿尔泰语系诸民族的语言分类表

阿尔泰语系						
语族	语言	语族	语言	语族	语言	语族
蒙古语族	蒙古语	突厥语族	维吾尔语	满－通古斯语族	满语	朝鲜语？
	达斡尔语		哈萨克语		锡伯语	
	保安语		乌孜别克语		鄂温克语	
	东乡语		柯尔克孜语		鄂伦春语	
	东部裕固语		塔塔尔语		赫哲语	
	土族语		撒拉语			
			西部裕固语			

我国操阿尔泰语系语言的诸民族主要分布于内蒙古、新疆、青海、辽宁、吉林、黑龙江、甘肃、河北、云南等省和自治区。上述诸民族中蒙古、哈萨克、柯尔克孜、乌孜别克、塔塔尔、鄂温克、赫哲等民族是跨国

界民族。他们的语言和文化及族源与国外相应的民族之间存在不可割舍的密切关系。

历史语言学家们认为，阿尔泰语系诸民族的各语言之间有着亲缘关系。换言之，这些民族的先民在远古时期操一种原始祖语，共同的原始宗教或共同文化把他们紧紧联系在一起。神话是人类早期精神文化的源头之一，阿尔泰语系诸民族先民拥有共同的神话文化，标志着这些民族精神文化的一致性。所以，研究阿尔泰语系诸民族神话，对于建构初民原始文化有着不可替代的意义和作用。学术界不但早已了解到阿尔泰语系诸民族文化之间的共同特点，发现这些民族神话之间的同源关系，而且也感觉到研究这些民族神话的重要性。所以，学者们一方面对阿尔泰语系单个民族神话进行研究，另一方面也将这些民族神话进行综合研究，使得这一领域的学术研究步步深入，不断取得新的成就。尤其是我国改革开放以来学术界对阿尔泰语系诸民族神话文化更加关注，不但有一些学术专著问世，而且也有大量的学术论文在各种学术刊物上发表。

我们作为阿尔泰语系诸民族神话研究的学者，对于阿尔泰语系诸民族神话研究不断取得的成就感到欣慰，同时有责任将其学术进程进行总结并展示这些成果。为此我们于 2004 年 7 月在北京中央民族大学成功召开了“中央民族大学阿尔泰学·神话学国际学术研讨会”，邀请了国内外近 50 名专家学者出席会议，提交论文 40 多篇，当时我们将这些论文汇编成册，供与会专家学者交流之用，当时也准备将其公开出版发行。但由于各种原因未能诉诸实践。最近在中央民族大学中国少数民族语言文学学院院长文日焕教授的直接倡导和支持下，这部论文集终于纳入计划准备公开出版，即将与广大读者见面。但自我们召开上述研讨会以来已过五载，在此期间阿尔泰学研究整体推进，阿尔泰语系诸民族神话学研究也取得了诸多成就，水平较高的学术论文相继问世。

根据阿尔泰语系诸民族神话研究所取得的诸多成果，本论文集不但收入了上次会议上宣读的论文，而且还收录了上次会议之前和之后的一些学术论文。我们认为这些论文从一个侧面展示了这几十年来学术界关于阿尔泰语系诸民族神话研究的成果，勾勒出了阿尔泰语系诸民族神话研究史脉络，能够为今后深入探讨阿尔泰语系诸民族神话提供一个平台或基础。

这部论文集共收录学术论文55 篇，从内容上分为阿尔泰语系诸民族神话的综合研究、突厥语族诸民族神话研究、蒙古语族诸民族神话研究、满-通古斯语族民族神话研究和朝鲜族神话研究。为了展示阿尔泰语系诸民族神话研究的学术足迹，对本文集所收论文没有进行改动，保留了学术论文的原貌。只是从本论文集整体规范的要求出发，对注释格式等进行统一，修改了原文中明显的错别字等。

论文的选择遵循了如下几个原则：一是不但选择了近年来学术水准较高的论文，也选择了过去年代里发表的能够代表当时学术水平的一些早期论文；二是不但总体把握上选收了较高水平的学术论文，也考虑选择一些虽然学术水准并不高，但能够代表阿尔泰语系某些民族神话研究水平的论文，即考虑到神话研究在阿尔泰语系诸民族中的学术分布状况；三是不但选收理论水平较高的学术论文，也选收了资料性强、能够提供更多资料的有特色的论文；四是不但收录国内学者的论文，也选择了一些国外学者的论文，但只选收了国外学者论文的中文译文。

此外，为了今后学术研究和检索的方便，我们搜集并编辑了上世纪以来国内外学者关于阿尔泰语系诸民族神话研究论著的目录索引，附于书后。

由于水平有限，时间仓促，经验不足，书中错误自不会少，祈望广大读者和专家批评指正。

那木吉拉

2010 年 1 月 8 日

目录

001·····前　言　那木吉拉

第一编　阿尔泰神话综合研究

003·····神话批评与方法论研究　文日焕
012·····论阿尔泰比较神话学　毕　桪
022·····阿尔泰语系诸民族熊图腾神话传说的文化内涵　满都呼
034·····我国北方民族的熊崇拜习俗与日本埃努族的祭熊仪式　郎　樱
050·····阿尔泰语系民族与阿伊努族月亮阴影神话比较研究　那木吉拉
066·····阿尔泰语系某些民族共同拥有的神话因素　乌力吉
075·····论萨满教的日月神话　王宏刚
088·····阿尔泰语系民族萨满教神话探微　色　音
094·····阿尔泰语系诸民族神话与汉族神话动物图腾现象之比较　王宪昭
120·····北方少数民族天崇拜传统与族源传说——以蒙古族天崇拜与天命所生型族源传说为中心　包海青

第二编　突厥语族民族神话研究

133·····突厥语民族神话概述　毕　桪
158·····突厥语族与蒙古语族民族常青植物神话比较研究　那木吉拉

182……维吾尔族神话初探　阿布都克里木·拉合曼著　多斯译
191……论维吾尔族神话传说中的女性形象　海热提江·乌斯曼
214……创世神话：原始初民的宇宙观——柯尔克孜族创世神话探析　张彦平
224……论柯尔克孜族的《四十个姑娘》　胡振华
228……哈萨克神话传说里的波斯成分　毕　桪
237……西域游牧民族的创世神话——《迦萨甘创世》　李竟成

第三编　蒙古语族民族神话研究

247……蒙古语族与突厥语族民族族源传说比较凡说　满都呼著　陈岗龙译
259……“腾格里”探源　阿尔丁夫
271……蒙古族神话的腾格里形象研究　那木吉拉
290……蒙古族潜水神话的比较研究　陈岗龙
303……天神大战——蒙古族和满族的天神神话比较　包哈斯
319……关于蒙古神话研究的几个基本问题　［苏］С. Ю. 涅克柳多夫著　申屠榕译
325……蒙古族神话研究综述　那木吉拉
339……论达斡尔族神话和传说　巴图宝音
351……一则关于熊和男孩变为男人的达斡尔神话　［英］卡罗琳·汉弗蕾著　朝戈金译
358……土族神话的分类及其内涵　胡　芳
365……宇宙建构的奇妙幻想——裕固族创世神话漫议　武　文
373……裕固族文化中的狗崇拜及其先民的狼图腾　巴战龙
379……蒙、汉创世神话比较　杨·巴依拉著　德·达林泰译

第四编　满－通古斯语族民族神话研究

391……满族神话探索——天地层·地震鱼·世界树　乌丙安

402……满族神话及其发展　［日］稻叶岩吉著　乌日古木勒译

409……满－通古斯语族民族神话　孟慧英

418……中国的普罗米修斯：拖亚拉哈和托阿恩都哩——东西方盗火英雄比较研究　汪玢玲

427……满族萨满教女神神话初析　富育光　于又燕

439……满族始祖神话《三仙女》研究中的几个问题　程迅

452……从黑龙江到台湾——射太阳神话比较研究　［俄］李福清（B. Rirftin）

472……满－通古斯语族民族射日神话比较研究　黄任远

479……东北亚诸族创世与起源神话考原——兼与“东北亚圣母柳花”说商榷　喻权中　张碧波

497……满－通古斯语族民族海洋神话初论　王海冬

508……鄂伦春族神话《无头神》研究　白水夫

515……鄂温克族神话中人与动物的超自然关系　汪立珍

523……变形于世界神话中的“哈多”——赫哲－那乃族创世神话的异型比较　喻权中

536……论锡伯族和蒙古族神话传说及英雄故事的共性问题　佟中明

第五编　朝鲜族神话研究

547……朝鲜族神话类型与象征体系新探　金东勋

554……朝鲜古代神话略考　文日焕

564……朝鲜族族源神话研究　傅朗云
581……朝鲜古代鸟类崇拜与卵生神话之起源探究　文日焕
588……试论朝鲜神话所表现的原初宇宙观　许辉勋
597……朝鲜族与满族始祖传说、神话之比较　崔義秀著　王化文译
604……《三国史记》、《三国遗事》中的始祖神话
——古代朝鲜、日本及中国神话之比较
［日］犬饲公之著　郝蕊译
616……东北少数民族和朝鲜民族熊神话比较　［韩］全座赫著　李晶译

625……附　录：阿尔泰语系诸民族神话研究论著目录　那木吉拉
640……后　记　那木吉拉

第一编

阿尔泰神话综合研究

神话批评与方法论研究

文日焕

一、神话批评与神话及文学

神话批评是在19世纪末20世纪初受以剑桥大学为中心的人类学派引人注目的研究成果的影响而兴起的。剑桥大学人类学派的代表人物是以《金枝》而著名的詹姆斯·弗雷泽。弗雷泽将世界各地的神话、说话、传说收集起来，编了十二卷的大著。从此，推翻了神话只不过是“荒诞无稽的故事”、“迷信”、“为说明宇宙的神秘而编造的比喻或寓言”等等观点，使人们认识到不论是西方人还是东方人都具有构成神话的力量，神话是为了同超个人的社会和宇宙进行有意义的对话而采取的形式上的行为。以故事的形式出现的祭祀就是神话，也就是说，祭祀先于神话。即使作为社会严肃宗教习惯的祭祀逐渐衰退或成为一种游戏延续或逐渐消亡，神话（非宗教情况下是说话）也是不会消亡的。

还有一个重大的发现，就是世界上的主要神话有着很多共同点。这一点绝不能看作是偶然的现象。例如，世界各地有关丰饶祭的方式及神话，大体上都一致。这个事实使文化人类学认为，这为把整个人类的文化本身可视为一个整体而创造了条件。

很幸运，初期的许多人类学家对古典文学乃至原始文学有相当大的关心和造诣。例如，弗雷泽的《金枝》其文学成分就很多。

现代神话批评的泰斗弗赖伊认为：“弗雷泽的《金枝》原来不是关于人类学的书，是利用人类学的例子和相似观点的古典研究。”弗雷泽的下一代代表默里完全可以称得上是古典文学研究家。

除了弗雷泽一派为代表的人类学以外，弗洛伊德的心理学，尤其是

《图腾与他部》中表现的有关民俗信仰起源的研究，也对现代神话学起了相当大的影响。荣格的分析心理学，尤其是他的“原型无意识”理论补充和支持了其他神话学者的理论。根据原型无意识论，人类最根本的经验是在无意识中从过去传授下来的，比如说，朝鲜民族的形成中最重要的檀君时代的经验，是在朝鲜民族里无意识中以象征的形式保存着。这个理论支持了人类的根本神话在每个时代都以变化的形式再生这一神话学的学说。

另一方面，德国哲学家卡西雷尔对人的语言生活的象征赋予了绝对的重要性，强调了因其象征性而产生的人创造神话的能力。即人类认识外部世界离不开语言，因此，只能创造神话。从而，作为古代史的一部分的文化人类学，同心理学、哲学联合起来，支配着20世纪最新的社会及人文科学的原则（研究法）。最能恰到好处地适用这一原则的也许是神话批评，至少，弗赖伊认为神话批评是真正的批评，神话批评把文学批评上升为一个知识体系，即人文科学。

神话是什么？

神话是有关神或其他“神圣的存在”的一种故事，但并不是有趣的古老的故事，它包含着社会习惯，如祭祀为什么有一整套的仪式，图腾的起源是什么，社会的基本组织是什么等等问题的解释。总之，神话是随着一种社会制度的建立而产生的故事。

神话在形式上混同于“伪历史”，但它以远古时代发生的事实这一形式拥护、解释、指导着现实生活。因此，神话往往成为决定现实生活和未来的宗教经典。

神话也可视为一个共同体与其主神、祖先、自然力签订的一种社会契约。神话因为决定着整个社会生活及未来，所以每个神话片断渐渐形成为一个神话体系。如希腊神话、埃及神话就如此。集大成的神话体系包括有关人世间和宇宙的所有解释，成为“百科辞典”式的神话。这种神话体系不局限于一种社会，它于宇宙的起源、神的起源、人类的创造、历史、未来等无所不包。

随着社会的开化，神话被修改、被选定、被删改，因社会发展的需要而被赋于新的解释。荷马时代的神话到了柏拉图时代已面目全非。《旧约圣经》经过了无数次的修改、补充，到现在也还在继续补充着，是个活着的神话体系。对神话进行解释或合理化，是文化社会的一个传统。

神话又被认定为包含着说明一种道德真理的寓喻，如希腊神话中那喀索斯的故事告诉人们骄傲使人走向自灭的真理。现代的许多道德论者想用这样的解释拯救那些“虚无缥缈”、“荒诞无稽”的神话。这使得神话

“故事”被概念化，被抽象的道德或形而上学的教理所代替。例如崇拜祖先灵魂的祭祀成了孝的概念。

道德论者视神话为寓喻，相反，诗人却在再现神话的故事。

诗人不想把神话合理化，而是再现其故事或重新编写一篇以同样的神话人物为主角的新的故事。道德论者想除去人物或者神的具体性格，只讲抽象的结果，而诗人却视这一抽象的结果为表现具体性格行动而已，从而有了对神话的两种态度。一种认为神话是表现一种真理的，另一种认为神话只是一种故事。这两种态度并不是完全相互排斥的。诗人在解释神话时也略加一些精神意义。但诗人的主要任务并不是解释神话，而是再现或再创造。诗人把过去的古老的故事再现为现在的故事，呈现给读者。换句话说，诗人再现神话原型的同时准备一些新的小道具。如上所说，一个神话体系可成为一个“百科辞典”，真正意义上的、包罗万象的神话文学作品成为原型的百科辞典，即所有的其他文学作品的原型都包括在其中。世界各地的神话原型大体上相同或类似，因此，世界文学的原型也形成一个同一的脉络。

二、神话批评的理论前提与特点

文艺批评家不同于人类学家，他不太关心神话的起源，他们认为神话的意义不在于其起源，而在于后来的文学作品的展开之中。因此，越考察神话的文学发展，越能积累对神话的正确知识。因此，不能把以文学形式再创造的神话看成歪曲神话或神话的堕落。在这一前提下，神话批评具有如下几个特点。

（一）作为知识体系的神话批评

神话以文学形式展开时，其意义得到最充分的展开。在这一前提下，文艺批评是对人的学问，即人类学或人文科学的基本学问这一主张也已成立。文艺批评成为一个人文科学，即一种科学，这一点具有很多层次的意义。神话以文学的知识体系为起点，因此，个人或社会价值判断不是文学批评所追求的。至少，神话批评追求知识的系列化，并不以价值判断为主要目的。对作品进行透彻的分析和较形式主义的评论，虽然比以社会效果或个人兴趣为中心的评论（社会道德主义、印象主义）科学得多，但它终究免不了古典生物学所碰到过的界限。古典生物学只观察到了每个生物的现状，但它未能解决一个生物是经过什么样的过程而发展到现在状态的，它们的亲族关系如何等问题，即对个别生物的知识是积累了，但对其知识之间的联系模糊不清。形成综合学问之前的生物学叫做“博物学”。同样，接近、分析个别作品的结构，也可称为一种文学博物学。古典生物学发展形成为一个独立的、包罗万象的、“自给自足”的现代生物学科学体系是在进化论产生之后。即使这是假设，但因此而形成的生物学内部的包罗万象的牢固的联系是任何东西也代替不了的。文学批评也需要这样的相互联系。即需要一个能说明所有个别的文学现象（作品）都是和一个庞大的整体相联系的一个部分这样一种假设。

如果文学现象相当于自然现象，那么，文艺批评应相当于自然科学。文学现象像自然现象一样数量无限且种类繁多，随时可能发现新的东西。可是文艺批评像自然科学一样具有单一的体系和逻辑，从而具有局限性，故需要整体把握。

（二）神话批评与作家的象征体系

在这种大前提下的神话批评中，生产个别作品的作家是处于什么样的地位呢？在这样的文艺批评为前提的条件下，作家是不能无条件地创造作品的，作品并不是作家一个人独自创造的，而是因外力所孕育而生产的。尽量使作品少受点损伤，照原样产出，这就是作家的责任。甚而言之，作家如果为表现个人的愿望而加笔，那么，这就是画蛇添足了。在这一点上，神话批评和心理主义批评是互相对立的。对神话批评家而言，作家的心理作为证明作品失败的资料而更具有价值。

当然，作家的个性对神话批评家来说也很重要。但是，他并不是作为作家的心理或精神分析学的内容，而是带有作家个人样子的“神话”，即形成在他的精神之中的象征的体系。作家普遍地意识不到自己的象征体系。事实上，作家的象征体系并不是纯个人的。

（三）分类与体裁

在神话批评中比作家更为重要的是体裁问题。如上所述，神话批评在很大程度上受到进化论的方法论（成功的）影响，因此，它不能不注意进化论里头最重要的概念，即种类（体裁）的概念。无限多的个别作品被分类为有限数量的体裁。所有的作品在形态上终究归属于某一个种类。换句话说，个别作品具有适应一个体裁的形态上的要求才能得以生存。

（四）关于神话的社会及文化背景

社会环境和文化动机，在社会道德主义批评中引起最大的关心，而在神话中它们相当于“资料的原因（Material Cause）”。这也是亚里士多德的观念。所谓社会环境，就是产生文化的基本神话的各时代及社会的偶然的材料。所谓的“浪漫主义”、“巴罗克艺术”等术语，对历史主义者或社会道德论者来讲是具有最大意义的概念，但对神话论者而言，只不过是偶然的概念而已。

（五）神话与“目的的原因”

众所周知，亚里士多德阐述了四个原因，其中一个就是目的的原因（Final Cause）。某些事物的终极目的成为其事物得以生成、存在的最有意义的原因。那么，对文学而言，什么是“目的的原因”呢？

每个诗人都有自己的象征体系，但是，很多诗人共同具有相似的象征，那么，可以说这些象征各自具有超个人的体系和结构。如许多诗人各自使用许多象征，但是，他们的象征只形成为几个能数得着的“原型”。因此，从作品中读出原型，与其说是发掘作品的根源，倒不如说是阐明其基本结构。神话批评主张文艺批评应该是从作品中提取这一原型的结构，然后进行再组成的工作。

（六）对“原型”的追溯

文学更着重于文学的“起源”，追踪文学现象从单纯逐渐走向复杂化的过程。神话批评也饶有兴趣地观察文学以前的诸现象，如祭祀、神话、说话等成为文学形成材料的过程。但这种观察不只停留在文学是神话的后裔这一先后关系上，它相信神话是自始至终维持原型、再现在文学作品之中的。它主张伟大的文学作品具有回到神话原型的倾向。从人类学研究开始在古典神话和文学研究中独树一帜的默里，在“哈姆莱特”中发现希腊悲剧作家埃斯库罗斯的“俄瑞斯忒斯”的神话原型的再现。又发现“哈姆莱特”也好、“俄瑞斯忒斯”也好，最终都保存着“夏天和冬天的斗争”、“生与死的斗争”这一根本神话及先行于神话的祭祀的原型。伟大的作品亦如此，与其说是从基本神话中派生的，倒不如说是回归到基本神话中去。神话批评自认为神话批评与作品的价值判断无关，但实际上，它把具有复杂多端的内容回归为神话原型的作品视为有价值的东西，神话批评可谓原型批评，可见原型的追溯成了何等重要的课题。

三、四季神话与神话原型

人类顺应四季的回归和出生—成长—死亡的自然规律，以期望随着四季变化而变化的生活充满谐调，而生命的欢乐、痛苦、恐怖在循环往复，也就是说，希望与大自然同呼吸，这种意图付诸于实践就是祭祀。祭祀总是向往着故事的形式，这是神话学者的发现。这个故事围绕着一个人物而展开，而这个人物是一并表现自然的循环和人间的循环的人物，这样，神话就发生了。神话的原始主人公是神或者人，但他们总是和四季的主宰——太阳或生活的根本——丰饶的原理有着密切的关系。神话批评就是在自然神话中找出原型中的原型。

弗赖伊指出：上述的自然神话中发生如下四种体裁的原型。

（一）黎明、春天，出生阶段

有关英雄出生的神话，复活和再生的神话，创造的神话，以黑暗、冬天、死亡的势力必败为内容的神话，这四种神话形成一种周期，这一周期的附带人物即父亲和母亲也上场。在这阶段神话中产生所谓的罗曼斯（英雄奇谈）和大多数狂热的赞歌及狂想曲的原型。

（二）中午、夏天，结婚或胜利的阶段

有关对人的神化、伟大的婚姻关系、进“乐园”的神话，附带人物是亲友及新娘。这是喜剧、田园诗、牧歌的原型。

（三）夕阳、秋天，死亡的阶段

有关秋天、神的死亡、英雄的猝死、牺牲、英雄孤立的神话。附带人物有谋反者和引诱者。这是悲剧和哀歌的原型。

（四）黑暗、冬天，解体的阶段

有关黑暗势力的神话、大洪水和大混沌的神话、英雄败北的神话、所谓诸神没落的神话。附带人物有吃人的魔鬼、魔女。这是讽刺文学的原型。

英雄神话将焦点放在英雄的宗族使命上，英雄为完成其使命而远征。神话中的英雄往往像救世主一样重要。犹太民族的神话可称为代表作。远

征神话是诸神话中具有代表性的类型。

研究各民族的古文献纪录，尤其是宗教文献是神话批评家首先要着手做的事情。先弄清神话的根本结构后设定其原型，然后分辨出来自哪些原型的体裁。大体上说，喜剧发生于神话的祭祀，抒情诗发生于神话的片断和插曲，史诗（或小说）来自整个神话，它们延续着“百科辞典”式的神话结构。

远征神话中的英雄具有人的形象，但他具有超自然的力量。大自然的轮回是绝对的，因此，大自然或人间的胜利只不过是瞬间的。具有超自然力的、被神化了的英雄上台时所揭示的世界是相当于人类堕落以前的世界或是“天国”。严格地讲，这种对世界的看法是“喜剧式”看法。相反，悲剧式的看法是服从大自然的轮回的世界。综上所述，可以得出以下原型的形象。

1. 用喜剧的看法来看，人世间是一个共同社会或代表着读者希望的一个英雄，从而产生有关共同社会的庆典、祭祀、秩序、友谊、爱情的心象的原型。从悲剧的视觉上看，人世间充满暴政、无政府状态、被孤立的人、背叛人民的领袖、奸商、被背叛的英雄等。结婚或类似结婚的成果属于喜剧。娼妇、魔女、其他妖女属于悲剧的范畴。一切神圣的、英雄的、天使般的、超人的共同社会属于人间社会的类型。

2. 喜剧中的动物世界由羊群、鸽子等温驯的动物群组成，是田园心象的原型。在悲剧中动物世界是野兽、猛禽的世界。

3. 在喜剧中植物世界由庭院、小山、公园或者生命之树、玫瑰、莲花等组成，是世外桃源心象的原型。在悲剧中是阴森森的树林、荒野、死亡之树等组成。

4. 在喜剧中矿物世界是由城市、建筑物、寺院或者是宝石组成的，这是几何心象的原型。在悲剧中是由沙漠、险峻的岩石、废墟或者是十字架等不吉利的几何心象组成。

5. 在喜剧中尚未形成的世界是江河，而在悲剧中是大海，解体的神话往往表现为洪水的神话就是一例，大海和野兽的结合产生海妖，如海龙。

以上分类也许过于简单，过于公式化而被怀疑其应用的可能性。但弗赖伊认为世界的文学归根结底都属于这几个范畴，如果否定这一点，神话批评就不能存在，也就是说，单一神话——百科辞典式的包罗万象的无数心象体系相互对照，相互配合而产生无限量的个别作品。

以弗赖伊或荣格、费雷泽的研究为基础而设定的单一神话也许并不一定是假设，或者至少有着假设的因素。但不管他是什么形态的，单一神话的推定是神话批评的前提条件，这是因为在方法论上那是绝对必要的。把所有的文学都集中在一个范围内，才能成立对整体的科学的理解，像生物学把所有的生命现象都集中在生物学这一范围里一样，不管生物个别之间存在多么悬殊的差别，都可以用进化论解释清楚。神话批评可谓是文学的进化论。

四、神话批评的属性及批评的基础与方式

如上所述，神话批评试图把批评提高到人文科学的高度，故在旁系科学的应用上有着广范的灵活性，如 Grebstein 所说神话批评者“在方法上是达尔文论者，在信念上是单元论者”，他无视神学、历史、社会学、哲学等方面相互矛盾的危险，寻找其典据。

神话批评家有时候像历史批评家一样，及时地应用个人的传奇、思想史、文学的惯例、文学的先后影响关系，追踪着神话的主题是如何随着时代和个人而变化的。在神话批评家看来，文学是历史的一个特定时期存在过的历史事实，同时又是超越时间永远再现在人的意识中的原型的表现。从文学历史性中分辨出文学永远的原型就是神话批评家的任务。如揭示朝鲜李朝文人们所向往的田园的理想世界的历史渊源——如尹善道的芙蓉洞——是历史批评家的事，但是，寻找使他们向往的永远的神话主题——或许是失去乐园的享受，就是神话批评家的责任。可是神话批评家在文学史或文化史所指引的范围内是考察其神话的历史表现的。

神话批评家在分析体裁或一个作品的结构方面，其细心的程度不亚于形式主义者。当然不是为了搞清楚词组、形象之间的有机联系，而是想弄清楚表现原型的模具的根本结构。

神话批评家与形式主义者有相同的一面。因为仔细分析体裁或者具体作品的结构和心象，也是神话批评家的事情。当然，神话批评决定于体裁或具体作品的原型，他们的工作是表现原型。在这一点上，神话批评家与形式主义者有着根本的差别。但是，同民俗学者、比较神话学者不一样，在相信神话的最终形象化就是文学，赋予完成的文学以最大重要性这一方面，神话批评家和形式主义者是采取同样态度的。在仔细分析心象和象征方面，神话评论家是和形式主义者一样尽心尽力的。

社会道德主义者重视文学的社会意义，同样，神话批评者也把共同社会行为——祭祀、体现共同社会的习惯和思想的神话视为探讨对象。神话

批评家认为神话象征着人类根本的义务性，即道德意识，故认为文学的价值包含着道德的价值。对文学价值和社会价值一视同仁，在这一点上社会道德主义和神话批评有着共同点。

神话批评在很多方面依靠荣格的原型无意识理论，这就证明神话批评和心理有着密切关系。心理主义者和神话批评家同样相信，文学是从人的某种心理上的原因，以表现其心理的一部分来引起听众心理的同感。把人的梦和神话一视同仁，或者认为他们之间有着密切关系，这一方面他们之间也有相同点。默里在《俄瑞斯忒斯》和《哈姆莱特》中发现了同样的结构，这同样的神话根植于“俄狄浦斯的复合心理”之中。换句话说，神话是人类乃至一个民族的团体心理的表现，从而，神话批评家往往同心理主义批评家很相似。

总之，神话批评致力于把神话批评正题为一种综合人文科学上。

原文刊载于《中央民族大学学报》，1999（2）

论阿尔泰比较神话学

毕 桪

阿尔泰比较神话学关注于阿尔泰语系民族的神话，它以比较法为基本的研究方法，主要探索阿尔泰语系民族神话的渊源、解释阿尔泰语系民族神话的共同性问题以及讨论阿尔泰语系民族同其他语系诸民族在神话上的联系。这是一种跨学科的研究，是在语言学和神话学相互渗透、相互支持的基础上建立起来的学术研究。阿尔泰比较神话学是阿尔泰学的分支，也是阿尔泰学的重要组成部分。

一

阿尔泰比较神话学是阿尔泰学发展的必然结果。早在18世纪前半叶，已经有学者注意到今天称之为突厥语族、蒙古语族、满－通古斯语族的诸语言之间存在着某种相似性。其间，经过近两个世纪的探索，终于由芬兰学者兰司铁提出阿尔泰语假说，认为以上诸语言彼此同源，它们来自原始的共同阿尔泰语，从而为阿尔泰学的建立提供了坚实的理论基础。自兰司铁提出阿尔泰语系假说以来，阿尔泰学研究取得了很大的成绩。这种成绩的取得始终伴随着主张和反对阿尔泰理论的激烈争论。同阿尔泰语系假说相对的理论认为，被称作阿尔泰语系的诸语言之间的相同与相似是这些语言相互接触、彼此影响的结果。但是不可否认的是，阿尔泰语系假说为研究者提供了一个讨论的平台和一个对话的空间。无论认为阿尔泰语系诸语言的相似性和共同性是因为它们来自共同的原始阿尔泰语，抑或是因为语言接触和语言影响所致，学者们之间的讨论和对话都在推动着对这些语言的研究不断深入，使我们对阿尔泰语系诸语言有了更深入的了解和认识。然而，学者们围绕着阿尔泰语系假说所展开的争论始终是在语言学领域展开的，他们所关心的更多的是语言自身。尽管随着阿尔泰学研究的深入和发展，人们的注意力早已经不仅仅局限在语言的范围之内，人们的研究已经涉及了阿尔泰语系民族的历史、民俗、书面和口头文学等诸多方面，但是这些研究常常是分散的，往往独立于阿尔泰学之外。语言与文化是牢固地粘合在一起的，语言是一种特殊的文化创造，是文化总体中其他部分的表现形式之一。无论把语言看作是语言载体，抑或把语言看作是特殊的文化创造，它都不是毫无意义的一系列声音的组合，它总是和意义、和文化密不可分的，是伴随着文化创造的历史而发展的。因此有理由认为，“阿尔泰学的研究不但应该包括语言的比较研究，而且也应该包括民俗、历史、文学等方面的比较研究”①。而神话是人类最初的语言成果。格林兄弟就认为，语言的历史也就是神话的历史。恩斯特·卡西尔在《人论》里也指出，“语言和神话是近亲”，它们是“同根生的两股分枝”②。显然，语言与神话的关系是十分密切的。因此，研究阿尔泰语系的语言不可避免地要借助神话研究。反之，研究阿尔泰语系民族的神话也不可避免地需要阿尔泰语言研究成果的支持。研究阿尔泰语言和阿尔泰语系诸民族神话应该是相互支持，是相辅相成的。阿尔泰学比较神话学的研究必将对阿尔泰理论有所补益。

二

我们注意到这样的事实，即阿尔泰语系民族的原始神话具有许多相似性和共同点：诸如世界的本原为水、世界分层，诸如山生人、树生人，诸如对狼、熊、鹰的信仰等等。因为具有这种相似性和共同点而使我们有可能，也需要用比较的方法，结合阿尔泰比较语言学的研究成果讨论阿尔泰语系民族的神话。在蒙古语民族和突厥语民族古老神话里都曾经有伟大的神腾格里。而腾格里这个词曾经有两个含义，一指肉眼所见天空，一指信仰中的天神，即古老神话里的天神。一些学者根据语音的对应规律指出，腾格里这个词最初是指大的水（海），因此对腾格里的信仰和崇拜最初应来自于对水的信仰和崇拜，或者可以说神话里的天神腾格里最初由水神演变而来。这种看法或许是对的。因为蒙古语民族和突厥语民族古老的神话里都说世界形成之前宇宙为茫茫大水，后来从水里分出了上、中、下三界，从而有了我们现在所生活的世界；而且神话里普遍说上、中、下三界

① 力提甫·托乎提著：《阿尔泰语言学导论》序言，山西教育出版社，2002年。
② 恩斯特·卡西尔著：《人论》，上海译文出版社，1985年。

由水相连，天界（上界）为水之源，地界（下界）为水之尾。此外，同创世相关的古老神话叙事往往也都同水相关联。之所以如此，因为这些古老的神话叙事萌生于原始的渔猎时代，而且也是同蒙古语民族和突厥语民族的原始先民所生存的地域环境密切相关的。

阿尔泰语系民族的原始神话具有太多的相似性和共同性，这是开展阿尔泰比较神话学研究的基本前提。同时，历史与比较语言学研究表明，操阿尔泰语系语言的各民族，在历史的早期曾经起源于中国的北方，并且长期在这里生活。许多操阿尔泰语系语言的古代民族曾经在历史上有过政治的、军事的重要活动，为开拓和发展中国北部边疆建立过不可磨灭的功绩。他们曾经在吸收中原文化的过程中丰富和发展了自己的文化，同时也对中华文化的发展起过重要的作用。因此，阿尔泰神话同中原神话的关系，必然成为阿尔泰比较神话学所关注的问题之一。在阿尔泰语系各族中间至今保留着大量熊的图腾神话的遗迹，这是人所共知的。例如，达斡尔族就称作“老爷子”；鄂伦春族把熊称作“祖父”、“祖母”、“舅父”；鄂温克族尊称公熊为“合克”，这是曾祖父、外曾祖父的称呼，尊称母熊为“鄂我”，这是对曾祖母、外曾祖母的称呼。这些称呼显示出人与熊彼此之间在血缘关系上亲近的古老观念。它表现在民间文学上，便是人熊成婚故事的广泛流传。但是，黄河流域的黄帝部落也是以熊为崇拜对象的。史载轩辕黄帝为有熊国君少典之子。《太平御览》卷七九引《帝王世纪》：“黄帝，有熊氏”，即熊氏族。现今在神农架流传的长诗《黑暗传》里也说轩辕黄帝“父名唤有熊君”。《左传·昭公七年》载：“鲧殛羽山，其神化为黄熊，入于羽渊。”鲧是著名的大禹的父亲，“禹治鸿水，通轩辕山，化为熊”①，也都同熊崇拜相联系。周朝人的祖先也崇拜熊，称熊为“大人”，而不直呼“熊”。中原地区古代有蒙熊皮的傩舞，“以惊疫疠之鬼”，也是熊崇拜的表现。② 凡此种种，足见熊崇拜之风在中原曾经是很盛行的。这同贝加尔湖周边一带和黑龙江流域的鄂温克、鄂伦春、基里亚克、奥斯梯加克以及日本北部艾奴人的熊崇拜一脉相承③。

现代赫哲人萨满巫师法衣上的龟、四足蛇、短尾蛇、衣前有六条蛇等等，赫哲族、鄂伦春族萨满神鼓上画着四足蛇和短尾蛇等，也都是蛇崇拜的遗迹。在贝加尔湖地区的古代遗址，发现了雕刻着三条大蛇头像的石

① 颜师古注引《汉书·武帝纪》。

② 傈僳族也有人与熊通婚而有了熊氏族的说法。见陶阳、钟秀著《中国创世神话》，上海人民出版社，1989年。

③ 参见吕光天著：《对熊崇拜的奇特习俗》，载《化石》，1979（3）。

板，带有蛇像和鸟像的器物。当地狩猎部落的传说里就说，在贝加尔湖，有一只长着两只角的蛇神，被认为是通古斯群体的祖先神。鄂温克崇拜的“舍利”就是以公、母两条蛇为神体的。黄河流域古代神话曾经反映了人们对蛇的信仰和崇拜。山东和河南出土的汉像画石女娲、伏羲就是人首蛇身。新疆吐鲁番阿斯塔娜唐墓出土的女娲、伏羲画像也是人首蛇身，只是伏羲有胡子。毛延寿《鲁灵光殿赋》：“伏羲鳞身，女娲蛇躯。”那么这些都意味着什么呢？它无疑是阿尔泰比较神话学重要的研究课题。

不仅如此，阿尔泰语系民族的古代先民曾经演出过威武雄壮的历史剧，有过令世人震惊的历史活动，影响了欧亚大陆的历史发展，并且也把自己的古老文明传到了欧洲。狼作为神兽在阿尔泰语系民族古老的神话里占有特殊的重要地位。有关神狼的观念和故事以及神狼救助遭遗弃幼子的母题在阿尔泰语系民族当中普遍流传，并且通过中国古代民族的活动而传遍了中亚广大地区，欧洲人也就通过同中亚各民族的接触而了解到神狼观念和故事，最终竟然演变成了关于罗马建城的传说。[①] 不仅如此，阿尔泰语系民族的古老神话甚至进入了《荷马史诗》。在古希腊荷马史诗里有一段伊塔卡王奥德修斯[②]。同独目巨人波吕斐摩斯相遭遇的故事。它因为荷马史诗的流传而扩大了影响，以至在欧洲各国、在阿拉伯半岛都可以发现类似这则同独目巨人斗争的故事。然而，这则故事最初却是起源于中国北方操阿尔泰语系语言的古代民族。在汉文古籍《山海经》卷八《海外北经》曾经记载过“一目国”，说那里的人“一目中其面而居”。同书卷十七《大荒北经》也记载了“有人一目，当面中生。一曰是威姓，少昊之子，食黍”。有关独目国的记载还可见于汉代淮南王刘安及其门下所编纂的《淮南子》“地形篇”。元代的《蒙古秘史》里也记载：“都蛙・锁豁儿额中有独眼”。“都蛙・锁豁儿”就是“独目巨人”的意思。研究者认为，《山海经》所述独目国的位置当在今阿勒泰山一带。公元前5世纪时，希腊历史之父希罗多德在他的著作里也曾报道说，在中亚地区的东北部分布着秃头的阿尔吉帕人、伊塞顿人和独目的阿里玛斯普人。研究者说，独目的阿里玛斯普人“似应居住在斋桑泊附近的额尔齐斯河流域，东至阿勒泰山麓”，正同《山海经》所记地理位置接近。根据报道，在叶尼塞河、阿勒泰山一带还曾发现过独目巨人的雕像。而这一带正是中国北方阿尔泰语系民族的重要发祥地之一。因此至今在中国北方从东到西分布着的阿尔泰语系诸民族中间依然广泛地流传着同独目巨人相关的故事。根据考古材

① 李雅、杨共乐著：《古代罗马史》，北京师范大学出版社，1994年。

② 伊塔卡又译写作伊塔刻，奥德修斯又译写作俄底修斯。

料，直到今天仍然普遍流传于中国北方民族中间的独目巨人的观念早在公元前3000年末或公元前2000年时已经形成。大约在公元前7世纪前后，出生在普洛康奈斯岛的古希腊诗人阿利斯铁阿斯曾到中亚地区旅行过，并且根据在这个地区的见闻写下了长诗《独目人》，欧洲人因此才了解到独目巨人的观念以及在这个观念基础上形成的独目巨人形象及其故事，以至后来把它纳入了《荷马史诗》。生活在公元前384—公元前322年的亚里士多德在他的著作里虽提到荷马史诗里的独目巨人故事，却说它是出自《伊利亚特》，而且是描写一只野猪的。可见在亚里士多德那个时代，独目巨人故事在《荷马史诗》里还没有最后定型。

阿尔泰语系民族原始神话的影响甚至在美洲印第安人那里也可以发现。许多学者已经指出，大约在15000~35000年前的冰川时期，海平面降低，白令海峡所在的地方形成一条陆脊，今天的西伯利亚和阿拉斯加相连，成为西伯利亚远古居民向美洲迁徙的通道。因此，在美洲的阿兹特克人那里，也把蛇神当作崇拜对象。阿兹特克人最尊敬的神是羽蛇神魁扎尔科亚特尔，这个神也在整个中美洲受到尊敬。在神话里，羽蛇神魁扎尔科亚特尔是创世神的四个儿子之一，是雨神、天神、风神，是再生与生命之神，他并且化身为人间最高的祭司。值得注意的是，在有关羽蛇神魁扎尔科亚特尔的神话里说，天空被认为是地球上水的延伸，这一点又同阿尔泰语系民族的神话观念相一致。他们都把宇宙分为上中下三界，而且认为上界即天空是水的上游。狼作为神兽在中国北方的阿尔泰语系民族以及南西伯利亚的布里亚特人的神话与传说里屡屡出现。美洲印第安人也同样把狼作为神兽。在印第安佩尤特人的神话里，印第安人的造物者是一只灰狼。俄勒冈地区印第安人的神话里说，圣者、神灵凯欧蒂是狼的兄弟，他曾经用神水创造了人类，并且是女巫阿特阿特·阿利亚的征服者、哥伦比亚河的建造者和捕捞大马哈鱼技术的发明者①。

鹰在阿尔泰语系民族的神话、传说里占有重要位置。达斡尔族关于民族起源的神话里说，一部分达斡尔族的始祖母就是鹰。据说，当初有一只神鹰与一条犬化为女子，分别同两兄弟成婚，而达斡尔人就是他们的后代。一则鄂温克族的材料里说：最初有地球，后来，一场大火烧了七年，地球消失了，一切都变成了水流、海洋。所有的人都被淹死了，只有一个男孩子带着女孩子飞上了天，而在鸟类当中只有鹰没有死。男孩和女孩飞奔到海水退落的地方，鹰也和他们一起到了那里。达科他州印第安人讲述

① 参见孙书姿译:《太阳与献祭众神》，中国青年出版社，2003年。

的是一个与洪水有关的类似的故事。这则传说里讲，所有的人都死了，只剩下一个女人和一只鹰。她抓住了鹰的一条腿并被带到了一座山上，所有的红种人即起源于这只鹰。这些神话和传说尽管在细节上不同，但都把鹰作为基本构成因素，都把氏族始祖的诞生或人类的再生同人和鹰联系在一起，“在这种情况下很容易推测出，这种成分是通过西伯利亚及东北部的美洲古亚细亚人借用的。”①

三

阿尔泰语系民族的原始神话具有相似性和共同性，而且与世界其他民族的古老神话有着广泛的联系，这些都昭示着我们，应该从宏观上比较研究阿尔泰语系各民族的神话，不能单纯地把研究的目光仅仅局限在操阿尔泰语系某种语言的具体民族的范围之内，尽管挖掘和研究具体民族的神话是必须的。但是只有在广阔的视野里去比较，才可能对阿尔泰神话的本质、源流、发展和演变以及它在世界文化史上的地位取得深刻的认识。其结果不仅有益于阿尔泰神话本身，也必将有益于发展阿尔泰学理论。

神话是一种观念。古人把自己对世界、对人类自身的看法用词、句子说出来，应该就是最初的神话。而我们现在所见到的所谓的神话其实多是解释、说明神话观念的故事，是故事化了的神话，是那些最初表示对世界、对人类自身看法的词、句子经过串联、扩展、横生枝蔓而衍变的结果。因此，阿尔泰神话研究不能离开阿尔泰语系的语言比较研究。在突厥语民族的故事里有一位有名的人物，名叫蔑尔根，同独目巨人斗争并最终杀死了独目巨人是他的重要事迹。事实上，蔑尔根及其同独目巨人斗争的故事普遍流传在阿尔泰语系民族中间。阿尔泰比较语言学和神话学知识告诉我们，蔑尔根无疑是阿尔泰语系诸语言一个共同的古老的词。在阿尔泰人的神话里，蔑尔根是神之子，是地神于尔根神的三兄弟之一。作为猎神，蔑尔根曾经是阿尔泰语系民族古老神话里共同有过的一位大神。在现代语言里，于尔根作为神名已经被许多人遗忘了，在有些语言里，它的意思是“大的”，其复数形式表示“大人物”。蔑尔根作为一个特指的词保留在阿尔泰语系现代诸语言里。许多语言的蔑尔根这个词表示超凡的神箭

---

① Э·К·皮卡尔斯基与次维科夫著：《阿扬边区通古斯人风俗概览》，转引自斯特恩堡《西伯利亚民族的鹰崇拜》，汉语译文见吉林省民族研究所编《萨满教文化研究》第2辑，天津古籍出版社，1990年。

手、神射手，而同一般表示“猎人”的词相区别。蔑尔根作为猎神似乎也被许多人遗忘了，然而他的神性并没有消失。在关于独目巨人的古老故事里他常常作为带有神性的超凡箭手、神射手出现。这类古老故事里的独目巨人通常被认为是表现了对山的崇拜。据了解，在今天的内蒙古有的地方就传说，那里被人尊奉的山神就被认为是独目的①。这类故事里独目巨人食人的叙述反映了以人祭山的习俗，而蔑尔根以神力杀死独目巨人的曲折情节则意味着改变这种人祭习俗的经历。可以认为，普遍流传于阿尔泰语系民族中间的蔑尔根同独目巨人斗争故事是由反映山崇拜观念和蔑尔根猎神信仰观念的古老神话经过附会、铺陈、串联，最终蜕变而成的。

阿尔泰语系民族的神话研究不可避免地需要阿尔泰语言研究成果的支持。在雅库特的古老神话里，有一个善的精灵 kut，它同恶的精灵相对，能给人们带来一切福运。人间生活的一切美好的、善的东西同这个精灵有关。根据语言材料，kut 这个词在阿尔泰语系诸语言里有不同的语音变体，但是它们的基本含义相近，似乎都同能够给人带来幸福、好运相关的某种人们见不到的神秘力量相联系：蒙古语 qutuq < * qutuk（幸福、神圣、极乐），中古蒙古语 qutuq（保护神，神圣的），满语 xutu（死者的灵魂）、xuturi（神圣的、吉利），鄂温克语 kutu（幸福、吉利），古突厥语 qut（幸福、福气），土耳其语 qut（福气、运气），维吾尔语 qut（幸福、福气）、qutuluq（有福气的，幸福的），哈萨克语 qut（好运、福气）、qutti（交好运的、有福气的），雅库特语 kut（生命、精灵），楚瓦什语 kat（喜事），朝鲜语 kut（法术、魔术）②。根据阿尔泰语言的语音对应规律，学者们认为它们来自共同阿尔泰语的 * kutu。虽然在阿尔泰语系诸语言里，后来的各种语音变体所表示的意义有些差异，但是基本意义相同或相近。它们的原始意义应该是相同的，因此可以认为，原始共同阿尔泰语的 * kutu 这个词当初的含义应该是指善的、能够给人带来好处的精灵。或者说，阿尔泰语系民族古老先民的神话里曾经共同有过一个善的精灵 * kutu。由于阿尔泰语系诸民族社会、历史、信仰、文化的变迁，* kutu 作为善的精灵被许多人遗忘了，因此导致了该词在阿尔泰语系诸语言里词义的变化。

阿尔泰语言学可以为阿尔泰神话研究提供深层的依据。在突厥语民族共同文化遗产鄂尔浑叶尼塞碑铭上有一位名为“乌麦”的女神。在 11 世

① 乌·额尔很白乙拉著：《科尔沁山崇拜研究》，见《阿尔泰学·神话学国际学术讨论会论文集》，2004 年。

② 参考力提甫·托乎提著：《阿尔泰语言学导论》，324 页、351 页、382 页，山西教育出版社，2002 年。

纪麻赫穆德·喀什噶里的《突厥语大词典》里也提到了这位女神。根据阿尔泰语诸语言的语音对应规律，我们还可以知道，“乌麦”这个词以不同的语音变体普遍存在于阿尔泰语系民族当中，它是指阿尔泰语系民族古老神话里共同有过的一位同生育、妇女和儿童有关的伟大女神。阿尔泰人中的库曼迪特人称“乌巴依妈妈”，哈卡斯语称额麦、乌玛依，由此，可以进而探索“乌麦”词的含义，这将有助于认识乌麦女神的起源和乌麦女神信仰的深层意义。诸如在突厥语里，乌麦的本意是胎盘。在鄂温克（埃文基）和蒙古语里意为“女人肚子”、“子宫”，在外贝加尔的布里亚特语里意为胎盘。在那乃（赫哲）语里称“奥莫”，意为巢、穴、洞；在图鲁罕地区埃文基人（鄂温克）的语言里称“乌木克”，意义为巢。据说在内蒙古巴林左旗至今仍有乌麦洞，该山洞的入口酷似女性阴门。① 有意义的是，阿尔泰人的一则神话里说，人类的始祖父母就是洪水夹带泥沙冲进人形山洞裂缝，经过风吹和阳光照耀，在山洞完成女人肚子的作用后降生的。

文化的创造与发展，甚至传播，必定在语言里留下它的踪迹，神话也不例外。阿尔泰比较语言学有可能为追踪阿尔泰语民族的神话研究提供许多重要线索。例如，上述腾格里神。在突厥汗国时，腾格里之前往往有“柯克”一词。kÖk 的意思是“天、天空”和“蓝色”。天是人们崇拜的神灵，因而天之蔚蓝也成为神圣之色。突厥人尚蓝，所以古突厥又常被称作“蓝突厥”，其义为神圣的、伟大的突厥，表示突厥为天之骄子而不可战胜。kÖk 的“天”和“蓝色”这两个意思保留在现代突厥语里。然而，根据语音对应规律，表示蓝色、蓝天这个意义的 kÖk 一词又同表示“乳房”意义的词同源。例如，维吾尔语 kÖkr（胸膛）、kÖksi（胸怀，乳房），蒙古语 kÖk ~ xÖx（乳房），保安语 kugo（乳房），东乡语 gogo（乳房），土族语 kugo（乳房），满语 xuxun（乳房），鄂温克语 uxuŋ（乳房），赫哲语 ukun（乳房）等。根据学者们的构拟，这些词和 kÖk 都源于原始共同阿尔泰语表示“天空”、“蓝色”、“乳房”意义的 * kÖk。这里需要讨论的是，腾格里既表示人们肉眼所见的天空，又指人们信仰中的天神。在突厥汗国时代，腾格里已经有向抽象化变化的趋向，表示“神”的概念，因而才有了“柯克腾格里”，用来指称天神。或者说，“柯克”用来表示“天空”、“蓝色”的意义是相对比较晚的。所以，阿尔泰原始共同语的 * kÖk 最初可能表示“乳房”的意义。如果考虑到对“乳房”的崇拜是生殖崇拜的重要内容和形式，而且生殖崇拜的产生应该早于天的崇拜与信仰，因此

① 孟慧英著：《中国北方民族萨满教》，中国社会科学文献出版社，2000 年。

似乎可以认为＊kÖk 的词义经历了乳房——→天空——→蓝色的变化，可是“乳房”和“天空”是怎么联系在一起的呢。这其中必定隐藏着某种神话的秘密，有待于我们去揭示。

四

阿尔泰比较神话学是语言学与神话学相结合的一门跨学科研究。在民间文艺学历史上，最初把语言学与神话学结合在一起的是德国的格林兄弟。他们在民间文学研究当中运用语言学的历史比较研究方法，试图挖掘和构拟印欧语系民族的原始共同神话，从而开创了欧洲民间文艺学史上的第一个学术流派，即神话学派。受格林兄弟的影响，英籍德国语言学家马科斯·缪勒致力于神话的语言学构拟，系统提出比较神话学的理论，建立起了民间文学研究中的语言学派。格林兄弟和他们的后继者马科斯·缪勒等一批学者把比较语言学的研究方法机械地套用在民间文学研究上，在理论上和研究方法上都不可避免地存在着缺陷。但是不可否认的是，他们中的多数人以语言学家的目光来透视神话，试图把语言学的理论与研究方法引用到神话研究中来，从而把民间文学研究纳入了科学的轨道，这是具有重要意义的。语言学由于它的研究对象所具有的特殊性质而在人文社会科学领域占有领先的地位。回顾民间文艺学学术发展的历史就不难发现，自格林兄弟开始，民间文艺学领域先后出现的许多学术流派的开创者或者奠基人、重要的代表人物，首先是语言学家、语文学家，或者在语言学方面有很深的造诣。而语言学研究的每一个大的进步，每一个新的重要语言学流派出现，都会在民间文艺学领域产生重大影响，推动着民间文学研究的发展和对民间文学本质的认识逐渐深入。从最初的神话学派，到后来的民间文学结构主义研究，无不是吸收和借鉴了语言学的研究方法。以至于目前在西方有一定影响的程式理论，也无非把民间文学作品看作是流动的话语材料予以讨论和研究。关心民间文学，必然应该关心语言和语言学，这是神话学派给我们的最初重要启示。格林兄弟及其后继者们尽管在理论和研究方法的运用上暴露出他们的弱点，但是他们的历史比较研究方法至今仍然有可以借鉴的地方，他们利用历史比较研究方法研究民间文学所得出的许多个别结论也能够给我们许多重要的启发。特别是马科斯·缪勒所提出的比较神话学的理论，虽然被人们不无讥讽地称作“语言疾病说”，但是其中所包含的合理因素不应该被忽视。事实上，正是由于格林兄弟开创的神话学派及其后继者们的不懈努力，人们对印欧语系神话的原始意义才有了比较多的和比较深刻的认识。当我们讨论开展阿尔泰比较神话学的时候，显然不能置他们的理论与方法于不顾。

但是，自马科斯·缪勒提出比较神话学理论至今，毕竟已经有了将近一个半世纪的历史。其间，无论是语言学还是神话学的理论和研究方法都有了很大的发展和进步。开展和发展阿尔泰比较神话学不仅需要关照阿尔泰比较语言学的研究成果，而且应该关照语言学和神话学新的理论发展，借鉴或吸收它们各自的研究方法。阿尔泰比较神话学是应阿尔泰比较语言学发展的客观需要而提出的。审慎地借鉴由格林兄弟发明，并由他们的后继者们发挥的历史比较法追溯阿尔泰语系民族古老神话的内涵和原始意义，以至构拟原始阿尔泰共同神话，无疑是阿尔泰比较神话学的核心课题，是阿尔泰比较神话学所追求的学术目标。然而，语言与神话的发展和演变的轨迹并不是重合的。况且，从广义上说，由于阿尔泰语系民族的古老神话同中原地区，以至与其他地区操不同语系语言民族的神话有着盘根错节的历史联系，于是跨语系的神话比较也必然成为阿尔泰比较神话学的重要内容。同时，跨语系的语言对比研究或许也能为阿尔泰语系民族的神话研究提供语言材料的支持。例如已经有学者指出阿尔泰语系语言里存在着同汉语相对应的一些词。甚至有学者提出中原神话里的“女娲”这个名字同蒙古语有关。他们的研究对于阿尔泰比较神话学应该是有启发意义的。当然，在语言学领域，“比较”这个术语只应用于同一个语系的语言研究，跨语系的语言研究往往用“对比”这一术语。对于比较神话学来说，没有必要做这种用语上的区分。比较的方法应该成为阿尔泰比较神话学基本的研究方法，其中包括纵向的历时比较和横向的共时比较。然而，研究方法应该同我们所要达到的学术目的彼此一致，相互吻合，那么如何创造性地运用比较的方法，以期达到我们的学术目的，便是我们所面临的首要课题。

原文刊载于邢莉等主编《民间信仰与民俗生活》，中央民族大学出版社，2008年

阿尔泰语系诸民族熊图腾神话传说的文化内涵

满都呼

阿尔泰语系突厥语族、蒙古语族和满－通古斯语族的许多民族，如鄂温克、鄂伦春、赫哲、朝鲜[①]、蒙古、达翰尔、维吾尔、撒拉等民族中，普遍存在着有关解释人与熊的关系的神话传说。其中，满－通古斯语族、蒙古语族的民族中更为多见。此外，西伯利亚地区阿尔泰语系各民族、日本北部的阿伊努人以及美洲的印第安人中也有此类神话传说。可见，熊神话传说的流传地域广阔，涉及的民族颇多。这些神话传说情节相似，内容相近，反映出他们的熊崇拜和熊图腾观念的一致性。本节主要对我国阿尔泰语系三大语族的维吾尔、撒拉、蒙古、达斡尔、鄂温克、鄂伦春、赫哲、朝鲜等民族的熊神话传说和与之有关的风俗习惯作些比较和分析，探讨他们共同的熊崇拜问题和文化上的关系。

一、熊图腾神话传说类型

鄂温克是满－通古斯语族中人口最少的民族之一，他们主要聚居在中国的东北和俄罗斯的西伯利亚地区。鄂温克人以为熊原本是人，是他们的同族。在他们中有一则《人和熊成亲》的传说：

> 一只母熊恳求同猎人巴特尔桑成亲，巴特尔桑不答应。可是母熊不灰心，每日精心照顾他，最终人熊成亲，并生了一男一女两个孩子。几年后，孩儿门长大成人。[②] 还有一则族源传说，说

---

① 朝鲜语的归属问题有争论，近来更多的学者主张归到阿尔泰语系满－通古斯语族。

② 吕大吉总主编，分卷主编何辉华、满都尔图：《中国各民族原始宗教资料集成·鄂伦春卷》，104页，中国社会科学出版社，1999年。

是从前有一个猎人上山打猎，被一只母熊抓去。母熊把他带进山洞并强行与他同居。几年后，母熊生下一只小熊。有一天，猎人趁机逃出山洞，乘木排逃走。母熊发现猎人逃走，就抱着小熊赶到江边，呼喊猎人回来，猎人不应。母熊非常生气，将小熊撕成两半，一半抛给猎人，一半留在身边。这样，留在身边的成为熊，抛给猎人的成了鄂温克人。①

这个传说在鄂伦春族中也有流传，收于巴图宝音搜集整理的《鄂伦春民间故事集》，其故事情节与上述基本一致，其中也有人变熊的母题情节。也是讲述一个猎人被母熊抓去同居，繁衍鄂伦春人的故事。此书还收入了另一部鄂伦春熊神话传说：

从前有一鄂伦春妇女进山采集野菜，因迷了路未能走出山林，结果变成一只熊。几年后其丈夫上山打猎，打死一只母熊。剥皮时在其前肢上发现一双手镯，仔细一看，正是他妻子进山时带的那双红手镯。这时，他才明白，其妻子已经变成熊。从此以后，鄂温克人把熊视为鄂伦春人的化身。②

赫哲族虽属满-通古斯语族民族，但其熊神话传说却与鄂温克、鄂伦春的有所不同，它的图腾信仰不很明显，主要讲述人是如何变成熊的。赫哲人相信，熊是由一个叫“玛夫卡”的人变的，所以，他们称熊为“玛夫卡”。《玛夫卡的传说》讲：

玛夫卡（熊）原是一位老猎人的大儿子，从小好吃懒做，怕苦怕累。一天老猎人让两个儿子上山打猎。弟弟勤奋，猎杀了野猪和老虎，而玛夫卡什么也没捕到，却急着回家，背起弟弟猎杀的一头野猪就往回走。结果，因迷路未能走出密林，变成一只熊。③

同样的传说在蒙古语族诸民族当中也在流传。达斡尔族有一则《熊儿子》的传说：

① 谷德明编：《中国少数民族神话》（上），61页，中国民间文艺出版社，1987年。
② 巴图宝音搜集整理：《鄂伦春族民间故事集》，4页，中国民间文艺出版社，1984年。
③ 黄任远搜集整理：《马夫卡的传说》，载《黑龙江民间文学》，1983（5）。

一位老妇带着女儿上山打柴，姑娘去解手，结果被一只公熊背走。到了山洞，熊并未伤害姑娘，反而给她吃喝，尽心照顾。这样姑娘与公熊一起生活，并生了一个儿子。熊儿长大后力大过人，他为民除掉了老虎、恶龙和百头魔鬼蟒盖等三大害。①

蒙古族熊神话传说多见于布里亚特人和达尔赫特人中。俄国学者波塔宁《西北蒙古记》记载的一部传说讲：

从前有一位猎人萨满，绕一棵树转三圈就变成一只熊。之后他就能抓到许多动物，再绕那棵树三圈，又恢复人形。有一次，正当他变成熊抓捕猎物时，有人把那棵树给伐倒了。结果，他未能变回来，成了一只熊。②

这个传说还有一个变体，说熊原本是个打猎能手，有一次他变成大熊在山上抓捕猎物时，有一个嫉妒他的人烧掉了他的衣服。结果他未能恢复人形，变成了一只熊。③

蒙古人中也有人熊结合、繁衍后代的传说。俄国学者K·卡扎罗夫从柴达木盆地蒙古人中搜集到的一则传说，说的是一个年轻女子被困在山里正处绝境时，一只灰熊出现在她面前。灰熊怜惜那个惊恐万分的女人，给她食物，亲切照料。后来她与熊同居，生了一只熊。柴达木蒙古人称其为“天狗”，十分崇敬。④

维吾尔族有一篇熊神话传说《艾里·库尔班》，讲的是母女二人进山打柴，女儿被白熊掳去为妻。后来生一个男婴，取名艾里·库尔班。他力大如熊，既懂人言，又通兽语。他得知自己的身世后，逐杀熊父携母回乡。他心地善良，爱打抱不平，以他的智慧和力量战胜了恶魔，得到了人们的尊敬。⑤

此传说与上述达斡尔熊神话传说很相似，只是多了杀死熊父的情节。

---

① 赛音塔娜编：《达斡尔族民间故事选》，163页，内蒙古人民出版社，1989年。

② ［俄］波塔宁著：《西北蒙古记》，陈岗龙译自日本《满洲民族学会学报》第二卷第二号，见《东方研究》，362页，1999年。

③ ［蒙古］何·桑普拉登都布编：《蒙古民间传统风俗》（基利尔蒙古文），195页，乌兰巴托：国家出版社，1985。

④ Ч. 阿尤喜著：《蒙古人的几种熊崇拜习俗》，见《蒙古学资料与情报》，1990（3）。

⑤ 满都呼主编：《中国阿尔泰语系诸民族神话故事》，43页，民族出版社，1997年。

另外，维吾尔人中也有被家人遗弃的兄妹二人，在荒野被大熊救起并在山洞抚养成人的故事。

而另一个突厥语民族撒拉族的熊神话传说《尕娃和熊》，却与鄂伦春族和鄂温克族的熊神话传说很相近，也是讲人熊成婚繁衍子孙的故事。传说讲：

在黄河边上有一人家，儿子叫尕娃。他上山打柴，在回家的路上被一母熊抓去，并过起夫妻生活。过了一年半载，不仅尕娃变成似人似熊的样子，母熊也生了个熊娃。一次，母熊外出觅食，尕娃趁机逃离深山。母熊得知后，抱着熊娃追。快要追上时，尕娃已游过黄河。母熊便抓起熊娃的两条腿劈为两半，一半抛给尕娃，一半自己留下。①

以上这些传说，讲的都是人变熊，或人熊同居生育繁衍的故事。而在朝鲜族当中却有熊变人的神话传说。朝鲜族有一则著名的神话，叫做《檀君神话》。此神话讲：

天上恒因天帝之子桓雄，受其父命降到太白山治理天下。这时，同住山洞里的黑熊和老虎请求天王把他们变成人。天王给它们一束艾和二十头蒜，并告诫它们百日不得见阳光。事过不久，老虎因坚持不住，破了忌，未能变成人。而熊则坚持到一百天，最终变成了一个女人。可是，因为她是个熊女，无人娶她为妻。她天天祷告，希望能够怀孕。天王无奈，暂时化为男身，与熊女成婚，使之生一个男孩，取名檀君王俭。后来，檀君登王位，定都平壤城，国名叫“朝鲜”。②

这个传说不同于上述各传说，其特点在于它讲述的是熊变人的故事，而且把熊同上天联系在一起。在这一点上，它又与美洲印第安人的族源传说有相似之处。不同的是，这里出现的是天帝之子，印第安神话中出现的却是天帝之女。

---

① 满都呼主编：《中国阿尔泰语系诸民族神话故事》，110～111页，民族出版社，1997年。

② 满都呼主编：《中国阿尔泰语系诸民族神话故事》，358～359页，民族出版社，1997年。

阿尔泰语系民族熊神话传说情节母题列表

民族	变体	神话传说
蒙古	一	一个猎人上山打猎变成大熊，抓捕猎物。有人砍倒树（烧了他的衣服），所以他未能恢复人形而变成熊。
	二	一个女人，在山里迷路，被一公熊抓去同居，后生一只小熊，小熊被视为“天狗”而受崇拜。
达斡尔	一	一个女人上山打柴，被一公熊抓去并同居，后生一男孩，男孩为民除害成英雄，受人尊崇。
鄂温克	一	一个猎人上山打猎，被一母熊抓去并同居，母熊生熊崽，熊崽被劈成两半，一半成熊，一半成鄂温克人。
	二	一个猎人与母熊成亲，生一男一女，孩子长大成人。
鄂伦春	一	一个猎人上山打猎，被一母熊抓去并同居，母熊生崽，崽被劈成两半，一半成熊，一半成鄂伦春人。
	二	一个女人上山摘野菜迷路，后变成一只熊，被丈夫猎杀，人们认定熊是鄂伦春人变的。
赫哲	一	一个猎人上山打猎，因迷路未走出山，最终变成一只熊。
朝鲜	一	一天神下人间，天王使黑熊变女人，与熊女同居，熊女生男孩，男孩登基称王，定都平壤，建朝鲜国。
维吾尔	一	母女二人上山打柴，女儿被公熊抓去同居，她生一男孩，男孩杀父归乡，以其勇敢正直而受人尊敬。
撒拉	一	一个男孩上山打柴，被一母熊抓去同居，母熊生熊娃，后母熊将熊娃劈成两半，人熊各得一半。

从表中可以清楚地看到，蒙古、达斡尔、鄂温克、鄂伦春、赫哲、朝鲜、维吾尔、撒拉等民族的这些传说，虽有细微区别，可大的情节母题却相同或相似。从传说的故事情节来说，都以人和熊为主体，其中有男有女，大都是猎人；其熊有公有母，通人性，善待人类；他（它）们的活动，均在深山老林，或在打猎或在打柴或摘菜时遇熊或变熊。按其母题，这些传说可分为人变熊、熊变人和人熊婚配三大类。其中，人变熊和人熊婚配的故事较多见。不过，无论是人变熊还是熊变人和人熊婚配，无一不

把熊和人紧密联系起来，表现出人熊同源或人熊同族的中心思想。这些传说基本上都属于族源传说或图腾传说，反映了这些民族先民们共同的熊崇拜和熊图腾观念。

二、熊崇拜习俗神话传说产生的心理分析

蒙古、达斡尔、鄂温克、鄂伦春、赫哲、朝鲜、维吾尔、撒拉等民族熊神话传说中所表现出的熊崇拜和熊图腾信念，在这些民族中早已形成并遗存至今的许多与熊有关的风俗习惯中同样有反映。关于这一问题可以从三方面去考察。

首先在称谓上，阿尔泰语系各民族，特别是满-通古斯语族和蒙古语族的人，对熊都使用人类的亲族称谓。例如，鄂温克人称公熊为“合克”（祖父），称母熊为“恶我”（祖母）；鄂伦春人称公熊为“雅亚”（祖父）或“阿玛哈”（舅舅）、“额替堪”（老头、老爷），称母熊为“太帖”（祖母）或“额聂赫”（伯母）；蒙古人，尤其是布里亚特和达尔赫特人称公熊为“阿爸”（父亲、老爷子）或“额布格”（祖父），称母熊为“斡图格”；据有人考证，现代蒙古语的熊——“巴巴盖”一词，也是“祖父”（巴嘎伯）的意思。在卫拉特人中“巴巴盖”又指女人或妻子。据考，蒙古语中的“斡图格”一词，原系女性的尊称或指生殖器。也用“海日罕”（神或神圣的）这种尊称来称呼。达斡尔人称公熊为“额特日肯”（老爷子），称母熊为“阿提日堪”（老大娘）。据说，赫哲人对熊的称谓“玛夫卡”，也具有老年人的意思。这些称谓虽然说法不同，可有一个共同点，那就是他们无不例外地使用了人类的亲族称谓，而且不是对同辈、更不是对下辈的称谓，而是对上辈的、甚至是祖先的称谓。

其次，在这些民族中，普遍存在着猎熊后，为其举行祭祀和风葬仪式的习俗。在他们看来，熊被打死后其灵魂不死，它会向人们进行报复。所以，猎人们都要举行安葬、祭祀仪式，并表明他们不是故意杀它，是误杀，或者向它诉苦，说生活所迫，出于无奈等等，其目的就是安慰熊的亡灵，乞求它宽恕，不要报复，赐给更多的猎物。蒙古人捕熊后，将其眼、心、肺等割下并用草包好挂在树上安丧。在这过程中一再表明“我们不是故意杀您，是火枪走了火”，他们还装出非常可怜的样子，乞求熊灵的恩赐：

您源于上天，
您生于大地，
威严的海日汗，
尊敬的阿爸！
我那可怜的子女，
活得很艰难，
我那可爱的花狗，
瘦得皮包骨，
可怜，可怜我们吧！
赐给您的恩典！
不要威胁我们，
不要恫吓我们，
请您安详地去吧！
请您温顺地走吧！

或者说：

隆冬已到来，
天寒地又冻，
赐给我们温暖吧！①

不仅如此，他们面对死熊尽量开脱责任，洗刷自己，将捕杀的罪责推给别人，说“伤害你的不是我们，是乌良海人，通古斯人”。

鄂伦春人、鄂温克人的情况也与蒙古人如出一辙，极为相似。鄂伦春人猎熊后也将其肝、肺等内脏以及骨头挂到原狩猎处的树上风葬，并举行叫做“古落衣仁”的葬熊仪式，假装哭泣，唱祷词：

你不要降祸于我们，
你是善良的阿玛哈，
你是好心的恩聂嘿，
你要多赐给我们猎物，
保佑我们幸福生活。

---

① ［蒙古］何·桑普拉登都布编：《蒙古民间传统风俗》（基利尔蒙古文），191 页，乌兰巴托：国家出版社，1985 年。

我们误伤了你，
千万不要怨恨我们。
你是兴安岭上的英雄，
肠子流出来还在施威。
鄂伦春人不敢提你的名，
你是我们民族的祖先，
应保佑儿孙们幸福。
请接受我们的厚礼，
带给死去的祖先。①

鄂温克人吃熊肉时学乌鸦“嘎嘎”叫，吃完后将其骨头收集起来抬至捕获处风葬，路上像送别亲人一样哭泣，并一再表明：

把您打死的不是我们，
是俄罗斯人！
把您吃尽的不是我们，
是乌鸦群！
发现您的尸骨并把它埋葬的，
那才是我们！②

赫哲人在祭祀时也这样祷告：

不要生气，
不要发火，
请您安安稳稳舒服地躺着，
请再陪同别的熊来我们地方，
也好让我们捕捉。③

这些做法充分体现了他们既崇拜又捕杀、既希望得到实惠又不想惹怒熊灵的矛盾心理，充满着对熊的崇拜和敬畏的心态。

---

① 吕大吉总主编，分卷主编何辉华、满都尔图：《中国各民族原始宗教资料集成·鄂伦春卷》，21页，中国社会科学出版社，1999年。

② 转引自乌丙安著：《神秘的萨满世界》，84页，上海三联书店，1989年。

③ 转引自乌丙安著：《神秘的萨满世界》，86页，上海三联书店，1989年。

其三，有关熊的禁忌，在这些民族中也很普遍。鄂温克、鄂伦春人都不说熊“死”了，而说“睡”了。鄂伦春语中熊叫做“牛牛库”，但他们不直呼其名，而称“祖父”、“祖母”，或称“宝日坎”（神)、“诺彦”(官)。鄂温克人解剖死熊时，不直呼刀子，而说成割不动东西的钝器——“刻尔根吉”。蒙古人不猎杀冬眠中的熊，要杀就让它苏醒过来。在吃熊肉、处理熊骨等方面，这些民族都有不少相似的禁忌和规矩。例如，蒙古人、鄂温克人不吃熊的大脑、眼球、心、肺，认为这都是熊的灵魂所寄之处。鄂伦春、鄂温克人禁止乱扔熊骨，而是集中起来挂在树上。

根据以上材料与分析，首先可以得出这样一个结论，即阿尔泰语系民族，特别是蒙古、达斡尔、鄂温克、鄂伦春、朝鲜、赫哲以及维吾尔、撒拉等民族先民中，曾经有过熊崇拜和熊图腾信念，而且彼此甚为相似。如果把这些民族熊神话传说和与之有关的遗俗中所表现出的认识和心态加以概括，可以找到以下两个共同点：第一，他们都认定熊是人类的亲族，是人（某些氏族）的祖先；第二，相信熊的根子在天，或认定它为神兽，是山野之主、森林之王。

那么，这种崇拜与信念是怎样形成的呢？这可能与原始人对熊这种特殊动物的幻想认识和幼稚理解有关系。

我们知道，熊是个凶猛的野生动物，它体大力强，在狩猎工具并不发达的原始时代，人类根本不是它的对手。在远古时代，阿尔泰语系民族先民生活的深山老林中熊等凶猛野兽出没，时常威胁着人们。再说，熊有许多与人类相似的特征，例如它能直立，而且靠两条后腿行走；两个前肢会拿东西，并能抛掷物品或把食物送进嘴里；不仅如此，它的生殖器和内脏也与人类很相近。对这一切，古人迷惑不解，从而产生了一种神秘感和恐惧心理，这种种神秘感受和恐惧心理又引起他们对熊的崇拜与敬畏。于是凭借他们的联想与推测，认定熊也是人类，并把自己的氏族同它联系起来，以为熊是他们的亲族和祖先（原始人本来就对人和动物的区别认识模糊)。可以说，我们在上面所讨论的那些人变熊、熊变人或人熊通婚的神话传说以及有关风俗习惯，都是这种信念的具体体现或对这种认识的朴素解释。因为这些民族的先民们都曾经有过狩猎生活，他们常年出没于深山老林，与各种动物打交道。所以，在他们当中产生熊崇拜和熊图腾观念是不奇怪的。

三、熊图腾崇拜及其形成原因

有趣的是，上述诸民族对熊表现出一种既崇拜又捕杀，捕杀后又恐惧又祈求的心态。他们这种矛盾的心理和行为应当如何理解和解释呢？具体地说，如何解释他们为什么又怎么敢捕杀他们所敬畏的图腾动物和崇拜物呢？

根据图腾制的原则和民族调查的资料，图腾物对信奉它的人们来说是神圣的，绝对不可伤害的。在这一点上，上述几个民族也不例外。也就是说，这些民族作为熊崇拜民族，原先不会捕猎其崇拜物的熊，他们捕猎熊是较后的事。因为，最初人们把熊当作自己的亲族和祖先看待，不会猎杀；其次，熊在初民的眼里不仅仅是体大力强的凶猛动物，而且是神通广大、威力无穷的神兽，不敢惹它；再说，人们当时低下的智力和落后的工具也不足以猎杀熊。社会发展了，随着人们熊崇拜意识和图腾观念的逐渐淡化，随着人们对熊的经济价值的认识、狩猎工具的改善和技能的提高，也为了生存和发展的需要开始捕杀熊了。这与最初严禁猎狼的蒙古、突厥语民族，后来开始猎杀狼是同样的道理。

蒙古、突厥语民族（氏族或部落）曾有过狼图腾崇拜。[①] 在崇拜狼的早期，他们不仅崇拜狼，而且严禁捕杀。有文献记载，成吉思汗打猎时曾下令放走了入围的狼和鹿。蒙古、突厥语民族猎杀狼，是从他们由狩猎经济过渡到牧业经济后开始的。因为在狩猎时代，人类与狼不仅没有实际的利害冲突，而且还得到过它的好处。《蒙古秘史》就有记载，蒙古人的远祖孛端察儿，因兄弟不和而出走，在无食物可食的困难时刻，曾靠捕获“狼围于崖中”的野兽或“拾食狼食之余”而度过难关。不仅如此，那时狼以其凶猛与捕获能力博得人们的好感和羡慕，因而对它产生了敬畏心理。可是，转营牧业以后，狼不仅成为牧业生产的敌人，人的狼崇拜意识和图腾观念也淡薄了许多，于是它成为猎捕的对象了。作为崇拜对象和图腾物，狼和熊是一样的。从这里可以看出，最初人对图腾动物的崇拜和禁猎是一致的，毫无矛盾，而既崇拜又捕猎的矛盾现象是后来才产生的。这时，人们对熊的经济利益的追求已超过对它的崇拜，他们的价值观和道德观发生了变化。不过，此时人们的熊崇拜和图腾观念还没有彻底消失，仍

---

① 详见满都呼著：《蒙古、突厥语民族族源传说比较凡说》，载《民族艺术》，1998（2）。

有畏惧心理。可以说，对熊的祭祀与禁忌，是人们弥补罪过，消除畏惧，安抚熊灵，自我保护的一种手段和行为。

蒙古、达斡尔、鄂温克、鄂伦春、赫哲、朝鲜、维吾尔、撒拉等民族，同属阿尔泰语系，但分属于不同的三大语族（突厥语族、蒙古语族和满－通古斯语族），而且历史发展和文化传统各不相同。可在熊崇拜和有关习俗方面却如此一致和相似，这又怎么解释？

一般来说，相同的图腾表明人们的亲族关系。因为图腾是氏族的标志，在远古人群中起着识别和巩固氏族的作用。这就是说，我们首先可以从族源和亲族关系上来认识和解释这些民族（实际是其中的部分人）熊崇拜和有关传说、习俗的一致性和相似性。从上面的材料与分析当中我们不难看出，他们的传说和习俗都或多或少地表现出一些图腾崇拜的痕迹（当然有的明显，有的不明显）。除了传说与风俗外，在语言方面也有许多相同之处。一些语言学家通过对这些民族语言的比较研究，并依据语言上的一致性和相似性，断定这些语言有同源关系，是从一个古老的语言——阿尔泰祖语分离出来的。尤其同语族之间更是如此。如果这一理论和推断成立，那么，那一古老的语言就是古代某一氏族或部落的语言，因而这些民族在族源上有这样或那样的关系也是自然的了。因为，最初的语言只能是氏族的或部族的语言。

完全有这样一种可能性：古代某一（些）熊图腾氏族或部落，在民族形成过程中，分别融合到上述各民族时将自己氏族或部落的熊图腾（信念）带到上述各民族，从而在这些民族中留下了熊图腾观念和与之相关的神话传说和风俗习惯。因为，图腾从来就是氏族的，而不是民族（更不是现代民族的）整个群体的。同样，民族也不是由某个单一氏族或部落组成的，而是由众多氏族或部落组成的。正因为如此，才出现了一个民族中有多种图腾和一种图腾普遍存在于多个民族中的现象。组成阿尔泰语系各民族的那些古代民族和部落，大都生息于北方同一地域或邻近地带，在民族的形成上有着密切关系。这些民族中的某些成分来自同一族源是有可能的。当然，这都是发生于远古时期，而我们是在使用现代民族的名称，讨论古代发生的事，因此许多问题很难讲清楚。

其次，对一些民族来讲，熊可能是一种自然崇拜物，而不是图腾。也就是说，我们可以从自然崇拜的角度认识和解释这一问题。熊崇拜是自然崇拜的一种，它与图腾崇拜既有联系，又有区别。作为自然崇拜，熊崇拜普遍存在于狩猎时代的北方各部落。但自然崇拜物不一定是图腾崇拜物，只有当有的氏族或部落把它同自己的族源联系起来的时候，它才成为图腾崇拜。这就是说，熊对信奉萨满教的上述各民族的先民来说，有的可能只是自然崇拜物（当作神兽）。上述各民族的传说与习俗也或多或少反映出了这种区别。

还有另一种可能，那就是相同的地域条件、相同的经济生活和相同的宗教信仰以及相同的经历与体验等诸多因素，使这些民族在对熊的认识与理解上趋于一致。这些民族大都生活在北方地区，地理条件、经济类型大致相同；他们都信奉萨满教，有共同的宗教信仰；他们统属阿尔泰语系，语言上的共同成分较多。所有这一切，都可能造成熊崇拜在内的文化上的相似性和一致性。

最后还可以用“影响论”来认识。这些民族自古生息在同一地域或相邻地区，历史上关系密切。在长期的接触与来往中，他们的文化，包括生活方式、风俗习惯和宗教信仰等，相互影响和渗透是难免的。

从以上几点看，阿尔泰语系的蒙古、达斡尔、鄂温克、鄂伦春、朝鲜、赫哲、维吾尔、撒拉等民族熊神话传说和有关习俗的相似性以及它所表现出的熊崇拜和图腾观念，不仅有着深刻的社会历史根源，而且在一定程度上反映出这些民族在民族的形成和文化上的密切关系。

原文刊载于《民族艺术》，2003（1）

我国北方民族的熊崇拜习俗与日本埃努族的祭熊仪式

郎　樱

北方民族，尤其是环鄂霍茨克海及穆尔河、黑龙江流域的民族，多以渔猎为生。猎物崇拜的观念与习俗，在这些民族中根深蒂固。鱼崇拜、熊崇拜、虎崇拜、鹿崇拜等等，普遍存在于北亚民族之中。其中，尤以熊崇拜最为突出。这些民族生活的地域，山林茂密，熊大量出没，熊是猎人主要的猎物之一。富有油脂的熊肉是猎人的美食，熊皮与熊胆很珍贵，可以换回粮食与生活用品。熊属于凶猛动物，它在山林中站立觅食，从远处看犹如一个身着黑衣的强壮男子。对于熊这种动物，狩猎民族既有依赖，又对其充满恐惧与敬畏，在他们的心目中，熊是神圣的。围绕着猎熊、育熊、宰熊、葬熊，北方民族大多都有相应的敬畏熊的习俗存在，只是形式有所不同而已。在我国鄂伦春、鄂温克、赫哲、朝鲜等民族以及古代的肃慎、扶余等北方民族的先民中，流传着熊始祖以及各种有关熊的传说，熊崇拜观念及习俗也悉为常见。因此，我国有些学者提出“北方熊文化”的观点，也有的学者提出“熊图腾”说。总之，我国北方民族的熊崇拜观念，已引起国内外学术界的高度重视。受日本有关方面的资助，我有机会赴日对日本埃努民族的文化及其祭熊仪式进行了一些专题性研究。我在此文中，力图将我国北方民族文化置于东北亚民族文化的视野之中，与埃努等民族的熊崇拜文化进行一些比较。

一、埃努民族的祭熊仪式

埃努（Ainu）是日本北方的原居民族，目前主要分布在日本的北海道，人口约有两万四千（也有说两万六千）。“埃努”一词在埃努语中是针对“神界”而言的“人间”之义。在日本历史上，曾称其为“虾夷”。埃努在历史上曾经很强大，俄罗斯学者科里罗夫（klilof）在其著作中这样写道："12 世纪，埃努人曾是如此之强大，他们拥有五万射手（也就是说，该民族的人口在十五万以上）。"① 日本著名埃努文化研究专家金田一京助在《埃努研究》一书中也说"埃努国"曾"地域广阔，土地肥沃，人口众多。"② 以前，埃努人主要分布在日本本州的北部、北海道、库页岛（日本称萨哈林岛、桦太岛）及千岛群岛的广大地域，甚至在黑龙江流域的大陆上也曾发现埃努人居住③。据有的资料统计，据说 16 世纪，分布在上述地区的埃努人口有四十万之多④。数字虽然有些夸大，但是说明 16 世纪分布于各地的埃努人的人数还是众多的。后来由于受到统治者的歧视与杀戮，以及天花、结核等传染性疾病的大面积传播，加之严重的饥馑之灾，埃努人口急剧下降。据日本中村先生统计，到 1765 年，北海道的埃努人只有三万人。1854 年，则仅剩一万六千多人⑤。

埃努人的语言、体质特征、文化传统等均与日本人有明显的不同，因此，18 世纪的日本政客、学人把"埃努"视为"异国"，视"埃努人"为"异种"。日本语言学家认为，埃努语属古老的亚洲语言（非满－通古斯语族）；而"深目、多毛"是埃努人的主要体质特征；与大自然融为一体、在万物有灵观念支配下，以祭熊文化为标志的古老民间信仰以及丰富多彩的口头传承文化（神谣——神的尤卡拉，英雄歌——英雄的尤卡拉，神话、传说等），构成了埃努人的文化传统。埃努人质朴、善良、和蔼、平和，以捕鱼和狩猎为生。19 世纪末 20 世纪初，日本在北海道大力"拓植"与"开发"，在埃努人中强力推行"日本化"，埃努人的土地被占领，他们失去了生活空间；他们的语言濒临消亡，口头传承文化也处于消亡的危境。在保持文化多样性的呼声越来越高的国际文化形势下，经埃努人士的多方呼吁、努力奔走，1997 年日本国会通过了"埃努文化振兴法"。从此，埃努文化受到日本全社会的重视，埃努语教学、埃努文化的抢救工作取得了前所未有的巨大成就，有关埃努文化的出版物大量面世，埃努历史、文化的研究空前活跃。

---

① 维列里·迪·阔萨列夫（kosalef）与丘内尔·米·达库萨米（dakusami）合著，熊野谷叶子译：《埃努民族的历史与文化》（日文），名石书店（东京），1998 年，60 页。

② 金田一京助著：《埃努研究》（日文），内外书房（东京），大正 14 年，再版前言。

③ 在上述两部著作以及高桥崇著《虾夷——古代东北人的历史》等多部著中，对此问题都有论述。笔者拟将在另一篇论文中对此问题进行详述。

④ Takakula S. "Vanishing Ainu of Japan / Natural History, 1966, October, Vol. 75 p. 16 ~ 17。转引自维列里·迪·阔萨列夫（kosalef）与丘内尔·米·达库萨米（dakusami）合著，熊野谷叶子译：《埃努民族的历史与文化》（日文），名石书店（东京），1998 年，63 页。

⑤ 同①，第 15 页。

祭熊仪式（日语称之为 kuma macili，埃努语称之为 kamuy ywomante）在埃努民族的精神生活中占有极为重要的位置，与埃努人的生活息息相关，是埃努民族的文化象征。伊福部宗夫先生在《流沙埃努的熊祭》一书中说，“熊祭仪式”是“作为狩猎民族的埃努人的至高无上的祭典，是植根于其生活的宗教性仪式，是他们信仰、世界观淋漓尽致的体现与传承。”①

埃努人的祭熊仪式源于埃努人的狩猎生活。埃努人生活的地区，熊的数量很多。埃努人捕鱼，熊也在捕鱼吃；埃努人进山打猎，经常遇到在山林中觅食的熊。埃努人常常守在熊穴旁，在猎熊的过程中常常可以在熊穴中捕获到刚刚出生的熊崽，埃努人把它们抱回家去喂养。过去，一个猎人一年能够猎获到许多头熊。随着日本人进入北海道的人数逐年增加，加之熊的捕获量高于它的出生数量，猎熊业逐渐萎缩。即使如此，19 世纪末 20 世纪初，北海道的埃努猎人一年仍可捕获包括仔熊在内的八头熊。在库页岛，熊的数量少些，那里的猎人两年间可捕获到五头熊②。

饲养仔熊是埃努熊文化的重要标志。捕获到熊崽，猎人引为自豪，同时也是全家与全村的大喜事。刚刚出生的熊崽抱回来要靠妇女喂养，有的妇女甚至用自己的乳汁来喂养小熊崽。17 世纪创作的一幅埃努风俗画中就描绘了一位用自己乳汁喂养熊崽的埃努妇女形象，她像抱着自己的孩子一样搂抱着一只小熊崽。在埃努地区进行过深入调查的英国人约翰·巴契夫就亲自见过几位埃努妇女围坐在一起，轮番地用自己的奶水喂小熊崽。据说小熊崽为了找喂养它的“母亲”还会哭泣，为了不使它寂寞、孤单，有的埃努妇女还搂着它睡觉③。乳喂大约六周之后，用鱼与粟米熬的粥喂养熊崽。库页岛的埃努人有这样的习俗：妇女喂养熊崽期间，不准做饭，不准动针线，祭熊仪式上，也不吃熊肉。埃努妇女用自己的乳汁喂养长大的仔熊，到了两岁就要从熊栏（每户埃努人的房前都建有养育仔熊的熊栏）中抓出来宰杀。喂养过它的埃努妇女与仔熊有很深的感情，据说北海道一位奶过熊崽的妇女不堪熊面临的宰杀之苦，便切断绳子，把熊放了。结果是熊咬死咬伤多人，后逃到山上④。居住在库页岛与黑龙江上游地区的尼夫赫族（又称“古里雅库族”）与埃努人一样，也有饲养仔熊的习俗。由

---

① 伊福部宗夫著：《流沙埃努的熊祭》（日文），11 页，みやま书房（札幌），1969 年。

② 同①，第 12 页。

③ 约翰·巴契夫著，安田一郎译：《埃努的文化与传承》（日文），404 页，青水社，1995 年。

④ 青木纯一著：《埃努的传说与情话》（日文）中的《熊祭之日》篇，福贵堂（札幌），大正十三年。

于他们养犬，有些人便让熊崽去吃雌犬的乳汁（宰熊时，雌犬也要一并被宰杀）①。

关于埃努人饲养仔熊的来源，还有一个传说：相传埃努人的始祖神叫“雅依列斯波”，他是一位半人半神的形象。他与雌熊交配，雌雄怀孕生下熊崽。雌熊把熊崽送到人间，熊崽便与它的“人间父亲”雅依列斯波生活在一起。由于熊崽是山神送来的，埃努人从此便形成了“饲养仔熊”的习俗②。这则传说向我们传递了重要信息，即埃努人相信熊是山神（nepoli kamuy），由于熊崽是山神之子，因此一定要精心饲养。

仔熊在熊栏里渐渐长大，当它长到两岁多的时候，就要举行祭熊仪式（yiwomante）了。有的埃努学者认为：“祭熊仪式”的提法并不十分确切，严格来说，应是“把熊的灵魂送返神界的仪式”，也可称“送熊魂仪式”。祭熊仪式对于埃努人来说，是件神圣、庄严的大事，从仪式的各项准备开始直至仪式举行完毕，一般需要半个月至一个月的时间。举行仪式前的准备工作很多，主要有三项：第一，用柳木枝削制神木币（埃努语叫做 yinav），祭熊仪式的场地要竖立许多只神木币，祭火神及各种祭神活动也都离不开神木币，神木币是迎送神灵、祈求神灵的重要神器；第二，要为熊灵及众神灵准备丰盛的食物及各种供品，要酿制大量的米酒；第三，准备捕熊、宰熊的工具及祭熊仪式场地的布置与装饰。祭祀场地轮流设在仔熊养育者的宅院与酋长的家中，亲属及村民都来参加仪式。

祭熊仪式一般要经历三个步骤：宰熊、熊肉宴、葬熊，而每一个步骤都要伴随着隆重而复杂的祭祀仪式。以埃努人聚居的日高沙流川流域的祭熊仪式为例，其正式的祭熊仪式是三天。

但是，这一地区在祭熊仪式开始的前一天，要举行祭火神、祭熊神的仪式。德高望重的司祭者向神祈祷说：我们把熊无病无灾地养育大了，望神保佑祭熊仪式平安、顺利进行，不要出现伤人的事。在第二天宰熊之前举行的神祈仪式上，司祭者再次向神祈祷，保佑祭熊仪式平安无事，保佑家里人平安健康。熊是很凶猛的动物，祭熊时，熊如果挣脱皮绳，其后果是不堪设想的。祭熊是项有一定危险性的活动，基于这种心理，他们才反复向神祈祷，请求神保佑祭熊仪式平安进行。向神祈祷后，埃努妇女们便围绕熊栏边歌边舞，慰藉熊神。她们这时的心情一定相当复杂，看着自己养育大的朝夕相处的仔熊，明天就将面临着宰杀的命运，惆怅之感油然而

---

① 加藤九祚著：《北东亚洲民族学之研究》（日文），316～317页，恒文社（东京），1986年。

② 同①，第205页。

生。然而，想到熊魂即将返回神界，它可以见到自己的父母，又对熊神表示诚挚的祝福。望着熊栏里的熊，恋恋不舍之情与对熊神的虔诚之情交织在一起，这恐怕就是埃努妇女围着熊歌舞时的心情吧。

祭熊仪式正式开始的第一天是宰熊。宰熊之前，要在仔熊养育人的家里举行隆重的祈神敬神仪式。奉献给神的供品非常丰盛，有鱼、肉、酒、烟，还有各种糕饼。众人再次敬奉火神、熊神、众神及祖先之灵。祭神的过程肃穆庄严。祭祀完毕，人们涌向祭熊仪式的场所，有经验的猎人在助手们的帮助下用皮带把熊从熊栏中套出，在人们激动的叫喊声中，猎手牵拉着熊在祭祀场地周围走。这时，人们都围拢过来，为熊的灵魂返回神界充满兴奋与激情，女歌男舞，场面热烈而激昂。

神箭手开始向熊射箭。当一支支箭射向熊体时，人们的心情是复杂的：敬畏、崇拜、祈求、憧憬，既为熊魂要返回神界而兴奋，也多少有些不舍之情，尤其是用乳汁将熊养大的妇女。猎手射中熊的心脏，饲养两年多的熊倒在了地上。熊神的灵魂返回到神界了，人们的情绪又激昂起来，狂歌狂舞，祭熊仪式达到高潮。这时，射手朝着东方的天空再射一箭，这是向熊魂指路，引导它向东方行。

猎人们熟练地剥下熊皮，将熊解体。众人聚集起来，再次举行祭神祈神仪式，拜火神，拜熊神，祭拜祖先。之后，设酒宴，众人聚餐，庆祝熊神的魂返回神界。

第二天是熊肉宴。把解体的熊肉煮熟（库里雅克族煮熊肉要求用雪水），由参加熊仪式的所有人分享。在埃努人的观念中，灵魂与肉体是分离的，熊神的灵魂已经返回神界了，熊肉是神赐给埃努人的。库里雅克人在吃熊肉前，要把熊皮支撑起来，放在木架上，使其成站立状，口中还衔着一条鱼。这或许意味着，熊已经有食物吃了，不会再伤人。

吃熊肉时，所有的骨头要保留完好。熊的头骨是最珍贵的，要对头骨进行装饰。首先把头骨上的肉全部剔除，把头盖骨敲个洞（雄熊在左侧，雌熊在右侧），将脑浆倒出，要生食。然后，用各种削的花，把熊头装饰好。口中用饼串和大马哈鱼的鱼干装饰。雄性熊头要装饰刀，雌性熊头要佩戴首饰。装饰好的熊头骨要放在一个特制的两股叉上支起来，套上埃努纹样的衣服。把熊的内脏——膀胱、直肠、生殖器包好吊起来，公熊的内脏包放在其左侧，母熊的内脏包放在其右侧。仔熊要带走的礼物——干鱼、干肉以及栗子、榛子等熊喜食的果实等，也打成一个包，挂起来。在祭熊场上，设起一个祭熊的祭坛。

众人聚集，举行隆重的送熊魂仪式，送魂仪式在整个祭熊仪式上占有非常重要的地位。仔熊养育者首先向火神祈祷：“熊以神姿态返回神界，请你把这些土产礼物送给熊神的双亲。祝愿你路上无灾无祸。路上要小心熊的出没，敬候你安全归来！”转而，他又对熊神祈祷：“我已拜托火神了，你要听好火神告诉你回家的路，你回家后要代我们向你的双亲问候。各种供品礼物由火神带到神之国，你要招待众神，让他们在酒席上高高兴兴。今后给我们村寨更多的熊，保佑我们村寨无灾无祸！盼望你与你的双亲一起回来！”

送魂词有各种各样的，内容都比较古老。1902 年在沃塔桑（Wotasang）村的祭熊仪式上，一位长者是这样唱的：

我们与你朝夕相处两年以上了，
今天全村男女都怀着依依不舍的心情来与你告别。
我们为你制作了神木币，
我们即将举起喜刀，
……
你要穿过厚厚的黑色云层升入云居。
这时，从高耸的山上会降下闪耀着光辉的雾气来迎接你！
飞到山上的祥云层，你还要继续地飞升，
你要在枝叶繁茂的山侧降落。
你一定要按着我们教你的路线走！
你会发现面前的路上有动物足迹，
大足迹一对，小足迹一对，
你要沿着这足迹向太阳升起的方向走，
就会回到你自己的家了，
你妈妈会出来迎接你。
你不要忘记我们啊，
明年回来看看养育你的场所，
回到村子来转转，我们等着你啊！

另一首送熊词是这样的：

高贵的小神，我们养育了你，
非常辛苦地养育了你！
我们是这样地爱你，

父母来给你送行。
亲爱的小熊，
你听到我说的话了吗？
今天我们给你削制了神木币，
为你准备了烟、酒和各种各样的赠品，
你要带上这些东西出发上路，
你要再回来呀！

在埃努人的口承文学中，也有相关记载：

我的仔熊啊，
你还是个孩子……
带上饼，带上酒，
你要沿着小河走，
你的前面会有闪着光辉的白雾降临，
你的身后会有黑色的雾升起，
河流分成两岔，
你要沿着有神山的河走，
你要攀登上神山，
神山之东就是你祖父祖母生活的地方。
到了那里，
看到你带的饼和酒，
你的父母一定会高兴。①

上述这些充满爱意的古老送熊魂词，表达了埃努人对自己养育的仔熊怀有父子般深厚的感情。这些送熊魂词，听起来就像一位埃努族老人对即将上路的儿子一样谆谆教导，担心他迷路。从这动人心弦的送熊魂词中，我们可以深切地体会到埃努人与熊交融的感情、与神交融的感情。

埃努人的祭熊仪式有多种功能：

第一，信仰功能，这也是主要的功能。埃努人相信熊是山神，供品丰富、欢送熊魂返回神界的仪式盛大，熊神高兴了，埃努猎人就会得到山神的佑护。埃努传说对此有生动的描写：由于熊给人们带来危害，村里人几

① 金田一京助著：《埃努的神典》（日文），八洲书房，昭和十八年（1943年），第153～155页。

乎都走空了。沃塔孜村一位勇敢的猎人把熊杀死了，为民除了害。民众要求把这头熊的尸体埋在土里。这天夜里，被宰杀的熊出现在猎人的梦中，它对猎人说："我作恶太多了，很后悔，以后我绝不再作恶了。我恳请你们千万不要把我埋在土里。为我削制一根神木币（Yinav），送我返回到神界去吧！我会成为你们的守护神。"猎人梦醒以后，削制了神木币，并举行了送熊魂返回神界的仪式。从此以后，沃塔孜人，每年都会梦见熊，他们的猎物也因此而特别多。以前那个村子留下的人及其后人，都得到沃塔孜人的帮助。[①] 希望得到神助，希望得到更多的猎物，这是埃努猎人朴素的憧憬。

第二，娱神与自娱功能。祭熊仪式是群体性活动，祭熊仪式成为村落中头等大事。人们着盛装，共同祭神，共享熊肉宴。在祭熊仪式上载歌载舞。这对于常年在海上捕鱼、在山里打猎、艰难度日的埃努人来说，在娱神的同时，自己有了精神寄托，心情放松，得到一时的欢愉。此外，通过祭熊仪式，村落的凝聚力也得到了加强。

第三，祭祀祖先、祭祀亡灵的功能。在埃努人的祭熊仪式上，祭祀祖先、祭祀亡灵是一项重要的内容。据说，库页岛的埃努人在宰杀熊的当天早上，大家围在熊栏边哭号。埃努文化研究者赫维斯基认为，他们不是在为熊哭泣，而是在悼念上次举行祭熊仪式以来死去的亲人。北海道南岸沙流川口二风谷村的祭熊仪式，是在宰杀饲养的熊之前，要举行隆重的祭火神、祭熊神、祭众神以及祭祀祖先的仪式。库里雅克族宰杀熊之后，在把熊皮与头骨运进家门的过程中，呼喊着祖先的名字。如果宰杀的是雄性熊，就呼喊三位祖先的名字，宰杀雌熊时，呼喊四位祖先的名字。

第四，教育功能。猎熊是一项充满危险性的狩猎活动，老猎手积累了许多猎熊的经验。埃努青少年通过祭熊仪式可以学习到许多狩猎知识。在祭熊仪式上，能一箭射中熊心脏的猎人，被视为神箭手，受到大家的敬重。这可以激发他们努力学术射箭技术信心，立志做射箭手。此外，他们在参加祭熊仪式过程中，也受到民族传统文化的教育。

举行祭熊仪式的民族除埃努族之外，还有库里雅克、维尔恰（Orcha)、沃洛次阔（库页岛的民族)、斯摩里雅克等民族。各地的祭熊仪式不尽相同，但是也有其共同点：一是在栏中饲养仔熊；二是举行宰熊祭熊仪式；三是风葬熊骨。

埃努人的祭熊仪式比较完整，因此，有的学者认为，库里雅克人的祭

① 北海道砂泽 kula 讲述，载浅井亨编：《埃努的昔话》（日文），日本放送出版协会，昭和四十七年（1972 年），第 64 ~ 67 页。

熊仪式是从埃努人那里传来的。埃努的祭熊仪式是埃努人的熊崇拜观念的体现，他们认为，熊是山神，它主宰着人们的狩猎活动，得到山神的佑护，人们就可以猎得更多的猎物，过上富裕生活。他们相信山神是以熊的姿态出现在人世间，因此要举行隆重的仪式，把它送回神界。此外，库页岛的埃努人认为自己与熊有血缘关系，雌熊被视为埃努人的始祖母（埃努的创始英雄与雌熊神结合），他们为自己是熊的子孙而自豪。外人也认为他们是熊的子孙，例如，著名学者大林太郎教授在论述“库页岛埃努人兴盛发达的祭熊仪式是原初的发祥地”的观点时，曾这样评价库页岛及周边有祭熊仪式的民族：“奥罗奇人是鹿的子孙，库里雅克人（尼夫赫人）是犬的子孙，埃努人是熊的子孙。”

二、我国北方民族的熊崇拜习俗

狩猎在我国东北地区满－通古斯语族的鄂伦春、鄂温克、赫哲等民族的生产与生活中占有重要的地位。东北茂密的森林、林木覆盖的山峦，是熊栖息繁衍之地。熊肉、熊胆、熊掌、熊皮都很珍贵，因此，熊是东北狩猎民族的主要猎获对象之一。猎人们认为世上万物有灵，他们相信天上有天神，大地上生活着的人及各种动植物也都有灵魂。在这些民族中，树木崇拜和鹰崇拜、虎崇拜、鹿崇拜、熊崇拜的观念与习俗，十分普遍。与埃努民族一样，在各种崇拜中，熊崇拜的观念与习俗尤为突出。

我国北方民族的熊崇拜习俗，主要表现在以下几个方面：

第一，认同与熊的亲缘关系。鄂伦春人、鄂温克人、赫哲人对熊都非常敬重，不敢直呼其名。一般称公熊为“祖父”（鄂伦春语“雅亚”，鄂温克语“和克”），称母熊为“祖母”（鄂伦春语“太帖”、鄂温克语“额我”），此外，还有“老人”（赫哲语“玛发”、“伯父、大爷”，鄂伦春语“阿玛罕”）、“伯母、大娘”（鄂伦春语“恩民河”）等多种称呼。这些亲切的称呼，一方面体现了这些民族对于猛兽黑熊的敬畏之情，另一方面也表明了他们与熊的亲缘关系。人与熊的亲缘关系，主要体现在他们的族源神话传说中。例如，鄂伦春族有一则流传相当广泛的传说：

有个猎人外出打猎，被母熊推倒的树意外砸伤，母熊背着他，把他安顿在树洞的草窝里，为他治好了伤，他们就生活在一起了。母熊生了一个一半像熊、一半像人的崽。母熊每次出门，总是用大石头把洞口堵好，怕猛兽伤害猎人。一天，猎人推倒堵在洞口的石头，跑了出去。他见江上有人在放木排，就跳了上去。母熊顺脚印追赶到江边，大声喊叫，猎人不理，母熊忽然举起小崽，猛地撕成两半，一半扔给木排上的猎人，自己搂着另一半。随母熊的一半成了熊，随猎人的一半就成了鄂伦春人①。类似的传说在鄂温克人中也有流传：猎人毛尔汗的妻子死了，一天，他打猎时碰到一头母熊。母熊把他打昏，抱回山洞。从此，毛尔汗与母熊生活在一起，生的孩子浑身长毛。有一天，毛尔汗见到山下河里有一条船，他跳上去，母熊气得把孩子撕成两半。赫哲族的传说：一位妇女有三个孩子，他们钻进林子，过了好久，一个也没有回来。妇女在江岸上啼哭，熊问："哭啥？"女人把经过说了。"别哭，我让你再生几个，都跟那乃人一个样。"熊找上门来，她果然生了好些娃娃，长大后都跟那乃人一个样。她对孩子们说，你们有了自己的族，我去跟熊过日子去了②。

视熊为始祖，认同与熊有亲缘关系的观念，不仅存在于鄂伦春人、鄂温克人、赫哲人之中，在朝鲜与突厥语民族中也存在。据《三国遗事》关于檀君神话的记载，桓雄天王与母熊结合，生下檀君王俭。王俭以平壤为都城，始建朝鲜。在维吾尔族《英雄艾力库尔班》以及柯尔克孜有关熊的传说中，女性被公熊劫走，人女与公熊结合所生的熊之子艾力库尔班（维吾尔族）、阿勒曼别特（柯尔克孜族）均是力大无比、盖世无双的英雄。

第二，猎熊、宰熊与葬熊的禁忌。鄂伦春是一个世代以狩猎为生的民族，他们长期生活在东北的深山老林之中。他们的猎熊活动，有许多严格的禁忌。例如，猎人将熊射杀死，年轻人是不许走近去观看的，只能由主猎者去辨别熊的雌雄。如果是公熊，割下它的睾丸挂在树上，禁止人们去碰它；如是母熊，人们就更要远离它，猎人要用毡子或桦树皮遮住它的下身。驮运熊尸要用骟马，如果用公马或是母马驮载的话，公马就会像熊一样凶猛、伤人，母马则会不孕或是流产。驮运熊尸时，人们要边走边假哭，以示对熊之死的哀悼。快到家时，猎人队伍中的长者要不停地学乌鸦"嘎—嘎"地叫，家里的人也同样"嘎—嘎"地学乌鸦叫。鄂温克也是一

① 隋书金编：《鄂伦春民间故事选》，3页，上海文艺出版社，1988年。

② 施腾伯格著：《关于基利亚克人、奥罗奇人、格尔德人、涅基达尔人、阿伊努人的著作与资料集》（俄文），502页，哈巴罗夫斯克，1933年。转引自徐昌翰与黄任远合著：《赫哲族文学》，37页，北方文艺出版社，1991年。

个以狩猎经济为的主民族，食物主要是兽肉、鱼肉。鄂温克人的熊崇拜习俗，大致与鄂伦春族相同。他们把猎熊用的枪支不叫枪，而是称作“呼翁基”（打不死任何动物的工具）。打死熊，忌讳说“熊死了”，而要说“老爷爷（和克）睡着了”或说“老奶奶（额我）睡着了”。凡是猎到熊，要招呼全村人来吃熊肉。吃肉前，大家要齐声喊叫：“嘎—嘎——是乌鸦吃你的肉，不是鄂温克人在吃你的肉!”熊的大脑、眼珠、心、肺、肝、食道都不能食用。熊被宰杀后，大家分食熊肉。过去，把熊从中间切开，男人吃前半部的肉，女人吃后半部分的肉，他们认为如果女人吃了前半部分的肉，就会被熊吃掉。吃熊肉之前，先要向熊祭拜，妇女要向煮熊肉的锅跪拜。吃熊肉时，大家也都要“嘎—嘎”地学乌鸦叫一声，并说：“是乌鸦在吃你的肉”。熊头是不能吃的，在其嘴上塞上一根木棍，象征熊不会再伤人。

赫哲族是渔猎民族，以捕鱼为主，也从事狩猎。熊是主要的猎物之一。猎人发现熊穴，要通知亲戚朋友，他们来到靠近熊穴的山林里集合。熊从穴中惊起之时，年长者向熊开第一枪，如果熊没有死，其他猎人才可以开枪。熊被击毙后，常常是就地剥皮开膛。发现熊穴的猎人首先用刀捅进熊腹，豁开熊皮。其他人则按长幼顺序把刀插入熊腹，掏出内脏。首先发现熊穴的猎人可分得熊头、熊掌、熊心、熊肝、熊臀部的油脂，还有熊皮。余下熊肉煮熟之后，猎人们围篝火席地而坐，熊宴主持者用一个特制的木盘向长者跪献熊头，长者切下一小块肉吃罢后对献熊头者说：“愿神保佑你以后再打到熊!”熊油绝不可泼洒在地上，否则会认为是大不敬……嘴也要用薄而软的树皮揩擦……熊骨与擦过油的树皮要包在一起，由熊宴主持人高高地置放于树上，同时低声祝祷：“我们对你够意思，别生我们的气，多给我们送点野物来!”等等①。

第三，风葬熊的仪式。熊骨崇拜在北方民族中十分盛行。在熊宴中，熊骨严禁乱扔。熊肉宴结束后，人们要将所有的熊骨用柳树叶子包好，置放在树杈上。全村人开始为熊举行风葬仪式。鄂伦春人的葬熊、送熊魂仪式（鄂伦春语为“古落—仁”）最为隆重。所有的人都跪拜在熊骨面前，德高望重的老猎人带领年轻猎人跪着给熊头装烟、磕头，并向熊祈祷说：“祖父（雅亚）或祖母（太帖），你睡着了。我们的箭射（得）不准，刀也很钝。不是我们有意杀了你，是误杀了你，你不要生我们的气吧！以后

① 洛帕金著：《黑龙江、乌苏里江和松花江的戈尔德人》（俄文），204~205页，弗拉迪沃克斯托克，1922年。转引自徐昌翰、黄任远著：《赫哲族文学》，38页，北方文艺出版社，1991年。

多多保佑，赐给我们玛音（狩猎好运）吧！”[1] 之后，老猎人开始用点燃的桦树皮熏熊头。鄂伦春人相信熊的灵魂在熊的头骨及骨骼中，通过烟熏熊魂就要离开他们远行了。一般情况下，长者还要带领大家唱风葬歌（“古落—仁”），歌词具有程式化的特点，各地区的唱词大同小异。

有一首《风葬黑熊》这样唱道：

黑熊大娘啊，
你虽然犯了罪走向阴间，
可你生前有时也让人喜欢，
摸着你雪白发亮的头骨，
给你风葬，
你的魂越过山坡，
去走你的独木桥，
带着你的一窝小蚂蚁，
去往阴间的路要走好！
捧着你雪白发亮的头骨，
想起你生前让人喜欢，
黑熊大娘啊，
让我们年年看见你，
用你的爪子刨着土走吧！
今后你对孩子要喜欢，
看见老人给一巴掌也可以，
但见了年轻人可别用舌头去舔。[2]

有的“古落—仁”唱词分两段：

第一段这样唱道：

古落、古落，阿玛罕（大爷），恩民河（大娘）古落，
你就要走向阴坡，古落，

---

① 上述鄂伦春族的猎熊禁忌与习俗，引自徐昌翰、隋书今、庞玉田合著：《鄂伦春族文学》，26~30 页，北方文艺出版社，1993 年。巴图宝音著：《略论鄂伦春族民歌》，见《民族文化探秘》，135 页，天津古籍出版社，1993 年。

② 巴图宝音著：《略论鄂伦春族民歌》，见《民族文化探秘》，34 页，天津古籍出版社，1993 年。

是你喜爱我们才成长，古落，
我们要摸你的头骨风葬你，古落，
你到了时辰后就要走，古落，
你要走你的独木桥，古落，
你要吃完你喜爱的蚂蚁，古落，
你要收拾好你的白桦树，古落，
你要走两座山中间的路，古落。

第二段的唱词是这样的：

古落、古落，阿玛罕，恩民河，古落，
你年年要让我们见到你，古落，
你年年更喜爱我们打着你，古落，
所以我们要摸着你的骨风葬你，古落，
你如果碰见年轻人不要咬伤他们，古落，
你碰见老人打一巴掌也可以，古落，
你要走完这条路啊，古落，
你原来就是动物，古落，
你在动物中是最厉害的，古落，
人人都怕（被）你吃掉啊，古落，
我们要求你不要吃掉我们，古落，
所以我们要摸着你的骨风葬你，古落。①

我们之所以详尽地引述鄂伦春族的风葬歌，一是为了说明我国北方民族的葬熊仪式十分隆重，别具特色。鄂伦春人对熊敬畏、亲切的朴素情感，在这些风葬歌中表现得淋漓尽致；另一方面，这些风葬歌十分古老，具有节奏感、音乐性，是不可多得的古老仪式歌谣。这既是鄂伦春族的文学珍品，也是北方民族民间文学的瑰宝。

特别值得一提的是，鄂伦春人死后实行树葬。文献记载：“鄂伦春人，其在森林游猎者，凡死者用大树凿穴殓之，置于高岗树杈上，一年后埋

① 详见黑龙江省塔河鄂伦春族猎人孟全福讲述，鄂伦春人孟秀春翻译，孟秀春和张桂忠共同采录的《古落—仁》，载黑龙江《民间故事集成》附记部分。

之，殆有上古树葬之风欤[1]。”鄂伦春人以本民族葬人的方式来葬熊，而且还要为熊举行隆重的风葬及送魂仪式，鄂伦春人对熊感情之深厚、熊崇拜观念之强烈，由此可见一斑。

鄂温克人也要对熊进行风葬，他们的风葬仪式很讲究：要把熊头，熊的心、肝、肺连同各掌五指及右上肋骨两根、右下肋骨三根、左上肋骨三根、左下肋骨两根，用桦树条捆好，并用柳树条捆六道，熊头向东，安葬在事先架好的两棵树中间的横梁上。安葬熊的树必须是枝叶繁茂的粗大松树，把两棵树向阳面削成平面，横刻十二道沟，并用木炭、鲜血和各种野花在上面涂成五颜六色。在第六道沟的两侧，砍出刀口，把熊的眼睛安上去。这些准备就绪后，参加风葬的人们都要假哭志哀，并在上风处点燃火堆，用烟熏熊的尸首涂污[2]。

从以上的叙述中我们可以看出，熊崇拜习俗在我国北方民族的民众中是根深蒂固的。鄂伦春、鄂温克、赫哲等北方少数民族生活的地域不尽相同，但是他们的熊崇拜习俗却基本相同。我国北方民族普遍存在熊骨崇拜观念，例如有的民族把熊的踝骨作为护身符，鄂温克猎人毡房的门旁挂熊前爪，他们相信熊骨具有护身祛邪的作用，有熊骨佑护，在打猎时就不会受到猛兽的袭击。熊的肩胛骨也被视为具有神力，他们相信用它占卜很灵验。在他们的观念中，如果对熊骨不敬，必遭报应，这类传说不少。例如，一鄂伦春妇女手拿熊的头盖骨说“要是用它当盆该多好”，待她进山时，她的头盖骨就被熊砸碎。一鄂伦春老婆婆曾用熊的股骨做了一个饭勺，她被熊掐死，她的股骨被熊抽了出来[3]。隆重的风葬熊骨的仪式，也是熊骨敬畏情感的集中体现。此外，射杀熊或是吃熊肉时，几乎都有“嘎—嘎”学乌鸦叫的习俗，这种习俗在黑龙江及其支流的许多民族中都存在。在我国的北方民族中，鄂伦春与鄂温克族比较典型。鄂温克人在风葬熊的途中唱道：“把您打死的不是我们，是俄罗斯人！把您吃尽的不是我们，是乌鸦群！发现您的尸骨并把它埋葬的才是我们！”[4] 乌丙安教授认为，这是转嫁捕熊、吃熊的罪责。他提出我国北方民族的风葬仪式是“与熊和解的仪式”的观点。这种观点很有道理，“和解礼仪”表达了北方民族对熊持有的极为矛盾的心理状态：敬畏熊、崇拜熊，为了生存，还要猎

---

① 于世良、赵放主编：《中国地方志民俗资料汇编》东北卷，373页，书目文献出版社，1989年。

② 吕光天著：《北方民族原始社会形态研究》，266页，宁夏人民出版社，1981年。

③ 徐昌翰、隋书今、庞玉田著：《鄂伦春族文学》，34页，北方文艺出版社，1993年。

④ 乌丙安著：《神秘的萨满世界》，84页，上海三联书店，1989年。

熊、吃熊肉。猎熊后，尤其是吃熊肉时，惧怕熊愤怒而报复，因此，通过各种形式，乞求熊的原谅。这是我国北方民族熊崇拜仪式的特点，也是与埃努人视熊为山神的祭熊神仪式（又称“把熊的灵魂送返神界的仪式”）的相异之处。此外，对熊的尊称（祖父、祖母、大伯、大娘）以及广泛流传的熊始祖传说，表现了他们与熊的深厚情感与亲缘的认同感。

结　语

熊崇拜是历史悠久，流传面相当广阔，跨地域、跨国家的原始文化现象。有的学者指出：“从考古学的资料看，对熊这种动物的崇拜，早在旧石器时代晚期的许多遗址中就有所发现。例如在法国的别施阿山洞中发现的两块薄石片，上面绘有用后脚站着的熊，在熊的前面画有貌极恭敬的人像，这个情景表明人接近熊，意在向它致敬！这种生动的画面，说明远在旧石器晚期的古人类，对熊的崇拜就早已存在。①”在东北亚，熊崇拜在新石器时代已经出现，在黑龙江下游的阿穆尔河流域新石器时代遗址中出土了陶土制熊偶。值得一提的是，熊偶崇拜的习俗沿袭至今。赫哲人与北部鄂温克人用木雕刻的熊作为保护神，鄂伦春猎人供奉用皮制作的一雌一雄的熊偶。库里雅克人（尼夫赫人）祭熊时，熊偶穿着库里雅克人的服装接受祭拜。

日本学者认为，熊崇拜与鄂霍茨克文化关系密切。北海道大学菊池俊彦教授认为，“所谓鄂霍茨克文化，是指黑龙江下游流域以及以库页岛为中心的沿海地域的已具有内陆要素的狩猎经济为基础的文化。它在形成过程中附加了受沿海地区传入金属器具影响的海兽狩猎经济形态及家畜饲养经济形态。②”加藤九祚教授认为熊祭的发源地是西伯利亚的阿穆尔河下游地区。我国学者岑家梧在其《图腾艺术史》一书中，将贝加尔湖、黑龙江流域、库页岛作为熊图腾的主要分布地域。上述所举三位学者的观点，可以说是大同小异。这些地区森林茂密，熊在那里生息繁衍，经常在林中出没。

熊是很凶猛的动物，对猎人的生命安全构成极大的威胁。但是，熊与人又有许多相似之处。比如它能够直立行走，它的前掌很灵活，可以采摘

---

① 吕光天著：《北方民族原始社会形态研究》，272 页，宁夏人民出版社，1981 年。

② 菊池俊彦著：《论桦太的鄂霍茨克文化》（日文），载《北方文化研究》第 12 号（鄂霍茨克文化特辑），1978 年。

野果，还能自如地塞进口中。母熊有两个酷似人的乳房，熊的生殖器也与人相似。发现人或其他物时，它还会用前掌遮光张望。因此，猎人相信熊是通人性的。有这样一则熊的传说：猎人外出打猎，看见前面的树墩上坐着一个穿“大哈”（鄂伦春语，翻毛狍皮袄）的人，背对着他在打盹。他心想，不要去惊扰人家。突然间，那“人”站起来，歪着头打了一个哈欠，张开血盆大口，露出了尖尖的牙齿。猎人这才看清，这是一头母熊。母熊发现猎人，在追赶猎人时，碰倒一棵树，树砸伤猎人的腿。母熊把猎人安顿在树洞的草窝里，衔来草根草叶，嚼碎后敷在猎人受伤的腿上。此后，人与熊通婚、生子。人熊婚的传说在狩猎民族中广泛存在。

熊是凶猛的，又是通人性的。熊崇拜习俗以及猎熊、熊肉宴的各种仪式，便在北方民族中渐渐形成了。埃努人、库里雅克人（尼夫赫人）属于古亚洲民族，他们的熊崇拜主要表现在养育熊崽及隆重的祭祀熊神仪式上，此仪式包括祭熊神、射杀熊、熊肉宴和送熊魂返回天界、葬熊骨几个部分。而鄂温克人、鄂伦春人、赫哲人属于满－通古斯民族，他们一系列猎熊的禁忌以及严格的风葬仪式，是他们熊崇拜的特点。

阿尔泰语系民族与阿伊努族月亮阴影神话比较研究

那木吉拉

著名的神话学家李福清（B. Rirftin）总结神话的主要特点时指出："神话有推究原因的功能。即解释各种事物，诸如动物、人类、祭典、仪式、自然现象来源或特点，是神话主要的功能及叙述目的。"① 在世界各地很多民族中都流传解释月亮阴影的神话。

在东北亚地区分布的阿尔泰语系蒙古语族、满-通古斯语族和一些突厥语族民族月亮阴影神话称，月亮里的阴影就是一个手提水桶的小姑娘或小媳妇（少数变体中则为少年）的影子，神话还讲述了小姑娘或小媳妇如何飞上月亮的故事。与之同类的神话又流传于同一地区的阿伊努人当中。我们把这些神话分为"祈求型"、"攫取型"和"惩罚型"等三个类型。阿尔泰语系诸民族的月亮阴影神话大致归于"祈求型"和"攫取型"两个类型当中。而阿伊努族月亮阴影神话则可用"惩罚型"来概括。本文主要运用类型和母题研究的方法，探讨上述地区分布的阿尔泰语系某些民族以及阿伊努等民族的月亮阴影神话，探讨诸民族同类神话的共同特点和各自独立的特点，并试图触及神话原型及其变异的轨迹。

一

东北亚一些民族中流传的月亮阴影神话称，小媳妇（少数变体谓少女）被婆婆虐待，不堪忍受，在晚上汲水时，祈求月亮把自己带到天上。月亮可怜小媳妇，把她连同水桶接到天上去，小媳妇及其水桶化为月亮里的阴影。称之为"祈求型"月亮阴影神话。该类型神话主要分布于阿尔泰

① B. Rirftin（李福清）：《国外研究中国各族神话概述——〈中国各民族神话研究外文论著目录〉》，载《长江大学学报》（社会科学版），2006（2）。

语系满－通古斯语族的赫哲、埃温、由卡基如等民族和突厥语族的柯尔克孜、雅库特族中，[①] 在我国赫哲族中流传四则。[②]

黑龙江省同江、桦川、饶江一带赫哲族中流传的神话《月亮里的姑娘》说：

> 小媳妇受婆婆虐待，白天干活受苦受累，晚上还要到江边挑水。一天晚上，她又去挑水，看见水里自己的倒影，人瘦得不像人样，伤心地哭了起来。她请求月亮："如果你真有灵，就把我搭救到天上去吧！"月亮里的大树，伸下长长的树枝，一直伸到她跟前。她抓住树枝飘飘悠悠地上了天，从此她便居住在月亮里了。她那对桦皮水桶也就变成了月亮里的阴影。[③]

隋书金于1958年从饶河县采集到上述神话的一个变体《月亮的故事》中同样受婆气的儿媳妇，小媳妇晚上到江边挑水，祈求月亮把她带到月亮上。月亮降下一块白布，将小媳妇带到天上，小媳妇和她扯的老柳树、她挑着的一对桦树皮水桶成为月亮的阴影。[④] 赫哲族的另一则神话变体《月亮里的小媳妇》[⑤] 称，虐待小媳妇的除了婆婆之外，还有她的公公，甚至是她的丈夫也参与到欺凌其媳妇的行列中来。

---

① 据日本学者松村武雄主编《西伯利亚的神话传说》（1929年）一书中收录的《月亮斑点的由来》，可能是雅库特族的神话。

② 徐昌翰、黄任远先生对赫哲族月亮阴影神话有研究。参见徐昌翰、黄任远著：《赫哲族文学》，北方文艺出版社，1991年。

③ 王士媛、马名超、黄任远编：《赫哲族民间故事选》，19～20页，上海文艺出版社，1986年。

④ 隋书金著：《天鹅姑娘的传说——东北少数民族民间故事选》，10页，春风文艺出版社，1982年。

⑤ 黄任远著：《赫哲那乃阿伊努原始宗教研究》，306～308页，黑龙江人民出版社，2003年。

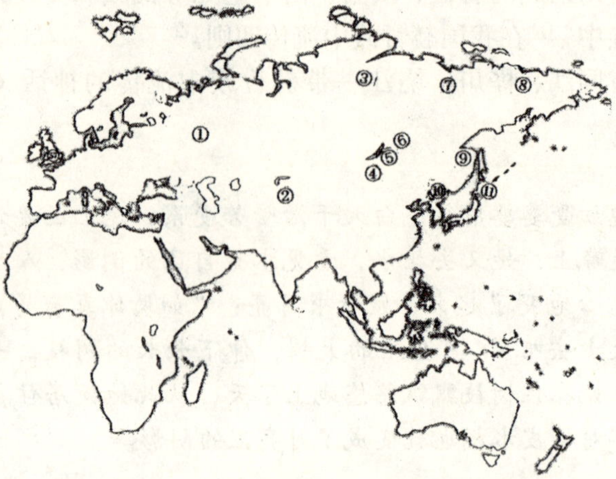

图一　本文出现的有月亮阴影神话的诸民族

①巴锡乞如②柯尔克孜③东干④蒙古⑤布里亚特

⑥鄂温克⑦埃温⑧由卡基如⑨那乃⑩赫哲⑪阿伊努

婆婆虐待媳妇是“祈求型”月亮阴影神话的主要母题之一。这个母题在神话中出现有其社会根源。婆婆与媳妇之间的矛盾，即婆婆刁难、虐待媳妇，这是人类婚姻制度完全确立和巩固之后，家庭关系中出现的一种特殊现象。在父系制度下的封建社会家庭里，相对来说，只有媳妇是“外人”。从而在家庭中出现“内人”欺负“外人”的现象。婆婆原本也是“外人”，但她在这个家庭里生儿育女，从“外人”逐渐变成了“内人”。也就是从被欺负的地位走向了它的反面。尤其是旧式家庭中婆婆和媳妇的关系是微妙的，一方面，因为家庭中新媳妇的出现而婆婆无意识中生怕失去了亲生儿子的爱而嫉妒甚至是憎恨媳妇；另一方面，家庭中繁杂的家务以及生儿育女等诸多问题把婆婆和媳妇紧紧连在一起。所以，在家庭关系中婆婆和媳妇之间出现矛盾的几率比起其他成员之间更高一些。而一旦出现矛盾，婆婆依仗传统道德观念的势力，往往处于有利的地位，所以，媳妇尤其是新媳妇总是处在被虐待和被欺负的境地。而婆婆和媳妇的对立，是典型的内地汉人式农业家庭关系的一种反映，在古代北方游猎民族家庭出现这种现象的几率非常少。所以在赫哲族神话中出现这一母题，显然是文化传播的结果，是较晚近发生的。同样是月亮阴影神话，七八十年前俄罗斯学者洛帕金在黑龙江下游的戈尔德——那乃人中采集的实例中没有这种母题。[1] 说明上述判断是正确的。

神话中出现婆婆虐待媳妇等情节母题，重点突出了软弱无能的“外人”小媳妇受气受累的窘境，人们更加同情和可怜小媳妇，引申出小媳妇向月亮求救以及月亮可怜小媳妇并把她接到天上的合理性。有的神话变体里也出现了婆婆、公公及丈夫悔恨虐待小媳妇的情节母题，进一步加强了神话的故事性和戏剧性。另外，该类型神话中都说，月亮并不亲自下凡，而是通过它的神奇仙术功能把小媳妇接到天上去的。这一切都说明神话正在失去其原初形态，向民间故事转化的趋势。

总之，从我国赫哲族搜集的“祈求型”的月亮阴影神话已经发生变异，其故事性和戏剧性增强了，原始神话的那种古朴幼稚的观念有所淡化，表现神话向“人话”转化的进程。而且阿尔泰语系其他一些民族“祈求型”月亮阴影神话中婆婆虐待媳妇被置换为后娘等扶养人欺侮少女的母题。满－通古斯语族的由卡基如族的神话《姑娘和月亮》说：

> 少女的父母去世，被亲戚家领养。亲戚经常虐待少女，让她累死累活地干活。一个寒冷的夜晚，亲戚让她去河边汲水。孤女到封冻的河面上用桦皮桶从冰窟窿里汲水。此时的她向着月亮诉苦说：“月亮啊！月亮啊！我经常受虐待，谁都不保护我。你那里肯定是光明而温暖，请求你救救我，把我带到你的身边吧！”月亮非常可怜孤女，亲自下到地上，领着少女一起飞向天空。从此孤女和她的水桶成了月亮的阴影。后来，有人议论说，因为是少女惰怠，所以让她到月亮上去的；也有人说，要是地上生活幸福，孤女能和月亮一起到天上去吗！[2]

这里小媳妇已被置换为孤女，而虐待的是她的亲戚。神话中的亲戚虐待孤女和婆婆虐待媳妇母题的性质是相同的，都是属于家庭里的“内人”欺凌“外人”的范畴。而下面引述的神话中虐待孤女的则是使唤她的富人或领主。如，柯尔克孜族的神话《月光神和汲水小女孩》说，巴依（bayi，突厥语，富人）虐待欺负所使唤的小女孩，让她不停地干活。一天半夜，巴依让小女孩去河边挑水。小姑娘又饿又累，想起自己的苦难身世，非常

① ［俄］洛帕金著：《戈尔德人》，330 页，符拉迪沃斯托克，1922 年。转引自徐昌翰、黄任远著：《赫哲族文学》，50～51 页，北方文艺出版社，1991 年。以前称那乃人为戈尔德人。那乃为阿木尔－撒哈林地区的原住民。那乃和赫哲是相同的民族。

② ［日］荻原真子『东北アジアの神话伝说』、东方书店、1995 年、第 115～116 页。

伤心。她抬起头来祈求月亮把自己带到月亮身边去。于是月亮从天而降，将小姑娘连同她手里的水桶一起带到天上。小姑娘和水桶成为月亮里的阴影。[①] 雅库特族的《月亮阴影的由来》[②] 和艾温族的《月亮的斑点》[③] 等两则神话与上述《月光神和汲水小女孩》的主要的情节母题相似，其中都说，富人或领主虐待使唤的孤儿少女，少女祈求月亮带到天上去，月亮应允把少女带到自己身边。不同的是这些神话变体中都出现了月亮和太阳争抢少女的情节母题。《月亮阴影的由来》中说，月亮和太阳争抢的起因在于少女本人。少女向月亮祈求把自己带到天上去时，曾加了这样一句“月亮你不赶快把我救走，太阳会领我到他那里去的”。太阳听到此句，马上下凡，将少女带走了。月亮想把少女抢过来，但没做到，其结果是太阳迫使少女在他身边住三年，然后才放走。从此少女和月亮生活在一起，手持水桶的少女也就成为月亮的阴影。

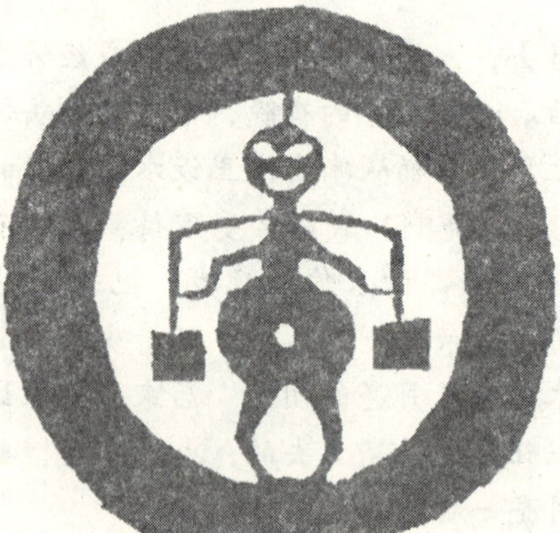

图二　那乃族图案——月亮里的汲水姑娘

采自荻原真子《东北亚神话传说》（日文）

上述神话中领主或富人虐待所使唤的少女的母题同样是较晚近的产物。自从私有财产产生和贫富差异的出现，富人雇用穷人是社会中的普遍的现象。而雇用者和被雇用者的地位是不平等的。两者之间的力量对比上，显然

---

① 满都呼主编：《中国阿尔泰语系诸民族神话故事》，82～83页，民族出版社，1997年。

② ［日］松村武雄编『シベリアの神话伝说』，世界神话伝说大系（10）、名著普及会、1929年初版、1983年修订、第123～124页。

③ ［日］荻原真子著『东北アジアの神话伝说』、东方书店、1995年、第260～261页。

是前者远远强于后者。所以，被雇用者经常处于被欺凌和虐待的处境。这种社会现象以故事的形式在民间传说和故事中频繁登场。而神话中出现这样的母题，显然是标示着神话的故事化倾向。

综上所述，“祈求型”诸神话，故事化倾向显而易见，尤其是赫哲族的月亮阴影神话中夹杂了其周围民族特别是汉族社会文化的影响是很明显的。当然神话中的月亮带走少女、日月争抢少女和少女及其水桶成为月亮阴影等等情节母题则是接近神话的原初形态。

二

东北亚地区流传的一些月亮阴影神话的主要情节是：父母让少女（有的变体谓“小孩”，为说明其性别）去汲水，少女贪玩不归，父母（有的变体谓“后娘”）诅咒：“月亮把她带走吧！”月亮应咒而至，攫取少女。手提水桶的少女成为月亮里的阴影。我们称这类为“攫取型”月亮阴影神话。该类型神话主要传承于阿尔泰语系诸满－通古斯语族的艾温基族和戈尔德—那乃族以及喀尔喀蒙古、布里亚特人中。该类型神话大都篇幅短小，情节简单，保存了原始神话古朴、幼稚的一般特点。而且这些神话大都是较早期搜集整理的。下面对该类型神话进行内容介绍和母题分析。

七八十年前俄罗斯学者洛帕金在黑龙江下游的戈尔德—那乃人中采集到的一则故事说：

> 晚上妈妈叫女儿到江边挑水，女儿贪玩，好久也不回来。妈妈气得咒她：“让月亮比阿（bia，赫哲语，月亮之意）把她抓走算了！”月亮比阿果然应咒而至，一把攫取了姑娘，她连两只水桶也未来得及放下。比阿至今还同姑娘住在天上，那对桶成了月亮里的阴影。[①] 喀尔喀蒙古中流传的神话《月亮里的小孩》讲，晚上，父母让小孩去河边汲水。小孩贪玩，久久不归。父母跑出帐幕去叫孩子的名字：“你的这边是太阳，你的那边是月亮！”意思是“你不快点回来，太阳和月亮就把你带走了”。月亮听见了，马上下凡，把小孩连同水桶一起带到天上去。月亮里的阴影就是那小孩子和他（她）的水桶。

---

① ［俄］洛帕金著：《戈尔德人》，330 页，符拉迪沃斯托克，1922 年。转引自徐昌翰、黄任远著：《赫哲族文学》，50～51 页，北方文艺出版社，1991 年。

据说当地有一个习惯，人们叫在河边汲水的小孩时，不说她的真实名字，而称“狗噎了（Nohai hahala）”。①布拉根·挨玛库（Aimak）民间盛传月亮上有手提水桶（Hobing，汲水挤奶用的小桶）的少女的说法。与此相关的一则神话《月亮里的少女》（原题：狗噎）称，从前，一个小姑娘晚上提着小桶汲水时，月亮把她带走了。传说那个手提小桶的小姑娘在月亮上面。所以，人们不愿在明月当空的晚上让小孩子去汲水。小孩去汲水而迟迟不归，也不能叫她的名字，而是喊“狗噎住了！”②

上述两则蒙古神话中的有些意象是模糊不清的，如前者神话主人公的性别不清，也没有交代父母哪一方是让小孩去汲水的。后者中主人公的性别清楚，但是她是如何飞向月亮的过程的描写不清楚。如果把这两则神话相互阐发，并参照其他民族同类神话，解读蒙古民间流行的与神话相关的禁忌，可以推定神话原来形态中，前者主人公是少女，后者少女是被月亮攫取的。

艾温族中也流传同类神话。《被月亮攫取的姑娘》说，傍晚，母亲让女儿去海边汲水，女儿贪玩不回家，母亲生气，叫女儿的名字：“魔鬼来了！”海神应声而至，欲抢走少女。少女想挣脱，与海神搏斗起来，此时月亮升起在海面上，并靠近姑娘，姑娘伸手抓住月亮里的草丛，月亮升空而上把少女带到天上，成为月亮里的阴影。通古斯人中也流传忌讳叫刚从水里出来的少女真实名字的习俗。③ 此与蒙古族的相同习俗是同源的。

布里亚特的“攫取型”月亮阴影神话大致与上述同，只是“婆婆虐待媳妇”母题被“继母虐待孤女”的母题所替代。《月亮姑娘》中说：

> 后娘虐待少女，让她累死累活地干活。一天少女去汲水，沉重的担子把她压得喘不过气来，她把水桶放在地上歇息了一会儿，后娘发现了非常生气，诅咒少女：“太阳和月亮带走她吧！”太阳和月亮应咒而至。少女吓得赶忙抓住身边的杞柳。日月争抢少女，最后月亮说服了太阳，把少女连同水桶和杞柳一起带到天

① ［蒙古］浩·桑皮勒登德布编：《蒙古神话传说大观》（蒙古文），39～40页，民族出版社，2002年。

② 译自［蒙古］策·达姆丁苏荣著：《蒙古文学概要》（蒙古文，下册），775页，内蒙古人民出版社，1982年。

③ ［日］松村武雄编『シベリアの神话伝说』、世界神话伝说大系（10）、名著普及会、1929年初版、1983年修订、第53～54页。

上。少女和水桶、杞柳成为月亮的阴影。①

布里亚特的另一个神话变体《月亮的阴影》说：

后娘虐待兄妹俩。一天后娘让他们俩到河边挑水。孩子们出去后很久不归。后娘生气，诅咒道："太阳和月亮把这些坏孩子带走吧!"太阳和月亮听到诅咒，马上从天而降，接近兄妹俩。哥哥飞快地躲藏到河边的一个羊皮底下，太阳没有发现哥哥。月亮向妹妹跑过来，想带走。而小姑娘紧紧抓住身边的柳条丛不放，另一只手还提着满桶水呢。月亮把姑娘连水桶和柳条丛一起带到天上。从此，少女成为月亮的阴影。②

笔者认为，阿尔泰语系诸民族"攫取型"月亮阴影神话比起上述"祈求型"，更多地保留了月亮阴影神话的较早期的部分情节母题。如神话中出现的"母亲或后娘诅咒汲水少女"、"月亮应咒攫取少女"等两个母题包含人类社会较早期才可能发生的标示性观念。

在上述有关"攫取型"神话变体中，母亲或继母的诅咒成为月亮带走少女的主要原因。这里诅咒作为语言的特殊形式，具有一种不可抗拒的魔力。原始时代人们相信，语言具有神奇的力量，它可以影响身边的任何一件事情的走向或结局。这就是所谓的语言魔力的信仰。原始时期的人们出于功利目的，可以用唱祝词、赞词等手段慰藉超自然的陌生力量。因此，有的民族中祝词、赞词等民间文化非常发达。与此相联系，有的民族以诅咒的方式影响或改变对自己不利的一切，使事情往自己一方有利的方向发展。用语言的神奇力量来躲避不幸或某种灾难的习俗在旧时的很多民族中盛兴。正因为语言有着如此神奇的魔力，人们在比较郑重的场合，一定要检点自己的话语，最忌讳说出一些不吉利的话，以避免导致意想不到的后果。这种语言巫术观念至今在一些民族中残留着，这些原始思维在古代则成为神话产生的一种思想观念基础。因此，上述"攫取型"神话当中的月亮攫取少女，父母诅咒性语言起了决定性的作用。

在古代北方游猎民族先民中大概没有像后世那样户外挖井的习俗，他们在很大的区域内随季节终年游动，每当找到新牧场，往往傍水而居。因

① 郝苏民、薛守邦编译：《布里亚特蒙古民间故事集》，44～45页，中国民间文艺出版社，1984年。

② 译自《蒙古民间故事集成》（蒙古文，下册），18页，内蒙古文化出版社，2000年。

此，平时大人让小孩用树皮水桶或小木杯汲水，而贪玩是孩童的天性，他们玩耍起来忘记汲水，大人着急到户外骂孩子。这种古代狩猎游牧生活内容反映到神话中，随着神话的传承，在民间也随之形成了一些独特的习俗。这种民俗事象的形成，显然与语言信仰有关。

在上述神话中的月亮应咒攫取女孩的母题情节的产生也与初民对月亮这一天体的原始认知有关。在许多民族神话中月亮通常是女性本原的象征符号，如日月是姐妹，月亮是一个女性形象。但有时也以男性神灵形象登场。最近的资料显示，在阿尔泰语系诸民族中，哈萨克、柯尔克孜、蒙古、鄂伦春、满、赫哲等民族神话中的月亮为女性形象，而这可能是相当晚近的观念。在古代阿尔泰语系诸民族神话中的月亮是个男性的象征。在古突厥乌古斯汗传说中，乌古斯汗为三个儿子分别起名为 kün（太阳）、Aj（月亮）和 Jultuz（星星）。① 这说明古代突厥人把日月星这三个天体象征为男性。古代维吾尔人也把月亮作为男性来象征的。据《蒙古秘史》第238节记载，维吾尔族的亦都兀（名，巴尔术阿尔忒）派使臣拜见成吉思汗，说：耳闻您的大名，仿佛看到了“额客纳阑”（Eeke naran，意即“母日”）一样高兴。② 据14世纪蒙译古突厥文献记载，突厥人仍称太阳为 Eeke naran（额客纳阑），③ 可见当时维吾尔人认为太阳是母亲。以此类推，他们可能认为月亮是父亲，因而太阳是女性的象征，月亮是男性的象征。突厥语族民族中阿尔泰人也认为太阳是母亲，月亮是父亲。④

13世纪时踏上蒙古草原的约翰·普兰诺·加宾尼（John of Plano Carpini）在他的游记《蒙古史》中说，蒙古人称“月亮是大皇帝，并向它下跪祈祷。他们并且说太阳是月亮的母亲，因为月亮是从太阳那里得到它的光辉的”。⑤ 由此可知，古代蒙古人的神话观念中月亮的男性象征是比较明显的。据了解，在蒙古族历史上没有一位女性大汗。在蒙古神话、民间传说、民间故事以及英雄史诗中也几乎没有女性大汗的形象。因此至少是13世纪以前的很长一段时期内，蒙古人神话观念中月亮是男性形象。上述月亮阴影神话中的太阳和月亮争抢少女，应当说，此处太阳和月亮都是男人的象征。赫哲族较早期的民间流传的神话中月亮是男性的象征。上世纪

---

① 阿巴拉嘎兹著，策登道尔吉译：《蒙古诸王朝史纲》（蒙古文），357页，内蒙古文化出版社，1999年。

② 额尔登泰、乌云达赉校勘：《蒙古秘史》，664页，内蒙古人民出版社，1980年。

③ 道布整理校注：《回鹘式蒙古文文献汇编》，438页，民族出版社，1983年。

④ ［土］阿·伊南著，姚国民、曾宪英译：《萨满教今昔》，35页，中国社会科学院民族研究所印，1979年。

⑤ 道森编，吕浦译，周良霄注：《出使蒙古记》，12页，中国社会科学出版社，1983年。

初，俄国学者洛帕金在黑龙江下游采集到的一则戈尔德人（那乃人）的神话说，太阳西乌是一个女人，月亮比阿是一个男人。俄国学者 B. K. 阿尔谢尼耶夫采集的一则那乃族吉利喀拉的故事说，太阳和月亮在太空中不断地绕行是因为“男人比阿在天空追逐女人西乌，但总是追不上，只有到新月未生之前月亮不出现的那个短暂的夜晚，才是比阿追上了西乌的时候。那个夜晚天空之所以漆黑一片，是因为比阿不愿让人们看见他怎样同西乌交合”。①

总之，从古代文献记载以及较早采集和整理的神话内容来分析，古代阿尔泰语系相关民族神话中的月亮是男性形象。此外，上述月亮阴影神话变体中的月亮确实是男性味颇浓，他从天而降，攫取小女孩或小媳妇是具有十足的男性象征。这个故事象征着天上月亮男子与地上的女子结合，是氏族社会婚俗的生动写照。换言之，月亮攫取小女孩是原始社会部族间抢婚的遗风在神话中的反映。因此，上述“攫取型”月亮阴影神话中的月亮攫取小女孩或小媳妇的母题来源是非常古老的。

三

阿伊努人的月亮阴影神话主要是在日本北海道地区采集的。所谓“惩罚型”月亮阴影神话是父母让少年（少数变体称少女）去汲水，少年不愿意，敲打炉边说：“炉边多好啊！你从来不汲水，整天在那里呆着，羡慕死了！”少年汲水去了，但久久不回，父母（大都变体称“母亲”）担心出去找，鲑鱼告诉他们，神为了惩罚懒惰孩子，将少年带到月亮上去罚站。父母往天空一望，孩子果真提着水桶和勺子站立在月亮当中，成为月亮里的阴影，我们称之为“惩罚型”。

阿部敏夫等编《日本传说大系》（第一卷）一书中以《月亮中的人的起源》为题收录了阿伊努的该类型神话。②“日本民话会”编集的《世界民话》一书以《月亮中的少年》为题，收录该类型神话的一个变体，并附简单解释。③ 据稻田浩二等编集的《日本昔话通观》一书以《懒惰的少年

① 徐昌翰、黄任远著：《赫哲族文学》，46 页，北方文艺出版社，1991 年。

② ［日］阿部敏夫、涉谷道夫、成田守等编『日本伝说大系』第一卷、みずうみ书房、昭和60 年、第 231 ~ 232 页。

③ ［日］日本民话会编『世界の民话』讲谈社、昭和六十三年、第 187 ~ 188 页。

被送到月亮》为题，收录了阿伊努人的该类型神话及其12个变体。[①] 日本学者久保寺逸彦最近编译的《阿伊努神谣》一书以《月亮中的人的起源故事》为题，翻译收录了该神话的一些文本。[②] 阿伊努的该类型神话是以阿伊努族的讲述神话、传说和民间故事的特殊的一种体裁神谣（Kamui - yukar）的形式传承下来的。阿伊努神谣一般都是用第一人称叙述的叙事诗。在这里首先抄录《月亮中的人的起源》的一个变体：

（我）让小孩去汲水，他不愿意去。小孩边用捣火筷子敲打、磨蹭炉边上的台木，边说："很羡慕啊，因为你是台木，不用汲水什么的。"说着又一边敲打、磨蹭炉边："很羡慕啊，因为你是炉边，所以你不用汲水什么的！"他又到门口磨蹭、敲打门口的柱子，说："很羡慕啊，因为你是门口的柱子，不用汲水什么的。"他走到大门厢房那里，说："大门厢房的柱子真让人羡慕啊！它不用汲水什么的！"说着又敲打柱子。

但是小孩自从沿着河边走下去之后，便不回来了。我出去沿着河岸走下去找，没有发现他的影子。我沿着河岸走下去，正好碰上了依托乌鱼群，便问："你们见到我孩子了吗？"依托乌鱼说："我们知道孩子在什么地方，但是不告诉你。这是因为，每当我们到人那里，人们总是说我们是'大嘴！大嘴！'的，心里很不舒服。所以我们不告诉你！"我又往下走，饴鳟鱼群走过来了，我问它们："见到我的孩子了吗？"饴鳟鱼说："每当我们到人那里去，他们总是说我们是'卡塔斯基！卡塔斯基！'让我们心里很不舒服。所以，我们不告诉你孩子在什么地方！"饴鳟鱼这样说着把我们扔在一边，顺河往下游过去了。我仍沿着河往下走。这次见到了鳟鱼群，我便问："你们见到我的孩子了吗？"鳟鱼们说："每当我们到人那里，他们总是说我们是'烂肉！烂肉！'的，我们知道孩子在的地方，但是不告诉你！"它们说着又把我们扔一边过去了。

我仍沿着河岸继续往下走，碰见了鲑鱼群，我问："你们见到我的孩子了吗？"鲑鱼说："每当我们到人那里去，他们总是叫我们'神鱼！神鱼！'的，好让人高兴！所以告诉你孩子去向吧！你的孩子惰怠，所以受神的惩罚，让他手提水桶永远站在月神那

---

① ［日］稲田浩二、小泽俊夫编集『日本昔话通観』第一卷、同朋社、1989年。

② ［日］久保寺逸彦编訳『アイヌの神谣』、草风馆、2004年、第238～240页。

里！看！在那儿！”我抬头一看，果然像它们说的那样，孩子手里提着水桶站立在月亮当中呢。①

这是比较典型的阿伊努人月亮阴影神话，其他变体的故事情节也是以这样的顺序展开的。但是变体之间也有细节的差异。有的变体中的主人公是个少女，如《月亮中的人的起源》的一个变体是这样的：

从前有一个懒姑娘。母亲吩咐她去挑水，她生起气来，用小刀刻伤了炉边，说：“因为你是炉边，所以，一年四季后背上满载考熟的食品玩耍，不汲水什么的也可以，所以，你真舒服啊。”她这样嘟嘟囔囔说着，手提水桶（桦树皮水桶）满不情愿地出去了，这回用水桶碰碰房子的柱子，说：“你是个柱子，所以什么事都不做，每天交叉双手，尽在房子外围转圈，你真是舒服极了！”这样说着用小刀刻伤了柱子。她嘟嘟囔囔地嘴里说着什么，挥舞着水桶，向着河流走过去。但她这样一走，就不回来了。母亲担心她，出去找她，只发现河滩上的一双木屐，哪里也看不到女儿的影子。母亲沿着河岸而上，到河上游去找，路上碰见红肚子乌古依鱼群。母亲向它们问，见到我孩子没有，它们说：“那孩子总是骂我们尽是骨头，是难吃的东西。所以，我们知道她去哪里，但不告诉你。”说着吹着泡泡过去了。母亲没有办法，继续沿着河岸往上走，遇见了依托乌鱼群，母亲向它们询问，他们说：“你们猎捕我们，但还说我们是没有长肉的家伙，把我们挂在树枝上，草草处理了事。所以不告诉你女儿的去向。”母亲正在发愁之际，看见了鳟鱼群游过来。它们也说：“我们逆流而上的时候，你们很关心我们，但成了老鱼之后就不珍惜了，乱扔完事。因此我们能告诉你女儿的去向吗！”母亲正在无可奈何的时候，从那里鲑鱼群上来了。鲑鱼说：“你们很稀罕我们，说我们是‘神鱼！神鱼！’，连我们的骨头都不随便处理。所以告诉你吧，你的姑娘来到河边，望着月亮说，‘月亮好啊，什么都不干，静悄悄地呆着就可以。而我不停地被人使唤。’于是，月亮把懒惰的她攫取到月亮当中，占为己有。”母亲眼含泪水，往天空一

① ［日］久保寺逸彦编訳『アイヌの神谣』、草风馆、2004年、第238~240页。

望，看见了月亮当中手提水桶的小孩的影子。①

笔者认为，少女被月亮抢去，没有来得及放下水桶，成为月亮的阴影，这是接近于月亮阴影神话的原型。但是阿伊努神话的绝大多数变体中这个中心母题已经发生了本质的变异。因为神话主人公性别被置换，首先没去了神话原型的男性月亮攫取少女或小媳妇的意象，人们永远也不会从这些神话变体当中联想到原始社会特殊婚俗的痕迹。

此外，在阿伊努月亮阴影神话当中颇让人关注的是鲑鱼协助人的母题。神话中鲑鱼这样做是因为人类尊重它，誉称它们是“神鱼”，连骨头都不随便处置，甚至连不愿汲水的懒小孩也尊鲑鱼为“神鱼”。这个母题从根本上来说，反映了阿伊努人对鲑鱼这一动物的信赖感和崇敬之情。

在古代，阿伊努人的居住区有着非常丰富的鲑鱼资源，鲑鱼在他们的生活中扮演着无可替代的作用，成群结队逆河流而上的鲑鱼的密度，就像文字形容的那样——“水里洗土豆一样”或者是“立木不倒”、“从河里无法汲水”。每年固定的时间段里必定有大的鲑鱼群逆流而上，使得以此为食的阿伊努人的生活格外的安定。所以，阿伊努人的家家户户大概都沿河岸并排而落，而鲑鱼大群逆流而上的上限，恰好到达他们居住村户的最上的边缘。既然鲑鱼在阿伊努人生活中是如此重要，所以在阿伊努语中称“且浦”（鱼），是指“鲑鱼”；如果称“卡母依·且浦”（神鱼），便是最高的敬称了。② 在古人当中，满足需求之物往往成为崇敬的对象。阿伊努人崇信鲑鱼，也是这样来的。所以，神话中的鲑鱼就像实际生活中的鲑鱼一样使人们信赖和安定。而有的神话变体中鲑鱼更加神奇。有一则神话说：有一懒少年，不听从父母吩咐，不愿汲水，敲打柱子：“柱子不挑水，真让人羡慕!”。少年见到河鱼便说：“河鱼好啊，不汲水！真让人羡慕啊!”当少年到河边时鲑鱼把少年抓起来，送到天上的月亮里。③ 这里的鲑鱼显然是超自然的存在。

其次，惩罚母题是阿伊努人月亮阴影神话的重要标记，也是贯穿整个神话的红线。而惩罚母题有两种，一是神（有的变体称“火神”或“水神”）作为惩罚，把懒小孩送到月亮上，无休止地站立。另一个是仅把不愿意汲水的少年送到月亮上，而且“不管他怎么叫苦，命令他用无底水勺

---

① 『アイヌ民话集』。[日] 阿部敏夫、涉谷道夫、成田守等编『日本伝说大系』第一卷、みずうみ书房、昭和60年、第231~232页。

② [日] 本多胜一著『アイヌ民族』、朝新闻社、1993年、第14~17页。

③ [日] 稻田浩二、小泽俊夫编集『日本昔话通観』第一卷、同朋社、1989年、228页。

永远汲水。"① 以此惩治其懒怠。②

阿伊努人"惩罚型"月亮阴影神话中的怠惰少年（少数变体中是少女）不愿意劳动，而且不听从甚至抵制父母的吩咐。这是他被惩罚的原因之一。另外还有一个主要原因就是少年的违禁背约。神话中父母让少年去汲水，但他不想去，而且见到什么便敲打，以此发泄不满。资料显示，在古代阿伊努人社会盛行"万物有灵"观念，每个社会成员都处在神灵世界里，认为人们在日常生活中无时无处不接触神灵。柱有柱神，炉有炉神。少年敲打它们，显然是对神圣不可侵犯的神灵的挑衅。有一则神话变体说：母亲向鲑鱼询问孩子的下落，鲑鱼告诉她，"你的孩子殴打无辜的炉神、案板神、柱子神和河滩石头神。所以，火神和水神生气，作为惩罚，把他送到天上去了。"③

在阿伊努人的信仰生活中，火神扮演着重要角色，他高高在上，居于谷物神、食物神、水神、大自然神和太阳神等众多重要神灵之首。④ 阿伊努人相信火神居于炉子里；"炉子是阿伊努人日常生活当中最贴身的神灵——'火媪神 Ape - huchi - kamui - huchi'经常镇居之所。'火媪神'在炉子的正中，在燃烧着的火焰底下建立黄金房屋 konkani - chise 而居。"⑤ 神话中，少年敲打炉边，显然是对神圣场所及其神灵的蔑视和侵犯，所以他必然被送到月亮上去受惩罚。

总之，阿伊努人和阿尔泰语系诸民族月亮阴影神话比较，前者已经发生了很大变化，其故事化倾向非常明显，越来越贴近民众的日常生活和审美意识，成为教育人们，尤其是警戒青少年的训诫故事。所以阿伊努月亮阴影神话往往以"从今往后的人们啊！不要忘记这个教训。贪图安逸、吝惜付出辛苦是取不得的"⑥ 等训语结尾。

结　论

综观上述，可以得出如下结论：月亮阴影神话的这三个类型当中，最

① ［日］稲田浩二、小泽俊夫编集『日本昔话通観』第一卷、同朋社、1989 年、第 229 页。

② 在月亮里永远不停地劳动来惩罚的母题存在于世界其他一些民族的月亮神话中。

③ ［日］稲田浩二、小泽俊夫编集『日本昔话通観』第一卷、同朋社、1989 年、231 ~ 232 页。

④ 远丸立著『永远と不老不死』、春秋社、1996 年、第 162 页。

⑤ ［日］久保寺逸彦著『アイヌ民族の宗教と仪礼』、草风馆、2001 年、第 283 页。

⑥ ［日］久保寺逸彦编訳『アイヌの神谣』、草风馆、2004 年、第 238 ~ 240 页。

靠近原型的是“攫取型”，因为其中出现母亲诅咒女儿——远古人的语言信仰，即语言魔力的信仰；人格化并表征男性象征的月亮攫取人间少女——原始社会抢婚习俗的反映；少女及其水桶等成为月亮阴影——古人对月亮阴影或阴影的猜想等相关母题链。笔者认为这些是比较接近月亮阴影神话原型的。当然“祈求型”也保留了一些古老神话母题，但它可能受到晚近思想观念的影响，从而神话母题情节复杂化、故事化甚至是戏剧化，显示神话向民间故事转化的趋势。“惩罚型”月亮阴影神话也在一定程度上保留了神话原型的某些要素，但它发生了较大的变异，主要表现在对神话主题的改变。月亮抢少女，男性象征的月亮和人间少女婚媾这个主题被置换为惩治懒惰、警示后人的主题，而且其中又以阿伊努人的信仰生活内容为增饰。

总之，本文所论述的月亮阴影神话在传承过程中发生各自的变化，而且这些变化也带有浓厚的民族文化特色。当我们剥离这些外衣刨根问底，不难发现上述这三个神话类型都不同程度地保留了月亮阴影神话的核心母题。首先，“攫取型”是最接近原型的神话类型；“祈求型”是从“攫取型”脱胎而出的新近类型；“惩罚型”的惩罚少年的母题，可能是从“攫取型”中的攫取少女母题演化而来。对多数类型来说这些演化已经完成，而有的变体中这些演化还没有完成。如以少女为主人公的变体中，少女到河边眺望月亮，向月亮诉苦，表达和月亮在一起的愿望。月亮获悉来自少女的信息之后，亲自下凡，攫取少女。[①] 这些神话母题显然与月亮阴影神话“祈求型”和“攫取型”的核心母题相一致。所以三者来自同一个原始神话类型。阿尔泰语系诸民族与日本阿伊努月亮阴影神话的这三个类型之间除了核心母题之外，还有一些附件是相近的，如由卡基如族神话《姑娘和月亮》结尾部分用议论的口气说，那女孩子是个惰怠者，由于她的懒怠，所以才到月亮上去的。[②] 这就是说，神话中的少女是懒惰，所以月亮作为惩罚，把她带到月亮上去了。这些附件恰好与阿伊努族月亮阴影神话相吻合，证明三者之间的密切关系。

最后值得一提的是，在日本冲绳的宫古岛流传的《变若水和死水》也可以纳入到月亮阴影“惩罚型”神话类型当中。因为这里还出现天道神惩

① 『アイヌ民话集』。阿部敏夫、涉谷道夫、成田守等编『日本伝说大系』第一卷、みずうみ书房、昭和60年、第232页。阿伊努人月亮阴影神话的绝大多数变体中，神把懒惰少年送到月亮上去，很少有月亮亲自下凡攫取的。

② ［日］荻原真子著『东北アジアの神话伝说』、东方书店、1995年、第116页。

罚未能完成使命的男子在月亮上手持水桶永远站立的母题。[1] 该神话的有的变体还说，让这个男的在月亮上永远汲水劳动。宫古岛的《变若水和死水》与阿尔泰语系诸民族月亮阴影神话有着相同之处，又其与阿伊努族的月亮阴影神话有几个主要母题是相同的，但它们之间仍存在主题的差异。

原文以《东北亚月亮阴影神话比较研究——以阿尔泰语系诸民族与阿伊努族事例为中心》的题目刊载于《长江大学学报》，2006（6）

① ［日］大林太良、伊藤清司、吉田敦彦、松田一男编『世界神话事典』、角川书店、平成六年、第124页。

阿尔泰语系某些民族共同拥有的神话因素

乌力吉

一个民族的早期历史记载，准确地说，氏族部落时期有关的口碑文献——神话传说，当然还包括史诗、故事之类的其他题材的精神文化遗产，无疑是他们灿烂文化中弥足珍贵的东西。本文仅涉及神话。广为流传的、产生于远古时代的那些神奇而动听的神话，在被后世传诵的过程中，特别是在没有文字的漫长岁月里，完全依靠集体的记忆，完整地、不走样地流传下去是不大可能的，添枝加叶、改头换面或删减首尾的情况是在所难免的，但其核心内容基本都保存了下来。伴随着人们步入文明社会的门槛，人们使用文字把记忆中的内容固定下来；当然，被丢失和遗忘的部分要比保存和记忆下来的多得多。这一点，我们可从人类无文字到有文字的过渡时期曾经使用过的一种古朴叙述方式即岩画描述中，得到证实。

迄今为止，当人们对世界各地陆续发现的岩画以及其中绘制的各种符号进行解读和研究时，不免要参考与曾经活动于该地的先民相关的文献记载和文化传承，我们认为这在一定程度上恢复了那些先民的某些记忆。然而，与此相反，如果根本没有相应的参照物，仍使人感到疑惑不解和难以说明的那些符号与图案，恰恰是被人们遗忘了的记忆。文字的优越性，与岩画图案式叙事、刻木结绳式纪实，是不能相提并论的。不过，它也有自己的局限，一向被少数人或者有权势者操纵的文字，也多记述他们自己的荣耀。当偶尔记录绝大多数人的事迹时，很难保证是绝对客观公正的，从这个意义上讲，对待文字记述，仍有谨慎审视的必要。本文探讨的也是用文字记录的一些史料片断，其中仍难免真假难辨、鱼目混珠的情形。

一

有关现在朝鲜族的祖先，中国史书有如下记载：

> 高句丽者，出于夫馀，自言先祖朱蒙。朱蒙母河伯女，为夫馀王闭于室中，为日所照，引身避之，日影又逐。既而有孕，生一卵，大如五升。夫馀王弃之与犬，犬不食，弃之与豕，豕又不食，弃之与路，牛马避之；后弃之与野，众鸟以毛茹之。夫馀王割剖之，不能破，遂还其母。其母以物裹之，置于暖处，有一男破壳而出。及其长也，字之曰朱蒙，其俗言“朱蒙”善射也。夫馀人以朱蒙非人所生，将有异志，请除之，王不听，命之养马。朱蒙每私试，知有善恶，骏者减食令瘦，驽者善养令肥。夫馀王以肥者自乘，以瘦者给朱蒙。后狩于田，以朱蒙善射，限大一矢。朱蒙虽矢少，殪兽甚多。夫馀臣又谋杀之。朱蒙之母阴知，告朱蒙，曰“国将害汝，以汝才略，宜远适四方。”朱蒙乃与乌引、乌违等二人，弃夫馀东南走。中道遇一大水，欲济无梁，夫馀人追之甚急。朱蒙告水曰：“我是日子，河伯外孙，今日逃走，追兵垂及，如何得济?”于是鱼龟并浮，为之成桥，朱蒙得渡，鱼龟乃解，追骑不得渡。朱蒙遂至普述水，遇见三人，其一人着麻衣，一人着纳衣，一人着水藻衣，与朱蒙至纥升骨城，遂居焉，号曰高句丽，因以为氏焉。①

这是一个反映高丽族祖先孕育诞生过程的比较完整而生动的神话文本。它是经过无数人的口耳相传，逐渐被文字固定的一种形式，另外有繁简不同的多种变体。

我们首先对这个文本的具体内容分解一下，看清其中的几个故事情节。一、河伯女受阳光照射生出一个卵，夫馀先丢后捡，经过河伯女照料，卵孵出一子，起名“朱蒙”；二、夫馀使朱蒙放马；三、夫馀与朱蒙狩猎；四、夫馀之臣预谋杀害朱蒙，朱蒙走东南遇大水，追兵赶来，朱蒙报身份向河水求救，鱼龟架桥使其通过；五、朱蒙过水遇见三人，一起去纥升骨城居住，号高句丽。

显然，朱蒙的出生，神话味很浓。文本内容告诉我们，河伯女是朱蒙的母亲，但是，夫馀王在河伯女和朱蒙之间充当什么角色，没有明确交代。很明显，朱蒙并非像正常人那样是由父母结合而生产的孩子。父母的婚姻不太和谐，被夫馀关闭在后宫里的河伯女，经太阳照射后受孕生下了一个卵即肉团。这段叙述至少给我们提供了如下信息：夫馀王来历不太明

① 《北史》卷八十二，2214页，中华书局，1974年。

确；河泊女则是龙王的女儿；龙王的女儿受阳光照射生出一卵；此卵非寻常之物；卵孵出了非同寻常的人。这无疑是试图说明一个民族或氏族部落起源的命题，其中还掺杂着解释人类生命来源的诸多假说之一，本文说的是在光和水中某一生命的结合导致人的问世，尽管是个怪胎。

诸如上天之光（日月星闪电）与人与物或与动物结合而产生人的神话，在某些阿尔泰民族的神话里并非绝无仅有。据《蒙古秘史》载，蒙古祖先朵奔蔑儿干死后，其妻子阿阑豁阿夜间受光照射，生下孛端察儿等兄弟三人。① 有趣的现象是，与此神话相似的例子，还可从突厥民族神话中获得。如《女王感孕生子》有载：古代有一个国王，他是乌古斯汗的后裔，名叫优勒都斯汗。他在世时，他的所有的孩子都去世了。他去世以后因为没有王位继承人，于是由王后阿兰库娃管理国政。一天晚上，阿兰库娃女王在自己的卧室入睡，突然从天窗射进来一道太阳般明亮的光芒。接着，光中走出一位英俊的年轻人，向阿兰库娃求爱。阿兰库娃在兴奋之中怀孕了。② 另据以回鹘文流传的突厥民族神话《乌古斯汗传》说，乌古斯是个半人半兽形的神，是一对无子女的老人祈求天地而得的奇特人。他有两个妻子，其一是由天上的蓝光变成的少女，另一是湖边树洞里的姑娘③。乌古斯汗本人以及他的两位妻子身上留存的各种迹象，均暗示着他们生命的源泉与上天或大地、天光与海水有关。在满族神话里，鹰神往往代表光与火，有记载说，鹰神最早从火中叼出一个石蛋，生出一个女萨满，她是东海九十九个部落的七叉鹿角罕王，是东海诸部落最远古的女祖④。以上神话说明的是光能够直接变成生命或通过照射某一物体使其产生新生命的例子。神话研究者发现世界各地的原始民族祖先解释自然现象时常常把太阳和月亮人格化，并把它们说成是男女、兄妹、姐妹、夫妻。阿尔泰民族神话中代表日月的光芒同样被人格化了。

二

朱蒙初生是一个卵。朝鲜族另一神话英雄（昔）脱解也是卵生变成

① 《蒙古秘史》巴雅尔本，第21节，节译：您不知道，每夜有黄白色人，自天窗门额明处入来，将我肚皮摩挲。他的光明透入肚里去时，随日月的光，恰似黄狗般爬出去了。30页，内蒙古人民出版社，1980年。

② 满都呼主编：《中国阿尔泰语系诸民族神话故事》，38页，民族出版社，1997年。

③ 毕桪著：《哈萨克民间文学概论》，71页，中央民族学院出版社，1992年。

④ 满都呼主编：《中国阿尔泰语系诸民族神话故事》，402页，民族出版社，1997年。

人，身长三尺，头围一尺，无疑是超凡脱俗者的一个象征。北方民族远古时期的英雄诞生多有类似怪胎问世的情节。裕固族神话中有这样的记述：

> 很久以前，有一对老夫妻，一直没有生孩子。有一年夏天，他们家怀胎的马在地上乱滚，怎么也生不下来，老夫妻凭借一辈子牧马的经验，给马身子下面铺上崭新的羊毛毡子，过一会儿马生下来了。可生出来的是一个又圆又大的肉球，老头用刀把肉球切开，忽地从肉球里面蹦出一个小男孩。老太婆欣喜万分，逢人就说自己生了一个孩子。①

鄂伦春族的神话英雄吴达内的出世：古时候有一户鄂伦春人家，老两口无儿无女。他们在“白那恰”神前烧香祈祷，不久老婆婆果然怀孕。足月后生下一个肉蛋，老婆婆不忍抛弃，便把他放在山上，用桦皮帽盖上，希望大地能为她们孵出一个儿子。许多天后，吴达内果然出世了。我们以上分析的仅仅是英雄诞生的情节而已。倘若读完整个神话故事，一定会得出这样的结论：这些怪胎——卵或者是肉团，预示着将来要变成人，必有一番与众不同的表现——尽管遇到种种磨难，最终成为所向无敌的英雄。对此著名学者范文澜先生在《中国通史简编》中说：“卵生的神话，在北方诸民族中分布很广。如秦祖先女修，吞燕卵生子大业。高丽国祖先朱蒙从大卵里生出来，清朝祖先布库里雍顺，说是天女佛库伦吞神鹊的红果所生。大概卵生是东方诸族流行的神话，居住在东方的黄帝族，受了这个影响，所以也有同类的神话”。有趣的是类似的故事在遥远的雪域藏地较早的文献里也有记载：

> 大臣罗昂篡夺了国政，让止贡赞普的王妃去放马。王妃前去牧马时，在睡梦中与亚拉香波山神化身的一个白色人交合，醒来的时候，看见有一头白牦牛从枕边起身而去，此后过了八个月，王妃生了一个血肉团，有拳头那么大，还会蠕动。因为是自己的血肉，不忍抛弃，想要养育。但它又没有嘴巴眼睛，于是把它放到热的野牛角中，用衣袖包裹起来，过了几天前去观看，里面长出一个男孩，给他起名为绛格布如拉杰②。

---

① 《中国各民族宗教与神话大词典》编审委员会编：《中国各民族宗教与神话大词典》，128页，学苑出版社，1990年。

② 仁庆扎西、陈庆英译：《王统世系明鉴》，45~46页，辽宁人民出版社，1985年。

王妃在梦中与白色人交合，这里的“白色人”似暗示着光焰，但实际上是一头白色的牦牛。看来这些神话的核心内容基本上是一致的，但是在一些细节上明显带有不同民族的独特印记。譬如在女性怀孕时的细节里，蒙古人强调随着光焰出现的是狗的形象，藏人强调的是牦牛形象，维吾尔人强调的是人或半人半兽形象，而裕固族强调的是马的形象，这些不同的动物恰巧与那些民族曾经崇拜过的图腾形象保持着某种一致。

在人类起源的种种神话中，涉及“光芒”的神话独树一帜。一般来说，有下列情况：一、自然界的光，诸如太阳、月亮、星星射出的光芒与自然界的某些东西如岩石、树木、池水的结合，会引发生命，其中包括人的诞生；二、不单纯是自然界的光焰，或者说在太阳月亮星星之光中伴随着某些动物形象，它们共同和人结合，能够造就新的生命，引出非凡的人来；三、超自然的光（如佛光、菩萨光）与自然界物种尤其与人的结合，同样造出生命，自然也有活生生的人。笔者以为在某些阿尔泰民族的神话中光芒与生命的产生有关的事例大致属于第一二类。

除了朱蒙的出生过程与某些阿尔泰民族神话拥有很相似的情节外，主人公的成长过程细节，也有相似的情节。我们再来看卵孵出非同寻常人的例证。首先，夫馀王嫌弃此卵，喂猪狗而不吃；扔在牛马道上，牛马避开；继而丢在野外，却受众鸟守护。于是，把他捡回来想用刀割开，可又不能，便把他交给河伯女。经河伯女悉心照料，把卵放置在适当的温度下，卵终于孵出人来。其他神话中的主人公们对待怪胎的态度也大都与夫馀王相似。譬如，据《史记·大宛传》载：乌孙王号昆莫，昆莫之父，匈奴西边小国也。匈奴攻杀其父，而昆莫生，弃于野，狼往乳之。单于怪以为神，而收长之。[①] 意思是说，匈奴战胜小国乌孙时，昆莫才生。人们把亡国子昆莫丢在野外，见野狼喂奶，单于觉得他是神，就收养了。突厥、蒙古等北方游牧人对待野狼有特殊的情感，本神话里可见一斑。有人认为狼是这些民族的图腾，也有人对此持不同意见。不仅是狼，人与熊、狐狸、鹿等走兽之间彼此发生的特殊传闻在阿尔泰民族神话里可谓比比皆是。还有和飞禽发生关系的神话，其中某些情节与我们谈论的话题有关。满族神话“沙克沙恩都哩”讲述的是：

老两口无儿无女，常向佛托妈神祷告，结果有天夜里老太婆

① 满都呼主编：《中国阿尔泰语系诸民族神话故事》，7 页，民族出版社，1997 年。

> 做梦，一只大喜鹊向她怀里扑来，不久她就怀了孕。孩子生下后一看，背上长满羽毛，嘴又尖又硬，两个肩上还长出两只肉翅膀。老头见此光景气得满地乱转，老伴愁得一声不吱，暗暗掉眼泪。老头要扔出去喂狗，当妈的哪能舍得这块亲骨肉，总是不肯答应。有一天，老头趁老伴不在屋的时候，偷偷把这孩子抱了出来，扔到荒郊野外。喜鹊怕孩子被狼吃了，成群结队地护着……①

这个被喜鹊保护养大的孩子叫沙克沙，后来带领喜鹊为民做了很多有意义的事情。我们从蒙古文献中也能读到类似情节，《蒙古秘史》第255节中谈论继承成吉思汗大业的问题落在第三子窝阔台身上时，他说了一些谦让的话，大意为：我敢说什么呢，一定谨慎从事就是，只怕我的子孙里生出用青草包上了牛不吃，用脂肪裹着狗不吃，如此不中用的人出来贻误大业该怎么办②。窝阔台的担心是否有道理，暂且不论。综合上述例子，不难看出，早先还谈不上科学发展与医学进步的时代，当人们发现或担心自己后裔中出现奇异的胎儿时，所采取的选择，最简便易行的可能就是——丢弃，于是出现了上述种种遭遇，说明这种事情及其做法是有一定社会根据，而且也较为流行的。

神话中的朱蒙主要从事牧业生产，养马非常专业，从他那善于辨别骏马与驽马的能力来看，不愧为一名伯乐。他平日细致、用心调教马匹，积累了丰富的经验，日后遇到危险的紧急关头，这些经验帮了大忙，他顺利地躲过了灭顶之灾。其次，他也是一个狩猎者，其射箭技能无人匹敌。但他在猎场上的出色表现，最终给自己引来了麻烦。大臣们的谗言幸亏被母亲察觉并及时给他通风报信，他才得以先行一步，逃出王宫。不过后面有人马穷追不舍，前面有大河挡道。他向大河求救说，我是太阳的儿子，河伯女的外孙，有人追杀我，如何渡河是好？顷刻间，河水里面的鱼龟全体出动，用它们的身躯架起桥梁，使朱蒙一行安然渡过。朱蒙作为龙王的后裔，生死关头得到水族成员的搭救，是顺理成章的。字里行间似乎还隐含着原始人相信应用语言的魔力，如借助请求、发誓、诅咒之类话语达到目的的幻想的内容。追兵没有那么好的命运，眼巴巴地让朱蒙逃走。朱蒙过河之后和那边不同姓氏的人们一起生活，共同铸造了高丽民族的先民。从这一点上说，朱蒙的经历就是一个民族的史前史。这个史前史里也包容了

---

① 满都呼主编：《中国阿尔泰语系诸民族神话故事》，278页，民族出版社，1997年。

② 《蒙古秘史》校勘本，749～750页，内蒙古人民出版社，1980年。

当时当地不同人种的文化内涵与某些人种经过迁徙融入其他文化氛围的痕迹。

三

有关朱蒙的神话传说，还有一些变体，《中国各民族宗教与神话大词典》里收录的一则文本，比上述文献记载要详实丰满。据其记述：

> 夫馀国王叫解夫娄，老而无子，向山川神祈祷求子。一日打猎归途中发现一个金蛙似的孩子，把他带回立为王子。那时，天帝的儿子解慕漱下凡，恰遇龙王河伯的三个女儿洗澡，便看中大女柳花，并和她相约。河伯得知后想与天帝子比武看其能力，于是变成鲤鱼跳入水，天帝子紧跟着变一只水獭追赶；鲤鱼又变一只鹿，水獭变一只狼追赶；河伯再变一只野鸡往天上飞，天帝子变一只老鹰，把野鸡给捉住了。河伯知道天帝子的确不凡，便答应把女儿嫁给他。但由于柳花未能跟随天帝子上天，就被父亲龙王发配到长白山南忧渤水里，永不得回人间，结果被金蛙子搭救，奉养在后宫期间受阳光照射而怀孕生出肉蛋——朱蒙。[①] 后面是朱蒙的事迹，基本上同我们在前面分析过的内容一致，故不再赘述。现在回过头来看一下神话中的人物关系，被夫馀国王发现的金蛙子，可能是他本人求神而得的贵子。这个来历不明的怪人，救了龙王河伯的小女儿。被搭救的女子受阳光照射而受孕生肉蛋，肉蛋变成了朱蒙。

实际上这些人物之间没有任何血缘关系，纯粹是自然产物与自然的结合。

我们所关注的是龙王和天帝子间的比试，当一方变幻身体转变成另一种动物时，另一方也随即变成胜过对方的一种动物，前者再变，后者穷追不舍，如此轮番变幻数次，直至把对方战胜。它实际上是一场灵魂之战，是万物有灵论的一种注解。原始人们以为人的灵魂可以变换、可以脱壳，灵魂不死，战斗不止。这种身躯或灵魂随机应变的神话故事母体，在北方

---

① 《中国各民族宗教与神话大词典》编审委员会编：《中国各民族宗教与神话大词典》，63页，学苑出版社，1990年。

民族或阿尔泰民族民间文学中还可找到一些实例。当然，这个母体在西藏和印度神话中也有。

另外，《搜神记》也有夫馀王的记载，但没提王后，那奇特的孩子是由国王的一个名东明的侍婢所生，同样和高丽王没有血缘关系，如婢曰“有气如鸡子，从天下来，故我有娠”，[①] 然其遭遇与朱蒙大致相仿。

龙王的女儿——河泊女与受日光而生的卵儿——朱蒙的原形或者母体，并不仅限于某些阿尔泰民族神话传说范围。看来人生于卵是一个比较古老的命题，汉族传统神话集《山海经》里就有这方面的记载。如海外南经羽民国……“其为人长头，身生羽”[②] 一条。对此郭璞先生注释曰“能飞不能远，卵生，画似仙人也”。又《山海经》大荒南经：“有卵民之国，其民皆生卵”[③]。有关河泊的评论在《山海经》里也能看到。海内北经有“从极之渊深三百仞，惟冰夷恒都焉。兵夷人面，乘两龙。一月中极之渊”[④] 的记载，其中对“冰夷”，郭璞则引用淮南云“冯夷得道，以潜大川”之说，认为冰夷，冯夷也，即“河泊”。而且从此人对河泊传闻有颇多记述来看，这个神话在中原的影响不小。有趣的是这里的河泊并不以龙王女的形象出现，而似乎是以朱蒙的形象出现的。《搜神记》也提到“河伯”这个名字，有一处讲了“河伯婿”的故事，还有一处讲到“河伯渡河溺死”的故事，其名称同我们谈论的神话人物近似，而且他总与江河流水有缘。

总之，我们谈到了朝鲜族的一个神话及其变体，构成这个神话，有几个情节，它们似乎单独也能构成一个个神话。换句话说，我们谈论的这个神话最初产生时期的原型或许更单纯一些，后来发展成如此由几个神话因素编撰而成的文本。而且这些神话因素并不只属于朝鲜族一个民族，它涉及蒙古族、满族、鄂伦春族、维吾尔族、裕固族等某些阿尔泰民族的神话。其中有些神话因素还可能涉及中原和雪域民族的神话甚至可能跨越古老亚洲文明。为什么在不同地域不同文化的民族中间拥有相同或相似的神话及神话因素呢？这是一个用三言两语无法回答清楚的问题。简单地说，这与那些在世界各地诞生、生活、生产和繁衍的人们，尤其是他们遥远的祖先，当他们面对自己生存的那个大千世界，头顶蓝天白日，脚踏黄土绿水，遇到很多疑惑不解的问题时，通过他们自身的观察和借助想像，得出

---

① （晋）干宝撰：《搜神记》，169 页，中华书局，1979 年。

② （晋）郭璞注，袁珂点校：《山海经校注》，187 页，上海古籍出版社，1980 年。

③ （晋）郭璞注，袁珂点校：《山海经校注》，368 页，上海古籍出版社，1980 年。

④ （晋）郭璞注，袁珂点校：《山海经校注》，316 页，上海古籍出版社，1980 年。

诸多近似的答案有关。神话中的几个不同因素，涉及了生命的来历、灵魂的趋向以及人与自然、人与动物之间究竟有什么样的关系诸如此类原始先民所关注的问题。笔者以为由于世界各地的人们随着社会发展轨迹，从野蛮、蒙昧过渡到文明时期时的经历和他们的思维认识过程的进程大致相似，为不同地域的人们造就那些相似的神话提供了某些土壤。

原文刊载于《民族文学研究》，2004（2）

论萨满教的日月神话

王宏刚

在世界上的绝大部分原始宗教中，都有日、月崇拜的仪式与神话。在阿尔泰语系诸民族的萨满教信仰中，崇尚的太阳神与月亮神多是女性神，传承了北方先民在母系氏族社会产生的某些社会观念与历史信息。本文从史籍中追索北方先民的萨满教日、月崇拜的仪式及其文化观念，从近世田野调查民族志资料中，揭示鄂伦春族萨满教的相关祭礼中，日、月女神的文化功能，并通过对萨满教有代表性的日、月神话文化意蕴的探究，初步探索萨满教日、月崇拜的文化史价值。

一、史籍中北方先民的萨满教日月崇拜

虽然在中国的史籍中，一直到13世纪初，南宋徐梦莘在《三朝北盟会编》一书中首次明确记载了女真人的萨满（书中用“珊蛮”这两个字）称号①。但在公元前2世纪，司马迁在《史记》中记录了匈奴人萨满教信仰的某些活动，后来的《三国志》、《后汉书》、《魏书》、《周书》、《隋书》等中国史书有当时北方先民萨满活动的记录，其中就有萨满教日、月崇拜的民族志资料。如下是一些有代表性的记载：

《史记·匈奴列传》：“单于朝出营，拜日之始生，夕拜月。”单于还自称“天地所生，日月所置”。说明当时的匈奴人已有萨满教的日、月祭礼，而且日、月象征生命之源，就有了神圣不凡的文化意味，所以匈奴人的最高首领要称自己是“天地所生，日月所置”，可见日、月崇拜观念已成为

① 《三朝北盟会编》载：“兀室奸猾而有才……国人号为珊蛮。珊蛮者，女真语巫妪也，以其通变如神。”首创女真文字的一代名相完颜希尹（兀室）就是个通变如神的女真萨满。该书是宋代史学名著，二百五十卷。“三朝”，指宋徽宗赵佶、宋钦宗赵桓、宋高宗赵构三朝。该书由上海古籍出版社，1987年出版。

民族意识。

《辽东志略》说契丹“五代末，称太阳契丹”。《新五代史·四夷附录》：“契丹好鬼而贵日，每月朔旦，东向而拜日，其大会聚，祖国事，皆以东向为尊，四楼门屋皆东向。”《辽史·礼志》记契丹拜日仪是“皇帝升露台，设褥，向日再拜”。

《多桑蒙古史》说：“鞑靼民族之信仰与迷信，与亚洲北部之其他游牧民族或蛮野民族大都相类，皆承认有一主宰，与天合名之曰腾格里，崇拜日月山河五行之属。出帐南向，对日跪拜。”

以上历史记录说明在契丹、蒙古等民族中，都有皇帝与酋邦首领亲自参加的萨满教的日、月祭礼，日、月崇拜在北方先民曾经普遍流行过。

《周书·突厥传》：“牙帐东开，盖敬日之所出也。”《隋书》引隋炀帝诗“毡帷望风举，穹庐向东开”正咏此俗。《后汉书·乌桓传》、《周书》、《辽史》等史籍记载古代北方民族的居室门多为东开，寓涵着萨满教的崇阳观念。近世，鄂伦春、鄂温克等民族的桦皮屋仍然向东开门。时至今日，满族举行萨满教的祭天仪式时，通天的神杆必立阳升之地。说明萨满教的日、月崇拜观念对民俗生活的深刻影响。

在史籍记载中，太阳往往成为一个民族的伟大始祖。如《魏书·高句丽传》明确说朱蒙之母“河伯女”被日所照而怀孕，“生一卵，大如五升，弃之犬豕不食，剖之即得男儿”。高丽李奎报《李相国文集》说朱蒙以“鸟卵”形产生，其母“怀牖中日影”，所以“卵上恒有日光”。金富轼《三国史记·高句丽》说解慕漱与河伯女媾合，女“为日所照，有孕生卵，孵而生出少年射手英雄朱蒙，朱蒙又称东明王，即太阳王”。在高丽人的萨满圣坛中，朱蒙立有神像，谓登高神——喻东升的太阳，亦是太阳神。

清译《蒙古秘史》记载：“朵奔蔑儿干殁后，阿阑豁阿无夫而产第三子矣。”前二子疑之。母曰：“汝等疑之固是。母夜，明黄人，缘房之天窗、门额透光以入，抚我腹，其光即浸腹中焉。及其出也，依日月之隙光，如黄犬之伏行而出焉。汝等何可造次言之耶？以情察之，其兆盖天之子息乎？汝等佑得比诸黔首之行而言耶？俟为天下之主时，下民方得知之耳。”《多桑蒙古史》也复述了此事，拉施特注道：“此种故事，亚洲凡开国之主多有之，契丹建国主阿保机，在 872 年诞生之前，其母即见日入怀而受孕。[①]”太阳神与人间凡女结合，生出了英雄的儿子，表达了太阳给人间送来生命的萨满教原始观念。实际上，太阳已经演化成神圣的民族始

① ［波斯］拉施特著，余大钧、周建奇译：《史集》，77 页，商务印书馆，1983 年。

祖神。

二、近世萨满教的日月祭礼

近世北方民族的萨满教中多有日、月祭礼，尤以长期保留了狩猎文化的鄂伦春族为典型。

太阳神，鄂伦春语称“滴拉哈布堪”。在鄂伦春人看来，太阳是给人间以温暖和光明的恩神。在所供奉神图画面的上角，一般都画有光芒四射的太阳，祈求太阳给予温暖和阳光。在“玛路”[①]（神位）的柳木神架上方正中，挂放太阳神偶，其形为圆形，在它的一边有个小孔，用来悬线挂在神位上。在春、秋大祭中，虽然没有祭太阳神的专门祭礼，但它是所祀神灵中的主要神灵之一。

往昔，在农历正月初一早晨，太阳将升起来之前，鄂伦春人要举行祭拜太阳神“滴拉哈布堪”的仪式：族人们聚集在“乌力楞[②]”或部落中心之地，静候太阳升起。当太阳一露脸时，人们都伏地向东跪拜太阳，并小声或默祈，感谢太阳神给人们带来光明与幸福，并祈祷新一年的平安与丰收。然后，把所带的贵重猎物与酒摆放在柳木神架上，燃起“阿叉”[③]（一种香草）并再次跪拜，然后各自回家吃饭。约上午 10 点左右，人们再次聚集在一起，燃起大篝火，并围着篝火拉手跳起圈舞，直到日落时分，烤起祭供太阳神的肉食。食肉时，要先割一点肉扔向篝火，然后，所有在场的人都要分吃祭肉，寓意吉祥，能分享到太阳神所带来的幸福。祭太阳神的日子是一年之始，是最吉利的日子，所以鄂伦春人往往在这天订亲或举行婚礼，禁忌说不吉利的话、做不吉利的事。

1953 年鄂伦春人定居后，祭太阳神的仪式逐渐不搞了。有的老年人在过年时，仍要简单地祭太阳。平时，如两人发生重大争吵，或有什么重要委屈之事，就要向太阳发誓述说。当遇到灾难时，人们也要向太阳祷告，以求保佑[④]。

近代布利亚特蒙古人的萨满祭祀活动称为“台尔甘”节，参加者必须

---

① 鄂伦春语，神位。

② 鄂伦春语，子孙们的意思。一个“乌力楞”就是一个父系大家族，包括三代到四代同一祖先的后嗣。

③ 鄂伦春语，一种野生的香草。

④ 参见关小云、王宏刚著：《鄂伦春族萨满教调查》，辽宁人民出版社，1988 年，45 ~ 46 页。

面向东方，即面向太阳，是古代崇日祭的遗风。他们崇祀的太阳神和月神都是女神，太阳神被绘成套在一起的八个圈，画有八条腿；月神被绘成套在一起的九个圈，画有九条腿①。在西布利亚特人中仍保留了“妇女台尔甘”节，由妇女主持仪式的祭坛上，日、月这些古老的女天神地位显赫，影响超过了男神。

在这些萨满教拜日祭礼中，太阳神不仅是生命之源，而且是社会正义、和谐的象征，也是去灾保平安的守护神。

在鄂伦春人心目中，月亮是位慈祥、善良的女神，鄂语称“别亚布堪”。她有大铁锅，每天忙个不停，做着可口的饭菜，奉献给人间。她一手端着锅，一手抓着饭勺，双眼环视着大地。哪里有饥饿，她就挥动着双手，给人间食物。月亮还是夜间布施光明、给人指路的值班神，保护人们在黑暗的天地里行走安全，打猎方便。如月亮周围有一层光环，月光晦暗，就是向人们预示将有坏天气。为此，人们特别尊敬和爱戴月亮神，每当晴朗的夜晚，人们都去仰望那慈祥可爱的月亮神。每年农历五月十五、十六日是拜月赏月的日子，人们有什么心愿和要求，就对月亮诉说。人们很崇拜月亮，在春、秋大祭中，在神图上画太阳的同时，也画月亮，在制作太阳神偶时，也制作弯弯的月亮神偶，挂放在“玛路”神位的柳木神架上的第一层，是供祀的重要神灵之一。

农历正月十五，就进行“加龙那”祈求仪式，向月亮叩头，把干净的桦皮盆放在“斜仁柱”外边，明月能照到的僻静之处，盆里装清水，盆四周放许多好吃的东西，并放烤圆饼五个，饼中间是用鹿、狍、犴等心脏中的血点红点，表示人们对月亮女神使全家团圆的感激之心。然后，全“乌力愣”人跪在供品前，向月神磕头，祈求月神庇佑族人新年团圆。平时，当多日打不到猎物时，要进行月卜仪式，在室外月光下放一个桦皮盆，四周放些供品祭拜并祈祷说：“月亮神，月亮神，我们都已没有了食物，飞禽走兽远离我们，请您多给予恩惠，给予温暖。”如果第二天发现盆内有某种兽毛，就认为会猎取到某种野兽。

在这些萨满教的祭礼中，月亮女神是鄂伦春人衣食之源的狩猎神，也是指示方位、气候的天文神。

鄂伦春人曾经长期用刻木来记月份，每当月亮一盈一亏就在木板上刻上一个标记，推算日期。人们称新月牙为“乌娜姬姑叠”，即姑娘肚子，称圆月为“笑肯姑叠”，即儿媳妇肚子②。萨满教的月亮崇拜也渗透到民俗

---

① 参见富育光、王宏刚著：《萨满教女神》，89页，辽宁人民出版社，1995年。

② 特指儿媳怀孕的大肚子。

生活中。

三、萨满教日月神话的文化意蕴

在信仰萨满教的北方民族中，都有崇拜日、月的古俗，在一部分民族或氏族的萨满祭礼中，崇祀的日、月是女神，其深刻的文化意蕴被铭记在其神话中。

在满族神话中，太阳被称为舜安波妈妈，是重要的自然女神，神话中讲："舜安波妈妈[①]，即太阳尊母，身披光毛火发，毛发有九天那么长，所以光线能一直垂到大地。它的光毛能照化大地，也能让大地燃烧。她住在九天之中，天天在疾跑着，把生命和精灵很快送到大地。世上的第一位女萨满也是她送来的。她让鹰神妈妈哺育她成为神威无敌的大萨满。所以，女萨满是太阳的女儿，神鹰是其乳娘，女萨满身上的镜饰便是太阳光毛火发的闪现。"[②] 北方民族萨满服上的铜镜象征日、月、星，是护卫萨满的重要神灵。

富希陆先生于1936年撰写的《富察哈喇史传仪礼跳神录》记载的奥雅尊妈妈神话具有典型意义，兹摘如下：

天地初开最起根啊，
九头的妈妈奥雅尊，
清浊分天地，
九色的神石照云气，
才使昏浊的白雾现光明。
奥雅尊的九块石头，
打碎后变成无数星星，
头发变成了彩虹，
汗珠变成了雨水江岔，
九个手变成无数山岭，
绵延无边。
噜耶噜…噜耶噜…
山岭上才长出榆柳，

① 满语，太阳母亲。

② 富育光著：《萨满教与神话》，84页，辽宁大学出版社，1989年。

虫鸟随风而生，
遍地鸣唱，
噜耶噜…[1]

奥雅尊妈妈即太阳母神，她为人类创造了一个生命世界。在世界各民族的太阳神话中，多数的太阳神为男性神，虽然某些神话片断可以看到女性太阳神向男性演化的轨迹，但完整的太阳女神神话很少见，所以萨满教神谕传承至今的太阳始母神话弥足珍贵，她们的存在，证明太阳崇拜体系在母系时代就相当成熟了。

在舜安妈妈的神话中，还有一个值得重视的情节，即是太阳尊母给人类送来了第一个女萨满，女萨满是北方初民精神生活的代表，象征着源于太阳母神的光明、温暖和善良。柏拉图指出："没有人能说光不是一种宝贵的东西。"并强调："当我说到'善'，在可见世界中所产生的代表，就是太阳。在初民所认识的宇宙世界中，最充实而有光辉的莫过于太阳，太阳就是至美，而源于太阳光明的女萨满也是美的象征。"

在太阳尊母神话中还讲："舜安波妈妈最痛恨最害怕的宇宙神是风神西斯林，他是一位男性大神，对宇宙万物都想要追逐而成为他的妻子。他依凭着巨大威力的'额顿昂阿'[2]（风口），吞噬一切，连太阳也不放过。可是太阳天天奔跑，风神总也追不上她，气得他将日月兄妹吹得分离开了，总不能聚在一起，吹得太阳有时躲得远远的，高高的。有时风不吹时，或吹得小时，太阳就离人类和万物很近。所以，凡是太阳离人类和万物非常近的时候，大地就是温暖的沃土，绿树成荫，万物萌生。当太阳躲得高高的、远远的地方时，风神吹叫不停，这就是雪沃冰川，万物藏于地下。"[3]

这是北方初民对变化着的自然现象作出有趣的神话解释，同时又融聚了丰富的社会内容。神话中的主要情节——男神对太阳女神与其他女神的不顾一切的追逐，反映了父系时代开始盛行的掠夺婚姻——酋长夺美、群雄争雌所引起的女性的激烈反抗。在神话中，出现了太阳女神的一位可爱的妹妹——月亮女神。

古时，萨满教就有专祭风神的仪式，祭时，要用人血[4]、活牲献祭，

① 富育光著：《萨满教与神话》，87页，辽宁大学出版社，1989年。
② 满语，风口。
③ 富育光著：《萨满教与神话》，86页，辽宁大学出版社，1989年。
④ 后来以牲血代之。

因为太阳是红色的，血也是红色。在大地上洒上鲜血，风神将其吞噬，便以为捉到了太阳，就不再去追逐真正的太阳了，太阳女神就能永驻天宇，照耀人间。古俗反映了神话所寓含的宗教观念，直到近世，萨满教仍保留的血祭之俗可能都源自古时的太阳崇拜。

值得一提的是太阳尊母的名字是舜安波，舜是其词根，女真语称太阳为“受温”（Sou－un），满语称“舜”（Sun），赫哲语称“喜翁”（Sii－w），印第安语称太阳氏族为“Kul－Sw”，鄂温克语称“iun”，英语称“Sun”等，基本发音如此接近，不能不令人深思，尤其使人惊讶的是华夏族的古太阳神也叫“舜”[①]。屈原在《楚辞·离骚》中这样描写他：“百神翳其备降兮，九疑缤其并迎；皇剡剡其扬灵兮，告余以吉故。”

显然，华夏古帝——舜是灵光闪耀、辉煌灿烂的太阳神，已是一位男性大神。当然，他是否源自舜安波妈妈？好多民族称太阳为“舜”是否都来自这位萨满教的古老女神？我们仍不能断定，还需做繁难的语言学的研究工作，但这一有趣的语言现象值得关注。也许，我们可以推测，早期的太阳神应是女神。

在满族神话中，还有火母神突姆妈妈的故事甚为典型。相传“她高居九层天宇中的金楼中，身披光毛发，光照中天，她怜悯大地上的人类和其他生灵夜夜摸黑，难觅食物，于是把自己身上的一束束光毛撒下来，抛出去，天上生出了依兰乌西哈[②]（三星）、那丹乌西哈[③]（七星）、明安乌西哈[④]（千星）、图们乌西哈[⑤]（万星），可是女神变得全身赤裸，只能住进石头里”[⑥]。显然，突姆妈妈的原型即“光照中天”的太阳女神，她为了人类与生灵的生存，将太阳火送到人世间，而变成燧石神——火母神。在突姆妈妈的萨满教祭礼中，萨满吟唱完这段神话后，要向火堆抛撒野性牲鲜肉，因为不能让突姆妈妈饿着。在火祭结束时，族人要围吃“天火肉”[⑦]，因为火母神赐予的神火是最圣洁的。满族的崇石习俗——无论是满族作家曹雪芹笔下的贾宝玉衔石而生，还是清朝官帽上的“顶戴（佩石）花翎”，其中寓含的民俗意识无不来自这位燧石火母神的崇拜观念。

---

① 参见［日］御手洗胜著：《关于帝舜的传说》，《广岛大学文学部纪要》，第28卷1期。
② 满语，三星。
③ 满语，七星。
④ 满语，千星。
⑤ 满语，万星。
⑥ 富育光著：《萨满教与神话》，91页，辽宁大学出版社，1989年。
⑦ 用火祭中篝火燔烤的牲肉。

在满族神话中，有一位生命孕育女神叫多阔霍。相传在天地未分的时候，就有这位古老的女神，她是一个住在石头里的孕育着光与热的宇宙大神。天母被耶鲁里骗进了大雪山，被巨大的雪堆压得冻饿难忍，吞下了雪山底下的石头和石头里的多阔霍女神。多阔霍的热火烧得阿布卡赫赫坐卧不安，一下子撞出了大雪山。热火烧得阿布卡赫赫肢身融解，眼睛变成了日月，头发变成森林，汗水变成了溪河。”①

从神话中可以看出，多阔霍女神实际上是燧石神，一位孕育了火与热即孕育了生命的火母神。而日月是天母神的眼睛所化生，说明其神圣不凡。

日本安万侣《古事记》云：“天地形成之初，高天上诞生的神，名号是天之御中主神（天上中心主宰者），其次高御产巢日神（天上掌管万物生育的神），其次神产巢日神（掌管幽冥界的神）。②”这里暗含太阳神系。神世七代最后的伊邪那美神在祓禊中“洗左眼时化成的神名叫天照大神，洗右眼时化成的神名叫月读命（月神）③”。太阳女神——天照大神被认为是天皇们的祖宗，其观念与舜安波妈妈神话十分相近。在古代日本，铜镜“被认为是一种魔力，它象征着纯洁，按照当时的信仰，它是一种能够驱逐凶神的护身符，青铜镜同日盘像④一样受人敬仰”⑤。可见日本先民曾普遍崇拜太阳女神。

西伯利亚的大多数民族⑥的神话中，都认为太阳是位女神。“阿留申人为了接受太阳的活力，每天早晨都要‘吞咽’几口阳光”。“乌德盖人的萨满认为，铜镜是太阳神像，他们把它系在腰带上，这样做的目的就是为了让它在他们想像中的游历宇宙各界的过程中照耀着他们”⑦。此外，还有许多有趣的崇日仪式与习俗。

鄂温克族太阳神话中说：“太阳姑娘希温乌那吉是玉皇大帝的小女儿，

---

① 富育光、王宏刚著：《萨满教女神》，31～32页，辽宁人民出版社，1995年。

② ［日本］安万侣著，邹有恒、吕元明译：《古事记》，42页，人民文学出版，1979年。

③ ［日本］安万侣著，邹有恒、吕元明译：《古事记》，42页，人民文学出版，1979年。

④ 太阳女神的化身。

⑤ ［前苏联］M. B. 沃罗比约夫著：《古代日本》，39页，莫斯科，1958年。

⑥ 包括开特人、聂聂茨人、谢利库朴人、曼西人、多尔干人、埃文基人、那乃人、乌耳奇人、尼福赫人、爱奴人、爱斯基摩人和布利亚特人等。

⑦ ［前苏联］C. B. 伊凡诺夫著，林树山译：《有关19－20世纪初西伯利亚民族造型艺术资料》，《民族学研究文集》第22卷，第152页。

她有一颗纯洁善良的心，每天早早就起来，按时给宇宙、人类和万物送去光明与温暖，她走过高高的大山，路过无边的大海，穿过密密的森林，越过生长万物的大地，每天都很辛劳。①”由于受汉文化的影响，太阳尊母成为太阳姑娘——玉帝的小女儿，玉帝成了天穹主神。但是，太阳姑娘每天辛劳为人类的生存送来光明和温暖的神话并无变化。

蒙古族神话《日月之起源》中讲：

> 玉皇大帝一千岁的时候，天和地才开始分家。玉皇大帝叫天王造天，地王造地，山王造山，水王造水。天管生云下雨，地管生长万物，水管滋润生灵，但此时，天上还没有日月。于是，玉帝派他的九女牡丹青姆，带着金镜下凡来到马蓬海，她用金镜在海面上磨了一千六百下，海面上亮了起来，磨到两千六百下的时候，东方出现了红轮，磨到三千六百下的时候，太阳就出来了。牡丹青姆用银镜在海面上擦三千六百下，月亮就出来了。日月以昆仑山为界，开始循环追逐，日月和昼夜就这样形成了②。

牡丹青姆是玉帝小女儿，这是受汉族神话影响的结果，但女神用镜创造了日月，源自萨满教的太阳女神崇拜。

在北方诸民族的萨满服饰中，都离不开象征日、月、星辰之光的铜镜，以致演化成萨满的主要神具与卜器，即战胜邪魔的武器。铜镜崇拜实质上是太阳崇拜。

在满族神话中说：“最高天神阿布卡恩都③里用神器‘托里’④造成了群星和十个太阳，白天十分炎热，人们砍来大树做弓，用椴树皮与藤条做弦，射落八个托里。天神命二格格⑤和‘比牙’⑥托起发黄光的托里当月亮，大公主‘顺’（即舜）用大托里当太阳。”⑦铜镜成为日月化身的神话在北方民族曾普遍存在过。

鄂伦春族神话《太阳姑娘》反映了神人之间的性爱，故事说：

---

① 黑龙江省民协编：《太阳姑娘》，载《黑龙江民间文学》，第6集（内部资料）。

② 格日勒图著：《日月之起源》，《中国各民族宗教与神话大辞典》，253页，学苑出版社，1990年。

③ 满语，天神。

④ 满语，铜镜。

⑤ 满语，姑娘。

⑥ 满语，月亮。

⑦ 参见《满族民间故事选》，3页，上海文艺出版社，1983年。

> 大兴安岭白嘎拉山下有一个湖，常有七个天女在湖中沐浴，最小的就是太阳姑娘。一天，太阳姑娘偶遇猎人莫日根，两相倾慕。太阳姑娘返回天界时，在大石上小解，巨石绽开一道缝隙，莫日根也向缝隙中小解，经七七四十九天，育成一个婴儿。太阳姑娘降临世间，与猎手成婚，其子名为莫日根布库。日后，太阳姑娘被召回，不准返回人间。经神鸟传音，莫日根父子攀登鹿角登临天界，与之团聚。①

神话中人神之间的爱情一波三折，太阳姑娘已没有昔日太阳尊母的威严，而是追求纯真爱情的鄂伦春姑娘的化身，很可能是受汉族“牛郎织女”神话影响而产生的优美传说。不过，故事中天女与凡人小解而使石头怀孕生子，莫日根父子攀鹿角而登天界的情节，颇有萨满教色彩。在萨满教晚期神话传说中，这类故事还有不少，反映了各民族之间的文化影响与融会，整个萨满教就是一个汇纳百流的文化巨川。

哈萨克族神话中讲：“月亮是美女，太阳是情郎，他们本是一对情侣，当地与天、黑暗与光明、白昼与黑夜产生时，太阳先升起归于白昼，月亮后升起归于黑夜，虽难以相会，但仍相亲相爱。②”这里的太阳是男神，而且只是月亮女神的情郎，这是早期萨满教太阳神话的嬗变。故事中神与神之间的情爱表现得相当缠绵感人，这是哈萨克先民用人际的社会关系来解释天际的自然现象。

锡伯族神话说得更直率：“天上的太阳是男性，月亮是女性，两者相爱，时常幽会，并拥抱交欢。”③ 萨满教的神只与人类有同样的欲望与情感，需要同样的拥抱与交欢，他（她）们是生气勃勃的人神。

在太阳神话中，往往有月亮相伴，她是与太阳一起创生的自然女神，后期成了太阳的妻子或情人，却总不变其女神面目。满族将其视为守夜女神，是一位“祥和而温柔的姐姐神”。在祭农神时，月亮成了农神④的灯笼——一位黑夜的光明女神。朝鲜族正月十五合族祭月，年轻的媳妇要登高处拜月祈子，月亮是生育女神与妇女保护神。赫哲族中流传着这样一则月

① 参见《鄂伦春族民间故事选》，15 页，上海文艺出版社，1988 年。

② 参见别克苏勒坦著：《哈萨克族的宗教与神话》，见《中国各民族宗教与宗教大辞典》，153 页，学苑出版社，1990 年。

③ 忠录著：《天神与大地》，见《中国各民族宗教与神话大辞典》，467 页，学苑出版社，1990 年。

④ 满语称乌忻贝子。

亮神话：古时，有一个受虐待的媳妇，称伯雅木齐格，每日赤脚担水，受尽婆母欺凌，某月明之夜，伯雅木齐格担水向空中哭诉，忽由月亮里伸出一束枝，她肩担桦皮桶，攀扶直上月宫，因得救而成月神。一个受压迫的妇女被月亮所救而成了月神，当然是妇女保护神。早期的自然神话，进入封建社会后，成了表现妇女反抗封建压迫的神话。

在埃文克人①的神话中，太阳西衮和月亮常被视为母亲，也有视为是一对姐妹或兄弟的。其中有一则神话相当完整：

从前有一个银色的女人，月亮是人，太阳也是人，她们三个都是好姑娘。月亮和太阳在我们的地球上劳作，雷电为她们负责劈柴，月亮姑娘负责担水。地球上还住着一个男子，一个很好的人。他去找银姑娘求婚，而她没有家。树也是个姑娘，她在银姑娘家里当仆人。女仆欺骗了这个男人，她穿上女主人的衣服，冒充女主人并嫁给了这个男人。银姑娘回来后，发现了骗局。于是，她让这个男人去捉两只白色和一只黑色的鹿，杀掉它们并整筒地剥下鹿皮。然后，她强迫这个男人脱去衣服，并用鹿血给他冲洗。于是，这个男人变成金色的。银姑娘也惩罚了女仆的欺骗行为，她在女仆的头上拴一个活结，绳子的另一端拴在鹿身上，之后，她就放开了鹿。鹿跑走了，同时在整个地球上下了树种，从那时起，在地球上就开始长树了。后来，银姑娘便嫁给了这个金色的男人。过了几天，丈夫觉得无聊，打算到地球上走走。妻子给他指明了道路，同时禁止他到月亮姑娘和太阳姑娘那里去。丈夫没有听从妻子的劝告，而到禁止他去的地方了。他找到了这两个姑娘并开始同月亮姑娘一起生活。他的妻子银姑娘知道后，便去追赶他们，但并未决定跟这位姑娘争斗。她变成一只鹞，开始在她们周围飞来飞去。月亮和太阳让金色的男人抓住鹞。男人试着射了一箭，却射中了鹞的爪子。从此以后，所有的鹞爪就都有了一个红斑点。银姑娘变的鹞飞走了，远远地看着他们三个人。当他们三人去追赶时，银姑娘从上面抛下一条腰带，于是从地球到天空便升起一道彩虹；她又抛下一件衣服，空中便出现了乌云。她们在沿天空追赶时碰到了艾克舍利②，艾克舍利阻止并留下了两个姑娘：一个姑娘留给白天，另一个姑娘留给黑夜。从

① 俄罗斯境内的鄂温克人。
② 鄂温克语，上界的神。

此以后，白天太阳在地球上发光，而夜间月亮在地球上发光，太阳和月亮是同时出现的。①

这则有趣的日月神话给我们留下了一幅母系社会初期所实行的普那路亚婚姻向对偶婚姻过渡的风俗图景。马克思在《摩尔根〈古代社会〉一书摘要》中指出："在普那路亚家族制下，便多少有了一男一女结成配偶过同居生活的事实，而这是社会状况的诸条件引起来的。每一个男子在其若干的妻子中，有一个是主妻，反过来说女子也是如此，因而有了向对偶婚过渡的倾向。这主要是氏族组织的结果。②"在神话中，银姑娘极力排斥树姑娘、月亮姑娘与太阳姑娘，反映了这种倾向已经相当明确，在这历史性的转折中，妇女起了重要的作用。对偶婚是人类婚姻史的一个重要进步，它已经寓含着一夫一妻制的萌芽，为人类文明时代的到来奠定了基础。

结　语

海克尔说："在现代科学家看来，太阳崇拜是一切有神论信仰形式中最有价值并最容易与近代一元论自然哲学结合的形式。因为……我们整个躯体的和精神的生命也像所有其他有机生命一样，说到底都要归结为光焰四射的散发着光和热的太阳。③"海克尔认识的深刻之处是，他指出：不仅我们的躯体——自然生命，而且精神生命也源于太阳，后一点更加重要。在舜安波妈妈神话中，太阳尊母不仅是自然界太阳的直接化身，而且是"天天疾跑着，把生命和精灵很快送到大地"的生命女神，这正是初民精神生命的开端。

叶舒宪先生说：人与太阳的结合，不是为了必死，而是为了永生。太阳虽然每天沉下西天，但次日便从东方诞生，这种永不懒惰的循环，在原始人心中便理解为不死或再生的象征，理解为超自然的生命，太阳崇拜这种古老的宗教形式便在各原始民族中普遍发生了。④ 北方民族在萨满教仪

---

① ［前苏联］瓦西列维奇著，林树山译：《埃文克人关于世界的早期宗教概念》，见《原始宗教观念问题研究与资料》，第61页。

② 马克思著，杨东莼译：《摩尔根〈古代社会〉一书摘要》，《马克思恩格斯全集》第45卷，98页，人民出版社，1985年。

③ ［德］海克尔著，苑建华译：《自然之谜》，265页，上海人民出版社，1971年。

④ 叶舒宪著：《英雄与太阳——〈吉尔伽美什史诗〉的原型结构》，载《民间文学论坛》，1986（1）。

式与神话中表现的对日、月女神的崇拜，是人类的自由能动的社会本质，是人类追求集体生命“增殖”的积极表现。它意味着，人类文化的永恒主题——人类的不死与永生，在史前自然宗教的神话中，已经谱写了它光辉的序言。

阿尔泰语系民族萨满教神话探微

色　音

在信仰萨满教的诸民族中，各类神话往往和萨满教密切相关。萨满教是中国少数民族，尤其是北方少数民族神话传承的重要载体。离开了萨满教，我们就很难对北方民族的神话进行全面透彻的分析研究。根据萨满教神话所叙述的内容，我们可以把萨满教神话大体划分为天地开辟神话、自然崇拜神话两大类型。下面分别探讨一下两大神话的内容和特征。

一、天地开辟神话

萨满教神话中大多数神话都涉及宇宙天地的起源问题。这类起源神话的核心内容就是某某神灵开辟天地的历史和过程。

裕固族神话《日母月父》中说：

天地刚分开时，世上只有月亮和太阳。它们是一对情人，也是我们的父母。他们有无数的牛羊，那就是我们能看见的星星。天上的太阳创造了陆地后，日母月父赶着牛羊重新回到天上。我们看见的天上的彩虹，正是日母月父的牧鞭。

《神珠》讲道：

很久以前，天地间一片黑暗，天神把黄白两颗神珠扔到人间照明，后被一对夫妇拿到，男的拿到了黄珠，女的拿到了白珠。天神忽然把黄白两颗神珠连同这对夫妇一起变成了两个圆火珠，一个黄灿灿，一个白光光，升到天空，一前一后地飞转。人们睁眼一看，地上什么东西都有了，从此人们把那白火团叫太阳，黄

子。正如神话原型批评理论的代表人物之一荣格所说："神话是前意识的心理的最初显现，是对无意识心理事件的不自觉的陈述"。萨满教神话中所反映的萨满教观念和仪式传统，很大程度上保持了历史上的原貌。因此可以说，萨满教神话是开启萨满文化之谜的钥匙，我们可以把它作为萨满文化的源头来进行探索。

原文刊载于《民族文学研究》，1999（3）

阿尔泰语系诸民族神话与汉族神话动物图腾现象之比较

王宪昭

神话作为人类早期的文化成果，是历史的范畴，也是民间文学的范畴，具有地域性和民族性。我国以往神话研究多以汉族神话为主体，往往忽视少数民族神话资料在实际中的应用，因此而导致结论的欠缺或偏颇。本文选取阿尔泰语系诸民族神话的动物图腾为切入点，与汉族神话中的一些共性问题进行分析比较，对其动物图腾的某些共性加以探析。当然，在具体分析之前，需要说明两点。一是关于神话保存与资料使用问题。总体上看，阿尔泰语系诸民族神话多为民间口头传承的活形态，材料丰富，除部分见于古籍书面记载外，大多数为20世纪中后期搜集、翻译、整理，神话在流传过程中加工的成分需要剥离。二是关于研究方法。神话本身就是一个神秘的领域，由于产生背景与今天的社会现实具有巨大差异，故很多不可思议的内容在当时却是极为严肃认真的事情。在早期人类看来，他们更注重与生存密切相关的可感可知的外在表象，至于某些理性因素以及人际间的种种复杂性也许正掩盖在这些“表象”之中。这是解读神话的一个重要前提。

一、图腾是一种特殊的文化现象

图腾是产生于原始时代的一种奇特的文化现象。有的研究者把“图腾”作为“崇拜”的一种特殊形式，把早期人类的生产生活或宗教活动划分为“自然崇拜”和“图腾崇拜”；也有的把“图腾”与“崇拜”并称，认为图腾崇拜源于社会生产力低下和先人对自然的无知；还有的把“图腾”与“崇拜”归为人类的一种信仰。凡此种种都给表现图腾现象的神话带来不少个性化色彩和结论上的困惑。

（一）关于图腾概念

“图腾”作为一个概念，有多种解释。目前神话研究中关于图腾问题也颇有争议。如有人说“图腾是一种动物或植物或无物，部落的各群体把图腾作为自己的祖先。”①有人说图腾“意指一个氏族的标志或图徽。”②还有人说：“图腾崇拜是祖宗崇拜的前身。”③学术界一般认可普列汉诺夫的说法：“图腾崇拜的特点就是相信人们的某一血缘联合体和动物的某一种之间存在着血缘关系。”④从“图腾”的词源看，是印第安语“Totem”。1903 年严复翻译的英国甄克思的《社会通论》时，将书中“Totem”译为“图腾”，这是我们今天见到的较早的汉语说法。而在具体使用时，常出现词缀，又有“图腾主义”、“图腾制度”、“图腾崇拜”、“图腾观”、“图腾文化”、“图腾意识”等名称。毫无疑问，今天人们对图腾的定义，数量繁多而又存在或多或少的差别，即使有一些细微不同，在分析问题时也往往带来许多明显不同的结论。但多数人认为，图腾是一种最原始的宗教形式。意思为“它的亲属”或“它的标记”。在原始人信仰中，认为本氏族源于某种特定的物种，大多数情况下，被认为与某种动物具有亲缘关系，于是，图腾便与一个族体的产生或存在发生了关系。有时“图腾”又可以等同于“祖先”。有关图腾中所隐含的“亲属观念”，无疑基于人类早期的原始思维。如鄂温克族称公熊为祖父，母熊为祖母；古突厥族的一些部落以狼为祖先，等等。

（二）图腾的几个特征

研究者在图腾问题上众说纷纭，但有两点却可以基本达成共识，一是图腾（包括动物图腾、植物图腾及无生命体图腾）因素是原生态神话中最早产生的内容；二是图腾常带有血缘性质，与氏族、部落的组织形式有密切关系。

（1）从图腾产生的意义上说，图腾“是与狩猎、采集生活相适应的宗教形式，它产生于旧石器中期，繁荣于旧石器晚期，至新石器时代则逐渐演变。图腾最初被视为民族或部落的亲属和祖先，而不是神。万物有灵观

① 杨堃著：《原始社会发展史》，140 页，北京师范大学出版社，1986 年。

② 摩尔根著，杨东莼译：《古代社会》（上册），162 页，商务印书馆，1981 年。

③ 田兆元著：《图腾神话与祖先神话的传承流变》，载《上海社会科学院学术季刊》，1995（3）。

④ ［俄］普列汉诺夫著，汝信等译：《普列汉诺夫哲学著作选集》第 3 卷，383 页，三联书店，1962 年。

念产生之后，图腾才逐渐神化，成为氏族、部落的保护神，或演化为地域保护神。”①

（2）从图腾的作用上说，图腾最早是一个具有血缘关系的氏族或族体的“标志”。如英国研究者麦克伦南以及瑞士的巴霍芬较早发现图腾与外婚制的关系，并提出，人类社会先是经历了原始的杂交、母权或外婚制，然后才发展至父权社会。他认为，外婚制即同一部落之内禁止结婚的制度乃是由掠夺婚姻直接产生的后果，掠夺婚姻产生的原因是由于溺死女婴而导致妇女稀少，女人不够用了，一个部族就去打另一个部族的女人的主意。部族或集团的独立性正是靠图腾制得以实现，即图腾的出现使拥有同一个部落图腾的男女知道了他们之间是不能结婚的。

（3）从图腾的存在形态上说，图腾具有某些特殊的文化内涵。图腾作为人类早期氏族、部落等社会组织的重要标志，带有相当的普通性，也是一个氏族部落成为氏族部落的重要参照，这是任何一个民族的先祖都不能超越的阶段。因此，在判断一种“物”是不是图腾时，要依据多种标准进行定位，主要应该参照以下几个方面的内容：

①有没有相应的较为稳定的主体和客体。

②是否相信本族起源于这个具有特定意义的“物”。

③一个氏族或族体的全体成员对该“物”有没有血缘亲属关系的认可。

④该族后来有没有关于该“物”的标志或象征性图案。

⑤一个氏族或族体的成员是否相信自身与该“物”之间可以相互化身。

⑥氏族或族体后来有没有关于该“物”的相应的禁忌，如禁猎、禁食等。

⑦把该“物”作为标志的群体的成员之间是否禁婚。

⑧有没有一定的图腾仪式（如生产仪式、生育仪式、成年仪式等）。

⑨有没有关于“该物”与氏族或族体起源相关的神话及传说。

如果较全面地分析了上述问题，那么，判断一个民族的图腾物，就会较为切合实际。

（三）图腾与崇拜的关系

所谓“崇拜”是一个复杂的文化心理现象，特别是在人类的童年主要

---

① 何星亮著：《中国自然崇拜》，11 页，江苏人民出版社，2007 年。

表现为对周围自然界的心理依赖，这就像一个人在未成人之前甚至之后对身边某些“偶像”的心理依赖一样，一方面认为那些能给自己带来藉借的“物”具有超过自己的能力，另一方面则会把自己的某些“希望”或“理想”寄托于所敬佩的对象身上。

但对原始“崇拜”只能从理论上分析，而不能从事实上复原。早期人类的“拜物”，不仅时间跨度大，而且内容复杂，受制约的因素多，具有多种起源，与原始宗教、图腾、信仰等有着难分难解的关系，有时我们对于什么是“崇拜物”，什么是“图腾物”是极难区分的。如有的人认为“宗教起源于原始崇拜（信仰）。原始信仰是初民社会普遍存在的思维形式和民俗传承形式，也是个民族共有的历史现象。人类在享受大自然恩惠的同时又要抵御各种灾害，深感自身的渺小，转而寻求超自然、超人类的力量，崇拜人类自身以外的力量，即‘万物有灵’。原始崇拜有不同的形态，如大自然崇拜（包括日、月、星、云、风、雨、雾、雷、电等天象崇拜），山石崇拜，水火崇拜，图腾崇拜，祖灵崇拜和动植物崇拜等。动物崇拜是在图腾崇拜的基础上发展起来的。”① 从这段论述看，揭示了“崇拜”的某些本质，但在“崇拜”产生的问题上却值得商榷，因为“崇拜”的观念在很大程度上具有个体性和灵活性，它的产生也相对容易和自由，其中不少具有规范意义的“图腾”是源于“崇拜”而逐渐固定下来的。正如一些研究者所提出的：“人类在寻求自身以外力量的过程中视某种动物同人有神秘的联系，对人起保护作用。更有人相信死者的灵魂居留在某种动物身上，让动物吞食死尸是对死者灵魂与动物的结合；即使被动物杀死也是幸运的，比如达荷美人就认为被豹子杀死很幸运。”② 由此产生了崇拜。

“崇拜”的范围和含义要大于“图腾”。“崇拜”既可以看做是一种信仰，也可以看做是人类的一种较为自由的心理活动。如有的研究者认为：“当时的人还不知道妊娠的原因。在世界上许多部落中，广泛流传着这样的观点，妇女能够生育不仅是人的作用，而且有各种动物的作用，妊娠的原因可能是由于动物、植物和自然界中的无生命物造成的。由此极容易产生这样的信仰：半人半兽的生物具有生育的能力。人们所幻想的半人半兽祖先观念就是这样产生和发展的。”③ 这段论述从“半人半兽”的这一特例，提出早期人类的思维特征，进而洞察人类图腾产生的原因，但还难以理清那些早期动植物和无生命物能够直接“生人”的神

---

① 参见郑春苗：《中西文化比较研究》，北京语言学院出版社，1994 年。

② ［英］麦克斯·缪勒著，金泽译：《宗教的起源与发展》，上海人民出版社，1989 年。

③ ［苏］Д. E. 海通著，何星亮译：《图腾崇拜》，上海文艺出版社，1993 年，222 页。

话叙事。因此本文认为，人类的“物”崇拜早于“图腾”，有些“物”之所以能够生出人来，除神话中的“图腾”因素外，还有一个重要的原因就是，早期人类更注意到它的外部特征，即生命母体特征。这种情况多表现为鱼、蛙等腹部凸出的动物，葫芦、瓜等圆形植物以及悬壶、古陶壶等无生命物，这些东西都有孕育生命的体征。这些“物”虽然引起人们的崇拜，但并不是一个群体的图腾。

“崇拜”向“图腾”的升华与“图腾”对“崇拜”的强化。正如恩格斯所说：原始人“已经给自己的宗教观念——各种精灵——赋予人的形象，但是他们还处在野蛮时代低级阶段，所以还不知道具体的造像，即所谓偶像。这是一种正向多神教发展的对大自然与自然力的崇拜”。①对自然力的崇拜如果物化在动物身上，就形成了图腾意象，这个意象发展到一定程度，就会积淀为族的图腾形象，由于族的时空的不断变化而形成了个性与共性。从知觉、思维和语言的关系中，我们也不难推知，人类的进化首先是知觉的改变，从爬行的猿类到直立行走的智人，进化的结果是促进了脑体分工，使人对周围的感知更加敏锐，进而刺激了思维。当然，这时的“思维”是以生存为主旨的。生物学研究结果表明，动物特别是人类对强大对手或天敌的恐惧是与生俱来的，虽有“初生牛犊不怕虎”之说，但一般生物对强者的恐惧却往往源于直觉。但也应看到，人类在选择动物为图腾时，遵循的原则除恐惧之外，还有其他几种情形：一是自己所依赖的动物；二是自己所熟知的动物；三是偶然选择的动物，等等。

二、动物图腾的多元性

从现存的阿尔泰语系诸民族神话资料入手，不难发现该类型神话具有鲜明的民族特色和地域特征。反映在动物图腾方面也是如此。阿尔泰语系诸民族包括我国北方东起长白山一带西至天山南北的近二十个民族，每个民族在历史发展的长河中一般都经历了民族迁徙、融合与裂变等许多变化，既积淀出自身的独特文化特征，使本民族选择的动物图腾带有“原型”意味，同时他们在长期发展中又形成了北方民族文化圈诸多共同点或相似之处，并且每个民族的动物图腾都是丰富的、多元的。西北地区的民族以狼、鹰为主流，中部地区也以鹰、狼等居多，东北地区的

① 《马克思恩格斯选集》第四卷，88页，人民出版社，1972年。

少数民族大都以熊、虎等为本族的图腾。

（一）地域环境和生产条件对图腾选择的深刻影响

原始初民对周围世界的选择是非常有限的，而且越是在生产力条件低下的条件下，人们对周围世界的依赖性就越强。从文化考古的结论看，有关图腾的神话大概产生于旧石器时代中期，即野蛮时代后期或向文明时代过渡时期。原始人类脱胎于猿人而进入旧石器时代之后，原始人类的生产和生活实践促使人脑迅速发展，经验累积也日益丰富，“人性”初露端倪，原始社会低下的社会生产力和险恶的自然环境决定了原始时代的人们不能单独生活，而只能依靠氏族集体的合作来增强生存能力。群居性的狩猎采集成为其基本的生存方式。图腾意识的产生是社会发展的必然要求。但原始人尚不能把自身和自然界非常清楚地划分开来，他们时时刻刻表现出对周围现象的热切观照，常以类比的方法将自身与之联系起来，如看到自己经常接触的个别自然对象，特别是那些有某种特长的动物，就会心驰神往，很自然地幻想出彼此间的同一性，即把自身的灵性同时对象化为那些动物，实现人与自然对象特殊的统一。

原始人与某些“物”的同一意识经反复记忆，就能以虚幻的超自然的图腾形式表现出来，认为某种或某些特定的动物或植物具有超自然的“灵力”，与人一样具有生命、感觉和思想。因此图腾又是抽象化、类型化了的“物”，人可以借助图腾赢得超自然的“灵力”，也可以把自己的功绩记在图腾身上。随着这种意识的不断积累及在本族间的传播强化，就会上升为固定的图腾。应该说，图腾意识的形成经历了一个由个别到特殊，再由特殊到一般的认识过程。而图腾在神话中的出现，则是人们这一认识达到相当程度的产物。

研究者习惯从地域角度把阿尔泰语系诸民族划分为西北、内蒙古高原、东北三个文化区，或者从语言角度分为突厥语族、蒙古语族、满－通古斯语族，但这些民族都统属于北方森林草原文化圈。那么，最早进入该地区原始人类视野的自然是与自己生存环境密切相关的草原、森林动物。下面是笔者根据目前该文化圈内现有神话资料对各民族动物图腾的粗略统计：

阿尔泰语系诸民族神话、汉族神话主要动物图腾（崇拜）统计表①

民族 图腾名		阿尔泰语系诸民族																	汉族
		突厥语族					蒙古语族						满－通古斯语族					朝鲜族	
		维吾尔族	哈萨克族	柯尔克孜	撒拉族	裕固族	蒙古族	达斡尔族	东乡族	土族	保安族	东部裕固族	满族	锡伯族	鄂温克族	鄂伦春族	赫哲族		
综合型	龙					+	+			+								+	+
	凤				+														+
兽	熊				+		+								+	+	+	+	+
	虎												+		+	+	+	+	
	狼	+	+	+		+	+												
	鹿			+			+						+			+	+		
	马		+	+	+	+	+				+								
	牛	+	+	+						+									
	羊		+	+			+												
	狗	+	+	+		+	+						+						
	骆驼		+		+														
	兽									+									
鸟	鸟			+									+		+			+	+
	鹰	+	+	+	+		+						+	+	+		+	+	
	燕						+						+	+				+	+
	鹊												+		+				
	天鹅		+		+		+						+		+		+		
	雁													+			+		
	鸽		+		+				+									+	
	鸡						+											+	
	雀							+											

一个民族在民间流传的神话传说中出现多种动物图腾是相当普遍的现象。如哈萨克族、柯尔克孜族、蒙古族、满族、朝鲜族等神话传说中可称

① 表中“+”表示存在相应图腾。本表主要以现有可考资料为依据，并非完全统计。个别动物崇拜出现在民间故事中，为便于比较也列在表中。

得上图腾的动物都多达十几个，而不同的语族的图腾往往有明显的区别，同一语族间又往往大同小异。成书于11世纪的《突厥语大词典》这样写道："每一个突厥部落有很多的氏族，他们的数目只有伟大的真主才知道。我只收了最主要的大部落，而省略了他们氏族支系。鉴于人们需要了解乌古斯人和土库曼人，所以我列举了他们的氏族及其牲畜印记。"① 尽管《突厥语大词典》成书时突厥部落已显然受到伊斯兰教的影响，但每个民族一般都会有自己的图腾，那么，从部落的角度考虑，他们所崇拜的动物不可能是单一的。动物图腾的多元性源于地域差别和生产力发展后的氏族分化，一个部落联盟或民族中多个动物图腾并存，明显地表现出"多元一体"的特征。有人分析汉族神话时曾得出这样的结论："在考察夏族崇拜什么图腾的问题上，重要的是其所依据的传说，是否殷周以前就传下来的，如果确实是古来传说，我们就不能因其得出的结论不统一，而否定他们。夏族图腾有熊、鱼、石等，既崇拜动植物又崇拜无机物，似乎有矛盾，但如果我们不把那些传说，看成是鲧、禹、启等个人的传说。而是夏族中各氏族的传说，就可以把熊、鱼、石等图腾理解为夏族图腾体系的组成部分。一个部落的图腾体系的多样性，并不与图腾崇拜的一般情况相矛盾。"② 列维·斯特劳斯也同样指出："由于图腾在一个等级制度中是极其多种多样的，也就可以用它们来表示部落或等级社会本身内诸社会集团间的区别。"③

图腾又是原始思维的结果。从本质上说，人类的原始思维非常质朴，特别注意直觉。这种情况影射在图腾的选择方面就表现为动物图腾往往与环境有关，并以和谐为主格调。如西北民族生活的区域广阔，沙漠与高耸的雪山交织，矫捷的苍狼、飞旋的雄鹰、雪白的天鹅生活其间，自然成为他们图腾的重要选择；北方地区则是茫茫草原、天高地远，原始游牧的特点显示出他们对鹰、狼等动物的依赖；东北地区高山峻岭、苍山林海，孕育出熊、虎、鹿等大自然的生灵，这些"生灵"作为"族"的图腾是合乎逻辑的。对于原始人类是从图腾到崇拜还是从崇拜到图腾的具体历史进程在这里不作考证，但二者间必然存在密切的相互依存关系。这里有两种可能，一种是图腾形成过程是由个体的选择最后上升为族群的图腾，另一种是首先以某一类动物为主体，而最后从中选出大家公认的一个而形成一个氏族某一历史阶段的具有标记意义的图腾形象，这也是原始人类思维发展

① 自魏良著：《喀喇汗王朝史稿》，229页，新疆人民出版社，1986年。
② 朱天顺：《中国古代宗教初探》，116页，上海人民出版社，1982年。
③ ［法］列维·斯特劳斯著，李幼蒸译：《野性的思维》，138页，商务印书馆，1987年。

的规律。它可以帮助我们了解为什么一个民族会有多个动物图腾和相邻民族间又会有图腾共性的问题。正如恩格斯所说：原始人“已经给自己的宗教观念——各种精灵——赋予人的形象，但是他们还处在野蛮时代低级阶段，所以还不知道具体的造像，即所谓偶像。这是一种正向多神教发展的对大自然与自然力的崇拜。”①对自然力的崇拜如果物化在动物身上，就形成了图腾意象，这个意象发展到一定程度，就会积淀为族的图腾形象，由于族的时空的不断变化而形成了个性与共性。从知觉、思维和语言的关系中，我们也不难推知，人类的进化首先是知觉的改变，从爬行的猿类到直立行走的智人，进化的结果是促进了脑体分工，使人对周围的感知更加敏锐，进而刺激了思维。当然，这时的“思维”是以生存为主旨的。生物学研究结果表明，动物特别是人类对强大对手或天敌的恐惧是与生俱来的，虽有“初生牛犊不怕虎”之说，但一般生物对强者的恐惧却往往源于直觉。

（二）动物图腾多元性是人类历史的真实映照

在那个产生神话的远古时代，人与自然非常密切地融合在一起。原始人类天做被，地为床，野兽野果充肚肠，人的一切均取自于大自然，人的命运也与自然的变化休戚相关。但周围世界却是那样的充满机遇与偶然，有树上自然熟透的野果，也有生性凶猛的野兽，人有时在散发着霉味与花香的树林中狩猎，有时在天然生成的溪流中摸蚌捕鱼，无论是与豺狼虎豹为伍，还是在风雨雷电下疾行，他们当然不可能有闲情逸致致力于神话或歌谣的创作，而是用一种非常现实的功利性态度表白自己的心声。神话中所描写的有关动物图腾的“故事”也绝非无中生有，而是人类历史的真实映照。

图腾神话产生于社会生产力水平极为低下的背景下，对此时的原始人类来说，生存是头等大事。人们的活动范围受生存条件的制约，特别是采集、渔猎时期，大规模的农业还没有形成，虽然有简单的洞穴或草棚可居，但人们的流动性相当频繁，各群体之间常常会互相混杂，难以分辨，常用的办法就是靠图腾名称或符号作标志，并通过它识别不同的群体；有时还需要靠图腾名称或符号维系自己群体的团结，使群体内人们形成了一个向心力，使族群得到稳定和发展。社会生活资料越是短缺，单个的社会成员越难以生存；人类战胜自然的手段越简陋，越需要依靠“群的联合力

---

① 《马克思恩格斯选集》第四卷，88 页，人民出版社，1972 年。

量”。[1] 神话是一个群体的财富，当然反映在神话中的图腾也是作为一个“族”的图腾出现的，并非为某个个体所垄断，它必须被全部族人（氏族、部落以至民族）所认可。如列维·布留尔所说：“一切图腾形式的社会都容许这样一些包含着图腾集团的成员个体与其图腾之间的同一的集体表象。”[2]图腾作为氏族的“印记”，其意义不仅是一种信仰，也是一种代替原先自然形成的松散的原始群落的组织形式。所以，原始人的头脑中那些超越个人和超越群体的外物往往能幻化为超自然的图腾，以使个人和群体的生存具有安全感和依赖感。这也是不同地区动物图腾的通性。

图腾的产生在人类发展史上具有十分重要的影响，它第一次以强有力的纽带将分散的个体连结为一个类属，成为区分群体的重要标志。在每一个图腾集体里，每个成员之间都具有血缘亲族关系，这样便产生了稳定群体、团结御敌的强大力量。在祖先神话产生前，图腾神话早已盛极一时。在母系氏族时期，图腾物被人崇拜得五体投地，女人借助与图腾物的关系，在神话上居了生育人类的首功，因而扬眉吐气。在阿尔泰语系诸民族神话和汉族神话中关于对母性动物图腾的表述都比较普遍。然而图腾神话也向人们显示，随着男人们经济地位的确立和男性意识的觉醒，他们认识到，尽管人类为女人所生，但要是没有图腾物的神秘力量，女人的生育将成无本之木。男人于是利用图腾神话，将图腾物与祖先划上等号，说那图腾物就是祖先的化身，祖先的鬼魂便一下子成了神圣的偶像。此种情况是父权取代母权社会之后的必然结果。这从神话所反映的动物图腾性别变化中可以得到印证。

动物图腾的多元性又反映了民族历史的动态发展。如满－通古斯语诸民族的发展变化就相当复杂。以其中一支东胡系统为例，就经历了鲜卑—契丹—室韦阶段，室韦又分化成北室韦、南室韦、钵室韦、兀室韦四部，其后，北室韦经通古斯、雅库特而形成鄂温克族，南室韦经失必时期而演化为锡伯族，钵室韦经索伦、俄伦春时期最后定型为鄂伦春族，兀室韦则发展为蒙古族。但上面这种表述只是目前学术界一种较为流行的看法，各民族的实际发展情况远非如此简单，如《唐书》中虽有“蒙兀室韦”、“室韦蒙瓦”的名称，但研究者考证他们只是居住在斡难河畔的蒙古部族，而非严格意义上的蒙古之源。在这里使用上述说法的一个目的，是说明族的变化与图腾形象的增多有直接关系。其间，民族间的相互融合问题是不必多论的，反映在神话的图腾上必然具有多采纷呈的特点。同样，汉族神

---

① 《马克思恩格斯选集》第四卷，88 页，人民出版社，1972 年。

② ［法］列维·布留尔著，丁由译：《原始思维》，70 页，商务印书馆，1997 年。

话也是如此。“据说黄帝、炎帝、蚩尤是不同的三个民族，炎帝是羌人，蚩尤是夷人。尧、舜、禹时不仅以尧、舜、禹为盟主的大部落联盟是由不同民族组成，尧、舜、禹这三位首领也不是一个民族，据说尧是黄帝族的一支，舜是夷人，禹是戎人。”① 对这些问题我们在此暂不多述，但氏族、部落或民族的迁徙、衍生、变化却是不可否认的史实。《史记·五帝本纪》载：“黄帝生二子（‘二子’即玄嚣和昌意，作者注），其后皆有天下。”“玄嚣生蟜极，蟜极生帝喾”，此帝喾则是后来中国商、周等民族的神祖。《史记·周本记》载帝喾属高辛氏，其元妃姜嫄即周族始祖后稷（弃）的母亲。《史记·殷本记》进一步指出，帝喾次妃简狄则是商族始祖契的母亲，她因吞下玄鸟（即燕子）的卵而怀孕生契。帝尧是帝喾之后并继承了帝喾的皇位。在神话传说中，帝喾生而神奇，他的八个才子为：伯奋、仲堪、叔献、季仲、伯虎、仲熊、叔豹、季狸。黄帝的另一子昌意，据《山海经·海内经》载：黄帝娶雷祖，生昌意。昌意生韩流，而韩流是一个人脸猪嘴、麟身猪脚的神，娶阿女为妻，生颛顼（即高阳氏）。颛顼其状半体为人，半体为鱼。可见，在不同的历史发展阶段，往往会产生不同的动物意象及图腾是非常正常的。

三、图腾蕴涵的母题及文化内涵

动物图腾作为一种意象、一种信念和一种象征，不仅有相似的母题，而且具有丰富的文化内涵。无论是判断为深层心理结构的集体无意识，还是人类发展过程中的思维共性，阿尔泰语系诸民族神话与汉族神话所反映的动物图腾方面的惊人相似，有目共睹。

（一）动物图腾的神力母题

先民们一般认为自己所崇拜的动物有某种神力，因而可以作为本氏族或部落的保护神。由此可发展为人们对图腾在心理方面的依赖。如许慎《说文解字》中说：“刺皮为龙，所以为尊崇也。”揭示了龙崇拜的族群对龙的依赖达到“断发文身”的地步，有的研究者则发现有些民族流行着通过携带图腾饰物而“避害”的心理，等等，大都基于对图腾物神力的认可。关于这一点，“鹰”图腾在阿尔泰语系诸民族中很有代表性，因为它

① 毛星主编：《中国少数民族文学》，3 页，湖南人民出版社，1983 年。

叱咤风云，英武盖世，目锐若神，翔也高远。俯冲之时，兔、狐、鹿、蛇难逃利爪；飞旋之中，翅尖可折锐木。其性喜寒冷。鹰的极强的飞翔能力与俯冲捕食之迅猛为其他飞禽所不及，其许多过人之处足令先民们敬畏不已，而威武、勇猛、不畏严寒的品格又与北方民族的气质相一致，它足以使当初只能用简单的石块、木棒获取猎物的先民们艳羡不已，他们也一定会以为鹰的能力高于最大的陆地猛兽。这种品性自然会以图腾的形式成为民族标识与象征。尽管随着狩猎生产的发展，人类驾驭自然能力的提高，鹰被捕捉、驯化，成为狩猎生产的重要工具，神话已经结束，但对其“神力”的崇拜仍余音缭绕。

也许有研究者在比较研究中会对其他地区的民族如汉族神话是否也有凶猛的“鸟”提出疑问。其实，“凤”鸟的形象就与“神力”相关。古代的汉族神话多把“凤”与“风”相联系，还往往把“凤”当作风神。“凤”与“风”概念上的联系可以追溯到殷商时期。郭沫若在《卜辞通纂》第398条把甲骨文辞“于帝使凤，二犬”考释为：“是古人盖以凤为风神。”《说文》云：“凤莫宿风穴”，也可以看作是与商代凤为风神的神话有某种渊源。汉族神话把飞廉称为风神，则是较晚期的神话。《山海经·大荒西经》载：“有五彩鸟三名，一曰皇鸟，一曰鸾鸟，一曰凤鸟。”又见《韩诗外传》卷八，黄帝也不知“凤”的样子而问他的臣子天老时，天老答曰：“夫凤象，鸿前鳞后，蛇头而鱼尾，龙纹而龟身，燕颔而鸡喙”，《说文》中也说：“凤，神鸟也。”这种种近乎怪诞的解释，显然是后人加工的结果，但仍可以从某些原始的痕迹中看出“凤”的神勇。关于“凤”的原型问题，可以从汉族神话的其他动物形象得以证实。如有关大舜的史载中，舜的弟弟叫做“象”，可得知当时的黄河两岸是生活着一些亚热带动物的，因为《吕氏春秋·古乐篇》载：“商人服象，为虐于东夷，周公乃以师驱之，至于江南。”旁证是，直至当代的中原地区民间作坊的《二十四孝图》仍绘大舜驱象耕田的画面；而河南省简称为“豫”，“豫”作为形声字，“象”是表其意的。从这一角度推测，“凤”也可能源于孔雀，并且当时的人们认为孔雀展翅并伴随风声、叫声，是很有威力和不可思议的事情，进而想像出此鸟是鸟中之硕大者，性情凶悍，能伤人害物。故《淮南子·本经篇》也载：“（羿）缴大风于青丘之泽。”高诱注：“大风，鸷鸟也，能坏人屋舍。”等等，足见凤鸟并非后来人们所想像的那么典雅温顺，而是一种非常凶猛之物。

无独有偶，“鹰”与“凤”在哈萨克语中是紧密联系在一起的。哈萨克语中苍鹰、隼等嘴带钩、头阔而大、脚部有毛、爪长而锐利的动物“一般用‘克兰’（Qeran）或‘比尔克特’（Byrkit）来称呼。这不仅是人们非常熟悉的动物，而且也不是人们崇拜的对象。但是我们注意到，出现在民间文学作品中的神话形象却很少用‘克兰’或‘比尔克特’来称呼。大都用‘阿勒甫·卡拉·库斯’（Alepqaraqus）或‘萨姆乌勒克’（Samureq）。‘阿勒甫’是‘巨大’的意思，‘卡拉’既指‘黑色’，又指‘大’，‘库斯’是‘鸟’。有人将其译作‘大鹏鸟’、‘巨鸟’、‘巨鹰’、‘神鹰’等；而‘萨姆乌勒克’一般都被译作‘凤凰’。”①正如列维·布留尔指出：“这些表象的情感力量很难想像有多么大。它们的客体不是简单地以映象或心象的形式为意识所感知。恐惧、希望、宗教的恐怖、与共同的本质汇为一体的热烈盼望和迫切要求、对保护神的狂热呼吁，这一切构成了这些表象的灵魂”。② 这样，原来用来作为图腾的动物，由现实的存在物转化为超现实的观念形态，成为整个部落充满神圣意义的“祖先神”和“保护神”，图腾信仰和图腾神话一般可以构成该氏族、部落或民族的重要精神力量和精神象征。

（二）动物图腾的生育母题

人兽婚是远古神话中极为常见的内容，常反映出人类在血缘上和动物的认同。这类神话在阿尔泰语系诸民族中保存得相当丰富和完好，而汉族神话的记载却被后来修改得面目全非了。这类关于人兽婚的生育母题，反映出人对自身发展的早期探索和理解。为什么产生这类相关动物图腾的内容，恩格斯曾在《费尔巴哈与德国古典哲学的终结》的一条注脚中作了一些分析：“在蒙昧人和低级野蛮人中间现在还到处流行着一种观念：梦中出现的人的形象是暂时离开肉体的灵魂，因而现实的人应当对自己出现于他人梦中时针对做梦者而采取的行为负责。”③其真正的含义是说人的灵魂的相通性。这情形用于人与兽之间也是可行的，只不过神话中崇拜的“兽”是灵兽，并且不一定非靠“梦”才能人与兽相通，因为当时人们极可能存在人兽混淆的心理，并且流行着“万物有灵”的意识。此外，人类最早时期的两性关系不受任何约束，如《吕氏春秋·恃君览》所说的，他们过着“聚生群处，无亲戚兄弟夫妇男女之别，无上下长幼之道”的乱婚生活；其后由乱婚进化为血缘婚，实行同辈男女之间的夫妻关系；接着而来的“普那路亚婚”，禁止集团内部男女之间的通婚，实行两个集团同辈

---

① 陈作宏著：《突厥语民族神鹰母题的文化特色》，载《民族文学研究》，1994（4）。

② ［法］列维·布留尔著，丁由译：《原始思维》，27页，商务印书馆，1997年。

③ 《马克思恩格斯选集》第四卷，88页，人民出版社，1972年。

男女互为夫妻的族外群婚；再其后出现了对偶婚，但由于生活生产条件的低下，夫妻的结合并不稳固，婚姻关系可以因为其中的任何一方拒绝而离异。一般来说，以上几种情况，子女在能够自己生存之前要随母生活，血缘世系和财产继承要靠母系确定，那么人们知母而不知父的情况非常自然。但母性的伟大又往往被当时的人们神圣化，与某种有神力的动物联系起来，形成有关人类生育繁衍的母题。后来，父系氏族取代了母系氏族，所崇拜的动物性别也就相应地发生了变化。我们在阿尔泰语系诸民族和汉族的原生神话都可以看到这种现象。

有些研究者分析古代社会现状时指出："尧舜时期，我国先民虽然已经实现了一夫一妻制度，但婚外（包括婚前）性自由，在特定的时候和场合仍然存在。当时的人们虽然知道胎儿的孕育是男女交合的结果，但又认为只有得到神灵的保佑和赐福，妇女才会受孕。"①如果向前推断，在此之前人们极有可能不知"人"是男女交合的结果。所谓的"神灵"与"动物"是合体的，一旦氏族确立了自己的动物图腾，就有可能在其后的发展中产生关于与该图腾联姻的神话，婚姻往往是与图腾建立起根深蒂固渊源关系的重要手段。从目前资料看，原生态神话中的图腾大致有以下几种类型：一是某雌性动物生育为或化身为某氏族的祖先；二是雌性动物与某男子（或人格化的雄性动物）婚配而生某氏族祖先；三是某氏族祖先由卵孵化；四是某女子与雄性动物（或人格化的雄性动物）结合而生某氏族的祖先；五是某女子梦感或直接触感某动物而生出氏族首领；此外，还有女子吞食鸟卵而生或者某个能变化为动物的男子从体内直接生出人来等等。诸多类型都在本质上承认人与动物的血缘关系。

首先分析一下鄂伦春族《熊的传说》。这则神话故事的大概意思是：

很久以前，某猎人顺着熊的脚印寻找猎物时发现树墩上坐着一个穿"大哈"（鄂伦春语，毛皮外翻的狍皮袄）的"人"，刚要转身离开，猛见一头张着血红嘴巴、露着尖尖黄牙、伸开毛乎乎大爪的"黑母熊"扑过来，猎人赶忙拉弓射箭，射中熊的前腿，熊扑倒松树时猎人也被压伤腿脚，熊最终抓获了猎人。奇怪的是，熊不但没有伤害猎人，还为之治疗腿伤，找来野果、蜂蜜食之。后来人和熊一起生活，生下一个半人半熊模样的小崽儿。母熊常带小崽儿外出觅食，出门时还用石头堵住洞门以防不测。

---

① 杜金鹏著：《夏商周始祖起源传说探析》，载中国先秦史学会编《夏文化研究论集》，164页，中华书局，1996年。

> 倒是猎人思乡心切，腿脚稍好就扒开洞门疾逃而去。母熊见此情形，立即带着小崽儿奋力追赶，可惜猎人已登上江中的木排。母熊悲愤交加，猛抓起小崽儿一撕两半，一半扔向猎人，一半搂在怀中，无奈地坐在岸边的石头上伤心地大哭起来。再后来的情况是，随母熊的那半小崽儿成了熊，随猎人的那半就成了鄂伦春人的祖先。①

这类母题在鄂温克族神话故事中也极为类似，也是说猎人打猎时被母熊所获，被逼成婚，在山洞中生活多年，生小熊，猎人逃跑，母熊猛追未果时，将小熊撕成两半，留在身边的仍为熊，而抛给猎人的就是后来的鄂温克族人。② 此类故事看起来有点扑朔迷离，好像人与熊的结合完全是熊的单边意愿，强迫猎人与之成婚。不难得知，这类情节当然是随着人类对周围世界认识程度的提高，人的自我意识加强，人终于“高贵”起来，而“熊”却走下神圣的殿堂，人们开始有意回避原生神话中关于人与动物血缘关系的表述，从而使人的“尊严”得到粉饰。但这类神话并没有否认“熊”作为图腾的“神圣”，虽然表面上人与熊分别生活在两个世界里，后来，人又与熊主动分开，但所表述的二者历史上的血缘关系却欲盖弥彰。这种情况在朝鲜族的建国神话同样有突出表现。如在《三国遗事》卷一记载的檀君神话中说：

> 天帝的小儿子桓雄自愿率三千人马在三危太白山顶建起神市，并派风伯、雨师和云师掌管人间事情。那时，有一只熊和一只虎同居一穴，皆向桓雄祈求变为人类。桓雄让天神给她们送去灵芝、大蒜，并吩咐了变人时的禁忌。结果虎破禁而未成人形，熊则凭信念和耐力化作女身，并向桓雄求婚。婚配后生檀君王俭，后王俭建朝鲜国。③

这则神话与鄂伦春、鄂温克族的人与熊神话相比，尽管说熊变成人后方与人结婚，有后人加工的明显痕迹，但从故事中的熊虎同处一穴可知，它的原型仍是氏族时期，只不过是熊氏族昌盛而获得了比虎更高的地位，

① 参见隋书金编：《鄂伦春族民间故事选》，3～5页，上海文艺出版社，1988年。

② 参见谷德明编：《中国少数民族神话选》，西北民族学院研究所1983年编印，内部发行，第43页。

③ 满都呼主编：《阿尔泰语系诸民族神话故事》，358～359页，民族出版社，1997年。

它为整个民族的发展所作出的贡献也在神话中得到确认。

从人兽婚的具体情形看，某个民族生育母题的流传一般与该民族的主要图腾有关。古代突厥语诸民族中关于狼种起源的神话很多，甚至在更早的古代乌孙神话传说里已有反映。如《史记·大宛传》载：“乌孙王号昆莫，昆莫之父，匈奴西边小国也。匈奴攻杀其父，而昆莫生，弃于野，乌嗛肉蜚其上，狼往乳之。”《汉书·张骞传》也有类似记载。《北史》卷九十九有关于突厥阿史那氏的族源故事说，阿史那氏为邻国所灭，仅剩下一个十岁男孩，被刖足断臂后弃于草泽之中。结果“有牝狼以肉饵之。及长，与狼交合，遂有孕焉”并“遂生十男。”其中一支就是阿史那氏。又《周书》卷十五的《突厥传》也记载：“突厥之先，出于索国，在匈奴之北。其部落大人曰阿谤步，兄弟十七人，其一曰伊质泥师都，狼所生也。”此类传说在大多数西北部、北部少数民族都有。如汉魏时活跃于北方地区的匈奴（魏晋南北朝时南迁的匈奴融入汉族）也流传着人狼婚的故事，据《魏书·高车传》记载：“俗云匈奴单于生二女，姿容甚美，国人皆以为神，单于曰：‘吾有此女，安可配人，将以与天。’乃于国北无人之地，筑高台，置二女其上，曰：‘请天自迎之。’经三年，其母欲迎，单于曰：‘不可，未彻之间耳。’复一年，乃有一老狼，昼夜守台嗥呼，因穿台下为空穴，经时不去。其小女曰：‘吾你处于此，欲以与天，而今狼来，或神物天使之然。’将下就之，其姊大惊曰：‘此是畜生无乃辱父母也！’妹不从，下为狼妻而产子。后遂滋繁成国，故其人好引声长歌，又似狼嗥。”由此观之，人与“狼”的关系虽然在不同文献中有所区别，但以“狼”为神的生育观却是一致的。

值得注意的是，汉族神话直接写人兽婚的内容很少。其原因应是后人有意回避的结果。以西王母形象为例。西王母本来是个人兽兼具的母系氏族的大母神，却被后人一次次加工、改造，竟很难看出人兽融合的影子了。如《山海经·西山经》描摹出她的原生形态是：“其状如人，豹尾虎齿而善啸，蓬发戴胜，是司天之历及五残。”不仅掌管刑杀大权，而且甚是威严，此时尚有动物图腾的痕迹；在《山海经·海内西经》中出现“非仁羿莫能上岗之岩”，说明另一个男性神后羿已能睹之一面，尽管西王母“神”的面纱被揭开，但仍让人隐约看到母系氏族社会形态下女性的威严风韵，此时，如果有什么婚恋韵事，也早已不得而知了；《淮南子·览冥训》写后羿从西王母那里得到长生“神药”，嫦娥偷而食之，此时已与常人的生老病死产生了联系，说明神性与人性产生了明显的瓜葛；到《穆天子传》卷三，西王母不仅与周穆王交往，而且还亲自参加了周穆王特设的宴会并即席颂唱，此时的神已与现实人物纠缠起来；再到《汉武内传》中，干脆把神话中那个“豹尾虎齿，蓬发戴胜”的半人半鬼的西王母改造成一个“年可三十许，修短得中，天姿掩蔼，容颜绝世”的丽人，并与武帝相好成了至交，等等。这哪里还有什么人兽婚？简直把改造神话当成了具有明显功利性的文学创作。这种神话历史化或“合理化”趋向，已使远古神话面目全非，其修改者无论是史官还是文人，除了为上层统治者镀金绘彩之外，还有一个重要原因就是根据生产力的发展和人们对周围事物认识程度的提高，产生了文学的“自觉”，而试图发掘神话的“真实性”，将传承的远古“奇闻”加以“生活”化、“合理”化、“合法”化。倒是那些关于帝王出生的记载，如《史记》中的“本纪”部分，把帝王之母与灵兽的交合写得若隐若现，反而保存了关于人兽婚的图腾文本。此外，历代学人对神话整理的态度也往往带有历史化倾向，汉文古文献中常常把那些“言不雅驯”的神话作品大量删弃或篡改，如大禹化熊开山的情节不见于今本《淮南子》，却载于《汉书·武帝记》颜师古注的引文；舜服鸟工龙裳以救井廪之难不见于今本《列女传》，却载于《楚辞·天问》洪兴祖补注的引文，等等，都印证了汉族远古神话关于人兽婚内容的删减和遗失问题。但这种情况并不会完全影响到我们对汉族人兽神话的推测。如关于人类开辟时代的“混沌”，《神异经》中的记载是：“昆仑西有兽焉，其状如犬，长毛四足，似熊而无爪。”关于人类始祖之一的神农氏，《绎史》卷四引《帝王世纪》中的话说是：“炎帝神农氏人身牛首。”再如《山海经·海内西经》载：“昆仑之虚，百神所在。开明兽身大类虎而九首，皆人面。”等等，挖其根源，他们设想自己的祖先与图腾物同形同性，才会有巨大神力，但后来的人根据自身的样子，又不想把祖先描绘成与现实中完全一个模样的“动物”形状，于是半人半兽的形象就在汉籍神话中不绝于目了。显然，汉族再早一些的神话已不可见，但一定存在人兽婚的神话阶段，若没有人与兽的合体或交合，出现此类情况是绝对不可能的。从本质上看，这与北方其他民族的人兽繁衍神话如出一辙。

人兽婚图腾神话表明“原始人不仅认为他们同某种动物之间的血缘关系是可能的，而且常常从这种动物引出自己的家谱，并把自己一些不大丰富的文化成就归功于它。”① 弗雷泽对此也有类似的看法：“图腾是野蛮人出于迷信而加以崇拜的物质客体。他们深信在图腾与氏族的所有成员中存在着一种直接和完全特殊的关系……个体与图腾之间的联系是互惠的，图

① 《普列汉诺夫哲学著作选集》第三卷，386页，三联书店，1962年。

腾保护人们，人们则以各种方式表示他们对图腾的敬意。”① 人兽婚神话表面上是原始人类在表达对所崇拜动物的依附，而实际上既有人对婚育现象不完全了解的客观原因，也有对现实生活中的图腾意识的特殊强化，使图腾崇拜凝聚生成为民族性的潜意识，这对形成一个民族的文化原型具有非常大的促进作用。

（三）动物图腾丰富的文化内涵

神话既不是骗子的谎言，也不是无谓的幻想产物，它们不如说是人类思维的朴素和自发的形式之一。只有当我们猜中了这些神话对原始人和他们许多世纪来丧失了的那种意义时，我们才能理解人类的童年。著名神话学者袁珂明确提出：“我们可以说神的世界是人的世界的投影，神话实质上也是人话。”② 只有透过神话扑朔迷离的外衣，我们才能窥见它所深蕴着的内涵。

“鸟”是阿尔泰语系诸民族神话和汉族神话都有的动物图腾，其蕴涵的民族特性也非常典型。汉族神话中有关于上古四方神有明确记载：东方之神伏羲、西方之帝少昊、南方之帝炎帝、北方之帝颛顼。值得注意的是，与东帝伏羲并列的西帝少昊，本是东方崇拜鸟图腾的百鸟之国的首领。汉古籍中说“少昊名契”，而契正是商族始祖。《史记·殷本纪》中殷祖契的故事是这样的：“殷契母曰简狄，有娀氏之女，为帝喾次妃。三人行浴，见玄鸟坠其卵，简狄取而吞之，因孕生契。”这里面图腾神话与祖宗神话交织着。一方面“契”是鸟的后代，体现出不折不扣的图腾神话的本质，但那个“简狄”不仅有丈夫，还只是一个地位不高的人家的次妃，女人的地位已大不如前，这是祖先神话对图腾神话的改造。说明少昊与黄帝族玄嚣一支的后代帝喾有非常密切的关系，是少昊以玄鸟卵的形式进入帝喾之次妃简狄腹中而使之怀孕生契。《左传》昭公十七年载：“少皞挚之立也”。而“挚”通“鸷”，乃是一种厉害的鸟名，属鹰鹫之类，鹏凤之原型。这种崇鸟的民族积淀很深，直至进入了封建社会的秦朝还大为流行。《史记·封禅书》记少昊后裔嬴姓曾远徙西陲，建立秦国。《史记·秦本纪》中说，嬴姓为帝舜所赐，其情形是颛顼帝之苗裔孙女修，因吞玄鸟卵而生大业，大业娶少典氏女华，生大费。大费因助禹平水土有功，并佐舜调驯鸟兽而被帝舜封赐，受为柏翳（伯益），赐姓嬴氏。妻姚姓之女，

① 〔英〕弗雷泽著：《图腾与外婚制》，转引自朱狄《原始文化研究》，77 页，三联书店，1988 年。

② 袁珂著：《中国古代神话》，3 页，华夏出版社，2004 年。

生二子，一子大廉，其玄孙有孟戏、仲衍，皆鸟身人言，属鸟俗民。无论从哪个角度看，鸟图腾的历史是不能否认的。

鸟图腾在阿尔泰语系诸民族中也很突出。在不同的历史阶段，北方少数民族大多信奉过萨满教，关于鸟的神话在崇信萨满教中流传广泛。首先表现在把禽鸟作为人类的始母神，萨满的养育者。东海女真后裔满族扈伦七姓萨满神谕记载，洪水时代，神鹰代敏格格救起了仅剩的一男一女生的一个女儿，并将其养大，这女儿后来成了世上第一个萨满和人类的始母神。此故事中的“神鹰”其实是“生母”的隐形，处于“母亲”的地位。创世神话《天宫大战》① 也传讲，神鹰受天神之命，用昆哲勒神鸟衔来的太阳河中的生命与智慧的神羹哺喂萨满，用地母卧勒多赫赫的神光启迪萨满，使她成为世上第一个通晓神界、鸟界、灵界、魂界的智者，百慧百巧，抚安世界，传替百代。满族原始先民将神鹰尊为人类始母的恩人和母亲的情况，可以从某些姓氏将某种鸟类与民族的起源相联系的族源神话中得到证实。如爱新觉罗氏传讲，神鹊衔朱果，被沐浴于白山天池中的天女佛古伦吞腹成孕，生布库里雍顺，“定号满洲，乃其始祖也。”这种神话的产生虽然晚些，颇类“天命玄鸟，降而生商”的传说，但它被载于正史，引为言传，是满族先民鸟崇拜意识的真实记录。其次，是“鸟”对人类的恩惠。在北方民族神话中，鸟神虽然作为创世神的助手出现，但在天母阿布卡赫赫与恶魔耶鲁里争夺宇宙统治权的斗争中，神鸟多次帮助宇宙大神转危为安。特别是在阿布卡赫赫取得宇宙统治权的过程中，灵喜、各种水鸟、彩雀、鹰隼等都是其左膀右臂，鸟神发挥了重要作用，立下不朽功绩。在黑龙江流域诸民族中曾流传这样一则故事，说洪荒时代白水鸟、野鸭、野雁、天鹅等搬砂运石、填滩造地。在那乃人的故事中鸟还直接参与了开辟宇宙的工作。

朝鲜族的许多卵生神话也是鸟图腾的直接反映。如《三国遗事》卷一《赫居世神话》记载的赫居世王在一个紫色的卵中破壳而出；《三国遗事》卷二中《首露神话》记载九干者打开金盒发现圆圆的六颗大卵，六颗大卵变为六个男童；《东国李相国集》卷三中记载的《东明王》篇则写东明王朱蒙降世时是一个从母亲柳花的左腋下生出的卵；《三国遗事》卷一的《金阏智传说》中虽没有出现什么卵，但主人公寓身的金柜挂在树枝，树下有一只白鸡鸣叫着等等，正如文日焕先生指出的：“卵生文化首先与鸟崇拜意识有关。朝鲜的信仰、风俗，绝大部分都与鸟有着密切的联系。”②

① 参见富育光著：《萨满教与神话》，227～245 页，辽宁大学出版社，1990 年。

② 参见满都呼主编：《阿尔泰语系诸民族神话故事》，344 页，民族出版社，1997 年。

阿尔泰语系诸民族神话与汉族神话的“鸟”还有一个共性，就是具有辨识季节与多生多育的双重文化内涵。作为图腾的动物形象除了自身蕴涵的象征作用之外，还有沟通现实性和主观情感的特殊功能。在当时农牧业开始萌芽的背景下，鸟类对大自然独特的适应性可以为人们判断节气提供根据。如在鹰崇拜中，除了它的凶猛与神力之外，还有季节性的活动规律，人们认为它是能够引起一年四季变化的神物，许多西伯利亚民族把三月称作“鹰月”；“燕鸟”的秋去春归也是如此作为自然界的复苏者；而天鹅飞来正是是冰雪融化的时候，巴尔虎人和布里亚特人向北归凌空翱翔的天鹅献以洁白的鲜奶祭洒，也就不足为奇了。同时，鸟的生育能力又是与人的繁衍愿望相一致的，鸟的卵生与多产为原始先民所羡慕，并且春天的繁殖期与人的青春萌动相呼应，这在考古发掘的原始社会末期的鸟形图案文物可得到证明。从遗留的一些习俗上看，也是如此。如不少北方少数民族把“鹰”视为多产多育之神，不孕妇女通常要向“鹰”祈祷求子，再如蒙古族、满族的唤鸟仪式是在万物复苏的春季举行，祈求象征氏族生命灵魂的鸟降临氏族树、氏族水池或氏族领地等做法，也都与生育信仰有关。

四、动物图腾的交融与演变问题

历史上的民族并非静态的，而是随着生产力的发展和历史进程的推进而处于动态的分化或融合之中。动物图腾的交融与演变也体现了事物发展变化的自然规律。既没有一个民族始终只有一个图腾，也没有一个民族的图腾始终保持一个固定不变的内涵。

（一）动物图腾的变异体现了氏族、部落或民族关系的变化

中华民族之所以成为多元一体的大一统民族，重要原因之一就是其广博的兼容性。北方少数民族与其他民族特别是与汉族的交往、交融的历史很多有据可考。《国语·周语》中记载，公元前965年，周穆王征犬戎，“得四白狼四白鹿以归”。史学家翦伯赞曾考证出“白狼白鹿是当时的民族。”他们以白狼、白鹿为图腾。又据《多桑蒙古史》第二章提出的：“成吉思汗诞生之两千年前，蒙古被他族灭。”可知“他族”是周穆王无疑。因此，“史料足以证实蒙古民族是形成于图腾崇拜社会阶段的北狄之地，

是中国土生土长的土著民族。”①还有的学者进一步提出设想：“穆王自洛阳西巡，竟先向北，涉漳水，越钘山而至河套以北的蒙古草原，这也表示草原游牧地区，当时可能是一条中西交通的道路。”② 当然，有战争就有交流与融合。《国语·晋语》中则说：黄帝生有二十五个儿子。其中有姬、酉、祁、已、滕等十四个儿子得其姓，即以直接的血缘关系繁衍，并形成十二个胞族。不管怎样，黄帝的如此庞大的后代绝非一姓一族，因此，黄帝被追溯为中国汉族和众多少数民族的先祖也在情理之中。《山海经·大荒北经》写道：“黄帝生苗龙，苗龙生融吾，融吾生弄明，弄明生白犬，白犬生牝牡，是为犬戎”。《山海经·大荒西经》进一步补充：“黄帝之孙曰始均，始均生北狄”。这表明我国西部和北部一些民族的先祖与黄帝有某些联系。《山海经·大荒东经》中还说：“黄帝生禺号，禺号生禺京。禺京处北海，禺号处东海，是惟海神”，则足以表明黄帝与我国上古东夷各族也有交往抑或血缘关系。

究竟民族间的交流与神话中动物图腾的表述有无直接或间接的联系，可用下面的一个例子作为证明。中外学者曾对满族广泛流传的喜鹊图腾神话进行过长期探讨。晚清民主主义者陈去病认为佛库伦吞朱果而孕的神话比附了汉族《大雅》、《商颂》的商族神话。指出：“夫以实考之，彼固明明女真之苗裔也，而必遁于怪诞者，岂其血统犹非，胡金之流衍，而别感于其他孳气邪?”③ 当然，他自身的民族偏见是不言而喻的。吕振羽在《中国民族简史》中也引了佛库伦在长白神池吞神鹊所衔朱果的神话，说这是与商族传说相似的满族起源传说。日本学者稻叶君甚至说：“神鹊与玄鸟，朱果与堕卵，简狄三人行浴，与三天女行浴同一神话。”④ 上述观点影响了我国的许多神话研究学者。但如果更细致地进行分析，不难发现，简狄神话与三天女神话的主体情节相同，只是人物、地点发生了很大变化。如《淮南子·地形篇》说“简狄”在不周北，不周山今属青海东部一带。穆库什克人讲的三天女行浴地点在今天的黑龙江北部，燕子、喜鹊都是善飞的候鸟，上文已证黄帝与我国上古东夷各族具有血缘联系，故喜鹊堕朱果受燕子堕卵的影响只是一种可能。我们绝不能因为二者有相似之处而否认女真先人神话原创的可能性。诸如崇拜鸟而产生的卵生神话，不仅我国北

---

① 苏日巴达拉哈著：《蒙古族族源新考》，10页，民族出版社，1986年。

② 王至来著：《中亚史》，16页，中国社会科学出版社，1980年。

③ 中国民间文艺研究会上海分会编：《中国民间文学论文选》（上），382页，上海文艺出版社，1980年。

④ 中国民间文艺研究会上海分会编：《中国民间文学论文选》（上），50页，上海文艺出版社，1980年。

方夫余族、高句丽族等流行，我国南方傣族、苗族、瑶族、纳西族、哈尼族、侗族也有，并且印度、叙利亚、芬兰也有类似的神话。

比较晚近的史料和有关的文化考古也可以说明这些问题。如我国北朝时期是北方民族政权活跃的时代，从当时北方的生产形态看，也是北方少数民族产生和发展神话的时期。有的研究者在分析北朝神话时提出："北朝的主流神话是拥有中央政权的民族统治者的帝王神话，虽其内容与传统的汉族神话相异，然其性质和结构模式与汉族神话悉同。从性质上讲，它只是秦汉以及先秦帝王符瑞神话的变种，它夸张帝王出身的神异以示其非同寻常，系神权天命来接受政权，故从本质上讲它是政治神话，对其王朝的存在具有强大的支撑作用。就其结构形式看，它同于远古中华图腾神话的模式，往往由其母与神物相交相感而生。其最近的源头，乃是纬书中的感生神话，北方诸民族政权的帝王神话，可视为感生神话直接影响的产物。"① 能否坚持这一结论，关键是能否找出有力的论据。某些考古发现可以作为佐证。其一，关于夏商之际夏家店文化的考古，它的地域分布主要在燕北辽西地区，结论指出："当时的辽西地区，除了大量接受华北平原一带的先进文化因素以外，还广泛地吸纳其他地区的优秀文化成果。如与夏家店下层文化早期衔接的小河沿文化晚期，其彩陶器座上的八角星纹图案，来源于黄河下游地区的大汶口文化，其曲腹钵、侈沿曲腹双耳盆，则来源于黄河中游的海生不浪文化，同时兼容并蓄了黄河中下游一带中原地区的有生文化因素，因此有着极其旺盛的生命活力。"② 同样，在这个北方产生神话的时代，"大约在距今5000年以降，随着全球性气温的渐次下降，洪水的高峰时期已经过去，黄河中下游一带的黄泛区域，逐渐地变成了膏腴沃壤。与此同时，燕北辽西一带则随气候的日渐凉干而逐渐地失去当初的优越地位。从这个时候开始，辽西一带的古代居民相继向南部的中原一带内迁，其具体表现就是小河沿文化时期辽西地区古文化的衰落和带有浓重的小河沿文化遗迹的午方类型文化在冀中一带出现。"③ 又如，处于内蒙古东部与辽西山地的内蒙古敖汉旗赵保沟文化关于"龙"的文物有这样的情况："野猪首牛角龙 的身体中支分出扇面状的翅羽（又，鹿龙也有翅羽），应是应龙有翼的初本。此外，龙之有角，也是应龙的原本。"④ 这

① 田兆元著：《论北朝时期民族融合过程中的神话认同》，载《上海大学学报》，2000（3）。

② 田广林著：《关于夏家店下层文化燕北类型的年代及相关问题》，载《内蒙古大学学报》，2003（2）。

③ 中国社会科学院考古研究所编：《放射性碳素测定年代报告（24）》，载《考古》，1997（7）。

④ 陆思贤著：《神话考古》，295页，文物出版社，1998年。

与《山海经·大荒东经》中“大荒东北隅中”关于应龙的记述以及《周易·干》中“飞龙在天”的本原相吻合。尽管从地域上看，只是局部，甚至与东北的某些少数民族只可能有间接的联系，但其中的影响关系或者称为某些暗示的东西却是不容忽视的，它能够使我们从历史悠远的民族交流、交往中寻找出神话的某些类似性和关联性。

（二）图腾原生意义演化的多种形态

图腾出现之后，往往与其他意识形态紧密结合起来。随着生产力的发展，图腾的意义也会发生变化。在阿尔泰语系诸民族和汉族神话中都出现了图腾意象的俗化和变异情况，主要表现在以下几个方面。

一是一种图腾对另一种图腾的侵入或同化。如在甲骨卜辞的叙述中，商王朝对龙族不是讨伐就是追杀，大有灭之而后快的味道，甚至到了周代，商人的子孙们还在炫耀先祖降伏龙族的武功。在一块商代的玉佩图案上，二凤脚踏二龙，显示出鲜明的民族歧视的特征。龙凤相斗是商代的神话主题之一，体现出夏、商两族间尖锐的矛盾冲突。而到了周民族崛起并一举消灭殷商，龙凤冲突从总体上才告一段落。不过，周朝的崇龙在后世得以发扬光大起来，但凤的意念也未消失，只不过成了配角罢了。

二是图腾报恩型故事对原图腾地位的下移。图腾出现的原本意义本是一种崇拜与标记，是神圣不可侵犯的。但随着生产力的发展和人们对周围世界支配能力的提高，原来所崇拜的图腾在人们心中的地位就发生了明显变化，甚至出现了动物向人的报恩型母题。这种情况在阿尔泰语系诸民族与汉族的民间故事中都有反映。如西北地区的民族关于鹰图腾的变异，哈萨克族民间故事《会魔法的国王和年轻的猎人》中首先猎人救助了鹰，然后神鹰将猎人载上了七重天；维吾尔族民间故事《宝刀》中神鹰为了报答人的救命之恩，驮着英雄老四飞越了火海，战胜了魔王；维吾尔族民间故事《英雄艾里·库尔班》和柯尔克孜族民间故事《七汗的故事》等许多作品中都有这种因果关系。原来作为图腾的动物报答人类的方式各有特色，如柯尔克孜族民间故事《英雄的青年》中，“像毡房一样大”的神鹰受恩于主人公后，亲自带主人公前往梦寐以求的花城；哈萨克族民间故事《孤儿与国王》中，神鹰为了报答吉克依的救子之恩而使他拥有了许多金币，吉克依最后还被人们推上了国王的宝座，使百姓们过上了幸福的生活。这样的例子还有很多，在众多神鹰报恩母题的作品中，一方面极力描述神鹰这些非凡的形象特征和鲜明的超自然品性，表现出对鹰之神力的崇拜；另一方面，人们似乎更注重如何利用其异乎寻常的能力。无论故事情节有怎样的不同，但基本结构模式一般都是“英雄遇难——杀巨蟒救图腾（鹰）——得到图腾的帮助——英雄成功或完成使命”。这种情况是人类文明进一步发展的必然结果。

有时，随着神话向传说、故事的演变，特别是在次生神话及志怪作品中，原来的图腾动物也可能出现变异。其中常见的报恩型故事一般有两种情况：一种是报恩的动物被生活中熟知的其他动物代替，另一种是报恩者变为具有预见性质的人，多数以老人特别是老太太的身份出现。如鄂温克族传说《狐狸姑娘》说，很久以前，一条大河边的“仙人柱”旁住着一个本领高强的猎手，一次打猎时从恶狼的口中救出一只狐狸。狐狸悄悄随猎人到住处。猎人出门后狐狸就变为美丽的姑娘为之打扫、做饭，然后恢复原形离开。后来，猎人发现真相，抢了狐狸的毛皮，于是二者成亲，生了十子，十子各操其业。[①] 此时，我们已很难看出人与动物原形结合的形式，动物原形被隐藏，以一种意想的形式出现在读者面前。

三是动物神力的丧失。如在蒙古族后来的神话传说故事中，动物的特性明显降低，不少动物已不具有非凡的能力，甚至出现不能尽其职责的形象。如《天神造人》中的狗因毛肮脏而成为失职的永久象征。《额日亥·莫日根》中，莫日根由于没有完成誓言变成了旱獭，花斑马没有完成任务变成了跳鼠，燕子多事被射散了尾巴。严格地说，这时的“神话”更接近于传说，动物原来的图腾意义已不存在。蒙古人这种拟人化的动物描写，尤其是把人由于没有完成其职责，或动物没有完成其应尽义务而必然受到惩罚作为主题确立起来，是人文主义思想的体现。他们以动物要恪守本位为喻体，说明人必须为自己的行为负责，认真履行自己的义务，信守自己的诺言，这种动物含义上的变化反映了蒙古人对大自然、人、动物所进行的认真而严肃的思考，从而使崇尚秩序、崇尚理性取代了远古时期对动物的狂热。

（三）动物图腾多元性与趋同性的并存

从客观上讲，图腾有个体图腾和集体图腾之分，而只有当个体图腾上升为集体图腾之后，才能在神话中反映出来。每一个氏族甚至更小的活动群体都可能有自己的图腾标志，同一氏族在不同的历史阶段也可能产生不同的图腾崇拜。因此，图腾的多元是不可否认的事实。而随着社会生产力的发展和人类活动范围的扩大，不仅氏族或部落本身不断地增殖，而且氏

① 参见谷德明编：《中国少数民族神话选》，西北民族学院研究所1983年编印，内部发行，第43～45页。

族或部落之间的兼并和融合也会不断发生，如由于氏族或部落人口的膨胀或者自我发展的需要常常会导致战争，战争的结果是，被击败的氏族或部落要接受战胜者的图腾，则原图腾或弃置或被改造，这是一个合的过程。这就会产生出更大的联盟，并为后来民族的形成准备了条件，而每个氏族的许多特性包括萌芽状态的心理素质也被融进新的氏族和部落联盟的特性中去，成为它的组成部分。例如汉族神话中的龙、凤就是古代氏族或部落大联合、大融合的产物。闻一多在《伏羲考》中论证“龙”是一种“化合式的图腾”，“大概图腾未合并以前，所谓龙者只是一种大蛇。这种蛇的名字便叫做‘龙’。后来有一个以这种大蛇为图腾的团族（Klan）兼并、吸收了许多别的形形色色的图腾团族，大蛇这才接受了兽类的四脚，马的头、鬣的尾，鹿的角，狗的爪，鱼的鳞和须……于是便成为我们现在所知道的龙了。”“这综合式的龙图腾团族所包括的单位，大概就是古代所谓‘诸夏’和至少与他们同姓的若干夷狄。”还有几个龙图腾的大团族包括夏、共工、祝融、黄帝、吴、荆蛮、匈奴等。① 我们从阿尔泰语系诸民族的神话中也能找到这种痕迹。由氏族低层次的心理素质发展到民族高层次的心理素质，由反映一个较狭小范围的民族的心理素质，扩大到更加广阔范围的民族的心理素质，虽然已有了质的变化，但是关于本族的图腾历史的继承性是不能割断的。

从相关动物图腾的演变过程看，即使是父系氏族社会取代了母系氏族社会，祖先崇拜、英雄崇拜取代了图腾崇拜，但由图腾形象所表达出来的民族最初的心理素质并没有完全消失，它只是被各民族后来产生的高一级的心理素质所吸收。如元、清两朝，蒙古族和满族先后入主中原，在图腾信仰方面与中原地区很快达到高度的融合，一方面龙、凤图腾进一步强化；另一方面本民族的原有图腾也并未丧失。这在血缘和地缘两种关系上都证明了动物图腾多元与趋同的客观性，我国多民族的事实表现出民族间的内在的团结意识和相互依存关系。也许有的同志对这一结论提出质疑，怀疑这样认识我国少数民族神话里这些动物图腾形象的意义，是否有些超前或脱离客观实际，其实不必如此担心。因为大量考古材料和民族学的材料证明，产生大量图腾神话的时代已是旧石器时代或新石器时代的初期，各族初民们并不像有些人想像的那么蒙昧，这时人类在制造工具的过程中，已开始关注陶器的制作和使用，出现了原始的农业、动物饲养与有组织的游牧，如前文所论，各民族祖先彼此间的交往非常密切，甚至有时还

① 参见朱自清等编：《闻一多全集》卷一，载《民国丛书》第三编（90），3～68页，台北：开明书店，1948年影印本。

可能具有血缘上的融合关系。由此而产生的图腾神话虽然会历经演变，但其精神实质则是“多元一体”的。

值得说明的是，本文在思考与写作中难免遇到三个方面的问题。一是神话产生与生存的背景已事过境迁，由于主客观条件的限制，有些地方可能会以今人的眼光解析早期人类神话现象的本义。二是神话作为一定历史的产物，在长期流传过程中被加工润色的情况非常突出，其资料性与局限性并存，神话发生、演变与定型的相关鉴别往往因人而异，也会影响到结论的形成。三是文学批评的本质是一种复杂的精神劳动，特别是对于远古神话来说，不仅要借助相关学科的既有成果，还需要进行丰富的想像和推测，这样会使一些结论带有主观性。

北方少数民族天崇拜传统与族源传说

——以蒙古族天崇拜与天命所生型族源传说为中心

包海青

蒙古人长期以来活动生息于我国北方的广阔草原，蒙古族文化应归入北方游牧民族所在的草原文化系统，蒙古族文化与其他北方草原民族文化之间不仅有着千丝万缕的联系，而且也具有发生学意义上的渊源关系。因此我们在探讨蒙古族的天命所生型族源传说的形态和渊源时，必须把研究对象置于古代北方草原民族的文化传统和背景中进行研究。首先，“天”崇拜文化，不仅在阿尔泰语系诸民族及其先民中具有悠久的传承历史，而且是具有世界性普遍意义的信仰文化。因此，要想对蒙古族天命所生型族源传说进行探源，就必须拓展视野，从世界文化的宏观角度去探讨这一文化现象的产生缘由。其次，在研究蒙古族族源传说的形态特征及文化渊源时，还应溯源至该类型族源传说的具有世界性意义的“天父”原型，并且与萨满教的“三界”观念和蒙古人的政治历史观相联系起来。最后，通过在蒙古族与其他民族天命所生型族源传说之间进行比较，梳理其异同，才能找出各类型族源传说传承的重要母源这一文化现象的产生缘由和最终根源。下面，就让我们按上面所说的顺序来加以论述。

一、天命所生型族源传说的形态及其渊源

关于蒙古人起源的“天命所生”的叙述，见于蒙古史学史上的第一部巨著《蒙古秘史》（又称《元朝秘史》）的开篇：“成吉思·合罕的祖先——孛儿帖·赤那奉上天之命而生。他的妻子是豁埃·马阑勒。［他们］渡过腾汲思水来到斡难河源头不峏罕—合勒敦山，驻扎下来。生下儿子，

名叫巴塔赤·罕。"[①] 据《蒙古秘史》等文献的记载，巴塔赤·罕是蒙古部的始祖，他的子孙后代繁衍为近二十个部族，因此我们认为这是一则天命所生型族源传说，旨在说明蒙古部族起源于"奉天命所生"的孛儿帖赤那。

据史料记载，蒙古人的这种"天命所生"观念的渊源可以追溯到匈奴人时代。司马迁《史记·索隐》记载，匈奴称单于为"撑黎孤涂单于，匈奴谓天为撑黎，谓子为孤涂，单于者广大之貌，言其象天，故曰撑犁孤涂单于"。《汉书·匈奴传》记"匈奴谓天为撑犁"。"撑犁"，学者们构拟为"＊tängri ～ ＊tengri"一词的汉语音译，是指苍天，蒙古人还称之为"长生天"，可以说该词在古今阿尔泰语系突厥、蒙古诸语言中是通用的；"孤涂"意即"儿子、子女"。契丹语谓"儿子"为kewu。蒙古语"儿子"音"可温"。达斡尔语称"儿子"为keku。大致与匈奴语相同。"撑犁孤涂单于"言其单于是"天之子"。

匈奴冒顿单于自称是"天所立匈奴大单于"[②]，老上单于自称是"天地所生、日月所置匈奴大单于"，冒顿单于征服月氏及西域诸国，也被看做是"以天之福"的缘故[③]。狐鹿姑单于给汉廷的信中说匈奴人是"天之骄子"[④]。萨囊彻辰的《蒙古源流》称成吉思汗为"奉苍天之明命而生者，人中之狮我圣主天子。"[⑤]，这里既包含了"天命所生"观念，又包含了"天父"的观念。由此可见，蒙古人的"天命所生"观念与匈奴人的这种观念是一脉相承的。

古代突厥与蒙古的族源传说具有很多共同点。突厥人和蒙古人在讲述自己的族源或者可汗的来历时，都总是跟"天"联系起来。突厥语之《毗伽可汗碑》中记载"Täŋri jaratmiš türk bilgä qaγan"或"Täŋridä bolmiš türk bilgä qaγan"[⑥]。蒙古国学者沙·比拉认为，这段记载与蒙古语之"Deere tengeri－ec če jayaatu töreksen Börte čino（天命所生之孛儿帖·赤那)"，不仅意义上密切相关，而且词汇和语义方面也十分相近。因此他认为，将上面那段突厥语译为"天命所生之毗伽可汗"更为确切[⑦]。"在突厥

① 阿尔达扎布新译集注：《蒙古秘史》，214～215页，内蒙古大学出版社，2005年。
② 《史记·匈奴列传》。
③ 《史记·匈奴列传》。
④ 《史记·匈奴列传》。
⑤ 萨囊彻辰著，道润梯步译校：《蒙古源流》，183页，内蒙古人民出版社，1981年。
⑥ ［蒙古］沙·比拉著：《蒙古史学史》，25页，内蒙古教育出版社，1988年。
⑦ ［蒙古］沙·比拉著：《蒙古史学史》，25页，内蒙古教育出版社，1988年。

人以及蒙古人看来，青天是一切存在的缔造者，是地上一切命运的主宰者。"[①] "突厥人认为大汗是地上的最高存在，是青天（突厥语为 kök täŋri，蒙古语为 köke tengri）的全权代表。"[②]，突厥人的对"青天"的崇拜与可汗崇拜很容易联系到一起，事实上他们就是那样把青天与可汗联系在一起，可汗的来源解释为天源论，即"天命所生"。还有，突厥人把可汗称之为"像天一样的、从天所生的突厥毗伽可汗"[③]，认为可汗和大汗是天赐或天降的。他们甚至于把自己的族名也与青天联系在一起（突厥人成为 kök türk，蒙古人称为 köke mongγol）。这也是突厥人与蒙古人的共同之处。

古代蒙古与突厥的族源传说之间的共同点的形成源于他们之间的族源上的共同因素以及文化上的交流和联系。众所周知，回纥人是12—13世纪中亚最有文化修养的突厥语族民族之一。他们曾对蒙古人产生过一定的影响，他们把文字传给了蒙古人，同契丹人一起为蒙古人输送过国家官吏等等。据《蒙古秘史》记载，成吉思汗曾聘请回纥人做他的子弟以及其他贵族子弟的师傅。由此可见，蒙古人在很多方面接受了回纥人的传统文化。因此，回纥人的种种文化影响触及了蒙古人的历史传统及其民间文学领域。史籍记载证明，回纥人的历史知识相当丰富。他们作为突厥语族的一支，轻而易举地就继承了突厥人的史学史传统。"回纥人效仿突厥人，用突厥人用过的如尼文在石碑上记下了各种历史事件（早期尤其如此）"[④]，比如，745年打败了最后一代突厥汗乌苏米施特勤的回纥可汗"磨延啜之碑铭"[⑤]，就是用如尼文而不是回纥字刻成的。我们从中发现，回纥人受到突厥人史学史传统的影响仍然是很强烈的。"这通回纥碑文无论就其内容而言，还是就其形式而言，都与当初的突厥碑文无甚区别。其基本的历史政治思想也是那种英勇无畏的可汗乃'天命所生'的思想。"[⑥]。

蒙古人就用"札牙阿（Jayaγa）"[⑦] 一词来表示天的创造行为，一般译作"命运"。"这是表示天的自由意志的，人就是遵循着这种自由意志而降生到地上的。"[⑧] 也就是说蒙古族族源传说中的成吉思汗的祖先天命所生说

---

① ［蒙古］沙·比拉著：《蒙古史学史》，26页，内蒙古教育出版社，1988年。

② ［蒙古］沙·比拉著：《蒙古史学史》，25页，内蒙古教育出版社，1988年。

③ 耿世民著：《古代突厥文碑铭研究》，149页，中央民族大学出版社，2005年。

④ ［蒙古］沙·比拉著，陈弘法译：《蒙古史学史》，27页，内蒙古教育出版社，1988年。

⑤ 耿世民著：《古代突厥文碑铭研究》，193页，中央民族大学出版社，2005年。

⑥ ［蒙古］沙·比拉著，陈弘法译：《蒙古史学史》，27页，内蒙古教育出版社，1988年。

⑦ "札牙阿"、"札牙"，一般译成"命运"，意思是"天命"、"天意"、"命运"、"宿命"。

⑧ ［俄］道尔吉·班札罗夫著：《黑教或称蒙古人的萨满教》，载《蒙古史参考资料》第17辑，内蒙古大学历史系蒙古史研究室编印，1965年。

是遵照这种天的意志。依照蒙古人的说法："成吉思汗是奉天或荷尔穆斯塔之命而降生到人间的"①，由此可见《蒙古秘史》开篇蒙古人天命所生族源传说的主要焦点是说明成吉思汗及其部族的超自然起源论，即天源论。

综上所述，蒙古族天命所生型族源传说渊源于古代北方民族的天崇拜观念，而且它的起源可以追溯到匈奴时代或更遥远的年代。"天命所生"观念旨在说明蒙古部族及成吉思汗家族的超自然起源。该族源传说与当时蒙古人的历史政治观有密切联系，集中表现了成吉思汗家族汗权的神圣性以及可汗的超自然起源论。

二、天命所生型族源传说的文化根源

（一）"天父"原型与族源传说

在蒙古人以及其他一些民族的族源传说和其他文学作品中，反复出现"天父"原型。其中的"天命"和"天父"观念渊源于蒙古人的原始天崇拜。究其根源，与具有世界性的普遍意义的"天父"原型有着渊源联系。从文学意象的表现和传承来看，它也是世界性的"一种典型的或重复出现的意象"②，即原型。"原型（Archetype）一词由心理分析学家荣格首先引入创作领域，用来指构成人类原始的种族记忆即所谓'集体无意识'的远古意象。这些重要的原始意象世代遗传，并以各种形式反复出现在神话、传说、童话等民间创作中，历久而不衰，因称之为原型"③。"天父"作为一种原型，它必定要通过许多作品扩展成作为文学整体的一种原型象征。集体无意识的各种原型表现于"神话母题"之中，这些神话母题以相同或类似的方式出现于一切时代的所有民族，而且能够仿佛是自发地——即不带有任何自觉知识——在现代人的无意识中或后世文学中再现。因此我们探究蒙古族族源传说中的"天父"原型的象征意义，必须超越本民族的界限，在世界文化的广泛语境中去考察。

蒙古族族源传说中的"天命所生"观念以及"天父"原型的传承跟早

① ［俄］道尔吉·班札罗夫著：《黑教或称蒙古人的萨满教》，载《蒙古史参考资料》第17辑，内蒙古大学历史系蒙古史研究室编印，1965年。

② ［加拿大］诺恩洛普·弗莱著，陈慧译：《批评的剖析》，99页，百花文艺出版社，1998年。

③ 叶舒宪著：《英雄与太阳》，53页，陕西人民出版社，2005年。

期蒙古人的萨满教信仰相联系。早期蒙古人萨满教观念认为“蒙古人的天的概念，是把天看做世界的统治者、长生者、支持正义者以及生命的源泉。实际上，他们把天看做自然界的阳性根源，而把地看做是阴性根源。前者赋予生命，后者赋予形体。他们把前者叫做父，把后者叫做母。”①；蒙古族萨满教神歌中也有“上有九十九尊天神，下有七十七尊地母，皆是慈善好施的保护神。”② 这里天神也充当父亲的角色。还有蒙古族萨满巫师在作法术时所念诵的歌词里也有：“慈悲仁爱的父亲，荷尔穆斯塔腾格里之王（天），乐善好施的母亲，地之王！”③ 这里“父亲”与“荷尔穆斯塔腾格里之王（天）”相对应。由此可见，蒙古人的“天父”观念自古有之。

“天父”观念在信仰萨满教的北方民族中广泛传承。“人们还在很早的时候就常常想到，无所不覆的天和无所不生的地，就像全世界的父亲和母亲一样，而一切生物——人、动物和植物——就是他们的孩子。”④ 鄂温克族神话《天地的传说》中讲：“地是母，天是父。为什么说地是母亲呢？因为世界上不管什么东西，都离不开大地，都是大地所生。人也是地上长的，死后还要变土。天呢，上边有星月，有太阳，好比是男人。人间若没有太阳，没有天，没有男人，就过不成日子了。所以管天叫父亲，管地叫母亲。”⑤ 这种观念在藏族中也普遍存在，而且有着更加明确的表述。如一份藏文祭神书称天为父，地为母，儿子为骏马：“父亲天空雷声隆隆，母亲大地闪电弯弯，儿子骏马是雪山的精华。”⑥ 达斡尔族崇拜天（音译为腾格尔），在他们的供奉仪典中有“父天”（阿恰·腾格尔）⑦。在哈萨克族的自然崇拜中，除了称“天”为腾格里之外，还称“aspan ata”⑧ 即“天父”，这种“天父地母”观念与原始萨满教三界宇宙观是相联系的，因此，天父观念在萨满教原始观念中占有主导地位。由此可见，古代蒙古人的“天命所生”观念渊源于古老的“天父”观念，具有普遍意义的“天父”

---

① ［俄］道尔吉·班札罗夫著：《黑教或称蒙古人的萨满教》，载《蒙古史参考资料》第17辑，内蒙古大学历史系蒙古史研究室编印，1965年。

② 苏鲁格·查夫著：《萨满教与蒙古文化》，载《内蒙古社会科学》，1989（5）。

③ ［俄］道尔吉·班札罗夫著：《黑教或称蒙古人的萨满教》，载《 蒙古史参考资料》第17辑，内蒙古大学历史系蒙古史研究室编印，1965年。

④ ［英］爱德华·泰勒著，连树声译：《原始文化》，264页，广西师范大学出版社，2005年。

⑤ 王士媛、马名超、白杉编：《鄂温克族民间故事选》，17页，上海文艺出版社，1989年。

⑥ 谢继胜著：《藏族萨满教的三界宇宙结构与灵魂观念的发展》，载《中国藏学》，1988（4）。

⑦ 乌丙安著：《中国民间信仰》，17页，上海人民出版社，1995年。

⑧ 乌丙安著：《中国民间信仰》，17页，上海人民出版社，1995年。

原型在族源传说中以“天命所生始祖”的形式表现，其功能是不仅神化始祖的起源，而且强化氏族成员的凝聚力和民族认同感。

（二）萨满教“三界”观念与族源传说

蒙古族天命所生型族源传说所传承的一个重要思想根源是萨满教的“三界”观念。萨满教文化是有着广泛的群众基础的一种世界性的宗教文化。萨满教流布地域广阔，曾为亚洲北部、北美、北欧等地区众多民族世代信仰、全民信奉。中国北方地处萨满教流布的核心区域，信奉萨满教的民族众多。历史上，阿尔泰语系古代北方民族如肃慎、挹娄、靺鞨、女真、匈奴、乌桓、鲜卑、柔然、高车、突厥、蒙古、满等都先后信仰萨满教。近世，我国阿尔泰语系诸民族也多信仰萨满教或保留萨满教的遗迹。萨满教文化历史积淀深厚、源远流长并且滋润着民间文化及其民间文学作品。

在萨满教宇宙观中，盛行“三界宇宙说”。“三界宇宙说”[①]即将宇宙分为上、中、下三界，或称天界、人界、地界。其中上界为神灵所居；中界是人类和其他生物生息之地；下界则是亡灵和恶魔居住之所。萨满教徒们还认为，宇宙是一个立体的世界，天分多层，这是萨满教宇宙结构的基本特征。尽管信仰萨满教的北方诸民族对宇宙总体面貌的解释各有不同，但都体现着这一基本特征。

萨满教“三界宇宙观”不仅表现在蒙古人的宇宙起源神话里，而且还渗透在蒙古人的族源传说中。蒙古人的宇宙起源神话认为，“天与地曾居于混沌状态之中，而且混为一体。但是还存在腾格里天神们。因此把天界称之为上界。中界为人间，古代蒙古人称之为‘纳梯该（Natigai）’或‘Na čigai’，很可能是‘爱土艮（Etügen）’（指地母神—引用者）的同名异语。这里的植物、动物、人都由天父地母所生。下界，这里被龙王们所占据，并且他们统治水里的一切。龙宫由七十七个汗国组成。以前龙宫有善恶之分，佛教传入后有了黑（无教）白（信教）之分。”[②]这则宇宙起源神话的核心观念包含了“宇宙三界”说。还有一则蒙古人的关于开天辟地和人类起源的神话：

上古、更上古时，天和地还没有分剖的时候，世间只是混混

---

① 郭淑云著：《原始活态文化——萨满教透视》，22页，上海人民出版社，2001年。

② ［蒙古］嘎丹巴等编，斯琴高娃等转写：《蒙古民间文学》（蒙古文），42页，内蒙古少年儿童出版社，1991年。

> 沌沌，好似浮动的彩云，飘荡的膏脂，模模糊糊地继续着轻静的胎动。这样的状态不知持续了几千年几万年，或者几亿年的时间。在那漫长的胎动状态中，不知什么时候便产生了明暗清浊之物。不久，属于‘阳’的轻清之物上浮成为天，属于‘阴’的重浊之物下凝成为地。然后在天上出现了以‘七星天’为中心的九十九尊天神。那时，地上还处在好似游鱼在水中浮游的状态，土壤不固，没有草木，没有生物，一片荒凉。于是天神从天上洒下了草木和生物，以整固土壤。然后又把天神模样的拟人送到了地上，从此在地上便有了人类。①

此神话解释了宇宙起源、天体形成以及人类的起源，而解释人类起源时讲最初的人是从天而降。

在信仰萨满教的东北亚诸民族的观念中，“宇宙充满了居住灵体的众天体。他们自己的世界是圆盘形的，像个浅碟子，中部有一孔通向下层世界。上层世界位于中层世界即地球之上，它有一个比中层世界大许多倍的拱顶。地球即中层世界，位于水中，驮在一头巨兽的背上，它可能是一只龟、一条大鱼、一头公牛，或者一只猛犸。这些动物一活动即引起地震。地球被一条宽阔的带子围绕着。地球上有一高柱子与上层世界相接。上层世界有许多层——三层、七层、九层，或十七层。地球的中心长着一棵‘宇宙树’，上接上层世界诸神灵的居所。”② 这里指出宇宙为三界组成和三界之间的联系及其宇宙树的作用等。这是近世萨满教“三界宇宙观”的基本观点，其具体内涵又因民族而异。如满族萨满神话《天神创世·天和地》对“三界宇宙说”做如下表述：“相传，天有十七层，地有九层。人住的地方叫地上国，神住的地方叫天上国，魔鬼住的地方在地下，叫地下国。”③ 还有《清稗类钞》是这样记载的：“萨满教又立三界，上界曰巴尔兰由尔查，即天堂也；中界曰额尔土土伊都，地面也；下界曰叶尔羌珠尔牙儿，即地域也。上界为诸神所居，下界为恶魔所居，中界尝为净地，今则人类繁殖于此。”④ 达斡尔族民间神话故事中的三界宇宙观为：“天上世

---

① ［日］中田千亩著：《蒙古神话》（日文），东京郁文社，昭和十六年。转引自齐木道吉《蒙古族神话传说浅论》，见中国少数民族文学学会编《神话新探》，571页，贵州人民出版社，1986年。

② ［匈］迪欧吉著：《不列颠百科全书·萨满教》，1980年，见锦绣译：《世界宗教资料》，1983（3）。

③ 乌丙安等编：《满族民间故事选》，1页，上海文艺出版社，1983年。

④ 吉林省民族研究所编：《萨满教文化研究》（一），52~53页，吉林人民出版社，1988年。

界是恩都力神、仙女、玉皇的所在，是自然的永生之地；地上世界是人与自然万物的所在，是自然的有生有死之地；地下世界则是魔鬼洞穴和伊日木汗阎王的地狱，是世人死后的去所”①。

“三界宇宙观”普遍存在于信仰萨满教的诸民族中，但其各自内涵却有着很大的差异，并由此而表现出不同历史层次的信仰观念。蒙古人在宇宙三界观的基础上，产生人类起源从天而降的神话观念，进而在族源传说中传承为“天命所生”观念。同时，由于“天”是宇宙的主宰者，从而打破一般人降生的通常的规则，有时派遣超人到下界来造成某种大事，这种人常以超自然的方式出现。以此为基础在蒙古族族源传说中有了“天命所生”始祖的神圣叙述。由此可见，蒙古族族源传说中的“天命所生”这种成吉思汗家族以及整个蒙古部祖先的超自然起源论渊源于萨满教的“三界宇宙观”和天崇拜。

（三）蒙古人的历史政治观与族源传说

《蒙古秘史》所载成吉思汗祖先天命所生族源传说反映的主要思想内容是汗权天授思想。该书的思想内容取决于当时的历史条件，即封建主义的确立和统一的蒙古国家的建立。该书的开篇所载天命所生族源传说，可以说是当时蒙古人历史政治观的具体体现。

要理解这则天命所生型族源传说的历史政治观，我们必须从这则传说所载之《蒙古秘史》创作的历史知识和历史语境分析入手。这则传说的“奉天命所生”观念是跟《蒙古秘史》编纂的历史背景是分不开的。12 世纪和 13 世纪正是蒙古人从政治上的分裂状态走向统一的时期，而且促进政治上的统一并在帝国建立中发挥着重要作用的宗教体系就是萨满教信仰中的天命论思想，它的根源就是青天或称为蒙古人的“长生天”。长期以来，成吉思汗家族的超自然起源论在蒙古历史传统中发挥着主导作用。可以说，《蒙古秘史》是成吉思汗家族的谱系书，因此这里保留了成吉思汗祖先的世系传说。在蒙古诸部自身内部产生和发展起来的口头创作，自然乃是蒙古人用文字记载的历史产生的直接基础和前提。蒙古人族源传说的传承及其起源可以追溯到远古时代，但是它的完全形成则在蒙古民族形成过程完成、统一的蒙古早期封建主义国家建立的 13 世纪初期。毫无疑问，蒙古人的口头传统是在北方民族的文化交流与交融当中产生和发展起来的。古代居住在蒙古高原的诸多游牧民族，都有过独具特色的口头传统。然而

---

① 毅松著：《达斡尔族民间故事的哲学思想》，载《内蒙古社会科学》，1991（4）。

蒙古人的历史知识不仅与蒙古人自身的口头传统有关，而且与先前居住在蒙古境内并在蒙古族历史文化史上起过重要作用的诸民族的口头传统相联系。

波斯史学家在谈到蒙古人古代的历史传统时，曾有过如下记载：“有许多支系与部落是阿阑—豁阿的后裔（Nasl）……所有［这些部落］全都有清晰的系谱，因为蒙古人有保存祖先的系谱、教导出生的每一个孩子［知道］系谱（Nasab）的习惯。这样他们将有关系谱的话语做成氏族（Millat）的财产，因此他们中间没有人不知道自己的部落和起源。除蒙古人外，任何别的部落都没有这个习惯，也许只有阿拉伯人［也在记忆中］保留着自身的起源。”① 正是这种在文字记载的历史之前时期发展起来的文化传统成为蒙古族族源传说传承的文化底蕴。关于这一点正如 C·A·科津所说：“这部史籍（指《蒙古秘史》——引用者）的开头部分的一大半，其实是用文字记录下来的‘口头系谱文学’”②。事实的确如此，上起孛儿帖赤那的成吉思汗祖先世系，正是根据民间对往昔历史的回忆亦即传说复原而成的。尽管到 13 世纪时，许多古代传说被人民记忆或民间口承所珍藏并传承，适应新的历史语境而重新复苏起来。

古代鲜卑族中也盛行王权天授说。这正如有关学者所论述，“从鲜卑拓跋部君长力微诞生的传说中及慕容廆远祖干罗之出现的传说中的与‘天’相关联的情形中引导出了‘王权神授’的观念。但是，与其将君主的权力、权威的根源求之于对天的‘信仰’这种在北亚从匈奴时代以来就是共有的思想，毋宁说应该想到这是和萨满社会相关联的，著者所阐述的实行‘王权神授说’与‘王位继承制的确立’之间的有机联系，提出如下解释：以存在着天神人君相结合的萨满权威的社会——流行‘王权神授说’的社会——为背景，而获得了‘王位’的君权，如果能够持续统治上述社会，就会产生‘王位继承’的情况。其次，继承王位的人仍须以王权神授——萨满社会为其巩固的统治基础。”这里所论述的“王权神授”和“王权天授”中的“神”与“天”有着相同的象征意义，也可以说泛指萨满教信仰中的“天”。据伊朗史学家志费尼《世界征服者史》记载，成吉思汗时代盛行“汗权天授说”，蒙古人中流传的这一传说证明了这一点，“我从可靠的蒙古人那里听说，这时出现了一个人，他在那一带地区流行

① ［波斯］拉施特主编，余大钧、周建奇译：《史集》第一卷第二分册，11 页，商务印书馆，1983 年。

② 转引自［蒙古］沙·比拉著，陈弘法译：《蒙古史学史》，15 页，内蒙古教育出版社，1988 年。

的严寒中，常赤身露体走进荒野和深山，回来称：天神跟我谈过话，他说：‘我已把整个地面赐给铁木真及其子孙，名他为成吉思汗，教他如此这般实施仁政。他们叫此人为帖卜—腾格里（Teb – Tengri），他说什么，成吉思汗就办什么。”[①] 由此可见，“王权天授说”反映了早期北方民族的历史政治观。蒙古族天命所生型族源传说的思想根源可以追溯到古代北方民族建国时代的萨满教信仰社会时期。萨满教的天命论思想有使在人民心目中提高统治氏族地位的政治目的，也证明“天”对人类世界的主宰：因为这种天赐使者总是出现在游牧民族势力分裂或衰退之后，作为骚乱的镇抚者或强国的建设者而降生的。

综上所述，中国古代北方少数民族文化中广泛存在天崇拜文化传统，蒙古人的“天命所生”型族源传说源于该文化传统。蒙古族天命所生型族源传说的传承基于古代北方少数民族的“天命论”思想，这一文化现象的产生缘由及最终根源都归结到萨满教最高神——“苍天”崇拜。蒙古人族源传说中的成吉思汗祖先“天命所生”说，显然是强调了成吉思汗及其蒙古部族的超自然起源论。蒙古人与突厥人、回纥人族源传说有着很多共同点，反映了蒙古人与这些民族人们之间的文化交流和文化交融的信息。由此可见，蒙古人的“天命所生”思想是基于天崇拜文化传统，在北方民族文化的交流与交融当中产生，并在北方民族的天崇拜文化与可汗崇拜文化相结合中日臻发展成熟。

---

① ［伊朗］志费尼著，何高济译，翁独健校：《世界征服者史》，40页，内蒙古人民出版社，1980年。

第二编

突厥语族民族神话研究

突厥语民族神话概述

毕 桪

一、突厥语民族神话观念的渊源

“突厥”一词因为公元6世纪中叶至8世纪中叶的“突厥汗国”而出现在中国汉文史籍文献里。突厥汗国是以阿史那氏族为统治氏族的众多游牧部落的军事联合体。组成该联合体的各游牧部落使用的是一种相同或大体相同的古代语言，这种语言因此被称为古代突厥语。在汉文史籍文献里，进而又把操古代突厥语和若干古代突厥语方言的各游牧部落统称为“突厥”。于是，汉文史籍文献里的“突厥”就有了广义和狭义的两个概念。即广义的“突厥”是对操古代突厥语和若干古代突厥语方言的各游牧部落的统称，狭义的“突厥”是指突厥汗国的众多游牧部落。但是，无论广义还是狭义，“突厥”所指都不是某一个具体民族共同体的名称。如同著名学者巴托尔德曾经指出过的那样：“突厥”是随着大的部落联盟的形成而产生的，如果企图把“突厥”这一术语同某一个部落联系在一起，那是徒劳的，因为各个部落都有其完全固定的名称。只有部落的联合才使用“突厥”这个词。

在当代，“突厥”被用作语言学术语，即阿尔泰语系突厥语族，并进而用来泛指操突厥语族语言的各个民族。一般认为，能够确定为标准语的现代突厥语有二三十种。这些语言通常以使用者民族的名称命名。人们经常提到的操突厥语族语言的民族有维吾尔、哈萨克、柯尔克孜（吉尔吉斯)、乌孜别克（乌兹别克)、塔塔尔（鞑靼)、撒拉、裕固、图瓦、阿塞拜疆、土库曼、楚瓦什、巴什基尔、阿尔泰、哈卡斯、雅库特、库慕克、诺盖、卡拉卡帕克、土耳其等等。在中国，居住有维吾尔族、哈萨克族、柯尔克孜族、乌孜别克族、塔塔尔族、撒拉族、裕固族以及人数不多的图瓦人。其中，裕固族的部分人口操突厥语族的语言，通常把这部分裕固族称作“西部裕固”。

突厥语民族在族源上彼此有着千丝万缕的复杂关系，由于语言彼此接近，地理空间相连，彼此交往方便、密切以及其他的历史原因，它们在文化上有许多相同或相似点。就神话而言，古突厥的神话观念是突厥语民族神话的渊源之一，因此他们的神话呈现出诸多的一致或相同、相似性。例如，渊源于古突厥神话殿堂里的伟大神祇腾格里、乌麦女神、地—水神等诸多神灵，受到突厥语民族的普遍景仰，作为地—水神象征的山常常成为突厥语民族有关人类和氏族起源神话的基本构成因素，古代突厥人有关护佑生命之灵库特的观念等等，往往也流行于后世突厥语民族当中。又例如，古代突厥的狼种起源神话在突厥语民族当中也有普遍影响。但是，各突厥语民族的神话由于民族构成的历史过程、自然与人文地理环境、宗教信仰的变迁等等的不同而呈现出种种差异。例如塔塔尔（鞑靼）和巴什基尔的神话里保留着某些低级神话形象，这一级神话形象往往为其他突厥语民族所不知。在突厥语民族的神话里，阿尔泰、哈卡斯、雅库特、绍尔等民族现存神话虽有外来宗教神话影响的痕迹，却较多地留存着古老的神话体系，而楚瓦什神话则具有一定的特殊性。楚瓦什于 18 世纪才信奉东正教，因此楚瓦什神话仍保留着多神信仰的属性。据说，楚瓦什人所信仰的神祇和精灵多达两百余个。各路神祇均隶属于创世之神苏尔提—图拉，而图拉一词却又是“腾格里”的音变。如同其他突厥语民族神话一样，楚瓦什神话也说，宇宙分层，各路神灵分别栖身于天界、地上界和地下界。同时，楚瓦什神话某些低级神灵的起源同古代突厥神话也有一定的联系。不过，楚瓦什神话起源于伏尔加河流域，其基础是当地芬兰—乌戈尔语民族的传统。研究者认为，所谓楚瓦什神话，是在伏尔加河流域当地居民突厥化过程中形成的。在神话体系上，楚瓦什神话同古代突厥神话有较大差异。

古代突厥诸部的神话是突厥语诸民族的神话渊源之一，但是古代突厥语诸部的神话目前只有片断传世，它们除留存于古突厥的金石碑铭等古籍文献之外，也可见之于汉文、粟特文、波斯文的文献古籍。在较晚时代形成的文献里，所载神话资料明显受到外来宗教观念影响。例如古代突厥语文献《占卜书》似为释梦之书，其中就隐喻着一些古老的神话观念。但该文献是一位小摩尼僧所写，并且是写给摩尼教信徒的，文献内容也就不可能丝毫没有摩尼教观念的渗透。在《先祖阔尔阔特书》里，腾格里与真主并用，无疑也表明伊斯兰教对它的影响。《乌古斯传》是一部流传极广的民间叙事作品，它所讲述的故事曾经被波斯史家拉施特写进他的《史集》一书。在书中，拉施特竟把乌古斯可汗这位传说中的神奇英雄描述成了天生从事伊斯兰圣战的英雄，还把所有突厥语族人的祖先说成是伊斯兰教先知挪亚的后代亚弗。因此，那些较早形成而又较少受到外来宗教观念影响的片断材料也就愈显其珍贵。

根据古代突厥语文献，腾格里、乌麦、地－水是古代突厥神话殿堂里的三位伟大神灵。腾格里被认为是世界与人类的创造者，司掌着人类的吉凶祸福诸命运。在鄂尔浑叶尼塞碑铭文上，“腾格里”之前有时还冠以“柯克”一词。“柯克”指一切蓝色、青色、深绿色，也指蓝色的天空。“柯克腾格里”即“苍天”，表示神灵的概念，“柯克”所代表的颜色也因之成为神圣之色。古突厥对腾格里的信仰可以追溯到更早的匈奴人。《史记》曾记载匈奴王被称作“撑犁孤涂单于”，意即“天子”，“撑犁”即“腾格里”在汉文里的又一种译写法。在突厥汗国时代，腾格里的人格化并不明显。乌麦是一位女神，主持生育，是妇女与儿童的保护神，曾有“慈惠乌麦女神”之称。在“库德尔金巨石”上，乌麦女神的形象是一位头戴三角头饰，着华贵盛装的女子。腾格里与乌麦在一些古代突厥语民族当中大概也曾作为对偶神流传过。地－水神似为中界主宰，在鄂尔浑叶尼塞碑铭文上他常同腾格里、乌麦女神一起被视作古突厥的保护者以及惩罚获罪之人的神灵。通常，山被看作是地－水神的象征。唐代段成式所撰《酉阳杂俎》记载了一条有关海神的材料。这则材料里说，突厥之先祖为海神，而与之交往的女海神是十分强大而有威严的。但海神也就是水神，并非一定是指大海之神。在古突厥文献《占卜书》里又曾提到过骑花马的路神和黑暗路神。作为恶的灵魂常被提起的是“埃尔”或“厄尔利克”，与其相对应的则是善的福佑灵魂“库特”。

根据留存至今的片断材料可以知道，古突厥神话认为，当上面蓝天、下面褐色大地造成时，在二者之间也创造了人类之子。① 但目前尚未发现古代突厥人有关世界与人类创造过程的神话记载。按叶尼塞碑铭文献的说法，“蓝天”是笼罩世界的屋宇，日、月每日生于其间。汉文文献里曾提到过日神、月神。据《北史》所记，突厥有“牙帐东开”，“东向拜日”之俗，初升之日受到人们的特殊敬仰。汉文古籍里还提到过所谓“七星”，土由沟突厥文写本残卷上也有“七星（篇）开始”的叙述。鄂尔浑叶尼塞

① 参见耿世民著：《古代突厥文碑铭研究》，中央民族大学出版社，2005年。

碑铭文献上多次曲折地说到过大地为方形，并有四极（角）。《占卜书》里提到过“三域”，或可与所谓三界之说相对应。叶尼塞碑铭文献里含蓄地提到了“天自上而堕，地在下开拆”的宇宙浩劫神话。《占卜书》第十五卦似为该神话之一说：所谓“上为烟雾，下为灰尘”，因而飞禽走兽与人子“迷途”，直到第三年“腾格里有好生之德”，此一劫难方始告终。

古突厥的狼种起源神话流传极广。该神话在更早以前的古代乌孙传说里已露端倪。《史记·大宛传》载：“乌孙王号昆莫，昆莫之父，匈奴西边小国也。匈奴攻杀其父，而昆莫生，弃于野，乌衔肉蜚其上，狼往乳之。单于怪以为神，而收长之”。《汉书·张骞传》又记：“乌孙王号昆莫，昆莫父难兜靡本与大月氏俱在祁连敦煌间，小国也。大月氏攻击难兜靡，夺其地，人民亡走匈奴。子昆莫新生，傅父布就翎侯抱亡置草中，为求食。还，见狼乳之，又乌衔肉翔其旁，以为神，遂持归匈奴，单于爱养之”。这是有关狼为神兽的最早记载。至突厥时，狼成为古突厥始祖母。《北史》载：“突厥者，其先居于西海之右，独为部落，盖匈奴之别种也，姓阿史那氏。后为邻国所破，尽灭其族。有一儿，年且十岁，兵人见其小，不忍杀之。乃刖其足，断其臂，弃草泽中。有牝狼以肉饵之，及长，与狼交合，遂有孕焉。彼王闻此儿尚在，重遣杀之。使者见狼在侧，并欲杀狼。于时若有神物，投狼于西海之东，落高昌西北山，有洞穴，穴内有平壤茂草，周回数百里，四面俱山，狼匿其中，遂生十男。十男长，外托妻孕，其后各为一姓，阿史那即其一也，最贤，遂为君长，故牙门建狼头纛，示不忘本也。渐至数百家，经数世，有阿贤设者，率部落出穴中，臣于蠕蠕……”“俗云匈奴单于生二女，姿容甚美，国人皆以为神。单于曰：‘吾有此二女，安可配人，将以与天。’乃于国北无人之地，筑高台，置二女其上，曰：‘请天自迎之。’经三年，其母欲迎之，单于曰：‘不可，未彻之间耳。’复一年，乃有一老狼昼夜守台嗥呼，因穿台下为空穴，经时不去。其小女曰：‘吾父处我于此，欲以与天。而今狼来，或是神物，天使之然。’将下就之。其姊大惊曰：‘此是畜生，无乃辱父母也！’妹不从，下为狼妻而产子，后遂滋繁成国，故其人好引声长歌，又似狼嗥。”①

古代乌古斯人的著名史诗《乌古斯传》在叙述英雄主人公乌古斯的形象时说：乌古斯“……脸是青的，嘴是火红的，眼睛是鲜红的，头发和眉毛是黑的”，这是个人兽合一的形象，而兽之原型显然是狼。“青”译自“柯克”一词，青色为神圣之色，古突厥人就常在突厥一词前冠有该词，

---

① 《魏书·高车传》。

以示其神圣和强大无敌。乌古斯脸青，是神的标志，表明他是神之子。在突厥诸部看来，狼主兴亡盛衰是很灵验的。《新唐书》卷七一七下《回鹘传》“薛延陀”条载：“初延陀将灭，有丐食于其部者，延客帐下，妻视客，人而狼首，主不觉，客已食。妻语部人共追之。至郁都军山，见二人焉，曰：‘我神也。薛延陀且灭。’追者惧，却走，遂失之。至是，果败此山下”。在《乌古斯传》里，乌古斯以苍狼为自己的呼号，大约也表明乌古斯部曾以苍狼为图腾，因此《乌古斯传》一再描述了苍狼引导乌古斯大军征战而所向披靡的情节。而所谓“苍狼”其含义本为“天狼”、“神狼”。

除去狼之外，牛、貂、熊、狮子、鹿以及驼、马等大约也是古突厥的神圣动物，甚或是古老的图腾动物。《乌古斯传》在描述长大后的乌古斯时，说他“腿像公牛的腿，腰像狼的腰，肩是黑貂的肩，胸是熊的胸，全身长满了厚厚的毛”；在另一部著名的古代突厥语文献《先祖阔尔库特书》的第八篇《巴萨特斩除独眼巨人之歌》里，曾描述故事主人公巴萨特为半人半狮的形象；唐段成式撰《酉阳杂俎》称，黠戛斯先人“所生之窟，在曲漫山北，自谓上代有神与牸牛交于此窟”。

此外，树生人神话或以树为图腾的神话在古突厥诸部大概也曾经广为流传。《亦都护高昌王世勋碑》就曾透露了这样的信息：“考高昌王世家，盖畏吾儿之地有和林山，二水出焉：曰秃忽剌、曰薛灵哥。一夕，有天光降于树，在两河之间，国人即而候之。树生瘿，若人妊身然，自是光恒见者越九月又十日，而瘿裂，得婴儿五，收养之、其最稚者曰兀单卜古可罕。即壮，遂能有其人民土田，而为之君长”①。据说，克普恰克部的起源就同树有关，因而以“树窟窿”得名。《乌古斯传》在描述乌古斯的第二个妻子时，说她来自一个树窟窿：“前方湖水中间有一棵树，树窟窿中有位少女独坐着”，大约就是隐喻着树生人的神话。而水是宇宙之初的状态，是生命的源泉。生人之树在湖水中间，同样也是一种神话隐喻。

古代突厥诸部的神话材料留存下来的并不很多。但是，古突厥神话的影响却不仅仅局限在后世突厥语民族中间，这种影响甚至横跨欧亚大陆，在欧洲的许多民族和国家都可以见到。例如，狼作为神兽，曾经进入了罗马的传说。而有关独眼巨人的观念及其神话，不但在古希腊发展出了独眼巨人族的神话，而且以俄底修斯同独目巨人波吕斐摩斯斗争的故事出现在著名的《荷马史诗》，进而又传播到了欧洲、阿拉伯等许多地方。

---

① 黄文弼：《亦都护高昌王世勋碑复原并校记》，载《文物》，1964（2）。

就神话而言，古突厥的神话观念是突厥语诸民族神话的渊源之一，因此突厥语诸民族神话呈现出诸多的相同与相似。例如，源于古突厥神话殿堂里的伟大神祇腾格里、乌麦、地－水诸神曾经受到突厥语民族的普遍景仰，作为地－水神象征的山常常成为突厥语诸民族有关人类和氏族起源神话的基本构成因素，有关护佑生命之灵库特的观念以及祭天习俗的遗存等等，也无不普遍流行于后世突厥语民族当中。又如，古代突厥的狼种起源神话在突厥语诸民族当中也有普遍影响。但是，各突厥语民族的神话由于民族构成的历史过程、自然和人文地理环境、宗教信仰的变迁等等的不同而呈现着许多的差异。例如塔塔尔（鞑靼）和巴什基尔的神话中保留着某些低级神话形象，这一级神话形象往往为其他突厥语民族所不知。在突厥语诸民族的神话里，阿尔泰、雅库特、哈卡斯、绍尔等族的现存神话虽有外来宗教神话影响的痕迹，却较多地留存着古老的神话体系。而楚瓦什神话更具有一定的特殊性。楚瓦什于18世纪才信奉东正教，因此楚瓦什神话仍保留着多神信仰的属性。据说，楚瓦什人所信仰的神祇和精灵多达二百余个。各路神祇均隶属于创世之神苏尔提－图拉，而“图拉”一词却是“腾格里”的音变。如同其他突厥语民族神话一样，楚瓦什神话里也说，宇宙分层，各路神灵分别栖身于天界、地上界和地下界。按楚瓦什神话的说法，宇宙为天界三层，地界一层，地下界三层；地下界的最底层为冥地，是人死后其灵魂的居所。楚瓦什神话里某些低级神灵的起源同古代突厥神话也有一定的联系。但是，楚瓦什神话起源于伏尔加河流域，其基础是当地芬兰－乌戈尔语民族的传统。研究者认为，所谓楚瓦什神话，是在伏尔加河流域当地居民突厥化过程中形成的，在神话体系上，楚瓦什神殿同古代突厥神话基本上没有关联。

二、突厥语诸民族的神话殿堂

突厥语诸民族大多继承古突厥的神话传统，曾经视腾格里、乌麦、地－水为神话殿堂里的伟大神灵。而其中的腾格里在突厥语诸民族中的影响显然更为深远。但是，随着社会与文化的变迁，“腾格里”的信仰内核逐渐发生了很大变化。“腾格里”本指自然界物质的天和人们信仰中的天神。突厥汗国时，有时又在“腾格里”之前加上“柯克”，用以专指信仰中的苍天。显然，在那时，已经表现出物质世界的天和信仰中的天神相分离的倾向。麻赫默德·喀什噶里在其《突厥语词典》里解释“腾格里”一词时说，非穆斯林把天称作“腾格里”，把大的山、大的树和一切认为伟大的东西都称作“腾格里”，并且加以崇拜，甚至还把有学问的人也叫“腾格里”。现存神话材料也表明，在一些民族那里，腾格里已经逐渐仅仅表示抽象的“神”的概念。裕固族神话殿堂以天神为代表，其中的至高神为卡恩－腾吉尔（腾格里）。阿尔泰的神话里，最伟大的“腾格里”是名为于尔根的创世之神。巴什基尔的神话提到过十二个腾格里，似乎每个氏族有一个。楚瓦什神殿最伟大的神是天神和创世之神苏尔提－图拉（“图拉”即“腾格里”），其他诸神皆隶属于该神之下，而在这些神名之后也都缀以“图拉”一词。尽管如此，在各民族传统的神话观念里，天作为“腾格里”仍然是伟大的神灵。后世许多敬天的信仰习俗应是古代腾格里信仰的遗存。

关于乌麦女神，麻赫默德·喀什噶里在其《突厥语词典》里曾引用过公元11世纪时流传的一则谚语：“谁敬信乌麦，谁将得子”，表明对乌麦女神的信仰在那时仍是很流行的。直到本世纪初期，一些旅行者还曾在哈萨克、柯尔克孜等民族中间见到过妇女举行祭乌麦的信仰习俗。地－水之神在后世突厥语民族的现存神话里似乎难以直接见到。但地－水之神以山作为象征，许多对他的信仰常常集合在山的名义之下，最普遍的表现就是有关人类和氏族起源的神话常常以山为最基本的构成因素。撒拉族民间传说里讲，他们的先民从原住地撒马尔罕一带出发寻找乐土时，曾牵着一峰白驼，带着一册《古兰经》和一碗土、一瓶水。他们千里迢迢，历尽艰辛，在一天的半夜时分来到循化县，白驼化为石驼卧于清泉之中。白驼显然是神驼。在这一神驼的启示下，人们发现这里的土、水正跟他们从撒马尔罕带来的土、水相同，便在这里定居了下来。所谓白驼化为石驼卧于清泉之中，以及按照土、水寻找乐土，或许都是一种神话的隐喻，表明了地－水之神对人们社会意识的潜在影响。

在突厥语民族的神话殿堂里特别应该提到天神和地神。但各民族对天地之神的描述并不相同。维吾尔族一则神话称天神为“天王”，说他硕大无比，身上的汗毛就像山上的松柏，嘴巴像无边的大海，他的体重相当于所有大山重量的总和，世上的一切事情都是由他做主。他生气时一皱起眉头，天空就转阴下大雪；他吼叫起来，天空就会有雷霆，下起瓢泼大雨；他如果高兴，大地就会鲜花怒放，百鸟齐鸣；他打哈欠，就会刮起微风；他一咳嗽，就会卷起黄风。因此人们为了不激怒天神，从不向天上乱扔东西。

阿尔泰语族神话里的地神被描述成动物的形象，有颈、肩胛、腋、口、脐。这两个民族有关天神和地神的描述似乎隐约透露着化生神话的影子。日神和月神自古受到人们的景仰，许多民族把它们都看作是女性神，但也有的民族视日神为男神、月神为女神。在突厥语民族的神殿里还有一位重要的神，就是山神。他在一些民族的神话观念里常被认为是一位白发白髯、全身素裹的老人，居于高山深处，时刻关心着人类子孙的命运。古突厥时代有火神“乌特”，后世突厥语民族也有对火的崇拜和对火神的信仰，人们通常称火神为“火母”。雷神在突厥语民族中间普遍受到景仰。每当第一声春雷响，哈萨克都要祈祷雷神给他们带来幸福与安康；柯尔克孜族家家户户敲击各种器具，绕着毡房奔跑，呼喊着：“大地裂开，水草茂盛！乳房张开，奶汁流淌！”有人还杀牲献祭，向雷神祈求水草丰饶，人畜两旺。他们把雷神视为狩猎和畜牧的守护神。据说，天上有玛卡依神和玛卡尔神，两位神手拿长鞭把天上的羊群赶到很远的地方去饮水，那羊群就是天上的云。每当他们挥起皮鞭或高声吆喝，地上的人就会听到雷鸣，有时鞭梢断了，地上的人就会见到闪电。柯尔克孜还敬仰雪神，称雪神为“阿克阿坦”，说他住在天上，其大无比，有时变成白雪降临人间。在柯尔克孜神话里，冬神阿牙孜阿塔被认为是好斗的神，据说他总是磨刀霍霍，经常与地神交锋，每年交锋九次，每次交锋九天。柯尔克孜族神话里的风神科依卡特是一位大力士，住在遥远地方的一个无底黑洞，风神一出洞，世间就刮起大风。

崇拜动物之风在突厥语民族当中历来盛行，神兽神禽在突厥语民族的神话里非常活跃，其中最值得一提的仍然是狼。哈萨克民间认为，狼是腾格里的宠物，人们常常用狼的膝盖骨作为护身之物，据说是很灵验的。这样的习俗在维吾尔、柯尔克孜等族民间也很流行。哈萨克乃蛮部的一支还传说，古时，这支乃蛮人突遭敌部入侵，被杀虏一光，只有一位年老力衰的巴特尔被砍掉四肢，抛弃在荒野，敌部企图让他羞愧地死去。谁想，敌部退却以后，来了一只母狼，用舌头舔他的伤口，巴特尔竟然痊愈了。狼把巴特尔藏匿到阿勒泰山的一个名为额尔捷涅·孔的峭壁岩穴里保护起来，并且同他过起了夫妻生活。他们后来有了孩子，子孙繁衍，这支乃蛮人又兴旺起来。为了纪念先人，这支乃蛮人就自称“额尔捷涅·孔·乃蛮”。这则传说显然是附会古突厥狼种起源传说而形成的。不过，从中也可见到狼作为图腾动物在后世的影响是很大的。其他诸如熊、犬、牛、鹿、蛇等古代的图腾动物以及诸如驼、马等动物在突厥语各民族当中也都被认为是神物，或者被认为是有灵性的。柯尔克孜神话里有猎犬神库玛依克。据说，一只鹫鹰在荒无人烟的山坳生了一只拳头大的小狗，一位猎人发现后把它放在地窖里，七天七夜眼也不眨地精心喂养它，于是它成为神犬。

在飞禽当中，首先应该提到鹰。在许多民族那里，鹰都是神鸟，它被认为是恶的鬼魂阿尔巴斯特的天敌。鹰还是代表生命和英雄的灵魂。在雅库特，一些氏族奉鹰为始祖，据说他是天神之子，群鸟之王，并且授人以火。在雅库特当中，也有奉渡鸦为图腾的氏族。哈萨克神话里视白天鹅为始祖母。按哈萨克民间的萨满教信仰，白天鹅代表萨满教巫师的灵魂，它还因为是水鸟且善飞而被认为是交通上、中、下三界的圣鸟，民间流传着许多同白天鹅相关的信仰习俗。此外，神树或与生命、生育有关，或作为天梯而出现在各民族神话里。突厥语民族神话中有以鹰为原型的巨鸟。通常这一巨鸟张开双翼便遮天蔽日，它飞翔时扇起阵阵腥风，飞沙走石，但它往往拯救英雄的灵魂，使英雄得以再生。与巨鸟相对，是以蟒蛇为原型的阿依达哈尔，它代表阴间与死亡。恶魔有铜爪妖、饕餮加勒玛乌孜、多头魔等。善灵有库特，恶灵有厄尔力克等。阿尔巴斯特被认为是专门残害孕妇的恶灵。柯尔克孜神话说，有黑阿尔巴斯特、黄阿尔巴斯特、臭阿尔巴斯特三种。据说，阿尔巴斯特经常把孕妇的肺掏出来扔进水里，置孕妇以死地。

在各突厥语民族的神殿里也有文化英雄神。哈萨克、柯尔克孜神话里有马的保护神康巴尔阿塔，驼的保护神奥依瑟勒喀喇，绵羊的保护神绍潘阿塔，山羊的保护神榭克榭克阿塔，他们分别是发明饲养这些牲畜的第一人。楚瓦什有众多的文化英雄神，如谷物创造者特尔普尔·苏拉塔坎－图拉，家畜创造者维尔阿赫－切尔莱赫·苏拉塔坎·图拉，居所创造者苏尔特·苏拉塔坎－图拉，蜜蜂创造者胡尔特·苏拉塔坎－图拉，花的创造者切切克·苏拉塔坎－图拉，等等。

突厥语各个民族的神话殿堂其构成并不完全相同。但大体说来，它们多以天神为代表。通常，天神按级序置于天界，被认为是世界与人类的创造者、世间的主宰者和保护者。在突厥语诸民族当中，楚瓦什的神话殿堂是相当繁盛的，它在天神和创世之神苏尔提－图拉之下，又有各种创造之神、护佑神和作为各种自然现象化身之神。它的各路神灵均隶属于最高神苏尔提－图拉，而在众多的神祇之下又有可供其役使的种种精灵或更低一级的神灵。同楚瓦什相反，哈卡斯的神话殿堂就不十分繁盛，所有的低级神灵可以分为“洁净的”善灵和“污秽的”恶灵两类。哈萨克神话里的大量神灵具有自然的性质，基本上没有摆脱原始的自然风貌，例如，太阳即为日神，月亮即为月神，云即为云神，风即为风神，他们似乎没有人格化的或象征性的形象。哈萨克认为一些自然界的事物或现象各有主宰，通常是在表示这些自然界事物或现象的词上加表示主宰意义的词来称呼这些神灵。

三、突厥语诸民族的创世神话

据维吾尔族的一则神话说：

> 很早以前，宇宙是茫无边际的灰蒙蒙的天。宇宙间只有一个女神，她和人长得差不多，就是比人要大得多。平时她都静静地睡觉，醒来后，舒展一下身体，就把整个宇宙塞满了；伸开胳膊或（翅膀），就把整个宇宙盖住了；睁开眼睛，宇宙一下子就亮堂堂的了；眼睛一闭，宇宙就全黑了；一打呼噜，雷声就震动整个宇宙。后来她很寂寞，就吸进宇宙间所有的尘土和空气以后，又吐出来，于是有了太阳、月亮、星星、地球、河水、湖泊以及世间万物①。

然而，突厥语民族大多数神话里却认为，宇宙未分之际为茫茫大水；世界分为上、中、下三界，上界与下界各有分层，各民族对上、下界的分层数说法不完全相同，似以七层之说较为普遍；大地有四极，由牛或鱼等动物驮载，动物之下为水，诸如地震、洪水均因驮载大地的动物所致。

雅库特族的神话相信宇宙的古老性和永恒性，其中有的神话说，世界的创造就是名为阿依瑟特的神把在天上准备好的万物送下凡界。柯尔克孜族一则神话里说，创世者为野鸭鲁弗尔。

> 据说，远古初始为一片汪洋，那漫漫大水是从它自身的漩涡——无边无际的黑色无底洞里涌现出来的，既没有源头，也没有尽头。那时，扁嘴野鸭鲁弗尔独自在“空中”盘旋，寻找生蛋的地方。最后，它落到水面上，从自己胸脯上啄下一些羽毛，筑了一个窝。自从有了这个漂浮在水面上的窝，才开始逐渐形成了陆地。柯尔克孜、哈萨克等民族的神话都说，天地初始都很小，以

---

① 转述自阿不都拉、姚宝瑄著：《维吾尔族女天神创世试析》，载《民间文学》，1985（9）。

后才逐渐长成我们现在见到的这样广大。阿尔泰人的一则神话说，宇宙未开之际，为漫漫大水，有两鸭（又说为一神一人），漂浮其上，一鸭决意用泥土造地，或说遵照栖居于宇宙瀛海的圣洁之母的意旨创造世界，另一只便潜入水底啄取泥土，前一只鸭将泥土抛到水上，顿时出现了陆地，后一只鸭上岸后向四处扔出石块，随之出现座座山峦。据说，前者名为于尔根，是至高世界的主宰神，后者名为埃尔利克，是统摄地下世界的神。一说埃尔利克为创世主，于尔根神也是他的创造。也有的说，于尔根神和埃尔利克彼此为兄弟。

据阿尔泰人的一支莱乌特人说：天地未开辟之前，创世主艾尔利克就居于“名副其实的大地”。阿尔泰人的另一些神话叙述说：

大地由两条硕大的神鱼支撑。一条神鱼上唇接天，遣来秋、冬与严寒；一条神鱼下唇连地，送来春、夏与温暖。又说，地震与洪水是因魔怪俯仰所致，而魔怪有三，是于尔根神的创造。为制驭魔怪，于尔根神又用绳索将三魔怪之一绑缚起来，并将绳索一端固定在天宇之上。

塔塔尔族也有类似的说法：

至高无上的天神尤勒干造好了大地之后便把它浮在水面，同时在大地底下安置了三条大鱼驭载大地。中间的一条鱼头向北方，它的头只要稍稍沉在水里，北方就会闹洪水；头再向下沉，大地就会被淹没。这条鱼的脊上拴着一根绳，另一端达到高高的天上，被绑在三根柱子上，由一名叫曼珠希里的天神助手看管。他从第一根柱子上解下绳子，大地北方发洪水；从第二根柱子上解开绳子，大地就会被洪水淹没。柯尔克孜神话说，宇宙初开，汪洋大海上雾霭蒙蒙，在海的正中有一块巨石板，巨石板上有一条黑色公牛，大地就载在公牛一只角上。当公牛把大地从一只角移到另一只角的时候就要发生地震。一旦公牛呼吸停止了，世界末日也就到来了。

柯尔克孜族另一则神话说，腾格里创世以后，为了防止大地一再遭火神的侵扰，自己变作青牛，把大地驮在了自己的角上。哈萨克神话说青牛为腾格里所派，虽然只提到大地驮在牛角上，并没说牛站在什么地方，但却补充说，腾格里为了人类免遭地震之苦，便用大山加重了分量或用山作钉子钉住大地的四极，把大地固定在了牛角上。一些民族的神话说，大地在洪水或大火或黑暗灭世之后又经过了再生。

在各民族的神话里，宇宙通常是分层的，不仅天上界和地下界有多层，就连地上界也是分层的。天上界为于尔根等善神所居，地下界为埃尔利克以及众魔怪所居，地－水神则居于地上，大地被描述成动物的形象。雅库特神话也把宇宙说成是分层的：

> 远古时，有尤伦格·艾厄·托伊翁、乌卢·托伊翁同恶灵之首阿尔桑·杜奥莱鏖战不休，直到临近世界末日，三方才停战言和，并协议将宇宙分为三界：上界归尤伦格·艾厄·托伊翁和乌卢·托伊翁，下界归阿尔桑·杜奥莱，中界归人类。据说，上界为严寒之域，有三、七和九层，相互重叠，最上层为尤伦格·艾厄·托伊翁及其所属的居所，以下各层为乌卢·托伊翁等神祇所居，天界的最下层下垂，与地缘相接。下界为幽暗之域，有残缺的日月照耀，是永不干枯的沼泽，沼泽上生长着奇形异状的铁树。

据突厥语民族的神话叙述，天上、地上、地下三界或有宇宙树相连，或有高山相接。阿尔泰人的神话说，大地肚脐为世界中心，耸立着高大的枞树，树梢顶着至高无上的于尔根神。哈萨克族神话说，高大的“拜铁列克”神树上连天界，根部与下界相通。又说，三界以水相连，上界为水之源，下界为水之尾。塔塔尔族神话说，克达依神创造天地时造了九棵高大的落叶松为宇宙树，它们长期被地下死亡王国的九个魔王霸占，做了拴马桩。后来，天神赶走了九个地下魔王，人和各种动物才得以在大地上自由生存，但是谁也不能走近这九棵宇宙树的跟前。

在阿尔泰人的天体神话里，日月得以被创造，应归功于于尔根神。柯尔克孜神话说，太阳原是火神，月亮原是冷神。据说，当初火神要独霸天下，就燃起了熊熊大火，大地陷入一片火海。腾格里化为青牛，用它那四十庹长的角去抵火神。火神最后被迫请求腾格里给自己一处安身之地，腾格里让火神住到天上，后来就成了太阳。腾格里又派冷神升到天上去对付火神，冷神后来就成了月亮。塔塔尔一则神话说，远古时伟大的英雄奥其尔瓦尼用刀把火投到天上，那火就变成了太阳，用刀斩水，造了月亮，月出自于水，所以月夜生霜露。又说，日与月是神在天上安放的两面圆镜。

四、突厥语诸民族的人类起源神话

关于人类的起源，在雅库特则有多种关于人类起源的异说流传。其中有的神话说，曾经有半人半马的生灵从天而降，人就是由这个生灵变化来的。另有一则神话说，尤伦格·艾厄·托依翁创造了大地之后又来造人。他把所造的人的形体放进一座石屋，派了守卫，严防恶灵进入。但是恶灵用一件皮衣买通了守卫，进到屋里，用污秽之物涂抹人体。尤伦格·艾厄·托依翁发现后，当即把守护者变成了狗，又将人体内外翻转，此后，人体内部则为秽物。尤伦格·艾厄·托依翁造了众人，又造了动物。

阿尔泰、哈卡斯、绍尔等族的神话观念极为相似，在他们中间也有许多关于人类起源的异说流传：

一说，腾格里曾经向一棵没有枝子的树命令道："看着没有枝条的树不是一件愉快的事情，给我长出树枝来吧！"于是树上有了九棵枝子。腾格里又说："从九棵树枝抽枝的地方生出九个人，变成九个民族！"于是就生出九个人。

另说，于尔根见到漂浮在海中的一块土地，上有一块人形的黏土，于尔根一声命令，那黏土成了人，但他与于尔根为敌，于尔根就又用山石中的金属创造了一个生灵代替他，同时创造了七个人。这七个人的骨骼是用芦苇做的。于尔根往他们的耳朵里吹一口气，人就有了灵魂；往鼻子里吹一口气，人就有了智慧。

阿尔泰人的一则神话里说：

远古时，一次大雨造成洪水，把泥土冲进一个人形的山洞裂缝。太阳非常热。在阳光的烘烤下，那山洞完成了女人的肚子的作用，泥土、水、火（太阳热量）被温和的风（空气）吹了九个月，于是四样东西结合在一起，变成了人形的生灵，降落到了有新鲜空气和水的地方，这就是世上第一个男人。后来，又经过同样的过程，降生了世上的第一个女人。他们成了第一对夫妻，生了四十个子女，其中男女各半，又互相婚配。那第一个男人和第一个女人死后，子女们把他们埋葬在他们由以诞生的山洞，用金子做的门把山洞封好后，在门前放满了鲜花。

在这则神话材料里，人类的诞生似乎是一种自然的过程，不像其他一些神话所说的那样是得力于神的作用。在突厥语民族民间经常可以听到山为人的躯体，或某英雄死后化成大山的传说。这些传说同这则材料所表达的神话观念是相一致的。

然而流传于维吾尔族民间的一则神话里说，人是女天神按照自己的样子创造的。

据说女天神把吸进肚子里的尘土吐出来，成了许多小泥点。这些泥点飞起来又落在地上，变成了许多矮小的人。女天神又吐出无数小昆虫，这些小昆虫去推小泥人们，于是小泥人们会走会跑了。女天神又往小泥人的嘴里吹气，小泥人就会说会笑，还会唱歌跳舞了。但泥人又矮又小，女天神就用手一个又一个地抚摸他们，拉扯他们，很快这些小泥人就长大长高了。女天神把他们分为男女两种，让他们分散到各地，住在一起，繁衍后代，就成了今天的各个民族。女天神还给人类吹进了智慧，使他们成为主宰一切的主人。

哈萨克族的一则材料里讲，上帝用光明创造了“光芒”，用它来管理各种生灵。

“光芒”被创造出来以后自恃出身于光，越来越傲慢、放纵，很不把上帝用草做的生灵放在眼里。上帝觉察以后就决心用大地自身来创造一种有智慧的东西来管理生灵。他决定造人。上帝就命令云下了四十年的雨，用雨水合着泥土造了泥人。然后又命令风刮了四十年，把泥人风干。为了保护这泥人，上帝就创造了狗。接着上帝又命令太阳烘烤了四十年。有生命的物质靠着温度进入人体，于是人就有了灵魂。上帝让“光芒”向人俯首敬礼，“光芒”拒不服从。上帝就给了它个“魔鬼”的名字，还让天使们扔石头驱除魔鬼。石头划过天空就是电闪雷鸣。从此，魔鬼就成了人的仇敌，总是引诱和唆使人做坏事。不过好人是不会受魔鬼教唆的。上帝把人安置在天堂，还在天堂的门口安排了公驼、巨蟒、雄鹰守护。人在天堂过着无忧无虑的自在生活，却感到孤单寂寞。上帝就命令天使从人体左边拿一条肋骨，从人体各处取一些肌肉，造成了女人，又分别给他们安放了性器。一次，公驼张嘴打哈欠，魔鬼趁机钻进公驼的身体里，那时，公驼尾部正好朝着天堂门的时候放了个屁，就把魔鬼迸进了天堂。魔鬼在天堂里引诱人吃了上帝禁食的麦果，男人吃得很急，卡住了嗓子，就有了喉结。因为吃了麦果以后的排泄物把天堂弄得污秽不堪，男人和女人被上帝从天堂分别放逐到两个地方，彼此寻觅不见，漂泊了四十年后，男人才终于找到了女人。这期间，女人在放逐的地方搭了草棚居住，靠采集野果充饥，用草编了铺盖做被褥。从此，女人就开始做起了家务。一次，女人在采集野果时突然遇到雷鸣电闪，森林起了大火，几天以后，一场大雨才把火熄灭。女人把烧死的动物带回来食用，又从灰烬中采回了火种，自此人类吃上了熟食。后来，他们有了十五个双胞胎，每胎都是一男一女。孩子们长大了，第一胎的男孩和第二胎的女孩相配，第二胎的男孩和头胎（或第三胎）的女孩相配……他们就这样一对对结了婚。据说，头胎的兄妹俩都长得丑陋，第二胎的兄妹都长得漂亮。可是，头胎的男孩娶了第二胎漂亮的妹妹，第二胎的男孩得娶头胎丑陋的姐姐，于是弟弟醋劲大发，就杀了哥哥。可是，他不知道该把尸体放到哪里去，正巧他见到一只乌鸦在地上啄了个坑，正在埋葬一只死乌鸦，他就学那乌鸦，刨了坑，把哥哥的尸骨埋葬了。自此人间就有了谋杀，也有了土葬。

哈萨克的这则神话同前述阿尔泰、哈卡斯、绍尔诸族的人类起源神话有许多相同或相近的构成因素。但是，这则神话显然是从伊斯兰宗教教义移植过来的，或者至少可以说它是伊斯兰宗教神话的改编之作。神话中的“上帝”原文为“胡大”，来自波斯语，在民间的一般概念里，它指的是伊斯兰教唯一的神安拉；神话里所说的男人、女人、魔鬼等也就是《古兰经》里的人物亚当、夏娃、撒旦。事实上，突厥语诸民族的神话无不受到过宗教教义的渗透，而其中似乎尤以人类起源神话所受宗教影响与渗透最为深刻。例如，在曾经普遍信仰伊斯兰教的撒拉族中间，所谓的神话几乎都是直接取自伊斯兰教经典《古兰经》。在撒拉族和曾经普遍流行佛教的裕固族中间，人们已经几乎听不到传统意义上的神话，不过，在各突厥语民族的传说故事里却都保存着许多古老的神话母题。这些母题虽不等同于人类起源神话，却反映着古代人对人类生命的神话思考。维吾尔族传说，古代有一位阿兰库娃女王，一天，女王睡觉时，从毡房天窗忽然射进一道光，光中出现一男子向女王求爱。于是女王怀孕，生一子。哈萨克英雄故事《瓜巴特尔》中的母亲在瓜地过夜，梦中得一子，第二天便有了身孕。这些无疑属于感孕而生的神话。维吾尔族还有《神树母亲》的故事，其观念应来自树生人神话。哈萨克族、柯尔克孜族故事《叶尔托斯特克》的主人公是母亲吃了马胸脯肉诞生的。在撒拉族故事《阿腾其根·马生宝》里，主人公马生宝是由一匹马吞下一片红布后怀孕而生的，他的两个盟兄弟一个是石头所生，一个是木头所生。突厥语民族的英雄叙事诗里经常有求子母题：年老无子的母亲通常都要通过在水泉边、在林中过夜而怀孕。哈萨克英雄叙事诗《阿勒帕梅斯》里，老母亲在林中忽然被树枝戳了额头，于是她在树上挂了许多布条，接着就怀孕生了阿勒帕梅斯。这些也都应该同人类起源神话有密切关系。此外，像撒拉族的《尕娃和熊》、哈萨克族的《熊巴特尔》、维吾尔族的《英雄艾里·库尔班》都讲述了人与熊婚姻而得子的情节，类似这种人与异类通婚的母题当来自古老的图腾神话。而这种图腾神话在突厥语民族，特别是在长期存在部落制度残余的突厥语民族现存神话当中数量是很多的，例如在柯尔克孜族中间就有同狼、熊、鹿、蛇、牛、犬等等相关的图腾神话至今在一些部落中流传。

五、突厥语民族与阿尔泰语系其他诸族神话的关系

突厥语民族和同属于阿尔泰语系的蒙古语族、满－通古斯语族在语言上接近，他们在底层文化上也必然有其相同、相似和相接近之处，特别在古老的神话观念上，彼此间更是具有很大的一致性。

在突厥语民族和蒙古语民族神话里，腾格里一词都是指天神。满－通古斯语民族的神话里虽然不见“腾格里”一词，然而天神也同样在神话殿堂里具有至高无上的地位。在突厥语民族的古老神话里，作为生育之神和妇女与儿童的保护神的乌麦女神具有崇高的地位。这位女神在蒙古与满－通古斯语民族那里也被认为是保护婴儿生命安全的神，是送子之神。

在蒙古语民族的神话里，其中有一说认为，宇宙的初始形态为无垠的水域，即所谓“宇宙瀛海”，上面覆以陆地，为携自天界或取自海底的一

抔土扩增而成。又认为大地负载于巨龟之上，大地因龟动而有地震的发生。[①] 在蒙古族的神话里“神们创造大地时，世界是一片大水，大地是汪洋大海之上用金龟固定下（支撑）来的。”土族的神话材料里说：大地还未形成的时候，天连着水，水连着天，到处是一片白茫茫的汪洋。大地是由天神在金蛤蟆背上撒的一把土形成的，所以大地是驮在金蛤蟆背上。[②] 满－通古斯语诸族一般也认为宇宙之初为茫茫大水：“从前，地上是水，天上是水，到处像一片大海，水浪像拖里（神镜）飞闪”。[③] 在散落于民间的《天宫大战》里说：“世上最古最古的时候是不分天不分地的水泡泡，天像水，水像天，天水相连，像水一样流溢不定……”[④] 按照满族神话的说法，当初天连着水，水连着天。天神阿布卡恩都里用土造了一个很大的地，把地放在水面上，又命令三条大鱼驮着它。还打发一个天神，每隔几天给三条大鱼送一次食物。有时，送食的小天神贪懒，没按时送到食物，驮地的三条大鱼饿了，忍不住要晃动身子，地也就随着晃动起来，这便是地震。按照埃文基人的古老说法，最初只有水和鸟禽。鸟禽啄来土置于水面上，土铺展开来而成为现今的大地。此外，蒙古语族各民族和满－通古斯语族也普遍有宇宙分层，有上、中、下三界的神话观。在古老的三界观念里，对于上界的神话叙述较普遍，也较清晰，而对下界的观念是模糊的，并且在古老的神话里并没有关于下界是所谓“地狱”的叙述。他们也同突厥语民族一样，有宇宙树同上界相通。

从流传于后世的神话材料里可以看到，在阿尔泰语系民族古老的神话观念里动物占有十分特殊的地位。包括突厥语民族在内的阿尔泰语系各族，其远古先民曾经主要居住在大小兴安岭森林地区及其以北，以及蒙古高原以北的大漠、草原丘陵和沼泽地区。阿尔泰语系民族的远古先民在这里过着原始的渔猎生活。他们倚赖动物生存，动物也威胁他们的生命。这就使得远古先民们同动物的关系变得十分密切和重要，而在神话里则表现出他们对动物抱有十分复杂的感情。

在阿尔泰语系民族神话里，诸如天鹅、水鸭、鸬鹚等水鸟是神圣的，因为有这些水鸟的地方就是有鱼的地方，也就会有相关的崇拜，并且会出现在神话里。在许多突厥语民族那里天鹅是连接三界的圣鸟，是萨满教巫

---

① 前［苏］C. Ю. 阿列克谢耶夫著：《蒙古语诸民族的神话》，见谢·亚·托卡列夫、叶·莫·梅列金斯基等著，魏庆征译：《世界各民族神话大观》，国际文化出版公司，1993年。

② 满都呼主编：《中国阿尔泰语系诸民族神话故事》，民族出版社，1997年。

③ 转引自富育光著：《萨满教与神话》，216页，辽宁大学出版社，1990年。

④ 转引自富育光著：《萨满教与神话》，辽宁大学出版社，1990年。

师不死灵魂的显形之一，同时也是许多突厥语民族古代先民的图腾动物。其实在蒙古语民族和满－通古斯语许多民族里也同样如此。“在狩猎民族鄂温克人萨满神衣的各种动物图腾崇拜物造型中，天鹅居首位。天鹅图腾在动物图腾中有很高的地位，被视为神的使者。”[①] 鄂温克“我乌特巴亚基尔”氏族崇奉的神鸟是天鹅[②]。布里亚特萨满在举行仪式的时候，一开始就要吟唱“天鹅祖先，桦树神杆”，天鹅被认为是霍里、巴尔虎等布里亚特蒙古的始祖母，因而有人与天鹅相配的故事流传[③]。神话里的鸟禽除水鸟之外，鹰在突厥语民族神话里占有重要地位。同样，它也经常出现在蒙古语族和满－通古斯语族神话里。尤其在满－通古斯语族神话里，鹰往往同萨满祖先联系在一起，而成为萨满的祖先神。据说，神鹰妈妈哺育了人类的第一个女萨满。“满族某些姓氏所供奉的鹰神格格，是鹰头人身的母体神像，两个大乳房，丰隆的腹部和女阴，是人类第一个萨满之母，也是人类的母亲。”[④] 它成为满族及其先世女真族许多姓氏的守护神。赫哲族的“伊玛刊”里所歌颂的人格化的神鸟“阔里”就是鹰神，并且是女萨满无敌的象征。

古代突厥人的狼种起源神话是很有名的，狼在突厥语民族流传于后世的神话和传说里也始终神威不减。在蒙古、满－通古斯语民族那里，狼同样被看作祖先和守护神。满族有的姓氏祭狼神，并有狼旗作为氏族的标志[⑤]。鄂伦春人从不直接称呼狼的名字，表明他们对狼所具有的一种神圣感情。

> 鄂温克人讲，从前有个老猎人，家中有三个女儿，一天上山拉木头把斧子丢失了。斧子被山中的一只狼精捡到，它要猎人把自己的一个女儿嫁给它为妻才答应还斧子。老猎人答应了，但大姐、二姐都不嫁，老三便做了狼精的妻子。狼精娶妻后天天外出不知去向，妻子便用几团线偷偷拴在狼精尾巴上，她跟着线绳走，见狼精走进一屋子，只见屋内有一美少年在烤火，炕上放着一张狼皮，妻子把狼皮用火烧了，美少年变不回狼才跟妻子说明自己是狼精。老三嫁了美少年后，生了个胖小子，大姐、二姐嫉

① 鄂嫩哈拉·苏日台著：《狩猎民族原始艺术》，61 页，内蒙古文化出版社，1992 年。
② 本书修订编辑委员会：《鄂温克族社会历史调查》，341 页，民族出版社，2009 年。
③ 孟慧英著：《中国北方民族萨满教》，80 页，社会科学出版社，2002 年。
④ 富育光著：《萨满教与神话》，39 页，辽宁大学出版社，1990 年。
⑤ 富育光著：《萨满教与神话》，39 页，辽宁大学出版社，1990 年。

> 妒，便把老三推到水井中，结果被丈夫救出。老大、老二施毒计未成，自觉羞愧，便上吊了。老三把老猎人接到自己家，从此过上了幸福生活，而狼的后代便成了鄂温克人。①

这是一则由狼祖神话蜕化而成的传说。然而，认为鄂温克人是狼的后代这一观念却依然保留着。它同突厥人的狼图腾神话或古代高车人的传说如出一辙。关于狼同蒙古族的关系也是人们所共知的。《蒙古秘史》里就记载说“成吉思汗的祖先是承受天命而生的孛儿帖赤那和妻子豁埃马兰勒一同过腾汲斯海来至斡难河源头的不儿罕山前住下，生子名巴塔赤罕。”文中的“孛儿帖赤那”为蒙古语“苍色狼”之意，也就是说成吉思汗的祖先为狼。然而，文中又提到成吉思汗的母亲是“豁埃马兰勒”，“豁埃马兰勒”为蒙古语“惨白色鹿”之意。“孛儿帖赤那”和“豁埃马兰勒”合在一起就是“苍狼白鹿”。《蒙古秘史》所述表明，以“苍狼”为图腾的氏族和以“白鹿”为图腾的氏族有过联姻的关系。蒙古族古代的“苍狼白鹿”崇拜在《蒙古源流》卷四和《多桑蒙古史》以及口传作品里均可见到。②

蒙古族在把狼看作祖先神的同时，也把鹿看作祖先神。其实，在汉语古籍文献里，最早提到鹿神的是《酉阳杂俎》所记关于突厥祖先与女海神交往的神话。按照《酉阳杂俎》的描述，鹿神与水有关。柯尔克孜族有“布务”部，以白色母鹿为祖先神，拜为“圣母”。在鄂温克的信仰里，鹿为天神中的一员，是为埃涅坎女神的形象。

在满-通古斯语民族的神话里，熊是重要的祖先神和保护神。鄂温克族的一则材料里说：

> 很久很久以前，在兴安岭有个叫毛尔汗的猎手。一天，毛尔汗进山打猎，见一老人被黑熊扑倒，他便与黑熊搏斗，老人得救了，自己反被打昏。黑熊将昏死的毛尔汗抱回山洞，用巨石把洞口堵住，等毛尔汗醒来后便与他生活。后来，黑熊生下一双儿女，浑身黑毛。她怕毛尔汗逃走，便寸步不离地看着他。儿女长大后，毛尔汗领他们在山中玩，母熊才放松了戒心。一天，毛尔汗见山下河里有条船，便乘船逃走。母熊发现后追来，见毛尔汗

---

① 转引自黄任远、黄定天、白杉、杨治经著：《鄂温克族文学》，25页，北方文艺出版社，2000年。

② 见荣苏赫等著：《蒙古族文学史》，26~28页，内蒙古人民出版社，2000年。

远去，悲惨地哭叫，气得把儿女撕成了两半。[①]

在鄂伦春族也有相似的说法：

一个猎人为雌熊所掳，关在山洞里，同雌熊住在一起。不久雌熊生出一个半人半熊的小崽。后来猎人趁雌熊携子出洞觅食之机逃走，被雌熊发觉后追来。猎人沿河岸奔逃，恰逢上游漂来木筏，于是跳上木筏。雌熊追赶不及，愤而将所带小崽撕为两半，一半掷还猎人，一半留给自己。从此随雌熊生活的一半成为熊，随猎人生活的一半成为鄂伦春人。[②]

在蒙古语民族当中，布里亚特和达尔哈特人常用 ebuge（祖先）、qirqan（神圣的）[③]，但在突厥语民族当中似乎听不到有关熊是祖先神的神话流传。不过，在突厥语民族的故事里却普遍有人与熊通婚而生子的情节。撒拉族《尕娃和熊》的故事里说：

尕娃和一只大白母熊在山里相遇，大白母熊把尕娃打得不省人事，又把他背进山洞，从此一起过上了夫妻生活。过了不久，大白母熊生了个似人似熊的儿子。后来，尕娃因思念父母，就寻找机会逃跑了，他把熊儿子留给了大白母熊。大白母熊发现以后，抱着熊儿子一直追到黄河边，尕娃已经逃到了河对岸。于是大白母熊把熊儿子一撕两半，一半扔给了尕娃，一半自己拿走。可怜的熊孩子落了个一半随父一半随母的命运。

不难看出，撒拉族的这个故事同鄂温克和鄂伦春的族源神话有密切联系。维吾尔族也有一则故事，名为《艾里·库尔班》。这则故事里说，一个人间女子在山间同白熊遭遇，一起过上了夫妻生活。后来她们有了一个浑身是毛的儿子。这个孩子后来就是故事里的英雄主人公艾里·库尔班。事实上，在突厥语民族当中多有人熊通婚的故事，而人熊通婚之子又必定

① 转引自黄任远、黄定天、白杉、杨治经著：《鄂温克族文学》，45页，北方文艺出版社，2000年。

② 转引自徐昌翰、隋书今、庞玉田著：《鄂伦春族文学》，35页，北方文艺出版社，2000年。

③ 见荣苏和等主编：《蒙古族文学史》第一卷，28~31页，内蒙古人民出版社，2000年。

是一位有着壮举的英雄。这显然不是偶然的。

柯尔克孜族有认牸牛为祖先神的神话，而在布里亚特蒙古则有对牤牛的崇拜。龙布策仍所撰《蒙古布里亚特史》就记载了关于里亚特古史同牤牛相联系的神话传说。明代陈仁锡《潜确类书》卷十七引《舆地考》：“木叶山，在广宁中屯卫城东。上建契丹始祖庙，奇首可汗在南，可敦在北。并塑八子像于侧。相传昔有神人乘白马，自盂山浮土河而东，有天女驾青牛车，由平地松林，泛黄河而下。至木叶山，二水合流，相为配偶，生八子，其后族属渐繁，分为八部，每行军及时祭，必用青牛白马”。①

如此等等，都表明突厥语民族在神话方面同阿尔泰语系的蒙古语族、满-通古斯语族各民族有着十分密切的关系，在它们之间存在着太多的相同与相似。之所以如此，其原因是多方面的。除前面已经谈到的语言的接近、相同与相似的地理和自然环境之外，阿尔泰语系各民族有着密切的历史交往。自先民时代开始，操阿尔泰语系语言各民族单位的成员之间就有相互吸收，相互融合，相互同化的错综复杂的关系。他们彼此之间你来我往，你中有我，我中有你，由此而产生的包括神话观念在内的彼此在文化上的相互包容也就成为必不可免。此外，他们在地理上彼此相邻，人员来往便利，也密切着他们的各种文化往来和神话观念的相互吸收与容纳。

六、宗教对突厥语民族传统神话观念的影响和渗透

历史上，突厥语民族分别在不同的历史时期，在不同的范围里，在不同的程度上，盛行过佛教、袄教、摩尼教、基督教、伊斯兰教（或者其中的一两个宗教）。随着各种人为宗教的传播，宗教神话大量涌入，突厥语诸民族传统的神话观念受到挑战，大多数古老的神话体系不同程度地遭到破坏，甚至因遭排挤而趋于湮灭。突厥语各民族在历史上大都不只经历过一次宗教信仰的变迁，因此在各民族的现存神话当中通常都积淀着多种宗教文化成分。例如“腾格里”这个词所蕴涵的信仰内容往往在不同民族、在不同历史时期因不同宗教的流传而被赋予了不同的宗教神意义。即便在阿尔泰、雅库特等民族中间，虽然传统的神话观念和神话体系并没有像其他有些民族那样遭到人为宗教的很大破坏，但在现存神话里仍然可以发现宗教神话影响的明显痕迹。例如，一些研究者曾经指出，流传于阿尔泰人

① 袁轲编著：《中国神话传说词典》，264页，上海辞书出版社，1985年。

的大洪水神话就有“诺亚方舟”神话的影子。

如前文所述，在流传于后世的突厥语民族的神话里，大多数认为：宇宙未分之际为茫茫大水；世界分为上、中、下三界，上界与下界各有分层，各民族对上、下界的分层数说法不完全相同，似以七层之说较为普遍；大地有四极，由牛或鱼等动物驮载，动物之下为水，诸如地震、洪水均因驮载大地的动物所致。研究者们注意到，所有这些说法均可以在古代印度神话里找到。例如古印度的“吠陀”神话里就有“所谓创世，肇始于水；宇宙生于水，水是宇宙的始基”之说。在《夜柔吠陀》里也曾述说在洪荒时代，有牡野猪潜入水中，取土造地，大地由巨龟支撑。通常古印度神话也还认为，“宇宙有三界：天界、地界、地下界……每界各分七层。”[①]。突厥语民族的古代神话同古代印度神话的种种说法如此相同或相似应该不是偶然的。

突厥语民族神话里同印度神话具有相同或相似的成分或许同佛教的传播有关，例如图瓦族神话受到佛教的深刻影响，其最明显的表现是关于“布尔汗（佛）”这一宗教神概念的流传，他们通常把带有佛陀等神像的地毯视为特殊的精灵而加以崇拜。裕固族的神话仍有众多的“多神教”神话成分，特别是与萨满教礼仪相关的神殿，基本上以按级序置身于天界的天神为代表，神殿的至高神为卡恩－腾吉尔（“腾吉尔”即“腾格里”）。但是裕固族的神话已被藏传佛教所改造，在一则裕固族的材料里说，当初只有天没有地，释迦牟尼从天上请来了青龙，在青龙身上披上青绸子，驮上黄金；又从林间请来了白象，在白象身上披上白绸子，驮上白土，每天不停地往海洋里撒，想铺出一块陆地。但是时间久了，还是汪洋大海，不见地面形成。释迦牟尼没有办法，只好去天上求教拉依尔昂迦神。拉依尔昂迦神说：“你要使海洋中形成地面，必须在天的四角立四根柱子，火神要生火，胎子要生人，这样地面就自然形成了。”释迦牟尼回来后照此办理，海洋果然渐渐变小，不但出现了地面，还形成了山川河流。这应该是一则创世神话，其中似乎还可以见到突厥语民族古老神话观念的一点影子，却已经被藏传佛教信仰所湮没了。

在突厥语民族神话里，人们也可以发现来自于古代波斯宗教神话的影响。例如突厥语民族神话里的歹乌、阿儿巴斯特等恶魔的形象就是“琐罗亚斯德教有关恶魔的口头传说和故事的借用语及加工品”，歹乌“是琐罗亚斯德教恶魔论的中心形象之一”，“是中亚《阿维斯塔》形象中最富有生

---

① 魏庆征编：《古代印度神话》，北岳文艺出版社、山西人民出版社，1999 年。

命力的形象”。[①] 此外，有的学者指出，在突厥语民族非常流行的“阿依达尔”这个超自然的形象其起源与古代伊朗神话里的恶魔形象相似。在《阿维斯塔》里可以看到阿日·达哈卡的形象，从词源学上说，“阿依达尔”和“阿日·达哈卡”是有联系的。而阿日·达哈卡“后来转变为在著名的‘沙赫纳迈’中提到过的扎哈卡，最后成为古伊朗残酷统治者的形象。”[②] 在哈萨克等民族的神话里有神牛用角支撑大地之说。此说完全可以在古代波斯神话里见到：“我们赖以生存的大地不是固定不动的。在大地的下边有一头力大无比的牛，它骑在一条巨大的鱼上，牛用它的一只角支撑着大地。鱼在无岸无涯的大海里来回游弋，从来不知道疲倦，可是用角顶着大地的牛却有累的时候。牛觉得累时就把大地从它的一支角换到另一支角上，就像人一条腿站累了就会换另一条腿。牛每次这么换角的时候大地就会发生摇摆和震颤，这就是地震。”[③] 按照古波斯神话里的一种说法，神牛是主神霍尔莫兹德（即祆教的主神阿胡拉·玛兹达）为帮助人间消弭战争而创造的，并且由霍尔莫兹德派往人间。但又说神牛是霍尔莫兹德创造的大地上的第一头动物。据说霍尔莫兹德曾从天边的光明里炼取了一团碳火一样的物质，又把这团明亮的火捏塑成一个有头颅和手足的巨人。霍尔莫兹德便用它创造出世界。巨人的右手化为牛，这是一头白色母牛，像月亮一样闪着银光。[④] 还说，神牛是雨水之神，是天狼星提施塔尔行云播雨第二十天时的化身。古波斯巴列维文典籍《班达希申》（《创世纪》）里还说，主神阿胡拉·玛兹达“以光亮和水分造人和牝牛之种”[⑤]，而在突厥民族中便有了神牛以及“牛为水之造化”一说。在一些突厥语族民间，人们对古波斯神话是不陌生的。例如波斯宗教神话里提到，“创世者阿胡拉·玛兹达用它自身的光辉和无限时（楚尔凡）的祝福创造了天地万物”。“主神阿胡拉·玛兹达是最伟大的智者，他统治一切，他是全能的，是神中之神，以他的名义，并从他单一不可分的自我存在中创造了‘丰饶’。”波斯宗教神话里还特别说到，阿胡拉·玛兹达“创造人是为控制创造物，以促

---

① И·札巴罗夫、Г·德列斯维扬斯卡亚著，高永久、张宏莉译：《中亚宗教概述》，66～67页，兰州大学出版社，2002年。

② И·札巴罗夫、Г·德列斯维扬斯卡亚著，高永久、张宏莉译：《中亚宗教概述》，66～67页，兰州大学出版社，2002年。

③ 薛克翘、张玉安、唐孟生主编：《东方神话传说》第一卷《希伯来、波斯伊朗神话传说》，北京大学出版社，1999年。

④ 薛克翘、张玉安、唐孟生主编：《东方神话传说》第一卷《希伯来、波斯伊朗神话传说》，北京大学出版社，1999年。

⑤ ［美］塞诺克雷默著，魏庆征译：《世界古代神话·古伊朗神话》，华夏出版社，1989年。

进自己意愿的实现”。[1] 如此种种，均可以在突厥语民族现存神话里找到其影响的痕迹。例如在哈萨克的神话材料里就能发现一些类似的说法：“迦萨甘用自身的热和光又创造了太阳和月亮”，还说上帝造人就是为了管理地上的生灵，迦萨甘“给大地创造一些有生命的东西，还要给大地创造主人”。波斯神话里谈到了生命树，在某些突厥语民族的神话里也有关于生命树的叙述。波斯宗教神话里说，恶魔从深渊中升起，企图毁灭阿胡拉·玛兹达创造的一切。于是以光明之神阿胡拉·玛兹达为首的日、月和十二个星座组成善的一方，以黑暗之神为首的另外七个行星组成恶的一方，展开了光明与黑暗，善与恶的斗争。在某些突厥语民族的神话里则说：“恶魔从天外偷偷闯进来，把大地笼罩得一片漆黑，它用各种灾害、疾病威胁大地的主人和一切生物；尤其可怕的是，它还用死亡大量地残害生灵，使人类陷入了惊恐和不安之中。迦萨甘见恶魔如此凶残……立即派遣太阳和月亮去征战恶魔。太阳和月亮……欣然接受了迦萨甘的旨意，承担了抗击恶魔，拯救人类的重任……”光明与黑暗的斗争是古代波斯宗教神话的基本内容，某些突厥语民族的神话材料里所反映的光明与黑暗的斗争显然来自波斯的宗教神话，尽管它们可能并不是以阿胡拉·玛兹达的名义。特别值得注意的是，在一些突厥语民族神话里所反映的光明与黑暗的斗争更接近于摩尼教的宗教神话。袄教主张，光明最终将战胜黑暗，善最终将取代恶。而摩尼教的二元论思想远比袄教极端，它认为，光明与黑暗的斗争永无终结，光明并不能根本战胜恶。一则哈萨克材料里就说：“由于恶魔气焰嚣张，总是伺机要残害人类，太阳和月亮只好不停歇地驱赶恶魔”，“世界上，善神和恶神一直都在互相斗争”。这是和摩尼教极端的二元论思想一脉相承的。

至于一些民族由于伊斯兰教的传播，他们的创世神话、人类起源神话、洪水神话以及其他种种神话大体上已为伊斯兰教神话所改造或代替，一些本来属于多神信仰范畴的神已经演变成了伊斯兰教圣者的形象。例如，在撒拉族现有的神话里，将世界与人类的创造归功于安拉，说人类始祖父为安拉用泥土捏的阿丹，人类始祖母是由阿丹身上的肋条所创造的好娃，他们在魔鬼或易卜劣斯的教唆下偷吃了麦果而被真主逐出天堂（阿甸园），以及努海带领人们躲过灭世洪水的神话等等，显然都是直接来自伊斯兰宗教神话。

在维吾尔族民间的古老神话里，世界和人类本来是女天神创造的。然

---

① ［美］雷蒙德范奥弗编，毛天佑译：《太阳之歌——世界各地创世神话》，中国人民大学出版社，1989 年。

而，在伊斯兰教的影响下，神话里却说，自从有了真主，女天神就当了真主的助手和参谋，帮助真主统治整个世界。可是女天神不知道怎样做乃玛孜，不知道每天做几次，只好照着别人的样子去做。有一次，她忘记了按时去向真主祈祷，真主很不高兴，要惩罚女天神，就决定把女天神从天上赶下来，让她独自在地上生活。这则神话材料明显地反映出伊斯兰教如何修改了维吾尔族原有的神话。不仅如此，在被修改的神话里，甚至连女天神创造人类的过程也由《古兰经》神话给改造了，说是女天神因为在地球上生活得很孤独、寂寞，就用地上的泥土捏了一个人，是男的。但泥人没有灵魂，不会讲话，不会走路。女天神对自己不按时向真主祈祷的过错向真主表示了忏悔，祈求真主给泥人以灵魂。真主念女天神曾为自己做过不少事情，又已经认错，就满足了她的要求，向泥人吹了口气，于是泥人有了生命。泥人就像刚睡醒一样，哼哼着，揉了揉眼睛，站起身来，又伸了伸胳膊和双腿，打了一个很响的喷嚏，睁开双眼向女天神致谢，感谢她创造了自己。这就是亚当。女天神听了亚当的话很是高兴，就又用亚当的一根肋骨创造了一个女人，起名夏娃，让她做亚当的妻子。从此地球上有了人类。在这里，维吾尔族原有的创造人类的神话已经被改造得面目全非了。

一则柯尔克孜族的神话材料里说，人类之祖努赫和他的三个儿子、三个儿媳妇共七人在大洪水中幸存下来。洪水退去以后，他们在大地上繁衍生息，尤以小儿子贾帕斯的家族最兴旺。贾帕斯生下秦（汉族）、吐尔克（突厥）、蒙古勒（蒙古）等几个儿子。贾帕斯死后，其子吐尔克（突厥）、蒙古勒（蒙古）迁到北方以狩猎、游牧为主，大儿子秦（汉族）迁往南方种桑养蚕。这一神话反映了柯尔克孜对中国民族关系的一种认识，但是神话里里显然在原有的基础上掺进了伊斯兰教的内容。

本文曾以《突厥语民族神话概述》名收入《突厥语与文化研究》第二辑，由中央民族大学出版社于1997年出版，本次发表时重新做了部分修改，增删了部分内容。

突厥语族与蒙古语族民族常青植物神话比较研究

那木吉拉

在阿尔泰语系蒙古、突厥语族诸民族民间流传着解释松、柏和麻黄等植物四季常青来历的神话故事，我们称之为常青植物神话。上述民族有关文献中也记载了该类型神话故事的核心母题。除此之外，其他一些国家或民族中也流传类似的神话或故事。本文首先讨论蒙古、突厥语诸民族常青植物神话故事的诸类型，然后比较蒙古、突厥语诸民族常青植物神话和相关国家与民族神话或故事，以探讨常青植物神话的发生、发展和变异的轨迹。

一、蒙古族及相关民族常青植物神话比较

在蒙古族民间流传的常青植物神话主要解释松柏树以及麻黄等植物四季常青的由来。其叙述模式有二：一是燕子、乌鸦等鸟类不慎或被恐吓，将嘴里的长生甘露滴洒在这些植物上，致使这些植物常青不败，我们称之为“遗洒型”；二是盗食长生甘露的魔鬼拉呼（Rahu）被保尔青·巴格西（Borhon bagši，意为“佛师”）神拦腰砍断，从其身体里流出的长生甘露滴落于这些植物之上，使之常青不败。我们称之为“流出型”。蒙古族这些神话又与其他相关国家或民族神话具有相通性。

（一）“遗洒型”常青植物神话

下面首先探讨蒙古族的“遗洒型”常青植物神话，并与其他相关民族神话进行比较分析。在喀尔喀蒙古族民间流传的一则神话《长生水》（原题：《松柏和麻黄为什么常青》）中说，好心的燕子为了让人类长生不老，把几滴长生甘露含在嘴里，向人间飞来。它在途中被居心不良的土蜂叮

蜇，痛得失声叫起来，嘴里的甘露随之流出来，恰好洒落在松树、柏树和麻黄的叶子上。从此，这三种植物便变得四季常青，永不衰落。① 在喀尔喀蒙古族民间流传的另一则神话变体说，保尔肯·巴格西为了让人类长生不老，派乌鸦将长生甘露带给人间。乌鸦在飞途中疲惫不堪，便落在云杉树上歇息。这时猫头鹰突然从旁边叫了起来，乌鸦惊吓得直哆嗦，嘴里的甘露也流了出来，滴落在云杉树上。从此云杉树的叶子常绿不衰。② 该神话变体也流传于内蒙古锡林郭勒地区，而神话中的保尔肯·巴格西被一位可汗（Haan）所置换。③ 上述两则神话变体在民间流传过程中，其母题情节又发生一些变化，其中有一则变体说：

有一天，霍尔母斯塔·腾格里（Hormusta tenggeri，意即“天神”）的女儿在海边用长生甘露沐浴，天鹅飞来乘仙女不备，偷偷地将甘露含在嘴里飞走了。天鹅在飞途中遇见了白鼠，白鼠问它今天是几日，天鹅刚张嘴回答“Naiman”（意即“八日”），嘴里的甘露随之滴落下来，恰好洒在云杉、杜松和麻黄的叶子上，从此，这些植物常青不衰。后来，天鹅后悔那次说了“Naiman”，如果说“Nimen”，甘露不至于从嘴里遗洒出来。④

在该变体中不但神话的某些母题情节发生变异，而且其中融入近现代人的生活习俗和思想意识，但其“长生甘露使植物常青不败”这一母题依然是神话的核心。此外，蒙古族民间还流传该神话的其他变体，如《乌鸦为什么能活千年》：

相传，有一个人到西天取“五桑”（Sang）⑤，途中遇见白肚鳟鱼，鱼请人替自己向佛许个愿。人到西天后只请“五桑”，却忘记了替白肚鳟鱼许愿。人在回途中又见到了白肚鳟鱼，鱼发现人没有替自己向佛许愿，它极为生气，把他推入水里。人便把

① ［蒙古］Ш. 嘎丹巴、Д. 策仁苏德那木编：《蒙古民间文学精华集》（蒙古文，下），745～746 页，内蒙古人民出版社，1984 年。

② ［蒙古］Д·策仁苏德那木编：《蒙古神话》（基里尔蒙古文），81 页，乌兰巴托：国家出版局，1989 年。

③ 德·僧格仁钦编：《蒙古神话选》（蒙古文），140 页，内蒙古教育出版社，1990 年。

④ ［蒙古］Д. 策仁苏德那木：《蒙古神话》（基利尔蒙古文），81 页，乌兰巴托：国家出版局，1989 年。

⑤ 桑，蒙古、藏等信仰藏传佛教民族煨祭用材料。

> “五桑”交给乌鸦，托付把它送到他家去。乌鸦衔“五桑”向人的家飞去，乌鸦在途中回答他人的提问而张嘴，把“五桑”掉落在云杉树和松树上。由于这个原因，云杉和松树就一年四季绿叶不衰，又由于乌鸦用嘴衔过“五桑”，所以，它也能活千年。①

该神话中的“五桑”显然与上述长生甘露具有同等的神能。它不仅能够使云杉树和松树四季常青，而且也能让嘴衔长生甘露的乌鸦活到一千岁。蒙古族民间确实流传“乌鸦长寿”之说。所以，“五桑”是长生甘露的一个变异。这个神话变体的产生显然与蒙古人皈依藏传佛教有关。

此外，蒙古族“遗洒型”常青植物神话情节母题以变异的形态构筑于突厥语族阿尔泰（Altai）族神话中：

> 于尔根（Uligen）神创造最初的人之后，人还没有生命。大神为了让人活起来，便派乌鸦到天上胡达那里祈取人的“生命”。乌鸦从胡达那里接受“生命”，衔于喙里，飞往下界，遥远的路途使乌鸦精疲力竭，饥饿难忍，它一次次地发现地上的骆驼、马腐尸，但一次次地忍着过去了。但是后来饿得实在顶不住了，而且累得几乎抬不起翅膀。此时它又一次看见地上的一具牛尸，牛是刚死的，眼睛还是水灵灵的。乌鸦不禁失声大叫：“呱，呱，多么诱人的眼睛啊！”话还没说完，喙里的“生命”早已掉下去，正好落在针叶树、松树、海松和杜松上。由于这个原因，这些树木四季常青，绿叶不败。②

很显然，阿尔泰人这则神话和蒙古族《乌鸦为什么能活千年》之间存在相通性；阿尔泰神话中的“生命”与蒙古神话长生甘露神能相同，应该说两者来自一个原型，“生命”是“长生甘露”的一种变异。我们知道，阿尔泰族虽然操突厥语，但其族源及文化传统与蒙古族有着密切关系。阿尔泰族部分人还信仰藏传佛教。因此，在阿尔泰人中也流传该类型神话变体。

除阿尔泰族之外，在藏族中流传着与蒙古族“遗洒型”常青植物神话

---

①［蒙古］Д·策仁苏德那木：《蒙古神话》（基利尔蒙古文），131 页，乌兰巴托：国家出版局，1989 年。

②［蒙古］S. 杜勒玛：《蒙古神话学形象》（基利尔蒙古文），138 页，乌兰巴托：国家出版局，1989 年。

相近的故事：仁慈的天后担心下嫁人间的天女受风吹雨打会害病，就在纸上写了一句祝福的话头，派乌鸦带给女儿。哪知乌鸦在半路上饿得荒，看见一堆牛粪就飞下去啄，一下子把这祝福的“纸条”掉在树上了。从那时起，所有树都不怕风吹雨淋，也不害病。① 藏族的这个故事也应当是蒙古族常青植物神话的一个变体。藏、蒙同属西北游牧民族，他们先后信仰佛教，文化交流源远流长。因此，藏、蒙民族中流传相通或相似神话故事是自然的。藏族神话中的能使人类或植物不怕风吹雨打也不害病的“纸条”的原型应该是蒙古神话中的长生甘露之属，它的功能与《乌鸦为什么能活千年》的“五桑”以及阿尔泰神话的“生命”等灵物同质。只是这些神话中的“五桑”、“纸条”、“生命”是次生的，而长生甘露则是更古老的。

有趣的是在东北亚岛国日本也流传与上述蒙古族神话相近的神话故事，在日本冲绳宫古岛流传的叫做《“变若水”与死水》的神话故事说：

> 月亮神和天帝神想赐予人类长寿之药，便派一位叫做阿卡日雅扎噶玛（アカリヤザガマ）的男人到人间。他肩挑一桶“变若水”（šijimizu，返老还童之水）和一桶死水向下界走来。神嘱咐他把“变若水”浇于人身上，而把死水浇于蛇身上。但他从天界长途跋涉来到人间，路途上疲惫不堪，想在草地上躺下歇脚。他把两个水桶放在路上，自己到路边小便，这时，一条蛇出来，乘机将“变若水”浇洒于身上便逃跑了。为此阿卡日雅扎噶玛非常后悔和伤心，但也没有办法，只好将死水浇于人身上之后回天界了。天帝听了阿卡日雅扎噶玛的报告，极为生气，惩罚他永远肩挑两桶水站在月亮上面。从此，蛇由于身浴“变若水”，每年脱皮而返老，而人类由于被浇于死水，所以，未能逃脱死的命运。②

① 耿予方等编：《藏族民间故事选》，46页，上海文艺出版社，1980年。

② ［日］大林太良、伊藤清司、吉田敦彦、松田一男编『世界神话事典』、角川书店、平成六年（1994年）、第124页。

图：日本普通人院落里的“猿滑”树（那木吉拉摄影）

日本的这个神话与蒙古族神话的大部分情节母题有着相通性，即神为了让人类长生不老而派人或动物到人间送长生甘露或“变若水”，但是由于被派的人或动物在路途中疲劳而歇息，出现意外。其结果是动物或植物得到长生而人遭遇死的命运。只是日本神话故事里没有出现如同蒙古族“遗洒型”神话中的长生甘露使植物常青不衰的情节母题。但在日本奄美地方流传的神话《死的起源》中有这种母题的变体，该神话说，从前人类是不老不死的，这是因为神为人类提供“若水”（Wakamizu，返老还童之水）。但有一次，人从神那里运来“若水”时，不小心洒在地上，而“若水”恰好浇在叫做“哈不”（はぶ）的大蛇和叫做“猿滑”（猿滑り）的一种树木之上。由于这个原因，从那时起，人衰老而死，而“哈不”和“猿滑”则返老还童，长生不老。①

该神话故事与蒙古族的“遗洒型”常青植物神话有着明显的相似之处，其中不仅有前述神话中的蛇浴若水而长生不老的母题，而且也出现了“猿滑”之树接受“若水”的滋润而长盛不衰的母题。

蒙古族神话的这种神派某动物到人间传达不死消息的神话在世界其他地方也有流传，尤其是在非洲的神话中是常见的。在非洲的浩田脱脱族的神话中说：

---

① ［日］稲田浩二等编『日本昔话事典』、弘文堂、昭和五十二年（1977）、第1032页。

月神想让人类长生不老，便派兔子作为使者把这个消息传达给人间。月亮神的命令是这样的："你们像我一样死了以后还能复活。"但是兔子传反了月亮神的命令，说："你们像我一样死了后不能复活"。兔子回去把自己的作所作为原原本本地报告月亮神。月亮听完兔子的报告之后勃然大怒，拿起棍棒直砸兔子，打裂了它的嘴唇。兔子慌忙逃跑，并在逃跑时挠了一把月亮的脸，所以到现在月亮的脸上有疤痕，兔子到现在还裂着嘴而逃跑呢。①

非洲的普修满族的神话是这样讲的：

月亮向人类说"人类也像我一样死而复生。"他派一只乌龟把这个指令传达给人间，但是乌龟天生迟钝、健忘，让他背几次都背不下来，所以，月亮又派兔子把这个指令传给人间。兔子背诵好了月亮神的命令，向人间全速奔跑过去，但它在奔跑当中忘记了月神的命令。他向人类随便说了一句："死了就永远死去吧!"最后乌龟到了，他正确地传达了月神的命令，但为时已晚，人老而死的命运业已确立。为此人间的一位怒不可遏的人向兔子投掷石头，使兔子的嘴唇裂了一个大口子。②

非洲的这些神话中派往人间的使者都是兔子和乌龟等兽类，但也有一些是鸟类。如东部非洲的卡拉族的神话说：

神让人类长生不老，将叫做毫拉瓦卡（意为"神羊"）的鸟作为使者派往人间，神的传令是："年老体弱时脱皮返老还童，永不死亡。"这只鸟以漂亮的头冠为接受神圣使命的标志，神气十足地出发了。但是它在飞途中看见蛇在吃腐肉，它抑制不住食欲，吃起烂肉来。而它以此作为代价，让蛇听见了神的命令。从此，蛇以脱旧皮来返老还童，长生不老，而人只能年老而死。为

---

① ［俄］..ネフスキー、［日］冈正雄编『月と不死』、平凡社、昭和五十一年版，第15－16页；［日］大林太良、伊藤清司、吉田敦彦、松田一男编『世界神话事典』、角川书店、平成六年、第133－134页。

② ［日］大林太良、伊藤清司、吉田敦彦、松田一男编『世界神话事典』、角川书店、平成六年、第134页。

此，神狠狠地惩罚了这只鸟。①

非洲民族的神话中都说，神想让人类长生不老而派遣飞禽走兽到人间传达他的神旨，但是这些飞禽由于一时的疏忽，让人类遭遇到死的命运。这些神话情节或母题与蒙古神话很相似，尤其是卡拉族的神话中的毫拉瓦卡与蒙古和阿尔泰神话中的乌鸦相当接近。神话中的这些鸟类都接受了神的神圣使命——让人类长生不老，但是由于它们的散漫脆弱，未能完成使命，成为被人们摒弃和取笑的对象。另一方面，蒙古和非洲神话之间也存在明显的相异之处。蒙古神话的至高神一般都是以佛教的名字命名的保尔肯·巴格西等神灵，而非洲的神话中则大都为月亮神；此外，非洲的神话中让人类长生不老的灵物为无形之物——语言，蒙古神话中则为有形之物——水。蒙古和非洲神话的最大的差异在于前者有长生甘露使松树等植物常青不衰，后者则没有。

总之，上述蒙古族神话的主角为神格化的燕子、乌鸦和天鹅，还有的变体中是喜鹊。② 但无论神话形象如何变换转移，神话的主要的情节母题却没有很大的改变。这些神话母题又与相关民族神话母题相似。但是其他民族神话中一般不出现鸟类遗洒的长生甘露使某些植物四季常青等母题，只有日本神话中似乎出现类此情节母题。但是仔细观察，也可发现两者的不同点。蒙古族神话中的所谓的常青植物都是一些松柏等常绿灌木或麻黄等常绿草本植物，在神话中它们一旦接受长生甘露，便常青不衰，永不落叶。而日本神话中的“猿滑”则是一种树皮非常滑溜的落叶灌木，这种树木，一般以观赏的目的栽培于庭院里，每年脱一次皮。这就是说，日本神话中的“猿滑”就像神话中的蛇一样，以“蜕皮”返回年轻。因此，日本神话中的这些母题与蒙古族的“遗洒型”常青植物神话故事的相关母题相近，但也有差异。这值得进一步考究。

（二）“流出型”常青植物神话

如前所述，除了“遗洒型”之外，在蒙古族民间还流传着“流出型”常青植物神话。这些神话主要传承于西部卫拉特蒙古民间，其一则题为《松树和麻黄四季常青的由来》的神话说：

---

① ［日］大林太良、伊藤清司、吉田敦彦、松田一男编『世界神话事典』、角川书店、平成六年、第134－135页。

② ［蒙古］Д. 策仁苏德那木编：《蒙古神话》（基利尔蒙古文），82页，乌兰巴托：国家出版局，1989年。

> 有位喇嘛（有的变体中称“保尔肯·巴格西”）多年坐禅修行，炼出足以使人类长生不老的甘露，但是魔鬼拉呼偷偷地出来喝掉甘露之后逃跑了，喇嘛拿起瓦其尔（即金刚杵）去穷追拉呼。由于日月神帮助指点，喇嘛很快追上魔鬼，并抛出瓦其尔，将拉呼砍成两半，长生甘露从拉呼的半截身子里流了出来，滴落在松树和麻黄的叶子上。从此这两种植物一年四季常青不变。①

在喀尔喀蒙古族民间流传的另一则变体说：

> 保尔肯·巴格西委托太阳神保管长生甘露，而拉呼乘其不备，偷饮甘露而逃。巴尼菩萨追击拉呼，由于太阳神和月亮神帮助指点，菩萨很快追上拉呼并抛出瓦其尔，拉呼惊惶失措，长生甘露从他嘴里流出来滴落在地上。后来在这个地方生长出四季常青的诃子（Arura）。②

上述两则“流出型”常青植物神话的有的情节母题显然受印度著名神话《搅拌乳海》之影响。③《搅拌乳海》说，天神和阿修罗达成协议搅拌乳海以取长生甘露。甘露搅出，大神毗湿奴（又译“维休奴”）为了不使阿修罗喝到甘露，安排天神和阿修罗分而就坐，而他自己则化作美女跳舞，与好色的阿修罗调情，天神们就乘机在一旁畅饮甘露。但是有一个叫做拉呼（Rahu，旧译“罗睺”）的阿修罗混进天神队伍中盗饮甘露，被日神和月神发现，告知大神。大神立即抛出神盘，把拉呼拦腰砍成两截。然而，拉呼已经喝了长生甘露，他的头不死。为了报仇，他的头经常咬噬日神和月神，由此发生日食和月食。④

蒙古族神话的拉呼及其偷饮甘露的母题来自《搅拌乳海》。此外，在古代印度其他神话故事中又见盗食长生甘露的母题，如蒙译印度故事集

---

① 布·孟和记录整理，载《汗腾格里》（托忒蒙古文），1988年1期。标题为引用者所附。

② ［蒙古］Д. 策仁苏德那木著：《蒙古神话》（基利尔蒙古文），81页，乌兰巴托：国家出版局，1989年。Arura，汉语译“诃黎勒”，蒙、汉译名都来自梵语。“诃子”可能是“诃黎勒”的简称。诃子为常绿乔木，主要产于印度等南亚国家以及中国的云南和广东地区。

③ 那木吉拉著：《蒙古族神话和英雄史诗中的印度日食月食神话影响》，载《民族文学研究》，2001（2）。

④ 中国大百科全书总编辑委员会编：《中国大百科全书·外国文学》（第1卷），487页，中国大百科全书出版社，1982年。

《三十二个木头人的故事》称，魔鬼偷饮菩萨的长生甘露而逃。[①] 这些事例说明印度神话以佛教媒介首先影响蒙古族文献神话，然后在民间口头传播，但是印度神话和故事中都未见长生甘露使植物常青不败的母题情节，所以，和印度神话比较，该母题的存在至少使蒙古神话有了自己的特色。

二、《苏勒哈尔乃传》所载常青植物神话

我们知道，上述蒙古族常青植物神话及其核心母题又见于蒙译文献《苏勒哈尔乃传》(《Sulharnai yin tuuji》)。《苏勒哈尔乃传》中有的神话情节母题又在突厥语族哈萨克族神话以及古印度神话故事中登场。下面首先探讨《苏勒哈尔乃传》及其常青植物神话母题，然后与上述二者神话故事进行比较分析。

《苏勒哈尔乃传》是一部手抄译文残篇，大约译于14世纪。译文原无标题，也未载与原文和作者以及译者相关的信息。[②] 由于主人公是苏勒哈尔乃（Sulharnai），所以，近人称之为《苏勒哈尔乃传》。20世纪初德国人从新疆吐鲁番地区发现该译文断片数张，并带往其国，今收藏于德国科学院东方研究所图书馆。《苏勒哈尔乃传》文字严重缺损，但可以根据这些断片残文复原其基本内容，现将《苏勒哈尔乃传》有关内容译录如下：

> 从前，呼罗珊（Hurasan）[③] 之地的一座名为米西尔（Mišir）[④] 的城市里有一位叫苏勒哈尔乃的可汗，他已有一千岁，后来腾格里（Tengri，天神）神又赐给他两千岁。但他还希望更长寿，甚至是长生不死，于是他领着五十名幕僚，开始了寻找长生水（Möngke usu）的旅程。他们到达了须弥山（Sumur tag）[⑤]

---

① 佚名：《三十二个木头人的故事》（蒙古文），100～103页，内蒙古人民出版社，1984年。

② 《苏勒哈尔乃传》虽然仅存这一抄本残篇，但这并不说明当时就仅有这一部。元时蒙译佛经发行一次不下千部，甚至两千部。据此分析，《苏勒哈尔乃传》确实有不少抄本流传。

③ 呼罗珊，波斯语，原文 Xurāsān,，意为“太阳升起的地方”，指波斯东部阿母河以南地区。

④ 有学者认为，“米西尔”为今埃及首都开罗。据说米西尔有 Dhuual - Qarnayn 即苏勒哈尔乃或祖勒凯尔乃因建造的庙宇。参见双福：《古蒙古语研究》（蒙古文），621页，内蒙古教育出版社，1996年。1289年蒙古伊儿汗国阿尔浑汗写给法国国王的一封蒙古文信件中也提到该城名。参见道布整理转写注释《回鹘式蒙古文文献汇编》（蒙古文），41页，民族出版社，1983年。

⑤ 须弥山，原文为 Sumur tag。Sumur 为梵文 Sumeru 的音译；tag，系突厥语词汇，意即“山”。

脚下，由于天神佑助，苏勒哈尔乃一个人爬上了山顶，他在山上相遇一位Dašiman①和Garudi② 神鸟，Garudi 劝他及早下山去。苏勒哈尔乃可汗下山后，又想到海底去探游，而臣僚们极力反对，但他未听劝阻，继续了他的旅程。他做一个能够容纳两个人的木箱，搓一条很长的麻绳，然后将绳子的一头系于箱子上。他带上足够的食物，进入木箱内沉入海底。他在海底世界遇见一位天神，那天神催他赶快回去。苏勒哈尔乃用一个月的时间才从海底浮到海面上。接着他又和幕僚们一道，同太阳一起落山，游历黑暗世界。他们到达目的地之后，虔诚地向腾格里神祈祷，请求赐给他长生水，于是一位不见身影的人，递给苏勒哈尔乃满满一杯长生水，并对他说，你喝了这杯水，就会与天地同寿，长生不死。苏勒哈尔乃可汗得到长生水之后，返回阳世，听取幕僚们的建议，召集其家族、幕僚和庶民百姓商量如何处理这杯长生水。有的人说，长生水是腾格里神赐给您一个人的，您饮用它是理所当然的，而有的人则不知如何才好。众人之中有一位贤者那颜（Noyon，官人、臣僚），他对苏勒哈尔乃说："如果您喝了这杯水，就会活到天地浩劫，那时您即使活着也极不舒服，欲死不能，最终长生变成灾难。因为您在世，而您的臣民、家人都已死去，您一个人活着有什么意思呢。将来您仍然活在这个世界上，但不会再有像今天这样围着你、紧跟着你的臣民。到那时您会悔恨当初喝了这杯水。若您不怕将来后悔，那就喝了它吧！"苏勒哈尔乃听了这番话，觉得长生不死无任何意义，决意舍弃长生水，便随手把它泼出去，恰好洒在杜松（Ar ča）③ 的叶子上。从此，杜松就变得四季常青，绿叶不衰。苏勒哈尔乃回到米西尔城，活到三千岁而去世。④

---

① Dašman，元代汉译答失蛮、达失蛮。源于波斯语 Danishmand，意为"具有知识者"、"学者"。中亚河中地区以此为伊斯兰教长老称号。元代为伊斯兰教教士的通称。

② Garudi，原为梵语 Garuda，译"金翅鸟"、"大鹏鸟"。古印度宗教和神话巨鸟，为大神维休奴坐骑，以毒蛇为食，是蛇族的天敌。在中国各民族有关金翅鸟或大鹏鸟神话传说中毒蛇往往以毒龙的形象出现。

③ Ar ča，树名，译杜松、侧柏。回鹘语、突厥语和女真语均称 Ar ča。参见斯钦朝克图《蒙古语词根词典》（蒙古文），165 页，内蒙古人民出版社，1988 年。可见，该树名在阿尔泰语系诸民族语言中是同源的。Ar ča 是蒙古族主要的煨桑之用品。

④ 道布整理转写注释：《回鹘式蒙古文文献汇编》（蒙古文），421～453 页，民族出版社，1983 年。

这里最让我们感兴趣的是长生水使杜松常青不衰这个母题。因为它与上述“遗洒型”、“流出型”常青植物神话的相关母题相同。因此，我们有必要对这部《苏勒哈尔乃传》及其相关问题进行探讨。

笔者认为，通过观察该译文的语言文字特征及多元文化内涵，能够获得相关信息。首先，这里出现波斯语词汇，如“呼罗珊”、“米西尔”等以及通过突厥语借入蒙古语的波斯语词汇 Dašiman、Bulad ①和阿拉伯语词汇 haraba② 等，说明《苏勒哈尔乃传》的原文与阿拉伯、波斯文化有关。其次，文中又有通过突厥语借入的梵语词汇 Sumur 和 Garudi，说明该译文原文中还参与了古印度文化或佛教文化的某些因素。其三，文中还出现突厥语词汇及其整句。如该文献所出 Tag 为突厥语，意为“山”，而且，该文献倒数第三句为维吾尔语，意为“祝愿吉祥长寿健康”，又证明原文与突厥语族维吾尔文献密切相关。其四，《苏勒哈尔乃传》这个残篇是和其他维吾尔文献一起发现的。根据这些信息，我们可以初步得出这样的结论：《苏勒哈尔乃传》是译自一部古代突厥语文献，很可能是一部维吾尔文献，而且这部维吾尔文献曾受阿拉伯、印度文化影响。而《苏勒哈尔乃传》的译者可能是一位卫拉特蒙古人，他用蒙古语的卫拉特方言翻译了这部文献。③ 总之，《苏勒哈尔乃传》中的多元文化特征是非常明显的。

蒙古语《苏勒哈尔乃传》的“苏勒哈尔乃”来自阿拉伯语Dhual - Qarnayn 的音译，汉译“左勒盖尔奈英”、“祖勒盖尔奈尼”、“祖勒凯尔乃因”等，意思是“双角人”、“有两个犄角者”。有关左勒盖尔奈英的事迹可见于伊斯兰教经典《古兰经》。据《古兰经》载，左勒盖尔奈英在大地上很有权势，善于处理万事。他曾远出抵达日落之处，在那里跟一群人相遇。他又到达太阳升起的地方，发现被日晒而无避暑设施的人群，后途经两个山之间的地区，语言不相通的居民前来向他诉说雅朱哲和买朱哲扰民之苦，请求他建筑壁垒，以防两害侵扰。左勒盖尔奈英在居民的协助下用铁块熔铜筑城一座坚不可摧的壁垒，陡峭不能攀登，牢固不能凿孔。要等末日来临，这座铜墙铁壁才会化为平地。④《古兰经》中有关左勒盖尔奈英的零散记载不少，但其中几乎未见与《苏勒哈尔乃传》相同的内容。

---

① Bulad，波斯语借词，原为 pūlād，意为“钢铁”。

② Haraba，鲍培（N. poppe）说这是阿拉伯语词汇，意为“船只”。转引自道布整理转写注释《回鹘式蒙古文文献汇编》（蒙古文），464 页，民族出版社，1983 年。

③ 双福著：《古蒙古语研究》（蒙古文），621 页，内蒙古教育出版社，1996 年。

④ 林松译：《古兰经》（第十八章），535 ~ 538 页，中央民族学院出版社，1988 年。

有关祖勒凯尔乃因的历史传说又见于11世纪成书的《突厥语大词典》。该词典第一卷收录祖勒凯尔乃因的事迹五项。其中一项说，祖勒凯尔乃因走出黑暗世界时，士兵们的口粮吃完了，他们因为饥饿而向祖勒凯尔乃因叫苦道："别让我们挨饿，你放我们回家乡去吧！"祖勒凯尔乃因和谋士们商议一番之后，想出了叫做Tutmaq的饭食。这种饭食可强身，使面色红润，而且耐饿。[①] 这一记载给我们两个启示，一是祖勒凯尔乃因曾到黑暗世界探游，只是未载他游历黑暗世界的目的，推测可能与寻找长生水有关。从作者麻赫默德·喀什噶里的口气看，当时突厥人对祖勒凯尔乃因到达黑暗世界寻觅长生水的故事，家喻户晓，人人皆知，所以没必要特意说明。二是祖勒凯尔乃因和谋士们"发明"的这个食品与长生甘露或长生水相似，具有使人强身健体，延年益寿的神奇功效。[②]

那么，苏勒哈尔乃即祖勒凯尔乃因是何人？有人说，是指古波斯的大流士（Darius）；又有人认为，他是与易卜拉欣同时代的萨堪达（Sakardar）王。[③] 但一般认为，他就是古希腊马其顿的亚历山大大帝（前356～前323）。所以，鲍培（N. Poppe）、克列维斯（F. W. Cleaves）说，《苏勒哈尔乃传》是古代希腊文学作品《亚历山大传》的蒙古文译文，[④] 主要描写了亚历山大到黑暗世界探游和寻找长生水的神奇故事。

说苏勒哈尔乃即祖勒凯尔乃因是亚历山大，有一个依据就是亚历山大也有"双角国王"的绰号。称他为"双角国王"，一说是此人权势达东、西方；一说是他控制两个国家的统治权；还有一说是他的王冠上有左右突起之装饰，或前额有一对发鬈等等。[⑤] 还有的人说，"双角国王"的说法来自叙利亚的一个传说，称亚历山大与一位天神交谈时说道："天神您恩赐我一双征服世界诸国的犄角"。

苏勒哈尔乃，即祖勒凯尔乃因是否指亚历山大大帝，还没有完全定论。在《突厥语大词典》中将祖勒凯尔乃因和亚历山大记为两个人。可见

---

① 麻赫默德·喀什噶里著，校仲彝等译：《突厥语大词典》（第一卷），478页，民族出版社，2002年。

② Tutmaq，面片。据《突厥语大词典》，Tutmaq为"突厥人一种著名的饭食。这种饭食是在祖勒凯尔乃因时代才有的"。现代维吾尔语称面片为"Tamaq"，显然与古突厥语Tutmaq有关。实际上Tamaq是突厥语民族极为普通的食品，但在当时制作这种饭食是一次创举，所以祖勒凯尔乃因具有文化英雄的性格，而有关发明Tutmaq的故事则具有文化起源神话的性质。

③ 参见林松为《中国伊斯兰百科全书》写的词条"左勒盖尔奈英"，772页，四川辞书出版社，1994年。

④ 道布整理转写注释：《回鹘式蒙古文文献汇编》（蒙古文），419页，民族出版社，1983年。

⑤ 参见林松为《中国伊斯兰百科全书》写的词条"左勒盖尔奈英"，772页，四川辞书出版社，1994年。

麻赫默德·喀什噶里或当时的突厥人和阿拉伯人不认为他们是同一个人。但有关亚历山大传记作品记载的传说故事的情节母题与《苏勒哈尔乃传》有相似之处，所以，有必要叙述亚历山大传记作品的相关内容。

关于亚历山大寻找长命水的传说在古代希腊和罗马流传，其中一个传说称，他同格剌沃葛（Gelawge）厨师一起寻觅长生之水，结果厨师获得了长生水，亚历山大本人却未得到而颇感晦气，他恼羞成怒，把格剌沃葛厨师抛入大海。但由于厨师已经喝了长命之水而不死，遂化为不死之妖魔。10 世纪时塔巴日（Tabari）撰写的《亚历山大传》中说，亚历山大建立大帝国，入侵印度、中国之后，到北方黑暗世界去寻找长生水，但最终无功而归。

有关亚历山大的阿拉伯传说中有“双角”汗与吉斯尔（Giznr）教士一同探游遥远的世界并寻找长生水的情节。10 世纪的塔吉克大诗人弗尔多西（Firdooŝhi）撰写的《大帝传略》中也描写了亚历山大探觅长生之水的传说。该传说称，亚历山大和吉斯尔（Gizir）教士，准备四十天的食物，率领精锐部队抵达黑暗世界。但他们在那里失散，吉斯尔得到发光神石的祐助，发现长生水。亚历山大在黑暗世界里迷失方向，到处寻找出路，后来终于穿过黑暗世界，回到阳世，爬上一座高山，山上有四色檀香树柱，其上有绿色巨鸟用罗马语阐释世界无常；再往上攀登，听到伊斯剌丕尔（Yisrafil）大师宣讲人的死亡与无常之道。亚历山大此次寻找长生水之行，仍无果而返。

12 世纪阿塞拜疆著名诗人尼匝米（Nizami）撰写的《亚历山大之书》的第七章中也描写了有关长生之水和黑暗世界的情节。而且其中已经增添了一些有趣的内容，如亚历山大从一位长者那里获悉有关长生水的信息，于是他率军向黑暗世界进发。而出发前杀一匹马驹，然后牵其牝马进入黑暗世界，好让回途中不致迷失方向。在黑暗世界里，亚历山大的幕僚吉斯尔和伊历亚斯（Yiliyas）两人身上带的干鱼掉进一眼泉水之后复活，在水里游嬉自如。于是两人发现这就是长生水，并痛饮泉水，遂成为长生不老的神祇。他们俩分别成为陆地世界探险游历者和海洋世界探险旅游者的保护神。而亚历山大却一无所获，只好跟随牝马返回阳世。

13 世纪时印度的阿米尔·霍斯若（Amir husiruo）撰写一部以亚历山大事迹为题材的叙事诗，其中也描写亚历山大寻找长生水的情节。诗中说，亚历山大准备许多船只在海上探游，至大海中央之后，坐进一只玻璃箱内沉入深海，经过百日游历，终于抵达海底。他们在路途中看到了无数千奇百怪的生灵。其中有一个名为苏鲁西（Suruši）的神灵答应赐予亚历山大“永恒的生命”，但他觉得同伴都死光了，自己一个人活着没有什么意思，因此他拒绝了“永恒的生命”。阿米尔·霍斯若作品中的这些内容，又见于15世纪乌兹别克族诗人那沃依（Nawöyi）的叙事诗作。[①]

总之，上述传记文学作品从不同角度描写了亚历山大大帝和他的同僚一起游历黑暗世界或海底世界，寻觅长生水的离奇故事。这里有的母题情节确实与《苏勒哈尔乃传》中的苏勒哈尔乃的事迹有相似之处。尤其是阿米尔·霍斯若的作品中的亚历山大放弃永恒生命的情节母题，最接近于《苏勒哈尔乃传》中的某些母题。[②] 但值得注意的是，包括阿米尔·霍斯若的作品在内的上述传奇故事中，只见长生水让人类成为长生不死的神祇或妖魔，甚至把干鱼复活，而未见长生水使松柏和麻黄等植物四季常青的母题。

三、常青植物神话与哈萨克、印度神话故事

如上所述，到目前为止尚未发现《苏勒哈尔乃传》的原文。因此，很难获得该文献所载常青植物神话的相关信息。然而，我们已经从哈萨克和印度故事集成里发现与《苏勒哈尔乃传》相近的神话母题排列组合。这对探讨蒙古、突厥语民族常青植物神话颇有意义。所以，下面探讨这些民族或国家的相关神话和故事。

首先是哈萨克族故事《聪明的刺猬》，大致内容如下：

> 从前有一位叫做索罗门的国王，他统治着广大的国土和无数的民众及生灵，他还拥有数不尽的金银财宝。但他知道，谁都不能免于一死。于是他向真主虔诚地祈祷，向他祈求长寿水。真主果然赐他一瓶长寿泉水。并告诉他：“你喝了这瓶水，就会长生不老。不过你在此前必须和你的所有臣民以及生灵商量，征求他

---

① 上述有关亚历山大寻找长命之水的世界各国文学作品内容，来自蒙古国学者策·达木丁苏荣为蒙古文《苏勒哈尔乃传》撰写的注文。这里的人名等专用名词的音标也是根据他的蒙古语译名转写。请参照策·达木丁苏荣编《蒙古古代文学一百篇》（第一册，蒙古文），480~486页，内蒙古人民出版社，1979年。

② 据策·达木丁苏荣的考证，虽然《苏勒哈尔乃传》与阿米尔·霍斯若的史诗作品之间有相似之处，但《苏勒哈尔乃传》并不是直接译自阿米尔·霍斯若的作品，而是译自与阿米尔·霍斯若之作同源的另一部作品。参见策·达木丁苏荣编《蒙古古代文学一百篇》（第一册，蒙古文），486页，内蒙古人民出版社，1979年。

们的意见。”国王遵照真主的旨意，召集臣民和生灵，跟他们商议此事。于是，几乎所有的臣民和生灵异口同声地说：“既然万能的真主赐予您长寿水，那您就自己饮用吧！”而唯独一只小刺猬见识与众不同，它向国王说道：“人活着就要和一起长大的同龄人、同辈人在一起，不管是什么人，在人群中生活才有乐趣。没有朋友，没有相亲相爱的妻子，孤孤单单一个人活在这个世界上，有什么意思！纵然您千万年不死，到那时您依然是国王，但群臣百姓都离开了您，没有任何人为您服务，没有一个生灵为您做伴。到那时活着也没有丝毫的乐趣，想死也不能死，这哪里是幸福，岂不是陷入逃脱不掉的灾难和惩罚吗！”国王听了刺猬的一番话，觉得很有道理，便接纳它的劝告，将这瓶长寿水归还给真主。因为小刺猬为索罗门国王出了好注意，从那时起，人们就把它称为聪明的刺猬，流传至今。①

此外，在哈萨克族民间又流传这篇故事的另一则变体，叫做《能言善辩的刺猬》，② 其内容除了一些译名用字的差异之外，与《聪明的刺猬》几乎完全相同，连表述语句都相似。毫无疑问，两者来自同一部故事文本。③在印度也有此类故事，题为《苏里曼国王和多智的鹤》：

从前有个苏里曼国王，他不仅统治着天下的人类，并且还管辖所有生灵。有一个智者从极乐世界端来一碗长命水给国王，并对他说，你要喝了这碗水就会长生不老。于是国王召集国内所有的聪明人和动物，问他们该不该喝这碗长命水。大家一致认为，国王的生命最宝贵，他应该喝这长命水。这次集会上多智的仙鹤先生没到，国王先后派遣马和狗前去才请来仙鹤。国王向仙鹤提出同样的问题，仙鹤表示不赞同国王喝长命水。它说，如果你没有朋友和拥护者，一个人活在世界上，那生命对您来说又有什么意思呢？真主委派您来主宰世界，没有助手和民众，一个人能做些什么呢？”苏里曼国王听了仙鹤的话，觉得很有道理，于是放

① 哈则孜·阿克提搜集，常世杰译：《阿拉泰风光》，1980（2）。见《新疆民间文学》第10集，26～28页，新疆人民出版社，1986。

② 成勋、朱曼译：《新疆民间文学》第4集，83～85页，新疆人民出版社，1982年。

③ 在哈萨克族神话传说中有一种圣水，叫做“考萨尔”。传说凡是喝过它的人，都能返老还童，永葆青春。参见《中国各民族宗教与神话大词典》，183页，学苑出版社，1990年。

弃了喝长命水的念头。①

上述印度故事与哈萨克故事的多数母题契合。很显然，两者也是一个故事的两个变体。但是它们在一些细节上存在差异。首先，在哈萨克故事中真主是长命水的赐予者，而印度故事则未见"真主"或真主赐长寿水的母题，但其中有赞美和颂扬真主的诸多语句。所有这些都证明两者与伊斯兰文化有着密切关系，很有可能这两篇故事来自一部与伊斯兰文化相关的文献。其次，哈萨克故事中的神格化动物小刺猬和印度故事中的仙鹤，都是一些很有智慧的超自然存在。②

哈萨克、印度故事与《苏勒哈尔乃传》相关内容比较，它们的多数母题重合。三者主人公都是有权有势、坚强富有的国王，他们无所不有，无所不能，但他们都明白自己最终不能免于一死，所以，都渴望得到长生水，获得永生。他们向腾格里神或真主祈祷（印度故事中这一母题阙如），腾格里神或真主果真满足了他们的愿望。长命水到手之后，他们又遵照真主等的旨意（《苏勒哈尔乃传》中与这一母题相关的文字已缺损），与臣民、生灵商议如何饮用长生水的问题。几乎所有的臣民或生灵都劝国王饮用长寿水，唯独一个贤者那颜或人格化的动物刺猬或仙鹤劝阻国王喝长寿水，并陈述其理由。最后国王采纳贤者那颜或人格化动物的建议，舍弃长命水。《苏勒哈尔乃传》与哈萨克、印度故事间的最大的差异在于故事主人公对已经到手的长寿水的处理问题上，《苏勒哈尔乃传》中的可汗将长命水随手泼洒过去，其结果是松树等植物四季常青，而哈萨克故事中的国王把长寿水还给了真主，印度故事中则以国王决定不喝长寿水而结尾。所以，哈萨克、印度故事中仍不见蒙古民间活态神话和《苏勒哈尔乃传》中的常青植物神话的核心母题。

此外，哈萨克、印度故事中主人公与《苏勒哈尔乃传》不同。哈、印

① 王维正等编译：《世界民间故事选》(2)，106～107页，福建人民出版社，1982年。

② 刺猬是十几万年前已生存在大地上的古老的动物。在北方阿尔泰语系诸民族萨满信仰以及神话传说中刺猬是一个灵性动物。在满－通古斯语族神话中，认为"在天地初开时，是刺猬用身上的背刺，扎来果实，养活了大洪水时海豹救出来的一男一女，才绵延了人类。神鹰哺育了人类第一个女萨满，在神鹰妈妈不在时，是一群刺猬遮盖住了她，不使她受到毒虫和猛兽的伤害。刺猬是天神近日女神宁额妈妈变成的，是巡察大地动颤的使者，她回到天上便是刺猬星，仍为大地俯瞰守宅，冬雪的北方是她引导日神顺格格临现寒空，照暖大地。"（参见富育光著：《萨满教与神话》，217页，辽宁大学出版社，1990年。）在卫拉特蒙古民间活态神话中的刺猬则是只婚姻的文化英雄，称它为刺猬贤者（jaraa če čen）。可见刺猬为古代阿尔泰语系蒙古、突厥、满－通古斯语族民族所尊崇的动物。

故事中主人公分别为“索罗门”、“苏莱曼”和“苏里曼”。这些人名都是阿拉伯语 Sulaiman 的不同音译，一般译“苏莱曼”。苏莱曼是在《古兰经》中提到的古代先知之一，是先知达乌德之子，曾继承父业，享有国权。据《古兰经》记载，苏莱曼通晓百鸟、蚂蚁语言，曾统率“由神类、人类、鸟类组成”的“大军”；他喜欢驯马，曾“检阅能静立、能奔驰的马队”；他还能驱使风，让“风在上午走一月的路程，在下午也走一月的路程”；他能“使熔铜像泉水一样涌出”；他建造“宫殿、雕像、水池般的大盘、固定的大锅”。苏莱曼国王在判决民事纠纷方面，更有突出的见解，比他父亲更胜一筹，博得父亲的赞赏。他还感化一位崇拜太阳神的赛巴邑女王信奉安拉。苏莱曼执政时期国势达于鼎盛。[①]《古兰经》中关于苏莱曼故事零散记载不少，但未见像哈、印故事那样，苏莱曼向真主祈求长命水的情节母题，也不见像《苏勒哈尔乃传》的主人公泼洒长命水使植物常青不败的母题。

《古兰经》中的苏莱曼在《圣经》中称 Solomon，一般译“所罗门”。据《圣经》记载，所罗门继承父业，成为国王。他在耶路撒冷登基后，前往基遍去献一千牺牲，作盛大燔祭。那天晚上国王做梦，梦中上帝耶和华显现。上帝对他说：“所罗门，你最需要什么，我一定赐给你。”所罗门向耶和华祈求辨别是非曲直的智慧。上帝听见他的话，非常喜悦，对他说：“你求我赐给你智慧，不为自己求高寿求富，也不求灭绝你仇敌的性命，单求智慧，好为民听讼断案。我答应你的要求，赐给你空前绝后的聪明与智慧。你所没有求的那些，我也全赐给你，使你福寿绵长，富贵荣华，在列王中没有一个能够比得上你的。”[②]《古兰经》中苏莱曼与《圣经》中所罗门的故事有相似之处，但有差异。如，《古兰经》中没有苏莱曼向真主求智慧等母题情节。值得注意的是《圣经》中已经有了上帝赐给所罗门长寿的母题，这一母题情节与《苏勒哈尔乃传》和哈、印故事中的母题情节有相似之处。但是无论是《古兰经》或者是《圣经》，都未见本文所探讨的常青植物神话的核心母题。

---

① 参见林松等为《中国伊斯兰百科全书》撰写的词条“苏莱曼”，532 页，四川辞书出版社，1994 年；林松译《古兰经》（上下册），中央民族学院出版社，1988 年。

② 张久宣编：《圣经故事》，168 页，中国社会科学出版社，1982 年。

四、常青植物神话与长命泉神话故事

据笔者所掌握的资料，突厥语族哈萨克族中流传常青植物神话，如哈萨克族神话《长命泉的传说》与蒙古同类型神话相当接近。这对于追寻阿尔泰语系诸民族常青植物神话提供了很有价值的线索。该神话故事梗概如下：

从前有一位老猎手在山上射中一个白公鹿。鹿流着鲜血跑到一眼泉水边喝了几口水，用舌头舔了舔伤口，伤口顿时痊愈了，又精神百倍地逃走了。老猎人也学鹿，到泉边喝几口水，洗洗脸之后，转眼间变成了小伙子。猎人回到家，老婆不认识他了。他把当天发生的事情一一说给老婆听。于是老婆也想变年轻，一个人爬到山上去喝泉水，但一去不复返。后来猎人在那泉水边找到已经变成婴儿的老太婆。原来她怕自己变不成年轻人，喝多了泉水。猎人抱起婴儿老婆，还为乡亲们带了一皮袋子长命泉水回家。他在回家途中相遇一个怪人，怪人脸朝下躺在山坡上，一棵大树穿透他的胸膛，一直伸向天空，树叶还在迎风摇动。老猎人问其原因，怪人解释说："让你们返老还童的水叫做长命水。那眼泉水使人年轻，而且永远不会死。我喝泉水之后已经活了几百年，还没死。可是我的亲人，同甘共苦的老伴，亲戚朋友，同部落的人都早已死光了。在这个世界上只剩下我一个人，我觉得世界上再也没有比失去一切亲人和朋友更坏的事。与其这样活着，真不如死了倒痛快。于是我想自杀，扑向一棵干枯的树枝，让树枝刺穿我的胸膛。可是结果却像你们现在看到的那样，虽然我的身上长满了青苔，但人还是活着。相反，我体内的长命水却把这棵干枯的树滋润复活，而且春夏秋冬四季常青。"猎人听完怪人的申述之后，异常害怕，马上把身上带的长命水倒在地上。长命水正好浇在山上的塔松、杉树、柏树和矮矮的爬地松上。霎时间，这些树木都变得郁郁葱葱。从那以后，这些树木都变得四季常青了。[①]

首先，哈萨克族《长命泉的传说》中出现“灵验”母题，如受伤的鹿喝长命水而痊愈，因此人们发现了长命水。这个母题常见于蒙古民间温泉传说。在呼伦贝尔地区蒙古族民间流传的《傲古努温泉的传说》称，被猎人射伤的傲古努（意即“公黄山羊”）喝了几口山里的甘露（Aršiyan）神泉后伤口完全愈合。从此人们发现傲古努温泉，并用温泉治病健身。[②] 在朝鲜的温泉传说中也有此类母题，如腿脚萎缩失去活动能力的老太婆学受伤的鹤，在温泉里泡腿脚而康复，从此人们发现了东莱温泉。[③] 如前所述，这种“灵验”母题出现于阿塞拜疆诗人尼匝米的作品中，如干鱼掉进长生泉水而复活等。阿塞拜疆也是一个古老的突厥语民族，他们当中流传上述“灵验”母题，说明蒙古和突厥语民族常青植物神话有些母题的相通性。

其次，哈萨克族的《长命泉的传说》的前半部分故事情节与日本民间故事《若返之水》（又译《重返青春之水》）基本相似。日本的《若返之水》的大致内容如下：

> 从前有一对老夫妇，老头每天到山上砍柴。有一天他到山上干活口渴了，找一眼山泉水喝，霎时变成英俊的小伙子。原来这是一眼若返泉水——重返青春之水。回家后老婆子认不出来了，老头儿把当天发生的事情讲述给老婆子，老婆子非常羡慕老头儿。于是她独自一人爬到山上喝那泉水。老太婆怕自己变不成年轻人而喝多了，结果返回到婴儿时期。老头子不见老婆子回来，便到山上去寻找，结果在山上泉边发现婴儿老婆，抱回家抚养。[④]

《若返之水》在日本流传非常广泛。在青森、岩手、宫城、秋田、山形、福岛、栃木、群马、新潟、福井、长野、京都、和歌山、兵库、冈山、爱媛、佐贺、鹿児岛、冲绳、岛根、广岛、长崎、大分、熊本等县和地区都有流传。故事情节大同小异，在少数变体中喝“若返之水”变成年

---

① 尼合买提·明加尼搜集整理，常世杰译：《哈萨克族民间故事》，1～4页，新疆人民出版社，1982年。由于故事集成所提供的信息所限，我们对于这篇神话故事的采集者和翻译者之外的其他相关信息不得而解，如它流传的地域、采集的时间以及讲述者的相关信息等。

② 哈尔其嘎编：《呼伦和贝尔的传说》（蒙古文），24～26页，内蒙古文化出版社，1990年。

③ ［韩］催任鹤编『朝鲜伝说集』、日本放送出版协会、昭和五十二年（1977）、第33页。

④ ［日］稲田浩二、小泽俊夫编集『日本昔话通観』、同朋社、1977－1990年。『日本昔话通観』第2、3、4、6、7、8、10、11、12、14、15、16、19、22、22、27卷均有载录。

轻人的是老太婆，而喝多“若返之水”变成婴儿的是老头子。更让我们感兴趣的是，在广岛流传的变体中老太婆是在元旦那天重返青春的。此与日本的新年初一的“汲若水”习俗和“若水”信仰有关。自来水普及以前，日本各地盛行“汲若水”的习俗，新年初一那天黎明，男主人一个人起来带着崭新的水桶和木勺到水井或泉边汲水，这种水就叫做“若水”。他们用这个水祭神、漱口，并称福茶，全家人一起饮用，这样使人返老还童，拔祛一年的邪气等。那么“若水”是怎么来的呢，上述宫古岛的神话说，由于原本该由人类享有的永恒的生命被蛇夺取之后，神很可怜人类，他想虽然已经不能赐予人永久的生命，但多少也要让人类长寿一些，于是他每年除夕的夜晚从天空泼洒少许“若水”。这就是人们新年初一所汲“若水”。① 该神话的有些内容又反映到《若返水》当中，如在冲绳中头郡流传的该故事变体中称，除夕晚上老头到井边喝喝水，洗洗手脚，返回到青春时期。② 这个故事也说明，《若返之水》故事与日本“若水”信仰有联系。也就是说，日本在若水信仰思想的基础上形成了“若水”神话和“若返之水”故事。总之，日本故事的母题序列与哈萨克《长命泉的传说》前半部分极为相似。两者这种相通性，不能以平行发生论去解释。所有这些都证实哈萨克族与蒙古族神话故事之间的密切关系，也说明哈萨克神话故事的多元文化特征。

其三，《长命泉的传说》与蒙古民间活态的常青植物神话和《苏勒哈尔乃传》所载常青植物神话相同。换言之，这些神话故事的各种附件各不相同，但是长生水或长命水使某些植物常青不败的母题并不二致。事实雄辩地证明，蒙古族和哈萨克族常青植物神话的核心母题孕育于同一个母体。

---

① ［俄］ネフスキー、［日］冈正雄编『月と不死』、平凡社、昭和51年、第11～13页。

② ［日］稲田浩二、小泽俊夫编集『日本昔话通観』、第26卷、同朋社、1977—1990年、第582页。

常青植物神话故事情节母题对比表

神话故事母题		蒙古		哈萨克		印度	日本		
		《长生水》	《苏勒哈尔乃专》	《聪明的刺猬》	《长命泉的传说》	《长命水的传说》	《若返之水》	《变若水与死水》	《死的起源》
1	从前有一对老夫妇，老头每天都上山砍柴。						■		
2	从前有一对老夫妇，老头每天都上山打猎。				■				
3	老头在山上口渴，喝山泉水，返回青春时期。						■		
4	老头学受伤的鹿，喝山泉水，返回青春时期。				■				
5	老婆子学老头喝泉水，因喝多返回婴儿时期。				■		■		
6	老婆子不归，老头在泉边发现婴儿老婆，便抱回家里。				■		■		
7	老头为乡亲们带一皮袋子长命泉水。				■				
8	老头在回家的路上遇见身上长树的长生怪人。				■				
9	怪人称，因喝泉水而获长生，但长生成灾难，欲死不能。				■				
10	神欲使人类长生，派人或动物把长生水或“变若水”带到人间。	■						■	■
11	神命令人（动物）：“浇长生水于人，（浇死水于蛇）。”	■						■	■
12	人在途中因疲倦而休息之际，蛇乘机把“变若水”浇于自己身上。							■	■
13	动物被惊吓（因人疏忽），遗洒长生水，正好滴洒在松柏等植物之上。	■							■

续表

	神话故事母题	蒙古《长生水》	蒙古《苏勒哈尔乃专》	哈萨克《聪明的刺猬》	哈萨克《长命泉的传说》	印度《长命水的传说》	日本《若返之水》	日本《变若水与死水》	日本《死的起源》
14	人只好把死水浇于人头上，自己回天界报告。							■	
15	蛇由于得到“变若水”沐浴，脱皮返老还童。							■	
16	人由于未得长生水（“变若水”）而年老而死。	■						■	■
17	苏勒哈尔乃汗为得到长生水而爬上须弥山顶，游历海底世界。		■						
18	苏勒哈尔乃汗或苏莱曼国王为了长生，向腾格里（安拉）祈求长生之水。		■	■		■			
19	众臣民和生灵劝汗或国王饮用长生水。		■	■		■			
20	唯独一臣僚或动物劝阻汗或国王喝长生水，并陈述其理由。		■	■		■			
21	汗或老头觉得劝阻有理，放弃长生念头，倒掉长生水。		■						
22	国王觉得劝谏有理，放弃长生念头，把长命水还给安拉。			■		■			
23	长生水或长命水正好滴在松柏等植物上，使之常青不衰。	■		■					■

当然，常青植物神话的这种母题似乎又见于我国非阿尔泰语系民族神话传说当中。如纳西族神话《崇人抛鼎寻不死药》说：

崇人抛鼎为了复活已经去世的父母，从“西天”偷出回生水，但被一位叫做勒钦思普的神祇所阻拦。勒钦思普乱施魔法，使得崇人抛鼎逃跑途中从马上摔了个大斤斗，牦牛角里的回生水也都泼了出来。回生水洒遍了山和谷，洒遍了天和地，几乎洒得到处都是。回生水溅到天空，天空就布满了星星；溅到地上，地上就长满了青草；溅到太阳上，太阳出来暖烘烘；溅到月亮上，月亮出来亮堂堂；溅到山上，山上长满了青松和翠柏；溅到河谷里，水就流遍了河谷；溅到阴神和阳神分界地的梅花岭上，岭上的梅花从此就一年开两次了；溅到山岩间，岩间蜂窝就越来越多；溅在海湖里，海湖里的鱼儿也越来越多。①

纳西族神话“回生水”具有不可思议的神奇功能，其原初形态相当古老，② 其中是否存在与蒙古、突厥语民族神话长生水神奇功能相近或同源因素，回答似乎是否定的。这是因为，我们尚未掌握蒙古、突厥语民族和纳西族之间这种神话文化的直接或间接交流的历史依据。其次，蒙古、突厥语族民族和纳西族该神话情节母题之间毕竟有较大差异，这是非常重要的一点。

综观上述，结论如下：

“长生水”的“发现”是人类科学文化发展史上的一种进步现象，是一种文化创造。原始人接触大自然，了解大自然的漫长过程中认识到含有各种矿物质的泉水可以治病强身，延年益寿。神话传说中的苏勒哈尔乃为了得到长生水，爬上须弥山顶，同太阳一起落山，冒险到黑暗世界，后来又沉入海底，探游龙宫，历尽千辛万苦。这象征着人类为揭开大自然奥秘，获得更多收益而苦苦求索的壮丽历程。当然《苏勒哈尔乃传》中的苏勒哈尔乃最终还是得到腾格里神的佑助，获取了长生水，显示了人为宗教对世俗原始观念的改造。而哈萨克故事《聪明的刺猬》、《能言善辩的刺猬》和印度故事《长命水的传说》中可汗或国王通过对真主的祈求而轻而易举地获取长生之水，此与伊斯兰教的传播有关。相比之下，受伤的鹿喝长生水而立刻痊愈，通过这种“灵验”而发现大自然的“长生水”，这才是古人和大自然的接触中总结出的宝贵经验。日本故事《若返之水》中老头发现返老还童水，也属于这一类。当然，人们从自然中获取“长生水”之后，对它的奢望愈来愈高，对它的功能的夸张越发离奇，从而创造了“长生水”使人返老还童、长生不老等神话故事。另一方面，人们也从生活经验中意识到古往今来，没有一个人能够青春永驻，能够免于一死。严酷的现实和美好的向往之间发生了莫大的落差，因此，人们又不得不移花接木地把永恒的企盼和愿望转嫁于自然界的

① 中共丽江地委宣传部编：《纳西族民间故事选》，67～68页，上海文艺出版社，1981年。

② 据说，崇人抛鼎是纳西人最崇拜的祖先之一，《崇人抛鼎寻不死药》是纳西人中最流行的神话传说。参见《纳西族民间故事选》，上海文艺出版社，1981年。

松柏、麻黄等常青植物身上。

从上述意义上说，《长命泉的传说》更多地保留了蒙古、突厥语民族常青植物神话的原初形态，是上述诸多变体的最古老的一则。该神话产生之后其核心母题在突厥、蒙古语民族先民中传播扩散，致使产生了上述诸多变体。

至于蒙古民间口承中的活态常青植物神话和《苏勒哈尔乃传》所载常青植物神话中的孰先孰后，暂且无法定论。从发现或采集的时间顺序来看，当然后者在先。但是神话或神话观念也有可能在民间口承中长期保留或流传，因此，或许《苏勒哈尔乃传》被创作或翻译之前，在民间已经流传同类神话，此其一；《苏勒哈尔乃传》蒙译之后，其神话母题被蒙古民间口承所容纳，并与“燕子、乌鸦等飞禽不慎或被迫把嘴里的食物掉在地上”这个母题排列组合形成新的神话故事，此其二；盗食长生甘露的魔鬼拉呼被大神维休奴拦腰砍断的神话母题，已经在古印度著名神话《搅拌乳海》中存在，所以，完全有可能印度神话的这一母题与长生水使植物常青不败的母题排列组合，形成新的活态神话母题，此其三。

总之，本文所探讨的常青植物神话发生范围可以缩小至阿尔泰语系蒙古、突厥语民族文化圈内。换言之，常青植物神话的核心母题的原型有可能孕育于蒙古、突厥等阿尔泰语系诸民族神话的文化沃土。当然，对此问题，我们有必要进一步深入考察和探讨。

原文刊载于陈岗龙、额尔敦哈达主编《奶茶与咖啡：东西方文化对话语境下的蒙古文学与比较文学》，民族出版社，2005年

维吾尔族神话初探

阿不都克里木·拉合曼著　多斯译

一

维吾尔族民间文学的主要组成部分是民间口头流传的神话和传说。它与民间口头创作的其他部分一样，与其漫长的历史密切相关，具有自己的独特风格，与别的体裁迥然不同。遗憾的是，对维吾尔族的神话、传说至今没有进行过多少专门的调查研究，甚至连一本较完整的集子都没有。这些神话散见于11世纪维吾尔族著名学者、语文学家马赫穆德·喀什噶尔的著作《突阙语词典》，14世纪的历史学家拉希丁，12世纪的周维尼、包布思阿孜、米尔扎赫依德尔·库拉干、大沙、沙依拉米等学者的著作中以及汉族学者写的《史记》、《汉书》、《周书》、《隋书》、《唐书》等历史典籍中，同时还见于俄国东方学家B.B.拉德洛夫院士、C.爱伦堡、B.B.巴尔托里德、A.布尼夏塔木、H.φ.卡塔乌布、C.E.马洛夫、波尔瓦林斯基的著作中。他们在新疆进行过多次学术调查，在出版的调查材料中，有关于维吾尔族古代神话的记载，这些记载便是研究维吾尔族古代神话、传说的主要资料来源。

在维吾尔语中，“神话”一词的意思是神化、超现实。因此，维吾尔神话同民间故事混杂在一起。在马赫穆德·喀什噶尔的《突厥语词典》中，神话故事是用Caw一词表示的。它的含义较广，在该词典中被解释为故事、传说。马赫穆德·喀什噶尔说“神话”是对“已往事件的叙述”。他又进一步说：“故事并不一定只讲过去。”诚然，由讲述过去事件的这种口头传说不可能超越由想像构成的神话。不言而喻，故事中存在这种虚幻、想像的因素和基于生活的虚构是很自然的事。正因为如此，《突厥语词典》中所解释的 Caw 一词有两种含义：一种是口头上流传下来的对某人某事的叙述，一种是神化的古代英雄的故事。按照马赫穆德·喀什噶尔的定义，维吾尔族神话就像亚里士多德说的那样。在详细探讨维吾尔族神话之前，应首先分清楚传说和故事的关系和区别。

维吾尔族以及其他民族的口头创作中，神话、传说、民间故事彼此非常接近，甚至难以区分。使它们彼此接近的有两个因素，其一都是用散文表达的，其二想像和虚构的成分很大，甚至占绝对优势。因此，许多人在探讨这些体裁时，形式主义地认为其外部相同。马洛夫院士在维吾尔民间文学的著作《维吾尔语》中，也用“故事”、“民间故事”这样泛指的词去代替“神话”和“传说”。但是，以上体裁的各种作品，都有其自己的特点。据德国童话作者格林的研究，神话、传说以它内容的令人信服的力量，区别于民间故事。民间故事首先是完全属于艺术的社会自觉表现形式，它完全是在想像的基础上产生的，虽属虚构，但同现实有密切的关系。神话则是在典型事实现象的基础上产生的散文作品，情节也和民间故事一样，是虚构的，离开虚构，则无法表现超自然的、不寻常的奇迹。情节的虚构虽然使神话同民间故事相近，但是神话中虚构的情节与虚构的形象密切相连，是以有灵论、图腾论为基础的。神话中得出的结论，有相应的事实作依据，回答人类对自然界和社会的原始提问，如“为什么月球上有黑影?”“为什么他在天空上?”“人是怎样产生的?”等等。所以，在维吾尔族神话中所叙述的多为与宗教信念有关的超自然、非必然的情节和现象，但神话在艺术性方面没有同民间故事一样的完美结构。大多数维吾尔族神话是在东方民族神话的基础上产生的。

维吾尔人习惯于把神话同传说连用，看作一个概念，但从内容来看，二者有本质的区别。传说是指民间流传下来的对过去事迹的记述，有特定的事实为基础。俄国学者 Д. В. 格尔科夫院士认为传说是“人民自己述说的历史”。换句话说，传说就是民间口头流传的历史，也可以说是人民口头的报告文学，是以过去的事迹和个人为事实的基础上产生的，不具备固定的结构，所以传说中叙述的事往往留个“尾巴”，似乎没有结束一样。总而言之，神话的主人公是神，传说中的主人公是人。

二

民间流传和以书面形式保留下来的许多维吾尔族神话，内容可分为以下几种：

(一) 追求理想的神话

维吾尔族的古代祖先追求美好的理想。他们看到人类有无穷的威力，便把他们当中的英雄描写成理想化的人物，塑造了形形色色的神的形象。这种神话的原型在古代维吾尔神话中占有相当的地位。

“МИФ”一词系希腊语，含义是关于神和英雄的传说。追求理想的神话是靠有灵论和图腾描写产生的，具有很强的崇拜性质。在古代原始社会，人抗御自然灾害的能力很低，为了对所看到的现象作出回答，不得不借助某种想像。被大风、地震、洪水、闪电、日食、雨、虹等自然现象吓得心惊胆战的古人就去寻找抵御自然力的保护者，于是便产生了最早的神话。也就是说，出现了关于日、月、天空以及各种动物的“神”的神话和被神化了的英雄神话。以上神话给当时人们以精神力量、勇气和欢乐，鼓励人们去争取胜利。“古代的故事、神话，说的基本意思是古代劳动者们渴望减轻自己的劳动，提高劳动效率，防御四脚和两脚的敌人，以及用语言的力量，即用‘咒文’和‘咒语’的手段来影响自发的害人的自然现象”。由此可见，这种神话是人类对安居乐业以及战胜各种邪恶自然力的愿望的艺术反映。

古代维吾尔人认为阳光和温暖是吉祥、幸福的象征，而把寒冷认为是邪恶、不幸、黑暗的象征，因而创造了幸福的世界和不幸的世界这样的神话。在他们看来，自然界似乎存在着两种永恒的世界：一种是伟大而有益的太阳和水，一种是带来灾难的黑暗。因此，维吾尔族神话中的许多形象常表现为光明与黑暗之间的斗争。琐罗亚斯德教的经典《阿维斯陀》（波斯古经）中也记述了关于善神和恶神的传说。阿胡拉·玛兹达是善神，他把属于自己的东西用来改善人类的生活，并通过他的扈从，经管火、牧畜、矿产、土地、水流和植物。阿里曼（一译安格拉·曼纽）是恶神，主管凶恶和破坏。恶神阿里曼反对善神阿胡拉·玛兹达，他让手下的群魔给人类带来痛苦与磨难。恶神虽然强大有力，但终不及善神那样神通广大，他在同善神的斗争中屡遭失败。所以在这个神话中，把太阳说成是善与光明的象征，阳光给人类以生命，火则是太阳光的组成部分。由于这个原因，人们把火认为是神圣之物，常常保存于火盆之中。新疆和中亚一些地方的古代城堡中曾陆续挖掘出这种火盆。这就是说，维吾尔人从古代起就崇拜太阳和火，直到现在还保留与此相关的一些风俗习惯。如在结婚和喜庆的日子里点起篝火，围绕篝火旋转；不朝着太阳吐唾沫；在日食、月食时敲打锅盆或聚众祭祀。这就是古代习俗的遗迹。与这种原始想像有关的神话除在古代维吾尔的史诗《乌古斯传》中有记载之外，在维吾尔人信奉佛教期间产生的千佛洞壁画中也有反映。正像古代希腊神话中创造的“奥林帕斯山中的群神”那样，古代维吾尔神话中也创造了形形色色的神的形象，例如太阳和光明之神密多罗、欢乐和福利之神阿赫特、幸福吉祥之神胡玛、水神安娜希塔、战争和胜利之神米拉赫，也创造了邪恶力量的代表，如龙、妖魔、鬼怪的形象。维吾尔人有表现这些神的个性的种种神话，后来便记载于《阿维斯陀》一书中。关于库马尔斯和杰米西提的神话广泛流传于维吾尔以及中亚各族人民之间，不同的变体散见于古代典籍《阿维斯陀》、《塔巴尔史》、艾布·热衣汗所著的《历代文献》、吾布里哈斯木所著的《帝王传》。

据比鲁尼时代的记载，神对阿里曼的恶习感到吃惊，额头上沁出了汗珠，他擦汗的时候，从汗珠里出生了库马尔斯。神把库马尔斯派往阿里曼身边，库马尔斯一来到便骑到阿里曼的肩上周游世界，阿里曼用计把库马尔斯从肩膀上甩下来，骑到他的身上说：“我从哪一边吃你？”库马尔斯明白阿里曼的用意，回答说：“你从我的脚吃起吧！我要从美好的世界汲取营养，要欣赏大自然的美景，直到剩下最后一口气。”但是库马尔斯知道恶魔阿里曼不会按他说的去做。不出所料，阿里曼把库马尔斯从头吃起，吃到腰部时，从库马尔斯的精囊中掉下两滴精液，于是从中长出了植物，从植物中又出生了一男一女（摩西和摩西娜）。

这个神话中，库马尔斯被描述为生于世间的第一个人，是善与美战胜邪恶的最原始的形象化的描写。

这种神的形象在过去的时代被认为是神圣不可侵犯的，是人民的精神依托，是劳动人民世代相传的理想中的英雄。以上神话变体至今还流传在维吾尔人民中间。如神话《人马》便是一个典型，它是原始社会创造的优美神话之一，表现了人类获得力量的愿望。这则神话的简要内容如下：

古代，努海圣人叫来一位身高入云的壮实工匠，向他请教造船的方法。工匠的名字叫人马，身高体壮，在大江大海里捕捉鲸鱼，在阳光下晒熟了吃。人马让努海圣人骑在自己的肩上上了山。那里有高大的树木，便砍了造船。山上仅有四棵梧桐树，他

> 连根拔起扛在肩上，又让努海圣人坐在树上向海边出发。人马的饭量很大，一顿饭可以喝一千池子水。人马终于造了一条很大的船，把所有的人和飞禽走兽载入船中，以避洪水。据说现在的人类便是那个人马载入船中幸存下来的人们的后裔。

斯·波·托尔斯托夫著的《乌孜别克斯坦古代文化》一书中也引用了这一神话。“人马”一词在波斯语、塔吉克语中的含义是“巨人”，在维吾尔人中“人马”则是水神和救苦救难的英雄的象征。该神话具有劝喻意义。“人马”在这则神话中为全体人民的利益着想，所以这则神话表现了部族和种族的精神、力量、希望和追求。

另外一种神话是维吾尔人对古代图腾崇拜的神话。众所共知，图腾产生于氏族部落对某种动物或其他自然物的信仰，以为该物与本氏族的产生有血缘关系。突厥诸氏族人民，包括维吾尔氏族的祖先最初崇拜太阳、水、火，后来又崇拜马、牛、蛇、狼、狗以及其他动物，他们认为狼是维吾尔部族的祖先，有保护人们免遭灾难的力量，于是便产生了与此相关的若干神话。在这些神话里马神和狼神常常受到拥戴。

马神与古代维吾尔人的生计有直接联系。在维吾尔人居住的地区进行考古时曾挖掘了半人半马的图画。直到今天，维吾尔人还把牛马的骨头放到地头、坟头，作为护卫者的象征。狼是古代维吾尔氏族崇拜的图腾，所以许多古代文献里记载的维吾尔神话中，说狼是突厥人的祖先。

> 据神话传说，突厥人是一个从敌人的屠杀中幸存下来的十岁男孩的后裔。孩子被砍去了手脚，被一只母狼发现后收养起来。他同母狼一同住在山洞里，后来母狼怀了孕，生下了十个孩子。他们繁衍后代，成为以后突厥部族的祖先。阿史那是其中的一个部族，是维吾尔人的祖先。所以阿史那建立汗国时，他们的旗帜上绘有金色的狼的头像，宫廷卫队的名称也叫“狼”。

直到现在，农村里婴儿出生后，便在他的脖子上或者摇床的床头上挂上狼的踝骨；出远门时把狼骨带在身边做伴；让生第一胎的产妇坐在狼皮上；不说生了男孩，而说生了“狼”。凡此种种，都与以上传说有关。关于狼图腾神话，在维吾尔族中流传得很多，除在汉文史书《宋史》、《周书》、《隋书》中有记载以外，维吾尔古代史诗《乌古斯传》、《突厥祖谱》（《突厥世系》）等史书中也有许多以狼崇拜为内容的神话。

在民间口头世代相传的上述神话中的神的形象为以英雄为主题的故事和史诗的形成开辟了广阔的天地。这种故事和史诗中的英雄人物同神话中的英雄一样，不仅同大自然的残暴搏斗，也反抗社会制度的不公平以及对人的压迫。它的内容带有社会的性质，从幻想向现实发展。

（二）想像中的英雄人物的神话

这种神话产生于对某种力量的崇拜，神话中的主人公被神化了，以“半人半神”的形态表现出来。流传于维吾尔民间以及中亚各民族中的《神秘的城堡》、《西琳姑娘》、《帕尔哈德渠》、《夏赫赛乃木与艾里甫》等虚构的神话便属于这一类。在这些神话中歌颂了人类的力量和美好的生活。情节多为虚构，但又与某一历史时期的地方、山水、宝塔、城堡有联系。

据传，《神秘的城堡》为一个名叫帕尔哈德的巨神所建。帕尔哈德爱上了花剌子模皇帝的公主西琳，并派人求婚。皇帝恐惧万分，但不愿把女儿嫁给巨神，于是便求助于巫婆。巫婆向帕尔哈德提出了一个条件，让它在卡拉库木大沙漠中间建造一座城堡。巨神帕尔哈德接受了这个条件，用肩膀从遥远的南方黑山扛来石头，开始建造城堡。城堡快要建成的时候，皇帝又把巫婆请来，向她求教。巫婆给皇帝出了一个点子，让巨神在限定的期限内，当着母驼的面屠宰九千只驼羔，当着母马、母羊、母牛的面屠宰同样数量的马驹、羊羔、牛犊，余下的事由她自己处理。到了约定的日子，巫婆去找帕尔哈德，忽听得花剌子模那边哭声震天，接连不断。原来这是孩子遭到屠杀的母畜的凄惨叫声。帕尔哈德问巫婆：“这是什么哭声？”巫婆说：“公主西琳刚刚去世，所以花剌子模的所有动物为她大放悲声。”帕尔哈德听到自己所喜爱的情人死亡的凶信，哀不欲生，把还没有砌在墙上的巨石掷向天空，巨石落下来砸在帕尔哈德身上，使他受了重伤。已爱上了帕尔哈德的西琳闻讯赶到城堡，见帕尔哈德已死，便拔刀自尽，一命呜呼。

这个神话就是故事《白尔哈德与西琳》的基础，它歌颂了忠贞的爱情，表现人民对美与善的追求。

在神话《西琳姑娘》中，西琳是美的象征，表现了妇女的崇高情操。

据传西琳长得十分美丽，长大之后，更是容光焕发，名扬天下。那时月亮住在地球上，自以为世界上自己是最俊美的，所有的人都夸她美丽无比，举世无双。当西琳长成大姑娘时，出脱得一天比一天清俊，于是人们不再赞颂月亮而去赞扬西琳，月亮对此十分嫉妒，大为恼火："你们不赞扬我，凭什么赞扬西琳呢？你们比一比究竟谁美丽？"于是月亮便把西琳叫去说："你是什么东西，不打听打听我是谁？人们把你的容貌吹得天花乱坠。好吧，咱二人把自己放在美的天平上称一称，谁美谁丑，一称就有分晓。"西琳羞答答地说："论起容貌，自然您属第一，我不敢在容貌上同您争高低，您别难为我，放我回去。"月亮生气地说："你不争高低，那人们为什么说你比我美丽？不在天平上称一称，是万万不行的！"月亮不容分说，把西琳带到事先准备好的天秤前，并请了许多人前来作证。月亮骄傲地说："这就是西琳，我就是月亮。你们看，到底谁的容貌好看？"说着神气十足地坐到天秤的一端，西琳无可奈何，只好坐在天秤的另一端，还没坐稳，月亮像风筝一样被轻轻地甩到天上。它羞惭万分，无脸见人，只好留在天上不回人间。

这则神话的情节和人物具有民间故事的特点，歌颂了少女的天真和美丽，回答了一个为什么月亮在天上的古老问题。

类似这样一些神话往往同部落、部族的名称，新疆的地名、古城堡、城市、殿堂、塔、河、湖、坟园、山脉有关，向人们提供它们产生、消失的原因或名称的来由等信息。在史诗《乌古斯传》中记载有古代维吾尔部族联盟中的高昌、克甫卡克、卡尔鲁克、卡拉吉等许多种族名称的由来。有一则神话里记载着七个仙人的故事：他们从达克亚努什皇帝那里逃出来，在吐鲁番某个山洞里沉睡了三百年（参见《吐鲁番达克亚努什神话》）。他们睡醒之后，建立了高昌国，这个国家延续了六千年，所以这个山洞被认为是知识和幸福的源泉。俄国人 Н. Ф. 卡塔诺夫在塔城记录了有关七个仙人事迹的若干神话，1897 年在喀山出版。这些神话中记载了七个仙人可以使人延年益寿，过上幸福的日子；能使人消除忧愁，摆脱贫困；可以帮助人实现目的，获得胜利；能使人免受水火偷盗之灾；如果孕妇在左肋挂了写有七仙名字的护身符，可以顺利分娩等等。除此之外，在民间还流传着许多神话，内容有塔克拉玛干的秘密，卡特克城市湮灭，新疆千佛洞的产生，博格达山、汗腾格里峰、"炮手霍加"陵、赫孜莱特毛拉陵、阿尔斯兰汗陵、高昌国等山名、陵名、国名的神话，它们是依据某一历史事实虚构的故事。虽然这些神话带有浓厚的宗教色彩，但却歌颂了勤劳、正义和美德，表现了人民的愿望和要求。

这些神话从大的方面来看，表现了人们同社会的关系，是人类进入文明社会的象征。

（三）关于历史人物和历史事件的神话

这些神话主要是以战事和英雄事迹为主题的，可以说是在历史事件的基础上产生的，它并不能正确、清楚地表现历史的真实。它虽然用艺术形象的手法围绕某个历史事件的蛛丝马迹进行叙述，但也掺杂一些违背历史真实的情节。对此，我们可以举出在古代维吾尔历史上曾经发生过的许多战争影响之下创造的神话，如《乌古斯汗》、《托马斯》、《西拉克》、《鲁斯特木》、《衣斯坎德尔》、《怏怏搬》、《布库汗》、《艾夫拉赛亚甫》、《古尔之子》、《阿尔帕米西》等等。

热爱自己的人民、为祖国的解放事业而奋斗、坚韧不拔、公正无私、英勇不屈是神话《托马斯》主人公的崇高品德。托马斯是无畏的爱国者的典范，是一部具有很高历史价值的神话。神话《托马斯》中所描写的马斯沙更特部族以及反对这个部族的以卡衣赫斯拉瓦为首的伊朗入侵者的斗争，虽然是历史事实，但该神话中的情节与事实相距甚远，其结果是历史的真实性不见了，剩下的只是一本有美学价值的书。这部神话中的主人公形象在某种程度上被神化了，但这种神话就其特点来说，非常接近传说，是史诗的萌芽。

（四）关于飞禽走兽的神话

这种神话就其性质来说可以分为两种：第一种说的是人因造了各种罪孽，安拉让他们变成狗、乌鸦、乌龟、蝎子、老鼠、跳蚤、狐狸、狗熊。据说大象曾经是面包师，欺骗过顾客；猫曾经是造纺锤的匠人，出售过用朽木做的纺锤；狗熊曾经是染匠，以假充真，出售染料；狐狸诡计多端，蒙蔽人们；狼曾经是屠夫，出卖自死的牛羊肉。因此安拉咒它们，叫它们变为面目可憎的野兽。这种神话也属虚构，反映了维吾尔人朴素的见解。这种神话在其他各突厥民族民间文学中未曾遇到。另一种神话说的则是各种飞禽走兽是怎样产生的，内容十分有趣。譬如“骆驼的尾巴为什么短？”“乌鸦为什么是黑的？”“山和尚鸟为什么是臭的？”“鸡的冠是从哪里来的？”“画眉为什么在清晨鸣叫？”“蚊子为什么嗡嗡叫？”“人们为什么看重燕子?”等等。这种神话的结构是问答形式的，风格同民间故事相似，所以至今把它归入民间故事一类，但是神话的性质依然存在，只不过不像民间故事那样要求创造鲜明的艺术形象罢了。其情节是凭想像虚构的，以此来揭示大自然的奥秘。从这种故事产生的根源来看，来自固有的、古代人们对自然崇拜的发展，而且与某种宗教观念相关，反映出人民对正义的看法。这些看法很朴素，谈不上有多大科学性，但在当时就认为确实是那么一回事。

总而言之，在某些方面神话同民间故事相近，甚至在某些神话中还可以遇到取自民间故事中的内容。

从上面的论述可以看到，神话是维吾尔民间文学中独具特点的体裁，是维吾尔人民原始想像的产物，因此了解神话（包括传说）的社会意义和哲学思想自然是一种复杂的学术问题。

有些人看到维吾尔神话中的神学观点就一概认为是唯心主义的哲学观点。诚然，维吾尔神话中可以看到像希腊神话中创造的《奥林帕斯山上的诸神》一样永生不死、神通广大的“神”。这些神在原始人看来是自然力的形象，自然属性非常强，但到后来，随着社会生活的发展，带上了浓厚的社会色彩。换句话说，这些“神”是理想化的英雄，是产生于“神”和人之间的“半人”、“半神”。因此，神话中的“神”和“神”的力量，在我们祖先的朴素想像中不是抽象、虚无缥缈的东西，而是人们对客观世界的认识在主观世界创造的形象，它们是一定历史现实在人们头脑中的特殊的、形象化的反映。恩格斯说：“中世纪把意识形态的一切形式——哲学、政治、法学都合并到神学中，使它们成为神学中的科目。因此，当时的任何社会运动和政治运动都不得不采取神学的形式，对于完全受宗教影响的群众的感情说来，要掀起巨大的风暴，就必须让群众的切身利益披上宗教的外衣出现”。

诚然，出现于各个历史时期的神话内容要避开当时的宗教的意识形态是不可能的。虽然多种宗教信仰的本质、主体和学说体系是唯心主义的、形而上学的，但不可否认在当时的条件下具有朴素的唯物主义和辩证的理性与启蒙的因素。无论如何，维吾尔古代神话是那个时代的形象化的见证人，是维吾尔文化的不朽遗产，这对我们了解和研究我们祖先对自然界的认识和他们的理想提供了可靠的资料，我们应当继续搜集、整理、研究这些资料。

原文刊载于《新疆大学学报》，1982（2）

论维吾尔族神话传说中的女性形象

海热提江·乌斯曼

维吾尔族神话传说中的形象较多，有的形象在古代汉文书籍上记载过，有的在维吾尔族本民族古籍上记载过，有的在波斯—阿拉伯和其他民族古籍中记载过，还有的是维吾尔族本民族从上古流传至今并保存下来的。下面简单地介绍比较典型的几种形象。

一、奇异的形象

牙里马吴孜（Yalmawuz，即魔鬼），该形象主要产生于民间叙事诗和民间故事中。民间叙事诗《轻铁木尔勇士》（Qin tömür batur）①（该作品也有民间故事样本）中的牙里马吴孜和轻铁木尔勇士互相争斗，轻铁木尔勇士砍掉了它的六个头，但是它用第七个头变成旋风跑了。民间故事《猎狗与雄鹰》（Tayγan bilän batur）② 中牙里马吴孜是变成美女欺骗作品主人公的小伙子。该作品的牙里马吴孜还变成老婆子和小孩儿。民间故事《艾尔库玩巴图尔》（Äl Qhuwan batur，即国家的库玩勇士）③ 中牙里马吴孜有许许多多的头，艾尔库玩巴图尔用宝剑连续砍掉它的五十六个头，但是砍掉一个，就长出来一个，永远也死不了。原来是它的灵魂隐蔽在秘密的地方，那地方有一个箱子，箱子里有条黄金鱼，黄金鱼的肚子里有个鸡蛋，鸡蛋里有护身符，护身符里隐藏着牙里马吴孜的灵魂。民间叙事长诗《阿柯欧兰巴迪汗》（Aqh olän bärdihan）④ 中的牙里马吴孜具有女性的特征。

斯合尔尕尔（Sihirigär，妖道），是至今流传在民间故事和人们经常交

① 《维吾尔民间故事集》第2集（维吾尔文），新疆人民出版社，1982年。

② 《维吾尔民间叙事长诗集》第1集（维吾尔文），新疆人民出版社，1981年。

③ 《沙雅县民间故事集》（维吾尔文），1991年铅印。

④ 《布拉克》（《源泉》，维吾尔文），新疆人民出版社，1999（3）。

流的思想中的正面形象。有的时候，它们被认为有反面的作用。民间故事《黄金之鞋》（Altun Käš）[①] 中的斯合尔尕尔为了帮助寡妇和贫穷的哈佳尔，从自己头上拔下黄金毛，从恶魔和富女帕提迈柯的头上拔出毛驴把子。她刮起旋风，变出了许多漂亮的衣服、装饰品和轿车[②]。民间故事《牧老头与儿子》（Boway wä uni ήoγli）[③] 中的斯合尔尕尔[④]和民间故事《神秘箱子》（Sirliqh Sanduqh）[⑤] 的斯合尔尕尔抢救原被母亲废弃的女孩，赠送了一个要什么就得什么的神秘箱子。斯合尔尕尔有些方面和善良的赫孜尔（Hezir）形象相同。

叶克切希麻（Yäkqäšmä，即独目人），是流传至今的民间故事中的形象之一。民间故事中称为独目蒂瓦（Diwä）或者独目的牙里马吴孜。民间故事《拾骆驼刺的小伙子与独目人》（Yantahqqhi yigit wä yäkqhäšmä）[⑥] 中描绘的独目人的前额中间有独目。眼睛像酒杯，脸像墙，犄角像鹿角，尾巴像毛驴尾巴，身子像骆驼身子，脚像公牛脚，非常难看。肚子饿的时候要吃人肉，渴的时候要喝人血。《轻铁木尔勇士》中描绘的七头牙里马吴孜也是独目人，它经常欺骗轻铁木尔勇士的妹妹。

帕丽扎娣克孜（Pärizat qhiz，美女），是流传至今的民间故事中的正面形象。《猿女》（Maymun qhiz）[⑦] 中的帕丽扎娣克孜能变成燕子，飞上天空。她为丈夫建造了一座非常雄伟的大楼。《牧老头与儿子》（Owqhi Boway wä uning Oγli）[⑧] 中的帕丽扎娣克孜变成了蛇。有些民间故事中的帕丽扎娣克孜也变成黄羊、鱼和人。她生活在天上神秘的闺房里和山洞里，邪恶的蒂瓦有时候包围她。但是大部分民间故事中描绘的帕丽扎娣克孜非常热爱人生。她自己把纯洁的爱情主动地献给勤劳、朴素、善良的小伙子，尊重和珍惜他的能力和技巧。

---

① 《维吾尔民间故事集》第 1 集（维吾尔文），新疆人民出版社，1979 年。
② 她用魔法使燕子变成美女去织布，使狗和鸡能做人的事情。
③ 《维吾尔民间故事集》第 7 集（维吾尔文），新疆人民出版社，1985 年。
④ 能用旋风一下子把老头儿送回自己家。
⑤ 《维吾尔民间故事集》第 2 集（维吾尔文），新疆人民出版社，1982 年。
⑥ 《维吾尔民间故事集》第 14 集（维吾尔文），新疆人民出版社，1993 年。
⑦ 《维吾尔民间故事集》第 13 集（维吾尔文），新疆人民出版社，1982 年。
⑧ 《维吾尔民间故事集》第 13 集（维吾尔文），新疆人民出版社，1982 年。

二、神化的形象

乌妈依（Omay，即乌麦或乌弥），是古代神话中的女神。古代突厥碑铭文中常常提到乌妈依女神。在《暾欲谷碑》（712—716 年建）中谈到“腾格里、乌妈依和神圣的地—水灵魂帮助了突厥人。”《比迦可汗碑》（734 年建）中有“毗伽可汗说：我父母可汗死的时候，我的弟弟阙特勤是七岁，我的母亲像乌妈依一样，给我的弟弟起了名字叫阙特勤。”[①] 值得注意的是麻赫穆德·喀什噶里在他的《突厥语大辞典》（1072—1074 年）中有关乌妈依一词的解释，他说：“乌妈依是女人生孩子之后的胎盘。她们用胎盘来占卜，他们说如果信奉乌妈依就能生儿子。”同时他又记载了这样一则谚语，应证了当时乌妈依女神崇拜的事实和崇拜的目的。谚语如下：“Umayγa tabinsa oγul bolur——敬奉胞衣（即乌妈依女神），即可得子”[②]。至今，哈密维吾尔人之中的乌妈依也是对孕妇的尊称，是小孩的幸福之神。

西王母，是新疆原始土著氏族和部族酋长的神话的形象。《穆天子传》和《山海经》都提到昆仑山上有西王母，她有老虎的牙齿，豹子的尾巴，并擅长长啸。说明远古时期昆仑山一带还是一个尚处于母系氏族的社会，由以虎、豹为图腾物的始祖组成的部落。西王母虽然是神话传说人物，但可作为古代神话传说中西方部族的代表，她所吟咏的歌谣，可以说是最重要的用汉文记载的西域部落的诗歌。如《白云谣》和《西王母吟》等[③]。部分史学家认为西王母是进入新疆维吾尔族的先民之一。如史学家贺继宏在《西域论坛》一书中认为西王母之邦诸种族，自然就是塔里木流域的土著。我国正史也称“西域各国大率土著，有城郭田畜”（《汉书·西域传》）。这个土著自古迄今是塔里木流域的主要定居居民，也是维吾尔族最古老的先民，是维吾尔族主要的族源[④]。

母狼，是古代神话中的神女。《北史》卷九十九云：

> 突厥者，盖匈奴之别种。姓阿史那氏，别为部落，后为邻国

---

① 林干著：《突厥史》，内蒙古人民出版社，1988 年。

② 何锐等译：《突厥语大辞典》第 1 卷，133 页，民族出版社，2002 年。

③ 刘正民等选注：《西域少数民族诗选》，新疆人民出版社，1988 年。

④ 《西域论坛》，88 页，新疆人民出版社，1996 年。

所破，尽灭其族。有一儿，年且十岁，兵人见其小，不忍杀之，乃刖其足，断其臂，弃草泽中，有牡狼以肉饲之。得长，与狼合，遂有孕焉。彼王闻此儿尚在，重遣杀之。使者见狼在侧，并欲杀狼，于是若有神物，投狼于西海之东，落高昌西北山，有洞穴，穴内有平壤茂草，周回数百里，四面俱山。狼匿其中，遂生十男。十男长，外托妻孕，其后，各为一姓，阿史那即一也。

又《新唐书·回鹘传》曰：

初延陀将灭，有丐食于其部者，延客帐下，妻视客，人而狼首，主不觉，客已食。妻语部人共追之。至郁都军山，见二人焉，曰："我神也。薛延陀且灭。"追者惧，却走，遂失之。至是，果败此山下。

在汉文古籍《周书·突厥传》中也有"突厥之先……然终狼种也"的记载。

匈奴单于公主，是古代神话的形象。《魏书》曰：

单于女与神狼俗云：匈奴单于生二女，姿容甚美，国人皆以为神。单于曰："吾有此二女，安可配人，将以与天。"乃于国北无人之地筑高台，置二女其上，曰："请自迎之。"经三年，其母欲迎之，单于曰："不可，未彻之间耳。"复一年，乃有一老狼昼夜守台嗥呼，因穿台下为空穴，经久不去。其小女曰；"吾父处我于此，欲以与天。而今狼来，或是神物，天使之然。"将下就之，其姐大惊曰："此是畜生，无乃辱父母也！"妹不从，下为狼妻而产子，后遂滋繁成国。故其人好引声长歌，又似狼嗥。

古代史学家探讨维吾尔族先民高车部落的起源时提过该神话。《旧唐书》、《新唐书》、《文献通考》、《五代史》、《续通志》等古代汉文古籍有回纥的祖先是匈奴的记载。

鄂依克阿伊丽（Eyiqh Ayili，即熊妻子），是流传至今的民间故事的主人公。《轻木尔勇士》、《熊勇士》①、《熊伊斯兰巴图尔》②、《熊苏唐》

① 《维吾尔民间故事集》第3集（维吾尔文），新疆人民出版社，1982年。

② 《维吾尔民间故事集》第7集（维吾尔文），新疆人民出版社，1985年。

(Eyiqh Sultan)①、《英雄艾力库尔班》② 等民间故事都有熊崇拜的痕迹。熊勇士，熊伊斯兰巴图尔，熊苏唐（国王），英雄艾力库尔班等人的父亲是人，母亲是熊。熊勇士非常聪明、勇敢、善良、勤劳、公正，受到乡亲们尊敬，他带领老百姓坚持反抗侵略者。熊妻子也很勤劳，聪明，爱人民，爱故乡，为了培养孩子献出了一切。《轻铁木尔勇士》的主人公轻铁木尔勇士和她的妹妹被继母抛弃到荒漠，有一个熊照顾他们。轻铁木尔勇士长大后非常勇敢而且特别聪明。民间故事起源于神话传说。轻铁木尔勇士的前身是神话的。

狼女，是流传至今的民间故事中的形象。民间故事《狼女》描绘了一个老头子的儿子养马时碰见了偷马驹的母狼，跟着她到了山洞，和母狼的妹妹结了婚并带她回到家，在狼女的帮助下，满足了国王无理的三个要求，过上了幸福的日子③。

鹿母，是至今民间流传的故事和叙事长诗中的形象。据有些民间故事的描绘，有的美女在默默地变成鹿。据《阿柯欧兰巴迪汗》叙事长诗中的描写，阿柯欧兰巴迪汗遇到困难时，把刚刚出生的亲妹妹交给了鹿母，鹿母照养了一年后还给他。最近研究发现《阿柯欧兰巴迪汗》是《轻铁木尔勇士》的变体。《轻铁木尔勇士》中的轻铁木尔和妹妹是被鹿养大的。

布布什（Böbüš），是流传至今的民间神话中的形象。据《布布什》说，布布什是流传在刀郎（今新疆麦盖提县）维吾尔人神话传说故事中的母亲形象。一则传说中说：

> 在古代，刀郎人有一位母亲，身边有九个孩子，一同生活在浓密的森林当中。在母亲身边帮忙看护孩子们的有一只苍狼，它与孩子们日夜吃在一起，睡在一起，形影不离。有一天，苍狼忽然失踪了，再也没有回来。失去苍狼的孩子们成天哭闹，搅得母亲不得安宁。一天，母亲为了止住孩子们的哭泣，在入夜时分，面向远方喊道：不要哭了，那不是布布什（苍狼）来了嘛。孩子们听到后立即停住了哭喊。

从此，对于那些爱哭的孩子，人们就以“布布什来了”来止住其哭泣。

---

① 《维吾尔民间故事集》第 13 集（维吾尔文），新疆人民出版社，1991 年。

② 《维吾尔民间故事集》第 13 集（维吾尔文），新疆人民出版社，1991 年。

③ 《布拉克》(《源泉》，维吾尔文)，1991 (4)，新疆人民出版社，1991 年。

后来，这种做法在维吾尔人中流传得很普遍，也就成了一种习惯①。匈牙利人也有 Bubus 人的形象。他们也有对爱哭的孩子以“Bubus 来了”来止住其哭泣的习惯。这表明布布什的历史很久。按历史学家的研究，匈牙利的先民与公元初西迁的匈奴人有关系。匈奴人是阿尔泰语系民族，大部分汉文古籍认为是回纥人的先民。今甘肃的裕固族音乐和民间故事等有关民族特点具有匈牙利人的音乐和民间故事的部分特点。裕固族是维吾尔族先民回纥的一支。匈牙利语的 Bubus 和近代维吾尔语的 Böbüš 发音的区别很小，只 s—sh 有变换。今维吾尔和哈萨克语也存在这样的情况。如：Baš – Bas，Taš – tas 等。

阿娜代热河（Ana däräh，即母树），是古代神话的形象。元虞集《道园学古录》卷二十四载《高昌王世勋之碑》云：

盖畏吾儿（近维吾尔）之地有和林山，二水出焉，曰秃忽剌（土拉河），曰薛灵哥（色楞格）河。一夕有天光降于树，在两河之间，国人即而候之。树生瘿，若人妊身然，自是光恒见者越九月又十日，而瘿裂，得婴儿五。收养之，其最犀者日兀单卜古可汗。即壮，遂能有其人民土田，而为之君长②。

《多桑蒙古史》在谈到畏兀儿族之祖先时，也记载了这样一段神话：

源出哈剌和林诸山之秃忽剌、薛灵哥二水会流处，有地名忽木兰术，有二树相邻。一树名曰 Fistous，其形类松，如扁柏常青，结实如松实，另一松则野松也。二树之间，忽有小丘，日见增长，上有天光烛照。畏吾尔人进前礼之，闻中有音声，如同歌唱，每夜皆然。剧光烛照，三十步内皆明。增长既成，忽开一门，中有五室，有类帐幕，上悬银网，各网有一婴儿坐其中，口上有悬管可供哺乳。畏吾尔人命乳妇哺之，及其能言之时，索其父母。人以二树示之，五儿遂对树拜③。

---

① 铁木尔·达瓦买提主编：《中国少数民族文化大辞典》（西北卷），57 页，民族出版社，2000 年。

② 《新疆民间文学》第 5 集，19 页，新疆人民出版社，1983 年。

③ ［瑞典］多桑著，冯承均译：《多桑蒙古史》第 1 卷，192 ~ 193 页，中华书局，2004 年。

在志费尼所著的《世界征服者史》中也有类似的记载[①]。此外黄晋《金华黄先生文集》所载亦与上述略同：

> 亦辇真伟吾而（近维吾尔）人，人世为其国之君长。国中有两树，合而生瘿，剖其瘿，得五婴儿，四儿死而第五儿存，以为神异，而敬事之，因妻以女而让以国，约为世婚，秉其国政[②]。

《乌古斯传》也有树生姑娘的描绘。维吾尔族的树生瘿神话中的树是生命之树，是生殖神的象征，它与突厥先民的生殖神崇拜紧密地联系在一起。“树生瘿，若人妊身然……而瘿裂，得婴儿五”[③]。这是这一神话的主题，这个主题所显示的不是男性的创造力，乃是女祖的自然的生育能力。崇拜生殖方面的创造力，世界上许多民族都经历过。在原始初民社会，由于人们对生育孩子的科学道理并不了解，因而十分惊讶，也认为世上有个掌管生育的神。

神树母亲，是流传至今的民间神话《神树母亲》中的形象。

> 据说在一片丰茂的草原边缘，一座高耸入云的雪山脚下，住着父女两人。在雪山半腰的山洞里有一个妖怪。一天，妖怪来了，强逼那老父亲把女儿嫁给他。父亲坚决不答应，就被妖怪吃掉了。姑娘悲痛地逃走了。她来到一棵枝繁叶茂的千年老树下，乞求老树救救她。老树就慢慢地敞开了胸怀。树身好像两扇打开的大门，中间有一个很大的空隙，就像房子一样，姑娘忙躲进去……第二天早晨，雪山之父带着行装到了，姑娘从大树怀抱里走出来。雪山之父要带着她去遥远的东方寻找幸福。临行前，老人、金色的小鸟、姑娘一起向大树深深地祝福：“慈祥的大树啊，我们的母亲，您宽广的怀抱养育着人们，战胜了邪恶，您才永远长青，您的儿女世代传诵着您的恩情广”。

海女，即女海神，是古代神话的形象。唐段成式《酉阳杂殂》（卷四）曰：

---

① ［伊郎］志费尼著，何高济译：《世界征服者史》，内蒙古人民出版社，1980年。

② （宋）黄溍：《金华黄先生文集》卷二十四。

③ 耿世民译：《乌古斯汗的传说》，新疆人民出版社，1982年。

突厥之先，曰射摩舍利海神，神在阿史德窟西。射摩有神异。又海神女每日暮以白鹿迎射摩入海，至明送出。经数十年后，部落将大猎。至夜中，海神女谓射摩曰：“明日猎时，尔上代所生之窟，当有金角白鹿出。尔若射中此鹿，毕形与吾来往，或射不中，即缘绝矣。”至明入围，果所生窟中有金角鹿起，射摩遣其左右固其围。(此处疑有阙文) 将跳出围，遂杀之，射摩怒，遂手斩阿呢首领，乃誓之曰：“自杀此之后，需人祭天。”即取阿呢部落子孙斩之以祭也。至今突厥以人祭纛，常取阿呢部落用之。射摩既杀阿呢，至暮还海。海女报射摩曰：“尔手斩人，血气腥秽，因缘绝矣”。

突厥少女、夏神、冬神是古代神话的形象。唐令狐德蔡等纂修的《周书》载：

突厥之先，出于索国，在匈奴之北，其部落大人日阿谤步，兄弟十七人，其一曰伊质泥师都，狼所生也。阿谤步等性并愚痴，国遂被灭。泥师都既别感灵气，能征召风雨，娶二妻，云是夏神、冬神之女也。一孕而生四男：其一变为白鸿，其一国于阿辅水、剑水之间，号为契骨，其一国于处折水，其一居践斯处折施山（一作跋斯处折施山)，即其大儿也，山上仍有阿谤步种类。并多寒露，大儿出火温养之，咸得全济，遂共奉大儿为主，号为突厥，即讷都六设也。讷都六有十妻，所生子皆以母族为姓，阿史那是其小妻之子也。讷都六死，十母子内欲择立一人，乃相率于大树下共约曰：“向树跳跃能最高者，即推立之。”阿史那子年幼，而跳最高，诸子遂共奉为主，号阿贤设。①

爱汗（Ayhan，即月汗)，是传说人物乌古斯汗的母亲。《乌古斯传》中这样描述：

一天，阿依汗（即爱汗）眼发异彩，生下一个男孩：这男孩的脸是青的，嘴是火红的，眼睛是鲜红的，头发和眉毛是黑的，他长得比天神还漂亮。这孩子只吮吸了母亲的初乳就不再吃奶

① 《周书》卷五十。

了。他要吃生肉、饭和喝麦酒，并开始说话了。四十天后，他长大了，走路了，玩耍了……①

神光女，古代神话的形象。《乌古斯传》有这样的记载：

有一天，乌古斯可汗正在祈祷上天。这时，夜幕降临了。忽然，从天上降下一道蓝光，这光比太阳还光灿，比月亮还明亮。乌古斯可汗走近一看，蓝光中有一位少女，独自坐着。她是位非常漂亮的姑娘，额上有颗亮晶晶的痣，像北极星一样。这少女如此美丽，倘若她要是笑的话，蓝天也要笑，倘若她要哭的话，蓝天也要哭。乌古斯可汗看到她时，就情不自禁地爱上了她，于是娶了她，一起生活。少女怀了孕，一日日，一夜夜过去了，她临盆分娩。一胎生下三个男孩，大孩起名叫太阳，二孩起名叫月亮，最小的孩子起名叫星星②。

爱（Ay，即月），相传它原来是一个漂亮的姑娘。据《关于月亮的传说》记载：

因为月亮很漂亮，太阳经常想念她。但是七星喜欢太阳，启明星喜欢月亮。太阳不能满足七星的要求，非常苦恼的七星产生了阴谋。一天，它找到太阳，说了很多甜言蜜语，骗取年轻无经验的太阳的信任，然后乘太阳不备之时把肩膀插进太阳的心脏。之后以同样的方法对待了月亮，月亮身上由此留下了伤痕。③

《太阳与月亮》中说：

太阳与月亮原来是地上的一对情人，但是他们的父母不同意他们俩人结婚。所以，他们商量跑到天上去。因为他们没告诉父母就离开家乡，遭父母咒骂，在天上他们被迫离开了原来安家落户的地方而且月亮的脸变成了难看的样子。在他们心中，地上的

① 耿世民译：《乌古斯汗的传说》，新疆人民出版社，1982 年。
② 耿世民译：《乌古斯汗的传说》，新疆人民出版社，1982 年。
③ 阿图什市三大集成办公室编：《阿图什民间故事集》（维吾尔文），1992 年铅印。

人类，过着幸福的生活①。

女天神，是至今流传民间的神话形象。据《女天神创造人类》说：

自从有了真主，女天神就当了真主的助手和参谋，帮助真主统治整个宇宙。可是女天神不知道怎样做乃玛孜，不知道每天做几次，只好照着别人的样子去做。有一次，她忘记了按时去向真主祈祷，真主很不高兴，要惩罚女天神，就决定把女天神从天上赶下来，让她独自在地上生活。女天神在地球上孤独地生活着，很寂寞，就用地上的泥土捏了一个人，是男的。但泥人没有灵魂，不会讲话，不会走路。女天神对自己不按时向真主祈祷的过错向真主表示了忏悔，祈求真主赐给泥人以灵魂。真主念女天神曾为自己做过不少事情，又已经认错，就满足了她的要求，向泥人吹了口气，于是泥人有了生命；泥人就像刚睡醒一样，揉了揉眼睛，站起身来，又伸了伸胳膊和双腿，打了一个很响的喷嚏，睁开双眼向女天神致谢，感谢她创造了自己。这就是亚当。女天神听了亚当的话很是高兴，就又用亚当的一根肋骨创造了一个女人，起名夏娃，让她做亚当的妻子。从此地球上有了人类②。

乌云姑娘，是至今流传民间神话的形象。《乌云姑娘》说：

在无边的荒野上生活着几户人家。一次大旱，人们颗粒无收，都想外出逃难，可是人们知道，不可能活着走出这无尽的荒野，也就只好在这里听天由命了。人们中间有一个聪明的姑娘，她对大家说："你们烧了我吧！不然大家就都没命了。头啊，烧了我吧！"听了她的话，人们都感到奇怪。在姑娘的一再坚持下，人们点起了大火。只见火焰腾空，烟雾弥漫，灼热消失了。没过几天，下起了大雨。从此以后，人们就叫她乌云姑娘。据说，那乌云姑娘非常善良。每当她听到农人的求雨声，她就会下起大雨来。所以人们都非常喜爱乌云姑娘。一到有旱灾的时候，人们就

① 喀什疏附县英吾斯坦乡50岁的热孜婉汗·马木提1970年讲述的传说手抄本；另外新疆青少年出版社1993年维吾尔文版的《库车民间故事》在《王女变成月亮》中的神话中描述了太阳是男人、月亮是女人的情节。

② 参阅《新疆民族神话故事选》，新疆人民出版社，1989年。

请乌云姑娘来帮忙。

云女，是至今流传民间的神话形象。据《云女》记载：

她是一个美丽的王女。一天，王女在四十个姑娘的陪同下，去了山林旅游。这时候，突然闪电，起了大风，下了雨，来了一群黑云，抢了姑娘们，飞上了天。国王率领大军，与黑云作斗争，但不能降服黑云。军队靠近黑云的时候，变成了石头，不能活动。

三、气质的形象

库尔提尕（Qhuritqka，即 Qhutqha—库提尕），是至今在尉犁县维吾尔族中流传的神话形象。尉犁县人把奶奶也称库尔提尕。据说，她是一个民间医人。看《突厥语大辞典》的记载，“Qhurt”意为狼[①]。古代和近代维吾尔语“Qhut”意为“幸福”。“Qhut”一词很可能是从“Qhurt”演变过来的。“Qhurtqha—库尔提尕”也很可能与狼图腾有关系。

乌依古尔姆妈（Uyγur moma，维吾尔大娘，即吾依古尔姨姨）。是在哈密等地维吾尔人中传说的一位白发仙女形象。她品德高尚，而且勤劳能干，被视为长寿之星。她身上存在一种神奇的力量，能使家庭和睦，人民生活安宁。据说她有一个非常好的习惯，即每天清晨起床，把院子街道打扫得像瓷碗一样光洁。她一生都为她人辛劳，从没有怨言，且也不居功自傲，成为维吾尔妇女的榜样，同时也成为维吾尔人评价妇女的标准。

波许克阿纳姆（Bösük Anam），是至今流传的神话人物。据说，疏附县乌泊尔乡艾孜莱提麻扎，阿图什市苏图克·博格拉汗麻扎、澳达木麻扎，阿帕克霍卓麻扎等一些大麻扎（大坟墓）旁边有波许克阿纳姆口，没生孩子的女人拿到东西随便吃就可以生孩子[②]。波许克阿纳姆非常善良，勤劳能干，能给人们赠送子孙。喀什噶尔有的人说，波许克阿纳姆是喀什噶尔汗王阿甫拉希雅夫的妻子。她生了双胞胎，一个自己看，一个装波许克（即摇篮）。从此，喀什人知道了摇篮。摇篮也是波许克阿纳姆创造的。

① 麻赫穆德·喀什噶里著：《突厥语大辞典》第1卷，361页，民族出版社，2002年。

② 亚里坤·肉孜著：《塔克利马干金色驼铃》（维吾尔文），310页，新疆人民出版社，1999年。

四、石头化的形象

博格达阿娜（Buγda Ana，即天池母亲），是至今流传的传说形象。维吾尔人将天池称为“Bughda—博格达”。据《博格达山的起源》传说记载，博格达原来是一个男孩儿的名称，也是一个仙人，父母也是仙人。博格达做了很多好事，上帝非常感动，把他和父母亲变成了博格达山，天池是博格达母亲的肚子，经常流水①。

乌鲁木齐之母，是流传至今的民间神话形象。据《母亲之大门》传说：

> 上古时代，乌拉泊（Olanbay）的伯克（君）达克雅努斯迁西，来到乌鲁木齐，建立了首府，管理国家。当时红山山洞里有一条毒龙，它经常威胁人们和村庄的安全，任何人都无法打败毒龙。但是毒龙在世界上只害怕达克雅努斯母亲。一天，为了国家的安全，达克雅努斯母亲骑马，拿着宝剑，与毒龙搏斗，砍掉了它的头，打倒了乡亲们的敌人。达克雅努斯母亲为了看护城市的人们，后半辈去了山西巷塔，变成了石头，保存了几千年。广大乡亲及其子孙都崇尚达克雅努斯母亲的雕像。人们将巴达克雅努斯看成乌鲁木齐之母②。

央哥塔什（Yänggätaš，嫂子石头，即望夫石），乌什县个有山林叫央哥塔什的地方。据说，央哥的丈夫到边疆保卫故乡去了，她等了很长时间，但是丈夫没有回来。等着等着，感动了上天，变成了石头③。

石女，流传在阿图什民间的神话形象。据《坦哥塔格神话》说，石女原来是上天的女儿，一天，她下到了地面，和地上的儿子恋爱了。但是上天不满意此事，所以反抗地神，他赢后，让女儿变成了石头④。

绰丽番（Qolpan），维吾尔族将启明星称为 Qolpan。它也是人名，也

---

① 参阅《母亲之大门》、《博格达山的起源》，选自《乌鲁木齐天山区民间故事集》（维吾尔文），新疆青少年出版社，1994 年。

② 参阅《母亲之大门》，选自《乌鲁木齐天山区民间故事集》（维吾尔文），新疆青少年出版社，1994 年。

③ 古苞著：《乌什望夫石》，载《新疆日报》，1982 年 2 月 3 日。

④ 阿布都克热木 · 热哈曼选编：《丝路故乡的神话传说》，新疆人民出版社，1985 年。

称 Qolpan \ gul（即绰丽番古丽）。拜城县有一个绰坎塔什（即少妇石）。它原来是一个漂亮的有四十个孩子的少妇，名叫 Qolpan \ gul。乡民反抗侵略者的时候，她用熟骆驼肉，招待他们。后来敌人逼近城市，上帝命令处于危险中的少妇和骆驼肉变成了石头。石头下面长出了一个泉流者，来了有良心的人，就会得到治疗，若是有恶心的人来，就会出来一条赤练蛇，把他们咬一口。且末县境内有一个绰坎塔什，它原来也是漂漂亮亮的、真诚忠心的、勤劳能干的少妇①。

五、早逝的形象

阿里墩克孜（Altun qhiz，黄金女），是流传至今的民间传说人物。据《阿甫拉希雅弗》传说记载：

> 喀什噶尔汗王阿甫拉斯雅夫之女阿里墩克孜是世界上最美丽的也是最聪明的女孩。国王非常喜欢她，也尊敬她。他经常想女儿会因什么样的原因死去。皮尔洪前说，女儿可能会被壁线咬死。汗王没有查找到藏壁线的地方，就在喀什噶尔市北部山土建造了一座高大、华丽的宫殿，让女儿住在里面。但是，有一天，拜什卡拉木乡来的一个卖葡萄的小伙子骑毛驴上阿图什去时，经过三佛洞旁边，送给国王女儿一把葡萄，结果从葡萄里出来了一个壁线咬了女儿，她就死了。从此以来，喀什市人想念国王女儿，经常来到这儿，拜访国王女儿的古迹②。

有人说阿甫拉西雅夫就是达克雅努斯，阿里墩克孜是达克雅努斯女。察合台文手抄本《艾萨布里凯依甫传》（1844 年）一书引用《泰伯里史》说，达克雅努斯是希腊人③。

达克雅努斯克孜（Däqkiyanus kizi，即达克雅努斯之女，Kiz 是女人的意思）。达克雅努斯是民间流传的传说人物。老前辈传说乌鲁木齐、喀什、

---

① 参阅《新疆艺术》，1995（1），阿布里米提搜集的样本。

② 该传说是喀什市人乌斯曼·卡斯曼 1975 年讲述的。

③《艾萨布里凯依甫传》是喀什噶尔史学家穆罕穆德·萨德克·喀什噶里（1725－1849 年）的著作，新疆维吾尔自治区少数民族古籍办公室 1994 年维吾尔文铅印本。

吐鲁番等地的部分古城是由达克雅努斯创建的[①]。他们认为很古老的时代是达克雅努斯克时代。喀什噶尔市北部的三佛洞（民间称为九佛洞）达克雅努斯为创建。皮尔洪前提出国王女儿被壁线咬死的说法。所以喀什噶尔王达克雅努斯创建该三佛洞，使美丽聪明的国王独生女安息。喀什噶尔有的人认为，千佛洞是美女达克雅努斯克孜的卧室[②]。

叶城王女，据《叶城王女与山崖卧室》传说，叶城王的女儿非常漂亮，汗王担心女儿，就在山崖上建造了石窟，让女儿居住。但是被从一群葡萄里出来的黄蜂咬了，王女就死了。叶城县山崖的千佛洞就是这样产生的[③]。

六、杰出的形象

库姆西阿纳姆（Kümüš anam，即银母），是至今民间流传的善良勤劳的大娘形象[④]。至今，阿图什市阿湖乡有库姆西纳姆的石头柱像。

阿里墩塔里木（Altun Tarim，即黄金塔里木）。《突厥语大辞典》曰：王族出身的后妃……Tarim 是对出身阿夫拉斯亚甫的可敦们及其各代子孙们的专用词。除国王的儿子以外的其他人，不论官职有多高，都不能对他们用这个词[⑤]。《布格拉汗传》称阿甫剌昔牙卜（即阿甫拉希雅夫）为喀喇汗朝后来维吾尔族的伯克“上层”的祖先之一[⑥]。从她的名称来看，阿里墩塔里木国王的女儿很可能是著名的女子代表。

喀孜（Qhaz），是古代著名的女儿代表。据《突厥语大辞典》说，阿夫拉斯亚甫（即阿甫拉希雅夫）的女儿经常在这里打猎……姑娘的父亲“统阿阿里英雄”（Tonga Alip är）是这位阿夫拉斯亚甫自己……在这个地方阿夫拉斯亚甫女儿喀孜的丈夫“Siyawuš 斯亚乌西”被杀害[⑦]。这里提及

① 参阅《九个山洞传说》（该传说1975年由乌斯曼·卡斯木讲述），选自阿布都克热木·热哈曼选编的《丝路故乡的神话传说》，新疆人民出版社，1985年。该传说中没有提及阿夫拉希亚夫的名字。

② 该传说是1975年由乌斯曼·卡斯木讲述的。

③《叶尔羌文学》，1981（1），维吾尔文铅印本，莎车。

④ 亚里坤·肉孜著：《塔克利马干金色驼铃》（维吾尔文），316页，新疆人民出版社，1999年。

⑤ 麻赫穆德·喀什噶里著：《突厥语大词典》第1卷，416、417页，民族出版社，2002年。

⑥《维吾尔族简史》编写组编：《维吾尔族简史》，25页，新疆人民出版社，1989年。

⑦ 麻赫穆德·喀什噶里著：《突厥语大词典》第3卷（维吾尔文），206页，新疆人民出版社，1984年。

的斯亚乌西是伊朗的王子。

坎突拉（Qhäntura）。史学家毛拉穆萨·塞拉米所著的《伊米德史》记载说，坎突拉是突厥人最伟大的女性前辈①。但是另外一个史学家认为，她是一个阿拉伯古代娘娘。

希任（shiren），民间流传的传说人物，也称希任克孜，据说是美丽、忠心、标致的姑娘代表。这形象很可能来自《帕里哈提与希仁》传记和叙事长诗的主人公形象。有的传说中认为她是库车人②。

美丽开和阗（Mälikä hotäni，即和阗王女儿），是至今在民间流传的传说人物。据《和阗王女》传说：

上古时代，有一个汗王，名叫布咯汗（Buqhahan），他有一个女儿，国王为女儿找了美丽的地方——和阗，创建了新的城市，名叫美丽开和阗，以后简称和阗。和阗的名称就是这样来的③。

龟兹王女（Kuqa Mälikisi），是至今民间流传传说中的形象。她非常聪明和美丽，是纯洁和忠心的姑娘。国王为她专门建造卧室，她就住在那里，由四十个美女服待她。该卧室就是今天的龟兹千佛洞。另外一个传说，说有一个和阗王的儿子，名叫帕尔哈提，他向龟兹王女求婚时，王女要求先建造千佛洞④。

热比娅·喀什噶里，是至今民间流传的传说人物。据《热比娅喀什噶里》传说记载：

她生活在喀喇汗朝时期，是诗人。她常常上屋顶看星星，写诗歌。汗王玉素甫·喀迪尔汗听了这个消息，请她来王宫。她回答汗王的时候说："女人的事情是最多的，好像天上的星星。我认为，如果掉下了一颗星，就会减少女人的一件事。所以，我经常观察星星的活动"。国王被她感动了，下了命令，颁布了一条法规：每个男人每星期四晚上一定要给自己妻子一点儿礼物，使她们满意。

① 毛拉穆萨·塞拉米著：《伊米德史》（维吾尔文），民族出版社，1986年。
② 参阅尼姆希依提著：《千佛洞与帕尔哈提—希任》，喀什维吾尔出版社，1987年。
③ 阿不力米提搜集的资料，参阅《和田文史资料》第1集（维吾尔文），1989年铅印。
④ 参阅《丝路故乡的神话传说》和《库车民间故事》上发表的《爱哭山》的传说。

至今在维吾尔族之中仍保留了这种习惯。现在，维吾尔人把这种东西称为“Päyšänbilik”——星期四的礼物。

布婢热比娅，是流传至今的传说人物，11世纪的语言学家麻赫穆德·喀什噶里的母亲。《布婢热比娅传说》记载，她是一个有知识的，勤劳能干的，善解人意、朴实善良的女人。疏附县乌帕尔乡有她的坟墓。

七个姑娘，是至今流传在民间传说的代表人物群体。鄯善、乌什、和田、托克逊、疏附县乌帕尔乡等地有七个姑娘的麻扎（坟墓）。鄯善县连木沁乡的七个姑娘是阿布杜里的女儿，阿布杜里的弟弟有七个儿子。阿布杜里和塞都里按照自己父母的部署，安排两家孩子互相结婚，但是由于赛都里的妻子反抗，没有结成婚。最终孩子们都跳河自尽了，乡民们分别为他们建立了坟墓，他们的灵魂仍经常互相探望①。乌什县城的七个姑娘，原来是18世纪反抗清朝剥削压迫的劳动人民的英雄代表。和田的七个姑娘也是善良的、忠心的、美丽的姑娘代表。托克逊县其兰塔格麻扎也有七个姑娘坟墓。乡亲们经常到此做祈祷，求子和祈福。吐鲁番也流传着七个姑娘的传说，七个姑娘原是一对纯洁和真诚夫妻的女儿。母亲翟突奶坚持反对不平等的婚姻制度，摆脱了巨大的压力，实现了愿望。

米兰（Mirän），是若羌县所流传的《若羌之歌》中的女性形象。

据说，约两千年前，有一个部落酋长的儿子罗浦努尔（Lopnur，维吾尔人把尉犁称为罗浦努尔），他不愿意和兄弟部落酋长女儿台特玛结婚，遂产生了要掌握龟兹歌舞的心愿，因此，离开家乡远行。在途中，遇到了大风爆，被恰克里克（维吾尔人将若羌称为Qaqheliqh——恰克里克）和米兰兄妹俩救了。兄妹俩原是照顾风神的，恰克里克是哥哥，米兰是妹妹。他们结伴而行，又遇到了很多困难和磨难。台特玛在罗浦努尔离开后，也离开家乡去寻找罗浦努尔，途中遇到了恰克里克，互生恋情。在上天的帮助和自己的努力下，罗浦努尔与米兰也相恋了。幸福地结合在了一起，过上了幸福生活。他们创建了罗浦努尔（尉犁）、恰克里克（若羌）和米兰三个绿洲。他们的子孙们世世代代生活在那里。

---

① 该传说是1991年6月30日在吐鲁番市葡萄乡由73岁的农民阿布都里·海米都力讲述的。

阿曼尼萨罕，是民间音乐大师，生活在古代莎车，熟悉多种音乐舞蹈。据文献资料记载，阿曼尼萨罕是叶儿羌汗国第二代国王拉失德汗的王后，音乐家，诗人。在国王的委托下，她主持了十二木卡姆的整理工作，做出了不灭的贡献。

古兰姆汗，是生活在伊犁河流域纯洁、真诚、勤劳、勇敢的姑娘代表。现在保存了古兰姆汗歌，流传很广，影响很深①。

七、英雄的形象

托玛丽斯（Tumaris）。按希腊史学家希拉多德著《历史》一书的记载，他是中亚塞种人的领袖。约公元前7世纪，她率领本部落，反抗波斯国王居鲁斯的侵略②。部分塞种人公元前后住在天山南北及塔里木流域东南。公元9世纪以后新疆塞种人融入了近代维吾尔族的民族成分③，退出了历史舞台。所以史学领域认为，托玛丽斯是维吾尔族先民之中流传的传说人物④。

九个姑娘，是至今民间流传着的传说中的姑娘形象。在和田有九个姑娘坟墓，当地人们常常来祈祷它并祈求幸福。喀什噶尔流域流传的《阿甫拉希雅夫和九个姑娘》传说，说阿甫拉希雅夫率领大军和伊朗国王作战去的时候，他的九个女儿带领妇女们包围首府，做出了重大的贡献。

昆都姊巴图尔（Qhunduz batur），是至今民间流传神话中的人物。据《昆都姊巴图尔》传说中的内容，她率领喀什的一批女性英雄奋起反抗亚历山大侵略者，推迟了其军队进入喀什噶尔边境的时间⑤。

叶儿羌王女，是古代传说中的英雄人物。据《情报的精髓》（Zubdätul ähbar，19世纪的克什米尔史学家毛拉那·艾布·穆罕穆德·艾山著）记载，亚历山大打到大叶儿羌边境，王女对他进行勇敢的反抗，拖延了侵略者的队伍前进⑥。

---

① 有关她的资料从1980年以来在新疆的各种刊物上发表多次。古兰姆汗歌谣至今流传，有关她的民歌和叙事长诗集也被保存下来的。

② 希拉多德著：《历史》，商务印书馆，1985年。

③ 周伟洲著：《关于维吾尔族族源问题》，见冯大真主编：《〈维吾尔人〉等三本书问题讨论会论文集》，138页，新疆人民出版社，1992年。

④ 《维吾尔古典文学史》第1卷（维吾尔文），81页，新疆教育出版社，2002年。

⑤ 该传说是喀什市人乌斯曼·卡斯木1975年7月讲述的。

⑥ 《叶尔羌文学》1981年1期，维吾尔文铅印，莎车。

奴儿阿拉努尔汗（Alanurhan），是喀拉汗朝汗王苏图克·博格拉汗的女儿。据说，她也参加了与玉阗佛教徒的战争。去世以后，人们经常想念她并崇拜她的坟墓①。

柯姊丽齐赫尼姆（Qhizilqi henim，即红红的太太），南疆几个地方有柯姊丽齐赫尼姆麻扎（坟墓）。疏勒县、英吉沙县、岳普湖县交界处的东部奥达木麻扎旁有柯姊丽齐赫尼姆麻扎，拜访奥达木的人先拜柯姊丽齐赫尼姆麻扎并祈祷。

> 据说，柯姊丽齐赫尼姆是苏图克·博格拉汗的勤奋勇敢的女儿。她扮成男子并与小伙子一起参加了反对玉阗佛教徒的战争。但是有一天，她突然受伤了，掉下了马，请求上帝后，大地突然裂开，她掉了进去②。

迈斯汗（Maysihan），是乌什县民间流传着的传说中的英雄人物。据说，她带领勇敢的姑娘们拿武器艰苦地反抗反动政府的剥削压迫和独裁统治，生活在约18世纪中期③。

挪兹古姆（Nozigum），是民间流传的女英雄代表。她生活在19世纪初期的喀什噶尔，约1928年参加了反抗清朝剥削压迫的制度。

> 挪兹古姆离开了家乡，留下两岁的孩子、年迈的父亲和尊敬的爱人，被押运到了伊犁，被逼做地主的小老婆，她绝对不同意这件事。有一次跑到了荒原，但是地方统治者抓住了她。第二次，她杀死了狠毒的地主，跑掉了。再次被抓到以后，当地的反动政府杀死了她。她也是民间诗人，从此，在民间流传着有关她的传说、歌谣及传记，影响深远④。

---

① 1970年以来民间搜集的资料。

② 喀什疏勒县哈拉普乡的库尔班·马木提1991年讲述的传说：《维吾尔民间传说》第3集（维吾尔文），新疆青少年出版社，1998年。

③ 该部传说是乌什县图尔逊·巴拉提1995年讲述的。

④ 有关她的资料从1980年来在新疆的各种刊物上发表多次。诺兹古姆的歌谣至今流传，有关她的民歌和叙事长诗集也被保存下来。另外伊犁诗人毛拉毕拉里（1825－1900年）1882年写成叙事长诗《诺兹古姆》。

八、伟人的形象

琼阿娜（Qong ana，即大娘，奶奶）。今维吾尔族之中琼阿娜有两种意思。一为奶奶，二为一个乡村（或者社区）的大娘之一。年龄大的，智慧丰富的，经验多的，自己卫生好的，地位突出的大娘常被自发选为乡村（或者社区）的琼阿娜。她经常指挥和处理乡村（或者社区）的妇女事务和社会工作。有的琼阿娜的形象流传在子孙心中，先辈们常常提起她的恩情，要求妇女和姑娘们学习她和以她为榜样。有的琼阿娜感人的传说故事流传至今。它的主要内容是表扬琼阿娜的功劳和为乡民们做出的贡献。

布婢阿娜（Büwi ana），今维吾尔族之中布婢（Büwi）是虔诚的妇女、敬神的妇女、毛拉（有一定知识的人）妇女的意思[①]。她主管乡村（或者社区）的宗教活动，朗诵《古兰经》或者主持祈祷灵魂的活动。布婢在维吾尔族社区很普遍。麦盖提县布婢的地位比其他维吾尔族社区的地位高。喀什噶尔疏附县有布婢阿娜坟墓（即布婢阿娜木麻扎）。据说，该麻扎的主人原来是毛拉妇女，是艰苦朴素的、勤劳能干的、真诚忠心的、纯粹正义的人物形象。至今喀什的妇女们经常集中在麻扎周围，朗诵《古兰经》或祈祷，祈求幸福，求子，期望摆脱苦恼和生活压力。有的史学家认为，Büwi 一词起源于古代维吾尔语 Bögü[②]。突厥汗国和回纥汗国使用过该词。它原来是萨满教的教长，含有有知识的、有智慧的、聪明的意义。突厥和回纥汗王常常被称为 Bögü 或 Bögühan（卜古或布古可汗）。

哈娃阿娜木（Hawa Anam），是至今在民间流传的女性人物形象。是艰苦朴素的、勤劳能干的、真诚忠心的、纯粹正义的人物形象。广大妇女非常尊敬她。年长的妇女们都向她的灵魂祈求幸福。

据说，天神首先创造了七层地和七层天，然后用土地创造了人，给他灵魂，用人的筋骨造出了哈娃阿娜木，让他们住在天堂并安家落户。但是他俩吃了禁忌的小麦，回到地上，开始了艰苦贫困的生活。在冰上生孩子，留下了人类，世界上所有的人都是

---

① 本书编写组编：《维吾尔语详解词典》（缩印本，维吾尔文），157 页，新疆人民出版社，1999 年。

② 魏萃一著：《维吾尔 bywi 一词的源流》，载《民族语文》，1984（4）。

他们的后代①。

布婢帕提妈（Buwi Patimä），是民间流传的好心的女人形象。女人们常常集中朗诵她的事业。布婢帕提妈原是先知穆罕默德的侄女，阿里之妻法蒂玛。布婢是形容词，意为尊敬的或者有知识和善良的法蒂玛。伊斯兰教什叶派称为“圣母”。维吾尔人信仰伊斯兰教以后，法蒂玛的形象进入了他们的生活，流传至今。

九、艺人和发明者形象

期曼古力（Qimän Gül）。民间流传的期曼古力的形象颇多。据喀什噶尔流传的传说，她是一个王女，创造了花帽②。据哈密人的传说，阿克塔什草原生活着巴斯提和期曼古力这对情人，他俩是非常真诚和纯洁青年，据说用他们流下的眼流浇灌的阿克塔什草原的松树至今还活着③。

古拉姆（Güläm），是至今在民间流传的《于阗地毯与古拉姆》传说中的形象。

> 相传，于阗国王有一位名叫古拉姆的女儿，她会鸟语。一天，一只鸟叫着，国王问谁听得懂鸟语。宰相说国王的女儿（公主）能听懂。公主翻译给父亲说：女人可以使国王变成穷人，也可以使穷人变成国王。国王非常生气，立即找了个贫穷的小伙子娶了公主。他俩去了森林，过日子。小伙子天天卖柴火，公主打线织地毯。过了好几年，他俩富裕了，也登上了王位。公主邀请国王并热情招待了他。国王看见女儿的生活，非常感动和高兴，下令称呼公主织的地毯为“Güläm”——古拉姆。

过了很长时间，“ Güläm”——古拉姆一词变成了“Gilām”——格拉姆④。现代维吾尔语称为Güläm——古拉姆。Güläm 有 Gül 和 äm 两个音，

① 阿布都热依木·艾比布拉著：《维吾尔族风俗志》（维吾尔文），422 页，新疆人民出版社，1993 年。

② 参阅《新疆艺术》，2000（2）。

③ 参阅《新疆日报》（维吾尔文），1996 年 11 月 26 日，该传说是阿不力孜搜集的。

④ 《于阗地毯与古拉姆》，参阅《新疆民间文学研究情报》（维吾尔文），1984 年 4 期。阿不力米提搜集的《于阗王女》，参阅《和田文史资料》第 1 集，1989 年维吾尔铅印本。

Gül 意为花，äm 有表达喜欢感情的附音，意为我的花。

固拉合玛（Gulahma），是至今民间流传着的传说中的人物。据《古丽汗阿娜与固拉合玛》传说中说：

很早以前，固拉合玛的女人来到了策勒县固拉合玛乡安家落户。那儿是非常美丽的地方，她在那儿建立了很好的营生。有一次，国王阿甫拉希雅夫来到那儿，固拉合玛人热烈地欢迎他。那时候，固拉合玛大娘做了一个烤馍，赠给了国王。但是烤馍拿不进大门，国王命令拆了大门。国王看到烤馍非常高兴，称赞大娘，从此，该乡被命名为固拉合玛①。

麦斯汗（Maysihan），最早发现盐的人物之一。据《苏普尔与麦斯汗》传说中说：

很早以前，吐鲁番有苏普尔与麦斯汗的一队牧人。他们去草原前，准备了东西。一天上山时，麦斯汗把部分熟肉放在石头上。苏普尔吃了一点儿，觉得非常香。他俩查了一阵，终于发现了石头有盐。从此，他们吃饭时混合盐的习惯就产生了②。

帕太姆汗，相传是发现治疗肺病的人。据《纳买提汗与帕太姆汗》传说：

很早以前，达克雅努斯汗王时期，喀什噶尔人们非常富裕，生活美好。但是，有一种好事之后，就有一件坏事。有一年，在国内流行了传染病，其中肺病非常严重，整个乡村的人都离去，但是九十岁的纳买提汗和八十岁的帕太姆汗夫妇留在该地。他们也得了病，因此不能干活儿，就采集野果和野植物，郊区的东西吃完了，他们就吃黄萝卜和芜菁，病情却越来越轻了。过了几年，部分乡民们回到家乡，看见他们还活着，感觉非常奇怪。从此，喀什噶尔人就有了得了肺病吃芜菁和黄萝卜的习惯③。

---

① 参阅买托合提搜集的资料，载《民族团结》，1994（1）。

② 参阅新疆大学1995级文学班学生美赫拉依搜集的资料，手抄本。

③ 参阅喀什疏附县英吾斯坦乡的热孜万汗·马木提1970年讲述的传说。

十、忠于爱情的形象

帕热汗（Pärihan，即仙女），是乌什县流传着的传说中美丽和忠心的形象。

> 帕热汗是艾力亚尔的妻子，艾力亚尔参加了保卫国家的队伍，后来牺牲了。有一个拜（富人）要娶帕热汗为小老婆，使了阴谋。帕热汗反抗他，不堪忍受的时候，帕热汗自杀了。第二天拜来到了帕里汗家，住所下面变成了没有底的源泉并把拜和他的弟子都冲走了。从此，乡村们非常崇尚该泉，在泉边种树并爱护它①。

阿娜尔汗，是至今在民间流传着的传说中的人物。

> 拜城县克孜尔千佛洞旁边有一条河，据说它是王女阿娜尔汗的眼泪流成的。古时候，温宿王召集了国中全部艺人，为王女的马做装饰品。其中有个叫努尔的小伙子，主动承担了制作的任务，使其他艺人得到了解脱。努尔完成任务时，宰相施了阴谋杀死了他。阿娜尔汗特别佩服努尔的技艺，也非常喜欢他。看到努尔死去，她非常伤心。最后用身体碰石头自杀了。从此，阿娜尔汗伤心的眼泪常常流，变成了河②。

赛乃姆，是民间叙事长诗和传说中的形象。《艾力普与赛乃姆》中的赛乃姆形象非常著名。

莱丽，是民间叙事长诗和传说中的形象，《莱丽与麦吉侬》中的莱丽形象非常著名。

希任，是民间叙事长诗和传说中的形象，《帕里哈提与希任》中的希任形象非常著名。

---

① 牛汝极著：《地名与新疆民间文学》，见《阿尔泰文明与人文西域》，325、326 页，新疆大学出版社，2003 年。

② 牛汝极著：《地名与新疆民间文学》，见《阿尔泰文明与人文西域》，323 页，新疆大学出版社，2003 年。

依梯木克姊（Yitim qhiz，意为寡女），是民间传说和民间故事中的人物。她非常聪明，勤劳能干，纯粹忠心。恶人经常欺侮她，小时候，经历了困难的生活，但是仍然坚持多做好事，得到贫困人的称赞。上帝也给她恩情和用不完的财富，最终达到了目的。

除上述以外，佐乎拉、祖莱哈等形象给人的影响也很深刻。

维吾尔族民间流传的神话传说中的女性形象确实很多，不同阶层的、各个时代都有的，这些形象真实地反映了当时的社会局面和人民生活状况。

十一、结　语

上述所提及的神话传说形象部分是原始时期（母系社会、父系社会、部落联盟社会）的，部分是奴隶社会时期产生的，部分是封建社会时期产生的。形象之中有神女、仙女、半神半人、酋长、王女、英雄、发明者、衷心的情人、老百姓等。有的是正面形象，有的是反面形象，这很可能是原始部族思维中善恶观与现代不同的表现。有的是受妇女非权时期的影响，有的神话色彩特别强，具有半人半神的特征，这很可能是母系社会的产物。此形象和图腾混合在一起的则表现了原始社会初期的情况。牙里马吴孜、斯合尔尕尔和妈斯她尼卡姆皮尔等几种特殊的形象，它们很可能是原来母系社会氏族的酋长。她们很聪明，也具有高度的技巧，但是到了父系社会的时候，她们丧失了自己的权利。因此，男人看不起她们，也传播谣言，毁坏了她们的信誉。在过渡到父系社会、奴隶社会和封建社会的神话传说的过程中，经过重新整理和修改，补充了反面的成分，这是自然的事。

神话传说中的部分女性形象是封建社会的产物，她们的现实性是突出的，基本特征和现实人相同。女性形象部分起源于维吾尔族先民之中，部分是阿尔泰语系民族共有的，部分是在文化交流过程中从其他民族泊来的。以神话传说的形象作为母系社会的图腾崇拜，父系社会的祖先崇拜，部落联盟社会的自然崇拜，原始社会后期出现的英雄崇拜和有些习俗观念等方面的探索和钻研具有高度的历史价值和学术价值。神话传说中的主人公具有强烈的民族性、独特性和审美性，维吾尔族神话传说中的女性形象是维吾尔族和其他阿尔泰语系民族的历史、文学、美学、伦理学、哲学的重要来源，维吾尔族神话传说中的女性形象，种类多，历史长，涉及范围广，性质独特，是古丝绸之路文化的主要精髓。

创世神话：原始初民的宇宙观

——柯尔克孜族创世神话探析

张彦平

世界上任何民族都有自己的原始宇宙观，也都有与之相伴生的创世神话。创世神话是所有神话中最普遍的主题，是原始初民解释宇宙天体形成、万物产生及演变的神话。柯尔克孜族创世神话蕴藏量非常丰富，它像一颗颗浑朴天然的珍珠一样散落在人民生活的底层，传承于牧场、山林之间。它向人们传递着这个游牧民族的先民们对于宇宙、社会、人生的独特思考和体验，它向人们述说着这个游牧民族的先民们面对五彩缤纷而又茫然莫解的外部世界所作的种种解释，并在这种解释之中寻觅自己。

纵观保留至今的柯尔克孜创世神话，大都较好地保存着古代神话的原始风貌。唯因如此，今天对它的探析，在我国少数民族神话的研究领域中，才具有普遍的意义。

一、创世者——野鸭鲁弗尔

柯尔克孜地处僻远，这里的人们自古以来过着择水草而居的游牧生活。在这样独特的生活环境和文化氛围中，产生、流传的创世神话《野鸭——鲁弗尔》，不但世世代代流传在人民的口碑之中，而且常被当代书面文学所引用。其神话传说梗概如下：

在远古混沌初始的时候，自然界并没有陆地，甚至也没有一粒尘屑。四周茫茫洪荒，一片汪洋……野鸭鲁弗尔，那时候独自在空中盘旋，找不到下蛋的地方。除了滚滚波涛，整个世界一无所有，甚至连筑窝的芦苇也没有。鲁弗尔只好落到水面上，它从自己的胸脯下啄下一些羽毛，筑了一个窝。自从有了这个漂浮在

> 水面上的窝以后，才开始形成了陆地。陆地逐渐变大，以后又逐渐出现了各种生物。①

毋庸讳言，这则创世神话在其漫长的流传中，无疑经过了后人多次修改，并悉心作过文字上的润色和藻饰，致使它带有一定的“文学化”色彩。然而，我们也不得不承认，它依然是原始性保存得比较好的一则创世神话。

（一）这则神话比较忠实地记叙了柯尔克孜先民有关宇宙初开时的混沌观念

研读这则神话时，我们再次领略到创世神话中，宇宙初开时混沌一片、天地不分的宇宙观念：“四周是茫茫洪流，一片汪洋。”除了滚滚波涛之外，整个世界既无飞鸟游鱼，更无人类活动的踪迹。有的只是天水相连、绵延无期的一片黑暗和空虚。这一景象是柯尔克孜先民对于一个人类不可经验的客体——史前宇宙的一种冥想。这就是构成世界上所有古老创世神话中最重要的共有因素——混沌观念。

混沌观念可见于埃及、印度、巴比伦、希腊、斯堪的那维亚、古代美洲及日本、中国等地区的创世神话之中。“混沌”就词源而论，偏旁从水，这一景象与水界联系甚密。它指的是漫无涯际的滔天大水笼罩下的幽暗、黑夜、虚空和无序。例如，在古埃及神话中，混沌景观说的是洪水，是化身为始初的瀛海（努恩）；美索不达米亚平原上的古代苏美尔人的创世神话，也是从世界被叙述成为无边无际的洪水这一景象开始的。混沌是指无底之海——阿布祖的形象。汉族盘古开天地的创世神话中，混沌景观是这样被描绘的：

> 天地还没有形成，它是清浊不分，混沌一片，恰似一个鸡蛋，盘古就生长其中，一日九变，经过了一万八千年的岁月，才形成了深邃的蓝天、宽广的大地，盘古也成为一个顶天立地的人。以后三皇才出现在这个世界上。

---

①［苏］艾特玛托夫著，王蕴忠等译：《艾特玛托夫小说集》（下册），422～423页，外国文学出版社，1981年。

在有关黄帝的传说中，他被认为是中华文明的起点，中华民族的始祖。因年代久远，其事迹虽渺不可考，然而混沌这一观念在其传说中依然显明地存在着。黄帝号“轩辕”，轩辕即殷代铜器铭文中的鼋，鼋是一个族徽，一个图腾，这个图腾的形象是一个人伏在革囊上渡河。黄河上游，至今仍有驾牛皮囊渡河的事，囊名浑脱，混沌。黄帝就是混沌，而混沌则是宇宙生成、哲学架构以至一切科学的开始。[①]

“天连水，水连天”这一宇宙原初时的混沌景观是构成远古创世神话共同的情节因素，它们在表现形式上有惊人的相似甚至相合之处。创世神话中的混沌景观，在阿尔泰及突厥神话研究领域中又多被称为“宇宙海”观念。这种大地萌生于洪水之中，又在水中飘浮的宇宙神话构思，为后出的阿尔泰语系中牛飞鱼、龟等神圣动物负地撑天神话的诞生提供了契机。

（二）野鸭——创世者朴实的物态化现象

几乎所有的创世神话中都存在着一种因果关系。这种因果关系又具有无限的连续性。前者为后者之因，后者为前者之果。沿循着因果关系上溯无穷，势必承认有一无因之首。哲学上称为“首因”，宗教学上称为“唯一的神”。它不是被创造出来的，而是原来就存在的。这一点是所有创世神话中最重要的结构要素，舍此，创世神话则无法完成。在神话中，“首因”的拟构与设想，也是创世神话中神创说和物创说的明显区别。若以柯尔克孜族的这则创世神话与其他突厥语族的创世神话比较，我们就更能真切地认识到这则神话中古代朴素唯物主义思想的遗存以及神话观念和神话形象在神话创作中的完美结合。

维吾尔族的《福乐智慧》中说：“我以真主的名义开始讲述，他创造了苍天、大地、日月和夜晚。”[②] 在另一则名为《女天神创造亚当》的维吾尔神话中也这样说：

> 真主创造了天神，女天神被真主赶到地球以后，就用地上的泥，捏了一个人，是个男的，真主向女天神捏的泥人吹了一口气，灵魂就进了泥人的身体，泥人有了生命，他便是亚当。女天神又用亚当的一根肋骨创造了一个女的，让她做了亚当的妻子，

---

① 庞朴著：《黄帝与混沌——中华文明的起点》，载《文汇报》，1992年3月10日。

② 优素甫·哈斯·哈吉甫著，郝关中、张宏超、刘宾译：《福乐智慧》第一章，民族出版社，1986年。

这就是夏娃。①

哈萨克族有一则名曰《迦萨甘创世》的神话，其中有这样的叙述：

远古时候，世界混沌一片，无所谓天，无所谓地，那时候只有创世主——迦萨甘。迦萨甘创造了天和地。尔后，他又寻思着给大地创造一些有生命的东西，还要给大地创造主人。迦萨甘在大地的中心栽了一棵“生命树”，“生命树”长大了，结出了茂密的“灵魂”。灵魂的形状像鸟儿，有翅可以飞。这时候迦萨甘用黄泥捏了一对空心小泥人，小泥人晾干以后，迦萨甘在他们的肚子上剜了肚脐窝，然后取来灵魂，从小泥人嘴巴里吹进去，一对小泥人倏然站立，欢腾雀跃。他们就是人类的始祖。②

从上面列举的创世神话中可以清楚地看到，任何创世神话的创作中都需要有一个创世者，它是创造世界的原始动力。这在世界各民族的创世神话中是非常普遍的。在我们上面所辑录的维吾尔、哈萨克创世神话中，创世者是神。与此不同的是，在柯尔克孜创世神话中，创世者的角色则是野鸭，“就是今天在我们头上成群飞翔的那种普通的扁嘴野鸭”。野鸭是自然界里实实在在存在着的一种动物，它是人类的忠实朋友。创世者——野鸭鲁弗尔这一朴实无华的形象，没有一点奇谲怪诞的色彩。在我们的心目中，它显得那样的亲切、自然，又是那样的淳朴和具体。它不像其他突厥语族中一些创世神话，过早地摆脱蛮荒的面貌，而被赋予更多的人形、人性和浓厚的伊斯兰宗教色彩。野鸭——鲁弗尔这则创世神话充分地显示了柯尔克孜民间文学特有的古老文化内涵和朴素直率的叙事风格。

二、大地的载体——牛和鱼

天地生成之后，大地仍在天水相连的宇宙海上漂游浮动，如何使它不被波涛汹涌的海水所吞没，于是就相应地产生了神物负地的构思。下面所录的柯尔克孜有关牛和鱼负地撑天的两则神话，就是对这种原始思维中的宇宙观所作的形象化解释。

---

① 张越、姚宝瑄编：《新疆民族神话故事选》，1页，新疆人民出版社，1989年。

② 张越、姚宝瑄编：《新疆民族神话故事选》，66页，新疆人民出版社，1989年。

A 神话：

天帝创造了七层宇宙，火神想要独占它，于是就燃起了熊熊的大火，日夜炙烤着大地。天帝令它住手，火神不从。气愤至极的天帝变成了一条硕大无比的青牛，用长长的犄角向火神进攻，火神败下阵来，乞求天帝在天上给自己留下一块地方，天帝答应了。从此，火神就住在天上。以后就变成了“太阳”。火神住在天上日子一久，它又想用烈火征服大地，于是天帝就又派冷神升到天上，以后它就变成了“月亮”。

天帝为了防止大地再次遭到火神的侵害，就把地球挂在自己的角上。它骑在一条大鱼的背上，在一条叫做“凯木”的大河上漂游。

B 神话：

在宇宙初开的一片汪洋大海中，到处弥漫着浓雾。在海的正中间只有一块石板，石板上有一头黑色的公牛，在公牛的犄角上载着大地。每当公牛疲劳的时候，就把大地从一个犄角移到另一个犄角上，于是便发生了大地震。公牛的呼吸一旦停止，世界末日也就到了。①

神话作为一种世界性的原始文化现象，它的许多形象和赖以生存的神话观念往往是多民族所共有的或极为相似的。神物负地的神话构思，几乎在所有的突厥语民族中间都有广泛的流传，如在维吾尔人中间也有这样一则十分相似的创世神话。

C 神话：

我们生活的地球是宇宙的一万八千分之一。造物主在创造地球时，先造了两条牛。牛角特别大也特别有力。一条牛白天用角撑住地球，一条牛则在晚上用角撑住地球。牛累了，腿一抖，地球就会发生地震。牛使性子一喘粗气，地球上就会刮起大风。牛

① ［俄］波塔宁：《西北蒙古志》第二卷《风谷篇》（俄文），彼德堡，1883 年。

伤心落泪时，地球上就会下起大雨。[①]

上述三则神话，从形态和体系上来看，同属神圣动物负地的原始神话。但由于不同民族或者同一民族处于不同的历史时期所形成的神话，就会有不同的细节和含义。这些都是神话自身长期面对不同的生存环境所作的适应和修正。

A和B两则神话，负地的是鱼和牛。它们都是立身于天水相连的汪洋大海之中或者遨游在宽阔的河流之上。无疑，这两则神话的构思都是产生在宇宙海的混沌观念之中，与浩渺水界的关系是甚为密切的，极富滨水民族的生活特色。写到此，我们有必要对柯尔克孜民族古代的生存环境作些回顾。叶尼赛河上游茂密的原始大森林是柯尔克孜民族的发祥地。在这片山脉纵横、湖泊交错、泱泱大河横贯全境的土地上，柯尔克孜先民过着以狩猎为主，辅以渔牧的生活。据此，我们似乎可以作出这样的推论：这两则神话是柯尔克孜的先民们在祖源之地——叶尼赛河畔完成的。它是对滔滔河水的神话化，同时也是对相去不太久远的民族历史和民族生活所作的曲折反映。因为宇宙海的观念，绝非是西迁后居于天山深处沙渍戈壁草原上的柯尔克孜后人所能构思出来的。但是，这两则神物负地的神话也并非所有的情节都是相合的。如在A神话中，硕大无比的青牛是骑在大鱼的背上的。在这里，鱼是大地的第一支撑者，而在B神话中，站在石板上的黑牛则变成了大地的第一支撑者。大地的支撑者由鱼向牛的演变，绝非是柯尔克孜先民无缘无故的臆想。我们有理由认为这是神话为适应外界环境的变化所发生的谐振式变异。从历史背景来看，A神话是柯尔克孜先民们渔猎生活的反映，有着浓郁的自然崇拜色彩。鱼之所以成为大地的支撑者，是因为鱼类不仅是当时人们的重要生活来源，而且也是祈求丰收和人类自身繁衍的一种象征物。这一点为考古发掘屡屡证明，如在北高加索、格鲁吉亚、西伯利亚和北部蒙古都出土过在公元前2000年左右制造的高五米的石鱼，一般认为这是水神兼丰收神的造像。[②] 而鱼在神话中成为世界的基座，大地的第一支撑者不恰好透露着先民对鱼的崇拜和祈求的心理吗！

随着生产力的不断提高和生产方式的不断改善，6～8世纪时，柯尔克孜地区已由原始的渔猎经济完成了向畜牧业生产的过渡。家畜的饲养、牧放已在整个经济生活中占着主导地位。是时，柯尔克孜地区蓄养的家畜有

---

① 新疆阿图什市文化局编：《阿图什地区神话、故事辑编》（维吾尔文），喀什日报社印刷，1993年。

② ［苏］A. B. 阿尔茨霍夫斯基：《考古学通论》，563页，科学出版社，1956年。

马、牛、羊、驼等。“马至壮大”，“牛尤多”①。牛在黠戛斯地区居于突出的地位。对柯尔克孜先民来说，牛不仅是创造财富的生产资料，同时又是赖以活命的生活资料。段成式的《酉阳杂俎》中曾有这样的记载：黠戛斯先人“所生之窟，在曲漫山北，自谓上代有神与牸牛交于窟”。在这里，牛由牧业生产的重要对象一跃而为人类的“血亲”和“先人”。如果说一种特定生产、生活方式的确立，必定引起文化上发生相应变异的话，那么，柯尔克孜原始创世神话中，负地神物由自然鱼而向家畜牛的演变，不仅是顺理成章的，而且也从一个侧面显示了柯尔克孜创世神话在口传中由自然崇拜向祖先崇拜的演化脉络。

三、三界、四极与天柱、天道

柯尔克孜神话对宇宙天体的演化和它们的总体结构等宏观世界进行了探索，并作了生动的描绘和解释。当然这一切都绝非科学的回答，它与宇宙起源的真正事实是毫无关系的。但这些神话已成为我们追溯这个民族原始思维和文化的重要途径。

柯尔克孜先民充满幻想的原始思维，他们把大地分为“四极”，又把宇宙分为“三界”。所谓“四极”，就是把大地想像成为四角形水平向的宇宙模式。与“中央”相对应，又把大地分成“四极”或“四域”，分别称作“东”、“西”、“南”、“北”，四极之外就是洪水滔滔的宇宙海。这一大地四极结构图式，在《玛纳斯》中多有遗存。如在称赞玛纳斯的座骑——阿库拉骏马时唱道：“苍茫大地，遥遥四极，阿库拉只要跳四下，瞬间就会踏在蹄下。”②

而“三界”，则是垂直向的宇宙三分制模式，即“颠额尔（神灵）居住的天界”、“妖魔隐藏麇集的地界”和“人类居住的中界”。“天分三层”、“地分三层”，整个宇宙共有“七层”。宇宙的整体架构，犹如一座用木栅搭起的毡房一样，沉甸甸的天幕，原来是压在地上的，后来是巍峨的高山把天撑起。故高山在柯尔克孜神话中有“天柱”之称。天柱的观念是这样被形象化和细节化的：“远古，天与地是重合在一起的，是高山将

① 《6~8世纪鄂尔浑—叶尼赛突厥人的社会经济制度》，转引自《柯尔克孜族简史》，新疆人民出版社，1986年。

② ［吉尔吉斯］吐尔都巴依·阿不迪阿洪诺夫著：《神驹阿库拉》（柯文），阿拉陶，1987年。

天撑起来的”。“大地四周都是万仞的高山，它的上面顶着天，下边靠着地”。《玛纳斯》在序诗中，就引用了这样一则神话来颂扬玛纳斯：“你是从撑起苍天与大地的天柱中，孕育而生的。”①

柯尔克孜神话中的“三界”说，具有与其他民族迥然不同的鲜明特色。它的天界绝无汉族神话中“天庭”、“天宫”那样的富丽堂皇，而地界也没有但丁笔下“地狱”、“炼狱”那样的阴森可怕。它在很大程度上保持了原始社会解体时的社会特征，那里的天上和地下更多的则是部落族长制度下草原游牧文化的诸多景象。柯尔克孜神话中的地界称为“KΘNKAЛ”，原意只是指环球大山以外的，远离人间的僻远地区。这是一种非常古老的神话观念，并且和原始的萨满信仰有着密切的联系。在阿尔泰语系中不少的民族原来的“地界”观念就是指宇宙的边隅，瀛海（宇宙海）之滨的化外地带。无独有偶，在古老的斯堪的纳维亚神话中，寒霜巨灵（相当于长辈神）就住在“地界”，这一空间指的就是位于地之极隅，宇宙海近侧的奇寒地带。柯尔克孜及相邻而居的北方诸游牧民族其“地界”观念和萨满河的神秘信仰有着千丝万缕的联系。在他们的神话观念中，西伯利亚的几条大河，诸如叶尼赛河、勒拿河其功能和宇宙树一样都具有神秘性——河源处可与天界相通，而入海处则与“地界”相连。后来，随着历史的发展，“地界”才逐渐转意为“地的下方”。地界里常住的是恶魔、毒龙、巨人、黑色的巨鸟及其他精灵。这些景物在柯尔克孜神话叙事诗《艾尔·托希图》中有较多的描绘。如住在地下的“九头女妖”，“嘴上长角”，“屁股上捂着一块毡子”，“骑的是骚库——捣碎奶干的木臼”，“马鞭则是捣奶干用的木棍——骚克必来克”，“马镫是两个突特卡乞——端碗时用的毡垫子，手中的武器是炒青稞用的木棍——库尔吾乞”。这些地下的精灵经常到地上危害人畜，侵袭世人的宁静生活。

“天界”里住的是阔克·颠额尔——天神、阿依·颠额尔——月神、昆·颠额尔——日神等众多的神祇。有趣的是，在柯尔克孜创世神话中，天上的神灵也未能超凡脱俗，他们也和草原上的牧人一样过着操鞭赶羊的游牧生活。天上的一切都是以人间的景象为底样来进行构思的。俄国哈萨克学者瓦里汗诺夫19世纪中叶在柯尔克孜地区曾采录过这样一则神话：

天上众多的神祇中，有个叫玛凯依和一个叫玛库尔的，他们终日牧放着畜群——数也数不清的云朵。每天他们都要操着皮鞭

① ［吉尔吉斯］沙恩巴依·奥洛夫巴科夫著：《〈玛纳斯〉演唱变体》（柯文），伏龙芝，1984年。

赶着羊群去远处饮水。世间听到的雷声就是两个神灵赶羊时的鞭声和吆喝声。有时长鞭抽断了梢，人们就会在天幕上看到一道道的闪电。

在柯尔克孜人古老的宇宙观中，上、中、下三界之间并不存在一条不可逾越的鸿沟，而是互通的。连接人间与天上的纽带是天梯。天梯顾名思义是宇宙间的阶梯。这一虚构的神奇之物是由两种自然物充当的，一是耸入霄汉的高山，二是参天之巨树。高山是天柱，是天与地联结的纽带，这一观点在上面已经谈到，不再赘述。至于柯尔克孜民族对树林、巨树、孤树的崇拜及其祭祀仪式，则是这个民族创世神话中不可缺少的内容，也是他们最原始的观念之一。

柯尔克孜人世代崇拜树木，他们认为树木是氏族祖先灵魂栖息之处，同时也是天界神灵下到中界时驻足的神圣场所。故树木是今人与祖先、天上与人间的联结者。这些原始观念在英雄史诗《玛纳斯》中都比较完整地被保存下来。

我国著名玛纳斯演唱大师居素甫·玛玛依所演唱的《玛纳斯·诞生篇》中有一段祈子故事。故事中的祭祖仪式就直接产生于原始社会中树木崇拜及天梯观念。这一祈子故事由三个相互关联的情节组成：无子的烦恼；到密林中去做额尔木（古代柯尔克孜人的祈子仪式）；玛纳斯之母绮依尔迪在林中怀孕。故事中玛纳斯的父母为了祈子而到树木葱笼的林中举行祈子仪式，他们之所以作出这样的选择，绝不是为了满足唯美情感的需要，而是在这种古老的宗教仪式后面，还潜隐着一种对林木的原始神秘观念——祖先崇拜。他们把林木看成自己的祖先，把林木视为祖灵栖息的神圣场所，同时林木又是祖灵鸟化升天的必经通道。它是今人与祖先、人间与天上联系的纽带。

林木在柯尔克孜先民的前逻辑思维中，不但是祖先葬身之地，同时也是祖先灵魂鸟化升天的神圣通道。除此而外，它还是神灵往返于天上、人间的驻足之处。例如“乌买娘娘”是古代柯尔克孜人最普遍信奉的神灵之一，在《墩欲谷碑》中把乌买女神与天神同列，他们认为乌买娘娘掌管着人类的生育和性别。她既是灶火的保护神，又是子孙后代的保护神。直到现在，在柯尔克孜人中间还广泛地流传着乌买娘娘给婴儿“治病”、“吃药”、“洗脸”等神话传说。就是这位以赐福送子为己任的生育女神，历来和象征繁殖与生命力的树木有着割舍不断的联系。她就经常驻足于树梢和浓密的树叶之中。在另一则名为《契那尔巴依》的柯尔克孜神话传说中，也有类似的情节。从上面的神话和传说中不难看出，巨大的杨树和胡杨显然不是普通的林木，在柯尔克孜先民的心中，是赐福给人类的生命之树，是栖息生育女神的神秘之树，同时它也是神祇上天下凡必经的神圣通道。

原文刊载于《西域研究》，1995（3）

论柯尔克孜族的《四十个姑娘》

胡振华

几乎每个民族都有关于本民族起源和族名来源的神话故事，柯尔克孜族关于本民族起源和族名来源的神话故事有好几篇，其中以《四十个姑娘》的神话故事最为普遍，在《元史·西北地理志》里也有文字记载。

1953年，我从中央民族学院语文系毕业留校工作。当年冬天，为学习、调查我国新疆柯尔克孜语言及征求柯尔克孜人民对文字创制的意见，我被派往帕米尔高原及天山南北柯尔克孜族地区。1954年5月，我在新疆特克斯县库克特列克区调查时，第一次听到有关柯尔克孜来自《四十个姑娘》的神话故事。我把它记录了下来，翻译成汉语，并发表在1955年中央民族学院发行的名叫《学习园地》的一期院报上。这大概是我国第一次在报刊上用汉文介绍的《四十个姑娘》。

后来，我多次去新疆柯尔克孜地区调查，又多次听到过《四十个姑娘》。1956—1958年，我国对少数民族社会历史进行了大规模的调查，我应邀参加了一段时间的柯尔克孜族社会历史的部分调查工作。调查组成员、柯尔克孜族学者安尼瓦尔同志又记录、翻译了几个有关柯尔克孜起源的神话故事，其中也有《四十个姑娘》，后来刊登在1987年新疆人民出版社出版的《柯尔克孜族社会历史调查》一书中（见该书第7页）。

1960年夏，我和柯尔克孜族沙坎·吾买尔老师一起带中央民族学院语文系柯尔克孜语专业的同学们去新疆实习。实习中，我们于1961年和地方上的同志们合作记录、翻译了我国《玛纳斯》演唱大师居素普·玛玛依演唱的史诗《玛纳斯》。有趣的是，在居素普·玛玛依演唱史诗《玛纳斯》时，一开头，他就讲述了《四十个姑娘》的神话故事。当时，这一部分正好是由我翻译的，迄今我手中还保存着那时的译文原稿。后来，1961年11月以新疆维吾尔自治区《玛纳斯》工作组的名义，作为内部资料分两册铅印了汉文译稿《玛纳斯》第一部。《四十个姑娘》也在这本书中印了出来（见该书第1~7页）。

从1978年12月8日到1979年11月底，我们又从头开始补记文革中“已经丢失”的《玛纳斯》材料，请居素普·玛玛依老人演唱《玛纳斯》，其中他讲述了有关柯尔克孜族起源的三个不同的神话故事，比1961年多讲了两个，第三个就是《四十个姑娘》。我们把记录的柯尔克孜文《玛纳斯》第一部分作四册油印了，《四十个姑娘》包括在这一部分，共二二八行。①

毛星主编的《中国少数民族文学》一书中介绍柯尔克孜族文学时简略地提了一句“还流传着关于汉地四十女和乌斯（乌古斯人）男子通婚发展成一个民族的说法”（见该书上册第319页）。

在20世纪80年代，由新疆人民出版社正式出版的柯尔克孜文《玛纳斯》第一部及其汉文译本中，一开头的《四十个姑娘》这一部分都在整理时给删除了。在过去前苏联出版的吉尔吉斯文《玛纳斯》的开头，的确也没有出现《四十个姑娘》这一部分，但我国《玛纳斯》演唱大师居素普·玛玛依，为什么要在前后两次都要在《玛纳斯》的开头演唱《四十个姑娘》这一部分呢？这是不是居素普·玛玛依老人家唱本的一个特点呢？值得我们研究者深思！史诗《玛纳斯》正式出版时对原始记录稿进行一定的整理是必要的，但柯尔克孜族民间文学中的《四十个姑娘》还应视作非常有学术价值的珍品来研究。民间文学作品的学术价值不仅表现在文学方面，而且它常常成为历史学和民族学的宝贵资料。早在1956年，全苏科学院出版社出版的《吉尔吉斯考古民族学调查文集》（TrudyKirgizskoj Arxeologo – Etnograficheskoj Ekspeditsii 俄文）第一册中，就发表了雅·尔·维尼考夫（Ya. R. Vinnikov）撰写的题为《吉尔吉斯斯坦南部地区吉尔吉斯人的部落组成和分布的调查报告》，他在这篇调查报告中介绍了《四十个姑娘》（见该书的第140页）。在我国，1981年民族出版社出版的杜荣坤和安瓦尔撰写的《柯尔克孜族》一书中，对《四十个姑娘》的内容也作了简要介绍（见该书的第2~3页）。不论是散文体的，还是诗歌体的《四十个姑娘》，人们听了都会说：“这的确是一篇神奇动人的神话故事！”学者们听了都感到它具有很高的学术价值。下面我就简要介绍《四十个姑娘》的内容：

相传在一个名叫普舍维尔 Pshevir（居素普·玛玛依的唱本中为“克什米尔” Keshmir）的地方，住着兄妹二人，哥哥名叫沙满素尔，妹妹名叫阿娜勒，兄妹相依为命，互相照顾。有一天晚上，沙满素尔为了弄清妹妹天黑以后常常离家前去的地方，便在

① 见柯尔克孜文油印本《玛纳斯》第一部第一册，第6~11页。

妹妹身后悄悄地跟着，沙满素尔发现：妹妹原来是到离普舍维尔不远的一个山洞里和一群青年人玩耍。哥哥也跟着玩了一整夜。这件事被管着普舍维尔的国王知道了，国王便给他们兄妹二人加上了伤风败俗、乱伦的罪名，派人把兄妹二人抓来。国王先让人把哥哥沙满素尔绑起来，周围堆起了很多树枝，然后点着了树枝，说是要烧死沙满素尔。瞬间，燃起了熊熊大火。沙满素尔在烈火中高喊："阿娜勒'哈克'（波斯语：清白），满纳木（波斯语：我是）'哈克'（清白）！"这时，妹妹阿娜勒也高喊着："我们是清白的，我们是冤枉的！"然后跳进了大火中。他们兄妹二人被烧死后，骨灰被倒进一条流经王宫的小溪里。兄妹二人的骨灰在水里变成了水泡儿，还不时地发出"阿娜勒哈克，满纳木哈克！"的声音。国王的四十个女儿（有的变体说是四十个宫女）听见声音，非常好奇，便跑到小溪边，个个都用手捧起水来喝了几口。过了不久，公主们都怀孕了。国王知道后更是大怒，但又舍不得杀死或烧死自己的女儿们，便把她们统统赶了出去。其中，三十个女儿向右走进了深山里，十个女儿向左走到靠近农村的地区。后来，这四十个姑娘都生下了孩子。三十个姑娘的后代称为"奥土孜吾勒"（三十个儿子），或称"色尔特勒克"（外边的）；十个姑娘的后代称为"窝恩吾勒"（十个儿子），或称"依其克里克"（里边的）。

我们应当怎样认识柯尔克孜族的《四十个姑娘》呢？

第一，要区别"族源"与"族名"这两个术语的概念。族源是讲一个民族的来源，讲一个民族的形成。族名是讲一个民族的名称，包括自称、他称、简称等。所以，族源与族名不是一回事，但也有民族，其族名与族源是有某些关系的。在每个民族的民间文学中都有关于本民族族源和族名的说法。民间关于族源的说法和关于族名的说法，与族源及族名一样，也不是一回事。笔者认为，柯尔克孜族的《四十个姑娘》是关于"柯尔克孜"这个族名的神话故事，而不是关于柯尔克孜族源的神话故事。族名"柯尔克孜"（QYRGHYZ）在柯尔克孜语中非常巧合的是与"四十个姑娘"的发音很接近，"QYRQ QYZ"，读快了，真的就读成了"QYRGHYZ"。

第二，《四十个姑娘》向我们展示了柯尔克孜民族是一个历史非常悠久的民族。众所周知，人类社会在古代是经历过母系社会的。这个神话故事反映了母系社会人们的婚姻状况。这就说明柯尔克孜族的《四十个姑娘》也是非常古老的，是非常有学术价值的民间文学作品。它的学术价值远远不限于文学方面，而更有着历史学和民族学的重要价值。

第三，《四十个姑娘》中讲到水，讲到山。姑娘们喝了小溪里的水怀了孕，怀孕后被国王驱赶到了深山。可以说柯尔克孜族离不开山和水，柯尔克孜族的历史也是如此，他们历史上长期在高山、草原等水草丰盛的地方过着狩猎、游牧生活，对山和水的感情是深厚的。记得我于1953年初冬到新疆柯尔克孜地区学到的第一句谚语就是有关山和水的："Tooqyrghyzdyn atasy, Suu qyrghyzdyn enesi（山是柯尔克孜的父亲，水是柯尔克孜的母亲。)"从这里，我们也会比较容易地理解人类在古代社会对山和水的崇拜了。

2003年9月，我有幸作为中国代表团的成员，应邀出席吉尔吉斯斯坦共和国举办的第二届世界吉尔吉斯人代表大会。大会是在热湖北边的避暑胜地巧勒潘·阿塔的玛纳斯宫举行的。在开幕式那一天的晚上，又隆重举行了一个祭祀仪式，由著名作家成吉思·艾依玛托夫朗诵了赞美阿拉套山和热湖（依塞克库勒湖）的诗篇，其后大家又去热湖边洗手、净面、漱口，感激山、水的恩情和祈祷山、水继续保佑国泰民安。这时，我仿佛又看到了《四十个姑娘》对柯尔克孜（吉尔吉斯）人民的深远影响。

在《四十个姑娘》中，我们也看到了这个神话故事在流传中，受到过波斯及伊斯兰文化的影响。其中的人名都是来自伊斯兰教相关的名字。"清白"一词也是波斯语。关于这一方面，都值得我们进一步深入研究。

哈萨克神话传说里的波斯成分

毕　桪

波斯神话在中亚、西亚各地许多民族中间都有重要影响。它在哈萨克以及其他一些突厥语民族中间的影响也是显而易见的。这里，先从哈萨克民间一则有名的故事谈起，一些翻译者通常把这则故事的名称翻译成《青牛》。

故事的大意是说，一个人有两个妻子，她们各生了一个女儿。小老婆和她的女儿受尽了大老婆及其女儿的虐待，以至于小老婆最后被虐待至死。小老婆的女儿没了母亲，从此更是受尽折磨。多亏她放牧的牛群里有一只青牛百般呵护着她。青牛每天都在牧场上吐葡萄干和杏干给她充饥。大老婆发现这个秘密以后决心杀死青牛。青牛预感到将遭不测，就嘱咐小老婆的女儿，在它死后把它的四只蹄子、两只犄角、胃、肚子、舌头和一两庹长的肠子偷偷挖坑埋起来，三天后再把坑挖开。小老婆的女儿按照青牛的嘱咐做完了一切，等三天后挖开坑一看，竟发现坑里有一双漂亮的靴子，一件长衫，一顶皮帽和一块纱巾。她拿出这些东西，穿戴打扮了一番，漂亮极了。有一天，当她在放牧时悄悄穿戴打扮起来的时候，牛群有一头牛受惊了。为了追赶这头牛，她不小心跑丢了一只靴子。后来，她竟因为这只丢掉的靴子而改变了命运，获得了幸福。① 故事最后则以心地龌龊的大老婆及其女儿遭到惩罚而结束。②

---

① 《哈萨克民间故事集》（哈萨克文），新疆人民出版社，1980 年。汉语译文见银帆编：《哈萨克民间故事选》，上海文艺出版社，1986 年。

② 这则故事在哈萨克民间还有一个变体，名为《两个孤儿》。它们的重要区别是，在《两个孤儿》里，受欺负而后又改变命运的是兄妹两人，并且帮助他们改变命运的是“公羊”而不是“青牛”。见《哈萨克民间故事》（哈萨克文），新疆人民出版社，1981 年。

这则故事里的“青牛”，其原文“KÖK SƏJƏR”是“牛”的意思。而“KÖK”一词既指天空，也指天空与大水之蔚蓝，以及一切青色和深绿色。按照后一个意思把“KÖK SƏJƏR”直译为“青色的牛”或“青牛”似无不可。但是，世界上恐怕不会有蓝色、青色或深绿色的牛吧。“KÖK SƏJƏR”的出现大概同某种信仰有关。哈萨克民间传说，宇宙之初为茫茫大水，世界便源于这大水，而天则为水之源头。天和水成为人们所崇拜的对象。“KÖK”既然指人们所崇拜的天以及天空与大水之蔚蓝，那么作为颜色“KÖK”也就成为高贵、神圣之色，并且是生命之色，象征生机勃勃。就是说“KÖK”无论指颜色，还是指蓝天，都是神圣的。在鄂尔浑叶尼塞碑铭文献里，腾格里①之前便冠之以“KÖK”②一词，意为苍天、天神，是为神灵。《乌古斯传》在描写神秘诞生的乌古斯的形象时，说乌古斯的脸是“青的 KÖK ƏRDI”③，意在表明他是顺天意而降的神之子，而引领着他无往不胜的狼为“苍狼 KÖK BÖRI”④，也意在表明那是秉承天意而降临人世的神狼。古代突厥人还自称“KÖK TYRK”⑤，通常译为“蓝突厥”，其实是指强大而不可战胜的、神圣的、高尚的突厥，象征突厥同天、同神的关系。此外，民间又有“牛为水之造化”一说。因此前述故事里的“KÖK SƏJƏR”便应是“天牛”、“神牛”。正因为如此，它才能以自己的神力，在冥冥中帮助那受苦受难的女孩子得到幸福。

在《青牛》故事里，描写牛具有神性，这是有神话根据的。从哈萨克民间搜集到的一则神话材料里就说：“……地才被创造出来的时候总是摇摆不定，上帝就创造了巨大的神牛（KÖK SƏJƏR），把它安放在牛角上支撑着。有时，地在一只牛角上的时间太长了点儿，在它快要滑落下去的时候，牛就要动动头，把它搞平稳，地震也就在这时发生了。”⑥

在另一则材料里是这样说的：“大地是驮在神牛（KÖK SƏJƏR）的一只犄角上，当它一只角累了，要把大地换到另一只角的时候，就发生地震了。”⑦

---

① 腾格里，指人的肉眼所能见到的天空和人们信仰中的天神。

② 参见耿世民译：《突厥文碑铭译文》，见林幹著《突厥史》，内蒙古人民出版社，1988 年。

③ 参见耿世民译：《乌古斯可汗的传说》，民族出版社，1980 年。

④ 参见耿世民译：《乌古斯可汗的传说》，民族出版社，1980 年。

⑤ 参见耿世民译：《突厥文碑铭译文》，见林幹著《突厥史》，内蒙古人民出版社，1988 年。

⑥ 参见满都呼主编：《中国阿尔泰语系诸民族神话故事》，民族出版社，1997 年。

⑦ 哈山·阿布什编：《民间天文学》，新疆人民出版社，1981 年。

还有一则材料里说得比较详细："……起初，天在上，凝然不动；地在下，不大甘心，总是摇晃不定。迦萨甘拉来了一条硕大无比的青牛（KÖK SƏJƏR），把地固定在牛的犄角上。大青牛天生犟脾气，只愿意用一只角支撑，地仍然不时地晃动。尤其每逢大青牛将大地从一只角换到另一只角上去的时候，大地就震荡起来，发生强烈的地震。"①

哈萨克通常把他们大规模牧养的牲畜统称"四畜"。在传统社会的观念里，"四畜"的排列顺序是马、驼、羊、牛。牛被列在最后。在民间，人们认为只有马可以通神，是有灵性的。例如，在传统上，每年春天牲畜转场的时候，包括牛在内的其他牲畜都应通过火净仪式，以驱除邪祟与污秽，唯独马不必经过这样的仪式，因为人们相信马本身所具有的神性就足以驱邪避邪了。哈萨克民间似乎也不见崇拜牛的遗迹。而且一般来说，农业民族盛行崇拜牛，牧业民族盛行崇拜马。那么，牛又为什么在具有游牧业生产悠久传统的哈萨克民间成了神圣物，并且出现在创世神话里呢？原来，以上所引哈萨克神话最初源于古代波斯："我们赖以生存的大地不是固定不动的。在大地的下边有一头力大无比的牛，它骑在一条巨大的鱼上，牛用它的一只角支撑着大地。鱼在无岸无涯的大海里来回游弋，从来不知道疲倦，可是用角顶着大地的牛却有累的时候。牛觉得累时就把大地从它的一只角换到另一只角上，就像人一条腿站累了就会换另一条腿。牛每次这么换角的时候大地就会发生摇摆和震颤，这就是地震。"②

按照古波斯神话里的另一种说法，神牛是主神霍尔莫兹德（即袄教的主神阿胡拉·玛兹达）为帮助人间消灭战争而创造的，并且由霍尔莫兹德派往人间。③ 但又说神牛是霍尔莫兹德创造的大地上第一只动物。它站在大地中央的维赫黛提河边，像月亮一样闪着银光。④ 据说，"（霍尔莫兹德）曾从天边的光明中炼取了一团碳火一样的物质，又把这团明亮的火捏塑成一个有头颅和手足的巨人。霍尔莫兹德便用它创造出万物的世界……巨人

---

① 尼合买德·蒙江尼著：《迦萨甘创世》，载《新疆民族文学》，1982（2）。该材料不见哈萨克语原文。但"迦萨甘"显然是译自哈萨克语的"ʤASABAN"，但该词来自动词"ʤASA"，意思是"创造"、"建设"，而"ʤASABAN"在这里是表示抽象的"造物主"、"创造者"概念，并不是具体的神名。因此本人曾将"迦萨甘"意译为"造物主"。见满都呼主编《中国阿尔泰语系诸民族神话故事》，民族出版社，1997年。

② 薛克翘、张玉安、唐孟生主编：《东方神话传说》之唐孟生主编第一卷《希伯来、波斯伊朗神话传说》，北京大学出版社，1999年。

③ 薛克翘、张玉安、唐孟生主编：《东方神话传说》之唐孟生主编第一卷《希伯来、波斯伊朗神话传说》，北京大学出版社，1999年。

④ 薛克翘、张玉安、唐孟生主编：《东方神话传说》之唐孟生主编第一卷《希伯来、波斯伊朗神话传说》，北京大学出版社，1999年。

的右手化为牛。这是一头高五奈、宽五奈的白色母牛，像月亮一样闪着银色的光芒。它是大地上的第一只动物，是所有动物的母亲”。[①] 还说，神牛是雨水之神、天狼星提施塔尔行云播雨第二十天时的化身。古波斯巴列维文典籍《班达希申》（《创世纪》）里还说，“（主神阿胡拉·玛兹达）造万物，首先造天，天体业已造成，继而造水……造水之后，继而造地，地呈圆状，悬于天的中央……嗣后，他又造地下和山中的矿产，后来从地下升起和增长……地下为水所充溢……第四造植物……第五造……牝牛……他并以光亮和水分造人和牝牛之种……”[②] 如此说来，哈萨克民间的“青牛”（神牛）和“牛为水之造化”一说也同古波斯的神话有直接的联系。

在哈萨克民间，人们对于古代波斯神话是不陌生的。例如，波斯神话里提到“创世者阿胡拉玛兹达用它自身的光辉和无限时（楚尔凡）的祝福创造了天地万物”。“主神阿胡拉·玛兹达是最伟大的智者，他统治一切，他是全能的，是神中之神，以他的名义，并从他单一不可分的自我存在中创造了‘丰饶’”。波斯神话里还特别说到，阿胡拉·玛兹达“创造人是为控制创造物，以促进自己意愿的实现”。[③] 哈萨克族的神话材料里也有类似的一些说法，“迦萨甘用自身的热和光又创造了太阳和月亮”；还说上帝创造人是为了管理地上的生灵，“当时的大地是空旷无边，寂然无声，什么也没有，迦萨甘寻思着给大地创造一些有生命的东西，还要给大地创造主人”。[④] 波斯神话里提到了所谓的生命树：“草木的佑护神化为万果树，在万果树旁边，生长着神奇、不朽的古卡恩树；这是一棵维系着人类复活希望的生命树”。[⑤] 哈萨克神话材料里也有关于生命树的叙述。[⑥] 波斯神话里说，恶魔从深渊中升起，企图毁灭阿胡拉·玛兹达创造的一切。于是以光明之神阿胡拉·玛兹达为首的日、月和十二个星座组成善神一方，以黑暗之神为首的另外七个行星组成恶神一方，展开了光明与黑暗，善与恶的斗争。[⑦] 哈萨克的神话材料里则说“自从大地上有了人类和万物，便呈现出

---

① 薛克翘、张玉安、唐孟生主编：《东方神话传说》之唐孟生主编第一卷《希伯来、波斯伊朗神话传说》，北京大学出版社，1999 年。

② 转引自［美］塞诺克雷默著，魏庆征译：《世界古代神话》，华夏出版社，1989 年。

③ 以上均引自［美］雷蒙德·范·奥弗编，毛天祜译：《太阳之歌——世界各地创世神话》，中国人民大学出版社，1989 年。

④ 以上据尼合买德·蒙江尼著：《迦萨甘创世》，载《新疆民族文学》，1982（2）。

⑤ 薛克翘、张玉安、唐孟生主编：《东方神话传说》之唐孟生主编第一卷《希伯来、波斯伊朗神话传说》，北京大学出版社，1999 年。

⑥ 转引自［美］塞诺克雷默著，魏庆征译：《世界古代神话》，华夏出版社，1989 年。

⑦ 以上均引自［美］雷蒙德·范·奥弗编，毛天祜译：《太阳之歌——世界各地创世神话》，中国人民大学出版社，1989 年。

一派生机勃勃，无限美好的景象。这时候，巨型恶魔黑暗……从天外偷偷闯进来，把大地笼罩得一片漆黑，它用各种灾害、疾病威胁大地的主人和一切生物；尤其可怕的是，它还用死亡大量地残害生灵，使人类陷入了惊恐和不安之中。迦萨甘见恶魔如此凶残……立即派遣太阳和月亮去征战恶魔……太阳和月亮……欣然接受了迦萨甘的旨意，承担了抗击恶魔、拯救人类的重任……由于恶魔来势凶猛，搏斗十分艰苦激烈……因为有迦萨甘的佑助，太阳和月亮便日以继夜而且更加无所畏惧地追逐和驱赶恶魔。黑暗——恶魔十分害怕迦萨甘，对太阳和月亮的穷追不舍也心虚胆寒，总是东躲西藏……"[①] 光明与黑暗的斗争是琐罗亚斯德教的基本教义，也是波斯宗教神话的基本内容，哈萨克神话材料里所反映的光明与黑暗的斗争无疑来自波斯的宗教神话，尽管它们并不是以阿胡拉·玛兹达的名义，而是以迦萨甘（ʤASABAN 或是 ʤARATQAN）的名义来叙述的。

波斯神话在哈萨克民间的影响是很深广的。哈萨克幻想故事里有一个十分强大的精灵"PERI（别尔）"。然而"PERI（别尔）"这个词来自波斯语。它本是波斯神话里一个暴戾的女巫。哈萨克民间故事里还有"DIJIW（迪乌）"。它也是来自波斯语，本指残暴成性、神通广大的恶灵。琐罗亚斯德教则用这个词的复数指一切妖魔鬼怪。它表明，波斯神话形象在哈萨克历史上是人们所熟知的。波斯神话里有一位力大超群，威名远震的盖世英雄，名叫鲁斯塔姆。他是一位战神的儿子。这位战神本由乌斯姆尔格用自己的乳汁抚养大。因此战神之子鲁斯塔姆也自幼与众不同。他曾经骑着神驹拉库修连闯七关战胜巨魔，为民除害，获得了人们的尊敬与爱戴。鲁斯塔姆转战一生，所向披靡。不想最后竟与自己未曾见过面的儿子对阵，误杀了亲生子。于是他悲怆地退出战场，从此销声匿迹了。但鲁斯塔姆的名字却成为勇敢、战无不胜的同义语而留在人们的心中。他的名字和事迹也传到了哈萨克，并且成了哈萨克民间阿肯们从事叙事诗创作的重要素材。古波斯萨珊王朝时的白赫兰五世曾经被奉为袄教战神维列特拉格，代表男性的阳刚之气和武力。甚至连他的去世也有神奇的传说，据说他是在狩猎时连人带马一起坠入万丈深渊了。[②] 而在哈萨克民间则有关于成吉思汗之子术赤在追踪跛野马时连人带马坠入深渊的传说。[③]

不仅如此，波斯神话的影响甚至可以在哈萨克民俗生活里发现。哈萨克民间有一个很古老的节日，称作"NAWRƏZ（纳乌勒孜）"节，这个节

---

① 以上据尼合买德·蒙江尼著：《迦萨甘创世》，载《新疆民族文学》，1982（2）。

② 李铁匠著：《伊朗历史与文化》，江西人民出版社，1993 年。

③ 见毕桪著：《哈萨克民族文学概论》，中央民族学院出版社，1992 年。

日通常在春分这一天，是新一年的开始。而“NAWRəZ”却是来自波斯语“NŌRŌZ”，这个节日当初曾经是琐罗亚斯德教重要的节日，即春节。据说，波斯语的“NŌRŌZ”本是波斯神话里“王中之王”加姆希德规定下来的。节日也立在春分日。这一天标志着寒冬已去，春回大地，正午之神从地下返回人间。“NŌRŌZ”节是献给火及其保护神阿莎·瓦希斯塔的，因为火是渗透在一切事物里的生命力。[①]“NAWRəZ（纳乌勒孜）”节至今在哈萨克民间沿袭着，成为哈萨克民间一个重要的传统节日。哈萨克民间还曾使用过一种历法，它把一年分为十二个月，每月三十天，共三百六十天；另有五天，哈萨克语称做“五位客人”，加在其他月份。[②]实际上这是古波斯的祆教历法，又称“小阿维斯陀历”。该历与埃及历相同，都是每年十二个月，每月三十天，岁末再加五天。于是，一年共有三百六十五天。[③]关于三百六十五天的来历，波斯神话里是这样说的：“霍尔莫兹德用四十天创造了天空，用七十天创造了大地，五十天创造了水，用二十五天创造了‘木’，七十五天创造了‘牛’，七十天创造了人。其间，每完成一项创造他便休息五天。这样，他创造天地万物共用了三百六十五天，即一年。”[④]阿维斯陀历的月名、日名均采用祆教神祇命名：阿胡拉·玛兹达、密特拉（太阳神）、阿娜希塔（丰产与生命女神、水神）等，每逢日与月名相同，便是祆教的节日。它最早大约出现在东伊朗地区，主要用于宗教活动。阿契美尼德王朝晚期，小阿维斯陀历在伊朗地区广泛使用。安息时期，祆教历法仍在使用。萨珊王朝时，祆教历法成为伊朗的官方历法，对周边国家和地区有重要影响。[⑤]

波斯神话在哈萨克民间能有如此广泛、长久的影响，自有其深刻的原因。在哈萨克自古活动的广大区域实现突厥化以前，原居民当中有不少操伊兰语的塞人，他们在人种、语言以及文化方面与波斯人十分接近。他们对波斯神话应该是熟悉的，甚至可能参与过它们的创作与传播。在新疆与中亚广大地区实现突厥化的过程中，他们自然会带来原有的文化。事实上，早在乌孙时代，哈萨克先民当中就已经包含着塞人的成分。

哈萨克从很早时代起，其活动区域就在地理位置上同波斯接近。这无

---

① 参阅龚方震、晏可生著：《祆教史》，上海社会科学出版社，1998年。

② 参见苏北海：《哈萨克文化史》，新疆大学出版社，1989年。

③ 刘文鹏主编：《古代西亚北非文明》，中国社会科学出版社，1999年。

④ 薛克翘、张玉安、唐孟生主编：《东方神话传说》之唐孟生主编第一卷《希伯来、波斯伊朗神话传说》，北京大学出版社，1999年。

⑤ 刘文鹏主编：《古代西亚北非文明》，中国社会科学出版社，1999年。

疑也为接受来自波斯的文化影响提供了空间的便利。而波斯又是古代丝绸之路上繁荣的大国，曾经是丝绸贸易最大的集散地。频繁进出于波斯的商人、使节、僧侣无疑也是波斯文化的重要传播者。应该强调的是，阿尔泰曾经是草原丝绸之路的重要通道。《穆天子传》所述周穆王从洛阳出发，经蒙古草原，通过阿尔泰山中段东麓的山口向西行，最终到达西王母之国。那里有瑶池，有无数大鸟在湖边解脱羽毛。① 希罗多德也记载了由欧洲经欧亚大草原北部直达阿尔吉帕人居住地方的商路。据认为，阿尔吉帕人或称秃头人（一说为突厥种）当时居住在阿尔泰山西缘。希腊人并且知道由此向前，便有伊塞顿人和独目人，那里气候严寒，空中充满羽毛。②中西文献都记载他们最终到达的积羽毛之地。学者们指出，早期中西交通主要是经由阿尔泰地区的草原之路，巴泽雷克则为其枢纽。从出土文物中就发现当地汇集了中国的丝绸、铜镜、玉器、漆器和伊朗阿黑门时期的挂毯、毛毯、地中海玻璃目珠。这说明当地居民同中原、伊朗有着密切联系。③ 而阿尔泰地区是阿尔泰语系诸多民族的发祥地或重要的活动地区，同哈萨克有直接或间接的族源关系，以及有千丝万缕的文化交往的古代部落也都在这里留下了他们生息过的痕迹。那么，哈萨克从其先民时代起接受包括古代波斯在内的各种文化应该是很自然的事情。

然而一个不容忽视的原因是，哈萨克历史上的一些宗教信仰与波斯有关。除古老的萨满教，哈萨克先民还在不同程度、不同范围接受过佛教、琐罗亚斯德教、摩尼教和景教等外来的宗教影响，最后则是伊斯兰教一度普遍流行。哈萨克历史上的这些宗教信仰多同古波斯有密切的联系。在古波斯经历希腊化的时期，巴克特里亚的希腊统治者有意扶持佛教，佛教因而得以流行于以巴黑尔为中心的东伊朗地区。萨珊王朝时期，佛教曾遭迫害，佛教徒逃往他乡，但在东伊朗语居民中，佛教仍然繁荣了几个世纪。波斯佛教文化在周边国家和地区产生过重要影响，其中最著名的就是作为伊朗、印度和希腊雕塑艺术结晶的犍陀罗佛教艺术在各地的影响。萨珊王朝耶兹德格德一世时，基督教得到宽容，卑路斯支持基督教的聂斯脱利派反对正统派的斗争，聂斯脱利派因此一度大行于伊朗。伊斯兰教时期，聂斯脱利派受到阿拉伯人的保护，有一定的发展。聂斯脱利派在中国称作景教，它也是由波斯传入哈萨克一些先民部落的。兴起于波斯的古老宗教琐罗亚斯德教和摩尼教更是成为一种纽带，从很早的时候起就联络着哈萨克

① 《穆天子传》。

② ［古希腊］希罗多德著，吴玉芬、易洪波编译：《历史》，重庆出版社，2007 年。

③ 参阅李铁匠著：《伊朗历史与文化》，江西人民出版社，1993 年。

同波斯的交往。创建于公元前5世纪的琐罗亚斯德教在中国又称祆教、拜火教。它在萨珊王朝时作为波斯的国教也曾大规模传入中亚地区。琐罗亚斯德教的典籍容纳了大量的古波斯神话。随着宗教的传播，与该教教义融为一体的古波斯神话相继传入哈萨克先民当中。创立于公元3世纪的摩尼教同样吸收有波斯古神话成分。琐罗亚斯德教和摩尼教的基本教义都是主张善恶二元论，宣扬宇宙中善与恶、光明与黑暗的斗争。不过，琐罗亚斯德教主张光明将最终战胜黑暗、善将最后取代恶；那时的世界将重现太平，阳光普照，万物复苏，待到末日审判来临时，一切罪恶都将消失。而在祆教思想的基础上，吸收基督教、佛教的学说而建立起来的摩尼教虽然也是二元神论思想，但更为极端。它把世界看成光明与黑暗二宗斗争的舞台，认为明暗的斗争始终存在，并且截然对立而不可调和，它们彼此间的斗争贯穿整个世界的过去、现在和未来；斗争的结局也仅仅是明暗二宗的永远分离，光明并不能根本战胜黑暗。① 摩尼教在中亚游牧民族、粟特商人中间有许多信徒。8世纪成为回鹘的国教，大约直到14世纪时它才在回鹘人中间绝迹。② 摩尼教在回鹘人中间存在的时间之久，在摩尼教历史上是极特殊的。新疆的考古发掘就发现有不少摩尼教的古代突厥语文献。它不能不给其他突厥语民族带来深刻的影响。例如，哈萨克神话材料里说，"迦萨甘让众多的慈善之神降临人间的时候，恶魔——黑暗也派来了使人类和万物遭受磨难的恶神。人间的灾害、饥饿、疾病和死亡都是恶神造成的。世界上，善神和恶神一直在互相斗争。""由于恶魔来势凶猛，搏斗得十分艰苦激烈……由于恶魔气焰嚣张，总是伺机要残害人类，太阳和月亮只好不停歇地驱赶恶魔……"③ 哈萨克神话材料里所表现的二元论思想显然更接近于摩尼教的宗教神话。在佛教、琐罗亚斯德教、摩尼教以及景教之后，伊斯兰教曾以波斯为重要阵地之一传播伊斯兰文化，也进一步加强了哈萨克同波斯的文化往来。例如哈萨克语里的"QUDA"（胡大）这个词就是来自古代的帕拉维语，本指"国王"、"统治者"，后来成为"真主"、"安拉"的别称。④ 在哈萨克语里有时被用来指称腾格里、上帝，但平时也多用来指称"真主"、"安拉"。此外，波斯著名诗人菲尔多西以波斯古神话为素材的名作《列王纪》以及其他许多波斯语著作先后被翻译成

---

① 刘文鹏主编：《古代西亚北非文明》，中国社会科学出版社，1999年。

② 参阅林悟殊著：《回鹘奉摩尼教的社会历史根源》及《从考古发现看摩尼教在高昌回鹘的封建化》，见林悟殊著《摩尼教及其东渐》，中华书局，1987年。

③ 以上据尼合买德·蒙江尼著：《迦萨甘创世》，载《新疆民族文学》，1982（2）。

④ 参见文元琪著：《二元神论——古波斯宗教神话研究》，中国社会科学出版社，1997年。

古代突厥语言文字，并且在突厥语民族中间流传，无疑也会在哈萨克民间文学领域发生影响。

原文刊载于《民族文学研究》，2002（1）

西域游牧民族的创世神话

——《迦萨甘创世》

李竟成

我国古代西域诸多民族在自己的童年时代都产生过神话，这些神话几乎都包含有关于开天辟地、人类和万物起源等内容的创世神话，这正如茅盾先生在《中国神话研究初探》中所说："不论任何发展阶段上的民族，一定有代表他们宇宙观的开辟天地神话"。在这其中，西域游牧民族哈萨克族的创世神话《迦萨甘创世》在西域诸多少数民族的创世神话中最为著名。

西域游牧民族哈萨克族的创世神话《迦萨甘创世》所反映的内容与世界各民族创世神话、与我国汉族及西南各少数民族的创世神话、与西域各少数民族的创世神话有许多惊人的相似之处。如对宇宙开辟的认识，希腊神话说："最初，宇宙是混沌状态，天地不分；陆地、水、空气，三者混在一处"。北欧神话说："最初，宇宙为混沌一团，无天、无地、无海"，我国汉族神话《盘古王开天》说："古昔无天无地，无日无夜，通天下唯似一大鸡子，内有鸡子黄，鸡子膏，外有硬壳"。在我国西南少数民族神话中也多有"混沌"之说。在西域维吾尔族、柯尔克孜族、蒙古族等神话中，"创世"的内容更为丰富多样。以上种种，与哈萨克族的神话《迦萨甘创世》中的不少内容颇有相似之处。如远古时候世界混沌一片，无所谓天，无所谓地；人类皆由创世主创造，此后自我繁衍，生生不息。这种各民族创世神话在内容上的相似性说明，在人类社会发展的历史上，特别是人类尚处于蒙昧野蛮阶段时，不同种族，生活在不同区域的原始人类面对相似的自然环境，有着大体相同的生活经历，具有共同的心理和思维特征。一种神秘而混沌的神话思维作用于他们共同所具有的尚未开化的原始意识之中，结出了他们精神植株上第一朵奇葩——原始创世神话。在创世神话中，反映出原始人类在生产力极低的条件下，对自然、社会等客观世界的朦胧认识，显示出他们对宇宙万物富有民族个性的一系列认识，尽管这种认识在相当程度上常有虚幻的、不合理的因素，但丝毫不影响创世神话在各民族文明发展史上占有的重要地位和发挥的巨大作用。这一切正如19世纪法国唯物主义思想家拉法格所说：“神话既不是骗子的谎言，也不是无谓的幻想的产物，它们不如说是人类思维的朴素和自发的形式之一。只有当我们猜中了这些神话对于原始人和他们在许多世纪以来丧失了的那种意义的时候，我们才能了解人类的童年”。

哈萨克族的《迦萨甘创世》，在内容上虽然与其他民族的创世神话有许多相似之处，却明显地显露出自己独有的种种特色。它除了颇能代表我国北方游牧民族创世神话的某些特点外，还鲜明地体现出西域游牧民族创世神话的内容风格，具有典型的哈萨克民族原始文化的精神和个性。

《迦萨甘创世》篇幅虽然不长，但包含的内容却极其丰富。如果我们将作品大体分为“创造篇”和“斗争篇”两大部分的话，那么前一部分叙述的是创世主迦萨甘的创造活动，后一部分记述的则是迦萨甘的斗争壮举。在“创造篇”中迦萨甘创造了天地、太阳和月亮，创造了哈萨克的先祖阿达姆阿塔和阿达姆阿娜，并赋予他们灵魂，使其生息繁衍。在这部分中，作品还以大青牛为喻，形象生动地讲述了地震等自然现象。在“斗争篇”中，迦萨甘与太阳、月亮一起并肩征战，战胜了恶势力的代表恶魔黑暗，给人间重新带来了光明。同时，在这部分中，作品还讲述了太阳与月亮优美的爱情故事以及雨、雪、雷等自然现象。《迦萨甘创世》以其丰富的内容，生动反映了在原始社会末期哈萨克先民对宇宙万物形成的一系列认识，表现出他们特有的世界观。以游牧生活为主的哈萨克先民，以他们丰富的想像和敏锐的感觉，将目光由恶劣的自然环境现实（如季节的变化，晴雨旱涝，人畜受到的侵害等），转向茫茫的宇宙天体，期望从中寻求战胜自然的答案，寻求“天地缘何而始，人类从何而来，天地之外有何物，等等。他们对于这些问题的答案便是天地开辟的神话，便是他们原始的哲学，他们的世界观。”在以创造宇宙万物和创造富有灵魂和生命的人类始祖为主要内容的《迦萨甘创世》面前，我们仿佛看见了哈萨克祖先尽情地在自己所创造的对象世界中肯定着自己，看到了自己的本质力量，认识到自己巨大的创造力。

在《迦萨甘创世》以及与此密切相关的《神与灵魂》等神话中，哈萨克先民的这种巨大的创造力和丰富的想像力，突出地表现在对创世之神迦萨甘的塑造上和精心安排的神祇体系上。迦萨甘，这个创世之神，不仅具有与人相似的五官和形状，而且还富有人的思想感情。从神话形象发展类型的角度看，迦萨甘已越过了怪异粗陋的半人半兽型形象的初级阶段，进入了人型的匀称协调的较高级阶段，在某种程度上标志看哈萨克先民的这一创世神话已达到西域神话体系中的较高层次。另外，在《迦萨甘创世》及《神与灵魂》神话中，经历了漫长的流传之后，经不断丰富加工，逐渐形成了一整套神祇体系。在这个神祇体系中，迦萨甘被作为最高的主宰加以崇拜，具有开辟神格。同时，在哈萨克这样的游牧民族中，作为神祇体系的主宰神，又有其特殊的涵义，即迦萨甘既是创世主又是哈萨克部落的保护神。在迦萨甘之下，有光明之神太阳、月亮，黑暗神恶魔，羊神巧潘阿塔，牛神臻恩格巴巴，马神坎巴尔，骆驼神奥依斯尔哈拉，还有雷神、风神、水神、火神、山神、土地神等等。以上诸神的创造，一方面表明上自至高无上的迦萨甘及天神，下至自然保护神和畜牧保护神，这些诸神在哈萨克先民头脑中所据有的固定秩序和地位；另一方面明白无误地向今人表白，这些诸神无一不与哈萨克人的游牧生活息息相关，侧面地反映出哈萨克先民原始宗教的真实面貌。

纵观各民族的创世神话，关于开天辟地的内容往往与人类起源的内容大多都联系在一起，成为“创世”神话的有机整体。《迦萨甘创世》也是如此，但是，关于人类起源和民族族源，《迦萨甘创世》神话与其他民族有关神话相比又颇具异彩，不同凡响。仅以泥土造人而论，在汉族中有家喻户晓的“女娲抟土作人”的造人神话：“俗说天地开辟，未有人民，女娲抟黄土作人，剧务，力不暇供，乃引绳于泥中，举以为人”。在我国西南各少数民族中，“造人”神话亦有不少。如，傈僳族传说，天神木布帕用泥捏了一对猕猴，猕猴慢慢长大，从此地球上开始有了人；独龙族六神嘎美和嘎莎用双手在岩石上搓出泥土，然后用泥巴团捏成了人，等等。在西域少数民族中，“泥土造人”神话却不多见，在外国，如古代巴比伦有由神用黏土塑成的第一个人的故事；古代犹太人流传着上帝耶和华用地上的尘土造人的神话；埃及相传圣神哈奴姆在陶器作坊里的轮铲上以泥土造人……。西域游牧民族哈萨克族的《迦萨甘创世》与以上“造人”神话有着明显的不同：迦萨甘为了给大地创造主人，在大地的中心栽了一棵生命树。生命树长大后结出了茂密的灵魂。灵魂的形状像鸟儿，有翅可以飞。这时候，迦萨甘用黄土捏了一对空心小泥人。小泥人晾干以后，迦萨甘在他们的肚上剜了肚脐窝，然后取出灵魂，从小泥人的嘴巴里吹进去，一对小泥人便倏然站立，欢腾雀跃。他们就是人类的始祖。同样都是以泥土造人，但在哈萨克族的《迦萨甘创世》中更多强调的是生命与灵魂，栽种“生命树”，树上结出了鸟儿状的“灵魂”，将灵魂吹入黄土空心泥人中，泥人才获取生命，成为真正的人。多么奇特而丰富的想像，多么形象而生动的描述！这一“灵魂附体”的造人神话情节，生动地反映出古代哈萨克人灵魂不灭、崇尚灵魂的生命观，显示出他们独特而发达的思维能力和高度的创造智慧。

在哈萨克族部落中流传着这样一句谚语：“灵魂是肉体的客人”。万物有灵，灵魂不灭，崇尚神灵，构成了哈萨克人心理和思维的重要内容之一。《迦萨甘创世》中关于生命和灵魂的讲述，又一次证实了这一点。它侧面地反映出哈萨克先民特殊的原始宗教观念，即崇尚自然，崇尚灵魂，崇尚多神信仰。在生产力极为低下的西域远古时期，自然崇拜后来逐渐演化为对于神化自然的顶礼膜拜。随着人在征服自然中力量的加强，在先民的心目中，神渐渐地人格化乃至人形化。在这原始的前宗教渐变过程中，“万物有灵”观念和“灵魂不灭”观念，始终是先民们精神世界中的核心思想。在他们眼中，宇宙万物皆为神，皆具灵性；人由肉体、灵魂组成，肉体是躯壳，灵魂寄寓其中，灵魂可以离开躯体外出游离，若外出不归，人就会死去，但灵魂是不灭的。这些原始宗教观念在《迦萨甘创世》中得到了程度不同的反映。

关于哈萨克人的族源，在他们丰富多彩的神话中有过多种解释，著名的有“天鹅女”说、“阔克阿帕泥捏”说和“阿拉什”说等。在《迦萨甘创世》中，又出现了“迦萨甘黄土捏泥人，并赋以灵魂”说。在这些族源神话中，据其情节来看，“迦萨甘说”较早，影响也较大。这种多种族源的文化现象反映出早期哈萨克人开放、多元的种族观念。

除了以上内容外，《迦萨甘创世》还反映出哈萨克先民强烈的部落意识，这也是西域游牧民族创世神话的显著特点之一。部落意识是一个民族历史发展中的产物。现代已挖掘、整理出的文物和史料证明，哈萨克族是由古代居住在西域地区的许多部落和部族，经过长期的历史发展过程逐步融合而成的。较为具体地说，它是自公元前7世纪始，由古代的塞种，月氏，乌孙，康居（康里）、阿兰（奄察）、咄陆（杜拉持）、突骑施（撒里乌孙），葛逻禄，铁勒，钦察（克鲁恰克），乃蛮、克烈、阿尔根、瓦克，弘吉剌、扎剌亦儿，阿里钦等十余个部落和部族组成，在哈萨克族内部，分为大玉兹、中玉兹、小玉兹三大部，在大、中、小玉兹各部落内，又分成若干部落，每个部落内又分为若干小部落。哈萨克族的这种强烈而等级分明的部落意识，从宗教学的意义看，与哈萨克先民早期的祖先崇拜、图腾崇拜紧密地联系在一起，是这种前宗教意识的合理发展。这从哈萨克族早期各主要部落所持有各自不同的印记和口号中可略见一斑。从社会历史学的角度看，这是历史长期筛选、兼并的结果，也是这些部落在长期的生产与斗争中寻求一种较为合理的社会结构和组织秩序的结果。这种部落意识浸透在哈萨克族神话中，标志着哈萨克神话正趋向成熟，逐步演变和发展到野蛮神话的后期，即将进入文明神话的大门。在《迦萨甘创世》神话中，哈萨克人的部落意识是显而易见的。如迦萨甘是宇宙万物的造物主，是哈萨克初民心目中至高无上的神，它统帅着天地间的众神，又创造了哈萨克人的祖先及原始群体。他在大地中心栽了一棵“生命树”，树上的每片叶子，既代表着每个活着的灵魂，又构成了哈萨克部落的原始群体。一方面，迦萨甘是每个灵魂、每个部落的保护神，另一方面，“生命树”上的个体及群体的灵魂，又是以后哈萨克人各部族的保护神。时至今日，在哈萨克人的遗风中还保留着浓烈的崇尚迦萨甘、福佑灵魂保佑的部落意识，如在赛马、摔跤甚至打斗时，他们往往要高呼自己部落祖宗的名字，或呼本部落已故英雄的名字，以祈求神灵助佑。当没有生育的妇女要祈求生子时，当畜群有了瘟疫时，他（她）们要赶到祖坟去过夜，托祖宗的灵魂为其求福，除灾灭祸。

以上我们对《迦萨甘创世》神话的思想内容进行了简要的论述。与西域其他创世神话相比较，它在艺术上的特点也是较为突出的。

首先，作品以迦萨甘创世为中心情节，成功地塑造了迦萨甘这个富有人性的神的形象。在作品中，迦萨甘是个创造了宇宙万物的创世神，具有法力无边、统辖众神的神性。他创造了天、地、日、月，创造了人类、飞禽走兽、花草树木，并以自己的巨大神力维护着宇宙秩序，犹如古希腊神话中的天帝宙斯一样。这种突出创世神法力无边、无所不能的“造物”特征手法，比较典型地代表了西域创世神所共同具有的这一艺术特征。迦萨甘不仅具有巨大的神性，还富有丰富人性。你看他有着人一样的五官和四肢，“长相和人差不多。他还富有人一样的感情和心理。当他看到大地空旷无边、寂然无声时，便寻思着创造一些有生命的东西；他按照自己的形状，捏了一对空心小泥人并将灵魂吹嘘了进去；他具有人一般的善恶观与恶魔黑暗进行搏斗，将光明永驻人间；他富有人一样的同情心，同情太阳与月亮这对恋人的伤心落泪；他像人一样憎恶着丑恶的东西，操起箭狠射恶魔。”总之，《迦萨甘创世》将神话与现实的距离拉近，将神与人的距离拉近，集中地反映出哈萨克先民当时的思想与生活，具有一定的人的本质对象化的性质。神人合一的迦萨甘这一神话形象，已经摆脱了西域神话形象早期那种几种动物混杂或半人半兽的怪异粗陋的低级阶段，标志着哈萨克创世神话已经进入了一个成熟阶段。

其次，《迦萨甘创世》基本采用了一种正面铺陈情节、正面展开描写的方式，具有朴素流畅的风格。《逆萨甘创世》以“迦萨甘创世”为中心链条，环环相扣，贯穿到底，将情节主线的起因、发生、发展等交待得清清楚楚，使读者清楚地看到“迦萨甘创造天地日月”、“迦萨甘造人”、“迦萨甘与恶魔斗争”这三大情节。其中，种栽生命树，给人吹进灵魂和太阳和月亮与恶魔搏斗，又予以正面的较为详尽的描写。这种朴素流畅的手法，较有代表性地体现出早期哈萨克人质朴、单纯的思维特点。另外，在情节结构上，作品并不是一味地平铺直叙，而是围绕着主线有机地设置一些波澜。如在创造天地时，作品适当地加入了“青牛与地震”的情节，在叙述日月与黑暗与追逐搏斗中，加进了“迦萨甘造雷电”的情节，这两处自然现象的神话解释，扩充了创世的内容，又毫无突兀之感，增加了作品的趣味性和神话色彩。

最后，丰富奇特具有民族个性的想像，也是《迦萨首创世》的重要艺术特色。没有想像便没有神话，任何神话都是借助想像以征服自然力，支配自然力，把自然力形象化。《迦萨首创世》也是这样。在《迦萨甘创世》中，丰富而奇特的想像，俯拾皆是。如“迦萨甘拉来了一头硕大无比的青牛，把地固定在牛的犄角上”，当发生强烈地震时，“迦萨甘十分气恼，顺手抓起一些高山，当作钉子，把大地牢牢地钉在大青牛的犄角上”。又如，“迦萨甘在大地的中心栽了一棵生命树。生命树长大了，结出了茂密的灵魂”，“迦萨甘用黄泥捏了一对空心小泥人”，“在他们的肚子上剜了肚脐窝，然后取来灵魂，从小泥人的嘴巴里吹进去，一对小泥人使倏然站立，欢腾雀跃。”像这样的例子在作品中还有不少。这些足以证明，《迦萨甘创世》是一篇神采十足的典型的优秀神话篇章，同时也表现出哈萨克先民的超人智慧和后世文学难以企及的想像力和创造力。另外值得一提的是，这篇创世神话中的想像大多烙有西域游牧民族劳动生活的印痕和哈萨克民族特有的个性色彩。在作品中，关于想像的多处词语无不与他们的生产劳动、生活方式以及精神信仰有关。如开篇描述天只有“圆镜”那般大，地像“马蹄”一样小；迦萨甘拉来一头“青牛”，用犄角来支掌大地；迦萨甘创造“生命树”，创造人类并赋以灵魂，从此衍生出各个部落；在动物中，迦萨甘最先创造出忠实驯顺于人类的“狗”；为制止“黑暗”、“疾病”、“灾害”的降临，迦萨甘不懈地与恶魔搏斗，等等。这里引用了与游牧民族劳动生活密切相关的“青牛”、“马蹄”、“狗”、“疾病”、“灾害”等词语，在一定程度上体现出游牧民族劳动生活的特点。其他多处讲到的“太阳”、“月亮”、“生命树”与“灵魂”及“黑暗”等，也表现出哈萨克先民对日月的崇拜，对黑暗的恐惧以及万物有灵和灵和灵魂不灭的观念。

大约在公元前3世纪，放逐在楚天汉水之际的一位伟大的爱国诗人，满怀忧愤，向天地社会发出了一百七十多个疑问：

遂古之初，谁传道之？
上下未形，何由考之？
冥昭瞢暗，谁能极之？
冯翼惟象，何以识之？
明明暗暗，惟时何为？
阴阳三合，何本何化？
圆则九重，孰营度之？
惟兹何功，孰初作之？
斡维焉系？天极焉加？
八柱何当？东南何亏？
九天之际，安放安属？
隅隈多有，谁知其数？
天何所沓？十二焉分？
日月安属？列星安陈？

我们在屈原对自然、社会发出疑问的《天问》篇中，窥见到的是诗人思想的博大和探索真理的精神，其中也不乏认识自然、解释自然的强烈欲望。在这之前，处于西域的游牧民族先民就已“创作”出创世神话《迦萨甘创世》，它对后世人们的好奇和疑问作出了神奇的浪漫主义的回答。这一切无疑是伟大的，为后人所始料不及的。

马克思在《〈政治经济学批判〉导言》里曾说：“希腊神话不只是希腊艺术的武库，而且是它的土壤。”又说：“埃及神话决不能成为希腊艺术的土壤和母胎”。这里，马克思所说的“土壤“和“母胎”，并不单指是艺术的萌芽或艺术赖以生长的营养土，作为土壤和母胎的原始神话，是处于混沌状态的各种意识形成的综合体。它既培育了后世的文学艺术，也培育了自然科学和社会科学中的主要学科，如天文学、地理学、动植物学、医学、宗教学、历史学、民族学等等。如果我们从这一宏观角度来审视西域创世神话《迦萨甘创世》及其流传对后世的影响，那无疑是巨大而深远的，是多学科的。

首先，《迦萨甘创世》这一原始时期的创世神话，它是处于混沌状态的西域游牧民族原始思维的统一综合体，是在特定的历史阶段原始初民知识的总和集于其中而存在于世的。它不是纯文学，是初民时期口头流传的“百科全书”。它以幻想的形式概括了自然科学和社会科学的主要雏形学科，随着历史进步和人类文明的发展，各门学科相继从原始时期知识的综合体——原始创世神话中分离出来，逐步走上了独立发展的道路而与原始神话日益无缘，出现了马克思所说的“随着这些自然力的实际上被支配，神话也就消失了”的情况。在现代社会中，如果我们仔细考察西域游牧民族所发展起来的诸多学科（如民族天文学、民族地理学、民族医学、民族历史学、民族宗教学等），追根溯源，大约都可在《迦萨甘创世》及其有关神话中寻到某些蛛丝马迹。

其次，以口头形式流传为主体的西域古代文学，大多萌芽和脱胎于西域原始神话之中。如果这种文学因素在原始神话中只是一种艺术的话，那么这种“艺术”只能是黑格尔在其《美学》一书中提到的那种“艺术前的艺术”。当原始神话解体，各门学科相继分化出来，这种艺术前的艺术也随之分化独立出来，脱离了原始形态，按照艺术规律继续发展，形成了以记人记事为主的散文和韵文艺术，从而形成和造就了辉煌灿烂的西域民族的文学艺术。以哈萨克族为例，《迦萨甘创世》的问世以及流传，无疑对后世哈萨克族的民间文学甚至作家文学产生了深远的影响。在《迦萨甘创世》中，它的那种丰富而奇特的想像，它创造的以迦萨甘为中心的诸多神祇以及渗透在作品中的“万物有灵”和“灵魂不灭”的宗教精神以及扬善惩恶的斗争传说等等，都程度不同地在后世文学作品中熠熠闪光，以致形成哈萨克文学传统中不可分割的一部分，成为塑造哈萨克民族性格、弘扬哈萨克民族精神的重要基因和契机。

原文刊载于《西部学坛》，1994（3）

第三编

蒙古语族民族神话研究

蒙古语族和突厥语族民族族源传说比较凡说

满都呼著　陈岗龙译

蒙古语族和突厥语族各民族统属阿尔泰语系，语言上有着许多相似的地方。这些民族在族源上的关系，历史学家们尚未做出定论。但是，因为这些民族生息在相近和共同的地域，并在历史上经常发生联系，所以在民族构成和文化结构方面有着不少联系和相似的地方，譬如图腾观念和族源传说即是两者所共有文化事象之典型。

蒙古族和突厥民族都有将其祖先与某一动植物联系起来崇拜的图腾观念以及有关的传说，并且两者的主题基本相同。据我们掌握的文献和口头资料，蒙古语族和突厥语族民族的族源传说主要反映狼图腾、鸟图腾、树图腾崇拜，并且最后归结到萨满教最高神——“苍天”崇拜。本文欲对此类族源传说做一综合比较，阐述其共性和个性，从而对蒙古语族和突厥语族各族的历史关系和族源联系进行初步的考察。

一、蒙古语族和突厥语族民族狼图腾族源传说的比较

狼图腾信仰及其传说普遍传承于蒙古语族和突厥语族民族中。蒙古语称狼为“赤那”，古代突厥人称“孛儿”，蒙古人之祖先名“孛儿贴·赤那”，实为蒙古、突厥两种语言之结合。

突厥民族狼图腾族源传说见于《史记》、《汉书》、《魏书》、《周书》诸正史。《史记·大宛列传》云：

> 乌孙王号昆莫，昆莫之父，匈奴西边小国也。匈奴攻杀其父，而昆莫生弃于野。乌苏肉蜚其上，狼往乳之。单于怪以为神，而收长之。及壮，使将兵、数有功，单于复以其父之民予昆

莫，今长守于西（域）。[1]

《汉书·张骞传》略详：

乌孙王号昆莫。昆莫父难兜靡本与大月氏俱在祁连、敦煌间，小国也。大月氏攻击难兜靡，夺其地，人民亡走匈奴。子昆莫新生，傅父布就翎侯抱亡置草中，为求食，还，见狼乳之，又乌衔肉翔其旁，以为神，遂持归匈奴，单于爱养之。[2]

上述两处记载中的狼和乌鸦皆有神的性格。虽未明确指出狼、乌为图腾，但狼以乳饮之，如同生母，在以后的民族繁衍中功不可没。《汉书》卷六六《西域传》记乌孙王号“拊离”，[3] 鄂尔浑叶尼塞碑铭释其为“狼”。据此可谓上述记载是突厥民族狼图腾之最早文献记录。

狼图腾的观念更明显反映在《魏书·高车传》中：

俗云：匈奴单于生二女，姿容甚美，国人皆以为神。单于曰：吾有此二女，安可配人，将以与天。乃于国北无人之地筑高台置二女其上，曰：请自迎之。经三年，其母欲迎之，单于曰：不可，未彻之间耳。复一年，乃有一老狼昼夜守台嗥呼，因穿台下为空穴，经久不去。其小女曰：吾父处我于此，欲以与天。而今狼来，或是神物，天使之然。将下就之，其姐大惊曰：此是畜生，无乃辱父母也！妹不从，下为狼妻而产子，后逐滋繁成国。[4]

与《史记》、《汉书》不同的是，《魏书》所记为公狼，而非母狼。《北史·突厥传》云：

突厥者，其先居于西海右，独为部落，盖匈奴之别种也，姓阿史那氏。后为邻国所破，尽灭其族。有一儿，年且十岁，兵人见其小，不忍杀之。乃刖足，断其臂，弃草泽中。有牝狼以肉饵之。及长，与狼交合，遂有孕焉。彼王闻此儿尚在，重遣杀之。

---

① 《史记》卷一二三《大宛列传》。中华书局本，第十册，第3168页。

② 《汉书》，中华书局本，第九册，第2691~2692页。

③ 《汉书》，中华书局本，第十二册。第3908页。

④ 《魏书》卷一〇三，《高车传》，中华书局本，第2307页。

使者见在狼侧，并欲杀狼。于若有神物，投狼于西海之东，落高昌西北山，有洞穴，穴内有平壤茂草，周围数百里，四面俱山。狼匿其中，遂生十男。十男长，外托妻孕，其后各为一姓，阿史那即其一也，最贤，遂为君长。故牙门建狼纛，示不忘本也。渐至数百家，经数世，有阿贤设者，率部落出穴中，臣于蠕蠕……世居金山之阳，为蠕蠕铁工。金山形似兜鍪，俗号兜鍪为突厥，因以为号。①

汉文史籍记载均出自于当时的民间口头传说。这些传说至今以活形态流传在突厥语族各民族（维吾尔、柯尔克孜、哈萨克）中，而且基本母题都相同。

维吾尔族传说中讲，一次，维吾尔人打了败仗，他们被敌人围困在一个山腰上，无路可走，面临覆灭的危境。这时，突然出现一只狼把他们带到一个山洞，穿过山洞来到一个水草丰茂、如天堂般美妙的大草原。维吾尔人从死亡线上被拯救出来。从此，他们把狼视为一种神圣的动物加以崇拜。② 柯尔克孜族的传说中讲，古代有个残疾孩子，他自幼瘫痪在床，于是被父母弃之于荒山野岭之中。一条母狼用自己的乳汁将孩子喂养大，使他变得强壮有力。后来，有人发现了这个孩子，并把他带回家中，家人给他取名叫“卡巴”，由于他的头发如狼鬃，于是人们都叫他“长鬃卡巴”，他的子孙后代繁衍成一个部落，这个部落以其始祖卡巴的名字命名，成为柯尔克孜的卡巴部落。③

汉文史书所载昆莫或被刖足断臂的孩子、柯尔克孜传说中的残疾男孩、哈萨克族传说中的被刖足断臂的英雄以及维吾尔族传说中被敌人围困的人们都具有相似的命运，均被母狼所救，穿过山洞逃到另一片水草丰美的辽阔的草原，在那里繁衍后代，形成了部落。这些传说即是同一个故事的不同异文。据此可知，突厥语族民族中普遍流传着狼图腾传说故事。这些传说不仅相互之间很相似，而且与蒙古族族源传说有着密切联系。著名

---

① 《北史》卷九十九，《突厥传》，中华书局本，第十册，第3295~3296页。

② 满都呼主编：《中国阿尔泰语系诸民族神话故事》，41页，民族出版社，1997年。

③ 转引自张彦平、郎樱著：《柯尔克孜民间文学概览》，23页，克孜勒苏柯尔克孜出版社，1992年。

史学家韩儒林先生已撰《突厥蒙古之祖先传说》一文详述了上述传说。[①]

蒙古族的图腾族源传说中，首先要提到《蒙古秘史》中的“苍狼白鹿”传说。就此学者们的意见多有分歧，我在《民间文学理论》一书[②]和《图腾崇拜与族源传说》一文中提出了“孛儿贴·赤那不是历史人物，而是传说英雄，他是狼图腾崇拜的基础上形成的人物形象，因此苍狼白鹿传说应源于狼图腾传说”的观点。本文不准备详细探究《孛儿贴赤那传说》，而欲将另一篇蒙古族《额尔古涅·昆传说》与突厥民族传说进行比较研究。

《额尔古涅·昆传说》最早见于波斯历史学家拉施特的《史集》，故事梗概是：约在成吉思汗出生前两千年，蒙古部落与突厥部落之间发生战争，蒙古战败，整部仅余两男两女，他们历经艰险，逃到一处人迹罕至的深山避难。这四个男女互为配偶，长期在此繁衍，久之，感到地狭人稠，拥挤不堪，于是全体协商冲出峡谷。他们宰杀百头牛马，剥下整张的皮做成风箱，架起煤柴，鼓风煽火，烈焰飞腾，直至山壁熔化，通开大道。他们便一举迁徙来到广阔的草原。[③]

蒙古族的《额尔古涅·昆传说》和汉文史书记载及突厥语族各民族口头传承中的狼图腾传说非常相似。这里我们仅比较《北史》所记突厥传说和《史集》中的蒙古传说的情节母题即可见一斑：

《北史》所记突厥传说		《史集》中的蒙古传说
1	突厥阿史那氏被邻国所破，尽灭其族。	蒙古部落被突厥部落所破。
2	仅剩一十岁儿。	全族尽灭，仅活两男两女。
3	母狼以肉喂被弃的孤儿，并与他交合，遂有身孕。	
4	彼国遣使追杀，母狼逃到高昌西北山中。	两对夫妇逃到额尔古涅·昆深山之中。
5	母狼匿于山中，遂生十男。	四个男女互为配偶，繁衍子孙后代。

① 韩儒林著：《穹庐集——元史及西北民族史研究》，274～295 页，上海人民出版社，1982 年。

② 满都呼著：《民间文学理论》（蒙古文），776～778 页，辽宁民族出版社，1992 年。

③ ［波斯］拉施特主编，余钧、周建奇译：《史集》第一卷，第一分册，251～253 页，商务印书馆，1992 年。

续表

《北史》所记突厥传说		《史集》中的蒙古传说
6	十男长，外托妻孕，其后各为姓，渐至数百家。	
7	经数世，举部出山，臣于蠕蠕，世居金山之阳，为蠕蠕铁工。	化铁熔山，冲出峡谷，举部迁徙到辽阔的大草原。

从上表的比较可以看出，蒙古族和突厥民族的传说虽有差异，但相同之处更多。两个传说中都记述了由于部落之间的战争，阿史那氏和蒙古部惨遭杀戮，整部仅余数人。逃至人迹罕至的深山中的水草丰美之地繁衍子孙后代，后来由于人口稠密而从山中迁徙到辽阔的草原。所不同的是，《史集》中的蒙古传说没有母狼救孤儿并与其交合而生子的母题，即突厥传说中有图腾之神母狼，而蒙古传说中空缺这一环节。

《北史》和《史集》所记两个传说也说明了汉地史学家和中东波斯史学家以不同的渠道搜集记录了同一个狼图腾族源传说的不同版本。《额尔古涅·昆传说》实为狼图腾传说的另一证据是哈萨克族乃蛮部落的族源传说。其中讲道：从前，居住在阿勒泰山麓的乃蛮部的一支突然遭到外族入侵，敌部烧杀掳掠，把这一支乃蛮人都杀光了，只留下一位年老力衰的巴特尔（英雄）。他们砍断巴特尔的四肢，把他扔到荒野，企图让他羞愧地死去。但是，敌部退去以后不久，忽然一只母狼出现。母狼用舌头舔这位巴特尔的伤口，巴特尔的伤竟然痊愈了。后来，母狼把巴特尔藏到阿勒泰山的一个峭壁岩穴里保护起来，并且一起过上了夫妻生活。他们后来有了孩子。子孙繁衍，这支乃蛮人重又发展起来。因为母狼和巴特尔当初藏身的峭壁岩穴是在名叫额尔捷涅·孔的山巅，所以后来人们就把这支乃蛮叫作额尔捷涅·孔乃蛮。①

哈萨克族的这一传说与《北史》和《史集》所记载的传说非常相似。英雄和母狼藏身的“额尔捷涅·孔山巅”正是蒙古传说中的“额尔古涅·昆”，而其阿勒泰山则又是阿史那氏发源的金山。

从上面的比较分析中我们可以得出如下的结论：《北史》所记阿史那氏传说、《史集》所记蒙古传说、哈萨克族的乃蛮部落传说以及柯尔克孜族的“卡巴”部落传说和维吾尔人被神狼所救传说都是同源异流传说，都是在远古时代蒙古突厥语族民族先民中产生的狼图腾族源传说的不同版

① 毕桪著：《哈萨克民间文学概论》，113 页，中央民族学院出版社，1992 年。

本，在不同时代经过中外文人的记载和民间的口耳相传流传到各民族当中去的。只是突厥民族传说中明显保留着狼图腾崇拜的痕迹，而在蒙古传说中有所淡化和模糊罢了。不过，蒙古人曾经以狼为图腾加以崇拜的痕迹也见之于文献和民俗之中。如《蒙古秘史》中记载了蒙古女祖阿阑豁阿感光而孕的传说。其中所云“每夜都有个黄白色的人，借着天窗和门额上（间隙）露天地方的光，进来抚摸阿阑豁阿的肚皮，光渗入其腹，出去时，借着日月之光，如同黄狗一般，摇摇摆摆飘然而去”的说法正是狼图腾崇拜的产物。而且古代蒙古族中禁杀狼、避讳直呼其名等习俗反映了曾经有过的狼图腾崇拜遗迹。这和突厥语族各民族的狼图腾崇拜观念是基本一致的。

二、蒙古语族和突厥语族民族的鸟图腾族源传说比较

蒙古语族和突厥语族民族的鸟图腾族源传说中虽然图腾鸟不尽相同，但传说的基本情节却是一致的。

突厥民族的鸟图腾族源传说早见于汉文书籍，并与狼图腾结合在一起。上述《史记》、《汉书》所记传说即是由乌鸦图腾和狼图腾相结合而成的。但是除上述两处记载外，目前我们尚未找到远古突厥人以乌鸦为图腾的信息。因此，汉文史书所记“乌”或许指的是其他鸟类。如蒙古传说中的猫头鹰、萨满教神鸟鹫或鹰。因为古代突厥人曾经信仰过鹰图腾，而且一些突厥部落还以鹰作部落标志。

蒙古人的鸟图腾族源传说中讲的是猫头鹰，不是乌鸦，但其情节母题和突厥传说基本相同。与卫拉特蒙古准噶尔·绰罗斯部族源有关的《天女之惠》传说中说，一只鸱鸮精心守护着躺在树洞里的婴儿。[①] 比较而言，蒙古和突厥传说中的鸱鸮和乌鸦都守护着被弃于旷野的婴儿，所不同的是突厥传说中的乌鸦和狼在一起，而蒙古传说中则鸱鸮和瘤树联系在一起。虽然古代各民族的族源传说中两种动物同场出现的较为多见，但树图腾和鸟图腾相结合的并不是多见。这里包含着古人的一种原始思维，他们并不能明确区分人、动物和植物的差别而同视为自己的祖先，因此上述蒙古族传说的传承者们以“瘤树为母，鸱鸮为父”。

---

① 宝音和西格编：《蒙古族历史传说》（蒙古文），3～4页，内蒙古人民出版社，1982年。

蒙古突厥语族民族中的天鹅图腾主要关系到哈萨克族和蒙古族巴尔虎、布里亚特部落的起源传说。

巴尔虎、布里亚特蒙古人的天鹅图腾族源传说主要是《霍里土默特与霍里岱莫尔根》、《巴尔霍岱巴特尔的传说》，其故事梗概是：

> 霍里岱莫尔根（霍里土默特·巴尔霍岱巴特尔）有一天在贝加尔湖畔漫游（狩猎）时，见三只（七只、九只）天鹅飞落在湖岸，脱去羽衣变成三位仙女在湖中沐浴、游戏。霍里岱莫尔根藏起一位仙女的羽衣，从而娶她为妻，生十一子。后来仙女骗取羽衣，飞回天上。仙女临走前为十一个儿子取名，他们成为布里亚特十一个氏族的祖先。因此，布里亚特蒙古人自称为“天鹅祖先、桦树神杆的人们”。①

突厥语族的哈萨克族以天鹅为图腾已为大家所熟知。据称，“哈萨克”一词就是“白天鹅”的意思。

> 传说，古时有一名勇士在远征途中病卧黄沙。在他气息奄奄时被天外飞来的白天鹅救起。白天鹅化作少女与勇士成婚，繁衍了后代，子孙们为了纪念祖先，遂自称哈萨克。②

哈萨克族《牧羊人和天鹅女》的传说中讲道：

> 从前有一位牧羊人，一天夜里，牧羊人梦见了一只洁白的天鹅。第二天放牧时，牧羊人弹起心爱的冬布拉，果真有一只洁白的天鹅飞来落在牧羊人面前，伴随冬布拉琴声翩翩起舞。正在这时草原上突然起了狂风，羊儿跑得无影无踪。后来天鹅为牧羊人带路并救了他。他们找到羊群之后，天鹅脱下羽衣变成美丽的姑娘，两人结为夫妻，生儿育女，形成了哈萨克族。哈萨克族为了

---

① 图布新尼玛编著：《巴尔虎部的由来》（蒙古文），17～19页，内蒙古文化出版社，1985年。宝敦古德，阿毕达编著：《布里亚特蒙古简史》（蒙古文），3～5页，内蒙古文化出版社，1983年。巴岱、金峰、额尔敦编：《卫拉特历史文献》（蒙古文），185页，内蒙古人民出版社，1985年。

② 毕桪著：《哈萨克民间文学概论》，1页，中央民族学院出版社，1992年。另见常世杰搜集整理的《牧羊人和天鹅女》，载焦沙耶、张运隆等翻译整理：《哈萨克族民间故事》，258～260页，新疆人民出版社，1982年。

> 纪念祖先（天鹅图腾），不仅以“白天鹅”作族名，而且把帽子顶上插鹅毛的习俗世世代代传承下来。

蒙古族和哈萨克族传说中的天鹅即是天女之化身。她们与凡人相配，繁衍了后代。但是哈萨克传说中天鹅是拯救了面临死亡危境的牧羊人和勇士，而蒙古族传说中不见这一母题。不过，蒙古族中流传的解释以鲜乳祭洒天鹅的传说中讲：

> 蒙古部落被其他部落所败，仅活两男两女。他们被敌部追杀逃到一条大江岸边。在即将被敌人夺去生命的危险时刻从远处飞来一群天鹅，搭成一座桥让两男两女渡江逃走。与此相近的另一个传说中讲，被敌部追杀的蒙古部落余众眼看就被赶上，突然天上一群天鹅嘎嘎鸣叫，敌部以为蒙古大军支援而来，就挥师返回。从此，蒙古人为了纪念天鹅的救命之恩，有了每有天鹅从屋顶飞过，必向其祭洒鲜乳的习俗。[①]

该传说中的天鹅，如同哈萨克传说救助了危难中的人，但没有与人相配的母题。与哈萨克族传说相比，蒙古传说中天鹅图腾的属性并不突出。但是蒙古传说中天鹅助人的情节并非偶然巧合，与《霍里土默特与霍里岱莫尔根》的传说联系起来思考，我们就可以看出它表现了天鹅图腾崇拜。图腾信仰中经常见到图腾动物和祖先神灵（多以动物化形）援救自己的子孙后代脱离危难境地。因此，上述传说中救助蒙古人的天鹅就是危难时刻显灵的图腾神。

三、蒙古语族和突厥语族民族的树木图腾族源传说比较

树木图腾崇拜以及相关的族源传说均见于蒙古语族和突厥语族民族，而且关系到萨满教信仰。

蒙古族的树图腾族源传说主要流传在卫拉特和布里亚特部族中，并与动物图腾结合在一起。巴图尔·乌巴什·图们所著《四卫拉特史》中记载

① 义和中·乌兰记录。

了如下一则杜尔伯特准噶尔部的起源传说：

> 古时候有一猎人在树林中狩猎，发现一棵树下躺着一个婴儿。树上有一形如漏管的枝杈，其尖端正好插在婴儿口中，树的液汁顺着漏管滴入婴儿口中，成为他的食品。并且树上有一只鸱鸮精心守护着这婴儿。因此称这个婴儿为“树婴为母、鸱鸮为父的天神（腾格里）的外甥”，并起名“绰罗斯”。人们把婴儿抱回去推为首领，其子孙繁衍成为准噶尔部族。①

加班·希日布所撰《卫拉特蒙古史》中也记载了相同的传说。②

卫拉特蒙古传说中都把准噶尔·绰罗斯部族的起源与中间有瘤的树和鸱鸮联系起来做了解释。其中，中间有瘤的树实际上象征女性。由于此树以其形如漏管的枝杈将汁液滴入婴儿口中，如同母亲般养育了婴儿，所以婴儿取名为“绰罗斯”（蒙语，漏管形状的树枝的意思），由其繁衍的后代称为绰罗斯部落，并说自己“以中间有瘤的树为母亲”。值得注意的是这个婴儿被人们说成是“天神（腾格里）的外甥”。那么，这个婴儿是从何而来？被称为父母的中间有瘤的树和鸱鸮与腾格里天神之间有什么联系？

有一篇解释杜尔伯特蒙古族源的传说《天女之惠》有助于回答这个问题。

> 有一个猎人在湖畔狩猎，看见了四个天女在湖中沐浴、游戏。他逮住其中的一位天女，结为夫妻。天女怀孕后飞回天上。临产时，天女回到原来的湖畔，生一男孩，把它放在摇篮里，挂在一棵树上，并且派一只猫头鹰看守孩子后，天女飞回天上。尚没有首领的杜尔伯特蒙古人找到这个婴儿，推举他做了部落首领。③

很明显，该传说由两个部分组成。前半部分与巴尔虎、布里亚特的天鹅图腾族源传说相似，在湖中游戏的天女被猎人逮住，与其结为夫妻，最

---

① 巴岱、金峰、额尔敦编：《卫拉特历史文献》，180～185页，内蒙古人民出版社，1985年。

② 巴岱、金峰、额尔敦编：《卫拉特历史文献》，180～185页，内蒙古人民出版社，1985年。

③ 内蒙古语言文学研究所编：《蒙古族文学资料汇编》第一册（蒙古文），11～13页，内部资料，1963年。

后又飞回天上，所缺的仅是天鹅脱去羽衣变仙女的母题；后半部分则与上述树图腾族源传说相同。由此可推断，躺在中间有瘤的树底下的婴儿为天女所生，正好说明了婴儿是“天神的外甥”。

中外文献中记载了突厥民族的树木图腾族源传说。据黄文弼《亦都护高昌王世勋碑复原并校记》：

> 考高昌王世家，盖畏吾儿之地有和林山，二水出焉：曰秃忽剌、曰薛灵哥。一夕，有天光降于树。在两河之间，国人即而候之。树生瘿，若人妊身然，自是光恒见者越九月又十日，而瘿裂，得婴儿五，收养之。其最犀者曰兀单卜古可罕。即壮，遂能有其人民土田，而为之君长。①

志费尼的《世界征服者史》中也是基本相同地解释了维吾尔族的族源：

> 秃忽剌、薛灵哥两河汇流之地长出两棵紧靠的树，两树中间冒出个大丘，有条光线自空降落其上，丘陵日益增大。维吾尔族人惊异地向两棵树顶礼膜拜，丘陵裂开一扇门，中有五间像营帐一样分开的内室，室内各坐着一个男孩，嘴上挂着一根供给所需哺乳的管子。当风吹拂到孩子身上，他们就能够说话，马上就询问他们的父母。人们把这两棵树指给他们看，他们走近树，像孝子对待父母一样跪拜。这时，两棵树突然说话祝福了自己的孩子。于是维吾尔人从五个孩子中推选一人当他们的首领。②

比较二者的树木图腾族源传说，突厥传说比较单一，只叙述树中诞生的母题。而蒙古传说中则是树木图腾与某一个动物图腾结合在一起。不过，不论是突厥还是蒙古的传说中，树木都是女性的象征并代表母亲，树上的瘤瘿即是女性阴户的象征。因此，二者树木图腾族源传说均属统一的叙事传统。突厥传说中的树由于被天光所照而生出瘤瘿，而蒙古传说中被树汁哺乳的婴儿是天神的外甥。

---

① 满都呼主编：《中国阿尔泰语系诸民族神话故事》，38 页，民族出版社，1997 年。

② ［伊朗］志费尼著，何高济译，翁独健校订：《世界征服者史》（上册），63 页，内蒙古人民出版社，1981 年。

四、结　论

从上面的比较分析看，蒙古和突厥民族族源传说的基本母题都很相似，属于同一种叙事主题。那么，蒙古和突厥民族的图腾观念及其族源传说为什么如此相近？这一相似性反映了什么？我认为，应该从民族起源的角度回答这个问题，即从蒙古族和突厥语族各民族之间的历史联系来思考问题的答案。不过，对于这一复杂的问题，学者们的研究尚未取得统一的共识。因此，仅从本文的研究主题考察，就图腾信仰和传说学的角度而言，从上述研究中可以得出如下的结论：

首先，各民族之间相同的图腾说明了相同的民族起源。图腾是史前人类为了区别和巩固氏族而产生的原始思维的产物，是氏族的标志。蒙古和突厥民族的图腾信仰和传说的相似性反映了他们共同的民族起源或者是密不可分的亲缘关系。其实，中外学者早已指出过蒙古族与突厥民族之间的族源关系之密切。譬如，拉施特所著《史集》记载《额尔古涅·昆传说》时把蒙古和突厥之间的战争看作“大约距今两千年前，古代被称为蒙古的那个部落，与另一些突厥部落发生了内讧，终于引起战争。”[①] 可见拉施特是把蒙古和突厥看作为同一部族内的两个不同部落。

民族是由许多氏族部落组成的。蒙古民族最后形成并登上历史舞台是由13世纪成吉思汗统一蒙古各部落建立蒙古汗国开始的。而构成蒙古民族共同体的那些古老部落则早于13世纪以前就活跃在北方高原古老的土地上。这些部落的情况比较复杂，其中有的属于突厥系统，有的属于蒙古系统。反过来讲，突厥民族也是一样。因此，与图腾相关的族源传说不一定完全是全体蒙古或突厥语族民族共同的传承，而很可能是其中某一个氏族部落中主要流传的。可能是民族共同体形成过程当中，这些部落带着自己的图腾信仰和与之有关的族源传说被吸收到蒙古和突厥各民族当中，形成了今天我们所看到的蒙古和突厥各族相似的图腾信仰和族源传说的现象。据说，柯尔克孜族中有叫做蒙古勒多尔的部落，并称他们的祖先就是蒙古人。[②]

其次，蒙古和突厥民族之间的婚姻联盟也可能导致了两者之间图腾信

① ［波斯］拉施特著，余大军等译：《史集》第一卷，251页，昆仑出版社，2006年。

② 张彦平、郎樱著：《柯尔克孜民间文学概览》，52页，克孜勒苏柯尔克孜文出版社，1992年。

仰和族源传说的互相流动和结合。一些学者认为，蒙古和突厥民族从远古到13世纪一直保持着婚姻联盟关系，这就是鹿图腾和狼图腾两大部落的婚姻联盟。鹿是蒙古族的图腾，狼是突厥民族的图腾，随着两个部落的婚姻联盟关系的频繁和加强，鹿、狼两个图腾便结合在一起。[①] 本文所论蒙古和突厥民族族源传说中多数场合是复合性质的（如狼与乌鸦、中间有瘤的树和鸱鹄）。从世界各民族的图腾信仰和传说看，这种复合形态的图腾故事一般都产生在两个不同图腾部落之间的婚姻联盟基础之上。

最后，古代蒙古和突厥部落从事游牧经济，信仰原始萨满教。萨满教是他们的原始宗教和世界观的基础。这样，他们解释自己的族源时就联系鹿、狼、鸟、树、光等，并最后归结到萨满教最高神——苍天。他们普遍认为自己是"苍天有根"，是苍天的子孙。从宏观上考察蒙古和突厥民族的族源传说，其核心无疑集中在上述萨满教的苍天崇拜观念上。

原文刊载于《民族艺术》，1998（2）

① 苏鲁格著：《蒙古、突厥之图腾崇拜再探讨——"蒙古先民以狼为图腾"说质疑》，载《蒙古学信息》，1995（4）。

“腾格里”探源

阿尔丁夫

在我国北方民族——阿尔泰语系各族中，从文献记载来看，最早崇拜天即“撑犁”的，是匈奴，其次是突厥语族的突厥、回纥等，他们也崇拜“腾里”、“登里”；最后是蒙古语族诸族。其中蒙古人崇拜“腾格里”一事，早在13世纪中期，东西方文献中便有明确记录。东方可以南宋彭大雅的《黑鞑事略》为代表。该书谓：“其常谈，必曰托长生天①底气力……彼所欲为之事，则曰‘天教恁地’；人所已为之事，则曰‘天识著’。无事不归于天。自鞑主至其民无不然。”② 这里所说的“天”，即“腾格里”，所说的“长生天”即“蒙客·腾格里”。西方可以约翰·普兰诺·加宾尼的《蒙古史》为代表。该书写道：“他们（蒙古人）相信只有一个神，他们相信他是一切可见和不可见事物的创造者，是世界上的美好事物也是种种艰难困苦的赐予者”。③ 这里所说的“一个神”，指的便是“腾格里”即天神。可见，13世纪时，蒙古人普遍地崇拜的“腾格里”或“蒙客·腾格

① 关于“长生天”（蒙客·腾格里），需要加以说明。有一种看法认为“长生天”即“永恒蓝天”是自古以来就有的。事实是否如此呢？回答是否定的。从《蒙古秘史》来看“长生天”也并非是一开始就有的。其中“长生天”共出现十二次。在这十二次中，有十次是出自帖木真之口，二次出自他人之口。这里所说的“他人”，一是指“帖卜·腾格里”；一是巴秃（巴都）的使者。此词最早出现于一七十二节，首先是帖木真讲的。在他讲过六次之后，始有帖卜·腾格里和更后的巴秃使者的重复。在帖木真的言谈中，涉及“长生天”时，大体可分为以下四种情况：一种是“蒙长生天佑护”或“若蒙长生天佑护”，计出现六次；一种是“祷告长生天”，出现一次；一种是“长生天知道”，出现二次；最后一种也是对后世影响最大的便是“依靠长生天的气力”。值得注意的是，在第一七十二节之前，从未出现过“长生天”一词。凡是涉及“天”时，一般用“上天”、“上苍”、“天地”中的“天”来表达。帖木真在被推为蒙古部汗之后至统一蒙古、统一草原，称成吉思汗之前，始在“腾格里”前加上“蒙客”这一修饰语，实际上是给“腾格里”打上自己的烙印，使它只是属于自己和自己的家族。仿佛他能克服一个个困难，战胜一个个强敌，凭借的是“长生天”，他取得最后胜利，也是得到“长生天佑护”或“依靠长生天的气力”帮助的缘故。可见，那种认为“原始”时代便已产生“混沌自然的长生天”的说法，是毫无根据的。

② 内蒙古地方志编纂委员会编：《内蒙古史志资料选编》第二辑，1985年。

③ ［英］道森编，吕浦译：《出使蒙古记》，中国社会科学出版社，1983年。

里”，已为世人所知了。问题是蒙古人崇拜的“腾格里”究竟是什么？从未有人提出过这个问题，更未见有人做过探索。本人不自量力，想尝试着探讨并回答这个问题。

一、“腾格里”一词之二义

“腾格里”是突厥语族和蒙古语族诸族最早崇拜的对象，后被纳入萨满教（甘教、孛额教）体系中，并渐渐成为其中的主神之一，直至至上神。那么？在萨满教产生之前便已产生，产生之后又被纳入萨满教的“腾格里”是什么呢？韩儒林先生指出：“‘甘教’所崇拜者为天，其字为‘TENGRI’，唐译‘腾里’、‘登里’等等，实含天及天神二义。”①“甘教”又称“喀木教”，是突厥语族诸族对他们所信仰的原始宗教的称谓，实际上即是人们所熟悉的萨满教。突厥语族诸族所崇拜的“腾里”、“登里”实含二义：一为天；一为天神。

蒙古语族诸族所崇拜的“腾格里”与突厥语族诸族所崇拜的“腾里”、“登里”一样，也是一词二义，“‘腾格里’一词，广义的用法（古代蒙古人的用法）指天和一切神的意思。”② 这里所谓的“天”即自然的天；所谓“一切神”是后世的说法，从远古来看，指的只是有生命、有意志的人格化的天。“古代中国的‘天’这一词，既用以称物质的‘天’，又用来称精神上的‘天’，古代匈奴、突厥、蒙古等族的‘撑犁’或‘腾格里，也一样。”③ 所说的“精神上”的天，即韩儒林先生所说的“天神”。

何星亮先生说：古代突厥人和蒙古人的“腾格里”也一样，均为一词两义……精神和物质的天混为一谈是毫不奇怪的，是很自然的。古罗马人的“LUNA”一词，既是月亮，也是月神。古埃及人的“RA”这一词，兼有“太阳”和“太阳神”的双重意义。④

暂且将突厥语族诸族崇拜的“腾里”、“登里”和匈奴族崇拜的“撑犁”置于一边。在这里，单纯就蒙古语族诸族所崇拜的“腾格里”提出并讨论以下两个问题：一是这里作为物质的天是否指形似穹庐其色苍苍的

① 韩儒林著：《穹庐集》，上海人民出版社，1982 年。

② ［俄］道尔吉·班札罗夫著，潘世宪译：《黑教或称蒙古人的萨满教》，见《蒙古史研究资料》第 17 辑，内蒙古大学历史系蒙古史研究室编印，1965 年。

③ 何星亮著：《中国自然神与自然崇拜》，上海三联书店，1992 年。

④ 何星亮著：《中国自然神与自然崇拜》，上海三联书店，1992 年。

天？一是作为精神的天，其原型是什么？随着这两个问题渐渐明朗化，匈奴人所崇拜的“撑犁”，突厥、回纥等所崇拜的“腾里”、“登里”究竟是什么，也均可迎刃而解。

二、作为物质的“腾格里”的所指

笔者试从以下三个方面来探讨这个问题：

（一）原始人没有“天空”观念

有一种说法，认为作为物质的“腾格里”，指的 是“天空”：“天空观念，是人们对茫茫苍穹的客观反映，是人类最早的关于天的观念”。[①] 对这种说法笔者持怀疑态度。从认识论角度说，即便是今人，也总是先把握个别的、局部的具体事物，在这之后，才能认识一般的、全局性的抽象事物。从这个角度说，人类对形似穹庐、其色苍苍的天的认识，绝不可能是“最早的”。“夫天浑然而无名者也”。[②] 对古人来说，且尚如此；对初民来说，应该改作“夫天浑然而无能名者也”，似乎更接近实际。

有人可能会马上反问：那怎么解释古埃及的天空女神“努特”呢？这个问题并不难回答。马克思曾说过古希腊人是人类的“正常儿童”。那么，照样可以说，古埃及人是人类的早熟儿童。古埃及神话中出现天空女神努特，绝不能证明她在古埃及万神殿中是“最早的”，更不能证明世界上所有民族远古神话中都曾出现过“天空”女神而且是“最早的”。不要说“天空”，就是天，对原始人来说，也不是容易把握的。

刘半农在《释帝与天》一文中指出：原始人甚至没有“天”这样比较概括的类概念。例如西印度土著，要向他们说明“天”，只能借用实物，说云上头的、星中间的、上面的地、星与月、高高的等等。[③]

从“西印度土著”的情况可知，包括蒙古语族远古先民在内的“原始人”根本没有形似穹庐的天这样的“类概念”，因而“原始人”心目中的“天”，根本不可能是像古埃及神话中的努特那样，把自身弯成穹窿形的天空的样子。

---

① 何星亮著：《中国自然神与自然崇拜》，上海三联书店，1992 年。

② （清）章学成著：《文史通义》，商务印书馆，1935 年。

③ 萧兵著：《楚辞新探》，天津古籍出版社，1988 年。

（二）原始人心目中的“天”举隅

1. 口传民俗中的“天”

蒙古族有一篇神话传说叫《天女之惠》[1]，该神话传说讲的是：

> 纳德山是附近群山中最高一座大山。人们都说，这是天神隐居的山。山顶上有一清澈的湖泊。天女们经常到湖泊中嬉笑玩耍。年轻的猎人发现后，就用“皮袴索”套住了其中一位天女，并向她求爱，终于实现了心愿。然后，两人分手了。怀孕的天女独自一人依旧来到湖边，后来生下一个男孩，他便成了杜尔伯特绰罗斯系的祖先。[2]

在这篇神话传说中，“天神”是隐居在高耸入云的纳德山上的，生活在这里的女子也被称为“天女”。不消说，纳德山上的湖泊，当也如长白山、天山上的湖泊一样，被称为“天池”，表明在蒙古远古先民心目中，高耸入云的山的上部曾被认为是“天”并被称作“天”。达斡尔族有一篇口传故事叫做《孤儿与黑鹿》，是篇羽衣型的故事。这篇故事讲的是：

> 孤儿在结义兄弟黑鹿（不是人名，而是野兽）的帮助下，同天上最小的仙女结为夫妻并生了两个孩子。后来，小仙女从丈夫孤儿处拿到被藏起多年的羽衣，穿上后抱起两个孩子便飞回天上去了。无可奈何的孤儿又在黑鹿兄弟的帮助下，从天上接回妻子和两个孩子。孤儿是怎么上天的呢？首先是黑鹿兄弟将他带到天边，其次是让他攀着一头梅花鹿的高角上了天，最后是孤儿经受住了若干次考验，终于获准可携带妻子并两个孩子回到人间。他们走到鹿角旁，又是攀着鹿角下到地面，回到家园。[3]

值得注意的是，在“天边”，“万枝杈的高角鹿”的鹿角顶端即是“天”，仿佛二者处在同一水平面上。如果不是在“天边”而是在远离

---

① 《天女之惠》这一题目，并不妥当。须知，“天女”不是主动相就而是被动地成为年轻猎人的短暂妻子，怀孕并生下了绰罗斯系祖先的，因此并不存在“惠”不“惠”问题。如将题目改为《杜尔伯特祖先的由来》，可能要好些。

② 谷德明编：《中国少数民族神话》，中国民间文艺出版社，1987 年。

③ 呼思乐、雪鹰编：《达斡尔族民间故事集》，内蒙古人民出版社，1981 年。

“天边”的地方，“万枝杈的高角鹿”的鹿角顶端的上方，当然也是“天”。攀着鹿角上天，绝非仅此一例。在达斡尔族其他口传民俗如《仙女与孤儿》[①] 和《洪都勒迪莫日根》[②] 中，主人公同样是攀着鹿角上天的。足以证明“天”在蒙古语族远古先民心目中，指的绝非形似穹庐的蓝天，而是指高山上部和鹿角的顶端及其上空。突厥语族对“登里”或“腾里”的认识也是如此。“他们将目光所及的任何大的东西——高山、大树，也称……TENGRI，因而便对这些东西顶礼膜拜”。[③]

这种情况在中原民族即汉族远古先民和欧洲先民中也是司空见惯的。《山海经》中的许多天神如西王母、白帝少昊、夸父、烛龙等，无不居住在山上；欧洲古希腊神话中的天神宙斯等也是居住在奥林匹斯山上。中外资料都证明：高山之巅及其上空，在远古人类心目中便是“天”。这使我想到汉字中的“天”字。东汉许慎在《说文解字》一书中说：“天，颠也。”段注：“颠者，人之顶也。”“人之顶”即人的头顶即是“天”，至今尚有“天灵盖”之称，就是明证。

段玉裁还说：“天亦二可为凡颠之称。”[④]“凡颠”即一切［高大、直立东西］的顶部。“天”也可作为一切［高大、直立东西］顶部的称谓。高山之顶可称为“天”，鹿角的顶端也可称为“天”。这样一种看法看似反映的仅仅是中原民族远古先民对“天”的认识，但我以为它符合原始思维，因而可代表人类远古先民的共同认识。中原民族远古先民这样一种具有普遍意义的观念，通过特有的象形文字中的“天”字将其固定了下来。

王静安在《释天》一文中说：古文天字，本像人形。殷虚卜辞或作（根据原文造字），盂鼎、大丰敦作（根据原文造字），其首独巨。案：《说文》：天，颠也……是天本谓人颠顶，故像人形。卜辞、盂鼎之（根据原文造字）二字，所以独坟其首者，正特著其所象之处也。[⑤]“坟”者，大也。在这两个象形字中，之所以将头部画得特大，正是特意突出该字所象之形的头部即“天”。在北方民族文献中虽然找不到也不可能找到这样有力的证据，但从他们将山顶和鹿角之顶等称作“天”来看，不言而喻，山顶、鹿角顶和人的头顶，同样可谓之“天”。

2. 萨满教宇宙观中的“天”

---

① 萨音塔娜编：《达斡尔民间故事选》，内蒙古人民出版社，1987 年。

② 孟志东编：《达斡尔族民间故事选》，上海文艺出版社，1979 年。

③ 麻赫默德·喀什噶里著，校仲彝译：《突厥语大词典》第三卷，民族出版社，2002 年。

④ ［清］段玉裁著：《说文解字注》，上海古籍出版社，1981 年。

⑤ 王国维著：《观堂集林》第一册，中华书局，1959 年。

据徐珂《清稗类钞》载：北方民族信仰的“萨满教又立三界：上界曰巴尔兰由尔查，即天堂也；中界曰额尔土土伊都，即地面也；下界为叶儿羌珠几牙儿，即地狱也。上界为诸神所居，下界为恶魔所居，中界尝为净地，今则人类繁殖于此”。[①] 那么，“上界”也即天界何在呢？在九霄之上吗？据满族萨满神谕说：“上界”“有高山峭壁，各种山洞和神仙幽居的殿堂，各种天神……都住在那里”。[②] 在蒙古萨满教三界观念中，“上层世界”即天界也是“以山岳为代表”的。[③] 这证明，在满－通古斯语族、蒙古语族和突厥语族诸族远古先民心目中，“高山”、“山岳”等的上部即是“天”，是诸神居住的地方，其上空或上方当然更可以称为“天”。

在萨满教祭天仪式中，有一种称作“悬竿祭”的仪式，在竿的顶端放置或捆绑祭品，表明那里同样是“天”，那地方的上方当然更是“天”。

在萨满教祭天仪式中，还有一种用大树祭天的仪式。“这种仪式专用白桦神树，设在旷野”，并在树的高处“绑有祭天用的牺牲”。[④] “因为树很高，可接近天”。[⑤] 树顶曰“桢”，也就是“天”；树“桢”之上方，就更可谓之“天”。

从上述口传民俗和萨满教宇宙观等材料可以得出什么结论呢？

第一，卜辞、盂鼎中的“天”字，均像站立之人形；在契刻时，从“独坟其首”来看，中原民族远古先民曾将人的头颅称作“天”。中原民族神话中的“刑天”，照一般桢的解释，便是被砍去脑壳的意思。

第二，从原始人类曾将已之顶和鹿角之顶、山之巅、树之桢、竿之头和天梯的最上端等等均视作并称为“天”来看，“天亦可为凡颠之称”的说法，是符合实际的。

第三，“凡颠”可以称为“天”，“凡颠”之上方或上空当然更可称为“天”，证据是天字“又作秃，别以一画记其所象之处”[⑥]，表明人头或人之上方或上空，引申之，“凡颠”之上方或上空可以称为“天”。成语中的“顶天立地”中的“顶天”，贾母所说的“头上有青天”的“天”和古代通俗小说、戏曲中的“头上三尺有神明”等等，无一不是这种观念的

---

① 富育光著：《萨满教与神话》，辽宁大学出版社，1990年。

② 乌丙安著：《神秘的萨满世界》，上海三联书店，1989年。

③ ［蒙古］策·达赉著，丁师浩、特尔根译：《蒙古萨满教简史》，中国社会科学院民族研究所，1978年。

④ 乌丙安著：《神秘的萨满世界》，上海三联书店，1989年。

⑤ ［蒙古］策·达赉著，丁师浩、特尔根译：《蒙古萨满教简史》，中国社会科学院民族研究所，1978年。

⑥ ［清］段玉裁：《说文解字注》，上海古籍出版社，1981年。

反映。

第四，人类将蓝色的形似穹庐的“天空”或“天穹”称作天，那是后来的事。

（三）“天”是一种场所

从我国北方民族遗留的少数材料来看，“天”是一种场所，一种地方。各地达斡尔人普遍祭“天”，祭天没有供奉的偶像，也不叫它为神（巴尔肯）①。所以“不叫它为神”，是因为“天”不是一个神，而“是神灵居住的地方”②。在自然崇拜阶段，尚无“神灵”观念，故应将“神灵”二字删去，这样，“天”就成了一种“居住的地方”。蒙古语中的“腾格里”，据说其本义也是“尊贵的位置”，当如汉文“天”字所标示的那样，是指头顶之上，后引申为“至高无上”位置的意思。满－通古斯语族诸族对“天”的认识也不例外，如满族“有的萨满神谕称天是‘舜莫林’（日马）的住地，即日马驰骋之所”。③ 意思是“天”是“日马”，即太阳马居住的地方，驰骋的场所。“在鄂温克族的开天辟地神话中，有关于神山顶天的说法：有一座高山在开天辟地时直顶天上，挡住了天神进出的道路。天神一怒之下用剑把高山斩断成了三截。但是这座山还是不停地往上长，像锥子一样直长到天上，把神殿都刺坍了。后来天神又把它砍为三段，因为用力过猛，把天神都累死了”。④ 使人们感兴趣的不是天神累死不累死，而是山巅即是天上。是天神生活场所的观念。突厥语族诸族初民也崇拜“腾里”、“登里”等。我猜想，“腾里”或“登里”的本义，当也如蒙古族、达斡尔族一样，最初指的是一种地方或位置。根据11世纪阿拉伯地理学家加尔迪齐提供的材料：“古代突厥人相信山是腾格里所在地”，“天神的居地”就是这方面的佐证。⑤ 总而言之，“在宗教上，古人常常是把天空看做是神灵存在的世界，而不会把这个世界本身当作神来崇拜”。⑥ 这里所说的“天空”，当指“凡颠”之上部或上空的意思，不仅“在［原始］宗教”

---

① 内蒙古自治区编辑组编：《达斡尔族社会历史调查》，内蒙古人民出版社，1936年。

② 满都尔图著：《达斡尔鄂温克蒙古（陈巴尔虎）鄂伦春萨满调查》，中国社会科学院民族研究所民族学研究室，1992年。

③ 富育光著：《论萨满教的天穹观》，吉林省民族研究所编《萨满教文化研究》第一辑，吉林人民出版社，1988年。

④ 乌丙安著：《神秘的萨满世界》，上海三联书店，1989年。

⑤ ［土耳其］阿·伊南著，姚国民、曾宪英译：《萨满教今昔》，中国社会科学院民族研究所，1979年。

⑥ 朱天顺著：《中国古代宗教初探》，上海人民出版社，1982年。

产生后如此，在原始萨满教产生之前，甚至在人类社会——母系氏族社会出现之前，这种情况便已出现。在做了上述两点说明、限定之后，我以为这种说法才是符合实际的。

三、作为精神的“腾格里”的所指

在回答之前先讨论两个问题：一是“较抽象的至上神”问题；一是“天”是否为蒙古人“原有观念”问题。

先探讨第一个问题。

有的研究者说：纵观各族的至上神，又可分为两种类型，一种是较抽象的，虽有人格但无形体；另一类较为具体，既有人格，又有形体，和人一样会说话，甚至有妻室。①

我猜想，作者这里所说的“较抽象的，虽有人格但无形体”的“至上神”，主要是根据突厥语族、蒙古语族诸族所崇拜的“登里”、“腾格里”等概括出来的。笔者也曾在一篇文章中谈到蒙古语族诸族所崇拜的“腾格里”，虽有人格有意志，但却没有“具象化”。正是由于“腾格里”没有“具象化”，所以他族人为宗教中的神祇很容易鹊巢鸠占，成为蒙古萨满教中的神祇，到后来竟然成为最高神祇。如波斯火祆教中的阿胡拉·马兹达成为蒙古萨满教中光明、善良之神；在铁木真统一草原、建立蒙古汗国后，又升格为永恒的至高无上的神。

如此看来，蒙古语族诸族所崇拜的“天”果真是“虽有人格，但无形体”的“抽象”的“至高神”了。经过十多年的学习和思考，发现事实并非如此。蒙古语族远古先民，同其他原始人类一样，抽象思维能力是很弱的。“从国内外原始思维研究家们提供的大量史料证明，在原始人类的思维发展过程中，确实存在过以具体性和形象性为主要特征的表象阶段”。② 作为在知觉基础上形成的感性形象的表象是离不开对具体对象的感知的，并且将感知结果具体地、形象地表现出来。在这样一个阶段，作为“至上神”的“天”怎么可能是“抽象”的呢?

再谈第二个问题。

对天的崇拜似不是蒙古先民原有的观念。在密布参天大树和陡峭山崖的森林中，苍天给予人的印象远不及“天似穹庐，笼盖四野”的草原那般

① 何星亮著：《中国自然神与自然崇拜》，上海三联书店，1992 年。

② 张浩著：《思维发生学》，中国社会科学出版社，1994 年。

深奥和神奇。蒙古族所接受的应是在它之前已活跃在草原上的游牧民族的观念。①

这段话的核心是，只有游牧民族在草原上才能形成“天似穹庐，笼盖四野”的“深奥和神奇”的印象，才能形成“对天的崇拜”；长期在森林中过着游猎生活的“蒙古先民”，是“接受”在他们之前便已活跃在草原上的“游牧民族的观念”之后才崇拜“天”的。

如果说，后起的游牧民族对“天”的崇拜，都是接受此前“游牧民族的观念”的结果，那么，匈奴人是有文献明确记载的第一个游牧民族。假定它是我国历史出现的第一个游牧民族，他们也崇拜“天”（“撑犁”），不知又是“接受”自哪个游牧民族的“观念”的呢？再说，包括“对天的崇拜”在内的自然崇拜，早在原始社会的母系氏族社会之前便已出现，从我国来说，至少也有数万年了。而在辽阔的草原上以放牧为业的游牧民族的产生，距今再久也不过五千年左右。在此之前，崇拜“天”的民族又是“接受”自哪个“游牧民族”呢？就个人来说，在天津赵沽里和河南淮阳，都曾使我联想起“天似穹庐，笼盖四野”的诗句，以为那八个字形容在那里看到的天空景象，也十分恰当。何必认为只有在草原上才能产生“天似穹庐，笼盖四野”的印象呢？最后，在作者看来，蒙古族早期所崇拜的“天”，有生命有人格的天，一定是象形“似穹庐，笼盖四野”的样子，这从前边的论述中可知，也是与事实背道而驰的。所以，“接受”其前“游牧民族观念”说是不能成立的。

前已言之，最初的“天”指的绝不是形“似穹庐，笼盖四野”的天而是人头之称、“凡颠”之称和“凡颠”上空或上方之称，因此，要回答作为精神的“天”究竟指的是什么，就必须到人类头顶等上方或上空去寻觅。在“凡颠”之上空或上方，最引人注目且与人类关系最为密切的是什么天体呢？毫无疑问，是日月星辰。在“日月星辰”中，太阳、月亮尤其占据着无与伦比的显赫地位。所以，蒙古语族远古先民所崇拜的作为精神的“腾格里”（天），最初指的便是而且只能是太阳和月亮这样两个有生命、有人格的天体；太阳、月亮这两个有生命的天体便是蒙古语族远古先民所崇拜的“腾格里”。

① 刘小萌、定宜庄著：《萨满教与东北民族》，吉林人民出版社，1990年。

四、“腾格里”指的是太阳、月亮的证据

第一个证据：“蒙古牧人在远古时代就崇拜天，认为苍天是白色的，天上日月星辰是白色的。”①

这段话需加以分析。首先，应将其中的“苍”字删去，否则“苍天”和“白色的”天之间就产生矛盾。显然，两个“苍”字是根据后世的习惯误加上去的。其次，“天是白色的”这种说法，同样是很难使人们理解的。“天”本是“苍”色或蓝色的，故有“苍天”、“蓝天”等说法，怎么竟然称天是“白色的”呢?！如果将此处的“天”认作是形似穹庐的天，的确如此。问题是，这里所说的“天”，指的本是太阳和月亮。难道作为精神“天”的太阳和月亮不正是“白色的”么?

第二个证据：蒙古萨满祭天的唱词中……还把不同方向的天按各主司一方的事分开。如祭天是为了庆祝胜利，就要呼请西南方的天，称作“银黄色的天”；如祭天是为了禳灾除病，就要呼请东南方的天，称作“银白色的天”。②

对于习惯将天称作“苍天”、“蓝天”的今人来说，对蒙古族萨满祭天时唱词中将不同方位不同功用的“天”，分别称作“银黄色的天”和“银白色的天”等，肯定感到大惑不解。事实上。其中“银黄色的天”、“银白色的天”指的不是形似穹庐的天的颜色，而是指作为精神的“天”的太阳、月亮的颜色，如此，一切不就顺理成章了么?

首先，蒙古语族诸族所崇拜的“腾格里”是“白色”、“银黄色”和“银白色”的，正好证明，这里的“腾格里”指的绝非形似穹庐的蓝天，而是指的太阳和月亮，太阳和月亮就是蒙古语族诸族远古先民心目中的“天”。

这种情况并非只为蒙古语族诸族所独有，在其他语族和语系民族中也不罕见。

满族萨满神谕中也有“白光是天空的本色”的说法。这种说法，与经验格格不入，删去根据习惯误加上去的“苍”字，便成了“白光是（天）空的本色”。“天光则白色”。这里的“白光”，指的同样是太阳、月亮所放射出的光芒的颜色。唯其如此，作者紧接着援引谕神中的话说：“白色

① 刑莉等著：《草原文化》，辽宁教育出版社，1998 年。

② 乌丙安著：《神秘的萨满世界》，上海三联分店，1989 年。

又是日月的本色”。[①] 属于突厥语族的“雅库特人认为，太阳和月亮是兄弟俩。他们都是腾格里”。太阳和月亮究竟是兄弟关系，还是兄妹关系，同这里讨论的问题无关。令人感兴趣的是太阳、月亮为腾格里即“天”的观念。易言之，最初的腾格里的确是指太阳、月亮。

有的学者在谈到突厥族“敬天拜日”时，说了八个字，即：“日为神相，天为神名”[②]。在我看来，这八个字用在这里才是最为恰当的：这里所说的“相”是“相貌、外貌”的意思；而“天为神名”中的“天”即“腾里”、“登里”，仅仅是日神即太阳神的名称。也就是以“天”为名者，实乃指太阳也。对蒙古语族诸族来说，同样是“日（月）为神相，天为神名”。不过不是因为崇拜太阳和“天”的两个部落“世代联姻”形成一个民族后，“天、日合一，两种信仰相互联系”导致的，而是将太阳、月亮本身即视作并称为“天”的缘故。

其次，世界上好些民族的远古先民都有太阳即“天”、太阳神即是“天神”的观念。古埃及太阳神赖（RA）被称为也自称为“天神”。赖神说：“……我是伟大的天神，是一位伟大天神（指努）的儿子”。又伊西斯“对赖神说：‘神圣的天父’……”，又说“这位伟大的天神穿过了天上的领域而走去”。[③] 这些便是最好的例证。

再次，很早便已进入文明大门并早已将天和太阳、月亮严格区分开来的中原民族，在“郊祀”时仍以太阳来象征或代表天。如《礼记·祭义》中说：“郊之祭，大报天而主日，配以月。”[④]

“报”是报偿，是一种祭名。为报答天德，不得不“主日”。郑玄注：“主日者，以其光明，天之神可见者莫若焉”。意思是在可见的天上诸天体中，就光明程度来说，没有一个是比得上太阳的。正因为如此，为报答上天之德而举行郊祭时，不能不以光辉灿烂的太阳作为主角，并“配以月”。据此似乎可以做出如下推断，中原民族先民在远古时代也必然是将太阳、

---

① 富育光、孟慧英著：《满族萨满教研究》，北京大学出版社，1991 年。

② 薛宗正著：《突厥史》，中国社会科学出版社，1992 年。

③ 华丰瞻编：《世界神话传说选》，外国文学出版社，1982 年。

④ 《礼记·正义》。

月亮视作“天”的。①

明白了蒙古语族诸族所崇拜的“天”，原本是指的太阳、月亮，以下这个问题就不难理解了。这个问题是，直到今天，蒙古人仍将太阳、月亮作为自己民族和国家的象征。“日月是古代蒙古人的徽标。代表蒙古氏族部落的旗纛上都有日月的图案为标记……甚至这种徽标继传到现代．当今蒙古国的国旗上还是以日月为标记”。② 可是，在古代蒙古萨满祈祷词里，却没有太阳、月亮的名字。这个问题使俄国学者道尔吉·班札罗夫感到百思不得其解。他写道：

太阳对自然界威力很大，因此，无论什么民族总是把太阳放在最崇高的地位。当然蒙古人也不例外，也最崇拜太阳。但是在［蒙古萨满］祈祷文里虽然叫着各种神的名字，但其中并没有太阳和月亮，这是很难理解的。③

班札罗夫160年前发现并提出这样一个问题是不难理解的。当时，许多神话和萨满词尚没有汇集或发掘出来，还不具备回答这个问题的条件。或许就是因为这个缘故吧，从未见有人尝试着回答这个问题。一个半世纪后，本人利用前人和今人搜集起来并已公布的民俗材料和萨满词，尝试着做了上述回答。由于蒙古语族诸族远古先民所崇拜的“天”指的是而且仅只是太阳和月亮，所以只见祭“腾格里”而找不到太阳和月亮神的名字，就是十分自然的事了。

这就是本文的结论。这一结论仅仅是初步的。

原文刊载于《内蒙古大学学报》，2005（3）

---

① 中原民族自周朝以来也崇拜天。“在中国（指中原）传统的宇宙论中存在着个有意志的‘天’，‘天’是至高无上的，天地万物至人世间一切事物都受着‘天’的支配和主宰，而且认为天文现象与世间人事之间存在着相对应的关系。人世间的君主是‘天子’，代表‘天’的意志行事，并受着‘天’的制约”。（阴鲁法等主编：《中国文化史》（3），北京大学出版社，1991年版，第242页。）考虑到周人出自白狄，是从今庆阳地区逐步南迁关中平原的（取徐中玉、沈长云说），故周人崇奉的“天”似也如某些北方民族一样，最初指的不是形似穹庐的高大蓝天，而是指“天”上的太阳、月亮。

② 波·少布著：《蒙古风情》，香港天马图书有限公司，2002年。

③ ［俄］道尔吉·班札罗夫著，潘世宪译：《黑教或称蒙古人的萨满教》，见《蒙古史研究资料》第17辑，内蒙古大学历史系蒙古史研究室编印，1965年。

蒙古族神话的腾格里形象研究

那木吉拉

天神信仰在世界上很多民族中盛行，有关天神的神话传说也在他们中传承。蒙古语称“天”为“tengri”，汉译“腾格里”，书面写成 Tegri。腾格里是古代蒙古人最敬仰的神灵，尤其是孟克·腾格里（Mōngke tengri，意即“长生天”），是众天神之主，是世界万物的创造者和赐予者，也是蒙古神话中的主要形象。然而，随着佛教在蒙古地区的流布，孟克·腾格里等天神形象在蒙古神话中的地位发生了变化，首先与佛教关系密切的印度天神因陀罗（Indara）或帝释天以霍尔母斯塔（Hormusta）之名登上了蒙古神话殿堂，呈现出超越或覆盖孟克·腾格里之势。另一方面，居于蒙古地区北边的布里亚特蒙古神话中出现了以汗·霍尔母斯塔（Han－hormusta）为首的善腾格里和以阿泰·乌兰（Atai－ulan）为首的恶腾格里二元对立模式。过去有的学者指出，布里亚特人的这种神话受波斯、伊朗人拜火教或祆教（又称琐罗亚斯德教，即 Zoraostrianism）的影响较深，笔者却认为，布里亚特神话的外来文化影响，主要是佛教天神与阿修罗二元对立，拜火教或祆教的影响则处于次要地位。蒙古族神话腾格里形象在各民族文化交流进程中的演进、变异是本文所探寻的主要内容。请各位专家学者批评指正。

一、“孟克·腾格里”的形象

古代蒙古人称自然的“蓝天”为“腾格里”，而对于他们所顶礼膜拜的神祇的“天”也称“腾格里”。我们现在还不清楚本指自然界物质的腾格里和人们信仰中的腾格里是何时相分离的。有人认为“腾格里”一词是通过突厥语借入蒙古语。但我们认为，蒙古人使用文字后只是借用了 Tegri 这个写法，而 Tengri 是蒙古语固有词汇，也可以说，“腾格里”是学者们假设中的原始阿尔泰语词汇。因为“腾格里”这个词，几乎所有的现代阿尔泰语系各民族语言中以相互间发音稍有差异的形态存在，而且“腾格里”的崇拜几乎在所有阿尔泰语系诸民族中都曾经存在过。《史记·索隐》记载，匈奴称单于为“撑黎孤涂单于，匈奴谓天为撑黎，谓子为孤涂，单于者广大之貌，言其像天，故曰撑犁孤涂单于”，撑犁孤涂，意即“天子”，“撑犁”为腾格里的同音异译。“孤涂”意即“儿子”、“子女”，与13世纪蒙古语同类词汇相同。这些记载说明，此时的匈奴中已经出现了腾格里天神崇拜。此后，在文献中频频出现阿尔泰语系各民族崇拜腾格里的记载。因此可认为，腾格里为整个阿尔泰语系民族普遍信仰的神灵。

根据古代突厥文献，腾格里是古代突厥神话殿堂里的第一位伟大神灵。腾格里被认为是世界与人类的创造者，司掌着人类的吉凶祸福。① 此与蒙古族的腾格里崇拜是一致的。13世纪时踏上蒙古草原的西方使臣或传教士在他们的游记中写道：“他们（指蒙古人——引用者）相信只有一个神，他们相信他是一切可见和不可见事物的创造者，他是世界上的美好事物也是种种艰难困苦的赐予者。”② 13世纪时出使蒙古的内地使臣的著书中也出现类似的记载，如《蒙鞑备录》称“其俗最敬天，每事必称天。”《黑鞑事略》载：“其常谈必曰：托着长生天底气力，皇帝福荫。彼所欲为之事，则曰：天教凭地；人所已为之事，则曰：天识着，无一事不归之天，自鞑主至其民无不然。”这里的“长生天”很显然是蒙古语“孟克·腾格里”的意译。在《蒙古秘史》等佛教传播前的史书中，“孟克·腾格里”或“迭额列·腾格里”（Deer tengri 意即“上天”）的出现频率极高。元代蒙古统治者所颁布的蒙古文指令、公文、碑文、印玺文等历史文献中经常出现“Mōngke tngri－yin kücündur”（意即“长生天的力气里”）。孟克·腾格里成为蒙古人的最高神灵。

在鄂尔浑叶尼塞碑铭文上出现“柯克·腾格里”。突厥语里“柯克”指一切蓝色、深绿色，也指蓝色的天空。“柯克·腾格里”即“苍天”，表示神灵的概念，“柯克”所代表的颜色因之成为神圣之色。③ 蒙古也有“呼克·腾格里”（Hōhe－tengri）的说法。此与突厥人的“柯克·腾格里”是同样的概念，“呼克”，指蓝色、青色，是蒙古人的神圣之颜色。如有的史

---

① 毕桪著：《突厥民族神话概述》，见《突厥语言与文化研究》，304页，中央民族大学出版社，1997年。

② 约翰·普兰诺·加宾尼著：《蒙古史》，见道森编，吕浦译，周良霄注：《出使蒙古记》，9页，中国社会科学出版社，1983年。

③ 毕桪著：《突厥民族神话概述》，见《突厥语言与文化研究》，304页，中央民族大学出版社，1997年。

书称成吉思汗的祖先为上天由命的苍狼——孛尔帖·赤那。[1]“孛尔帖”与“呼克”是同值。

蒙古语中的“孟克·腾格里”、“呼克·腾格里”、“迭额列·腾格里”都是指至高无上的“天”，都有神灵的概念。除此之外，还有一种说法为“额其格·腾格里”（Eqig tengri，意即“父天”），与之对应的是“额都根·额和”（Edugen ehe 意即“地母”），是仅次于腾格里的大地神。蒙古人认为上天是父亲，大地是母亲，天神创造世界万物时得到了地神的帮助。

总之，腾格里是古代蒙古人顶礼膜拜的创世神，他们认为他创造了大地万物，掌握着世界和人类的命运，人类在世界上的生存所必须的一切统统都是由孟克·腾格里赐给的。因此，说孟克·腾格里是蒙古神话中至高无上的创造神是无可非议的。但我们还没有掌握古文献记载的孟克·腾格里创造世界、人类或其他动植物神话的完整的文本。这可能是由于蒙古古文献相对较少，而16世纪以后的文献中由于佛教文化浸透与影响较强，所以那些文献中记载的多为佛教神话，而很少有蒙古人的原始神话。只是我们在近现代从民间搜集到的蒙古神话文本中看到一些腾格里的创造有关的神话。譬如，有关人类的起源神话说，腾格里在天界用泥捏了一些人从天上投到下界，创造了人类；[2] 还有的变体说，迭格都·腾格里（Deed tengri，意即“上天”）创造了男女各十八个人，从天上投往下界，那些人后来成为人类先祖。[3] 但我们现在从民间神话中也很难整理出腾格里创造世界万物的比较完整的系统神话。这是因为，有些创世神话的形象是腾格里，但蒙古人皈依佛教之后，形象被置换成佛教的形象。有的可能是受佛教影响而转化为其他神话，还有一部分神话可能是在流传过程中被遗忘而失传。

二、“霍尔母斯塔·腾格里”的形象

在蒙古人口头传承中有众多腾格里，霍尔母斯塔·腾格里（又称“汗·霍尔母斯塔”）是众尊之主。又译霍尔穆斯达、胡日母斯塔、霍尔穆斯塔、霍尔木斯塔等等。他是继孟克·腾格里之后蒙古人最崇敬的神灵，也是蒙古神话的重要形象。据有人统计，13世纪、14世纪以后的蒙古语中，

---

① 佚名：《蒙古秘史》，见巴雅尔著《蒙古秘史》，1～2页，内蒙古人民出版社，1980年。
② 齐木道吉搜集翻译：《天神造人》，载《民族文艺论丛》，1981年创刊号。
③ ［蒙古］S. 杜勒玛著：《蒙古神话形象》（斯拉夫蒙文），140页，乌兰巴托，1989年。

“霍尔母斯塔·腾格里”的使用率曾经一度超过了“孟克·腾格里”。足见其在蒙古民众宗教信仰、思想意识中的地位。

13世纪前蒙古语中不使用或很少使用这一词。其依据，在《蒙古秘史》中出现的腾格里一词多达69次，① 却始终没出现“霍尔母斯塔·腾格里”；元明时期蒙古统治者所颁布的回鹘式蒙古文指令、公文、碑文、印玺文等历史文献和元明时期编纂刊行的几部“译语”等书籍以及早期翻译文献如汉译蒙《孝经》和藏译蒙《入菩提行》中都出现“腾格里”，但没出现“霍尔母斯塔·腾格里”。乌力吉先生在他的《关于“腾格里”的探索》一文中列举上述资料之后说，这些例子，足以说明“霍尔母斯塔”一词，当时尚未进入蒙古语常用基本词汇之库，当然，通过上述例子不能得出“霍尔母斯塔”一词直到元明时期还没有进入蒙古语的结论，因为我们发现元代藏译蒙的另一部著作《萨迦格言》里就有“霍尔母斯塔·腾格里”这一名称。“它与藏文表示帝释、天王的Brbya byin一词同值。”② 他的观点无疑是正确的。而我们这里补充一点，据笔者观察，元代藏译蒙《萨迦格言》中“霍尔母斯塔”一词出现两次，③ 足见其出现频率之低，而在元代藏译蒙《佛十二事业》(《Borhon nu arban hoyar johiyanggui》)的残本中以“霍尔母斯塔·腾格里”、“额斯润（Eserun，指大梵天）·霍尔母斯塔”等形态出现的该词达十三次之多。④ 我们把《佛十二事业》与同一时代的布顿大师著《佛教史大宝藏论》⑤ 比较发现，蒙译《佛十二事业》中的“霍尔母斯塔”似乎也与印度佛教帝释天同义。在元代，不仅在蒙译佛经文献中出现“霍尔母斯塔”，而且，相传是忽必烈汗时期成书的《十善福白史册》⑥ 一书中也出现了“霍尔母斯塔”。⑦

据海西希的报告，在1431年刊布的一种用四体语言所写的神咒和陀罗

---

① 额尔德木图著：《论〈蒙古秘史〉中的天》，载《内蒙古社会科学》，1986（2）。

② 乌力吉著：《关于“腾格里”的探索》，载《中央民族大学学报》，1997（4）。

③ 萨班·贡噶坚赞著，密咒大师·索南戈拉译，照那斯图、斯琴朝克图校注：《善说宝藏》，255～256页，内蒙古人民出版社，1989年。

④ 元代蒙译《佛十二事业》是部残本，佛十二“事业”中只传六、七、八和九个“事业”。据笔者检索，在这部残本中“霍尔母斯塔”一词出现13次，而蒙古学者O·苏和巴特尔说出现过11次。见［蒙古］苏和巴特尔《关于“Xyrmast”的词源》，载《蒙古语言文学》，1995（1）。

⑤ 见布顿大师著，郭和卿译：《佛教史大宝藏论》，民族出版社，1986年。

⑥《十福善白史册》一开篇就说，本书著者为忽必烈汗。但一般认为，该书并不是忽必烈汗之作，而是受忽必烈汗之命，由别人写成的。见留金锁注释：《十福善白史册》，72页，内蒙古人民出版社，1981年。

⑦ 留金锁注释：《十福善白史册》，79页，内蒙古人民出版社，1981年。

尼经中也提到过“腾格里天神之王霍尔穆斯达”。[①] 蒙古人首先认为，霍尔母斯塔是三十三尊腾格里之主。关于这一说法，海西希在《蒙古的宗教》一文中说：“其中也同样很容易洞察带有三十三颗星辰的因陀罗印度形象的影响。”[②] 众所周知，印度神话中的帝释天或因陀罗，为古印度天神，是三十三天之主，居于须弥山顶之善见城。相传，因陀罗改宗佛教，成为佛教的护法神。在甘达拉的雕塑中表现为他和大梵天一起，是佛陀（释迦牟尼）的侍卫。还有一幅雕塑中，帝释天怀抱玛雅夫人生的佛陀即释迦牟尼，他的后面站立着的是大梵天。公元前1世纪的玛哈宝迪寺里有帝释天的雕像，他用右手搂着禾草。雕像表现了帝释天为佛陀金刚宝座搬运禾草。[③] 在这些雕塑艺术中表现了帝释天与佛教创始人释迦牟尼之间的关系。因陀罗改宗，成为佛教的护法神之后，三十三天神也成为佛教的天神，他们的“改宗”，原原本本地反映在佛教观念中，也反映在蒙古神话的形象群之中。至于蒙古神话中的三十三腾格里神的名称，除了霍尔母斯塔之外我们所知道的所剩无几。蒙古有的部落萨满教传说中说，其伊图根（Yitugen，意即“女萨满”）膜拜霍尔母斯塔三十三腾格里中的嘎勒·哈拉·腾格里（gal hara tengri，意即“火黑天”）和敖其·哈拉·腾格里（Oqi hara tengri，意即“火炎黑天”）两尊腾格里。[④] 海西希指出：“霍尔穆斯达腾格里天神并不仅仅是指三十三尊神之首，而且还将之当作是蒙古人全部九十九尊腾格里天神之首。在传记中曾出现过“以霍尔穆斯达为首的九十九尊腾格里天神”[⑤] 和“霍尔穆斯达所主宰的九十九尊腾格里天神”之说。”[⑥]

笔者认为，布里亚特神话中的九十九尊腾格里的“九十九”并不是蒙古萨满教的“专利”。古代印度、汉族、藏族和蒙古族口头传承中都崇拜“九”或它的十倍数。印度包括藏族神话中频繁出现“九十九”，如印度神话就说因陀罗破了弗栗多的九十九座城堡；杀死了三头六眼或则九十九臂的妖魔等等。[⑦] 谁都知道，这些“九十九”并非实数，而是象征数。自布

---

① 巴黎吉美博物馆藏，卷第46号，第346和13页。转引自［意］图齐、［西德］海西希著：《西藏和蒙古的宗教》，416页，天津古籍出版社，1989年。

② ［意］图齐、［西德］海西希著：《西藏和蒙古的宗教》，417页，天津古籍出版社，1989年。

③ ［日］斋藤昭俊著：《印度诸神》（日文），127页，吉川弘文馆，平成元年。

④ ［蒙古］C·杜勒玛著：《达尔赫德·孛传统中的象征意义》，载《丰碑——献给海西希教授80寿辰》，250页，内蒙古文化出版社，1993年。

⑤ ［蒙古］仁钦著：《研究蒙古萨满教的资料》。

⑥ ［意］图齐、［西德］海西希著：《西藏和蒙古的宗教》，417页，天津古籍出版社，1989年。

⑦ 金克木著：《梵语文学史》，19~26页，人民文学出版社，1980年。

里亚特著名学者道尔吉·班札罗夫到最近的有些学者，计划统计蒙古人崇拜的腾格里神之数，清点出这“九十九”个数字，但这些努力都以失败告终。[①] 究其原因，神话中的“九十九尊”云云，只是象征“众多、数不清”等意义。实际上，布里亚特神话、英雄史诗在内的很多作品中没有出现恰好九十九尊腾格里。布里亚特史诗中则是东西方诸腾格里九十九，还有中间的一尊，共一百尊。而据日本人中田千亩的《蒙古神话》，蒙古人腾格里总数为东方四十四尊腾格里，包括西南北三方的腾格里加在一起，共九十九尊，此外，在上天的北域还有一尊无主的名为策根·策布德格·腾格里（Chegen chebdek Tengri），[②]加起来一共还是一百尊。并且说是一百尊，实际统计起来，远远不到一百尊。还有一首萨满神歌中唱道：

我东部的四十四尊腾格里天神，
我西部的五十五尊腾格里天神，
我北部的三尊腾格里天神。[③]

这里东西方腾格里有九十九尊，加上北方三尊，共一百零二尊，又非九十九尊。这些不统一的记载告诉我们，蒙古人崇拜的腾格里不限于九十九尊，这里的“九十九”是个象征数或吉祥数。“九”是蒙古人的吉祥数，“九”的倍数也是吉祥数，如九九“八十一额都根·额贞”（八十一尊地神）[④]、“九九八十一种彩礼”等等。“九十九”尊腾格里也是这样形成的数字。后来人们根据这个“九十九”，分类出东西两大类。

蒙古人又把霍尔母斯塔与火的起源和闪电雷鸣联系起来加以崇拜，蒙古民间流传的许多有关火的赞歌都唱道，佛陀打着了火镰，而“霍尔母斯塔·腾格里神点着了火”。[⑤] 道尔吉·班札罗夫说：“拜火的风俗，毫无疑问是由波斯传到蒙古的……波斯人的拜火是由袄教基本思想产生的。他们

① 赵永铣著：《蒙古族创世神话与萨满教九十九天说新探》，载《内蒙古社会科学》，1989（4）。

② ［日］中田千亩编：《蒙古神话》（日文）、东京郁文社、昭和十六年（1941）、第1－3页。

③ ［蒙古］B. 索德纳姆著：《蒙古民族巫师的咒语》，载《蒙古学报》第4卷，乌兰巴托，1962年。转引自［意］图齐、［西德］海西希著：《西藏和蒙古的宗教》，416页，天津古籍出版社，1989年。

④ ［俄］道尔基·班杞罗夫著：《黑教或称蒙古人的萨满教》（汉译文），见内蒙古大学历史系蒙古史研究室编印：《蒙古史研究参考资料》第17辑，1965年。

⑤ ［蒙古］仁钦著：《研究蒙古萨满教的资料》。转引自［意］图齐、［西德］海西希著：《西藏和蒙古的宗教》，417页，天津古籍出版社，1989年。

相信有‘原火’，而这火与永恒的时间联系在一起为奥尔穆兹德（Ормузд）服务。奥尔穆兹德用这火来创造一切纯粹的本质。”[①]

我们知道，班札罗夫是把蒙古的霍尔母斯塔和波斯琐罗亚斯德教阿呼尔玛兹达联系起来的学者。因此，他自然把蒙古人的拜火习俗与阿呼尔玛兹达联系起来。实际上，印度的因陀罗也是和火的起源有关系的天神。“因陀罗又是火的创造者。他用两块石头生出了火。因此，火神是他的紧密的伴侣”，[②] 所以，如若说蒙古人流行拜火习俗，并把火的发明与霍尔母斯塔联系起来加以崇敬，那么，这是否与因陀罗“两块石头生出了火”有联系呢？

总之，蒙古人顶礼膜拜的霍尔母斯塔·腾格里形象明显受到印度因陀罗形象的影响。因陀罗以“霍尔母斯塔”之名传入蒙古文化圈之后，在蒙古神话的大部分环境中已经替代了孟克·腾格里的职能，改变了蒙古王统起源神话传说内容。《蒙古秘史》等史书中称成吉思汗或其祖辈是受孟克·腾格里之命而降生人间的天子。蒙哥汗在送给路易国王的信中写道：“天上只有一个长生天，地上只有一个君主成吉思汗——天子。”[③] 这在当时不仅是蒙哥汗一个人的观点，而是全体蒙古人普遍的认同。所以，西方使臣鲁不鲁乞也说：“他们（蒙古人——引用者）现在称他（成吉思汗）为天子。”[④] 然而，佛教传入蒙古之后，成吉思汗则变成释迦牟尼派遣到人世间的霍尔母斯塔·腾格里的化身。[⑤]

如前所述，古代蒙古人认为，孟克·腾格里是世界万物的创造者。此后，在蒙古民间活态神话中有时也把霍尔母斯塔·腾格里描绘成创造神。有的神话说，原古时期宇宙间唯有原初大海，霍尔母斯塔·腾格里派遣嘎勒宾嘎（Galbingga，神话传说中的类似金翅鸟的一种鸟类）下凡，嘎勒宾嘎在大水上用羽毛筑巢，巢渐渐扩大，成为人类万物居住的大地。[⑥] 这里霍尔母斯塔·腾格里虽然不是直接的创造神，但它已经具备了作为创造神的资格。还有的神话说霍尔母斯塔·腾格里是人类或某些部族的创造者。关于卫拉特蒙古部族起源神话说：

---

① 《黑教或称蒙古人的萨满教》，见内蒙古大学历史系蒙古史研究室编印：《蒙古史研究参考资料》第 17 辑，第 13 页。

② 金克木著：《梵语文学史》，19 ~ 26 页，人民文学出版社，1980 年。

③ 道森编，吕浦译，周良霄注：《出使蒙古记》，222 页，中国社会科学出版社，1983 年。

④ ［日］斋藤昭俊著：《印度诸神》（日文）、吉川弘文馆、平成元年、127 页。

⑤ 乔吉校注：《黄金史》，522 页，内蒙古人民出版社，1983 年。

⑥ ［蒙古］Д·策仁苏德那木编：《蒙古神话》（斯拉夫蒙文），10 页，乌兰巴托，1989 年。

四卫拉特始祖为霍尔母斯塔·腾格里的外甥女。天女下凡，生一小儿于现世赡部洲沉香树下，并把婴儿挂于沉香树枝，婴儿吮吸着从树叶滴落的雨露，并在这树稍上有一只猫头鹰在叫着，后来有一无儿无女老夫妻把他养育。这个婴儿长大成人后成为四部卫拉特人之始祖。[①]

实际上，这种把某部族始祖与鸟图腾、树图腾联系起来的神话传说在蒙古、突厥部落中早已流传。[②] 这样，古代蒙古、突厥与上述卫拉特人部族起源神话传说之间在基本母题和情节方面相同或相似，而将来成为始祖的婴儿生成的来源不同罢了。从这里明显地看出，此时的霍尔母斯塔·腾格里已经在蒙古人神话观念里树立了创造神的地位。

蒙古神话中的霍尔母斯塔·腾格里也是个战神。他在布里亚特神话中是个西方五十五善腾格里的主神。对此，我们在下文中详述。总之，霍尔母斯塔·腾格里是佛教传入蒙古之后的第一个天神。蒙古人膜拜的程度不能说远远超过了孟克·腾格里，但不能不说他已经在蒙古人的观念中占据了相当重要的位置。另一方面，孟克·腾格里也并非从蒙古民众的神话观念中完全消失，相反，在佛教已经充分占领蒙古人意识形态的后期，孟克·腾格里仍是人们经常崇敬的对象。作为创造神，他的神话仍在民间流传着。

三、布里亚特神话的汗·霍尔母斯塔·腾格里和阿泰·乌兰·腾格里

在阿尔泰语系诸民族神话中普遍存在好的腾格里和坏的腾格里斗争的母题情节。这是二元对立模式在神话中的反映。这种神话母题主要见于世界末日神话中。阿尔泰萨满教信徒相信有一天这个世界的末日将会到来。这个末日叫卡尔甘奇·查克（Kalganqi qak）。这个世界的末日的到来可能是好的腾格里和坏的腾格里相战的结果。按照阿尔泰人的神话，“根据卡尔甘奇·查克的信仰，随着时间的流逝，人类社会就要缩小，犯罪行为将不可避免，而坏事将剧增。好的腾格里于尔根将离开这个罪恶的社会。黑

① 戈拉登著，阿尔达扎布注释：《宝贝念珠》，309页，内蒙古人民出版社，1999年。

② 见韩儒林著：《突厥蒙古之祖先传说》，载《穹庐集》，上海人民出版社，1982年；满都呼著：《蒙古突厥语族民族族源传说比较凡说》，载《民族艺术》，1998（2）。

暗世界的坏的腾格里埃尔利克将接近世界，他的助手卡拉什将在他之前出现在世界上。人们忘掉好的腾格里于尔根，在世界上为了争夺人，坏的腾格里和好的腾格里将进行战斗。黑暗世界的腾格里埃尔利克、卡拉什和凯雷伊将把人们拖到黑暗的世界去，而好的腾格里于尔根、曼格达希雷和马伊代雷将把人们引向光明和善良。双方都将有伤亡。最后只剩下于尔根。”① 他们的神话中还详尽地描述了世界末日到来之后的景象。

在蒙古族民间流传的活态神话中也有好的腾格里和坏的腾格里相战的内容。这些神话在分布于西伯利亚地区的布里亚特人的神话中表现比较突出。

布里亚特人的语言文化、宗教信仰和风俗习惯与其他地区蒙古民众稍有差异。由于他们处于蒙古地区的边缘，佛教的传播也迟于其他蒙古地区。16 世纪中叶至 17 世纪中叶，大漠南北及漠西的大部分蒙古地区完成了佛教化。而布里亚特地区大约在 18 世纪开始了佛教僧侣的传教活动，而且仅限于贝加尔湖东岸地区。贝加尔湖西岸的布里亚特地区则受俄罗斯东正教的影响较深。另一方面，由于佛教对布里亚特地区的影响较少，因而较多地保留了古老萨满教的文化遗存。因此，在布里亚特神话中也有其他蒙古地区神话所没有的一些特点。

自 20 世纪二三十年代，研究布里亚特神话的一些学者发现，在布里亚特神话中，存在以汗·霍尔母斯塔·腾格里为首的西方的五十五尊善腾格里和以阿泰·乌兰·腾格里为首的东方四十四尊恶腾格里对立的比较系统化的二元论神话。就这则神话而言，是其他蒙古地区所没有的。这一特点很早引起了不少学者的关注。

最近，蒙古学者敖·苏和巴特尔指出，这一相互对立的西方的诸腾格里的主尊汗·霍尔母斯塔是古代伊朗、波斯等中亚地区流行的琐罗亚斯德——摩尼教的主神阿呼尔玛孜达（Ahùramazda）演变过来的。东方的诸腾格里的主尊阿泰·乌兰·腾格里为阿呼尔玛孜达的对手阿哈拉玛尼（Ahalamani）演化而来的。② 其实，他的这种观点是布里亚特学者道尔

① ［土］阿·伊南著，姚国民、曾宪英译：《萨满教今昔》，中国社会科学院民族研究所，1979 年油印本，第 29 页。

② ［蒙古］O·苏和巴特尔：《关于“Xyrmast”的词源》，载《蒙古语言文学》，1995（1）。前苏联学者 M·П 霍莫诺夫著《布里亚特英雄史诗〈格斯尔〉》一书中指出，在某些方面阿里玛尼与布里亚特的阿泰·乌兰天神相吻合（见内蒙古自治区社会科学院文学研究所、内蒙古自治区《格斯尔》工作办公室编印，1986 年）。

吉·班札罗夫提出来的。[①] 道尔吉·班札罗夫提出这一观点之后，人们对他的论点似乎没有人提出异议。那么，这种论点到底是否接近事实本身呢！我们还是先看一看布里亚特神话的原始资料吧！

关于布里亚特神话中的汗·霍尔母斯塔和阿泰·乌兰及其属下东西方九十九尊腾格里对立的母题，见于布里亚特的民间活态神话、布里亚特英雄史诗《阿拜·格斯尔》和《布里亚特格斯尔传》以及日本人中田千亩所编《蒙古神话》一书。首先，布里亚特民间活态神话说：

> 世界还处于混沌状态时，额克·保如罕（Eke borhon，蒙古语，意为“母佛”）派自己创造的一只野鸭潜入水底，捞泥土来。然后用泥土创造了叫做乌尔根（Orgon，蒙古语布里亚特方言中意为“大地”）的大地之后，从太阳那里创造了长女——善良的满金·古如蔑（Manjin gurume），从月亮那里创造了次女——邪恶的玛亚斯·哈拉（Mayas hara，或称哈拉·满占 Hara manjan）。从善良的满金·古如蔑生了西天的诸天神，从邪恶哈拉·满占生了东方的诸天神。[②]

这样看来，布里亚特神话中的九十九尊腾格里是从善良的满金·古如蔑和邪恶的哈拉·满占姐妹俩所生的。善恶天神二元对立也是从她们的性格反差所致。

其次，《阿拜·格斯尔》中说：

> 西方五十五尊善腾格里的主尊汗·霍尔母斯塔·腾格里的父亲是玛拉根·巴拜（Malagen babai），母亲是满金·古如姆（Manjin gurumu）。东方四十四尊恶腾格里的主尊阿泰·乌兰·腾格里的父亲是察干·巴拜（Chagan babai），母亲是哈拉·满占（Hara manjin）。他们不仅有父母，也有兄弟姐妹和下属将帅、兵士。在西方五十五尊腾格里和东方四十四尊腾格里的正中间还居住着尚无君主的策根·策布德格·腾格里。后来，西方的五十五腾格里和东方的四十四腾格里主要是在他们中间的策根·策布德

① ［俄］道尔基·班札罗夫著：《黑教或称蒙古人的萨满教》，见内蒙古大学历史系蒙古史研究室编印：《蒙古史研究参考资料》第17辑。

② ［日］二木博史著《蒙古神话传说》、载《世界神话传说总解说》（日文）、自由国民社、1992年修订、第147页。

格·腾格里统治权问题上发生分歧，协商不能解决，导致诉诸武力。战争的结果，汗·霍尔母斯塔为首的西方的善腾格里打败了东方的四十四尊恶腾格里。汗·霍尔母斯塔把阿泰·乌兰·腾格里砍成许多块甩到下界。策根·策布德格·腾格里归汗·霍尔母斯塔。阿泰·乌兰被粉碎的肢体在下界化成很多魔鬼，成为人间的灾祸，它的头则在上天和下界的中间，上不去，下不来，化作可怕的魔鬼阿拉罕（Arahan），经常想吞噬太阳和月亮。①

再次，《布里亚特格斯尔传》中说：

在西方生成的是五十五尊腾格里，其主尊为汗·霍尔母斯塔·腾格里；在东方生成的是四十四尊腾格里，其主尊为阿泰·乌兰·腾格里；他们正中间生成的是策根·策布德格·腾格里。东方的诸腾格里和西方的诸腾格里为了争夺无主的策根·策布德格·腾格里的统治权而发生冲突。双方协商无结果，决定三天后开战。此后，本想向祖母满占·古如姆请教而拜访祖母的汗·霍尔母斯塔·腾格里，到祖母家里便忘掉战事，饮酒作乐六天。在这期间阿泰·乌兰见汗·霍尔母斯塔的军队不至，就宣布策根·策布德格·腾格里已经归他。这时三岁的阿拜·格斯尔替他父亲汗·霍尔母斯塔·腾格里出征，刺杀了阿泰·乌兰，把策根·策布德格·腾格里的统治权夺回来。阿泰·乌兰的尸体掉落到下界化为魔鬼，成为人间的灾祸。②

其四，中田千亩编《蒙古神话》一书中对九十九尊腾格里起源的解释又与上述有别，书中说：

宇宙从一片混沌，分成天和地。天上，以朵峦·敖敦（Dolon odun）·腾格里为中心，生出九十九尊腾格里。其中首先生出的是最高神帖如昆·察干（Delquen sagan），接着，以东方四十四尊腾格里为首，包括西南北三方的腾格里加在一起，共九十九

① 布里亚特蒙古英雄史诗《阿拜·格斯尔》第一章《西方五十五腾格里神与东方四十四腾格里神之战》，内蒙古人民出版社，1982年。

② 《格斯尔传》丛书编审委员会编：《布利亚特格斯尔传》（上下），内蒙古教育出版社，1989年。

> 尊。而汗·霍尔母斯塔·腾格里是东方最高神帖尔昆·察干的长子。与他争衡的是居住在北方的阿泰·乌兰·腾格里（Atai uan tengri）。此外，在上天的北域还有一尊无主的名为策根·策布德格·腾格里（Segel Sebdik Tenger）的腾格里。①

《蒙古神话》一书所载汗·霍尔母斯塔与阿泰·乌兰之间的战争的起因、过程和结果，与上述《布里亚特格斯尔传》相似。

总体上看，上述数则东西方九十九尊腾格里神话之间交叉的母题较多，显然是一种文本的不同变体，从内容方面观察，这些神话无疑是属于同一系统。但同中也有异，如《蒙古神话》一书神话的有些母题或形象与上述民间口头神话和史诗中神话有差异，出现了“朵峦·敖敦·腾格里”②和“帖如昆·察干”等腾格里名称。而且，史诗中的西方五十五尊腾格里之主汗·霍尔母斯塔，在《蒙古神话》一书神话中却为东方四十四尊腾格里的最高神帖尔昆·察干的长子；史诗中的东方腾格里的主神阿泰·乌兰，在《蒙古神话》一书神话里却为北方之腾格里之主，并且其下属腾格里的数目也不清楚；史诗中的东方诸腾格里神与西方诸腾格里神中间居住的策根·策布德格·腾格里却成为北域的冰冷腾格里了。③ 但不管怎么样，汗·霍尔母斯塔与阿泰·乌兰的对立是神话的主题，在这一点上《蒙古神话》中的神话与其他神话相吻合。那么，下面我们就对立双方的主要形象作一些比较，并针对过去学者们的观点，提出自己的见解。

学者们提出了霍尔母斯塔是波斯神话阿呼尔玛孜达在蒙古神话中的变异，他们首先提出了两者的语音对应问题。毋庸置疑，“霍尔母斯塔”和

---

① ［日］中田千亩编《蒙古神话》（日文）、东京郁文社、昭和十六年（1941）、第1~3页。

② 关于“七星”，突厥也有类似说法，汉文古籍里还提到所谓“七星”，土由沟突厥碑铭文献上也有“七星（篇）开始”的叙述。毕抙著：《突厥民族神话概述》，见《突厥语言与文化研究》，305页，中央民族大学出版社，1997年。

③ 中田氏在其《蒙古神话》的自序中说，这些蒙古神话资料来自一个名为泽列米亚·卡钦（ゼレミァ·カーチン，Curtin Jeremiah）的人所著《南西伯利亚旅行记》（Ajourney in Sorthern Siberia），并说《南西伯利亚旅行记》作为保存蒙古创世神话的珍贵资料而早已闻名于世。中田氏断言，《南西伯利亚旅行记》的蒙古神话资料是泽列米亚·卡钦氏至少从三个以上的女巫或民间艺人那里搜集得来的。所以，存在首尾不连贯、相互矛盾等现象，对此中田氏参照其他学者的报告、旅行记等资料，进行了必要的加工和改造。（见中田千亩编《蒙古神话》，东京郁文社，昭和十六年（1941年）版，序言，第4~7页。）因此，我们现在看到的这本《蒙古神话》的资料的来源是比较复杂的。所以，有人对这本书所录九十九尊腾格里神话细节的真实性产生怀疑（赵永铣著：《蒙古族创世神话与萨满教九十九天说新探》，载《内蒙古社会科学》，1989（4）），这也不无道理。

“阿呼尔玛孜达”在语音方面是相互对应的。然而，两者在建构形象的各种要素方面是否对应，这是问题的关键所在。遗憾的是迄今为止，除了语音对应之外，无人举出令人满意的依据，以证实霍尔母斯塔便是阿呼尔玛孜达的变异。与此相反，有人提出过他们之间的不同点。如，研究布里亚特史诗和神话的前苏联学者 M·Π 霍莫诺夫虽然赞同道尔吉·班札罗夫的观点，但他同时为找不出两者间的共同之处而迷惑，他指出：“蒙古神霍尔毋斯塔不像波斯神那样轮廓清楚。”“在布里亚特史诗中霍尔毋斯塔的身份似乎仍然是个影子，他不积极，他只是消极地洞察外部世界。同时阿胡拉玛兹达在波斯的《阿吠陀》中起着积极作用：人们赞扬他，他像母亲和乳牛那样，关怀穷人，等等。”他接着引用波斯——塔吉克民间史诗中的阿胡拉玛兹达说：“阿胡拉玛兹达具备纯人类性格。‘为你饲养成千匹快马而奖励你……为你饲养一千头快而驼峰丰满的骆驼而奖励你。为你饲养一千头深色壮健的公牛而奖励你。为你饲养一千只各种颜色的肥膘绵羊而奖励你’”。而布里亚特二元对立神话中的霍尔母斯塔可没具备这种性格。

琐罗亚斯德教最古老的圣典《阿维斯陀》（又译《阿维斯塔》）记载，光明之神阿呼尔玛孜达和黑暗之神阿哈拉玛尼同被奉为旗鼓相当的万有之造化者。然而，阿呼尔玛孜达创造了光明、洁净、理智以及有益于世人者；他不仅创造了肥土沃壤、家禽家畜，而且创造了洁净的自然元素——土、水，特别是火，系他所造。在布里亚特神话中的汗·霍尔母斯塔确实不具备阿呼尔玛孜达所具备的性格。他作为善神，他的善性性格不到位，甚至有时他做不到所谓恶神阿泰·乌兰所做到的事情。他在与阿泰·乌兰的交往中连连失约，诸如他与阿泰·乌兰已经约定打仗日期，但他喝醉了酒，没有按时参战。还有一次，他请阿泰·乌兰到他家做客，但他把这件事忘得一干二净，到岳母家去享乐。更甚者，被打到下界的阿泰·乌兰变成魔鬼危害人类时，去降伏的也不是他。因此，正如 M·Π·霍莫诺夫说的那样，布里亚特神话中的汗·霍尔母斯塔是个消极被动的形象，未能赋予波斯神阿呼尔玛孜达的善神性格。所以，难以想像布里亚特二元对立神话中汗·霍尔母斯塔就是琐罗亚斯德教光明之神阿呼尔玛孜达的变异。与此不同，笔者确有较充分的根据认为，与其说布里亚特二元对立神话中的汗·霍尔母斯塔是波斯阿呼尔玛孜达的化身，还不如说他是印度古代神因陀罗或帝释天的化身。我们从以下的几个方面论证这一观点。

首先，如前所述，13 世纪蒙译佛经中出现的霍尔母斯塔·腾格里与佛教的帝释天或古印度之神因陀罗同值。因陀罗是三十三天之主。关于三十三天的起源，《大智度论》卷五十六有：“昔摩伽陀国中有婆罗门，名摩伽，姓尸迦，有福德大智慧，知友三十三人，共修福德，命终皆生须弥山顶第二天上，摩伽婆罗门为天，三十二人为辅臣，以此三十三人故，名为三十三天。”在布里亚特史诗中的汗·霍尔母斯塔属下也有三十三个英雄。这些三十三个英雄可能是因陀罗三十二个知友的变异。

其次，布里亚特神话中的霍尔母斯塔与因陀罗的尚武性格比较一致。实际上，布里亚特神话中的霍尔母斯塔具备了印度神话形象帝释天即因陀罗的尚武性格！印度神话中的因陀罗是个战神。他能够变化形状，手执金刚杵作战。这杵是闪闪发金光的、红黄色的、有尖角的。《梨俱吠陀》[①] 歌唱得最多的是天神因陀罗，“因陀罗是主要的神，它的最重要的事迹是战胜敌人，破除障碍，取得了水……”；“因陀罗又是火的创造者。他用两块石头生出了火。因此，火神是他的紧密的伴侣”；“因陀罗的另一个著名称号是‘破坏城者’。他破了许许多多城堡，其中属于弗栗多的就有九十九座”；“因陀罗还杀死了许多敌人，其中有三头六眼或则九十九臂的妖魔等等”。[②]

印度神话中的因陀罗是个顶天立地的无敌英雄，他与敌人鏖战，屡降妖孽。《梨俱吠陀》中描写因陀罗与敌人战斗的情景时写道：“……因陀罗耀武扬威，七座城堡昼夜间夷为平地。安努人（敌对部落）首领的财富，尽赐予德里苏人……”“因陀罗大施神威，德力苏人冲锋陷阵，势如潮涌；敌人贪生怕死，四散奔逃；珍宝财帛尽归苏达斯［苏达斯为德里苏人的首领］”。“雅穆纳人和德里苏人拥戴因陀罗。因陀罗大显神威，毗多［敌对之妖神］竟落得一无所有。阿惹、希格鲁、耶格舒［均为敌对部落］，纷纷贡上马首。”[③] 这里把因陀罗的尚武气概，描绘得淋漓尽致。因陀罗与他的敌人战斗的场面与布里亚特英雄史诗《阿拜·格斯尔》中描绘的霍尔母斯塔及其雄师们与阿泰·乌兰及其下属的战斗情景比较，能够领略因陀罗与汗·霍尔母斯塔尚武精神的契合之处。

其三，印度神话中的因陀罗“以苏摩酒徒闻名”。[④] 在《梨俱吠陀》中有很多因陀罗嗜好饮苏摩酒的赞歌。因陀罗“一生下来，母亲就把苏摩

---

① 《梨俱吠陀》是古代印度一部主要以颂扬神为题材的诗歌总集。它的编纂年代说法不一，一般认为，大约在公元前1200—公元前1000年之间，其中一些诗句更早些。全书分十卷，共有1028首赞歌。最后一卷是后人加的。《梨俱吠陀》中主要赞颂了大部分为人格化的三十三尊神。

② 金克木：《梵语文学史》，19～26页，人民文学出版社，1980年。

③ ［苏］谢·亚·托卡列夫著，魏庆征译：《世界各民族历史上的宗教》，301页，中国社会科学出版社，1985年。

④ 《梨俱吠陀》，见崔连仲等选译：《古印度吠陀时代和列国时代史料选辑》，5页，商务印书馆，1998年。

酒给他喝。饮酒加强了他的战斗力。他跟一个最大的敌人作战时，竟饮下了三‘池’苏摩酒。他酒量虽大，却也大醉过，有一次醉得生了病。”“他的父亲是陀湿多。他在陀湿多家喝了苏摩酒，抢了酒，摔死了父亲。”[①] 布里亚特史诗中的汗·霍尔母斯塔也是个酒徒，他与阿泰·乌兰·腾格里的矛盾升级，处于临战状态，他仍酩酊大醉六天，失去了战机。对此，天上的千尊察罕·保如罕埋怨汗·霍尔母斯塔是个“酒鬼！”[②] 汗·霍尔母斯塔也到祖母满占·古如姆家喝酒，虽然没发生抢酒、杀人等事件，但他确实失去战机，差点儿葬送策根·策布德格·腾格里的统治权。当然，同样是酒鬼，但两者也有所不同。因陀罗喝酒后能加强力量，他有一次战巨龙弗栗多时喝了很多苏摩酒，醺醺然带着一群摩录多，跟弗栗多大战，震动了天地。他用金刚杵打弗栗多的背和脸，围困住水的巨龙，解放了水。[③] 布里亚特神话中汗·霍尔母斯塔似乎没有具备这种非凡的功能。但他们在嗜酒这一方面与因陀罗不相上下。总之，布里亚特神话中的汗·霍尔母斯塔与因陀罗之间的这些一致性并非巧合。

再看阿泰·乌兰的形象。布里亚特神话中的阿泰·乌兰的形象前后不一。史诗神话对刚登场的阿泰·乌兰·腾格里除了有时有贬义之外，几乎没有赋予更多的恶神性格。他几乎与汗·腾格里一样拥有家庭即父母兄弟姐妹，他还拥有比汗·霍尔母斯塔多一倍数量的英雄、前锋和兵士。他与汗·霍尔母斯塔都想把策根·策布德格·腾格里的漂亮公主娶给自己的儿子，因而最终诉诸武力。但在这一次交锋中他败给了汗·霍尔母斯塔。从此他们之间有了隔阂。他们的第二次交锋，起因于争夺策根·策布德格·腾格里的统治权。这一次他又败给了汗·霍尔母斯塔。关于这次战争的经过，《布利亚特格斯尔传》和《蒙古神话》中说，汗·霍尔母斯塔喝醉了酒，没有按约定的时间和地点应战阿泰·乌兰·腾格里。因此，阿泰·乌兰轻而易举地把策根·策布德格收归自己。此时，在摇篮里的三（四）岁的阿拜·格斯尔，拿起父亲的武器，骑着父亲的战马，与阿泰·乌兰打仗，战胜了阿泰·乌兰并把他摔到下界。阿泰·乌兰的死尸，化身魔鬼，成为人间的敌人。对这次战争的起因和经过，《阿拜·格斯尔》说，汗·霍尔母斯塔和阿泰·乌兰商议策根·策布德格的归属问题，阿泰·乌兰同意策根·策布德格归汗·霍尔母斯塔。但后来汗·霍尔母斯塔请阿泰·乌

---

① 金克木著：《梵语文学史》，22、23页，人民文学出版社，1964年。

② 《格斯尔传》丛书编审委员会编：《布利亚特格斯尔传》（上册），12页，内蒙古教育出版社，1989年。

③ 金克木著：《梵语文学史》，23页，人民文学出版社，1964年。

兰到自己家做客，阿泰·乌兰应邀到汗·霍尔母斯塔家时，主人却不在家。对此，阿泰·乌兰对非常懊恼，反悔策根·策布德格归汗·霍尔母斯塔的承诺，并从此敌视汗·霍尔母斯塔，从而发生了战争。战争的结果，是西方的诸腾格里战胜了东方的诸腾格里。阿泰·乌兰·腾格里被砍成多块之后摔至下界。策根·策布德格最终归汗·霍尔母斯塔。阿泰·乌兰被粉碎的肢体在下界化成很多魔鬼，成为人间的灾祸，它的头则在上天和下界的中间，下不去也上不来，化作可怕的魔鬼阿拉罕（Arahan），经常想吞噬太阳和月亮。

就这一则布里亚特神话而言，阿泰·乌兰的形象有个从褒到贬的变化过程，他的形象在神话前部分中是个非邪恶的形象，但他被汗·霍尔母斯塔或阿拜·格斯尔摔到下界，化身魔鬼之后，变成了反面的形象。他在神话的后半部中的形象确实与波斯——伊朗琐罗亚斯德教黑暗邪恶之神阿哈拉玛尼相似。阿哈拉玛尼与光明之神阿呼尔玛孜达相反，他创造了贫瘠和荒漠，疾病、死亡、不育等都出自阿哈拉玛尼。从这一点上说，阿哈拉玛尼和阿泰·乌兰·腾格里具有相似之处。但是我们把阿泰·乌兰的形象假设为阿哈拉玛尼形象的变异时，也会遇到一些难题。

在蒙古语中，“阿泰”一词也以“阿塔”（Ataa）一词替换。因此，阿泰·乌兰·腾格里又说成阿塔·腾格里或乌兰·阿塔·腾格里。“阿塔”的意为“妒忌、嫉妒、醋意”等，“乌兰”意为“红、红色”等。蒙古国有的学者根据这个词义并以蒙古文赞词祝词资料为依据，认为：“阿塔·腾格里是平息口角、妒忌心和彼此为敌等行为，统一人们思想意见为己任”的腾格里。[①] 蒙古族有些地区，尤其是阿嘎（Aga）、豁里（Hori）布里亚特人崇信该腾格里神。他们认为，阿塔·腾格里许多功能，与孟克·腾格里不相上下。[②] 所以，有时称他为汗·阿塔·腾格里。有一首祭祀歌就唱道：

阿塔·腾格里·汗，
你那雷鸣般的声音，
在悬崖边回响，
蒙古人思想的统一者。
……

① S. 杜勒玛著《蒙古神话形象》（斯拉夫蒙文），76～78 页，乌兰巴托，1989 年。

② ［意］图齐、［西德］海西希著：《西藏和蒙古的宗教》，421 页，天津古籍出版社，1989 年。

你有强壮而高大的身躯，
如同闪电一般，
各种浮云之主，
长有一万只眼睛，
我那高大的阿塔·腾格里神
……
我的腾格里神，你看到了我的赤裸之体，
我的腾格里神，你送给我食物，让我充饥。
我的腾格里神，你送给我衣服，让我披在背上。
我的腾格里神，你送给我坐骑，让我在马背上披挂甲胄。
我的腾格里神，你驱散了死神的使者，
它们的光临是为了胁迫我或毁灭我，
愿你保护繁荣和幸福。
……①

总之，布里亚特人所信奉的阿塔·腾格里和布里亚特史诗神话中的阿泰·乌兰·腾格里形象有所不同。这种反差的出现说明阿泰·乌兰的多面性格形成过程中的多元文化来源。很难把他解释为琐罗亚斯德教中与阿呼尔玛孜达对立的恶神阿哈拉玛尼的翻版。

布里亚特神话中的以汗·霍尔母斯塔为首的善神与以阿泰·乌兰为首的恶神的对立是客观存在，如果说汗·霍尔母斯塔是印度神因陀罗在蒙古神话中的化身，那么阿泰·乌兰则为阿修罗之主黑兰亚苦夏（Hiranyákšha）在布里亚特神话中以因陀罗的对手而出现的化身。

在印度神话中以因陀罗为首的善神和以黑兰亚苦夏为首的恶神阿修罗进行了长期的斗争，最后，善神战胜了恶神。这一斗争在蒙古神话中的影响可以说源远流长，因此，印度神话中的因陀罗以霍尔母斯塔的形象、黑兰亚苦夏以阿泰·乌兰的形象出现在蒙古神话中的可能性不无存在。像印度神话中因陀罗为首的天神经常战胜黑兰亚苦夏一样，在布里亚特神话中以汗·霍尔母斯塔为首的善腾格里必定战胜以阿泰·乌兰为首的恶腾格里。这些内容也能在印度神话与布里亚特神话中得到相互印证。印度一则著名的神话中说：

① ［蒙古］仁钦著：《萨满教资料汇编》。转引自［意］图齐、［西德］海西希著《西藏和蒙古的宗教》，421～422页，天津古籍出版社，1989年。根据蒙古文原文，对汉译文作了一些修改。

> 天神和阿修罗长期斗争后，达成协议，共同搅拌大海，以取长生甘露。他们齐心协力搅拌大海，海水化成乳海，不久浮出了长生甘露。阿修罗虎视眈眈，独占甘露。于是维休奴化身美女，与阿修罗调情，引开他们，以便天神享用甘露。但是有一个名为拉呼（Rahu）的阿修罗化为天神，偷饮甘露，被日月神发现。日月神告于维休奴。维休奴用神器把拉呼砍成两半。但拉呼已经喝了长生甘露，他的头不死。他憎恨日月神，经常追逐日月。从此，以黑兰亚苦夏为首的阿修罗又和天神继续战斗，但是阿修罗最终失败了，他们从天上退至地下或海底。①

上述布里亚特神话中出现印度关于这则神话的影子。如神话中说：

> 以汗·霍尔母斯塔为首的诸腾格里战胜了以阿泰·乌兰为首的诸腾格里。汗·霍尔母斯塔用他的金刚利剑砍断阿泰·乌兰的脑袋，踢到下界，阿泰·乌兰的巨大脑袋在上天和下界之间化作具有可怕力量和惊人魔法的阿拉罕（Arahan，又称“阿拉宾”），经常寻找机会吞噬太阳和月亮。被汗·霍尔母斯塔砍断的阿泰·乌兰的其他肢体则下到人间，化成许多可怕的魔鬼，在人间形成了作恶多端的敌人。

这两则神话的相同性有力地证明了印度神话中的天神与阿修罗的对立反映到布里亚特神话中的事实。

很显然，布里亚特神话受印度神话的影响。但我们不能把印度神话形象与布里亚特神话汗·霍尔母斯塔、阿泰·乌兰简单地对号入座。神话的传播不是生搬硬套，在流传过程中总是要走样的，接受影响的一方总是按照他们的生活环境和思维方式，进行加工改造。印度神话中的维休奴在布里亚特神话中可以变为他们所熟悉的因陀罗即以霍尔母斯塔的方式加以改造，而把印度神话中的阿修罗改造成阿泰·乌兰·腾格里的可能性也是存在的。

综上所述，根据印度神话因陀罗和布里亚特神话汗·霍尔母斯塔的对比以及印度相关神话与上述布里亚特神话的对比，我们似乎可以得出这样

---

① ［日］田中于菟弥著《印度神话传说》、见《世界神话传说总解说》（日文）、自由国民社、1992年、第76页。

的结论：布里亚特神话中的以汗·霍尔母斯塔为首的五十五尊西方善腾格里和以阿泰·乌兰为首的东方四十四尊恶腾格里的对立并不是波斯伊朗神话中的光明神阿呼尔玛孜达和黑暗神阿哈拉玛尼对立的翻版，而是印度神话中的以因陀罗为首的善神与以黑兰亚苦夏为首的恶神阿修罗之间对立的反映。

然而，我们也不能一概排除布里亚特神话中的琐罗亚斯德教——摩尼教的二元对立模式的影响。据布里亚特著名学者道尔吉·班札罗夫的考证，蒙古语“霍尔母斯塔”一词作为琐罗亚斯德教的教主和名称，于公元6世纪时已经进入蒙古语中。[①] 如果说他的推断正确，那么，它的被借入并不是单纯词汇的问题，而是整个琐罗亚斯德教的阿呼尔玛兹达与阿哈拉玛尼的对立一并进入蒙古并影响其宗教信仰。在布里亚特神话中确实多多少少存在着这一宗教二元对立模式的痕迹。总之，就像有学者说的那样，“布里亚特文化的特点始终是与两个地域（中亚和西伯利亚）中间文化状态联系着，布里亚特文化的许多特点都受这一条件的制约”。[②] 在布里亚特文化中出现汗·霍尔母斯塔·腾格里和九十九尊腾格里等神话形象是摩尼教、佛教等西方多种宗教与蒙古原始萨满教神灵结合的产物。

原文以《蒙古神话中的腾格里形象初探》为题刊载于《西北民族研究》，2001（2）

---

① ［俄］道尔基·班札罗夫著：《黑教或称蒙古人的萨满教》（汉译文），内蒙古大学历史系蒙古史研究室编印《蒙古史研究参考资料》第17辑，1965年。

② ［苏］С. Ю. 涅克柳多夫著，申屠榕译：《关于蒙古神话研究的几个基本问题》，载《内蒙古社会科学》，1991（2）。

蒙古族潜水神话的比较研究

陈岗龙

潜水神话（earth－diver myth）是创世神话的一个重要类型。潜水神话讲，神用其助手潜入海底找来的泥土创造了世界。例如，缅甸克伦族的神话讲：世界之初为大水，创造神派一只鸟去寻找创造世界的土，鸟潜入海底找来了泥土，创造神用它捏成土球，放在水面上就膨胀成为大地①。

关于潜水神话，神话学家们持有三种观点：（1）日本神话学家大林太良（1929—2000年）认为，潜水神话是狩猎民的神话，潜水神话中的创造行为之原型是萨满和巫医的行为。大林的研究属于神话的历史民族学研究②。（2）美国民俗学家阿兰·邓迪斯（Alan Dundes）从精神分析角度认为，潜水神话是关于排泄出生理论和男性对怀孕心怀嫉妒而产生的肛门创造神话③。（3）日本神话学家松村一男认为，潜水神话是由水底有土的知识和人类在儿童时期从水中捞泥捏造各种东西做游戏的记忆两者相结合编制出来的④。比较上述三种观点，大林的观点更容易被接受。邓迪斯的观点没有普遍性，因为潜水神话中的创造神也有女性神，所以男性用肛门创造世界的说法很难成立。松村的观点未见进一步的详细阐述，不宜遽下结论，这里从略。

---

① ［日］大林太良编《世界神话》（日文）、日本放送出版协会、昭和五十一年（1976）、第135－136页。

② ［日］大林太良著，林相泰、贾福水译：《神话学入门》，53页，中国民间文艺出版社，1988年。

③ ［日］大林太良著，林相泰、贾福水译：《神话学入门》，51页，中国民间文艺出版社，1988年。

④ ［日］大林太良、伊藤清司、吉田敦彦、松村一男编《世界神话事典》（日文）、角川书店、平成六年（1994）、第55－56页。

一、蒙古族潜水神话的形态

据大林太良的研究，潜水神话从东欧到西伯利亚和亚洲大陆，从东南亚到印度，又越过白令海峡到北美洲，分布极为广泛①。另据笔者的考察，潜水神话在西伯利亚、亚洲北部和北美洲最为集中，而且有潜水神话传承的西伯利亚、阿尔泰各民族和北美洲印第安人均为狩猎民族或游牧民，他们同属萨满文化圈。

西西伯利亚乌拉尔语族各民族的神话中一般出现水鸟和至高神及其敌对者恶神，最初没有大地，到处都是海水，水鸟潜入海底找来一小块泥土，泥土逐渐膨胀成为大地。更多的神话中则是至高神派野鸭或水鸟潜入海底找来泥土，把土撒在水面上并和恶神作斗争从而创造了世界。东西伯利亚满-通古斯语族的埃文基人的神话中，宇宙原是一片汪洋，猛犸象潜入海底用角或牙带来泥土，创造了世界②。

内陆亚细亚各民族的潜水神话包括蒙古语族、突厥语族各民族的潜水神话。其中以阿尔泰的潜水神话最著名：

> 最初，世界上只有水。神以黑雁的形体盘旋在最初的大洋上空。神命令人从海底拿些土来，人拿来土以后，神把它撒在水上并命令说："世界啊，你要有形状。"说罢又让人再一次送些土来。可是，人为了把土藏起一些来创造他自身的世界，只把一只手中的土交给了神，而把另一只手中的土吞进了自己的口中。神把拿到手中的那部分土撒在水面上之后，土开始渐渐变硬变大。
>
> 随着宇宙的成长，人嘴里的土块也越来越大，大到足以使人窒息的程度。这时人不得不向神求救，神盘问人，人才坦白了自己所做的恶事。人吐出了口中的土块，于是地上便出现了沼泽地③。

---

① ［日］大林太良著，林相泰、贾福水译：《神话学入门》，51页，中国民间文艺出版社，1988年。

② ［日］大林太良、伊藤清司、吉田敦彦、松村一男编《世界神话事典》（日文）、角川书店、平成六年（1994）、第432-437页。

③ ［日］大林太良著，林相泰、贾福水译：《神话学入门》，52页，中国民间文艺出版社，1988年。

潜水者有时候重复好几次才能成功，或者创造神分两个或几个阶段才能把世界创造出来。塔塔尔族神话中创造神用白鸟潜水找来的泥土创造世界以后，又命第二只白鸟降落在大地上用嘴掘地，造出山和谷①。

潜水神话的分布在北美洲主要集中在加利福尼亚。印第安人的潜水神话中一般是很多动物合作潜水，艰难地多次反复才能找来泥土创造世界。由各种动物反复潜水寻找泥土的母题与北美洲印第安人的各种动物合成人类的神话有着同样性格。摩奴族的神话中，宇宙之初为大水，水中露出一根棍子，鹰和鸟就栖落其上。鹰命鸭子、大 、鹈鹕潜入水底找泥土。鸭子、大 、鹈鹕都死去，浮出水面，鹰和鸟发现鹈鹕爪中的一点沙土，把沙子撒在水上创造了世界。另一篇北美洲神话中，说世界之初为汪洋大水，各种动物漂在水上。有一位女神从天上降落在水上，乌龟驮住女神。为了创造女神落脚的大地，海狸、水鸟等动物潜入海底找泥土，都失败了。最后，乌龟在死去的动物口中发现了泥土，把它交给女神。女神把泥土撒在龟壳上创造了世界。②

北美印第安人的社会由众多氏族部落组成，因此他们的潜水神话对社会制度具有提供合理性根据的功能。各种动物代表着氏族的图腾或祖先，其中很多动物潜水寻找泥土都以失败告终，只有一种动物找到泥土，用它创造世界，说明了以这种动物为图腾的印第安人氏族在诸多氏族中的中心地位。马林诺夫斯基（Malinowski）1926 年研究特里布里安岛屿土著神话后指出，拉巴义村附近的欧布库拉孔穴中钻出的四个氏族祖先的顺序决定了他们的相对的社会地位③。这两种神话合理化解释社会制度的功能是相同的。比较而言，西伯利亚和内陆亚细亚的潜水神话更多地保留了萨满式的创世方式。

蒙古民族有丰富的潜水神话，并且与阿尔泰神话有密切的联系。

布里亚特蒙古人的潜水神话中讲道：

> 原初，世界混沌一片，在黑暗中创造神额和·布尔罕（母亲神）飘浮在空中。额和·布尔罕决定分离天地，就首先创造了野鸭。野鸭潜入水底，找来了泥土。创造神用这块泥土创造了大地

① ［日］大林太良编《世界神话》（日文）、日本放送出版协会、昭和五十一年（1976）、第135－136 页。

② ［日］大林太良、伊藤清司、吉田敦彦、松村一男编《世界神话事典》（日文）、角川书店、平成六年（1994）、第69－70 页。

③ ［英］马林诺夫斯基著，李安宅译：《巫术科学宗教与神话》，97～110 页，中国民间文艺出版社，1986 年。

乌尔根，又在其上创造了植物和动物。用太阳创造了善良的女神曼津·固尔姆，用月亮创造了邪恶的第二女神玛亚斯·哈喇。从善良的女神诞生了西方的天神，从邪恶的女神诞生了东方的天神①。

神话中的创造神是女性神——母亲神，其原型是女始祖和女萨满，可见神话之古老。另一篇布里亚特蒙古神话中讲：

创造神命黄鸭潜入水底找来泥土。黄鸭嘴衔黑土，爪夹红土上来，把土交给了创造神。创造神用红土做地盘，在其上面用黑土创造了世界。黄鸭潜入水底捞泥的过程中受到了剪刀鱼的阻挠，因为世界一旦被创造出来，它将被封在世界底下，所以它要阻碍创造神的活动，来维护自己的生存环境②。

喀尔喀蒙古人的潜水神话讲：

世界之初为大水。瓦齐尔巴尼（佛教神灵金刚持）找来天上的白色潜水鸟，命令它潜入海底找来泥土。瓦齐尔巴尼用白色潜水鸟找来的泥土，凭其语言咒术力量创造了世界。白色潜水鸟还从海底拖来巨龟作创造神的落脚地③。

该神话中，创造神被换成佛教神灵瓦齐尔巴尼，但潜水者白色潜水鸟和用语言咒术创造世界的方式未变。而内蒙古东部的潜水神话则体现了诸说混合论的特征。笔者搜集到的一篇神话中讲：

世界是由佛祖释迦牟尼、格斯尔·莫日根汗、洪君老祖三位神共同创造的。释迦牟尼命令洪君老祖潜入水底捞泥上来以创造世界。而创造世界的泥土藏在金龟的身下，金龟此时正睡觉。洪君老祖是一条扁嘴虫，洪君老祖潜入水底，从熟睡的金龟身下偷

---

① ［日］大林太良、伊藤清司、吉田敦彦、松村一男编《世界神话事典》（日文）、角川书店、平成六年（1994）、第60－61页。

② ［蒙古］S. 杜拉姆著：《蒙古神话形象》（新蒙古文），121～123页，乌兰巴托：国家出版社，1989年。

③ ［蒙古］S. 杜拉姆著：《蒙古神话形象》（新蒙古文），143页，乌兰巴托：国家出版社，1989年。

偷地抓起一把土就游到水面上来。金龟发现泥土被窃，非常生气，追赶而来。释迦牟尼命令格斯尔·莫日根汗射死了金龟，并把洪君老祖交给他的泥土撒在金龟身上创造了世界，被格斯尔·莫日根汗射死的金龟化生成为构成世界的五种元素①。

这篇神话首先体现了宗教的混合论和等级特征。合作创造世界的三位神分别是佛祖释迦牟尼、道教神洪君老祖和蒙古族民间神灵格斯尔。释迦牟尼掌握着创造世界的语言力量，居至高神的地位，洪君老祖和格斯尔则是他的助手。而潜水者洪君老祖以扁嘴虫的形态出现，潜入海底找来了泥土。

上面的四篇神话依布里亚特——喀尔喀——内蒙古的顺序逐渐发生了变化。布里亚特神话保持最古老的形态；喀尔喀神话中创造神被替换成佛教神灵，体现了佛教的早期影响；而内蒙古东部的神话则表现出深受佛教影响的诸说混合论特征。由此我们看到，蒙古族的潜水神话离阿尔泰神话的中心越远，发生的变化就越大。

神话学家们指出，创造神的创造行为，其原型存在于现实的人类世界之中，那就是萨满和巫医的行为。在潜水神话中，世界的创造往往取决于创造神的语言咒术力量和巫术，而现实人类社会中，掌握语言咒术力量和巫术的无非就是萨满和巫师。而且在人类社会的早期，他们又多是氏族和部落的首领。潜水神话中创造神及其协助者的行为有了简单的分工，创造神的地位也表现出创造神与古代社会部落首领的相似品格。

可以说，蒙古族潜水神话和阿尔泰神话是同一母胎中孕育出来的萨满创造世界的神话，而它们的共同点更体现在两者又是诸神神话的雏形。

二、创造神及其敌对者

神创造世界的神话有创造神一个人创造世界和创造神在协助者即第二位神的协助下创造世界的两种形式，而这位协助者有时指的是神格化了的最初的人类，有时指的是创造神的反抗者②。

---

① 1996年7月4日内蒙古通辽市（原哲里木盟）扎鲁特旗说书艺人扎木苏（男，小学文化，时年56岁）讲述，笔者记录。

② ［日］大林太良著，林相泰、贾福水译：《神话学入门》，49页，中国民间文艺出版社，1988年。

大林太良指出，潜水神话是创造神及其协助者（或敌对者）共同创造世界的神话之典型代表①，而笔者认为，在阿尔泰神话和蒙古神话中潜水神话还是诸神神话的最初原型，因为潜水神话中创造神及其协助者或敌对者的矛盾就是诸神神话中诸神之间斗争的起因。

潜水神话中创造神的创造行为是一种把无秩序的混沌转变为有秩序的行为，这种有秩序的世界只允许一个统一的世界，而不允许有两个或两个以上的秩序同时存在。在上引阿尔泰神话中，潜水者私自藏起一部分泥土想缔造自己的世界而受到创造神的惩罚，由此二者的矛盾开始。这种矛盾中创造神表现出了维护世界的统一性的无私的神格。创造神创造的世界只有一个，不允许潜水者再创造属于他自己的另一个世界。这反映了创造神把原始和混沌转移为统一的一种秩序，而不是两种或多种甚至有可能互相矛盾和对立的秩序。

有时候创造神的创造行为一开始就受到他的敌对者的反抗，因此世界的创造就非常艰难。如西伯利亚的潜水神话中讲，宇宙原是一片汪洋，猛犸象潜水潜底用长牙掘土堆成堆以创造世界。但是它的敌人海龟把土推平，于是猛犸象创造的世界在水中消失了。这里，海龟的行为代表了无秩序和混沌的力量，神话体现了创造神在与无秩序和混沌的斗争中创造世界的艰难。同样，布里亚特蒙古人的潜水神话中，黄鸭潜入水底捞泥的过程当中受到了剪刀鱼的阻挠，因为世界一旦被创造出来，它将被封在世界底下，所以它阻碍创造神的活动，来维护自己的另一种秩序即无秩序的继续存在。内蒙古的神话中金龟是创造世界的泥土的拥有者，又是神创造世界的活动的敌对者和破坏者，神话反映了创造神从无秩序和混沌中分离出有秩序的世界之艰难，因为有秩序的世界——泥土就藏在无秩序中。

而在更多的潜水神话中，创造神及其敌对者是合作创造世界的。他们的矛盾是等创造完世界之后因创造成果的不公平分配而引起的。神话学家认为，这反映了原始社会瓦解时期的情况，表明私有财产观念的产生②。创造神和他的助手或敌对者合作，协助创造世界的过程中只体现了劳动分工，如助手潜水找来用以创造世界的物质原料——泥土，创造神则掌握着语言力量和巫术，最后凭语言力量和巫术创造了世界，即潜水者找到了无秩序和混沌中潜藏的有秩序世界的原型，创造神则是最后完成了宇宙由无秩序的混沌向有秩序的转换。但是，世界一旦被创造出来，情况就不同

① 朱狄著：《原始文化研究——对审美发生问题的思考》，三联书店，1988年。

② ［蒙古］S. 杜拉姆著：《蒙古神话形象》（新蒙古文），143页，乌兰巴托：国家出版社，1989年。

了。创造神把世界看做自己的成果。而提供物质原料——泥土的潜水者认为自己参加了创造世界的活动，应该分到自己的一份地。创造神却没有答应他。从原始社会史的角度看，氏族和部落首领独占集体劳动的成果而引起与其他氏族成员之间的矛盾。在创世神话中，创造神和部落首领一样，掌握着权力，命令助手去潜水捞泥；又掌握着语言和巫术的力量，其创造世界的形式就如同萨满、巫医的做法。而我们知道，人类社会的早期，部落、氏族首领同时又是大萨满和巫师。因此，创造神独占世界和创造神与其协助者之间的矛盾反映了原始社会末期氏族部落首领独占氏族成员集体劳动成果而引起的不平等分配。

在阿尔泰神话中讲：

> 世界之初为大水。最高神乌尔根得到神圣的白色母亲的指点，在水上创造了大地，其次创造了天，并用三条鱼驮住了大地。最高神乌尔根创造完世界之后，从漂浮于海上的黏土中拿出一部分创造了他的助手恶魔埃尔力克。并且用创造完埃尔力克剩下的黏土创造了其他助手和精灵。接着，乌尔根又用黏土和芦苇创造了人类，其中神创造的第八个人是麦德尔（弥勒佛），乌尔根让他管理人类和动物的繁殖。乌尔根创造了最初的七个男人和麦德尔之后就把创造女人的工作委托给麦德尔去完成。但是，麦德尔为了解决怎样赋予女人以灵魂而去找乌尔根之后，恶魔埃尔力克就为这个女人注入了邪恶的灵魂。然而，最初的七个男人谁也不想娶埃尔力克注入灵魂的这个女人做妻子，于是创造神乌尔根只好用七个男人中的一个人的两条肋骨再一次创造了女人，才得以繁衍了人类。这就是恶魔埃尔力克与创造神之间矛盾的起因。创造神把埃尔力克同他注入灵魂的女人和由她繁衍的精灵放逐到了另一个没有日月的黑暗世界。埃尔力克不服最高神乌尔根的惩罚，就偷偷地从被放逐的世界回来夺走人类的灵魂。后来，埃尔力克得到麦德尔的允许，在被放逐的世界里创造了天和地。但是，埃尔力克带去的人类不能繁衍，埃尔力克就来到最高神乌尔根面前，请求最高神乌尔根允许埃尔力克自己繁衍人类。乌尔根答应之后，埃尔力克回到自己的世界，准备了锤子、铁床等冶炼工具。埃尔力克开始打铁，却打出了许多库尔梅斯（恶之存在），并创造了熊、穴熊、土龙等三种野兽而触怒了最高神乌尔根。最高神就派麦德尔去严惩了埃尔力克……埃尔力克又一次提

出要求，请求最高神在大地上分给他一些领土，乌尔根就分给他只够插拐杖的一点点地方。于是埃尔力克把自己的拐杖插入大地捅出了猪、青蛙和无数爬虫之类的有害动物，将他们都引到地上来了。这更加引起乌尔根的愤怒，于是就把埃尔力克及其创造物永远赶到地下世界去了①。

蒙古族潜水神话中的很多母题明显来自于阿尔泰神话。譬如在一篇蒙古族神话中，创造神和恶魔合作创造世界之后，恶魔不满，就用木棍捅开地洞，从中便冒出来很多可怕的害虫和动物②。而更多的潜水神话中，创造神与敌对者的斗争结果与不断膨胀的大地有关。在蒙古族神话中，两位腾格里神（天神）创造完大地之后以身堵住地洞睡在上面的时候，恶魔企图把他们同其创造的大地一起掀翻到水里。而另一篇蒙古神话中，恶魔埃尔力克虽然企图把熟睡的创造神扔进水里，但因大地膨胀的速度比魔鬼奔跑的速度快而归于失败，这样，膨胀的大地就拯救了它的创造者和万物③。在西伯利亚乌拉尔语族民族的潜水神话中讲道：

世界之初尽是水，没有大地。至高神用潜水者找来的泥土创造了大地和大地上的山川、森林等万物。当至高神把土撒在水面上的时候，恶魔就出现了。于是恶魔企图把创造神溺在水里，把大地向四面曳拉以弄湿，结果出现了很多洞穴和沼泽。被惊醒的至高神飞上天去，而恶魔则从他用拐杖捅开的洞坠落到地下世界去了④。

这些神话有两个共同点，一是不停膨胀的大地拯救了它的创造者和自己；一是创造神创造完世界之后就停止工作，进入睡眠。大林太良指出，不停膨胀的大地是潜水神话的一个重要的特征，而且创造神创造完世界就

---

① ［日］大林太良、伊藤清司、吉田敦彦、松村一男编《世界神话事典》（日文）、角川书店、平成六年（1994）、第442－445页。

② ［蒙古］S. 杜拉姆著：《蒙古神话形象》（新蒙古文），125页，乌兰巴托：国家出版社，1989年。

③ ［蒙古］S. 杜拉姆著：《蒙古神话形象》（新蒙古文），123～124页，乌兰巴托：国家出版社，1989年。

④ ［日］大林太良、伊藤清司、吉田敦彦、松村一男编《世界神话事典》（日文）、角川书店、平成六年（1994）、第345页。

停止工作，不再做什么①。

三、潜水神话与陶器制作文化

松村一男认为，潜水神话与人类儿童时期从水中捞泥捏造各种东西做游戏的记忆有关。而笔者认为，潜水神话可能更多地寓意了人类社会早期的陶器制作文化：与女娲抟土造人神话相比，潜水神话普遍没有晒太阳、火烧等明显的陶器作业痕迹，但是我们也知道晒太阳和火烧等也并不是女娲神话以及抟土造人神话的最主要特征。

在潜水神话中，潜水者寻来的泥土基本上都是黏土、红土或黄土。也有潜水者捞来砂土的，但必须再一次找来黏土才能把砂土拢到一块。如印度西北部卡罗族神话中，最高神决定创造大地，就派一个地位比他低的精灵以女性的形态落到水面上。最高神给了她一把砂粒，但她却不能把这些散沙拢到一块。于是她选择派大蟹、小蟹潜入水底找黏土未成功，最后派甲虫潜入水底才得以成功地找来黏土，她就用黏土和砂粒创造了世界②。而黏土是制作陶器的原料。由此我们推断，潜水神话与陶器制作文化有关。潜水神话在很多情况下并不仅仅是孤立的创世神话，创造神创造完世界之后自己或者委托其助手继续完成人类的创造。如阿尔泰神话中最高神和他的助手麦德尔用泥土和芦苇造男人和女人，并繁衍了人类。在创造神用潜水者找来的泥土创造世界的前提下，泥土造人的神话也是创造神以土创造世界的潜水神话的延续，或者是翻版，不论是创造所用的物质材料还是创造的方式都重复了潜水神话的模式。阿尔泰神话中是创造神用漂在海上的大地上生长出来的黏土创造了他的众助手及最初的人类。

和潜水神话一样，阿尔泰和蒙古的泥土造人神话中创造神也是在与他的对手的斗争中创造了人类。阿尔泰神话生动描述了创造神与恶魔在创造人类及为人类注入灵魂的过程中的激烈斗争。蒙古族的泥土造人神话《人为什么身上没有毛?》中说，神用泥土创造人类的形体后去找圣水为人类注入生命，恶魔乘机玷污了人类。该神话在北方阿尔泰—突厥民族中广为流传。它在阿尔泰神话中是潜水神话的一部分和延续，而在蒙古神话中则

---

① ［日］大林太良著，林相泰、贾福水译：《神话学入门》，52页，中国民间文艺出版社，1988年。

② ［日］大林太良、伊藤清司、吉田敦彦、松村一男编《世界神话事典》（日文）、角川书店、平成六年（1994）、第69页。

缺乏神创造世界的潜水神话前提。但是，与阿尔泰神话和其他西伯利亚潜水神话比较的结果，我们肯定蒙古人的泥土造人神话确实曾经是潜水神话的一部分或者是它的延伸。比如，在雅库特人的神话中是这样讲的：

最初，只有汪洋大水和兄弟二人。弟弟潜入水底找来泥土，撒在水上并在上面睡觉。哥哥趁弟弟熟睡把土地向四方拉开，大地便形成了今天的样子。然后两人开始用泥土创造一切。弟弟创造了人类和有益的动物，哥哥则创造了有害的动物。弟弟把自己创造的人交给狗看守，并嘱托不要让哥哥看见。哥哥骗走了狗，玷污了弟弟创造的人，从此人类就有了疾病。弟弟惩罚了狗，把哥哥赶到地下世界去了①。

神话学家们比较一致地肯定泥土造人神话与陶器制作文化的关系，那么潜水神话与陶器制作文化的关系也就不言而喻了。

四、蒙古族潜水神话的佛教化

蒙古族潜水神话和阿尔泰神话是在同一个神话母胎里孕育出来的。但是，蒙古族潜水神在后来的发展中走上了一条佛教化的道路，离潜水神话原型越来越远。喀尔喀蒙古潜水神话中，佛教神灵瓦齐尔巴尼替代了蒙古原始潜水神话中原来的创造神，他用白色潜水鸟找来的泥土创造了世界。我认为，佛教神灵瓦齐尔巴尼和潜水神话中创造神之间有相近的神格和功能，这是瓦齐尔巴尼能够代替创造神的前提。瓦齐尔巴尼即金刚菩萨，是藏传佛教中的胜初佛。据佛教密宗时轮教义经典《时轮经》认为，存在着一种作为所有佛的根源的胜初佛，由初佛流出和创造了诸佛、世界和人类的一切。胜初佛成为所有一切的原因和创造者，有学者指出，这是佛教从印度教吸收有神论思想之后古代印度绝对最高神在佛教中的复活②。可见，瓦齐尔巴尼代替潜水神话中的创造神是佛教思想和潜水神话巧妙结合的结果。不过，就神话文本而言，瓦齐尔巴尼虽然代替了原来的创造神——萨

---

① ［日］大林太良、伊藤清司、吉田敦彦、松村一男编《世界神话事典》（日文）、角川书店、平成六年（1994）、第436页。

② ［日］长尾雅人著《蒙古喇嘛庙记》（日文）、中公文库、中央公论社、昭和六十二年（1987）、第156－183页。

满和巫师，但他仍然凭其语言咒术力量创造了世界。瓦齐尔巴尼创造世界的行为依然是萨满式的创世方式。

在内蒙古的创世神话中，天神霍尔穆斯塔将一把黄土交给世界的主人释迦牟尼，让他撒在水上创造世界。释迦牟尼把土撒在水面上，大地开始形成，渐渐变大。这时有只巨龟紧紧抱住这块逐渐膨胀的黄土不放。但是释迦牟尼是佛，不能杀生，后来经霍尔穆斯塔天神的同意，释迦牟尼一箭射死了巨龟，在巨龟身上创造了世界。这篇神话中用来创造世界的泥土不是潜水者从水底找来的，而是天神霍尔穆斯塔交给释迦牟尼的，古老神话中宇宙之初汪洋大水底下潜藏世界原型的泥土的神话根基已经隐退而去。但是，释迦牟尼是创造神，他用黄土创造世界，而且黄土不停地膨胀成为大地，这些依然是潜水神话的主要因素。同时这篇神话的另一个认识论价值是它反映了佛教传播到蒙古，与蒙古固有信仰结合或取代固有信仰的历程中呈现出来的诸神灵之间形成的等级制度。佛教最高神灵释迦牟尼虽然是世界的创造者，但他尚从属于萨满教天神霍尔穆斯塔。创造世界的泥土在萨满教最高神霍尔穆斯塔天神的手中。这篇神话的文化史意义在于，萨满教最高神霍尔穆斯塔·腾格里的角色相当于潜水者，他找到了或已经掌握着有秩序的世界的根源——泥土，但最后完成有秩序世界的创造任务的则是佛教最高神释迦牟尼。

在另一篇卫拉特蒙古人的神话中讲，现世佛释迦牟尼在世界之初的汪洋大水中射死一只金龟，从口袋里取出一把泥土撒在金龟身上创造了世界①。与上面的神话相比，释迦牟尼佛已经位居为最高神，把创造世界的泥土装在口袋里，潜水神话中萨满教最高神已隐退远去。但神话叙事中仍保留了一些潜水神话的要素，大地自然地不停膨胀而形成。而另一篇内蒙古东部的神话中说，当宇宙还是一片汪洋大水的时候，众佛坐禅，创造了大地②。这里，潜水神话中萨满或巫医凭语言咒术和巫术创造世界的萨满行为完全被佛教的坐禅所代替了。

在蒙古族创世神话中，乌龟神话远比潜水神话著名。乌龟神话讲述佛（创造神）在乌龟（巨龟、金龟）身上定宇宙并由乌龟化生构成世界的五种元素，是广泛流传在印度、西藏和纳西族、蒙古族地区的古老神话。从神话形态看，乌龟神话是由潜水母题和尸体化生母题结合而成的复合神话。下面我们看一看蒙古族乌龟神话所包含的潜水母题。

在蒙古族乌龟神话中，乌龟是世界最初的本源，具有孕育世界的功

① 满都呼主编：《中国阿尔泰语系诸民族神话故事》，148页，民族出版社，1997年。

② 内蒙古兴安盟科右前旗史诗艺人恩和巴雅尔演唱。

能。而且乌龟多作为创造神的敌对者出现。譬如，释迦牟尼、格斯尔·莫日根汗和洪君老祖共创世界的神话中，创造世界的泥土就藏在金龟的身体下。金龟是用来创造世界的泥土的拥有者，泥土被窃以后它又成为创造神创造世界活动的敌对者和破坏者。金龟的角色和布里亚特蒙古潜水神话中阻挠黄鸭找泥土的剪刀鱼相似。另一篇内蒙古东部的创世神话中，当宇宙还是一片汪洋大水的时候，众佛坐禅，创造了大地，但却遭到水底下巨龟的破坏。瓦齐尔巴尼受文殊菩萨之命，射死了巨龟，在巨龟身上定了世界，巨龟尸体化生成为构成世界的五种元素①。巨龟破坏世界的创造，是因为世界一旦被创造出来，它将被封在世界底下，所以它阻碍世界的创造，来维护混沌世界原有的秩序即无秩序。在这一点上，乌龟是创造神的敌对者，是混沌和无秩序的维护者。而且，乌龟神话中创造世界的泥土本来就掌握在释迦牟尼佛（创造神）手中，但他还是把泥土撒在水上——乌龟背上创造了世界。从这些要素可以看出乌龟神话所固有的潜水母题。

尸体化生神话中以原人（世界巨人）尸体化生神话最著名。它源自新的东西产生于古老事物尸体的辩证思想的直观把握。其基础是人体各部位与构成宇宙诸要素之间的相互对应。乌龟神话属于创造神杀死最初的原人（乌龟），用他（它）的尸体创造世界的神话类型。但是我们看到，乌龟神话中乌龟化生为世界五种元素及创造神撒在乌龟身上的泥土不停地膨胀，终成世界的两种母题叠加在一起，即较晚的“五行”学说和古老的神话思维复合而成，也是一种诸如混合论的产物。乌龟尸体化生的不是尸体化生神话所普遍有的大地、日月、森林等宇宙万物，而是水、火、土、木、金等后世才产生的五行学说概念。从此我们也可以看出乌龟神话中潜水神话母题和经过重大演变的尸体化生神话之间的复合和黏合是比较晚才完成的。

总而言之，乌龟神话中的创世方式和神话形象都具有双重的复合性质。释迦牟尼（创造神）把泥土撒在水面上——乌龟身上凭其语言咒术和巫术力量创造了世界，又射箭杀死乌龟完成了原人——乌龟尸体化生世界元素的神话叙事前提。在这一点上，佛祖释迦牟尼依然具有潜水神话中凭语言咒术和巫术力量创造世界的萨满式的创造神神格。而乌龟则是潜水神话中混沌和无秩序里潜藏的有秩序世界根源的拥有者和创造神的敌对者，它极力破坏世界的创造，阻碍无秩序和有秩序的最后分离和转换。乌龟又是化生宇宙元素的原人，创造神杀死它之后它自然化生为构成世界的五种

① 内蒙古兴安盟科右前旗史诗艺人恩和巴雅尔演唱。

元素。

蒙古族神话具有多元性和多层次特征。蒙古族潜水神话及其形态的发展说明了这一点。潜水神话是蒙古族和阿尔泰—突厥民族宇宙起源神话的原型，它是在这些古老民族萨满教文化的土壤中孕育出来的，是世界潜水神话流传带的重要组成部分。由于佛教在蒙古地区的传播及其在蒙古文化土壤中的进一步渗透，蒙古族潜水神话走上了有别于阿尔泰神话的佛教化道路。由潜水创世类型和原人尸体化生世界的类型复合而成的乌龟神话逐渐代替了蒙古族古老的潜水神话。可见，蒙古族潜水神话及其发展演变的历程生动说明了蒙古族与北方阿尔泰民族古老神话的渊源关系以及佛教对蒙古神话的深刻影响。在创世神话的研究方法上，创世方式和神话形象的历史的多角度分析是揭示创世神话——如本文所论潜水神话的叙事结构及文化史意义的一把钥匙。通过创世方式和神话形象的研究，我们看到了各神话文本之间的内在联系。

原文刊载于陈岗龙著《蒙古民间文学比较研究》，北京大学出版社，2001 年

天神大战

——蒙古族和满族的天神神话比较

包哈斯

一、蒙古族和满族的天神信仰

天神信仰在世界上很多地方都有传承，而且与之对应的神话传说也在很多民族中流传。“有些神话的发生年代非常早，甚至可以追溯到旧石器时代，它们的传说内容大多跟‘天’有关，看来似乎‘天’是最早赋予人类神性概念的对象。他们仰望天空——无穷无尽、无边无际的天空，与他们卑微的生活形成鲜明的对比——在对‘天’的凝视中，他们获得了一种宗教体验。天空高在九霄之上，看不到尽头，难以接近而且永恒不朽。这就是超验性和他性的本质。人类根本无力撼天。雷鸣、日食、月食、风暴、落日、彩虹、流星——它们在另一个无穷无尽的时空里上演着无休止的剧情，恣意炫示着自己的生命力。人们仰望天空，心里不由怀着恐惧和欢欣，怀着敬畏和害怕。‘天’既吸引着他们又压迫着他们……‘天’的本性就具有超验性，既可怕又迷人，并没有任何虚拟的神性隐藏在其后，‘天’本身就是‘令人颤栗的神秘’（Mysterium Tremendum）和‘令人向往之敬畏’Terribile of Fascinans。”①

蒙古族和满族也是崇拜天神的民族，而且他们的天神信仰及其神话传说之间也存在一些相同之处。蒙古族和满族都有天神神话，而两个民族天神神话都是以天神之间的大战为题材的，但两者又表现出一些不同的内容和形态。

---

① ［英］凯伦·阿姆斯特朗著，胡亚欧译：《神话简史》，21页，重庆出版社，2005年。

（一）蒙古族和满族天神神话诸形态

蒙古族的“天神之战”神话主要流传在布里亚特蒙古人当中。布里亚特《天神大战》神话流传的地域大致限于布里亚特蒙古人居住的贝加尔湖附近的草原。目前在笔者手头的蒙古族“天神之战”神话的文本有四种，一是收录于上世纪40年代日本学者中田千亩编的《蒙古神话》一书。[①] 这一文本后由陈岗龙译成中文编入满都呼主编的《中国阿尔泰语系诸民族神话故事》。本文将主要以变体一为重点素材加以分析和比较。变体一是以叙事形式被记录下来的，其内容大概如下：

> 那（太古）时，在天界，意为北部的一角有一个叫做策根·策布德格·腾格里（Segel Sebdik Tenger，意为冰冷的天）的天，还没有哪一个腾格里神去统治它。这时居住在西方的最高神帖尔昆·察干（Delquen Sagan）的长子汗·霍尔穆斯塔·腾格里（Khan Hurmasta Tengri）和居住在东方的阿泰·乌兰·腾格里（Atai Ulan Tengri）两位神开始争夺对这块没有主人的策根·策德格·腾格里的统治权了。他们约好三天后通过战争决出雌雄以此作为统治权归谁的依据。但在为战斗做准备时西方神汗·霍尔穆斯塔·腾格里喝醉酒忘记了约定。到了第三天由他小儿子格斯尔·博格多（Geser Bogdo）替父亲出战并打败了东方神阿泰·乌兰·腾格里，被格斯尔·博格多打落下界的阿泰·乌兰神转到了地上世界，就变成凶恶的魔王，其部下变作蟒古思（Mangtthai）。于是出现了可怕的魔鬼，开始伤害起和平幸福地游牧生活的玛拉特（Marat）人来了。[②]

第二是被收录于布里亚特英雄史诗《阿拜·格斯尔》中的一个变体，其故事梗概如下：

> 西方天神汗·霍尔穆斯塔·腾格里（Khan Hurmasta Tengri）的父亲是玛拉干·巴拜（Malkan Babai），母亲是曼巾·古如姆·托忒（Manjin Gurumu Tootei）。东方天神阿泰·乌兰·腾格里（Atai Ulan Tengri）的父亲为阿布日古·查干·巴拜（Aburgu Sa-

---

① ［日］中田千亩著《蒙古神话》（日文）、东京郁文社、昭和十六年（1941）。

② 满都呼主编：《中国阿尔泰语系诸民族神话故事》，150～154页，民族出版社，1997年。

gan Babai)，母亲是哈拉·曼巾（Hara Manjin）。汗·霍尔穆斯塔·腾格里和阿泰·乌兰·腾格里不仅有兄弟姐妹还有兵将。西方五十五尊天和东方四十四尊天中间还有一块无人统治的叫策根·策布德格·腾格里的天。后来以汗·霍尔穆斯塔·腾格里为首的西方五十五尊天神和阿泰·乌兰·腾格里为首的东方四十四尊天神为争夺无人管辖的策根·策布德格·腾格里的统治权而产生矛盾，协商未果引发了战争。战争的结果是西方天神战胜了东方天神，被汗·霍尔穆斯塔·腾格里粉碎成块的阿泰·乌兰·腾格里的尸体打落到地上界后变成了可怕的魔鬼，危害地上界的人们，成了他们的敌人。阿泰·乌兰·腾格里巨大的头部飘浮在天和地之间上不去下不来，成为灾难之源的阿勒宾·楚特格尔［（Albin Qutker），又称“阿日罕·蟒古思”（Arahan Mangus），即恶魔的意思］经常吞食日月。①

三是收录于布里亚特另一部英雄史诗《布里亚特格斯尔传》的变体：

在以汗·霍尔穆斯塔·腾格里为首诞生于西方的五十五尊天和以阿泰·乌兰·腾格里为首的出生于东方的东方四十四尊天之间又单独生出了个策根·策布德格·腾格里。东西方天神为争夺策根·策布德格·腾格里的统治权而发生冲突引起了战争。双方约定三天后一决雌雄。但汗·霍尔穆斯塔·腾格里为了请教战斗策略，到他母亲曼巾·古如姆·托忒那里后把约定忘得一干二净，喝了六天六夜的酒。三天后按照约定，东方天神阿泰·乌兰·腾格里带领人马到战场，但因西方天神汗·霍尔穆斯塔·腾格里未出兵而就要轻易地占领策根·策布德格·腾格里。此时三岁的阿拜·格斯尔替父亲汗·霍尔穆斯塔·腾格里出征并战胜了东方天神，夺回统领策根·策布德格·腾格里的权力，把阿泰·乌兰·腾格里的尸体抛出天界扔到了地上界。阿泰·乌兰·腾格里的尸体化为可怕的恶魔妖怪成为人世间灾难之源头。②

四是日本学者二木博史译成日文并收录于《世界神话传说解说》一书的变体：

---

① 巴雅尔图著：《阿拜·格斯尔》（蒙古文），1～109页，内蒙古人民出版社，1982年。

② 《布里亚特格斯尔传》（上，蒙古文），内蒙古教育出版社，1989年。

> 原初，世界混沌一片，在黑暗中创造神额和·布尔罕（Ek Burhan，即母亲神）飘浮在空中。额和·布尔罕决定分离天地，就首先创造了野鸭。野鸭潜入水底，找来了泥土。创造神用这块土创造了大地乌尔根，又在其上创造了植物和动物。用太阳创造了善良的女神曼津·固尔姆，用月亮创造了邪恶的第二女神玛亚斯·哈喇。从善良的女神诞生了西方的天神，从邪恶的女神诞生了东方的天神。

在变体四中只讲述了东西方天神的来源，未涉及他们的矛盾冲突和战争。

以上四种文本内容大同小异，有些母题交叉出现，各变体保留形式也有所不同，变体二和变体三都被英雄史诗所吸收并成为其不可忽略的故事起源——开头部分的形式流传下来。

满族天宫大战神话文本首次公布于富育光、王宏刚合著的《萨满教女神》一书，另外富育光先生的《萨满教与神话》一书中也节选载录。据笔者所知，目前未见公开发表的其他版本或异文。由于满族神话“天宫大战”内容丰富且篇幅较长，在此只记录故事梗概如下：

> 世界上最先有的是水，水泡中生出阿布卡赫赫，阿布卡赫赫下身生出巴那姆赫赫，她的上身裂生出卧勒多赫赫，然后有了日月和小七星。三位女神在共同造人和天禽、地兽、土虫的过程中，为防止巴那姆赫赫的嗜睡，阿布卡赫赫用身上的肉造了敖钦女神，敖钦女神因巴那姆赫赫的一气之举动变成了一角九头八臂的两性怪神。于是这位九头恶魔耶鲁里大神和三位女神开始了世上最早的鏖战和最惨的拼争。耶鲁里在骗得卧勒多赫赫的布星桦皮口袋、与阿布卡赫赫打赌分辨天地艳色和比试飞速、把阿布卡赫赫骗进北天雪海、闯出地窟逞凶到天空要吃掉众善神、装扮成老太太用白网拴住阿布卡赫赫、最后的比试高低等多次的拼杀与争斗中几乎都要打败天神阿布卡赫赫，但阿布卡赫赫在众女神的帮助之下一次次脱离危险并最终把耶鲁里打进地下，使它变成了一只会夜间怪号的九头恶鸟，没让邪恶与黑暗的代表耶鲁里统治宇宙天界。在描绘穿越时空跨越历史的多次动荡与争战的间隙解

释了诸多动植物的来历和人们遵循的规则与习俗等的产生。①

专门研究满族“天宫大战”神话的前辈首推富育光先生，据他介绍，“天宫大战”原是主要居住在我国东北黑龙江流域的黑水女真人中流传的故事。“大宫大战”在通古斯语中叫“乌车姑乌勒本（ujeku uleben）”，“乌车姑”意为“神位”、“神板”、“神龛”，“乌勒本”是“故事”的意思，其全名是“神龛上的故事”。在流传过程中人们根据故事内容也称“神魔大战”、“天神会战勒鲁里”、“博额德音姆故事”等。对于“天宫大战”神话的价值，学者们的评价很高，值得我们用科学的方法系统地去探究。

（二）蒙古族和满族天神神话所透露的天穹观

天体曾经受到过北方民族普遍的敬仰。关于这一点，学者们根据现存的古籍文献和碑文铭录以及口传资料已做出了肯定的答案，在此不一一赘述。和古代的北方民族，如匈奴、东胡、乌桓、鲜卑等古代民族有着历史渊源关系的蒙古族同样存在过较普遍的天神信仰。布里亚特“天神大战”神话虽流传的地域大致限于布里亚特蒙古人居住的贝加尔湖附近的草原，却由于地理历史和文化的原因，受到了古代伊朗、波斯、琐罗亚斯德教的影响，也通过曾经给蒙古地区带来非常广泛而深入影响的藏传佛教，受到过古代印度“搅拌乳海”神话的影响。② 蒙古族在未受到上述几种外来宗教或神话的影响之前，或许早期存在过含有单一因素的较单纯形式的信仰或神话。而除布里亚特外蒙古族其他地区的天神神话和上天信仰早已被后来的佛教信仰所淹没。天神信仰在布里亚特以外的蒙古地区，要说遗迹也只存在于那些过去人们大年初一时的拜天及遇重大事件时请喇嘛或博（男萨满）祭天仪式当中，更多的则是留在人们头脑里的神话思维，体现在日常生活中，如在内蒙古东部地区蒙古人在判断事物的是非、善恶及人的行为对错时，经常感叹“天会知道的”、“上苍会保佑的”或者“会受到上天的惩罚”等，显然上天的恩惠和惩罚是他们的道德标准之一。同时也不能排除藏传佛教所主张的善恶报应观的体现。

由此可推断两个民族天神观的演化，蒙古族的“天神之战”神话很自然地反映了当时人们对上天的观念，也就是天神主宰着世界，先人们的命运掌握在天神的手中。虽然天神的职权并非十分集中统一，天神身上具有

① 富育光、王宏刚著：《萨满教女神》，18~19页，辽宁人民出版社，1995年。

② 详见那木吉拉著：《蒙古神话比较研究》，民族出版社，2001年。

早期部落首领的影子，但他们的形象仍然高大无比。可见当初蒙古族和满族先民的天神观念还处于较原始自然的阶段，并未投射出封建制度时期统治者所主张的人为的、神人合一的天神观念。而满族的天神观念则体现出更古老更原始的形式，即最高女神为阿布卡赫赫为首的众多女神共同维护世界秩序，管统寰宇，与邪恶力量争斗到底。在此反映出早期母系氏族部落时代满族先人们的天神观。但在“天宫大战”中阿布卡赫赫已被人们称为阿布卡恩都里大神，这表明女天神的地位已被男性天神所取代，阿布卡恩都里“成为后世萨满教圣坛上的主神，他为人间送来的九十二位瞒尼神，多为社会文化英雄神，已在相当程度上脱落了自然崇拜的古老外衣，着重于人间功事了……圣坛的演化反映了社会形态的变化，”① 同时预示着天神观的变化。

在神话中虽然没有明确提到天的层次，但最高神创造的天神之数是清楚的，东方天神四十四尊、西方天神五十五尊，加起来正好是九十九尊天神。“九十九”在蒙古人当中被认为是吉祥数字，实际上九十九就是九的多重形式，“九”具有代表上天、象征上苍的含义而备受推崇，这种思维至今还影响着人们的日常行为和仪式。满族神话中九层天和蒙古族神话中九十九天神之间有着一种天然的内在的联系。在“天神之战”神话中居住在天界的天神都有妻室儿女、有下属随从，生产生活方式无一例外地渗透着当时布里亚特人真实现状的影子，天神们不仅有神性更具有人性，战争也是更接近于史诗时代的部落首领之间的争夺，我们能够更多地捕捉到外来文化的深刻影响和明显的英雄史诗化的趋势，可以说，是一则汇集包含多元文化因素并且经历过多个社会发展阶段的神话。

满族的先人们，尤其是古老的萨满教认为自然宇宙分为九层，最上层为天界、火界，又称光明界，可分成三层，为天神阿布卡恩都力和日、月、星、风、云、雨、雪、雷、电、冰雹等神祇所居，除此之外还有众多的动物神、植物神以及诸氏族远古祖先英雄神，高踞于九天“金楼神堂”之中。② 满族天神神话的天界不仅居住着天神，还有众多动植物神和祖先的神灵都居住于此，这是典型的多神崇拜。天神居住的天界虽然分三层，但看不到明确的分配和等级区别之类晚近的痕迹。最高神阿布卡赫赫是位创造世间万物的女神。由天神阿布卡赫赫的名字和至高无上的神性足以证明，刚开始时天和天神是不分离的，是浑然一体的。总结以上几点我们可以看出该神话的古老性和原始性。

---

① 富育光、王宏刚著：《萨满教女神》，54 页，辽宁人民出版社，1995 年。

② 富育光著：《萨满教与神话》，26 页，辽宁大学出版社，1990 年。

二、蒙古族和满族天神神话中天神系及天神形象

无论善神还是恶神，作为大神，他们的一举一动会对人类带来非同一般的影响，都扮演着统治宇宙和主宰人类命运的角色。神话赋予神们的神圣不可触犯的权力来自人类对未知世界的想像和对无法抗拒的自然界神秘力量的解释。如果仔细观察两则神话的善恶神，就不难发现其各自的特点。

（一）天神大战神话中的善神形象

在北方民族中受到普遍敬仰的天体崇拜中天神是主要的角色，天神创世也是创世神话的最重要的一个情节母题。我们如果比较满族神话中阿布卡赫赫与蒙古族神话中最高神帖尔昆·察干就会发现，他们的创世过程有所不同。创世者这个角色在蒙古族神话“天神之战”中并不是最突出的。在此出现的天上的帖尔昆·察干是最高神，在“天地之形成”神话中关于她的诞生是这样描述的：

> 由清的和明亮的部分形成的天，以七星天为中心，被分成九十九天，并生出了最高神帖尔昆·察干，接着，以东方四十四尊天神为首，西南北三方的天神加在一起，生出了九十九尊腾格里。而且，在这些腾格里下面有着几千万尊布尔汗（指神灵——译者注）。①

宇宙从混沌分化为天地时生出了最高神帖尔昆·察干，接着又生出了九十九尊腾格里。照此看来好像最高神帖尔昆·察干的形象是比较模糊的，她和东西方九十九尊天神之间的关系不是一般的创造与被创造、统治与被统治的关系，反映不出严密的社会组织关系，倒像有些松散的早期氏族部落首领的痕迹。而且在神话中并没交代创世的方法和过程等情节，这位最高神没能制止住天界发生的战争，并没有至高无上的权力，但关心和帮助地上界人们的苦难是她的职责，她派人帮助玛拉特人铲除恶魔。

在满族神话“天宫大战”中最高神阿布卡赫赫的生长过程的情节描述

---

① ［日本］中田千亩编，陈岗龙译：《蒙古神话》，东京郁文社，昭和十六年（1941）。

得细致而详细。如："世上最先有的是什么？最古的时候是什么样？世上最古最古时候是不分天不分地的水泡泡，天像水，水像天，天水相连，像水一样流溢不定，水泡渐渐长，水泡渐渐多，水泡里生出阿布卡赫赫。她像水泡那么小，可她越长越在，有水的地方，有水泡的地方，都有阿布卡赫赫。她小小的像水珠，她长长的高过寰宇，她大得变成天穹。她身轻能飘浮空宇，她身重能深入水底。无处不在，无处不有，无处不生。她的体魄谁也看不清，只有在小水珠里才能看清她是七彩神光，白亮湛蓝。她能气生万物，光照万物，身生万物，空宇中万物愈多，便分出清浊，清清上升，浊浊下降，光亮上升，雾气下降，上清下浊。"① 这样先人们把对世界最初形成的认识和想像完整地表达出来了。法力无边、有万能智慧的阿布卡赫赫女神是一位性格温和心地善良的最高创造神。她自生自育并创造了天神和世间万物。她不仅是位创世神而且是个象征光明和正义的神，她带领众女神和恶神耶鲁里一次又一次地交锋与战斗，经历了宇宙浩劫，最终变成被人们尊称为阿布卡恩都力的大神。在此神话中阿布卡赫赫经历了从最原始的宇宙混沌状态→水泡泡→万物起源的化身→阿布卡恩都力大神的变化，其变化过程是显而易见的。事实上该神话较完整地反映了不同历史时期人们对天神的认识。阿布卡赫赫是位女神，满族的先人们根据女性才能生育的特点认定生命的延续来自女性，因而在神话中把最高创造神描绘为女性。后被尊称为阿布卡恩都力大神时其身份已不再是女性，而成为一名男性天神。这正与人类氏族社会发展过程中女权逐渐被男权所取代一说相吻合。

蒙古族神话中的最高神也是女性，在我们看来这不是简单的巧合，学者们已证明在人类社会发展的早期有过一段繁荣的母系社会阶段，这一重大事实不能不反映到神话中去。虽然两个民族天神神话中同样是女性最高神，但她们在参与斗争方面的角色功能不同，也就是说阿布卡赫赫不仅创造了世间万物，还代表正义与光明亲自率领众女神与耶鲁里斗争到底，维护宇宙天界的秩序，她既是创世神也是保护神。阿布卡赫赫自始至终都参与了和恶神耶鲁里的斗争，而帖尔昆·察干并未直接参与战争。另外在时空位置方面，帖尔昆·察干一直居住在高高在上的天界，要管理人世间的事情时也没到过地上界和地下界，然而阿布卡赫赫的足迹可以说是遍及整个宇宙，每个历史时期都有她的身影。

另外有两位善神，因特殊嗜好而导致了严重的后果。他们就是"天宫

① 富育光著：《萨满教与神话》，228页，辽宁大学出版社，1990年。

大战”中的巴那姆赫赫与“天神之战”中的西方神汗·霍尔穆斯塔·腾格里。前者是位女创世神，可能她的职能相当于蒙古族神话信仰中的地母神。只是她嗜睡不醒的习惯不仅在造万物时赶不上姐妹神的速度，还导致了九头恶魔耶鲁里的产生。后者同样是光明和正义的代表，但他不是创世神，他喝醉酒耽误了大事。表面上看由巴那姆赫赫带来的后果似乎比汗·霍尔穆斯塔喝酒而忘记约定的更为严重些。而其实如果没有他儿子格斯尔·博格多替父亲交战并战胜位于东方的恶神阿泰·乌兰·腾格里的话，后果也是不堪设想的。格斯尔·博格多一般被认为是史诗英雄人物，但其出身是神话中天神的儿子，即便是下凡到人间也是以半人半神的形象出现，为的是消除恶神阿泰·乌兰给世间带来的灾难。在此可以说神话的战争母题在英雄史诗中不仅巧妙地沿用下来了，并且故事情节变得更加完善更加精彩。

（二）天神大战神话中的恶神形象

在两则神话中，恶神在与善神的较量中现出了他们的原形。

阿泰·乌兰·腾格里也是被最高神一手创造出来的，是位男性天神，象征着邪恶与黑暗。他骄傲狂妄、自私贪婪，为统治无人管辖的北方天界，与善神争夺不休。阿泰·乌兰神在天上无法称雄称霸，到了人间也不安分守己，祸害人类。他被格斯尔·博格多打落下界后转到了地上世界（也就是人间），就变成凶恶的魔王，其部下变作蟒古思。于是在地上界出现了可怕的魔鬼，开始伤害和平幸福地游牧生活的玛拉特人。而蟒古思令人恐惧的形象深入人心，其影响一直留到了晚近时代人们的头脑中，即蒙古族英雄史诗和蟒古思故事中反面人物均以蟒古思的形象出现。实际上，有着邪恶势力所有凶暴、残忍、阴暗、贪婪特点的蟒古思，在此已经成为阻碍人们正常生存和发展的各种灾害的代名词。

满族天宫大战中的长着九头八臂的两性怪神耶鲁里，他性淫暴烈、凌辱三女神，吐噬万物，自恃穹宇无敌，他野心很大，上至天神阿布卡赫赫，下至世间万物他都想奴役和统治。性慈心善的阿布卡赫赫带领众多女神与恶魔耶鲁里争斗不是为统治天界，而是为了从恶魔手里夺回世界的和平与安定以及宇宙的正常秩序。恶魔耶鲁里通过和阿布卡赫赫为首的众女神的十多次的交战，最后一次阿布卡赫赫姊妹三人在众神禽神兽的辅佐之下打败了耶鲁里，使它变成了一个只会夜间怪号的九头恶鸟，埋在巴那姆赫赫身下的最底层，不能再扰害天穹。在此，耶鲁里是个不折不扣的凶狠、阴险、诡计多端、达不到目的绝不罢休的反面形象，它的权力欲达到了极点。耶鲁里是个具有普遍意义的形象，在满族神话“天神创世”中也是以兴风作怪、专门残害人类、撒播疾病瘟疫的恶魔的身份出现。①

综观上述善恶两大阵营，神的出处均来自创造神、最高神的杰作，但最终的演化或者说下场不尽相同，天神中善神们理所当然地高居天上界；地上界是人类和万物生灵的居所；受到惩罚落到地上界并到处加害人类的恶神们显然不能和人类同处一个地上界，更不能和天上的善神们同居在天上界。那么他们的居处只能是在地下界，永远处于充满阴暗、寒冷、潮湿、贪婪、邪恶、残酷无情的世界。主宰地下界的恶神们并不仅仅在蒙、满这两个民族神话当中是重要角色，在阿尔泰的创世神话中也有位恶神：

> 最高神乌尔根创造世界之后，从漂浮于海上的黏土中拿出一部分创造了他的助手埃尔力克，用创造埃尔力克剩下的黏土创造了其他助手和精灵。接着乌尔根又用黏土和芦苇创造了人类，其中神创造的第八个人是麦德尔，乌尔根让他管理人类和动物的繁殖。乌尔根创造了最初的七个男人和麦德尔以后就把创造女人的工作交给麦德尔去完成。但是，麦德尔为了解决怎样赋予女人以灵魂而去找乌尔根的背后，埃尔力克就为这个女人注入了灵魂。然而，埃尔力克注入灵魂的女人，最初的七个男人谁也不想娶她为妻。于是创造神再一次用七个男人中的一个人的两条肋骨创造了女人，才得以繁衍了人类。从此，埃尔力克和麦德尔之间便产生了深刻矛盾。麦德尔把埃尔力克同他注入灵魂的女人和由她繁衍的精灵放逐到了另一个没有日月的黑暗世界。埃尔力克不服麦德尔的惩罚，就从被放逐的世界偷偷回来夺走人类的灵魂。但是，埃尔力克带去的人类不能繁殖，埃尔力克就来到创造神面前，请求他自己繁殖人类。乌尔根答应之后，回到自己的世界，准备了锤子、铁床等冶炼工具。埃尔力克开始打铁，打出了许多恶精灵和熊、穴熊、土龙等三种野兽而触怒了最高神乌尔根。乌尔根就派麦德尔去惩罚埃尔力克。于是，埃尔力克和麦德尔之间展开了一场激战，麦德尔刺中埃尔力克的肩，将其挑起，扔到大地上，埃尔力克和他的下属就纷纷落到大地上成了各自落到之处的主宰。埃尔力克被战败之后请求最高神在大地上分给他一些领土。乌尔根同意之后埃尔力克把自己的拐杖插入大地，捅出了

① 乌丙安等编：《满族民间故事选》，1页，上海文艺出版社，1983年。

猪、青蛙和无数的爬虫之类的有害动物。这更加引起最高神的愤怒，于是把埃尔力克及其创造物统统赶到地下世界去了。从此，埃尔力克永远住在地下世界，并且加害人类。①

关于蒙古族天神神话和阿尔泰创世神话的关系问题，陈岗龙先生认为“两个神话之间的相似性暗示了它们具有渊源关系。”② 此外蒙古国学者S.杜力玛先生已经对在蒙古神话中居住在地下界的额尔力克罕的形象和突厥、阿尔泰神话中的埃尔力克的关系做出了推论：认为他们出自同源，最初的额尔力克可能产生于狩猎时代的人们把天上的星星比喻为地上的牲畜，或比喻为上天的孩子，把启明星比作神箭手的神话心理。其原型是早期氏族部落时代管辖狩猎或牲畜的天神或英雄，但是与最高神或首领发生冲突后被打到人间，可仍未停止敌对行为而进一步被重罚至地下界，永不能见天日的受损的神话人物形象。③

我们把比较的目光再往东移，就会发现这个推断也适合我们目前讨论的天宫大战神话中的九头恶魔耶鲁里。前面我们对耶鲁里的形象已经探讨过，但因为耶鲁里这个名称的词源不明确导致过去很少能够从语言的角度入手解决问题，将来需要我们更多地运用历史比较语言学的理论，在阿尔泰语系的大背景当中去考察和研究。

三、蒙古族和满族神话中的天神之战

世界上不少民族的神话中都有战争母题，像古希腊神话，由于神和神之间的战争而闻名。天神们经常为正义与邪恶而战斗不懈。每当人类的不同观念和主义发生冲突，尤其是不同组织集团的利益产生矛盾时，势必会引发战争。这种现实自然地反映到了神话中。

（一）战争的起因

远古时代的神话中最引人注目的莫过于战争。天神偶然的失误或过错导致了天界和人世间的致命灾难——人类共有的战争。在这两则神话中惊

① ［日］大林太良、伊藤清司、吉田敦彦、松村一男编《世界神话事典》（日文）、角川书店、平成六年（1994）、第442－445页。

② 陈岗龙著：《蒙古萨满神话简论》，载《东方研究》，364页，1999年。

③ ［蒙古］S. 杜勒玛著《蒙古神话形象》（蒙古文），95页，内蒙古文化出版社，1998年。

天动地、排山倒海的战争都来自善与恶的双方神灵为统治和管理宇宙天穹而发生的激烈矛盾冲突。争战双方在这两个民族的神话中都有自己的独特之处，反映了各自先民的生产生活方式和民族思维。

比较两则神话的战争起因只有一个，那就是因为这个世界有善和恶的分化并且恶神向善神挑战或反叛。“……一个神圣的存在由于罪恶的力量，由于提坦对宙斯的反叛，而被分化为这个世界事物的多重性，分化为人的多重性。”① 蒙古族神话的开头是这样的：

> 那（太古）时候，在天界北部的一角有一个叫做策根·策布德格腾格里（意为冰冷的天）的天，还没有哪一个腾格里神去统治它。如果能再有一尊腾格里神来统治这方天，天上的腾格里神就达到百尊，就能够维持永远的和平了。可是，最高神只创造了九十九尊腾格里神，这就种下了今后的大祸之根。②

在此只强调了最高神在造天神的时候只创造了九十九尊腾格里神，在创造天神时数目并不相等，并且天神管辖天界的位置上出了问题，因而才引发战争。争战双方是以最高神帖尔昆·察干的长子汗·霍尔穆斯塔·腾格里为首的西方五十五尊天，居住在东方的是阿泰·乌兰·腾格里领导的四十四尊天神，两位天神势力相当，却为争夺尚无人统治的位于天界北部一角的叫做策根·策布德格·腾格里的天而互不相让。

而在满族神话天宫大战中最高创造神“阿布卡赫赫”（女天神）从水泡泡中诞生后在上清下浊的过程中她下身又裂生出巴那姆赫赫（即女地神），这样有了天地姊妹神。然后由于气光骤离、气不束光，阿布卡赫赫女神上身才裂生出卧勒多赫赫（即光女神），尽管这三位女神同身同根，代表着宇宙的整体，但她们分工有所不同：阿布卡赫赫气生云雷，巴那姆肤生谷泉，卧勒多造日月星辰。她们在共同创造世间万物时，阿布卡女神为了唤醒嗜睡的巴那姆女神，就用自己身上和卧勒多身上的肉造了有着九个头、八只臂的敖钦女神日夜守候在巴那姆身边。因为巴那姆女神烦恶敖钦女神，总不让她睡，所以才用身上的两大块山砬子打过去导致了敖钦女神的变形，那就是九头八臂的两性怪神，也叫九头恶魔神的耶鲁里大神。于是这个世界就有了善与恶的分化，不太平不宁静的日子也就无法避免地开始了。

---

① ［德］恩斯特·卡西尔著：《国家的神话》，51页，华夏出版社，1998年。

② 满都呼主编：《中国阿尔泰语系诸民族神话故事》，150页，民族出版社，1997年。

（二）战争的性质与结果

这两则神话反映的不仅仅是神与神之间的战争，更是人类早期生存发展和强大的自然力量的矛盾冲突。就战争性质而言，两则神话的性质是一致的，都是善与恶的争斗，都是光明与黑暗、正义与邪恶的斗争，是必然的不可相容的二元对立。满族“天宫大战”神话中描绘的丰富而有趣的交战使人觉得目不暇接，留下了不可磨灭的印象。恶魔耶鲁里在数次的争斗中都差点把天神阿布卡赫赫俘虏。与其相比，在蒙古族神话“天神之战”中发生的战争实际上还未展开就便以格斯尔·博格多的胜利告终，这样草草收场使得善神的神力显得无比强大，有较明显的弱化恶神势力的倾向，充满着英雄史诗的理想主义色彩，整个故事中善神已趋于典型的传奇英雄特点。

虽然在两个民族神话中争战形式有很大的不同，善神所遇到的阻碍和困难也有差别，但战争带来的结果是一样的。善神打败了恶神，光明与正义重新得到了伸长，维护了天神的尊严，延续了天界的和平与安宁，世界又回到了有序的状态。通过激烈残酷的战争，再凶暴、邪恶、贪婪、阴险的恶魔也均以失败收场，真可谓是恶有恶报，善有善报。从故事的角度讲，不仅满足了先民们战胜强大的自然力、克服人类自身面临的困难、延续人类生存发展的愿望，而且也符合现代人普遍的心理和通常的审美意识。

在历史跨度这一点上，蒙古族神话“天神之战”中人类早期活动的踪迹已经很淡，后期因素居上，只解释了玛拉特人的生活为何充满了恐惧和不安。这是因为，蒙古族天神大战神话实际上是以英雄史诗的开头部分的形式保留下来的。而英雄史诗的产生可能是神话之后，英雄史诗吸纳神话时使一些神异怪诞内容更接近于现实生活，从而削弱了天神神话的创世特征。

四、天神神话和萨满教

在探讨北方民族的神话时，我们不能绕过去的就是萨满教。“萨满教是阿尔泰先民重要的文化传承载体，具有多方面综合性的文化史价值。”①

① 王宏刚著：《萨满教与阿尔泰先民的文化精神》，载《西北民族研究》，2006（4）。

而且是他们文化的核心内容之一。一个多世纪以来人类文化学的研究表明，神话与原始宗教是密不可分的。“原始性宗教以血缘关系为纽带的社会组织把个人心中体验和想像的神和神性由社会予以集中和筛选，通过世代相传的神话，通过关于神灵的宗教仪式，将崇拜对象的性质、形象、功能和神性逐渐确定为一致的看法和信仰，规范成全社会的制度化的信仰传统。”① 萨满教作为原始自然宗教形式，与北方民族的古老神话有着千丝万缕的联系。毫不例外，上述两则神话中体现的萨满教文化痕迹是可寻的，在这两则神话中萨满教与神话的关系表现出了各自的特征。

“天宫大战”神话本身就是以萨满神歌的形式口耳相传保存下来的，一代又一代的萨满通过诵颂“天宫大战”神话来规范和保留萨满教的仪式。假如没有萨满教，“天宫大战”神话也很难较完整地保留至今。在“天宫大战”神话中出现的九层天、神树、在神树上住着的叫昆哲勒的九彩的神鸟，大洪水过后的女大萨满成为人类始母神等情节就是萨满教崇拜观念的依据与基础。女大萨满是天神阿布卡赫赫为人类的再生而派到人间的使者，是连接天上界、地上界、地下界三界的媒介，她的主要功能是为世人祈福、去灾、治病。然而这些行为都离不开天神的帮助与恩赐，所以萨满通过世代诵唱神歌神谕来讲述天神的伟业并表达对天神的敬仰，亦为后人留下了认识了解研究萨满教的另一个直接有效的途经。我们可以肯定地说，神话所体现的思想内容就是萨满教文化的核心内涵。在“天宫大战”神话中表现的这种神话与萨满教的相互依赖、相互支撑的渊源关系是外显的、清晰可见的。

“天神之战”神话中虽然未提到萨满的故事，但其思想内涵和意识观念从来未和萨满教分离过。萨满教是北方阿尔泰各民族先民曾普遍信仰过的宗教，如前所述，历史上蒙古族受佛教影响很重，但萨满教对蒙古族先人们的影响不会因为佛教的盛行而消失。比如在萨满祭祀中对天神阿塔·腾格里的咏诵如下：

我的阿塔·腾格里，
声音如雷声，
回荡在高山，
统一全蒙古人，我的天神，
你看到了我的赤裸之体，我的天神，

① 孟慧英著：《关于萨满教的认识》，载《满族研究》，2000（2）。

你赐我食物，
让我充饥，我的天神，
你赐我衣服，
让我披在背上，我的天神，
你赐我坐骑，
让我在马背上披挂甲胄，我的天神，
你驱散了死神的使者，
它们的光临是为了胁迫我或毁灭我，
愿你保护繁荣和幸福。①

除此之外在神话中经常出现的像黑与白、东方与西方、善与恶等这种二元对立的原始思想本身就是萨满教的宗教观、世界观之核心部分。这种宗教观、世界观渗透和贯穿神话的始终，与之交融为一体，成为其基石和深厚的土壤，也体现了萨满教顽强的生命力。“天神之战”神话在形式上不像“天宫大战”神话那样，在与萨满教的关系上表现出清晰的轮廓和显明的人物情节、复杂的宗教仪式等，从一般的故事情节来看是察觉不到的，显得较抽象。但我们无法否认此神话与萨满教的内在联系，那就是神话所突出表达的信仰传统、基本内涵、中心思想来源于萨满教。

可见宗教与神话间密不可分的关系，作为有机整体，在两则天神神话与萨满教的关系上有清楚的表现，在此不再赘述。

结　语

蒙古族“天神之战”和满族“天宫大战”这两则神话作品为我们后人留下了宝贵的精神财富。神话讲述的是通过惊天动地的天神大战找回了世界的和平与安宁，世间万物得以生存和延续的故事。是早期人类对自然和人本身的认识、探索以及解释。通过分析和比较两则神话得出的结论是，它们在一定程度上反映了各自基于草原游牧和狩猎渔业两种不同经济文化的特点：即蒙古族的“天神之战”神话中天神观仍处在原始自然的阶段，但已夹杂着一些游牧部落生活的影子，其中的天神观中包含着原始萨满教的因素，同时浸染着外来佛教文化的印迹，是多元文化在历史的长河中融

① 海西希著，齐木德·道尔吉译：《蒙古宗教》，87 页，内蒙古文化出版社，1998 年。

汇交替的产物，而且有较明显的史诗化倾向。满族“天宫大战”神话则更多地保留了古老原始的容貌，从宇宙形成、天神诞生，到世间万物起源都有交代，涉及的内容广泛，战争场面宏大而曲折，直接反映了满族先人们所处的自然环境、社会形态及宇宙观、宗教观的方方面面。而这两则神话的共同点不仅是在善恶的较量中善的胜利，还有我们不得不称其为他们天然内在的联系和纽带——渗透在其中的萨满教文化的深远影响。

原文刊载于《内蒙古民族大学学报》，2008（1）

关于蒙古神话研究的几个基本问题

[苏] C. Ю. 涅克柳多夫著　申屠榕译

不久前，在专门的文献中“蒙古神话”一词几乎不曾见到，这对于各蒙古部族的文学来说都是如此，对这一课题的研究，学者们提出了各种各样的观点。有些人探讨了某些神话人物及题材；还有些语文学家和民族学家写出了为数可观的涉及神话情节和母题的论文，并部分结集出版，其中有一些文章受到蒙古学界的重视。我认为在此没有必要历数上述研究的成果，因为这实际上无助于我们加深对这一课题的理解，不能帮助我们勾画出这一研究课题的界线来。正相反，摆在我们面前这一幅画面，即对蒙古神话的特点及专题研究完全缺乏兴趣。通常，在论著中见到的是对神话形象及母题所作的个别探讨，而且仅用来解决宗教学、民族学、民间口头文学及历史文学论著中的次要问题。

造成此种状况的原因很简单。当科学中某一领域形成时，总是偏向于材料丰富且易于获得的那个方向，这样其研究对象也就一目了然。神话研究专题涉及的都是些最简单的材料，即口头流传的和文字记载的神话，在这些原始材料中直接提供了大量的神话形象和情节。需要补充的是，从古代流传至今的书面传说是靠文字记录的原文体现出来的，而创造这些原文的人本身即具有神话传统。口头传统研究人员可在现实生活中遇到。口头传统指的是这样一些作品，即由搜集者或多或少地加以固定后记录下来，而搜集者对于口头传统本身来说却是毫不相干的。

在神话研究方面，如若指责蒙古学家们长期以来“没有注意到”蒙古人有神话，这也是不公正的。有关神话题材的口头原文不是数量稀少，就是支离破碎，难以理解。一般来说，除了译自西藏作品的佛教神话之外，书面神话是不存在的。蒙古民族的文学在其“前佛教”（即佛教传入之前——译者注）的那部分是建立在历史传说、口头训言及民间叙事诗基础上的，而不是建立在神话传统的基础之上。这方面仅有某些传说含有少量的神话母题。再有就是一些萨满原文及其他宗教仪式原文（既有口头的也有书面的），如祈祷召灵词、赞颂神灵的诗文，这些原文都是在举行宗教仪式时使用的。从这种材料中可见到各种超自然人物的名称，它们对于神话研究来说是绝好的辅助材料，尽管在这类作品中通常缺少某种连贯的神话情节。

简而言之，是否存在着蒙古神话呢（确切地说，是否曾经存在过蒙古神话）？20 世纪 70 年代初时匈牙利学者 Л. 劳林次曾提出这个问题[①]，他是蒙古学史上写出涉及这一课题的论著的第一批学者之一。自然他也是决定使用“蒙古神话”这一术语的第一人。今天，凡从事这一课题研究的每一个人都会对该术语作出肯定的回答。但这仅仅是表面上的一致，因为不同的研究者都给“神话”概念本身规定了各不相同的内涵。例如，苏联蒙古学家 Г. И. 米哈依洛夫的概念是：“神话”总是十分“古老的”（或曰“古代神话”）曾经存在过的“神话创作时代”的产物，其遗迹部分地在民间口头创作和传统文学作品中反映出来[②]。这种神话遗迹几乎都是些魔幻般的母题和超自然的人物，如天神腾格里、巨蟒、童话叙事诗中的妖怪（蟒古思等）。然而，这里有许多地方值得怀疑，通过对情节所作的历史比较研究和对某些术语及神的名称所作的词源学分析，证实它们不是同一个时代的产物，而且在我们探讨的诸多因素及一系列作品中的非源于蒙古的东西常常并非那么古老。由此可见，假设的“神话创作时代”缺乏某种历史的具体性。

劳林次认为，蒙古神话包括参与神话事件的全部神灵，神话事件反映了善恶相争这一基本题材；而且这个题材在完整的布里亚特传说中体现出来。劳林次推断，存在着藏—蒙神话共同性，但这里不包括佛教神话，因为佛教神话对于“蒙古精神文化来说是舶来品”[③]。他的论断中也有许多模糊不清之处。首先应当确定的是，依靠布里亚特神话来还原全蒙古的传统，究竟可以达到什么程度。布里亚特文化的许多特点始终是与两个地域（中央亚和西伯利亚）的中间文化状态联系着，布里亚特文化的许多特点都受这一条件的制约。此外，能否把佛教神话从藏—蒙文化总库中分离出来，也令人怀疑；而且如此绝对地肯定佛教神话“对于蒙古精神文化来说是舶来品”的通论，也未必见得正确。要知道，佛教形象、象征及情节已

① Л. 劳林次著：《蒙古神话》，载《匈牙利东方学报》卷 27 第 1 期，104 页，布达佩斯，1973 年。

② Г. И. 米哈依洛夫著：《蒙古人的文学遗产》，5 ~ 7 页，莫斯科，1969 年；《13 – 19 世纪蒙古民族历史作品中的神话》，载《民间口头创作与历史民族学》，88 ~ 106 页，莫斯科，1983 年。

③ Л. 劳林次著：《论蒙古神话》，载《第二次国际蒙古学家大会论文集》第 2 卷，252 ~ 253 页，乌兰巴托，1973 年。

深入到旧蒙古社会生活的各个领域，几乎与蒙古的文学和艺术不可分割地融为一体，至少在三个世纪内占据着统治地位。

在研究蒙古神话时比较容易犯的方法论上的错误，是把神话的某些方面置于那样一个基础之上，如说这些神话“不够古老”、“并非本地所生”、“不是蒙古文化所固有的”。前两个标准从今天对材料研究的水平来看是不够准确的。神话情节、个别的名称和术语的年代及产生地区目前还无法考证。后一个特征完全带有主观上的色彩。例如，据文艺学证明，外文作品的译本可以在较短的时间内被已有的传统接受，并获得“公认”。而且被如此稳固地移植过来，以致变得与原著不相上下，从而对民族文学过程产生了实质性的影响。随着佛教形象和情节在中央亚地区数百年的“定居”，学术界在很大程度上已无法区分出“公认”的那一部分。应当指出的是，有时移植过来的人物被换上了另外的情节，并被赋予与其原来面貌大不相同的新的特点。当佛教传统与地方民间口头创作及神话逐渐融成一体时，并且该佛教传统传入西藏及畏兀儿（之后传入蒙古）地面时已远离其本源，这样的话，其“原始性”的限度又何在呢？实际上，要确定“非佛教”神话何时结束，而“佛教”神话何时开始，是十分困难的。

解决这一难题的通行的方法是提出关于用借来的人物植于本传统所固有的原型之上，并且情节本身不发生实质性的变化的假说。事实上这可归结为单纯的名称改换。无须证明，这只是局部的、比较少见的情形。通常的情况是，借用不只囿于名字或名称。新接受的形象总是带有某些明显的特征。这种现象我们在研究蒙古神话时始终都会遇到。

为了给我们的研究对象下一个定义，首先应当将神话原文按类别区分开，然后再试图确定“蒙古神话”概念本身的内涵。

这里我们先把蒙古语地区看作一个统一的整体。该整体相对来说是属于同种族，由于其大部分居民迁移的密集性，促进了各个部落文化上的交流与融合以及书面文学传统共同体的形成。同样，蒙古民族神话共同体也是从某些部落的、神话体系的地方交流中形成的，这些交流应当看作是各自独立的。其特点有时受到各种各样条件的制约，如相邻民族的影响、地方文化特点及政治历史的影响等。这样的交流有：布里亚特神话传统（居住于西伯利亚贝加尔湖周围蒙古民族最北面的一支）、卫拉特传统（居住在蒙古人民共和国西北部的西蒙古族群、新疆及伏尔加河畔卡尔梅克自治共和国的蒙古人）、喀尔喀传统（蒙古人民共和国的基本居民）、东蒙古民族传统（中国东北地区及原满洲地区的蒙古人）、蒙戈尔人传统（西藏东北部的小蒙古语民族，其语言文化具有一系列古老的成分）、达斡尔传统

（原满洲地区），达斡尔人也保留有许多古老的特点。由于材料不足，我们还无法对其他一些独立的蒙古部族的神话观念作出判断，如信仰伊斯兰教的东乡人、保安人、阿富汗蒙古人。

蒙古神话的基本材料本质差异很大。史料既可据体裁及其在民族文化中的功用划分，也可据其含有的神话信息的性质划分。从体裁方面来看，这些原文可划分为下列几种：民间口头传闻及传说，历史作品中的神话片断，史诗与童话中的神话片断，口头与书面记载的仪式诗。如果根据题材特点来划分的话，则这些材料至少可划分出以下七种类型。

（1）普遍可以见到的关于天体起源的口头传说。其中叙述了由于某个时代发生的事件，导致了今天所看到的昼夜交替画面的形成（具体说来指的是日、月、北极星、金星，大熊星座、猎户星座，银河等）。

（2）关于个别氏族、部落产生的传说。它们在布里亚特和卫拉特口头及书面传统中都能见到，在蒙古历史文献中也能见到（如关于始祖部落的传说、关于某一姓氏祖先的故事等等）。

（3）仪式原文及其他宗教原文（如祈祷词、召灵词、神灵祝赞词）。它们（既有书面传统，也有口头传统）几乎见于所有蒙古语地区。

（4）各地都可听到的关于宇宙“结构”及其形成的口头描述。它们通常都受到佛教“经典”文学或多或少的影响。

（5）关于创世和造人的民间口头传说。造物主是蒙古非常流行的佛教神祇，如释迦牟尼、弥勒、文殊师利、观世音诸佛。这里需要强调的是，其情节本身往往与佛教传统没有任何关系。

（6）含有迷信内容的口头故事。其中提到各种神灵及与人世有关的阴间等等。

（7）童话和史诗中的神话。它们的成分繁杂，但却包含有大量的神话形象以及一系列神话情节（这里首先应提到的是《格斯尔》史诗及其西布里亚特变体）。

最后，还有一些各自独立的综合性质的原文，很难把它们确切地归属于上述哪一类中，如东蒙古的“关于卡里帕的传说”，蒙戈尔人神话史诗及其他一些原文。

先让我们来分析一下上述各类的题材特点。其中每一类都有各自的叙述对象和各自的人物圈，对题材的处理千差万别，人物的标志和名称也不相符合。例如，关于天体起源的传说（第一类）与萨满神话中关于天的概念（第三类）毫无联系，尽管它们所说的是同一个宇宙领域。同样，萨满召唤词中的宇宙形成母题（第三类）与史诗原文（第七类）和传说（第五类）中的说法也有明显的对立，在这几类的原文中，神灵的名称也不相符。

造成这种局面的原因是材料不相统属、材料的来源各异以及它们还没有融合成一个严整的神话体系。然而我在这里将不涉及个别形象及情节的来源问题，我仅指出，它们合起来形成一个具有一定结构的共同体，这一共同体首先是靠一般神话观念维系着。此外，还存在着一定数量的各地通行的神话题材和神话观念，它们具有多方面的特征。现归纳如下。

第一，关于世界画面的基本因素：多层次的天和多层次的地，宇宙山和中央的宇宙树，从各个方面包围陆地的世界大洋。大洋与天上之水和地下之水连成一片，可以视其为原始洋，也即无边无际的水元素，它们在宇宙出现之前已经存在了。

第二，关于天地最初混沌一片，关于大地支撑物巨大实体的观念，世界靠它支撑着。还有关于原始本原，即原始巨物的观念，宇宙即从中创造出来。

第三，宇宙和人类产生的母题：在原始大洋的表面生出大地；人类用黏土做成；神和魔加入到世界和人的创造中去：死亡和阎王出现；时间顺序出现等等。

第四，世界末日的主题：人类衰亡，妖魔兴起，宇宙大灾难来临（世界之洋泛滥，淹没了大地；大地支柱倾倒，导致人类灭亡等等）。

第五，是关于神妖相斗的题材：雷神与蟒相斗，解救人们于灾难的天使题材等等。

上述全部神话题材在不同程度上都为蒙古传统所知，以致可以说这些传统是完整的。这方面有时类似的题材直接经过情节加工，而神话世界或神话形象在各种口头的和书面的作品中被直接描述出来。也有的时候，这些神话题材仅仅间接地反映在个别的叙事母题及民间口头创作和传统文学的象征、比喻及修饰语中。重要的是，在这种情形下，其中的神话思想并没有被意识到。例如，在古老的布里亚特环舞歌中唱到“带有毡鞍垫的大地”（指的是跳舞场地），这个比喻多半是反映了刚刚被创造但还没有成熟的大地的神话母题，自然，歌唱者是没有意识到这一点的。另一首环舞歌中唱到：“脚上肌腱结实，黏土的身体就不重”。他们当然也不会将这句话同人是被造物主用黏土塑成的神话联系起来，但这一形象无疑是出自神话的。类似的例子可以举出许多许多，在其中可以发现大量的带有神话意义的原文，因而对它们进行分析应当成为蒙古神话研究的不可分割的组成部分。

在结束本文时还应注意一点，即在研究整个神话体系时，不应过分地在整体上将“真正蒙古的”和“舶来的”范畴对立起来，关于这一点前面已经提及过。第一，如果将二者对立起来可造成各种错误，因为今天认为是“真正”的东西，随着科学的发展，在进一步深入探讨之后，可能会变成“舶来的”，或者正相反。第二，借来的神话母题对于人类认识和解释世界的重要性并不低于真正的神话母题，从这层意义上来说它们是等同的。最后，第三点，母题、情节或形象通常在下列情况下才被借用：假如它们能在借用传统中找到位置时，假如它们被借用传统所需要时，假如它们能回答借用传统中已经成熟了的各种问题时。总之，上述看法对于神话体系中的借用问题研究，大概可以说是最重要的了。

本文是前苏联学者涅克柳多夫1991年1月3日—11日在内蒙古社会科学院作学术访问期间作的一次学术报告，经作者同意后译出发表。原文刊载于《内蒙古社会科学》，1991（2）

蒙古族神话研究综述

那木吉拉

蒙古神话的研究，包括资料的搜集整理、出版发行以及根据这些资料进行的理论研究、综合研究或比较研究和专题研究等，主要是指运用文学、神话学、人类文化学等多学科理论和方法进行的考察探讨。回顾国内外蒙古神话的研究，已有一个多世纪的历程，总体上看，是个由浅入深，由局部向全面，次第渐进，逐步扩展和深入的过程，而且这一过程在新世纪仍在继续。本文的目的是介绍国外研究蒙古神话概况，评述得失，探索蒙古神话研究未来趋势。

一、国外学者的蒙古神话研究

蒙古神话的搜集整理工作是俄苏等国外学者首先进行的。俄罗斯学者Г. Н. 波达宁（1835—1925 年）分别于 1876—1877 年和 1879—1880 年，深入蒙古、布里亚特以及土瓦民族民间，搜集民间文学、民族学资料，编辑《西北蒙古志》四卷，其中把一百八十七则包括神话在内的民间故事翻译成俄文。他的《唐古特、吐蕃和契丹边境与中央亚蒙古》一书也收录一些蒙古神话。此外，А. П. 本尼格森也将喀尔喀蒙古的四十多则神话、故事译成俄文收入其《中亚神话与故事》一书。①

蒙古神话的研究工作也是俄苏学者开拓进行的。布里亚特蒙古学者道尔吉·班札罗夫在《黑教或称蒙古人的萨满教》（1846 年）一文以蒙古人所崇拜的腾格里（Tengri，即“天神”），天体、天空现象，地、火、翁衮、萨满等诸多神祇入手，深入探讨蒙古原始宗教。道尔吉·班札罗夫并不是神话学家，但也对蒙古诸神进行探讨，应当属于蒙古神话形象的研究，其

① ［蒙古］Д. 策仁苏德那木编：《蒙古神话》（基利尔蒙古文），6 页，乌兰巴托，1989 年。

成果至今具有学术参考价值。[①] 此外，著名的俄罗斯蒙古学家 Б. Я. 符拉基米尔佐夫和 Г. Й. 米哈依罗夫分别撰写了《论土尔邑特部始祖神话》[②]、《蒙古史诗中的神话要素》等学术论文；Е. А. 诺维格拉多夫撰写了题为《古代蒙古神话与信仰》的论文，提交第四届国际蒙古学大会。С. Ю. 涅克柳多夫主编《世界各国神话》，其中广泛介绍蒙古神话产生发展及其在各个历史阶段中的特征。[③] 1980 年 Н. О. 沙拉卡西诺娃出版了《布里亚特神话》一书，对布里亚特神话进行了全面系统的分析研究。[④] 1979 年，С. Ю. 涅克柳多夫还撰文，探讨了东部蒙古史诗《格斯尔传》中的神话口头变体。[⑤] С. Ю. 涅克柳多夫还发表《关于蒙古神话研究的几个基本问题》一文，文中回顾蒙古神话研究的历程，并就如何看待或评价佛教或印、藏神话对蒙古神话的影响等问题，发表自己的见解。[⑥] 此外，在蒙古学史上较早研究蒙古神话的学者匈牙利的 Л. 劳林次在上世纪 70 年代初撰写《蒙古神话》一文，探讨蒙古神话的传承模式等问题。

日本学者中田千亩称，杰里迈亚·柯廷（1835—1906 年）撰写的《南西伯利亚之行》一书，收录布里亚特多则神话。它作为保存蒙古创世神话的珍贵资料而早已闻名于世。[⑦] 此外，《南西伯利亚之行——蒙古人及其宗教和神话》，是美国学者杰里迈亚·柯廷的三部有关蒙古学著作之一，是他去世以后才出版的。柯廷是第一个用英文记录蒙古口头文学的蒙古学家，[⑧] 他也是较早向世界介绍布里亚特蒙古神话的学者之一。

日本的历史学家们也也较早开始研究蒙古神话。1912 年，白鸟库吉（Shiratori kurakichi）发表《蒙古的古传说》一文，论述《蒙古秘史》所载“苍狼白鹿传说”和拉施特《史集》所载“额尔古涅·昆传说”，并与《隋书》所载突厥人狼祖传说比较，并把它追溯到乌孙和高车的狼祖神话

① 参见内蒙古大学历史系蒙古史研究室编：《蒙古史研究参考资料》第 17 辑，内部资料，1965 年。

② 《遗事杂志》第 18 卷。转引自金海著：《国内外蒙古神话研究概况》（蒙古文），载《内蒙古师范大学学报》，1994（2）。

③ ［蒙古］Д. 策仁苏德那木著：《蒙古文学》（蒙古文），69 页，民族出版社，1989 年。

④ 德·僧格仁钦著：《蒙古神话选》（蒙古文），内蒙古教育出版社，1990 年。

⑤ ［蒙古］Д. 策仁苏德那木编著：《蒙古神话》（基利尔蒙古文），6 页，乌兰巴托，1989 年。

⑥ ［前苏］С. Ю. 涅克柳多夫著，申屠榕译：《关于蒙古神话研究的几个基本问题》，载《内蒙古社会科学》，1991（2）。

⑦ ［日］中田千亩编《蒙古神话》（日文）、东京郁文社，昭和十六年（1941 年），第 4 ~ 7 页。

⑧ ［美］J. 克鲁格著：《蒙古学家杰里迈亚·柯廷》，载《蒙古学资料与情报》，1986（1）。

传说。[①] 1938 年白鸟库吉发表《突厥及蒙古的狼种传说》一文，称“蒙古的狼种传说脱胎于突厥的建国传说，并在此基础上发展了的形式；突厥传说中的西海相当于蒙古传说中的 Tengiz，前者高昌国西北的洞穴相当于后者的 Ergune Kun”。[②]

1913 年（大正二年），内藤虎次郎（Naito Torajiro）发表《蒙古的建国传说》一文，比较蒙古人的“苍狼白鹿传说”和阿阑豁阿感生传说以及拉施特《史集》所载“额尔古涅·昆传说”，并提出“狼鹿婚配”传说与《北史》所载突厥建国传说和高车传说相似。他引用王充的《论衡·吉验篇》所载夫余的东明传说和高句丽的朱蒙传说，感神生子的“阿阑豁阿”故事在塞外民族中多见，这个传说与夫余、高句丽和百济的建国传说更接近。而蒙古的“狼鹿婚配”传说则是蒙古接触突厥之后，吸取其说，并附加一些内容而已。[③]

1938 年播磨酋吉（Harima Yukichi）发表《布里亚特人的世界创造说》一文，介绍最高神创造大地、人类和狗发毛的来历、洪水神话等等。关于布里亚特人的口承，他说，布里亚特人在二三百年之间与俄罗斯人杂居，接受了俄罗斯人的影响。因此，布里亚特人固有的传说接受了基督教的思想即《圣经》中神话的影响。布里亚特人的创世传说也受过《圣经》的影响，又受到萨满教和佛教的感化。[④]

1941 年中田千亩（Nakada Senbo）根据上述《南西伯利亚之行》和其他资料编著《蒙古神话》一书。[⑤] 现在看来，《蒙古神话》中大多数内容为布里亚特英雄史诗《格斯尔》中神话的变体。该书的神话学的价值在于它较早地记录了布里亚特人中流传的西方 55 个善腾格里和东方 44 个恶腾格里之间的战争，为研究蒙古腾格里神话提供了珍贵的资料。

1948 年，三品彰英（Misina Akihide）博士发表《神话与文化领域》一文，他认为，始祖神话根据其构成要素，可分为卵生型、箱舟漂流型、感情型、兽祖型等四种形态。蒙古族狼鹿传说属于最后的兽祖型传说。这

---

① 明治四十五年六月三十日、七月二日『东京日日新闻』,『白鸟库吉全集』第五卷，岩波书店、昭和四十五年、第 489 - 492 页。

② 『史学雑志』第四九编第九号、昭和十三年（1938）。『白鸟库吉全集』第五卷，岩波书店，昭和四十五年（1975）版，第 518 页。

③ 『芸文』第四编第十二号、大正二年。内藤虎次郎著『読史丛录』，弘文堂，昭和四年(1929)、第 183 - 201 页。

④ 《善邻协会调查月报》7。(日文) 转引自西脇隆夫提交“阿尔泰学·神话学国际学术研讨会”的论文《日本研究阿尔泰神话概述》，中央民族大学，2004 年。

⑤ ［日］中田千亩编『蒙古神话』(日文)、东京郁文社、昭和十六年（1941)。

个传说可能反映了崇拜狼的游牧集团和崇拜鹿的游牧集团的结合。①

1964 年，村上正二（Murakami Masaciku）发表长篇论文《蒙古部族的族祖传承》，文中探讨了蒙古族的“苍狼白鹿传说”、“阿阑豁阿传说”和“额尔古涅·昆传说”等传说，认为蒙古族最古老的传承反映了由涅古思和乞颜两个父系外婚集团形成的蒙古古老部族社会的基本构造。而且，涅古思和乞颜集团分别以“苍狼”和“白鹿”为氏族族灵，以此表征两个外婚氏族的并存。据此，可以这样讲，以圣兽象征的族灵是外婚集团各自的图腾。并且，这些传说叙说着蒙古民族的发祥和迁徙，同时，民族的“灭绝”和“再生”是得力于萨满的“锻冶部族”而实现的。据此，这些传说的母题与东南亚一带传承的民族发祥传说母题同属一个类型。不仅如此，这些传说还和世界范围内广泛传播的“锻冶部族”创世故事相关联。②

1971 年高原武雄（Takahara Takeo）发表《关于蒙古人的始祖故事》一文，认为，把“苍狼白鹿传说”中的“bōrte－chino”解释为“狼”是合理的。③ 1974 年，田中克彦（Tanaka katsuhiko）发表《蒙古神话和日本神话》。该长篇论文以序言、蒙古神话的资料特质、布里雅特口头传承的意义、高天原和“天降”、地界里的诞生——从神到英雄、雅库特“天降”二类型、记纪神话和其他类似点、北方系神话里的南方要素等部分构成。序言里主要论述了日本与蒙古以及整个阿尔泰语系民族神话的比较研究的缘起。论文的其余部分主要论述蒙古及布里亚特神话资料的特点，并以《格斯尔传》中的神话故事为例，与日本的相关神话故事比较，似乎得出了如下结论：蒙古及近邻民族传承和日本神话之间存在不少的相通要素。这些共通要素中，既有蒙古或者是阿尔泰语系固有起源的成分，也有印度、伊朗以及其他成分。所有这些都是从南方与日本不同的途经得到的共通结论。④

日本学者西脇隆夫对蒙古神话也有一定的研究。他在《中国少数民族文学》一书中指出，1919 年出版的相原孝久编著的《蒙古地志》（日文）所载蒙古神话六则，并不是编辑者从蒙古地区亲自搜集的，而是来自 1881 年刊行的俄国学者 Г. Н. 波达宁所著《西北蒙古志》一书。西脇在文中又

① ［日］三品彰英著『神话と文化史』、平凡社、昭和四十六年（1971）、第 303－528 页。

② 『史学雑志』、1964 年，73（7）、1964，74（8）。村上正二著『モンゴル帝国史研究』、风间书房、平成五年、第 207－276 页。

③ 《爱知工业大学研究报告》6（日文）。转引自西脇隆夫提交“阿尔泰学·神话学国际学术研讨会”的论文《日本研究阿尔泰神话概述》，中央民族大学，2004 年。

④ ［日］田中克彦著「日本神话とモンゴル神话」、大林太良编『日本神话の比较研究』、法政大学出版局、1974 年、第 309－337 页。

说，最近在中国出版的《中国少数民族神话》一书所载所谓蒙古神话三则中除了一则之外其他二则均非蒙古族神话，而是作者相原孝久从Г. Н. 波达宁书中抄录时，把这二则误认为蒙古的神话。[①]

1992年，二木博史为《世界神话传说总解说》一书撰写的《蒙古神话传说》一文中收录了布里亚特神话与蒙古神话十五则，并对这些神话进行分析和评介。[②]

在蒙古神话研究方面，蒙古国学者也比国内学者先迈一步，取得初步成果。首先，Ш. 嘎丹巴、查旦丹巴分别撰写题为《额日黑·蔑尔根神话探》、《论神话》的论文，分别发表在1966和1967年的蒙古《科学生活》杂志。其后，Д. 图德布也发表题为《神话的历史使命》的论文，探讨蒙古神话起源、题材和形象及其传承过程中的变异等问题。[③] Д. 策仁苏德那木是蒙古国研究蒙古神话成果颇丰的学者之一，其代表作为《蒙古神话》[④]一书。他把蒙古神话分为世界起源神话、天体起源神话、动植物神话、人类和人格化的动物神话、宗教神话、文化英雄神话和部族起源神话等类型。该册子是迄今为止，容量最大、信息量最密集的一部蒙古神话集成。他还为本集撰写了长篇绪论，由三个部分组成：首先，蒙古族神话概述，基于蒙古神话的各种类型，简述蒙古神话全貌。其次，考察史诗中的神话观念，从世界起源、英雄异生以及神奇石头、树木崇拜等诸多方面去探讨融入蒙古史诗的神话观念。该绪论对《格斯尔》、《江格尔》中的神话观念研究得尤为精辟。绪论最后部分为史籍载录的神话及神话观念的探讨，主要探讨《蒙古秘史》以及后来的《黄金史纲》等载录的孛儿帖·赤那（苍狼）、豁埃·马阑勒（惨白鹿）等传说中的神话观念与突厥、蒙古的共同的狼图腾、都蛙·琐豁儿的传说以及感光诞生母题、石头崇敬的传统和梦兆以及狗、牛崇拜习俗中的神话观念等。此前，该学者在其专著《蒙古文学》中阐释了神话的概念、特征，并对蒙古神话分门别类地进行研究，并探究史籍、史诗中的神话观念。[⑤] 除上述之外，Ш. 嘎丹巴、Х. 散布勒敦德布、Д. 策仁苏德那木编写了《蒙古民间文学》[⑥] 一书。该著作中以

---

① ［日］西脇隆夫著《中国少数民族文学》（日文）、2001年、第126页。

② ［日］阿部年晴、二木博史等编《世界神话传说总解说》（日文）、自由国民社、1992年。

③ Д. 图德布《神话的历史使命》。转引自金海著：《国内外蒙古神话研究概况》（蒙古文），载《内蒙古师范大学学报》，1994（2）。

④ ［蒙古］Д. 策仁苏德那木著：《蒙古神话》（基利尔蒙古文），乌兰巴托，1989年。

⑤ ［蒙古］Д. 策仁苏德那木著：《蒙古文学》（蒙古文），民族出版社，1989年。

⑥ ［蒙古］Ш. 嘎丹巴、Х. 散布勒敦德布、Д. 策仁苏德那木著：《蒙古民间文学》（基利尔蒙古文），乌兰巴托，1988年；《蒙古民间文学》（蒙古文），内蒙古少年儿童出版社，1991年。

《神话观念问题》为题，专述神话的一般理论，并从创世神话、动物或文化英雄神话、关于人和自然神话等诸方面，对蒙古神话进行类型研究。

蒙古国另一位学者S. 杜勒玛教授在蒙古神话研究方面的成果也令人注目。他在《神话学的观念形象》一文中首先阐释了神话观念的概念，并用燕子为人类取火、额日黑·蔑尔根射日等神话为例，探讨蒙古神话的诸形象。[①]他又以《蒙古神话与文学的继承关系之例》一文，获副博士学位。[②]《蒙古神话形象》[③] 是S. 杜勒玛蒙古神话研究的一部力作，它似乎代表了当时蒙古国神话研究的新水平。该专著探讨了蒙古神话的原初形象的形成，并对大地神话、腾格里神话、日月神话、星体神话、世界起源神话、人类起源神话和故事、歌曲、胡琴和乐器起源神话等蒙古神话的诸形象进行分析，追寻其发生发展轨迹，提出了许多独到的见解。S. 杜勒玛在文中更多地引入了人们往往忽视的史诗、萨满神歌和民间口头固定语、谜语中遗存的初民的神话观念。在研究方法方面，蒙古神话与其他相关民族神话尤其是与阿尔泰语系民族神话之间进行比较，扩大蒙古神话的研究领域，拓宽视野。此外，S. 杜勒玛的有些新思路确实给我们不少启迪，值得学习借鉴。但是，由于时代和资料所限，《蒙古神话形象》也存在一些疑问。据笔者管窥所及，《蒙古神话形象》不足有以下三点。一，基本上未能参考漠南蒙古地区的神话资料，更不用说借鉴中国学者在该研究领域的成果；二，以往蒙古神话研究中的以点代面，以个别代一般的倾向也较严重；三，对蒙古神话的一些神话或母题不寻根究蒂，一概以蒙古族神话及其母题论处，因此不免出现一些舍本求末的现象。

二、国内学者的蒙古神话研究

我国的蒙古神话研究，20世纪60年代已有人垂范，但由于众所周知的原因，研究耽搁了十年。新时期伊始，蒙古神话研究才步入轨道。首先，民间文艺工作者或其他相关行业的工作者从不同地区搜集了大量的神话故事，并把它们作为民间故事收入相应的故事集成中。德·僧格仁钦编《蒙古神话选》是国内第一部蒙古神话资料集。但由于当时的条件所限，

---

① ［蒙古］C. 杜勒玛著：《神话学的观念形象》，载《金钥匙》（蒙古文），1986（3）。

② ［蒙古］Д. 策仁苏德那木著：《蒙古神话》（基利尔蒙古文），乌兰巴托，1989年。

③ ［蒙古］S. 杜勒玛著：《蒙古神话形象》（基利尔蒙古文），乌兰巴托，1989年；［蒙古］S. 杜力玛著，苏尤格、冬叶转写：《蒙古神话形象》（蒙古文），内蒙古文化出版社，1998年。

未能选入更多的神话资料。① 此外，张越和姚宝瑄编《新疆民族神话故事选》一书中收入了卫拉特蒙古十二篇神话。② 当然这些民间文学作品中有些并不是真正意义上的神话。后来满都呼教授在其主编的《中国阿尔泰语系诸民族神话故事》一书中精心选编了蒙古神话故事二十篇。③ 但是由于篇幅所限，很多神话故事仍未能收录。

国内蒙古神话的研究也是从理论、综合和专题等三方面入手展开的，其初期成果主要反映在教科书或一些文学史等著作当中。如满都呼编著《蒙古民间文学简论》④、满昌编著《蒙古族文学史》⑤、内蒙古大学和内蒙古师范学院共同编写的《蒙古族古代文学》⑥ 以及五所大专院校合编的《蒙古族文学史》⑦ 等。除上述之外，还有乌勒木吉著《原始神话论》⑧、达喜苏荣著《论神话》⑨、米·宝迪格日乐的《蒙古民间神话特征》⑩、哈斯巴根那的《神话初探》⑪ 和德·僧格仁钦著《探神话史诗的有关问题》⑫。"这些论著的主要特点是理论比重大，主要阐述神话的概念、特征和生成原因等综合性理论问题。因此，蒙古神话文本在这里只起阐明理论的举例或注释作用。有的论著虽然有分析探讨的成分，但只停留在神话的思想、艺术特点等上。然而，在当时资料欠缺的情况下，这种努力，无疑对蒙古神话的搜集以及研究工作起了推波助澜的作用。"⑬

在综合研究方面，齐木道吉、梁一孺、赵永铣编著《蒙古族文学简史》⑭ 的神话传说部分、满都呼著《论蒙古神话》⑮、宝力高著《〈蒙古秘

---

① 德·僧格仁钦编：《蒙古神话选》（蒙古文），内蒙古教育出版社，1990 年。

② 张越、姚宝瑄编：《新疆民族神话故事选》，新疆人民出版社，1989 年。

③ 满都呼主编：《中国阿尔泰语系诸民族神话故事》，民族出版社，1997 年。

④ 满都呼著：《蒙古民间文学简论》（蒙古文），内蒙古教育出版社，1981 年。

⑤ 满昌著：《蒙古族文学史》（蒙古文），内蒙古教育出版社，1980 年。

⑥ 内蒙古大学和内蒙古师范学院合编：《蒙古族古代文学》（蒙古文），内部资料。

⑦ 五所大专院校合编：《蒙古文学史》（蒙古文），内蒙古教育出版社，1984 年。

⑧ 乌勒木吉著：《原始神话论》，载《昭乌达蒙古族师范专科学校学报》（蒙古文），1981（1）。

⑨ 达喜苏荣著：《论神话》，载《内蒙古民族师范学院学报》（蒙古文），1983（1）。

⑩ 米·宝迪格日乐著：《蒙古民间神话特征》，载《呼伦达赖》（蒙古文），1985（1）。

⑪ 哈斯巴根那著：《神话初探》，载《内蒙古师范大学学报》（蒙古文），1984（2）。

⑫ 德·僧格仁钦著：《探神话史诗的有关问题》，载《内蒙古社会科学》（蒙古文），1985（2）。

⑬ 金海著：《国内外研究蒙古神话概况》，载《内蒙古师范大学学报》（蒙古文），1994（2）。

⑭ 齐木道吉、梁一孺、赵永铣著：《蒙古族文学简史》，内蒙古人民出版社，1981 年。

⑮ 满都呼著：《论蒙古神话》，载《蒙古语言文学》（蒙古文），1985（1）。修订的中文译文《蒙古神话简论》载于《中央民族大学学报》，1997（1）。

史〉的民族形式》[①] 的神话部分、宝音和西格和特古斯巴雅尔著《蒙古民间文学概论》[②] 神话部分、斯琴著《蒙古神话传播的三个途径》[③]、胡格吉夫著《蒙古神话与萨满教》[④]、德·僧格仁钦编《蒙古神话选》[⑤] 绪论与点评部分、齐木道吉著《蒙古神话传说浅论》[⑥]、满都呼著《民间文学理论》[⑦] 的神话部分、满都呼主编《中国阿尔泰语系诸民族神话故事》[⑧] 一书的《蒙古族神话》绪论部分、荣苏赫、赵永铣、齐木道吉主编《蒙古族文学史》(一)[⑨] 神话部分等等。

齐木道吉在《蒙古神话传说浅论》一文和《蒙古族文学简史》中阐述蒙古神话产生的社会历史以及意识形态基础，并把蒙古神话分类为解释和征服自然神话、祖先神话、关于牲畜保护神神话等诸类型。宝力高的《〈蒙古秘史〉的民族形式》神话部分首先阐述《蒙古秘史》中遗存的神话内容与原文的关系，然后探考孛儿帖·赤那、豁埃马阑勒以及都蛙·锁豁尔传说和阿阑豁阿传说中的神话观念。宝音和西格和特古斯巴雅尔编著《蒙古民间文学概论》神话部分则简要阐述神话的产生发展之后，从其特质、内容等方面对蒙古神话进行阐释。他们把蒙古神话分为天地分离神话、化尸形成天地神话、大地起源神话等十四个类型，书中引用一些新的资料，拓宽研究范围。德·僧格仁钦编《蒙古神话选》一书绪论为编者研究蒙古神话的成果集成。作者在文中介绍评介了蒙古语神话名词术语的使用情况和蒙古神话搜集整理及研究概况。他把蒙古神话分为图腾神话、世界起源神话、人类和民族以及部族起源神话、自然神话、腾格里神话和文化英雄神话等六个类型。该集成的另一个特点是把收录的每类神话逐个进行点评。该书的问世对于当时蒙古神话的资料建设和研究来说，无疑迈出了可喜的一步。

自20世纪80年代末90年代初，蒙古神话研究取得了长足进展，呈现出繁荣景象。满都呼《民间文学理论》是他《蒙古民间文学简论》之后又

① 宝力高著：《〈蒙古秘史〉的民族形式》（蒙古文），内蒙古教育出版社，1984年。

② 宝音和西格、特古斯巴雅尔著：《蒙古民间文学概论》（蒙古文），内蒙古大学出版社，1990年。

③ 斯琴著：《蒙古神话传播的三个途径》，载《内蒙古师范大学学报》（蒙古文），1987(1)。

④ 胡格吉夫著：《蒙古神话与萨满教》，载《金钥匙》（蒙古文），1988（2）。

⑤ 德·僧格仁钦编：《蒙古神话选》（蒙古文），内蒙古教育出版社，1990年。

⑥ 齐木道吉著：《蒙古神话传说浅论》，见《神话新探》，贵州人民出版社，1986年。

⑦ 满都呼著：《民间文学理论》（蒙古文），辽宁民族出版社，1992年。

⑧ 满都呼主编：《中国阿尔泰语系诸民族神话故事》，民族出版社，1997年。

⑨ 荣苏赫等主编：《蒙古族文学史》（一），辽宁民族出版社，1994年。

一部阐释民间文学理论，研究蒙古民间文学的力作。其神话研究部分从神话学的理论问题出发，比较系统地介绍了前人的观点，同时提出自己的见解，并以神话学普遍理论为参照，考察蒙古神话资料的实际状况，把蒙古神话分为世界起源神话、人类起源神话、自然现象神话、动植物神话和图腾与部族起源神话等类型。该专著无论是从理论和实践以及资料利用等方面，都把国内蒙古神话研究提高到一个新的水平。在《蒙古族文学史》（一）中齐木道吉和赵永铣撰写的《神话传说》一文把蒙古神话分成图腾神话、族源神话传说、开辟神话、解释自然和征服自然的神话、牲畜保护神神话等几大类。虽然分类上没有什么新奇之处，但其中有些神话类型的研究却超越了前人。另外，有些资料的归整、利用等方面也颇有特色。①

随着国内外蒙古神话研究的不断深入，专题研究和多学科多角度去观察蒙古神话也逐渐成为一种新的趋势。格日乐《论蒙古神话的美学价值问题》② 是一篇运用审美理论去研究蒙古神话的一次尝试。他认为，神话是原始人类的无意识创作，从原始神话产生时的社会存在和思维特征以及神话与原始宗教之间的关系去分析，原始神话中原始宗教色彩和既得利益倾向占主导地位，看不到明显的审美意识。但是随着社会的发展，人类思维活动的进一步升华，神话观念淡薄，从而有的神话融入史诗或民间故事，神话中被隐蔽的美学价值就突显而出。另一种情况是有的神话内容情节虽然没有什么变化，但随着社会历史的发展，文化环境的变异，神话的神圣性丢失殆尽，成为凡人的“故事”时它们就把潜在审美表象显露无遗，成为人们审美的对象。他在文中用蒙古神话的翔实资料来论证了上述见解。孟和宝音发表的《对蒙古族神话的哲学思考》③ 一文，是一篇运用哲学去考察蒙古神话的作品。

还有的学者尝试用民族学或称文化人类学的理论和方法探讨蒙古神话。呼日勒沙相继发表了《文化人类学研究与阿阑豁阿用五箭教子传说》④、《运用图腾理论探讨孛儿帖赤那与豁埃马阑勒传说》⑤、《文化学研

① 由荣苏赫、赵永铣等主编的《蒙古族文学史》（内蒙古人民出版社，2000 年）第一卷保留了齐木道吉和赵永铣撰写的《蒙古族文学史》（一）中的蒙古族神话研究内容。

② 格日乐著：《论蒙古神话的美学价值问题》，载《内蒙古社会科学》（蒙古文），1992（2）。

③ 孟和宝音著：《对蒙古族神话的哲学思考》，载《内蒙古社会科学》（蒙古文），2000（1）。

④ 呼日勒沙著：《文化人类学研究与阿阑·豁阿用五箭教子传说》，载《内蒙古师范大学学报》（蒙古文），1983（4）、1984（1）。

⑤ 呼日勒沙著：《以图腾理论探讨孛儿帖·赤那与豁埃·马阑勒传说》，载《蒙古语言文学》（蒙古文），1987（1）。

究与额尔黑·蔑日根神话》[①]、《独眼巨人神话与都蛙·锁豁儿传说》[②]、《猫头鹰崇拜与氏族起源传说》。此后，他把这些论文收录于《蒙古神话新探》[③] 一书中。作者用文化人类学、神话学、社会学等多学科理论，探讨上述蒙古神话传说的发生、发展、变异及其与中国北方其他民族以及世界有关民族神话传说之间的关系，在蒙古神话研究领域内引入新的研究理论和方法，无疑拓展了人们的视野，扩大了研究领域。此后呼日勒沙又继续他的蒙古神话和传说的研究，相继发表了《蒙古族摇篮曲的神话学意义及历史根源》、《歌曲、故事、乐器的起源或来历的神话传说》、《安代文化及其传说研究》、《蒙古萨满神话传说研究》、《神石扎答研究》等学术论文，后来把这些论文收录于他的新专著《蒙古神话传说的文化研究》[④] 一书。这些新论文体现了呼日勒沙论著的资料丰富、研究细腻深入、论证有力等一贯的特点，代表着他蒙古神话传说研究的新水平。

青年学者金海自上世纪 90 年代初开始研究蒙古神话，相继发表了《蒙古神话特质初探》[⑤]、《原始蒙古人关于自我力量的认识形式——文化英雄神话论析》[⑥]、《蒙古创世神话深层结构的文化人类学阐释》[⑦] 等三篇系列论文。他在《蒙古神话特质初探》中观察史籍、故事、史诗、口语、造型艺术和惯用语中的蒙古神话资料，把它们置于人类神话发展的纵坐标轴上，以体系神话的新视点审视它们，试图以此阐明蒙古神话的特质以及造就这一特质的经济、文化根源。《原始蒙古人关于自我力量的认识形式——文化英雄神话论析》中作者通过分析蒙古文化英雄神话的深层结构，以探讨神话所反映的古代蒙古人关于认知自我力量的模式。《蒙古创世神话深层结构的文化人类学阐释》则与上述论文有着逻辑联系。作者通过探析蒙古创世神话的深层结构，观察古代蒙古人认识客观世界的动力因素。他认为，古代蒙古人思想意识沉积中以“气”崇拜观念来解释世界的创造，以生殖崇拜观念来解释世界的再度创造。金海的蒙古神话研究，正如

① 呼日勒沙著：《文化学研究与额尔黑·蔑日根神话》，载《蒙古语言文学》（蒙古文），1988（2）。

② 呼日勒沙著：《独眼巨人神话与都蛙·锁豁儿传说》，载《内蒙古大学学报》（蒙古文），1991（3）。

③ 呼日勒沙著：《蒙古神话新探》（蒙古文），民族出版社，1996 年。

④ 呼日勒沙著：《蒙古神话传说的文化研究》，民族出版社，2004 年。

⑤ 金海著：《蒙古神话特质初探》，载《内蒙古大学学报》（蒙古文），1993（2）。

⑥ 金海著：《原始蒙古人关于自我力量的认识形式——文化英雄神话论析》，载《蒙古语言文学》（蒙古文），1996（6）。

⑦ 金海著：《蒙古创世神话深层结构的文化人类学阐释》，载《内蒙古社会科学》（蒙古文），1997（6）。

图·乌力吉所评价的那样，“一方面是力图揭示蒙古神话原型价值观，另一方面，超越了过去蒙古神话研究的狭窄的途径，从多角度观察蒙古神话，从这一意义上说，它推动了神话研究的深入。”① 当然，金海的研究也有一些不足之处，如试图以仅仅数则神话资料揭示蒙古先民的神话观念，不免存在以点代面，以个别代一般之嫌。甚至，对支持主要论点的神话母题情节或神话思维，不作任何追根溯源，一概以原始蒙古神话母题或观念来处理，对蒙古这样与外民族交流频繁的民族文化来说，至少是一种舍本逐末之举。

在蒙古神话的专题研究方面，有贺·宝音巴图的《论镇伏蟒古斯神话》②、赵永铣的《灵鸟与族源》③ 和《蒙古族创世神话与萨满教九十九天说探新》④、特古斯白雅尔的《〈蒙古秘史〉中都蛙·锁豁儿传说探源》⑤、宝力高的《“孛儿帖赤那”的来历与变异》⑥、赵永铣的《〈孛儿帖·赤那与豁埃·马阑勒传说〉论》⑦、德·孟和吉雅的《蒙古民间文学中蟒古斯形象》⑧、T. 额尔敦陶克涛的《蒙古神话传说形象题材问题》⑨ 和赵永铣的《论蒙古族文学与神话传说》⑩ 等等。这些论文都从不同的角度去研究蒙古神话观念或形象以及蒙古神话对后世文学的影响等，表现了蒙古神话研究呈现多元、多角度研究的新的态势。

自上世纪80年代末开始，学者们将比较研究的理论和方法也纳入蒙古神话研究领域，有乌其拉图的《荷马史诗与〈江格尔〉神话比较研究》⑪、

---

① 图·乌力吉著：《蒙古神话的人类文化学研究》，载《内蒙古社会科学》（蒙古文），1999（1）。

② 贺·宝音巴图著：《论镇伏蟒古斯神话》，载《内蒙古社会科学》（蒙古文），1986（3）。

③ 赵永铣著：《灵鸟与族源》，载《蒙古语言文学》（蒙古文），1989（2）。

④ 赵永铣著：《蒙古族创世神话与萨满教九十九天说探新》，载《内蒙古社会科学》，1989（4）。

⑤ 特古斯白雅尔著：《〈蒙古秘史〉中都蛙·锁豁儿传说探源》，载《内蒙古社会科学》（蒙古文），1990（5）。

⑥ 宝力高著：《“孛儿帖赤那”的来历与变异》，载《蒙古学研究》（蒙古文），1991（1）。

⑦ 赵永铣著：《〈孛儿帖·赤那与豁埃·马阑勒传说〉论》，载《内蒙古师范大学学报》，1990（4）。

⑧ 德·孟和吉雅著：《蒙古民间文学中蟒古斯形象》，载《内蒙古大学学报》（蒙古文），1987（4）。

⑨ T. 额尔敦陶克涛著：《蒙古神话传说形象题材问题》，载《内蒙古社会科学》（蒙古文），1993（2）。

⑩ 赵永铣著：《论蒙古族文学与神话传说》，载《内蒙古社会科学》，1993（1）。

⑪ 乌其拉图著：《荷马史诗与〈江格尔〉神话比较研究》，载《内蒙古社会科学》（蒙古文），1989（2）。

巴雅尔的《蒙汉创世神话比较》①、吉尔格乐的《蒙古族与印第安神话传说比较》② 等论文问世。这些论文与当时中国大地上比较文学热悄然兴起并日臻成长有关，其主要目的是从比较中发现蒙古神话有别于其他民族神话的相同特征和相异特征及其产生的原因。

北京大学青年学者陈岗龙在蒙古族神话比较研究方面有诸多成果。他在国内有关学术刊物上发表了《蒙古族潜水神话的比较研究》、《蒙古族搅拌乳海神话的比较研究》、《蒙古萨满神话与阿尔泰神话的比较研究》、《蒙古族洪水神话的基督教因素》等学术论文。后来把这些论文的修订稿整合，收入他的学术专著《蒙古民间文学比较研究》③ 一书。《蒙古族潜水神话的比较研究》一文中把蒙古族潜水神话置于该神话类型所分布的大文化圈内进行比较分析，追寻蒙古族潜水神话的发生、演绎的轨迹，指出了蒙古族潜水神话的多元特征和多层次特征。《蒙古族搅拌乳海神话的比较研究》一文中将蒙古族与印度搅拌乳海神话进行比较，追溯其神话原型；并进一步分析蒙古族搅拌乳海的神话诸母题情节，并与相关神话、史诗中的神话母题情节进行比较，试图阐释蒙古族搅拌乳海神话与相关国家或民族神话之间的关系及蒙古神话自身的固有特征。《蒙古洪水神话中的基督教观念》是陈岗龙的这些论文中最具特色的一篇。该文认为，布里亚特蒙古创世神话有两个系统。一种是保留原始萨满教信仰的神话，这类神话主要反映布里亚特蒙古先民的氏族社会；另一种则是渗透基督教观念的较晚近的神话。这一类神话在表面上也采用了一些《圣经》神话母题的造人神话和洪水神话。该文还认为，布里亚特创世神话中隐喻了萨满教同基督教的斗争，布里亚特洪水神话中的大洪水象征着基督教文化的大洗礼等。

中央民族大学蒙古语言文学系那木吉拉，自上世纪90年代中期师从满都呼教授攻读博士学位，在这期间他主攻蒙古神话的比较研究，后出版了他的博士毕业论文《蒙古神话比较研究》一书。该文中作者运用比较文学和比较故事学的理论和方法，考察蒙古神话和佛教神话乃至信仰佛教的相关民族或国家神话之间的联系，探讨蒙古神话如何通过佛教文化的媒介接受佛教的和信仰佛教的藏族、印度等民族或国家神话文化的影响以及蒙古神话接受影响之后发生的变化和发展的轨迹。④ 这部专著出版发行之后，

① 巴雅尔著：《蒙汉创世神话比较》，载《内蒙古师范大学学报》（蒙古文），1987（1）。

② 吉尔格乐著：《蒙古族与印第安神话传说比较》，载《蒙古学研究》（蒙古文），1991（2）。

③ 陈岗龙著：《蒙古民间文学比较研究》，北京大学出版社，2001年。

④ 那木吉拉著：《蒙古神话比较研究》（蒙古文），民族出版社，2001年。

在蒙古民间文学及神话研究领域内产生了一定的影响，得到有关专家学者的好评，该部著作曾荣获北京市第七届哲学社会科学优秀成果二等奖。

在这期间那木吉拉又在《中央民族大学学报》、《民族文学研究》、《西北民族研究》、《内蒙古民族大学学报》、《黑龙江民族丛刊》等国内学术刊物上发表了《蒙古神话中的腾格里形象初探》[①]、《蒙古神话和英雄史诗中的印度日食月食神话影响》[②]、《蒙古族北斗七星神话比较研究》[③]、《蒙古族洪水神话比较研究》[④]、《蒙古族创世神话的佛教文化影响》[⑤]、《〈苏勒哈尔乃传〉及其常青植物神话母题——蒙古、突厥语民族常青植物神话比较研究》[⑥] 等多篇学术论文。这些论文也运用比较神话学和比较文学以及比较故事学等学科理论和方法，阐释蒙古神话的多元文化特色和多层次文化特质。那木吉拉对阿尔泰语系蒙古、突厥语民族神话传说的研究方面亦多有建树，提出不少精辟的见解。比如学术论文《突厥、蒙古语民族狼鹿神话传说——"蒙古先民以'鹿'为图腾，'狼'是突厥人的图腾"说质疑》[⑦] 一文中对此前较有影响的"蒙古先民以'鹿'为图腾，'狼'是突厥人的图腾"说提出质疑，指出该说论据不充分，说服力不强，提出狼和鹿为突厥、蒙古等民族先民共同的复合动物图腾的观点。《额尔古涅·昆传说的神话原型——蒙古、突厥语民族狼图腾神话传说探讨》一文认为，蒙古族源传说——《额尔古涅·昆传说》[⑧] 中的"捏古思"和"乞颜"是以狼鹿图腾名称命名的两个原始氏族，并依据可靠的资料，重构传说中的神话原型，指出该神话原型与突厥语民族狼图腾神话颇具相通性，但并不是蒙古"拾突厥唾余"。《"符离之窟"与"额尔古涅·昆"——阿尔泰语系突厥、蒙古语族民族先民"先祖之窟"信仰与神话传说探讨》一文提出，汉籍所载突厥语族民族狼图腾神话中的"符离之窟"

① 那木吉拉著：《蒙古神话中的腾格里形象初探》，载《西北民族研究》，2001（2）。

② 那木吉拉著：《蒙古神话和英雄史诗中的印度日食月食神话影响》，载《民族文学研究》，2001（2）。

③ 那木吉拉著：《蒙古族北斗七星神话比较研究》，载《中央民族大学学报》，2001（6）。

④ 那木吉拉著：《蒙古族洪水神话比较研究》，载《中央民族大学学报》，2002（3）。

⑤ 那木吉拉著：《蒙古族创世神话的佛教文化影响》，载《内蒙古民族大学学报》，2003（6）。

⑥ 那木吉拉著：《〈苏勒哈尔乃传〉及其常青植物神话母题——蒙古、突厥语民族常青植物神话比较研究》（蒙古文），载《内蒙古民族大学学报》，2005（1）。

⑦ 那木吉拉著：《突厥蒙古语民族狼鹿神话传说——"蒙古先民以鹿为图腾，狼为蒙古人的图腾"说质疑》，载《中央民族大学学报》，2004（3）。

⑧ 那木吉拉著：《"符离之窟"与"额尔古涅·昆"——阿尔泰语系突厥、蒙古语族先民隧穴信仰探讨》，载《黑龙江民族丛刊》，2005（1）。

（“狼之窟”）与蒙古族源传说“额尔古涅·昆”存在相通性，它们均为神话传说中的幻想境界，是蒙古、突厥先民“先祖之窟”的象征，它的原型取自大自然的山穴。这些山穴作为原始部族的神圣场所，长期被古人顶礼膜拜，指出“先祖之窟”信仰习俗在亚洲北部诸民族中有广泛传承。上述系列论文中多有创新，在蒙古及北方民族神话传说研究领域内将产生广泛影响。

最后，值得一提的是，国内的学者对蒙古神话的学术史研究方面，也给予一定的关注，有相关论著问世。如德·僧格仁钦《蒙古神话选》（蒙古文）以专门的章节综述国内外蒙古神话研究概况，金海撰专文综述国内外研究蒙古神话概况。①

综上所述，蒙古神话研究取得了令人注目的成就，但也存在一些不足，从今往后要完成的工作也很多。我认为，今后蒙古神话研究方面的主要任务有：首先，编辑一部比较全面的能够涵盖蒙古各部族的神话故事集；其次，冲出以往只注重文本的研究模式，注意神话文本的同时也要关注神话流传的地点、时间和讲述者及其社会历史环境等；其三，用多学科多角度研究，打造一种立体研究蒙古神话的态势；其四，运用比较故事学和比较神话学以及比较文学的理论和方法，继续深入进行比较研究，巩固和扩大蒙古神话研究中已取得的成果。

---

① 金海著：《国内外研究蒙古神话概况》，载《内蒙古师范大学学报》（蒙古文），1994（2）。

论达斡尔族神话和传说

巴图宝音

古代达斡尔族先民，在原始氏族社会阶段，创造了丰富多彩的神话和传说。由于当时生产力水平极低，初民对自然的认识当然是有限的。他们往往借助想像去解释周围不可理解的宇宙现象，以为那些自然物和自然力都在受神灵的支配。这就产生了神话和神话色彩很浓的种种传说。这些神话和传说经历了原始氏族社会的漫长时期，因而带有达斡尔族氏族社会各个不同发展阶段的烙印。

在原始社会初期，达斡尔族先民在强大的自然力面前是软弱无力的。先民们创造的神就是自然力威严的形象：如主宰一切的天神——腾格日巴日肯，主宰江河的河神——毕日给巴日肯，主宰山野的山神——白那查等比较古老的神。

对天神的崇拜不是抽象的，而是具体地认为日月升落，星辰隐现，下雨降雪，刮风行云，雷鸣闪电等自然现象，都是由于天仙和恩都日在主宰，因此过年过节总是首祭天神，希望得到保佑并恩赐丰年、平安，并把这种观念渗透到神话和传说中去。如《天为什么要下雨降雪》这篇神话传说中讲，天仙恩都日历来赐给人类油和白面，后来发现人类糟踏油和面就发怒了，不再下油降面，而只下雨降雪。被人格化了的自然力——天仙恩都日有多么威严！

其次是把天神看作人类赖以生存的万能神，如《天神战胜满盖》这篇神话传说中讲：

> 丑、恶、坏的典型——满盖霸占了嘎西纳洞，损害野兽，残杀猎人，天神得知，下凡制服了它。猎人得救了，富饶猎场重归猎人之手。达斡尔先民在满盖这一形若人状、躯体庞大、面目狰狞的乱世巨魔——自然力或敌对势力面前显得多么软弱无力，非有万能的天神出现才能得到解救。

又如《恩都日的传说》这篇神话中讲：

一家小两口穷得揭不开锅了，丈夫感到五尺男子汉，连老婆孩子都养活不了，还有什么脸活在世上，于是产生轻生念头，走到一棵树下，正要上吊自尽的时候，有位白胡子老头搭救了他，并给了他吃不完的粮食和宽绰舒适的房舍。这白胡子老人就是天仙——恩都日的化身。

很显然，恩都日在这篇神话传说里是善良形象的化身。

《绰凯莫日根》这篇神话传说中讲：

部落的七十四白马驹丢了，天神告诉绰凯莫日根，是西北方部落的纳日勒托莫日根拾到后据为己有了。绰凯莫日根为寻回七十四宝驹，历尽千辛万苦。遭受的第一个苦难就是被同行的坏蛋哈尔迪害死，后来靠了宝马和纳日勒托莫日根的女儿——安金卡托用回生术救活了。第二个遭遇是，纳日勒托莫日根以选婿为名，耍出种种诡计，想对绰凯莫日根下毒手。绰凯莫日根战胜他的好几个坏招儿，最后因没留心，中了他的阴计，绰凯莫日根被装进棺材投进海里，闷死在棺材中，又被天仙和仙女救活了。历经种种磨难，最后绰凯莫日根杀死纳日勒托和哈尔迪，与安金卡托结婚，寻回了七十四宝驹。

《哈热勒岱莫日根》这篇神话传说中讲：

哈热勒岱莫日根从小丧父，伯父又是个胆小心狠的家伙。一天，伯父狩猎时遇到了巨魔。巨魔要吃他，他求饶，巨魔要他送来一双人的眼睛才能饶他。他为了活命，就把哈热勒岱莫日根妈妈的眼睛剜去送给了巨魔，并令仆人套上车，将小小的哈热勒岱莫日根姐弟俩，拉到深山沟，扔在荒野喂虎。仆人曾是哈热勒岱父亲生前好友，他不忍心两个孩子被虎吃掉，便偷偷给俩孩子盖了草窝棚，让他们住下来。仆人由于常来看望，被他们的伯母发觉了。从此，他伯父就一心想弄死哈热勒岱莫日根。之后，哈热勒岱莫日根长大成人，一天，伯父假惺惺地约他出去打猎，狩猎中，伯父趁侄儿不备，从背后放箭射死了他。猎马和他姐姐共同努力，终于靠下凡的仙女救活了哈热勒岱莫日根。仙女又用宝葫芦帮助哈热勒岱莫日根杀死了巨魔，取回妈妈的眼珠子，使母亲重见光明。仙女还用宝葫芦逮来东海的大蟒和山上的公野猪，让哈热勒岱莫日根养在大门左右侧。一天，满肚子坏水的伯父母来哈热勒岱家串门时，一个被公野猪吃了，一个被大蟒吞了。

对河神的崇拜也不是抽象的，而是具体认为洪水、漩涡等等自然现象，都是由龙王及其公主等河神水仙在主宰。他们认为，给达斡尔渔民带来幸福的蚌、乌龟、小金鱼、鲤鱼等等自然物，或本身就是河神水仙，或是河神水仙派来为达斡尔人造福的，因此每次开船起航前，或木排顺水而下之前，都要先祭河神，以求得到保佑，一路平安，并把这些对河神崇拜的种种想法编进神话传说中去。如《鲤鱼报恩》这篇神话传说中讲：

发洪水时，鲤鱼随着洪浪漂进白音（富人）院里，长工孤儿准备放走它，白音却命令孤儿带回厨房做鱼汤吃。孤儿见鱼眼泪汪汪，便问缘由。鲤鱼对他讲出真情。原来鲤鱼是龙王的公主，不幸被洪浪卷走落入人手。好心的孤儿听至此，便把鲤鱼放了。鲤鱼为了报恩，变成美丽的姑娘嫁给了孤儿，使孤儿得到幸福生活，并与龙王一起，用计发洪水淹没了白音全家。

《小金鱼和大蟒蛇》这篇神话传说中讲：

渔人沃松贝网得了一尾小金鱼，金鱼泪眼汪汪，沃松贝觉着可怜放回江里。从此，金鱼就帮沃松贝做了许多好事。有一天，沃松贝连人带船即将被大蟒蛇吞咽时，正是小金鱼姑娘及时赶来，出主意打死了蟒蛇，解救了渔人。

《布库救龙王的女儿》这篇神话传说中讲：

寡妇的儿子布库救了龙王的三女儿。龙王三女儿为了报恩，指使乌龟们帮布库推船，指使好大鱼着迷似地落入他的渔网。

《鲤鱼精报恩》这篇神话传说中讲：

寡妇之子博贝，出外归途中即将误入蛇精的板房时，叫鲤鱼精给救了。博贝认鲤鱼精为干爹。博贝父亲在世时曾解救过鲤鱼精，因此这次鲤鱼精是为了报恩。一天，博贝来鲤鱼精干爹家途中，不慎误入蛇精家。蛇精吸干博贝脑浆后将其尸体扔进山沟，正好被博贝的舅舅骁崞莫日根在狩猎中发现了。他把外甥尸体驮在马背上送回博贝家。人们正要埋葬时，恰被博贝干爹的女儿花姑子卜卦算出了这件事。他干爹派女儿前去营救。花姑子用法术救活了博贝，并率领村民去山沟杀死了蛇精，最后和博贝结成了百年夫妻。

《龙王公主》这篇神话传说中讲：

一个穷小子娶龙王公主做了妻子，过得和和美美，日子非常幸福。一天，美丽的公主正好被打猎的皇帝看中，皇帝为了把美丽的公主弄到手，绞尽脑汁提出一系列难题，跟穷小子打赌，想赌输穷小子，把美人夺去。可是，穷小子在龙王公主帮助下，不但把所有难题都赌赢了，而且把皇帝及其帮凶也全给弄死了。

《乌龟王子》这篇神话传说中讲：

一家老两口，活了六十多岁还没生儿育女。一天，老头到河边下网，没有打到一条鱼，却打到了一只乌龟。老头好不败兴，正要砍下乌龟的头吃乌龟肉时，乌龟竟称老头为“爸爸”，向他求饶起来。老两口心眼儿好，收留下来认了儿子。老头要去山上砍柴，乌龟非要替他去。老两口不相信乌龟能砍柴，但是毫无办法，只好让它去。到了山上，乌龟脱去壳，立刻变成了英俊青年，砍了满满一车柴。从此，柴的活儿全由乌龟包了。一天，乌龟向父亲提出一个古怪的请求，求父亲去向国王为龟儿求婚，求国王把三个公主中的一个嫁给乌龟。父亲虽然很为难，但也只好硬着头皮去试一试。国王听了老头的话，果然勃然大怒，号令左右把老头打个半死。乌龟用药粉治愈了父亲的伤。老头第二次又去提亲，这次国王忍无可忍，立刻命令武士处斩，大卸八块装进麻袋，扔到老头的车上。黑犍牛默默地把主人的尸首拉回来。乌龟又用仙计妙术救活了父亲。老头第三次去提亲，国王这次来狠劲儿了，将老头碎尸万段，磨成肉酱，装进麻袋弄回家了，乌龟又将父亲救活了。老头第四次求婚时，国王不敢再怠慢了，觉得这老头和乌龟定有来历，便痛快应下这门婚事。三个公主中最小的公主愿嫁给乌龟。乌龟成了国王的女婿后，在为国王六十寿辰中大显身手，连连打败了瞧不起他的两位连襟。最后，乌龟变成英俊青年，与三公主一起去见国王，国王大喜，乌龟王子的老父母也皆大欢喜。

《江蚌姑娘》这篇神话传说中讲：

老渔翁撒网打出个江蚌来，从蚌壳的一张一合中，发现里面躺着一个身穿红衣的小女娃。渔翁立刻觉得这是龙王赐给的宝蚌，赶紧拿回家，装进桦皮桶藏在水缸后面。渔翁过世后，小儿子长大成人，继承了父业，他天天出去打鱼。一天，回家时发现烟囱里冒着烟，进家发现喷香的饭菜摆满了炕桌上。他非常奇怪，这是谁给做的呢？有一天，他装着出去打鱼，走至半路折回来偷看屋里情形，但见蚌壳里走出一个美丽的姑娘来刷锅做饭。他高兴得立刻跑进屋，把蚌壳摔碎了。姑娘无法藏身便和他成婚。美媳妇被邻村大财主笨伯尔白音发现了，非要抢走做妻子不可。江蚌姑娘想出妙计弄死了财主，从此他们过起安宁幸福的生活。

对山神“白那查”的崇拜也不是抽象的，而认为他是一位须发银白、和蔼慈祥的老人，是隐居深山、助人为乐的恩神。“白那查”在达斡尔语里是“白音阿查”速说时的变音，“白音阿查”直译即“富爸爸”。达斡尔人认为山里猎之不绝的野生动物，都是“白那查”养育的家畜；山上取之不尽的森林资源，都是“白那查”种植的林产。所以，行猎、伐木时都非常注意自己的言行，唯恐得罪了“白那查”，会打不到野兽，伐木出差错，甚至危及生命安全。

达斡尔人行猎中看见高峰、深涧、巉岩、怪树，就认为是“白那查”的隐居处，而必向它们祭献；当野餐饮酒时，也必先行祭献之礼——用手指蘸酒弹向天、地，双手将手把肉举过头，以示对“白那查”的敬仰，希望得到保佑和恩赐，并把这种愿望编到神话传说中去。如《白那查》这篇神话传说中讲：

> 从前有七个猎人上山打猎，天黑时走到一条河边，立好营地准备过夜。这时来了一位白须老人，劝他们不要在这儿过夜，要他们到河对岸去过夜。猎手们由于累了，没在意老人的劝言，倒头就睡了。猎手中年龄最小的伙夫想想老人之言，怎么也睡不着，他端着枪趟过河，爬上一棵树观察动静。时值午夜，果然从树林里窜出一个长臂小头大目圆身的老太婆，她拿身上披的银丝网，把猎手们的营帐围个结结实实。小伙夫照准老太婆开了一枪，只见那老太婆怪叫一声，跑进森林，夺路逃走。天亮后，小伙夫回到营地一看，营帐被银丝网罩得密密麻麻，小伙猜想，这准是蜘蛛精干的。他抽出猎刀，左砍右切也砍不动，累得满头大汗也无济于事。就在这时白须老人又来了，他从嘴里喷出一股火，把银丝网全给烧断了。得救的猎手们正磕头谢恩时，那老人竟不知去向了。据说这位神秘的老人就是“白那查”。

达斡尔人有时也把对动植物的崇拜和山神崇拜联到一起。如对虎的崇拜，认为虎是“山之主”、“兽之王”、“诺音古热斯”（直译为“官兽”）。实际上，一些神话传说中的山神爷就是老虎，可见达斡尔人心目中已经把虎神化了。如《土瓦钦和老虎》这篇神话传说中讲：

> 从前，有七位猎人进山打猎，每晚总是来只老虎在营帐前嗥叫，搅得猎手们惊慌不安。营长出主意，让每人把狍皮帽都扔到帐外，老虎叼走谁的帽子谁就留下，其余人回家。大家照办了。次日早大家出帐看，土瓦钦（伙夫）的帽子不见了。土瓦钦没办法，只得留下来。可是没想到，当土瓦钦帮虎拔下蹄掌上的木刺后，老虎不但不害土瓦钦，反倒报起恩来了，不但给他背来许多野兽，而且驮着土瓦钦，把土瓦钦送回家了。老人们讲，这只虎就是山神爷“白那查”变的。

还有一篇神话传说《老虎的故事》，情节大同小异，都讲到白那查变成老虎形象，为猎人谋利益。

《松树姑娘》这篇神话传说中讲：

从前有弟兄三人，老三鄂苏荣心眼好，总拿东西接济穷朋友，惹得两位兄嫂恨他，终于找个借口把他轰出了家门。鄂苏荣两手空空，漫无目的地向前走啊走，正好迎面走来了一位身穿灰袍，头戴草帽，左手拄拐，右手甩蝇甩子的白须老人。老人让他朝北走到一棵青松树下，等到黄昏青松就会变成美丽的姑娘，她要走时拽住她的手，就可成为夫妻。鄂苏荣遵照老人嘱咐一直向北走去，果然见有一棵青松，待到黄昏时，青松果真变成了美丽姑娘，她要走时被鄂苏荣拉住，两人成婚，过上了幸福生活。

《库楚尼莫日根》这篇神话传说中讲：

库楚尼莫日根的姐姐被人间无赖苏加尼莫日根抢走了。库楚尼莫日根为了营救姐姐，得到白那查——白发苍苍、银须过膝老人的帮助，老人为库楚尼莫日根指路，并在河边用钓竿作桥背库楚尼莫日根过河，路上又遇白发苍苍老太婆——（白那查化身）用大乳房给库楚尼莫日根喂奶汁，使库楚尼莫日根浑身长出使不完的力气；老太婆还帮库楚尼莫日根得到宝马、宝刀、宝弓箭。库楚尼莫日根靠了这些战胜了天剪、天铡刀、一群凶乌鸦等天险，最后杀死苏加尼莫日根，把姐姐救回家。

《哲尔迪莫日根》这篇神话传说中讲：

哲尔迪莫日根有三个妻子，大妻二妻由于嫉妒三妻生了男孩子，便在生孩子时用胶水粘住三妻眼睛，用铅水灌堵了三妻耳朵，并把生下的金背银胸的男孩子活活掐死，在锅里煮得烂烂的，连汤带肉喂了乳牛。又抱来一个狗崽子塞给三妻怀里说："给，这就是你生的狗崽子！"那头乳牛不久生了个犊儿，金背银胸，哲尔迪莫白根非常喜欢，大妻二妻却恨之入骨，她们背着丈夫请来屠夫就要动刀宰犊时，突然刮来一阵黑旋风，把可怜的牛犊给刮走了。原来这股黑旋风就是白那查刮的。好心的白那查把牛犊刮进山里，使其变成金胸银背的男孩，告知他身世遭遇，送到一个穷人家做了儿子。一天，哲尔迪莫日根打猎天黑，刚好住到这家来了。金胸银背男孩讲起自己身世的故事，因时间所限只讲了一半儿。哲尔迪莫日根为了弄清真相，把孩子领到自己家，让他接着讲。大妻二妻不想听，哲尔迪莫日根硬让她们听。待讲完，哲尔迪莫日根问："这孩子现在在哪儿?"孩子说："您脱掉我的上衣就全明白了"。哲尔迪莫日根脱掉孩子衣服一看，果真是金胸银背的儿子。大妻二妻吓得面如土色，哲尔迪莫日根把儿子领到三妻那儿，儿子的眼泪掉进母亲眼里耳里，瞎母的眼睛立刻重见光明，耳朵也恢复了听力。大妻二妻被丈夫赶出了家门。

达斡尔族的神话和传说，是在各个氏族内部发展起来的，并不是受到萨满教这一原始宗教阶层的影响，而成为全民族统一的宗教意识形态的产物的。当然，萨满教产生之后，反过来也影响了达斡尔族的神话传说，如出现了一些把萨满当做英雄的神话传说，也创造了一些宣扬灵魂不灭，宣扬三界之说等等萨满教教义的神话传说，然而就其篇幅看仅占少数。主要篇幅还是属于——每个氏族根据他们不断向前发展的生活经验和斗争经验所创造出来的神的形象和英雄的故事。这些神话传说里不但有神，而且也出现了被奉为神的人、英雄（莫日根）和半神。这些人物和他们的事迹，作为各氏族集体光荣业绩的象征，一代代相传下来。如《莫日登额托姑的来历》这篇神话传说中讲：

莫日登氏族的祖先曾有位母亲生了七个儿子，待儿子们长大，她忽然失踪。过了几代，七个儿子的子子孙孙繁衍很多，各自成家独立生活。一天，忽然出现一位老太婆，挨家串门，有的子孙认出她是老祖宗，好饭好菜敬待她；可有的也因没认出她而慢待了。从那时起，老太婆便对没理睬她的子孙作祟，这部分子孙这才醒悟过来，虔敬地供奉她，使得家境安定下来。这就是"莫日登额托姑"（莫日登老太婆）祖神的来历。

祖神，换句话说就是祖先中被奉为神的人。达斡尔人对祖神总称为"霍卓日巴日肯"（根源神），几乎每个氏族都有自己的祖神。"在母氏氏族社会繁荣期，随着人格化的神的出现，一种新的宗教意识——祖先崇拜便开始产生出来。这种由对物的崇拜开始转变成对人的崇拜，是原始社会时期意识形态领域内的又一个飞跃"①。灵魂不灭的观念孕育出了祖先崇拜，而随着祖先崇拜的兴起，宗教活动者萨满也就应运而生。如《满那莫

① 秋浦主编：《萨满教研究》，上海人民出版社，1985年。

昆祖神的来历》这篇神话传说中讲：

> 满那莫昆的一个男子作战中被俘后关进监狱。他施展法术越狱成功，拼命跑了几天。由于身体虚弱，又累又饿，跑到一个山谷死了。他的灵魂变做一只栗雀飞回家乡，落在自家西炕上，对父母讲了身世遭遇，最后提出当祖神保护氏族。父母知道这是儿子的灵魂，便和氏族长老们商量了一番，最后举行仪式，立他为祖神。

萨满在信仰萨满教的达斡尔族先人看来，是人神之间的使者，是救苦救难、灾祸面前挺身而出的英雄。他（她）们在跳神时，在人们的印象里就成了半神半人的人。所以在达斡尔族神话传说里，关于萨满的神话传说也很有一些篇幅，如《关于嘎胡恰的传说》、《托庆嘎萨满的传说》、《尼桑萨满》等等。从这些神话传说里显而易见，达斡尔族先民在民族文明发展的低级阶段，对世界的认识是非科学的；这种扭曲的、唯心的认识竟把神、人、鬼有机地联系起来了。基于萨满教万物有灵论，超人的萨满的灵魂则是高于凡人，强于动植物，大于有生物和无生物的灵魂。这种崇信萨满翁郭日（神灵）的观念，也渗透在一些神话传说中，如《德洪莫日根和齐尼花哈托》和《尼桑萨满》。

莫日根，达斡尔语意思是“猎手”，但在神话传说里往往以英雄姿态出现。这反映了先民处于父系氏族社会阶段主要靠狩猎为生的真实生活。当时，克服千难万险狩猎获野生动物的男猎手——莫日根，当然是氏族成员中的英雄；当发生氏族或部落之间血族复仇战争时，莫日根们的狩猎工具——弓箭、长矛盾等也就成了武器，莫日根就更被众人看成是英雄了。这类歌颂莫日根的神话传说，占达斡尔族神话传说的绝大部分。如《德洪莫日根》这篇神话传说中讲：

> 早先，西北方有过一个残暴的国王，用武力征服了好多部落。他每天早晨残害百名童男，晌午砍死百名童女，晚上还要各杀五十名男女老人。德洪莫日根下决心消灭这个国王。因为天也助他，骑的马也助他，最后终于除掉了这个国王。

《昂格尔莫日根》这篇神话传说中讲：

昂格日莫日根一岁时，他爸爸就被红头发、勾勾鼻子、绿眼睛的耶勒登给尔满盖抓去了。他从小下决心报仇，长大后消灭了满盖，救回了爸爸。

《绰库尔迪莫日根》这篇神话传说中讲：

绰库尔迪莫日根因为有美丽聪明的妻子，招惹来大王想夺走他的妻子。大王为了害死他，让他去东海滨，给大王抢来阿拉坦蒙克的女儿苏热卡托做妻子。绰库尔迪莫日根在途中先杀掉了千只苍狼，后杀掉了百只斑虎，接着杀掉了十二颗脑袋的满盖，闯过了三个险关，结交了能拔榆树的红脸青年，能拔柳树的黑脸青年，能吸湖水的大肚子青年，能追黄羊的长腿青年。到达东海滨后，拜见了阿拉坦蒙克，娶了苏热卡托为妻。不幸的是，他中了西湖妖婆的奸计而丧命，又被化装的神仙——衣着褴褛的老汉救助。他去消灭西湖妖婆时，得到大肚子青年、黑脸青年、红脸青年、长腿青年等朋友的帮助，非常顺利地消灭了妖婆。最后，贼心不死的大王与绰库尔迪莫日根比试大火炼真金，想用大火烧死绰库尔迪莫日根，可是绰库尔迪莫日根都安然无恙，大王至此彻底认输。

《金光闪闪的儿子》这篇神话传说中讲：

仙女赐给了老两口金光闪闪的儿子——阿拉坦噶拉布尔特。阿拉坦噶拉布尔特长到五岁时就有了惊人的本事，把附近的大雁、黄羊都快猎光了。老两口担忧儿子会成为狂人。父亲提醒说："哪儿都可以去，只是北山去不得，那儿有千年的花斑公野猪，几十年来活吞了许多人和畜"。阿拉坦噶拉布尔特一身虎胆，他赤手空拳前去北山斗猪。刚到北山，就被骆驼般大的花斑公野猪一口吞了。可他到猪肚里，使用牛劲儿，把猪的斗大心脏给揪断了，又踢几脚，踹开猪的半面肋条，提着猪的心脏跳了出来。阿拉坦噶拉布尔特想从马群里找匹好马骑，可是那些马都经不住他骑，骑上去就断背脊。父亲告诉他；"马群里有匹黄骒马，每年端午节下驹时，总有只巨风，像飞箭般扑下来，攫食刚露头的驹，你如能救那匹驹，也许就是供你骑的好马。"端午节到了，他射死巨凤，救了马驹，马驹果然成了他的坐骑。阿拉坦噶拉布尔特长到十八岁时，为了取来西海海心长的三棵宝树做弓箭，战胜了粗如大缸般的斑驳大蛇。他用宝树做了弓箭，用巨凤羽做了箭翎，用花公野猪的筋做了弓弦，率领本族骑士，射死了不少从遥远西方来的一群群魔鬼。

《珍贵莫日根》和《库克勒德尔莫日根》这两篇神话传说，都说到了这两位莫日根长得非常英俊。他们要娶举世无双的林金姑娘和南基司姑娘时，都受到姑娘的两位姐姐或两个使女的嫉妒而遭到挫折，最后因事情败露，嫉妒者都落了个可耻的下场，英俊的莫日根和美丽的姑娘终于幸福地成婚。总之，这些莫日根都是同社会敌对势力或自然的破坏力作顽强斗争的英雄，斗争中都表现出嫉恶如仇、舍己为人、英勇果敢、见义勇为的高尚品质。他们不仅是智勇双全的斗士，也是善骑善射的猎手。总是经过重重考验，冲破千难万险，出生入死地决斗后，才能战胜自然破坏力和社会恶势力的幻化形象——满盖或有名有姓的敌人，给自己和乡亲族众带来幸福安宁的日子。

达斡尔族神话传说的最重要特点，就在于它以艺术和哲理的方式，反映了达斡尔族氏族社会生活的最本质面貌——一切靠胞族、氏族或部落的集体力量才能成功，脱离集体的任何个人都是无力的，再有本事的莫日根也要靠天仙、河神、白那查和各种神、坐骑和周围有能耐者的帮助，才能战胜满盖，成就某一件大事。所以披荆斩棘为集体效劳，刚强而勇敢地屡建奇功的莫日根，就被当成英雄而特别受到人们的崇敬。

达斡尔族神话传说里出现莫日根以前，基本上是由女神、本领非凡的仙女、超人的女萨满、老太婆等主宰着世界。莫日根出现以后也还有这个痕迹，这就说明达斡尔族的母系氏族社会延续了相当长的时间。当莫日根形象的神话传说占压倒多数时，说明基本上进入了父系氏族社会，伴随着产生了不少抢婚内容的神话传说。达斡尔族神话传说还体现了得道多助、失道寡助，我中有敌、敌中有我等许多唯物辩证法的哲理。

原始社会后期的达斡尔族神话传说，传说的成分大大增加，现实主义的因素也比早期的神话传说更为充分，神话的因素更多地让位给现实的历史和现实的英雄人物了。虽然古代意识中的现实概念和神话概念的联系仍然存在，但是各种神在神话传说中的作用，毕竟让位给现实的英雄业绩了，神的作用只居从属地位了。

达斡尔族先民在原始社会后期创造出来的传说人物，是那个时代具有雄伟力量的英雄。绰凯莫日根、阿拉坦噶勒布尔特、哈热勒岱莫日根、哲尔迪莫日根、洪都勒迪莫日根、库楚尼莫日根、阿波卡提莫日根、昂格尔莫日根、德洪莫日根、绰库尔迪莫日根等等都是如此。他们和满盖、一群群魔鬼、人间形形色色的坏人进行的斗争，在先民心目中被看作是现实斗争中无比光辉的事件，被认为是光荣、英勇、威力的标志。这正如早期神话传说时代，先民按照自己的形象创造了各种神一样，这一时期，先民同样按自己的形象创造了这些氏族社会后期的英雄。

随着文明时代的开始，神话和神话色彩很浓的传说时代告终。但是作为丰富多彩的民间口头文学的达斡尔族神话传说，却给后人留下了全面而生动的记录。它们反映了阶级社会前先民生活的广阔图景，也以众多的人物形象或神化了的人的形象，表现了当时的社会风貌。这就使达斡尔族神话传说具有生动活泼、朝气勃勃的生活气息和不朽的魅力。

原文刊载于《中央民族学院学报》，1991（6）

一则关于熊和男孩变为男人的达斡尔神话

[英] 卡罗琳·汉弗蕾著　朝戈金译

亨利·施瓦兹的文章《中国达斡尔人概要》是涉及该民族的少数几篇英文著述之一。本文旨在通过探索达斡尔人现存的熊神话中所包含的文化涵义，对于更好地了解达斡尔人有所贡献。若将这则神话故事置于整个达斡尔民间文学之中，它所提示的就是，熊是一面镜子，它反射出人的品性和性（别）观念。达斡尔人的熊故事提醒人们，关于"雄"和"雌"的观念可能建立在不同的准则上。困此，男性儿童代表着一种在自我认定和行为法则上具有选择可能性的类型。

这则神话中出现的关于性别的观念或许是有意义的，因为它是由一位达斡尔老妇讲述的，并且是在当我询问关于那些在达斡尔人萨满象征系统中大名鼎鼎的动物时自告奋勇讲述的。我们先谈到了龟和蛙，关于它们我只得到了些零散的说法。然后，介绍人的双眼一亮，"熊"，她说，"我知道一个很重要的熊的故事"。这段谈话的时间是1988年，地点在内蒙古莫力达瓦，一个叫"腾克"（音译，也叫HOLDI）的村庄。还有其他达斡尔妇女在座。乌日贡格·敖嫩热心地帮助我将此故事的录音从达斡尔语翻译过来。

此地区曾以满洲之名为西方所知。嫩江穿过这一地区南流，达斡尔人的村庄沿江排列。这片平坦的谷地中是田地和草场，边缘与森林接壤，那里至今仍是狩猎场所。达斡尔人是由一些较大的父系制和外婚制的氏族组成。虽然他们受到许多当代新事物——马克思主义、现代教育、汉族居民的涌入和城市化——的冲击，但挂一漏万地说，他们也还保留了氏族社会的某些特殊方面，这包括尊重长者、氏族内部通婚的禁忌等。村庄多由氏族的下属单元构成，所以嫁到氏族——村庄中的妇女都来自其他氏族。

此故事的讲述者是位受人尊敬的老妇人，前去拜访她时所有陪同我的人，包括一位党的官员，在进屋时都依传统深深鞠躬。坐在热炕上饮着茶，那老妇开始说道："有一个 NEG BUTEESEN ETERKEEN"①，一位妇女转向我低声说："ETERKEEN 这个词的意思是熊，你知道。"老妇挥动她的长烟锅专横地打断她，开始讲述了这样一个故事：

有个七岁男孩，父亲去世了。葬了父亲后母亲把他放在膝上哭泣不止。男孩问为何哭，母亲说怕以后日子不好过。男孩安慰说别发愁。母亲于是止住啼哭，带孩子回了家。男孩睡去。

男孩半夜突然坐起，携一口袋外出。路上碰见一个少女。互相问了做什么去，都说想去偷富人银两。于是两人结伴同行。

到了富家院外，门闭户锁，无法入内。男孩就叫女子将他装入袋子，徐徐下按。男孩竟矮下去，得以潜入。男孩向袋中放银锭时发出了"咔嗒、咔嗒"声。两个正饮酒的卫士听到了，一个说，像有贼偷银子。另一个说，这吱喳声恐怕是闹老鼠。

男孩盗了十二块银锭，再进袋中。女童用绳子把口袋由墙头吊出，扛袋疾走。至一岔路口，打开袋口，男孩跑出来。女童问他拿了多少，男孩说十二块。男孩又问她想要多少，女孩说两块就足够了。男孩递给她两块银锭，又突然恐吓说有人正要偷她的银子，女孩大惊失色，扔下银子跑掉了。男孩就带着全部十二块银子回了家。

次日，男孩用盗来的银子买了所需之物。母亲问银子是怎么来的，男孩不回答。夜里男孩又外出，母亲睡着了不知道。

男孩又来到富家宅外，遇见一黑大汉。黑汉用手一指，门户洞开。这天富人刚娶了新娘，藏在内室中。二人直入内室。新娘一见黑汉大惊，黑汉上前撕开新娘胸膛，剖出心肝，放入一木桶中。二人返出，来到一株倒树前。树身有洞穴，黑汉进了洞。男孩在树上作了记号，返回家中。

新娘家知道姑娘死了，心肝不知去向，就去告了官。官命令把富家人悉数下狱。提审时他们都大呼冤枉，官很焦躁却无计可施。其妻献计说可以请占卜之人想办法。卜者算后说富家人无辜，定另有凶手，并说愿意协助寻找。卜者走到男孩家房后，正巧听到男孩向其母讲述夜间经历。男孩察觉有人在窗外偷听，追了出来，欲杀卜者，并称卜者欲对其寡母不轨。卜者说为了找杀

① ETERGEEN 具有满语辞源，意为"老人"。用于称呼熊时有尊敬意。达斡尔人在说到熊时往往加形容词"黑"，所以在神话中熊有时也被称作"黑人"。

妇之人，并暗暗对男孩行为之无理性吃惊。

男孩说，若你说的是真话，咱们就结拜为兄弟。你就进屋叩头称我母亲为母亲。说完将卜者拖了进去。卜者亦一青年，当即叩头称母。男孩要出去，其母嘱卜者随行。

二人去见了官，告之已结为兄弟。并说愿与官结拜，三人遂结为兄弟。

男孩称要为官去捉黑汉，但需要一物，即那新娘的内裤①。官差人取来，男孩穿好，又佩剑于身前，携二土地爷前往。至树穴前，叫二土地爷候于洞两侧，就坐篮中坠入。到底，出篮走至一小河边，见一妇女洗衣。妇女见男孩俊秀，便问为何在此处行走，还告诉他前面有恶兽食人，你小小年纪，死了太可惜。

男孩答道，若死了就是当死，故勿需忧虑。

妇女说那恶兽刚携了某人心肝回去，她正为它洗衣裳血渍。

男孩执意前行。至一城外，大呼："黑汉，快将所剖之人心肝交出，否则以此剑索命。"

黑汉正卧于内室。闻言思忖，此剑无敌，不如遵命。便将心肝置篮中交出，还给了药及使新娘复生之法。男孩带篮返回。土地爷把男孩用绳子拉上来。男孩返回告诉众人使新娘复生的办法，众人皆推脱。男孩只得亲自使新娘复生。众人皆大喜。

男孩说要再去除妖，又提剑去了树穴。黑汉正要逃到一湖中岛上。男孩杀了它，看出它是人形。男孩将其珠宝钱财悉数席卷而返。

这则故事有些有趣的地方。达斡尔人像其他内亚北部的人们一样，有将熊比附于人的倾向。熊也因此受到相当尊敬，被称作"老人"或"黑人"，而不大称其为熊。熊与虎一样，为百兽之王，或曰林中之主。总之，熊是人类世界的侵掠者，——如人类又是林中狩猎者一样。于是，人与熊互为罪人，而且彼此转化。

哈马庸在她研究西伯利亚萨满教的文章中含蓄地指出，在北亚神话研究中会得出许多相似的结论。她在主要运用了布里亚特和鄂温克的材料后总结说，猎手外出打猎，杀死并带回野兽，这从象征意义上说与萨满相

① 这里的内裤，达斡尔原文为 USHKEN XAKUUR，是特别用于妇女经期的。在达斡尔人眼中，没有比这更污秽的东西了。在达斡尔（还有蒙古）文化中，这污物同时具有法力，特别是可以驱逐或消灭妖怪。

似。萨满是去“另一世界”旅行，去拯救被鬼魂攫去的人们。进一步说，猎手和萨满又都与去寻找新娘的英雄相似。跋涉至新娘所在地，英雄总是被新娘的父亲交付一项有性命之虞的任务。要想赢得新娘他必须成功。哈马庸拟构了以萨满为中介的“这一世界”与“另一世界”的联系。我们的故事同样建立了一套二元结构的世界，而英雄则穿行其间。英雄穿过熊洞的主题强烈地引人联想到萨满去“另一世界”的旅行。

不过，这则神话与其被视为共时的、具有对立结构的东西，不如被视为一种关于改变人类关系的象征性陈述。从某一层面上说，它具有叙述魅力，能吸引听众的注意力，因为那是个胆大的、自信的男孩，他随时准备克服一切困难，他在事业成功的过程中成长起来。从另一层面上说，如果我们联系有关文化——社会范畴，考察男孩的活动轨迹，也可能会察觉到其间有一种被当代的男性青年所抛弃的男性化活动以及产生对与母亲相联系的女性权威的重新评价的想法。

这只出现在我们故事中的熊并不仅仅是只熊，很明显，它同时还是个妖怪，居住在与萨满教中的“另一世界”极为相似的地下世界。这样，熊就代表了异化了的和危险的雄性的另一面性质。或许可以进一步这样去解读：给男孩的父亲带来死亡；鬼怪来源于已故祖先。联系到另一则著名的达斡尔神话，我以为熊总的来说并不仅仅代表雄性，而是也间接地代表了父亲。这可以参考下述为达斡尔人和满－通古斯人们所熟知的故事。

> 很久以前一个很老的妇人和她女儿去林子深处找烧火的木柴。林中忽然跳出一只黑熊，将女儿掳去，使她成为他的媳妇。以后那女儿生下一个男孩。男孩长大成人后随父去打猎。男孩的力气像他父亲一样大，但比父亲还勇敢。他发现他父母的容貌是那样不同，就问他母亲原因。她向他讲了。男孩于是杀死了他的熊父亲，并带他母亲返回了她的娘家。从此达斡尔人和通古斯人崇拜熊。

在这则故事中，男孩明确地认同母亲，母亲代表着人性。与熊父亲对立，父亲是注定要遭毁灭的。达斡尔人崇拜熊，把它作为父系祖先的灵魂。在这里，亦如在腾克的达斡尔老妇给我讲述的故事里，熊是一个偷窃者，是妇女的压迫者或毁灭者。在腾克故事中，那个男孩英雄最初看起来也遵循了这一模式，因为他在故事开始时即定位在一个窃贼上，而且在他与少女的关系上，表现为一个骗子。于是十足的雄性行为模式出现了，只是在道德上颇令人怀疑。

在这则故事本文中，词组“BUTEESEN ETERKEEN”值得推敲。说在故事中的用法，“BUTEE”是动词，意为“完成”、“达到”。乌日贡格·敖嫩向我解释说，人们以其出生或其作为获得某种社会地位。“BUTEESEN ETERKEEN”意为某人以其作为获得“老人”的身份。这一词组在神话中的使用率和位置，说明它不是一个随机的词组，而是一种文化模式，代表成就了的男性或雄性，这一成就是通过作为实现的。这是神话通过熊提供了关于雄性的观念。

在其行为轨迹中，男孩逐渐变得开始认同妇女，为妇女而行动。在腾克神话中，男孩最初与熊一道从事去富人家偷窃钱财的冒险，以后又去拯救新娘的性命。也是在这里，无能的法律和宗教的社会部门（官员和卜者）被置于男孩的控制和操纵之下。他迫使官员和卜者认他的母亲，使他们像他一样成为她“儿子”。并且使母亲成为随后行动的道德缘由。男孩武装自己时不止用了男人的武器宝剑，还有女人具有魔法的污物（内裤）。这污物与另一氏族——女方娘家氏族有关，这是由于新娘从来都来自新郎所在氏族以外的氏族。这时故事中的女性污物毫无疑问被赋予了免受伤害的法力，而且还具有瓦解熊力量的性质。男孩使自己与这一法力结合，可能与男孩尚未成年的状况不无关系，何况他所从事的又是通常应由成年男子完成的事业。所以只有穿戴上这些东西，男孩才能毫发无损地穿行于地下世界，以宝剑胁迫熊，使新娘复生。

另一地区的一则神话或许也应拿来解读，以便更好地理解孩子和女性家长之间的一系列关系（在此至少可以增加关于女性的文化悬念的理解）。

> 很久以前一个猎人去林中打猎，被一只母熊掳去。她把猎人囚禁在一个洞中。他们像夫妻一样共同生活。随后母熊生下一只小熊。一天母熊带小熊外出觅食，忘了封堵洞口，猎人逃走了。到了一条河边，他跳上一只原木顺流漂去。黄昏时母熊小熊带着食物返回洞穴。当看到洞穴未封她就意识到一定发生了什么可怕的事情。她进洞发现猎人已离去，她十分愤怒，带着小熊追至河边，看见那猎人正坐在原木上。母熊挥动两前掌想劝他回心转意，但猎人不看她。她又急又气，想跳上原木，无奈河水太宽。她盛怒之下抓起小熊一扯两半。她将一半抛给猎手，怀抱着另一半流泪。于是小熊的这两半分别跟随父母生活在两个地方。母亲

的一半仍然是熊，父亲的一半就成为鄂伦春、鄂温克和达斡尔的祖先。

在这则故事中，由于熊是母亲，所以孩子像熊，正如在前面引述的神话中熊是父亲，孩子就是人一样。换句话说，这两则熊故事都表现为孩子在生理上与母亲同一，而非父亲。或许我们可以进一步说，达斡尔人（至少是男性达斡尔人）认为，这是一种不可改变的事实，不能由行为所决定。以这一观点观之，母熊的个性特征——她的占有欲、育子本能以及情感活动——是雌性本能的自然流露，而不是那种身份的反映。

在这些神话中，孩子明确与母亲相近的事实是与父系氏族的观念意识相左的，也与达斡尔人的父亲在孩子身体和精神形成上起主要作用，母亲不过是个容器的理论相对立。这种矛盾现象在上述神话中很容易看到。例如在腾克故事中，熊是作为特定性别习性的镜子出现的。孩子被他不相同的父母撕扯开来——这正如达斡尔儿童处于父亲和母亲的氏族之间——并只能通过母亲的残暴行为而获得归属。孩子自身与女性气质的联系则基本上是被动的。

在腾克故事中，那男孩英雄的行动来自内在的驱动。从一踏上男性危险的、需要勇气和不顾道德的道路，他便自动与母亲站在一起反对熊。在这时刻，社会力量也站在母亲一边，而熊（成年雄性）则代表着异化和改变。从此之后，男孩不是在夜间诡秘地行动，而是在光天化日之下自觉地行动。这时熊开始被迫做应当做的事情：交出人体器官和药物，讲出复生的秘诀。人人皆大欢喜，只有男孩不是。这里便出现了男孩英雄成长的第三个阶段。男孩完全自主地行动着，他来到熊王国掠夺，不仅拿走熊的财宝，还要杀死它。如果说我们就此走完了一个循环周期，那是不正确的。但是这里确实有新的一代人将继续下去的观念。

这三则熊故事都利用熊与人类的相似性与差异性来探索男性和女性、内在和外在、道德和不道德、此世界和另一世界的概念。熊可能是外在的，但它们关于“雄性”和“雌性”的属性则可能是双向的（内、外）。因为这一原因，以共时的、二元的方法去对待这些故事看来并不十分有效，因为它们彼此矛盾。我们能做到的只是一般地考察腾克神话，认为男孩英雄像萨满一样，能够拯救生命，维护平安。这一故事更有意义的方面在于其具有活力的发展趋向：它详述了由一系列举动构成的时间过程，它阐释的是男孩在其从事的活动中成长为男人。它还提供了男性与女性特征的反复对照。当然，它也并不能使我们忘却这一过程的残酷性。

说明：该文译自《OPUSCULA ALTAICA－ESSAYA PRESENTED LN HONOR OF HENRY SCHWARZ》，因篇幅关系，腾克神话部分未逐句翻译，使用了编译办法。原文刊载于《民族文学研究》，1994（4）

土族神话的分类及其内涵

胡　芳

神话是原始人类智慧的结晶，是原始时期最具代表性的综合性意识形态，它通过人类童年自发、幼稚的幻想曲折地反映客观世界，传递各个民族对史前社会的模糊记忆和来自人类童年时期的可贵信息。本文拟对土族神话作些尝试性的分类，并对分类后的土族神话的内涵和文化底蕴进行粗略的探索和思考。

一

涉猎土族神话研究的文章，近几年见于报刊的不多，其中席元麟和星全成两位研究者在《土族神话的内涵和特色》一文中对土族神话进行了简略的分类，将土族神话分为创世神话、人类繁衍神话、农业起源神话和解说自然现象神话。这种以内容为出发点的分类虽严谨、翔实，却忽略了神话研究应重视的另一方面，即神话的特点。土族是一个广容博纳的民族，在其漫长的发展时期不仅融会了汉、蒙、藏、回等民族成分，还一定程度地接受了其他民族尤其是汉民族文化的影响，因此作为一种早期文化的象征性表现，土族神话的内容形态极其复杂。如人类起源问题，在土族神话中有三种解释：一是《打柴郎的故事》中地球翻动之后，打柴郎捏泥人再造人类；二是《混沌周末歌》中女娲留人烟；三是《黄牛大力士下凡》中玉皇大帝造人。这充分说明土族神话是随时间的推移和文化的发展而发生变化，具有复杂性和变异性的特征。据此，本文依据其不同的发展阶段，将其大致分为早期的解释性神话和后期的斗争性神话两大类。

远古时期，尚处于蒙昧状态的原始初民对自己赖于生存的广阔天地进行了观察，他们对山川日月、四季星辰、昼夜更替、风雨雷电、水旱灾害，包括人类自身的起源和生老病死等诸种宇宙现象深为迷惑不解，不自觉地运用了假设和幻想，凭借瑰丽的想像对宇宙万物、自然现象进行了解释和艺术加工，产生了人类早期的神话——解释性神话。土族的解释性神话有《阳世的形成》、《混沌周末歌》、《打柴郎的故事》、《思不吾拉》、《黄牛大力士下凡》等篇，其内容涉及天地形成、日月山川、风雨雷电等，是凭借奇幻的想像试图解释宇宙形成、人类繁衍及各种自然现象的产物，反映了土族先民初始萌生的哲学思想，也展示了他们借助想像认识宇宙、征服自然、支配自然的愿望。土族受汉文化影响很深，土族及其先民在用本民族古老的解释性神话解释天地形成和人类起源等自然现象的同时，又用汉民族的神话和传说对千变万化的宇宙和自然现象进行了再次解释。鉴于这种情况，土族的解释性神话又可分为两类：本民族固有的古老的解释性神话；本民族古老神话与汉民族神话融合后产生的“新神话”。

随着社会生活的不断丰富和扩大，原始初民积累了不少的生活经验和劳动经验，具备了一定的战胜自然的能力。此时，人类战天斗地、与幻化的邪恶势力抗争的大无畏精神在神话作品中得到了充分体现，从而使神话进入到以斗争性为主要内容的创作时期。土族的斗争性神话有《牛耕地的传说》、《智除蟒古斯》、《黑马张三哥》等篇。这些神话洋溢着昂扬的斗志和积极向上的精神，反映了土族先民战胜自然、改造社会的渴望、决心和力量。从其内容和特点出发，采用归纳法又可将土族斗争性神话分为两大类，自然斗争神话和社会斗争神话。所谓自然斗争神话，即反映各族先民为获取生存必须的物质条件而同自然界的各种环境进行斗争的神话；所谓社会斗争神话，即反映部族内部或部族之间某种纷争的神话。

二

《阳世的形成》、《打柴郎的故事》、《思不吾拉》是土族固有的古老的解释性神话。其中，《阳世的形成》产生年代最早，是一则探究宇宙（阳世）起源的创世神话，大致流传在土族聚居的青海省民和县官亭镇一带。其内容是：

> 起初，到处都是水，没有陆地，只有一只金蛤蟆浮在水面上。一位法力无边的神人一直想留在阳世，但不知怎样留下，最后他看见了水中的金蛤蟆，就从空中拿来一把土放在金蛤蟆的背上，可是蛤蟆立即沉入水中，带走了那把土。神人生气了，拿出

弓箭朝蛤蟆射去一箭，射穿了蛤蟆的身体。趁这时神人又拿来一把土放下去，蛤蟆翻过身来一下抱在怀中，阳世终于形成了。金蛤蟆怀抱着阳世，稍一摇晃，阳世就震动，发生地震。

这则神话充分体现着土族先民唯心主义的宇宙观和原始思维。在《阳世的形成》中，金蛤蟆是一种观念的真实，它与土族的原始信仰——图腾崇拜有密切联系。在土族人眼里，蛤蟆是一种神圣的美好的又无所不能的动物。它是大地的母亲，它用它的身躯支撑起了我们赖以生存的陆地，它又是光明的使者，是为消灭贫富差别和官人压迫百姓现象而英勇斗争的英雄的化身（见土族神话《莫日特巴蛙》）。蛤蟆的出现不仅使这个神话呈现出了鲜明的民族特征，还给了我们无穷的想像：大地已经这么无边无际，支撑大地的金蛤蟆又该有多大？这又引导土族先民进一步探索宇宙之奥秘。《阳世的形成》是土族先民史前社会落日余晖幻化成的彩霞，它以折射的概括的艺术方式，反映和展示了土族先民初始萌生的原始信仰和社会图景。金蛤蟆具有神圣性，是土族先民所信仰和崇拜的图腾物，而创世神则是神人同形的神祇，他“法力无穷”，用弓箭制服金蛤蟆；金蛤蟆对他也不是绝对服从的，他身上也带有人的特征。从弓箭的出现及创世神的男性特征来看，当时的土族社会已进入了野蛮时期中、高级阶段的父系氏族社会。

对天地形成作出了在今天看来是幼稚和荒谬的解释之后，原始初民把好奇的目光投射到了人自身，开始探究人类的起源。在《打柴郎的故事》中，善良的打柴郎每天将自己的一半午饭分给石狮，在地球翻动之际，石狮把打柴郎藏在自己的嘴里，幸免于难的打柴郎寂寞之余捏泥人解闷，不料泥人全部复活，从此阳世上又有了人类。在这里，土族先民怀着敬畏的心情用地震解释人类和世界的毁灭，这个设想立足于一定的现实基础，蕴涵着朴素的唯物主义的哲学萌芽。打柴郎捏泥人再造人类与汉族的“女娲抟黄土造人”的情节相似，说明土族的人类起源神话在一定程度上受到了汉族神话和传说的影响，但土族人把劳动人民中普通而平凡的打柴郎推上了救世主的宝座，表明人神平等的思想和人本意识已深深扎根在土族人的心灵深处，具有很高的思想价值。

在土族早期的解释性神话中，《思不吾拉》是一颗璀璨的明珠。土语“思不”有两种意思，一是指塔，一是指额头，“吾拉”是山。这样，“思不吾拉”就有两种涵义：一即连在一起形状似塔的山；一即像额头似的尊贵智慧的山。在歌谣中，土族人用了“灵魂本身就是山，山就是灵魂”的万物有灵的观念，将“思不吾拉”比喻成了一个巍然屹立、雄踞天下的宇宙巨人。他头顶蓝天，额贯众神，嘴衔五谷，左肩斜扛北斗七星，右肩斜担南斗七郎，左手拿松木弓箭，右手执毛笔砚台，双脚踩着天下的土地。毋庸置疑，“思不吾拉”是土族人民心目中至高无上的、被深深尊崇着的幸福山，而抒情歌谣《思不吾拉》是一首优美的颂歌，体现着土族人民对幸福的歌颂和向往，寄托着他们希冀自己的民族丰衣足食、富强壮大的美好愿望。

民和土族视《混沌周末歌》为千歌万曲的“根谱”，称其为“道拉的根本”，轻易不唱，只在男婚女嫁的隆重婚礼过程中演唱。《混沌周末歌》由起唱、混沌、开天辟地、人类的起源、周末五部分组成，包括盘古开天辟地、女娲补天、人类起源及儒释道三教创立等内容。这篇神话在用汉族的神话和文化人物解释天地形成、人类诞生、三教创立的同时，还运用了本民族的民族心理和古老神话对汉族的神话内容进行了增补和充实，使其更加丰富多彩，既凝结着深厚的汉民族文化内涵，又散发着浓郁的本民族风味。如歌中汉族的神话人物盘古、女娲和儒释道三教的创立人物依次登场，各有功绩，盘古拿开天钻和破地斧开天辟地，女娲割金蛤蟆的舌头补齐三十三天，又留下了人烟。而土族神话传说中的南音神人和红镜神人则穿插其中起帮衬作用，南音神人用风作天柱，以水为地梁，使“天地平定到如今”；红镜神人则留下了日月，使大地有了光明。另外，歌中还用感性和物我混同的原始思维诠释了老君、俄佛（释迦牟尼）、孔子的诞生。在《周末》一节中，土族人民将儒学也视为宗教，儒释道三教并提，说“老子一气化三清，三清化作为三皇，三皇指示留万物，万物祖根先天生。先天八卦留妙用，后天八卦传留用，三皇后来为三教，三教总是儒释道。”其中，道教被视为三教之本源，土族人民基本上是用道家学说去解释万物的产生和儒释道三教的形成，且道教思想贯穿始终，如“馄沌”、“一元”、“三十三天”、“乾坤定仪”、“三清”、“八卦”、“金木水火土”等概念像一条线似地把整首诗串联了起来。道教被放在这样重要的位置，充分表明地处边域的土族很早就与汉族友好往来，有过文化交流。

最后，土族本民族固有的古老的解释性神话和受汉文化影响之后产生的“新神话”，虽然呈现出了两种截然不同的面貌，却共同勾勒了一幅较完整的开天辟地、人类繁衍生息的神话图，反映了土族先民在不同历史时期对宇宙、自然界的不同认识和解释，蕴涵着土族早期的哲学、宗教、风俗、习惯以及整个价值体系的起源，是土族历史文化的源泉之一。

三

土族先民的代表三岁尕娃上天入地捉青龙、捕野牛、开荒种田的神话是土族自然斗争神话的典范。这个神话以不同的形式在土族人民中广泛流传，如《牛耕地的传说》、《腾得儿格玛》、《古然那斯布勒》，三者虽体裁相异（《牛耕地的传说》是神话故事，《腾得儿格玛》是对唱酒曲，《古然那斯布勒》是神话叙事诗），内容却大同小异，都是叙述三岁尕娃屡经挫折、顽强奋斗，最后终于用顽强的意志驯服黄牛，种出了黄灿灿粮食的神话，生动地描绘出了土族人民开垦荒地、种植庄稼的历史过程。它是土族社会由畜牧经济向农业经济过渡的史实记录。

> 在《牛耕地的传说》中，尕娃为寻找合适的畜力耕地，不计个人安危，纵身跃进乌黑的云层去捕捉青龙，他从东天追到西天，又从南天追到北天，累得汗水像雨一样往下流，全身的衣裳都湿透了，却一直不停地追，最后终于抓住了一条青龙。驯服青龙失败之后，他又翻山越岭，跨涧涉河，勇敢地冲进野牛群中，奋力抓住了一头野牛；驯服野牛又失败了，他毫不气馁地从东坡寻到西滩，从南沟跑到北山，终于抓到了一头大黄牛。大黄牛被驯服了，尕娃开垦出了黑油油的土地，收获了黄澄澄的粮食。

可以说，尕娃是土族人民的象征，他身上凝聚着土族人民勤劳勇敢、顽强进取的精神品质和不屈不挠、战天斗地的斗争风采。在中华民族数千年历史中，龙以奇特的造型、巨大的威力以及腾云驾雾、耕云播雨的特殊本领在各民族的精神世界中占据着重要位置。它是人们顶礼膜拜的偶像，是威严不可侵犯的神灵。但在土族神话中，威风凛凛，不可一世的龙却被三岁尕娃所捕捉，戴上笼头，穿上金鼻圈，受金鞭抽打，被当作耕地的畜力使用。这种对龙的驾驭欲念是对人自身力量的肯定，充分体现着土族人民的智慧和丰富的想像力。

土族属阿尔泰语系蒙古语族民族，其民间流传的蟒古斯神话较为丰富，较普遍的有《智除蟒古斯》、《黑马张三哥》、《老阿奶与蟒古斯》等。从神话反映的内容看，土族的蟒古斯神话和阿尔泰语系其他民族的妖魔神话有许多共同点，是从同一个神话母题衍生的变异体。但在土族神话中，蟒古斯和九头妖魔是两个截然不同的形象。土族神话中的蟒古斯带有更多的人的特征，例如它不会腾云驾雾，害人、吃人时多采取欺诈手段，其本性凶残、贪婪、野蛮，追人时跑得很快。在《智除蟒古斯》中，装扮成老奶奶的蟒古斯自称："高山深谷岩石峡，到处都是我的家；山前山后我都去，人人叫我蟒古斯。"可见，蟒古斯是人的形象，而不是妖魔。值得注意的是，土族神话中蟒古斯的行为特征与广泛流传在中亚和西亚的"阿尔巴斯特"有一定相似性。由此推论，我们不妨说，蟒古斯不仅仅与凶残的食人野人有关，也不仅仅与母系社会解体后其残余势力的抗争有关，它还可能与阿尔泰民族对恶灵魂的惧怕有关。相对蟒古斯来说，九头妖魔是个面目狰狞、"专吸人血，专吃人肉"的恶魔，它具有更多的社会属性。它抢民女，抓牧人给它放牧，掠夺百姓的财物，身上带有鱼肉乡里、欺压百姓的统治阶级的影子。可见，土族人民是将自己所憎恶的恶人幻化成了有血肉、有个性的恶魔。

蟒古斯和九头妖魔的神话隐约闪现和透露了早期土族社会矛盾和纷争的信息，而《莫日特巴蛙》则进一步反映了土族进入阶级社会后阶级对立现象严重、人民生活贫困劳苦的社会现实，表现了土族人民渴望消除贫富差别和阶级压迫的深切愿望。在神话中，莫日特巴蛙是卓玛菩萨的儿子，他托生在一对贫困的老夫妇家中，靠着蛙皮的护佑积蓄力量，苦练武艺，等待有一天有了足够的力量和高超的武艺后离开蛙皮，替穷人做事，使人世间不再有财主糟蹋穷人、官人压迫百姓的不平现象。但由于其妻子的鲁莽和官人岳父的阻挠，这位立誓要战胜一切邪恶势力、清除世间不公平现象的巴蛙壮志未酬含恨离开了人世。显然，这个悲壮动人的故事在深刻揭示了土族社会尖锐的阶级矛盾的同时，表达了土族人民渴望和平、渴望富裕的美好愿望，具有很强的感染力。另外，巴蛙娶亲、庙会赛马及对巴蛙服饰的描绘等情节带有浓郁的民族特色，显示了土族婚礼、服饰、游艺等民间习俗的点滴。

神话是原始心理的表现，而原始心理又往往受原始信仰的支配。因此，神话与原始信仰是水乳交融的，人们很难找到与原始信仰完全脱离的神话。土族的蟒古斯神话就带有浓厚的原始信仰色彩，如在《智除蟒古斯》中，吉然索和达兰索在逃脱蟒古斯追赶途中，向石山、河水、大树救助，而石山、河水、大树也应她们的祈求或变大或变小。而在《老阿奶与蟒古斯》中，无论是有生命的喜鹊、青蛙，还是无生命的碌碡、湿牛粪、剪子、锥子都充满灵性，帮助老阿奶渡过了劫难。这些自然物和无生物被想像成有生命有意识的东西，都被赋予了人的品格甚至某种神性。显然，这是万物有灵的原始信仰在土族神话中的具体体现，是土族先民思想意识的真实写照。

最后，神话虽然随着人类童年时期的消逝而不再产生，但历史业已证明，神话具有不朽的魅力和无穷的生命力。作为土族民间文学的源头，土族神话既是土族人民关于远古时期天地万物形成的原始思维的追忆，又是土族人民与社会、自然斗争情况的回顾。它所表现出来的文化意蕴，特别是其中表露的历史影子和原始意识，对于了解和研究土族先民的精神文化具有很高的价值。而充溢在其中的生动而奇妙的想像、朴素而壮美的情感、瑰丽而奇特的形象、鲜明而浓郁的民族特色，使土族神话散发着迷人的气息，具有长盛不衰、历久弥新的艺术魅力。

原文刊载于《青海社会科学》，1999（2）

宇宙建构的奇妙幻想

——裕固族创世神话漫议

武　文

裕固族神话瑰丽而神奇，是裕固族文学宝库中的一笔重大的精神财富。它不仅反映了裕固族先民的宇宙观和认识论，而且昭示了裕固族人民伟大的民族意识和顽强不屈的民族斗争精神。在裕固族文学史上，它们是浪漫主义与现实主义相结合的模范。它们的产生揭开了裕固族文学史辉煌的首页。

一、宇宙与人体的同构

人类从与自然界彻底分离后的第一天起，就以一个宇宙主人的姿态来探索他周围的客观世界，企图揭示其奥秘，寻求解释和答案，进而支配并控制自然。创世神话就是原始人的这一意识的最早萌发。然而摆在他们前的却是一个光怪陆离的世界，一切是那样的陌生和奇妙。天地是怎样形成的？人类及日月星辰是怎样产生的？为什么会有白天与黑夜？为什么会有雷鸣电闪、风吹雨打？问题潮水般地涌向了他们不发达的思维。

如何解释他们所见的自然现象，怎样探知宇宙的起源，作为一种思想方法首先摆在先民们的面前。那时，他们唯一能找到的参照就是人类自身，于是很自然地把人体构造和宇宙构型进行类比。结果，宇宙与人体的同构神话也就产生了。裕固族神话《九尊卓玛》就是其中的典型之作。其内容是这样的：

在很古很古的时候，天地混沌一片。在陆地上，既无江河湖海，也无飞禽走兽。在天上生存着天主和众神。其中有一个名叫九尊卓玛的大神想创造人类及万物，但他不知道该从何做起，于是去问学识更高的九尊扎恩大神。九尊扎恩给他一本包罗万象的无字天书，并说：“书中有一个知道世间任何事情的神仙，他能回答你的一切问题”。九尊卓玛根据书中神仙的指点去创造万物，他拔了一撮头发往空中一撒，地上长出了花草树木；他把身上的虱子往空中一撒，地上牛羊乱奔乱跑；他咬破指头，把血往空中一撒，雨水下个不停，于是洪水到处漫流。书中的神仙告诉九尊卓玛，肠肚可化成江河湖海。九尊卓玛赶忙剖开肚子，把肠子抛到空中，顷刻间地上有了河道，洪水顺道流入湖泊，流向大海。就在这时，九尊卓玛也死了。他死后，两只眼睛飞到空中，一只变成了太阳，一只变成了月亮，牙齿变成了无数星星。接着耳朵也飞上了天，变成了朵朵云彩……

九尊卓玛创世神话把宇宙中所能见到的各种现象归结为由人的各部分化生的。这种观念实际上表明了先民们在认识宇宙的过程中对人类自身所进行的探讨。他们所假设的——人就是一个小宇宙；他们所寻求的——人和宇宙的共同点；他们的结论：人和宇宙是同构的。

黑格尔在《美学》中说：“古人在创造神话的时代……他们还没有把抽象的普遍概念和具体的形象分割开来”。这种现象在许多民族的创世神话中有着极其鲜明的反映。他们把宇宙的存在都转移到一个万能的神身上，而这个神本身又只是抽象的人的反映。很清楚，这个由抽象的人转化而成的万能的神，在构建宇宙各种形态时，必然会以人类自身为依据来解释宇宙的来源、构造与成型。

九尊卓玛创世神话中的化生观念显然受到汉民族盘古神话的深刻影响。《绎史》卷一引《五运历年纪》云：“首生盘古，垂死化身；气成风云，声为雷霆，左眼为日，右眼为月，四肢五体为四极五岳，血液为江河，筋脉为地理，肌肉为田土，发髭为星辰，皮毛为草木，齿骨为金石，精髓为珠玉，汗流为雨泽，身之诸虫，因风所感，化为黎氓”。此外，《广博物志》、《述异记》均有类似记载。从这里可以看出，盘古死而化生与九尊卓玛死而化生是同出一辙的。

这种相似不是偶然的。事实表明，人体与宇宙的同构观念，是中国古人所共有的一种思维模式。早在传说时代，伏羲氏作八卦就是以天文、地理及人类自身等三维度作为先民们认识宇宙的基本方法。原始人的宇宙全息现象，就是人与天地所形成的自然和谐。人与宇宙的关系就是小宇宙与大宇宙的联结，没有人这个小宇宙，就不会有天地这个大宇宙，它们之间不仅相通，而且相似。《吕氏春秋》讲到宇宙构建图式时指出，原始人的宇宙观来自“上揆之天，下验之地，中审之人”的思维方式。这种思维方式既来自人体与宇宙的同构观念，又不断加深着人们对这种同构的理解。如《黄帝内经》云：

天有日月，人有两目。地有九州，人有九窍。天有风雨，人有喜怒。天有雷电，人有音律。天有四时，人有四肢。天有五音，人有五脏。天有六律，人有六腑……地有十二经水，人有十二经脉……岁有三百六十五日，人有三百十节。

又如《春秋繁露》云：

人有三百六十节，偶天之数也。形体骨肉，偶地之厚也。上有耳目聪明，日月之象也。体有空窍理脉，川谷之象也。心有哀乐喜怒，神气之类也……发，象星辰也。耳目戾戾，象日月也……小节三百六十六，副日数也。大节十二分，副月数也。内在五脏，副五行数也。外有四肢，副四时数也。乍视乍暝，副昼夜也。乍刚乍柔，副冬夏也。乍乐乍哀，副阴阳也。

裕固族受汉民族古代思想的影响，通过对天人异质同构的类比联系所形成的人与宇宙的和谐观念直接渗透在他们的原始宗教中。

道德表现在，他们的自然诸神是人变的。

山神是一个法力无穷的男人，有一年他与旱魔作战，几天没喝一滴水，口渴难忍，就躺在草原上睡觉，刚睡着就被旱魔砍死。旱魔正在得意的时候，那个男子的尸体越变越大，成了连绵起伏的大山。顷刻间山顶上乌云翻滚，电闪雷鸣，接着大雨撒向整个草原。他们的草原神是个女人变的。有一年，他们游牧到一个戈壁滩，谁知那里寸草不生，眼看羊群就要渴死、饿死。这时部落中的一个女子用刀子砍断自己的手指，用血去喂一只小羊羔。其他羊羔看见了，都围拢上来。那女子心想，一根指头的血养活不了它们，于是用刀剖开自己肚子。就在这时，那女子化成一片草原，保住了羊群。

其次表现在，他们的神与人是相通的。如他们的祭“鄂博”。一说鄂博就是天。用石垒起的鄂博，是天帝要人们修造的登天的路梯。那些经常为鄂博垒石头的人，死后就能升天，成为天上的神：一说鄂博就是山神。传说，九头妖来到草原，山神与他拼命厮杀，九头妖法力广大，他九个口一齐张开，箭就像飞蝗一般铺天盖地地射来。山神怕伤了人畜，急忙用自己的身子去阻挡，顷刻间，山神身上中箭一百单八支。山神给牧民们托梦说，九头妖还会来。大家赶快给他做上护身的盔甲，于是大家用白石头给山神做成了护衣披在他身上，从此，山神再不惧怕九头妖，一直站在山冈上守护着草原。

裕固族原始宗教中的天人、神人的异质同构与她们的神话似有不同，但实质上是一样的。它们的深层都蕴含着天人合一的思想。他们的神话把这种思想转化为形式，他们的原始宗教又把这种思想转化为内容。

二、物我同一的偶合意识

裕固族创世神话中的天人异质同构观念，从其产生的意识层次分析，它密切联系着物我同一意识。原始人的思维基础是万物有灵论，这一基础的形成实际上源于先民们的自我体验。在自我体验中，他们认为灵魂是不灭的，永恒的。然后，他们从自身推及彼物，于是物也具有与人一样的灵魂属性，但是，原始人的思维具有极大的直观性，因此在他们看来，灵魂的存在是一种有形物的存在，这种观念直接导致了宇宙的人格化或神格化。诸如此类的思维、观念反映于神话创作中就出现了物我同一意识。裕固族创世神话中的日月神话就是这一意识的典型反映。

> 《日父月母》神话讲，天地刚分开时，世界上只有太阳和月亮。他们是一对情人，也是我们最早的父母。他有无数的牛羊，那就是我们能看见的星星。天上的大神创造了陆地后，日父月母赶着牛羊来到草原上生活。不知是啥时候又发了大洪水，日父月母又赶着牛羊重新回到天上。我们看见的天上的彩虹，正是日父月母的牧鞭。

这则神话没有故事情节，完全是对日月星等自然现象的幻想性解释。在这种解释中，很清楚地隐含着他们对人和神之来源以及人、神之间的互代关系：日为父，月为母，星为牛羊，彩虹为牧鞭。这种等式表明了太阳、月亮、星星、彩虹完全是父亲、母亲、牛羊、牧鞭的替代。物我是同一的。

裕固族具有悠久的历史，长期以来，形成了以宗教为核心的民俗主体，其中绝大部分是裕固族先民的神话和原始宗教的遗形。太阳和月亮在裕固族人看来具有双重含义，它们既是神格化了的人，又是人格化了的神。在裕固族人中，既有“日父月母”的说法，又有“日神月神”的说法，合起来就是“日父神”和“月母神”。日月之人神化是裕固族神灵崇拜和祖先崇拜结合的产物，这也是裕固族创世神话中物我同一观念生发的根源。此类观念在今裕固族生活中仍有遗迹。如，在他们接待活佛、头目等及其他尊贵客人时，常常在他们面前摆上用黄白两色酥油做成的太阳与月亮模型，以示客人像日月神一样的尊贵。他们对尊贵的客人讲话，第一句常是以日月来称呼的。这种古老的待客仪式，实际上就是把创世神话中的物我同一意识通过礼仪表现出来。这里，尊贵的客人就是日月，日月也就是尊贵的客人。

裕固族人在解释日月崇拜来历时，同样表现的是物我同一意识。《日月的来历》中讲：

> 在很久以前，天地间黑洞洞一片，连一丝光亮都没有，人就像动物一样在黑暗中爬行。面对黑暗，不要说人很害怕，就连天神也感到不安。没法子，天神只好把黄白两颗神珠扔到人间照明。地上果然有了亮光。一天，有夫妇俩到荒野去挖草根吃，猛然间看到了这两颗神珠。男人高兴地拿起了黄珠，女的高兴地拿起了白珠。正在把玩期间，谁知这夫妇连同神珠一起变成了两个圆火球，一个黄灿灿，一个白光光，哗啦啦地升到天空，一前一后地飞转。这光亮得很，人们睁眼一看，原来地上什么东西都有。后来人们把黄火团叫太阳，把白火团叫月亮。

这种天真烂漫的幻想和幼稚可笑的解释，恰好表现了裕固族先民的物我同一的思维原始。故事中，黄火球 = 男人 = 太阳，白火球 = 女人 = 月亮。法国人类学家列维 · 布留尔在他的《原始思维》中说：“在原始人的思维的集体表象中，客体、存在物、现象能够以我们不可思议的方式同时是它自身，又是其他什么东西。他们也以差不多同样不可思议的方式，发出和接受那些在它们之外被感觉的、继续留在它们里面的神秘力量、能力、性质和作用。”上面的这则神话正是这种思维方式的表现。作为宇宙创造者的神，他所创造的自然实体，正是自然与人的总和。日神和月神是自然崇拜和祖先崇拜相结合的产物，通篇故事所展示的幻想，实际上是日月自身神秘力量比裕固族先民引起的想像。原始人在反映面对的现实世界时，最初阶段是对自然环境的外向观察，于是太阳和月亮必然成为他们思维对象的主要基础之一。但随着直感的不断增加，他们对世界的认识便从那种单纯的外向观察进入到对社会生活和人类自身的内向观察，于是自己的祖先也成为他们思维对象的主要内容。而当他们的思维走向更高一层时，那种外向观察与内向观察便发生了内在的逻辑联系和形式上的结合，于是太阳和月亮这些自然物便成了神人参与下的共同体。

恩格斯在《〈反杜林论〉材料》中指出："在原始人看来，自然力是异己的、神秘的、超越一切的东西。在所有文明民族经历的一定阶段上，他们用人格化的方法来同化自然力，正是这种人格化的欲望，到处创造了许多神"。原始人用人格化的方法来同化自然力，这正是神话中先民们物我同一意识生发的基础，在这个基础上产生的神必然是自然与人的结合。这种结合在他们的神话《莫拉》中就显得更加典型。

故事中莫拉所见到的太阳神是一个"穿着红袍，戴着金冠，摇着金扇，浑身上下，金光闪闪"的老人。他长着"三尺长的红胡子"，手里拿着一个"光华四射的红葫芦"。故事讲：

> 莫拉从太阳神那里借到红葫芦，用它去降服草原的雪妖。在他与雪妖的战斗中，红葫芦放出太阳真火，雪妖被烧死了。但不幸的是莫拉不知道收火的法儿，他怕太阳真火毁坏草原，便用自己的身子挡住葫芦的火口。这时，葫芦腾空而起，又飞到太阳神那里去了，而莫拉的躯体却变成了一座大山，为草原遮挡着风雪。

故事中的太阳神是一个老人，而他的替身却是一个神火葫芦，此间的同一已变为人、神、物的一体化：太阳神＝人＝神火葫芦。即使在莫拉身上，物我同一意识也很清楚，莫拉就是那座山，那座山也就是莫拉。

三、天王与佛祖共同创世

裕固族创世神话中，有些内容是佛教传入该族后对其神话原型的改造，如《阿斯哈斯》就是其中的一例。其故事情节是这样的：

在很古的时候，只有天堂和大海。释迦牟尼从天上请来青龙和白象，在青龙身上披上青绸子，驮上黄金，在白象身上披上白绸子，驮上白土，每天不停地往海里撒，想铺出一块陆地。但过了很久的年代，还是一片汪洋大海，不见地面形成。释迦牟尼没办法，只好去求教拉依尔昂迦神。拉依尔昂迦神说："你要使海洋中形成地面，必须在天的四角立四根柱子，这样地面就自然形成了。"释迦牟尼照此办理了。海洋渐渐变小，不但出现了地面，还形成了山川河流。从此，地面上有了人类，有了万物……

天王（天帝）与佛祖共同创世的神话在许多民族中都有。这一现象表明了神话与各宗教的相互渗透和影响。神话本来是人类童年时期的产物，它与原始宗教始终联系在一起，产生于一个共同的社会经济基础之上。原始宗教之神与上古神话之神有时可以互换，有时甚至就是同一个神。在原始人的观念中，这两类神中间根本没有什么界限。正如黑格尔说的"古人在创造神话的时代……他们还没有把抽象的普遍概念和具体的形象分割开来"。在原始宗教的创造中，概念与形象同样没有分割开来。所以，在某种意义上说，神话就是他们的宗教。无论是神话，还是原始宗教，在形式上都是"在人们日常生活中支配着人们的那种外界力量在人们头脑中之幻想的反映，在这反映中，人间的力量，采取了非人间力量的形式"。在神话与原始宗教中，最初超自然神灵居于主导地位，人只不过是神的附庸。人的愿望、意志都要通过神去加以体验和表现。尔后，随着原始生产力的提高，居于主导地位的超自然神祇逐渐地与人相合。在征服自然力的斗争中，显示了人与神的共同力量。再后，神让位给人，人成为宇宙的主体。

人类社会进入阶级社会以后，人为宗教产生了。开始，它与原始宗教一起同神话关联，使神话发生了形变，出现了自然神与人为神共同参与的神话形态。最后，人为宗教的发达，不仅大大削弱或取代了原始宗教，而且它的强力渗透使一些神话与人为宗教的神及领袖混而共生。从而，使那些伴随人类童年思维萌发活动而创造的神话，深深地打上了阶级社会的属性，成为一种"神化"而走向了异端，失去了它本来的质朴的光彩面目。这时，神话之神的自然属性被后世宗教之神的社会属性取而代之。

事实上，佛祖的故事在裕固人心目中是"神话"的一部分，他的思想与形式都比较接近神话。至今流传于裕固族民间的《释迦牟尼成佛记》就是典型的例子：

相传，释迦牟尼在传经的路上，天帝给他设置了无数灾难来考验他的诚心。一天，天帝派了两个天神，一个化成鸽子伪装仓皇逃命，另一个化成凶鹰拼命尾追。这时释迦牟尼正蹲在一个山洞里闭目养神。鸽子飞到他跟前说："好心肠的人啊，凶鹰要吃我的肉，救救我吧！"释迦牟尼一听，便把它藏在宽衣大袖中。一会儿，那只凶鹰飞来，说："好心的人啊，我快饿死了，快交出那只鸽子让我吃了吧"！释迦牟尼好不为难，最后他说："可怜的鹰啊，你既然饥饿难耐，就请吃我的肉吧！"他一边说着就把自己腿上的肉割了一块给了凶鹰。凶鹰一口便吞了下去，说："我还没吃饱"。释迦牟尼又割了一块肉给它。它还说没吃饱。于是，释迦牟尼便脱下衣服说："你把我全吃了吧"！这时，鸽子和鹰一齐飞走了。

佛祖是裕固族人心目中的大神。这样的故事非常类似道德神话，它体现着裕固族人民的善恶观念、行为规范和爱憎标准。《释迦牟尼成佛记》肯定不属于神话范畴。但是，神话的消亡是一个漫长的历史过程，在这个过程中，一些类似于神话或与神话关联的作品仍然会继续产生出来。这正像宗教还会继续存在一样，只不过这时，"……除自然力量外，不久社会力量也起了作用。这种力量和自然力量本身一样，对人来说是异己的，最初也是不能解释的，它以同样的表面上的自然必然性支配着人。最初仅仅反映自然神秘力量的幻象，现在又获得了社会的属性，成为历史力量的代表者"①。《释迦牟尼成佛记》就是这样，它反映的内容，实际上正是裕固族宗教生活发生转变时期的缩影。

原文刊载于《民族文学研究》，1996（1）

① 引自马克思《〈政治经济学批判〉导言》。

裕固族文化中的狗崇拜及其先民的狼图腾

巴战龙

在原始渔猎时代，我们的先民以捕杀野生动物为主要生产方式。在与野生动物的生存斗争中，先民由于自身的软弱无力而产生了对动物的崇拜。人类文化曾经深受这种原始信仰的影响，裕固族文化也不例外。

1996年7月—8月和1997年7月—8月间，我在家乡——甘肃省裕固族地区做了两次关于裕固族宗教信仰的专题调查，收集到了一些关于现代裕固族狗崇拜的资料。本文想对此问题及裕固族先民的狼图腾崇拜做一简要的叙述和浅显的分析，请有关专家、学者指正。

一、现代裕固族狗崇拜的传说及习俗

在肃南裕固族自治县前滩乡的裕固人中流传着这样一则传说：

> 一家子人非常富有，家里牛羊满圈，可就是没生下儿子，只有一个女儿。有一天，来了一只白狗，它经常和这家的女儿一起放牧牛羊。这个姑娘发现白狗能独自放牧牛羊，就决心和白狗结婚。因为家中只有这个女儿，这家就为女儿立了帐房杆子，爷爷姓啥，孙子还姓啥。于是这个姑娘生的儿女都是裕固族，狗就是裕固族的先大人。[①]

一位巴姓裕固族老人在讲述巴姓的来源时说："我们真正是八个家[②]的

① 1996年8月搜集于肃南裕固族自治县前滩乡二村，讲述者萨莉桂莲，女，43岁，不识字。
② 解放前裕固族部落之一。笔者注。

少数民族。佛爷匣子[1]里供的是狗，狗是我们的先人。”[2] 经调查，佛爷匣子和所供的狗现已遗失了，但老人介绍解放前确实举行过这样的祭祀活动。另外，酒泉市黄泥堡裕固族乡的钟姓裕固人，在20世纪60年代以前也供过狗。[3]

在长期的游牧生产中，由于狗在助牧、助猎、保护牲畜与野兽的战斗中是牧人最好的工具，因而狗是与裕固人关系最亲密的家畜。裕固人普遍认为狗有灵性。肃南裕固族自治县前滩乡的裕固人在过春节时，通过观察狗的吃食来预测一年收成的丰歉。他们还认为狗通人性，并有这样的俗语：“好狗不咬上门亲”、“好狗不嫌家贫”。在牧区，狗主要用来看守门户。客人不能打狗，打狗会犯禁忌，会遭主人冷眼相待。当狗年老时，裕固人会继续喂养它，直至老死，挖坑埋葬。裕固人至今还保留着不食狗肉和客人进帐篷时不得携带狗肉和狗皮以及在狗日（以十二属相代忌日）不搬房子，不举行婚礼的习俗。[4]

二、古代突厥民族为“狼所生”的传说及狼图腾崇拜

裕固族的先民属唐代的回鹘，更早可溯源到秦汉时期的丁零，魏晋南北朝时期的敕勒、高车（东支铁勒），都是突厥系统的民族。[5]

学术界一致认为，突厥民族的图腾是狼图腾，我国古代汉文典籍记载了其为“狼所生”的有关传说和狼图腾崇拜的资料。为“狼所生”的传说有三则：

传说一，《魏书·高车传》：

> 俗云：匈奴单于生二女，姿容甚美，国人皆以为神。单于曰：“吾有此女，安可配人，将以与天。”乃于国北无人之地，筑高台，置二女其上，曰：“请天自迎之。”经三年，其母欲迎之，单于曰：“不可，未彻之间耳。”复一年，乃有一老狼昼夜守台嗥

① 巴姓裕固人供奉神物的木制器物。笔者注。

② 1996年7月24日记录于酒泉市，讲述者巴兰英，女，78岁，不识字。

③ 这一民俗资料由酒泉市统战部裕固族干部萨莉延羽提供。

④ 参见《裕固族简史》，甘肃人民出版社，1983年。

⑤ 参见《裕固族简史》，甘肃人民出版社，1983年。

呼，因穿台下为空穴，经时不去。其小女曰："吾父处我于此，欲以与天。而今狼来，或是神物，天使之然。"将下就之，其姊大惊曰："此是畜生，无乃辱父母也"妹不从，下为狼妻而产子，后遂滋繁成国，故其人好引声长歌，又似狼嗥。①

传说二，《周书·突厥传》：

突厥者，盖匈奴之别种，姓阿史那氏。别为部落。后为邻国所破，尽灭其族。有一儿，年且十岁，兵人见其小，不忍杀之。乃刖其足，断其臂，弃草泽中。有牝狼以肉饵之。及长，与狼交合，遂有孕焉。彼王闻此儿尚在，重遣杀之。使者见狼在侧，并欲杀狼。狼遂逃于高昌国之北山，山有洞穴，穴内有平壤茂草，周回数百里，四面俱山。狼匿其中，遂生十男。十男长大，外托妻孕，其后各为一姓，阿史那即其一也，子孙蕃育，渐至数百家，经数世，相与出穴，臣于茹茹。居金山之阳，为茹茹铁工。金山形似兜鍪，其俗号兜鍪为"突厥"，遂因以为号焉。②

传说三，《周书·突厥传》：

"突厥之先，出于索国，在匈奴之北。其部落大人曰阿谤步，兄弟十七人，其一曰伊质泥师都，狼所生也……泥师都……娶二妻。云是夏神冬神之女也，一孕而生四男：其一……号为突厥。"③

顺便提一下，与裕固族有渊源关系的古代蒙古人也有为"狼所生"的传说。《元朝秘史》在开篇即写道：当初元朝人的祖先，是天生一个苍色的狼，与一个惨白色的鹿相配了，生了一个人，名字唤作铁巴塔赤罕。

以上传说都与狼图腾崇拜有关。古代回鹘人虽分为外九部与内九部，但都有在"牙门树金狼头纛"的习俗，并认为是其族的标志。《通典》卷一九七载："旗纛之上，施金狼头。侍卫之士，谓之附离，夏言亦狼也。盖本狼生，志不忘其旧。"《新唐书》卷六一五《回鹘上》说："与（郭）

① （北齐）魏收：《魏书》卷一零三《高车传》。
② （唐）令狐德棻等：《周书》卷五十《突厥传》。
③ （唐）令狐德棻等：《周书》卷五十《突厥传》。

子仪会，呼延谷可汗恃其强，陈兵引子仪拜狼纛而后见。”《旧唐书》卷五五《刘武周传》又说：“突厥立武周为定杨可汗。遣以狼头纛。”还有一些记载，就不列举。

三、现代狗崇拜与古代狼图腾崇拜之关系

在现代操突厥语的其他民族中，普遍流传着与狼崇拜有关的民间文学作品。例如，与裕固族同源的维吾尔族就有此类民间文学作品。17 世纪中亚史学家阿布勒哈孜在其《突厥世系》一文中记载的一则小故事说：

> 有一次，古代维吾尔人的祖先打了败仗，被敌人围困在山腰，面临着覆灭的危险。这时，出现了一只狼，人们在狼的引导下终于脱离险境，来到水草丰茂的大草原上，开始了新的生活。①

著名的《乌古斯传》中说：

> 乌古斯率众征战，经过四十天长途跋涉，来到慕士塔格山下休整。翌日黎明时分，一道宛若日光的亮光射进乌古斯可汗营帐，在亮光中出现一只苍鬃苍毛的大公狼，它对乌古斯可汗说道：“喂，喂，乌古斯，你要去征讨乌鲁木，喂，喂，乌古斯，让我在前面带路！”于是，乌古斯可汗起营上路，他的军队紧跟在苍狼后面行进，并在亦得勒河畔大胜乌鲁木。在苍狼的启示和庇护下，乌古斯可汗驰骋疆场，所向披靡，先后征服了女真、身毒、唐古特、沙木、巴尔汗等，占领了许多地方。②

另外，哈萨克族和柯尔克孜族民间都有“狼妻”的故事和传说，还有与狼崇拜有关的英雄叙事诗。③

目前，在裕固族民间只搜集到了一篇与狼崇拜有关的民间故事。故事

① 满都呼主编：《中国阿尔泰语系诸民族神话故事》，民族出版社，1997 年。
② 满都呼主编：《中国阿尔泰语系诸民族神话故事》，民族出版社，1997 年。
③ 陈作宏著：《神狼形象及其文化内涵》，载《民族文学研究》，1993（4）。

描述在灾难的时刻，一只勇敢的苍狼救活了一家人，并机智地战胜了敌人。[1] 但是，在裕固人的生活习俗和观念意识中仍保留了一些狼崇拜的“遗迹”。

狼是一种神秘、恐怖、勇猛而令人敬畏的动物，这种观念在裕固人中普遍存在。甚至在当代裕固族文学作品中也有反映。裕固族青年作家铁穆尔在其作品《牧人捷尔戈拉》中写了牧人捷尔戈拉因追打一匹青鬃狼而致死的故事。有些裕固人认为狼对裕固人是友好的，狼不吃裕固人，所以在草原上牧羊时，如果狼进入羊群，只要设法将它赶走就没事了。裕固人还认为狼不会带来灾难[2]，这实际上就是古代回鹘人认为狼不仅是其祖先，而且是护国神兽，狼之出没去留，与其民族盛衰有关的观念的“遗迹”。裕固人至今还保留着不食狼肉和客人进帐篷时不得携带狼肉和狼皮的习俗。[3]

有些裕固人还有把生男孩称作“生狼”，生女孩称作“生狐狸”的习俗。[4] 这种习俗实际上就是古代回鹘人自视为“狼种”，并以此为荣，认为较其他部族为优越的习俗的“遗迹”，与汉族的重男轻女习俗意义不同。同时，这也表明现代裕固人的生育观仍然与狼有关。

在西部裕固语中，狼被称为“DERDEN”。肃南裕固族自治县大河区的裕固人在日常生活中，出于敬畏而不直呼狼的名字，借用“TALAST”（原意为野狗）、“DIORDAZAQ”（原意为“四脚”的东西）、“KYK”或“TALAKYK”（原意为“野牲”）等词代替，且“TALAST”较常用。“DERDEN”一词的含意也远远超过了汉语中“狼”的范畴，例如它还有“凶狠”的意思。[5]

比较上述以狗崇拜和狼崇拜为主题的传说，可以看出其共同特点是：反映的都是原始信仰，而且都与婚俗有着密切的联系。其中狗崇拜的传说反映了一种古老的婚姻习俗，即“帐房戴头婚”，俗称“立帐房杆子”或“勒系腰”婚。20世纪50年代以前这种婚姻习俗还在裕固族地区普遍存在着。

“帐房戴头婚”的主要内容是：当一户人家的姑娘长到奇数年龄十五或十七岁时，若没有人提亲或父母不想让姑娘出嫁（解放前，裕固族有独

---

① 参见杜曼·叶尔江著：《浅议裕固族的萨满教遗迹》，载《甘肃民族研究》，1990（3、4）。

② 参见钟敬文著：《裕固族文化研究》，中国民航出版社，1995年。

③ 资料由酒泉市统战部裕固族干部萨莉延羽提供。

④ 资料由中国突厥语研究会陈宗振提供。

⑤ 资料由中国突厥语研究会杜曼·叶尔江提供。

生女不出嫁的习俗），就要为姑娘举行“戴头面仪式”，另立新帐篷。多是择吉日，请喇嘛念经，并宴请来客和邻居。届时，请若干已婚妇女，当着客人的面为姑娘梳洗打扮，然后戴上头面。在操东部裕固语的一些地区，还要求姑娘与其姑或舅的未婚儿子（不论大小）交换系腰（即腰带），故又称“勒系腰”婚。仪式之后，姑娘便有了社交权。遇到称心如意的男子，便可以在自己的帐篷内同居，如同夫妻组织家庭，生儿育女，不受社会非议。这种“从妻居”的婚姻形式很明显地带有母权制下的对偶婚的色彩，或者说是它的一种残余形式，同时还兼有氏族外婚制的一些特点。①

从狼崇拜为主题的传说中也可看到“帐房戴头婚”的影子。匈奴单于不想让姿色艳丽的两个女儿嫁给凡人，在国北筑高台，并将二女置于其上，后小女为狼妻而生子，繁衍了高车人。

按常理推测，作为回鹘人后裔的裕固族应该有以狼崇拜为主题的民间文学作品，但到目前为止还没有发现这类作品流传。相反，却搜集到了以狗崇拜为主题的传说。我认为这并非意外。古代回鹘人和现代裕固族都曾信仰萨满教，而萨满教是一种万物有灵的信仰观念，所以狗崇拜和狼崇拜可能同时存在。在古代回鹘人中狗可能是一种重要的信奉对象，狼则是图腾。狼图腾的心理基础是先民们对直接威胁他们生存的狼群感到深深的恐惧，同时又羡慕和钦佩狼的勇敢无畏，坚韧耐劳等力与勇的表现和集体协作精神。随着生产力的提高和生产方式的转变，先民们逐渐能在与狼群的战斗中取得胜利，同时对狼的凶狠残暴的一面有了更多的认识，这就动摇了狼图腾的心理基础。而狗是先民们最早饲养和支配的家畜，此时它就成了先民们战胜狼等兽群的重要工具。在无数次与狼群的战斗中，狗与先民们的感情日益增进，同时先民们也认识到狗与狼一样有着勇敢无畏等优秀习性，而狼在先民们心中的地位逐渐下降，最终导致了传统中的崇拜对象由狼变成了狗。于是就产生了流传至今的以狗崇拜为主题的传说。但是狼的优秀的一面，如勇敢等仍被保留下来了。

应该看到，不管是现代裕固族的狗崇拜，还是其先民的狼图腾，都是与人们的现实生活联系在一起的，其主要目的都是祈求崇拜物能保佑人畜平安，生活安定。我们所做的这些探讨，旨在揭示裕固族文化现象中蕴含的一些深层意义。

原文刊载于《西北民族学院学报》，1998（1）

① 参见贺卫光著：《裕固族婚俗与西蒙古婚俗的比较研究》，载《甘肃民族研究》，1992（2）。

蒙、汉创世神话比较

杨·巴依拉著　德·达林泰译

在任何民族的神话中，创世神话往往成为其重要部分。创世神话，或以叙述万物的起源，或以叙述神及人类始祖开天辟地创造世界为内容。这些神话故事在整个神话中不但占有重要的地位，而且有特殊的社会意义。因为她是研究古代人类思想意识、宗教信仰以及文化传统的不可缺少的宝贵资料。

蒙古族神话中，创世神话也占有一定比重，但是同其他民族的神话相比较，还不够系统化。而在后期，则很大程度上受到了外族神话的影响，这一点很突出。就创世神话而言，蒙古族创世神话与汉族创世神话，有着很多共同之处。本文以比较蒙汉两族创世神话的方法归纳出其规律特点。

一、蒙、汉创世神话概况

蒙古族神话，多为民间口传，少有文字记载。《蒙古秘史》等较早的文献，虽然记录了一些神话，但创世神话的记录则极为少见。我们综观民间口传的蒙古族神话作品，则会发现其中有些作品，尽管在某种程度上背离了原来的主体内容，留有后人编纂的明显痕迹，但是这些作品总的来说，还是不失为真实可靠的原始人类之创作。只要我们以科学的态度去研究、去探讨，就能够还其本来面目，会发现其真正价值所在。

迄今为止，笔者所搜集到的蒙古族创世神话有近十篇。下面就其中具有典型意义的几篇，具体介绍如下：

由日本人中田千亩在蒙古族地区搜集、德木其格东日布（德王）题词出版的《蒙古神话》一书中，记有一篇关于开辟天地的神话：

当初，中天地未分，宇宙像一混沌气团耳。后不知过多少时

> 候，明与混、清与浊逐渐分离，明与清者上升为天，混与浊者下沉为地。其后又不知过多少年，上天以七座星为中心，在东方立四十四个天，在西、南及北方，则立五十五个天，共产生九十九个神。其时大地未固，飘浮不定，更无人畜生物。于是上天乃创造圣人，命其下凡，稳固大地，种植草木。因而大地始有人畜及草木。

众所周知，神话与古代宗教信仰有着十分密切的关系。上述神话除包含着原始宗教的内容之外，还将茫茫宇宙的形成解释为明而清（阳）和混而浊（阴）的结合物。这点在各个民族的神话中普遍可以见到，是人类对宇宙天体的最原始的朴素而辩证的解释。因此这篇神话，保存较原始的特征。但是在蒙古族神话里，除了类似具有原始特征的作品之外，还有一些比较晚期形成的神话作品，如在人类文明时期所产生的有些神话，或者传至文明时代的原始神话经后人篡改，注入了后世的内容和特征，有些是纯属后人用自己的意志加以解释的神话作品。例如：

> 昔日，世主释迦牟尼为找到一方定置世界的稳妥之地，在冥冥太清中奔走不停。忽而他发现有一只金蟾，由北往南飞奔如电。释迦牟尼以其慧眼观望良久，然后掐指而算，便明晓这只金蟾的躯体，乃是定置世界之处所。就引其宝弓，从金蟾的左上方飞去一箭。金蟾当即扑地，首北尾南，背地朝天，口喷大火，尾发大水。于是释迦牟尼从金囊中抓把圣土撒满金蟾之腹，就成立了当今之世界。宝箭从东射来，箭尾留在蟾躯之东段，因而东方为木；箭头穿过蟾体留在西段，因而西方为金；蟾口喷火，因而北方为火；蟾尾发水，因而南方为水；蟾腹撒有圣土，因而中方为土。这样水、土、火、木、金五行形成，东、西、南、北、中五方定立。由于世界是置于金蟾之上的，所以金蟾一动，则山崩地裂发生地震。

这篇神话，把佛教创始人释迦牟尼当作创世祖圣，这显然是佛教在蒙古族地区传播以后所形成的对宇宙的一种解释。然而我们不能就此简单地认为，这则神话就产生于佛教传播后的时代。笔者认为这很可能是原始神话在佛教传播后的年代里经后人以宗教的观点篡改所致。因为在蒙古族其他神话中也可以发现类似情节。如：

远古之时，曾有一个能造万物的乌丹喇嘛。当其五百岁之年，没有天地，没有山水，宇宙空空如也。又五百年，乌丹喇嘛满一千岁，他乃分开天地，造九重之天、九层之地，九山九川，尔后又团泥为人，进而创造了统治人间的朝政云。①

这篇神话，把“乌丹”喇嘛当作万物的造化者，这与把“释迦牟尼”当作创世圣祖的神话，没有什么本质上的区别，均系受佛教影响的结果。但是特别要注意的是，蒙古族古代史诗文学作品，往往是这样开篇的：

苍世未立，天地未分，高山未出，江河全无，桑田未种，五畜未养，大海未流，万物未生，日月未升，花卉未开，宇宙空空，星辰未明。就在那时，金蟾背上，世界定立，碗大石头，变为高山，一点露水，变海横流。日月生辉，百草丰茂……②

像这样解释宇宙形成的史诗片段，不仅保存着其古老的原始形状，而且还可算做一篇很真实可靠的原始神话作品。应该指出，这里所叙述的“金蟾背上，世界定立”之内容，恰好与我们前面听到的两篇神话不谋而合。这就说明这些作品的原型可能是一致的。本人认为在远古时代的北方众多弱小民族或部落之中，大约曾存在过一种以蟾蜍或其他蛙类为图腾的原始宗教崇拜。因为凡是以巨人及生物为创世者的神话作品的产生，都与其本民族部落的图腾崇拜有直接的关系。

汉族的创世神话，则主要由文献记载而流传下来。以盘古和女娲的故事为主干的神话作品，反映了古代汉族人民对万物起源的观点及意识。例如：

天地混沌如鸡子，盘古生其中。万八千岁，天地开辟，阳清为天，阴浊为地。盘古在其中，一日九度，神于天，圣于地。天日高一丈，地日厚一丈，盘古日长一丈，如此万八千岁。天数极高，地数极深，盘古极长，后乃有三皇。数起于一，立于三，成于五，盛于九，故天去地九万里。②

这是最早出现在文献里的关于盘古的神话故事，此后在不少书籍里也

①② 见《蒙古语言文学》（蒙文版）1985年第1期满都呼文章。
②② 袁珂编：《中国神话传说词典》，358页，上海辞书出版社，1985。

相继出现了盘古的另外一些神话故事，如：

首生盘古，垂死化身，气成风云，声为雷霆，左眼为日，右眼为月，四肢五体，为四极五岳，血液为江河，筋脉为地理，肌肉为田土，发髭为星辰，皮毛为草木，齿骨为金石，精髓为珠玉，汗流为雨泽，身之诸虫，因风所感，化为黎甿。②

这些在不同书籍中所记载的关于盘古的不同故事，并非作者随意编撰，而是民间流传的不同传说的真实记录。

根据上述蒙、汉创世神话的内容和形式，我们以表格形式整理如下：

类别 内容　形式	蒙古族创世神话	汉族创世神话
创世之前	混沌	混沌
创世之神	上天造就的圣人	盘古
创世之神的来历	生于天	生于鸡子
世之结构性质	金蟾肢体	盘古肢体、鳌之肢体
世之结构形式	肢体	肢体
世之结构性质的变异	金蟾背上，世界定立……口喷大火，北方为火，尾发大水，南方为水……	盘古，气成风云，声为雷霆……女娲，断鳌足以立四极……

从上表中，我们可以清楚地看到，蒙、汉创世神话的雷同及变异。这种雷同及变异之形成，绝非偶然巧合，乃是一种极为复杂的人类文化现象，其中蕴藏着丰富的社会内容。

二、蒙、汉创世神话的雷同

蒙、汉两族创世神话的雷同，首先表现在怎样认识和解释创世前的情景这一问题上。蒙、汉两族的古代人民，在这方面，观点基本上是一致的。他们都认为，创世前的宇宙，乃是天昏地暗，一片浑浊的混沌物体。

这种观点的形成，一方面是由于原始自然界在某些方面的相似性，另一方面取决于这种自然界的相似性在古代人类意识中所组成的思维的相似性。远古人类，是以没有空间、时间及主观客观之概念为主要思维特征的。他们了解和认识一种自然现象时，主要从其直感的外部形态特征出发，形成一种意象。这种意象，是基于他们生活中常常见到的或者他们极为熟悉的事物之上的。如果这种事物在某一方面与他们所要了解的自然现象具有某种共同性质，就会形成他们对这一自然现象本身的理解。由混沌中产生物质世界的意识与观点，并非只有蒙、汉两族才有，在国内外其他民族的神话中，也是屡见不鲜的。基于上述情况，我们可以做这样的估计，上古时候，人类大约普遍在同一种自然现象的环境中生活，而这种同一自然现象在古代人类头脑中形成一种雷同的意象，这样就普遍产生了关于世前为混沌的神话。对此国内外专家早有所研究，有些人集中精力去研究当时宇宙的物理现象，力图以对地理自然现象的解释来得到答案。有的则主要研究远古人类的思维特征，想把原始人类单一与相同的思维性质作为问题的解答。有些人则结合上述两个方面进行研究，并取得了一定的成就。笔者认为，这个问题与当时人类思想意识及社会环境、生活方式、生活水平有切不可分的关系。因此，我们不能忽略任何一方面。而必须将其有机地结合在一起．以历史唯物主义的方法，去深入研究，才会真正得到科学的答案。关于“混沌”的观点及认识，是当时地理自然现象的雷同性，在古代人类思维中形成统一的反映，这是一种多方面因素所造成的社会现象。然而值得注意的是，各个民族尽管把世前的情形，认为是混沌的，但是他们对这种混沌的形成原因，都有自已不同的解释。因此，对各个民族的这种不同解释进行进一步研究，是深入探讨古代不同区域不同民族心理特征的关键所在。如有雷同性，必有变异性。一般说来，有些神话虽然很相似，但在细小节枝上还是有变异的。如果把亚洲的神话与欧洲各国的神话做一比较，这种变异就特别明显。然而如果把亚洲各族的神话做比较，更具体地说，把蒙汉两族的神话做一比较，那么差异就不甚明显了。这是地域邻近民族的自然现象、习俗、生产方式等都具相同性并相互影响的结果。

其次，从形式看来，蒙汉创世神话，都认为世界是由巨人或生物的肢体演化成的。“这种肢体化生型神话的产生，与各族原始先民的狩猎生活有密切联系，因为原始的宇宙起源说的性质一般地说决定于原始技术的性质。”① 蒙汉人民在远古时，都是以狩猎为生存条件的，到了后期，由于生

① 朱宜初、李子贤著：《少数民族民间文学概论》，56 页，云南人民出版社，1983 年。

产技术的提高，人们把野生动物变为家畜。包括蒙古族在内的北方少数民族纯以养畜为主，成为游牧民族。汉族虽然在后期多转为从事农业生产，但不少地区仍半农半牧，有的地方虽然已是纯农业，然而还是没有彻底地与畜牧脱离开来。牲畜还充当着他们主要的耕种工具。因此，在靠狩猎或以牲畜为生产工具的民族当中，自然会出现崇拜动物的现象，或把动物作为自己意象的模式，来解释宇宙自然现象，这是毫不足奇的。

三、蒙、汉创世神话的变异

前表说明，蒙、汉创世神话的区别，主要表现在创世神话的变异上。蒙古族神话认为，世界是由“上天所造就的圣人”所开创的，有些神话中，虽然称之为“释迦牟尼”、“乌丹喇嘛”等等，但这是后人以宗教的观点去加以编织的，所以暂时不将其作为原始神话来谈。蒙古族神话中的创世者，是没有真实姓名的，只是说“上天所造就的圣人”，而且这个“圣人”究竟是什么模样呢？目前所得到的神话中没有这方面的描述。因此，这个创世之神，是十分抽象的。然而汉族神话，对创世之神的描写则十分详细而具体：盘古与女娲，不仅有名有姓，而且盘古是“龙头蛇身”，女娲是“人首蛇身”。古代蒙汉人民，之所以这样用不同的方式称道和解释自己创世之神，是由他们的原始宗教和当时的生产方式的性质所决定的。

包括蒙汉两族在内的很多亚洲古代民族及部落，都曾有过崇拜日月及上天的习俗。这一点我们可以从很多出土文物及岩石壁画中得到证实。但是由于漫长岁月的演变，这个极远古的习俗逐渐具备了自己特有的内容和形式，成为独具特色的原始宗教。如，包括蒙古族在内的我国北方诸民族，创立了崇拜上天的萨满教。汉族除主要崇拜太阳之外，同时还塑造了其他众多神的形象：如伏羲氏、女娲氏、神农氏、黄帝氏等。正由于有如此不同的特征，蒙、汉两个民族，从远古就开始形成各自显明的文化特色和情态，对于各自民族思想意识的构成及哲学思想的形成，都发生了深远的影响。

古代蒙古族人民认为：自己的祖先乃是“苍天命定而所生”的[①]。因此，崇拜上天，一直是萨满教的主要内容，而萨满教对蒙古族的繁衍发展及其逐渐变为强大民族以及建立国家政权，都产生了重要的影响。然而蒙古族萨满教，不论它崇拜自然现象或崇拜苍天祖先，都缺乏实际内容，总

① 巴雅尔著：《蒙古秘史》，1页，内蒙古人民出版社，1980年。

认为一切由苍天命定，一切问题都由苍天来解决，把苍天作为万物之神。那时人们总认为，天是有无穷无尽的智慧和力量的有生命物。他们相信巫觋是传达天意的人与天之间的媒介。然而这个天为何物呢？他们并不知道，也不会解释，而且忌讳做任何解释。蒙古族对天的信仰，实际上是古代人类对自然界各种现象的外部直感、思维、意识及情感的相互交替、相互渗透所产生的不可分解的心理结果。这本来是十分模糊而抽象的一种意识活动。这种具有原始时代特征的思想意识千百年来长期流传下来，成为唯心主义哲学母体而一直居统治地位。缺乏从实际出发进行思考，而多抽象、富幻想等思维特征，乃恰恰是这种哲学观点的具体表现。因此，他们把创世之神也解释为“天所造就”云云，这也是毫不为奇的。

汉族对日月崇拜的原始信仰，在演变过程中出现了多种支流，形成各种具体的神。这些神的形象，虽然都十分奇特而不同于凡人，而且都具有超人的神奇本领，但他们作为人们某一方面的具体崇拜偶像，本身就具有一定的人的属性。如，伏羲氏、女娲氏、神农氏及黄帝氏，均系汉族人民主要的信仰之神。

汉族人民所崇拜的这些神，都系某一方面的技术专家及发明家，个个都具特殊的本领。而且，尽管其力大无比、面目非凡，但终究还是以人的因素为主体的，这一点极为明显。换句话说，这些神并非纯抽象的虚物，而是在人的属性的基础上加以神化了的崇拜偶像。因此，古代汉族的这些崇拜神，虽然有着被神化了的唯心主义色彩，但唯物主义的因素还是占有主要成分，体现着古代汉族的哲学观。汉族人民坚信，任何问题都是从某一个具体事物所产生的结果，因此，对待事物，就以其实际内容来加以解释和理解。古代汉族的这种思维特征，恰好与其古代哲学观相吻合。古代蒙古族是以抽象的思维形式去认识世界，认为世界是由“上天所造就的圣人”所创造的，而汉族则以形象思维的形式很具体地来解释道，世界是由生在“鸡子之中”的盘古所创造的。

由于蒙、汉两族原始宗教信仰的不同而形成的民族的不同思维特征及意识形态，也是由他们“生产方式的性质所决定”的。蒙古族人民在广袤的原野上从事畜牧业为生，他们所面临的头等大事是怎样得到“老天爷的恩赐”。风沙、干旱、冰雪、雷、电等自然灾害，实为攸关古代游牧民族生死存亡的大敌。这个问题，在牧区至今还没有彻底解决。因此，恐惧和笃信是古代人类思维的又一特点。他们认为，在这些超人的、不可思议的暴烈自然现象之背后，必定有一种有生命的、而且力量无比、智慧非凡的奇物在作怪。因而人们的头脑中自然产生崇拜和信仰的心理活动。所以古代蒙古族人民把有关自身生存的一切，都认为是上天的安排，把自己的命运都拜托给了上天。这种意识从远古形成以来，至今还在延续，并留下其种种印迹。这种意识，主要来源于游牧民族的生产方式。在古代，牧民们为了挑选水草丰美之地，经常移牧倒场，纯靠大自然的恩赐。他们不是依靠自身的力量来战胜自然灾害，而把期望全然寄托在上天身上。正因为如此，古代蒙古族人民，对上天十分畏惧和敬仰，他们的牧业生产无论遭到自然灾害的袭击或偶尔丰收，都不会忘记对上天的祭祀。蒙古族创世神话中没有与大自然展开斗争的壮丽情节和英雄好汉，而都是以表现天的意志的、极为浪漫的故事为内容的。也由于这种生产方式及生活习俗，蒙古族人民形成了不屈不挠、勇往直前的英雄气概和风尚，又具备了善良忠厚、刚正不阿、热情友好的美好品质。

自古代汉族人民从事农业生产以来，他们的生活方式发生了根本的变化。农业生产从耕地、播种、除草到收割等工序，都是靠人的力量和智慧的。而且这种生产往往是多下工夫多流汗，则会多收一份果实。所以这种生产方式，使古代汉族人民得以加强其依靠自己、奋发努力的思想意识，尽管他们的生产有时遭到威胁，但是他们为了生存，不得不同自然作斗争。当然，他们也同古代人类一样，对自然现象怀有恐惧和崇拜心理，但是为了生存，他们不得不同自己所恐惧、所崇拜的自然界宣战。而且这种斗争，是从本能逐渐发展为有意识的行动的。黄帝的形象，则正是古代汉族人民的这种意识的具体表现。黄帝虽然是神，但在他身上赋予了古代人民自己主宰大自然的渴望和壮志。所以他才有掌管雷电和造就房屋及弓箭的神奇本领。神农氏的形象，同样也是古代汉族人民渴望改进农业生产的意志在神话里的具体反映。与其他神相比，神农氏则更具现实意义。他的故事，其实是一首人的力量和天才的赞歌。由于汉族的生产特征，他们对待某一自然现象或对待有关自身生存的一切问题时，都注重从实际出发，渴望主宰自己的命运。汉族人民的这种意识，早在远古时代就已形成。正因为如此，在汉族创世神话里，我们可以看到古代人民为创世而表现出来的大无畏的英雄气概以及勤劳勇敢的美好品质和风格。这种积极美好的传统习俗经过漫长的岁月，一直相传下来。

四、蒙、汉创世神话的演变

综观蒙、汉两族的神话故事，特别是将其创世神话与希腊、印度等外国神话相比，不得不说，我们的这些神话还没有形成自己的体系。这到底是什么原因呢，对此，很多学者进行过专门的研究。大部分学者都认为，蒙、汉神话是受外族神话的影响的，具体地说，受印度神话的影响较大。

上面我们曾分析过《世主释迦牟尼》这篇神话故事。这篇神话，把印度佛教创始者当作创世圣祖，因此很多人认为，这篇作品是佛教传播至蒙古族地区之后的产物。然而，蒙古学学者普遍认为，佛教于蒙古族地区，是在1253年忽必烈封八思巴为“国师”之后才开始传播的。如果说这篇神话就是在这个时期产生的，那么从实际情况来看，这是不可能的。因为，创世神话尽管比关于创造人类及图腾神话产生较晚，但是要知道，进入阶级社会后，产生神话所需要的社会土壤就会逐渐消失，就不再可能产生任何神话。因此我们可以肯定，这篇神话的产生，远在忽必烈时代之前。佛教在蒙古族地区传播以来，特别是忽必烈之后的17、18世纪，蒙古族文化艺术深受其影响。神话故事乃至其他文学作品中佛教的影响极深。譬如，萨襄彻辰的《蒙古源流》、拉喜彭斯克的《水晶珠》、贺希巴图的《古今蒙古源流》中这种特征就十分明显。这些著作，虽记载着有关创造人类、创造世界的神话，但很多是沿袭印度及西藏经典而得来的。有的可能是蒙古族自己的作品，但因受佛教影响太深，已很难分清是哪个民族的作品。因此，这个时期的蒙古族文化，是多种文化相互渗透、相互交替的结果。其内容极为丰富而复杂，这是这个时期蒙古族文化的主要特色。

据资料记载，佛教是在公元67年前后，在汉族区域开始传播，而在北魏建立的公元386年或比这更早的年代里，在北方诸民族中已开始广为传播了。这个时代与忽必烈的时代，相距约1000年。从历史记载看，汉族同北方各民族所进行的经济交流和文化交流，是在更早时期就已经开始了的。“据记载，公元前3世纪至公元2世纪，匈奴国与汉朝曾互派过使臣，还有汉朝张太监（指张骞，编者），曾在匈奴为匈奴人教书识字云”。① 这样的文化交流，当然会产生相互影响。因此就蒙古族文化而言，其所受的佛教影响，并非在忽必烈时期或比这更晚的时期才开始，而在更早的年代里，佛教在汉族地域得到传播后，通过汉族波及北方众多民族，然后在较晚形成民族的蒙古族中得以流传。在上述几个神话中，这种情况是大有可能的。笔者在本文中只做了平行研究，由于题目所限，还未能做影响研究。总之，这是一个有待于进一步研究的课题。

原文刊载于《内蒙古师范大学学报》，1944年第4期

---

① 蒙古人民共和国科学院历史研究所编：《蒙古人民共和国史》上册，160页，内蒙古人民出版社，1986。

第四编

满－通古斯语族民族神话研究

满族神话探索

——天地层·地震鱼·世界树

乌丙安

一、满族原始神话之谜

满族的古老神话在很长的历史时期中，几乎完全被神话学界遗忘了。由于数百万满族人较早地接受了汉文化的影响，较普遍地使用了汉语，所以在学术界广泛地形成了一种印象，以为满族的原始神话早已消失了，甚至在一些研究者的私下谈论中，有人还断言“满族无神话”。

许多事实往往给上述印象提供了佐证。自17世纪以来，满汉文献资料档案中虽然有不少满族古老信仰仪礼的记载，但是有关满族原始神话的记载，却几乎找不到。仅有的一则天降神鹊送朱果给天女佛库伦，天女吞而生满族始祖布库里雍顺的神话，最早出自《满文旧档》天聪九年（1635年）五月初六的口传记录中，讲述人是布库里山地方的百姓穆克什克。以后的《满洲实录》、《清史稿·太祖本纪》、《皇清开国方略》、《满洲源流考》等文献，也都根据政治上的需要改写了这则原始神话记录。其他神话一概没有记载。我们还注意到，在国外的许多著名的关于阿尔泰语系通古斯-满语族的研究论著中，也极少涉及满族古老的神话。甚至像研究阿尔泰语系各族萨满教的国际权威、芬兰学者U. 哈尔瓦（UNO HAFVA），在他的著作中也只略微提示说：可能在满语尚未失传的东北偏远地区稍有残留。

所有这些情况都说明了一个事实，那就是几个世纪以来，并没有人去认真地从民间调查满族神话。满族的“汉化”像一层浓雾遮住了满族古代文化的影子，也同时蒙住了满族神话的大门，使满族神话成为不解之谜。

近六年来，东北三省对满族民间文学的广泛深入调查，终于结束了对满族神话无从谈起的历史。满族神话像新发现的神秘宝库一样被挖掘出来，展现在我们面前。其中，以黑龙江省宁安县宁古塔富察氏满族神话传承人著名故事家付英仁老人讲述的创世神话和图腾神话最有代表性。他讲述的神话主要是从萨满的传承线路流传至今的，保持了原始神话的许多特色。最主要的创世神话有：开天辟地，造山岭、造人类的造物主阿布卡恩都里神话；地下国魔鬼耶路里神话；太阳和月亮神话；银河、三星、七星、众星神话；盗天火神话；风神话和水神话等。图腾神话有各氏族分别信奉的鹿神、鹰神、豹神、蟒蛇神、蛙神、鱼鹰神、山羊神的神话及其他萨满神话。

本文正是以付英仁口述的神话为蓝本，根据搜集者金天一保存的原始录音及文字材料，进行初步的探索。

二、多层的天和地

满族创世神话的核心是关于天体形成的神话。它和许多古代文明民族的开天辟地神话一样，具有鲜明的解释自然起源的性质。在《天神创世·天和地》[①] 这则神话中有这样的内容：“相传，天，有十七层；地，有九层。人住的地方叫地上国，神住的地方叫天上国，魔鬼住的地方在地下，叫地下国。统管十七层天、九层地和人间的，是至高无上的天神阿布卡恩都里。”

这里讲述的“天，有十七层；地，有九层”的说法，作为满族开辟神话的构思，十分典型。这可以从阿尔泰语系的突厥语族、蒙古语族、通古斯-满语族创世神话中找到相似的常见的内容。这种天地多层的原始宇宙观，具有十分古老的萨满教天地信仰观念的特征。满族的古代信仰把宇宙看做“三界”，天界是天神住的地方，就是上边所称的“天上国”；地有地界；是魔鬼栖止的地方，叫“地下国”；中间是人界，是人类生息的地方。在这三界里，天和地都被看作是多层的所在。

在满族星神话中有一段故事说：三星神依兰乌希哈在天上造灯普照人间时，曾经取来“第九层天上的油”。还有安巴乌希哈背水造天河时，最后曾“来到第三层天，这层天上都住的是死去的有名的人萨满”。这些片

① 乌丙安等编：《满族民间故事选》，上海文艺出版社，1983 年。

段的口传记录，标志了天上国的多层是满族古代信仰的神话中构成的幻想形象。

从现有的资料可以做某些比较，以便更好地确证它们的特点。在19世纪俄国人类学博物馆集刊发表的《叶尼塞奥斯恰克萨满教概要》① 中，有关于阿尔泰人的萨满神话有最高的天神，住在太阳和月亮以上的最高天层的记载。人间的萨满要想到达最高天神的脚下，必须越过七道或九道障碍（阿尔泰语称为 ЪДУУАК）。若想到达北斗星跟前，也要越过五道障碍。这里所说的障碍，在阿尔泰神话中是每一层天就有一道障碍，五、七、九的障碍数和天的五、七、九层数显然是一致的。

在《雅库特人的民间信仰和民间故事》② 一书中，我们同样看到有关天层的记载。东北亚的雅库特人的萨满教仪式里，在野外有为萨满升天设置的专用白桦神树，在树干上便刻出九条横沟，用以象征天有九层，并在树干上绑结祭祀用的动物。在雅库特人看来，只有这样萨满才能登上天的最高层去见至上天神阿尤妥云。同样，据《西伯利亚各民族的鹫崇拜》③ 一文记载，西伯利亚的锡伯族萨满升天仪式中，也有同样的刻记九层天的神树。

在大多数文献记录中，天层以七、九为多，像满族天神话中所述的“天有十七层”的说法，也并不是特殊的例外。在19个世纪80年代的外国文献，如《来自西伯利亚》④、《米诺辛斯克塔塔尔人的故事和传说》⑤ 等书中，也有相同的神话构思。这些出自阿尔泰地方各族神话及萨满教仪礼中的天界，分别有十二层、十六层以至十七层的说法，和满族神话不谋而合。关于多层天的神话，在阿尔泰地方有最多达三十三层天的说法，被记录在1900年布达佩斯出版的卡塔诺夫的《中亚、东亚突厥语族葬礼习俗》一书中。

可见，满族的“天有十七层”的神话思考是典型的萨满教观念。只是宁古塔满族天体神话的天层与邻近的鄂温克族、蒙古族、达斡尔族及赫哲族神话中的层数不同。这些兄弟民族所常说的天层，多采用三、五、七、九的数字。满族中是否还有别的多层数字讲法，还没有得到可证材料。

天有多层的观念在一些现存的原始部族中也较普遍地存在，像西伯利

---

① 参看《Оиери Щамансзва у Йннсйкх остяков》（В. Й. Анучин 彼得堡版）。

② 参看《Йкиутские наропные пловеръЯ искеэЙ》（В. Л. Приккпонокии1891 年发表于《活古代》）。

③ 参看苏联科学院编《人类学人种学博物馆集刊》第5卷，列宁格勒，1925年。

④ 原著德文本《AusSibiriee》（W. Radioff1968 年 Oosterhoue 再版）第一卷。

⑤ 原载《西伯利亚汇编》（C. C.），彼得堡，1887年。

亚东北部的古亚细亚民族楚科奇人和北美西北部印第安人部落中都流行着原始的天层观念。

和天层相对应，满族神话对地下国的地层也有明确的解释。这和阿尔泰语系许多民族的原始神话关于下界的多层解释完全一致。在塔塔尔人神话中天有三层和地有三层是完全相对应的。在其他各种说法中地下七层、九层的说法较为普遍。在前面提到的《叶尼塞的奥斯恰克萨满教概要》和另一篇名为《作为“地带”的卡夫卡斯和乌拉尔》[①] 论文中，都分别记载了叶尼塞人和维吾尔人关于大地七层的神话。神话中说七层地下的最高屋顶，正是人类居住的大地。同时，在东北亚各族的祭祀地母的萨满仪式中，设立的供物柱也通常采用三、五、七根的形式，用来表示对各个地层神魔的分祭。满族天地神话的地下是九层，也可以确认为有代表性的萨满教神话。

这种天地分层说，是和萨满教的多神信仰有密切关系的。在萨满教中，主要有三种类型的信仰对象：第一种是以最高主宰神天神为中心，包括协助天神分司宇宙间万事的诸神灵。在满族则是以阿布卡恩都里及其他恩都里为代表；在达斡尔族是以腾格里及各种恩都热为代表；蒙古族的腾格里、塔塔尔人的尤勒干和雅库特人的阿尤妥云等等。第二种是以最大最凶的恶神魔鬼为中心，包括各种幽居地下的鬼灵及作祟人间的种种精灵。像满族神话中的恶魔耶路里、塔塔尔人的耶尔里克、蒙古族的莽古思、达斡尔族的霍列力神中的莽盖以及各氏族祖神的鬼灵，各种动物神的精灵等都是。第三种是人间能和神灵相通并随时可代表神显灵的萨满。第一种信仰对象被认为都按不同的神职神格及神权大小分别住行天上各层，并常常来往于天上人间，或造福人间，或惩罚人类。第二种信仰对象也被认为是按不同的权威及凶恶的程度分别居于地下各层，并常常来往于地下地上侵扰人间，或与天神为敌。第三种信仰对象只有当他们死了以后，才能升入天界的最低几层。这正是满族、达斡尔族人死后实行土葬，唯有充当萨满的人在死后要实行“风葬”，用仪式祭祀他们升天的缘故。这种用天的层数标志神的高低贵贱和权威的观念，充分显示了原始部落晚期氏族社会的信仰特征。

1972 年在湖南长沙东郊的马王堆西汉墓出土的彩色帛画上，就很清楚地分出了天上、地上与地下三界，并且天上和地下又都有层次。最高的天神是人首蛇身的女娲，左有日和三足乌，右有月和蟾蜍，最底层有两条交

---

① 原载《东方学评沦》（KSZ 1900 年布达佩斯）第一期。

尾的大鱼。古代楚地这种神话形象，也可以为原始天地分层的神话作相应的参考和印证。

三、大地的支撑者——鱼

满族的天地形成神话中说：

> 阿布卡恩都里用神土造了一块很大的地，浮行水面，让人住在大地上。天神又怕大地沉到水底，便命三条大鱼把大地驮起。还派了他的一名助手每隔几天给三条大鱼喂一次食。有时送鱼食的神偷懒，没有按时送吃的东西，驮大地的三条大鱼饿了，就忍不住晃动身子，这一晃，大地也随着摇动起来，于是发生了地震。

在这则神话里，有两点值得注意：一是大地在水上漂浮的神话构思；二是大地由某种神圣动物支撑的神话构思。大地漂浮在水面的原始观念在世界上许多创世神话中具有普遍性。以亚洲大陆的东、南、北边缘及其海域和太平洋岛屿流传的神话为例，至少有四种类型是关于大地漂浮内容的。一种是“流岛”型，据说神造了岛后在海上流动，漂浮不定；第二种是“钓岛”型，据说是远古时的大英雄或巨人从海中钓鱼，结果钓上来的却是岛；第三种是“鱼岛”型，据说远古人类在海上找到一块陆地便在上面定居了，但是不久这陆地便游动起来，人们才发现自己原来住在一条巨大的鱼背上（在流传中又说是一只大龟）；第四种便是大陆居民中流传的神用黏土或泥造成大地放在大海里，浮在水面，然后又命某种神圣动物背驮着它。这四种神话的共通点是：大地被水包围以及大地震引起的种种大地浮动观念与对鱼类的水栖特性的认识相结合的原始思维特点。关于大地漂浮的解释自然神话，又是从“天连水，水连天”的“宇宙海”观念逐渐发展形成的。

用神圣动物支撑大地的说法在亚洲大陆分布的各种古老的大地起源神话中也十分普遍。以阿尔泰语系各民族神话为例，支撑大地的神圣动物大体上有六类：一是龟，二是牛，三是鱼，四是蛇，五是象，六是龙。其中以前三类流传较广，后三类几乎都是从前三类分别演变而来。像巨蛇驮大地的说法大致可说是龟驮大地的同型；西伯利亚各民族中有长毛象驮大地，印度有大象驮大地的说法大致可说是牛驮大地的同型；龙驮大地似乎是从鱼驮大地发展而来。

1890年，俄国地理学会在它出版的《东西伯利亚部纪要》①中记载了布里亚特人的创世神话，其中就有以上的情节：世界初开，只有水和水中的一只大龟，天神便命龟仰在水面，在它的肚上造了大地。还有的说是命大龟背负大地，每当大龟感到累了便晃动身子，大地便发生了地震。这种解释在蒙古族和鄂温克族中也有流传。在西藏的佛教大地神话中也有龟驮大地的故事，只不过这只大龟被解释成是维休奴神变的龟形，用来支撑大地的。这大约是受印度神话影响的结果。

在突厥语各民族神话中，大地的支撑者多是大公牛（只在南部使用水牛的地方才说是水牛）。据波塔宁在《西北蒙古志》②第二卷《风俗篇》中记载的吉尔吉斯族神话说：

> 在宇宙初开的一片汪洋大海中，到处弥漫着浓雾，在海的正中间只有一块石板，石上有一头黑灰色的公牛，公牛头上的角载着大地。同样的说法在塔塔尔人中也有流传，不同的只是这头公牛不是站在石板上，而是立在一条大鱼背上。还有的说：大地被载在一头公牛的一只角上，牛的下面是一条鱼，鱼的下面是水，水的下面是风，风的下面是一片黑暗。每当公牛疲劳的时候，就把大地从一只角移到另一只角上，于是便发生了大地震。公牛的呼吸一旦停止，世界的末日就到了。

在牛驮大地的神话中最值得注意的是“牛的下面是一条鱼”的构思，它表明鱼其实是大地的第一支撑者。可以推断，这些同样也广泛流传在中亚、东南亚、北非等伊斯兰教信仰地区的牛驮大地的神话，是由鱼驮大地发展演变而来的。

满族神话中的大地支撑者是鱼，这在北亚及东北亚很有典型性。在上述《东西伯利亚部纪要》中刊载的《布里亚特的故事和信仰》③一文里，就记有巴拉干斯克的布里亚特神话关于鱼驮大地的说法。据说大地是由世界海中漫游的一条大鱼驮着的，大鱼游动变换位置时，便发生了地震。另

---

① 原刊俄文缩称《Э. В. С. О. Р. Г. О.》，第一卷第二期，伊尔库斯克，1890年。

② 原著俄文版1883年彼得堡出版，参阅日译本，昭和二十年（1945），龙文书店，第二卷，东亚研究新译本。

③ 原刊俄文缩称《Э. В. С. О. Р. Г. О.》，第一卷一期，伊尔库斯克，1889年。

外，在俄罗斯地理学会纪要中关于《西伯利亚的萨满教》[①] 一文，也记述了布里亚特神话的另一个说法：驮着大地的鱼是侧身睡着的，当他感到大地重压的时候，就要翻一翻身，这时候就发生地震了。我们在北京、河北、内蒙古、辽宁等地的满族中进行调查时发现，至今民间还广泛流传着鱼驮大地的派生神话，即"地震鱼"神话。人们说：大地底下有"鲇鱼姥姥"，它只要一翻身或一眨眼，就出现了地震。满族现在流传的"鲇鱼驮大地"的说法，在日本列岛也比较普遍，其中，以北海道的阿伊努族人的"背驮大地的世界鱼"神话最有代表性。日本神话学界把这种神话因素称之为"地震鲇"，正源于此。据1900年俄国的《活古代》[②] 杂志记载，在莫尔达维亚人神话中也同样有一条大鱼驮着大地的说法。"地震鱼"神话的分布很广，甚至在东南亚的菲律宾南部曼达亚族神话中也有。据说大地是由一条大鳗鱼驮着的，鳗动则地震。从现有资料可以看到，从东亚、北亚到东南亚、中亚以至东欧、北非、北美，各民族关于大地的神话构成了十分广阔的"地震鱼"分布圈。其中具有典型的原始思维特征的大致以北亚、特别是东北亚萨满教神话最有代表性。

为了进一步证明满族"地震鱼"神话的典型意义，不妨用《阿尔泰地方的土著民》[③] 一书中记载的一则塔塔尔人的"鱼驮大地"神话作对照。

> 据传，至高无上的天神尤勒干造好了大地之后，便把它浮在水面。同时，在大地底部的正中间放了一条大鱼，在它的两边又分别放了一条大鱼，共用三条鱼驮起了大地。中间这条鱼，头向北方，它的头只要稍稍沉在水里，北方就闹洪水之灾；头再向下沉入水中，大地就会全被淹没。在这条鱼的鳃上拴着一根绳，另一端高高地达到天上，绑在三根天柱上，由一位名叫曼珠希里的天神助手看管。他从第一根柱上解下绳子，大地北方便闹洪水，从第二根柱上解下绳子，整个大地就遭到洪水的淹没了。

这种表现世界大洪水的神话构思，是和塔塔尔人的地理历史环境有密切关系的。北亚的鄂毕河、叶尼塞河及额尔齐斯河泛滥成灾的古老历史，成了这则神话的构思基础。在这里除去鱼闹洪水和龟闹地震的情节相异以

① 原刊俄文缩称《З. Р. Г. О.》，1864（2）。

② 原刊俄文缩称《Ж. С.》，创刊于1890年，1916年停刊，是本世纪初俄国人类学、民族学界有影响的刊物。

③ 原著《АлтаЙзкие инорпдбы》（ВБЙВербиикии，1893年，莫斯科）。

外，这则神话和满族神话有两个共同点：一是最高天神是尤勒干，或是阿布卡恩都里，都是萨满教的最大天神；二是天神命三条大鱼驮起大地。这“三”条鱼的“三”的观念又是萨满教神秘数字的最重要的基数。从这一点着眼，似乎它们最早出于一个神话的祖型。

在许多创世神话中，作为天和地的支撑物的数字，往往形成两种稳定的说法：一种说法用“四”，另一种说法用“三”。像我国古代文献《列子·汤问》所载的女娲“断鳌足，以立四极”，就是用大龟的四只爪作为擎天的天柱的。在我国布朗族神话《顾米亚》[1]中，是用犀牛的四蹄作为支天四柱的，还有从印度传入西藏的在大龟背上有四头大象支撑大地的说法，中亚流传的四头公牛在大地的四方支撑边缘的说法，都是用“四”个动物或“四”只兽类蹄爪作为支撑者表现的。这种“四”的数字概念或“四”方的方位观念是原始思维中比较进步的符号；相对地说，原始宗教中常用的“三”和“三”的倍数“九”，“九”的倍数“八十一”以及相应的奇数“五”或“七”、“七”的倍数“四十九”等却正是十分重要的数字。至少在满族及我国东北各少数民族的萨满教信仰中，三、五、七、九，七七四十九，九九八十一等数字是具有魔力的。对这些数字的迷信，至今仍较普遍。

作为原始思维的形象反映，在我国西南彝族阿细人的大地起源神话[2]中，也有几乎完全相同的说法。在阿细人的民族神话中也生动地描绘了三条鱼驮着圆圆的大地，鱼动则地震的情景。显示出各民族原始思维的共通性和远古神话时代相互传播移动的特点。虽然我们没有任何证据判明它们之间的源流关系，但是作为古老民族原始思维和信仰的基础，确实有同步发展的相似性，只不过满族的“地震鱼”神话更具有东北亚萨满教神话体系的特点罢了。

探索满族“地震鱼”神话，是探索东北亚萨满教神话中创世神话的最令人感兴趣的方面。在阿拉伯游牧民中普遍流传的“公牛驮大地”的神话，常常附加说公牛下面有岩石，岩石下面还有鱼。这种说法反映了大地起源神话的历史层次。可以说，当阿拉伯人还处在更远古的年代时，他们完全可能也在讲：水上有鱼，鱼上有岩石。这岩石已经构成大地的原形了。当古波斯文明从伊朗高原传播以后，阿拉伯人广泛使用了牛，于是牛的作用便被神化了，这才有可能在神话中出现站在鱼背上的石板上的牛，成了大地的支撑者。大致可以推断，“地震鱼”的神话应是渔猎时期的产

---

① 详见贾芝、孙剑冰编：《中国民间故事集》第二集，527页，人民文学出版社，1962年。
② 详见《阿细人的先基》（云南红河调查队1960年）。

物，而“地震牛”的神话只能是晚一些的游牧时期的产物了。

四、巨大的世界树

满族创世神话中有以下的内容：天神阿布卡恩都里造了大地以后，地上的人经过多少年代的繁衍，越来越多，地上住不下了。天神便命令把天上最大最粗的一棵树砍倒了，把它接到了地边上，让人们沿着树枝树杈发展，这才有了世界上各色各样的人种。这个简略的情节，应当确认是满族萨满教创世神话中关于“世界树”神话的片断。

在许多民族中，常有关于宇宙初始从地下到天上长着巨大的神圣的世界树的神话。以阿尔泰语系各民族为例，就很有代表性。在《来自西伯利亚》① 一书中记载的阿尔泰神话说：在万物的中心，大地的肚脐上，耸立着一棵最高最大的枞树，树梢顶上住着至高无上的天神巴依尤勒干。这则关于世界树的形象，甚至还被当地的萨满画在了祭神的法器神鼓的皮面上。在《西北蒙古志》② 中记载的蒙古族神话中也说：天地初开，一座四棱山顶的中心长着一棵很高很大的树。从这棵树梢向下看，世界海上漂浮着的大地像一匹卧倒的小马。假如把牛一样大的石块从大树梢抛下去，要过五十年后才能着地。这正是神话中对世界树的形象描绘。

在一些民族的神话中，对于世界树的描写并不一定是一棵，有时是多数，如七棵或九棵。树的棵数往往和天的层数或某些神的数目相对应。例如有关西伯利亚塔塔尔神话的记录中说：最初，克达依神创造天地时，还造了九棵高大的落叶松，这些松树长期被和天神作对的地下死国之王九个耶路莱汗所霸占，做了拴马的木桩。后来，天神赶走了九个耶路莱汗，各色各样的人和动物才得以在大地上自由生存。但是任何人也不能走近这九棵树的跟前。在《西伯利亚各民族的鹫崇拜》一文中，介绍了赫哲族神话中的世界树共有三棵，是按天上、人间、地下三界分的。天上的一棵住着天神和人类生前的灵魂，这无数灵魂是以小雏鸟的形态聚居在树上的；地上的一棵供人和动物生活；地下的一棵为死者鬼灵及地下魔鬼使用。

满族神话中关于世界树的描绘在《通天桥》神话中也有残留。故事说：

---

① 原著德文本《AusSibiriee》（W. Radioff1968 年 Oosterhoue 再版）第二卷。

② 原著俄文版 1883 年彼得堡出版，参阅日译本，昭和二十年（1945），龙文书店，第六卷，东亚研究新译本。

> 当地上的人们都登上了天，来到阿布卡恩都里住的地方时，看到了他的身后有很多大树枝，那就是专供天神智慧的智慧树，又叫做灵丹树。旁边还有一根很大的木桩，那木桩正是天神用来给人间居住的那棵大树的下桩。

故事还说：

> 天神阿布卡恩都里为了制服地下魔鬼耶路里，用霹雳击毁了通天桥，于是，来到天上的人们都回不到地上了。阿布卡恩都里又选了一棵最高最大的树，让人们顺着树干下到地上，回到地上的人只是一小部分，没有来得及回到地上的人们，都留到了天上，变成了星星……后来，人对天神有什么要求，便通过大树告知天神，因为树很高，所以天神只要稍微弯弯腰便知道了。这就是满族祭树存祭立杆的由来。

从这些片断中，大体可以看到满族神话中的世界树，或演变为相应的天柱等形象，本来是很鲜明和完整的。从神话片断中可以推测，这里的世界树可能有两种情况：一种可能是只有一棵，它既是人类栖息之所，又是通天之路，还可供智慧或生命；另一种可能是三棵或更多棵，有人类栖息之树、有通天之树、有通神之树，或还有供给智慧之树，供生命之树。也可能是一根或多根天柱。这些多数的树也可能是与天地多层相关的世界树观念。关于这些问题还有待进一步考察，做出原始神话的复原记录，才能弄得更加清楚。

满族世界树神话中，至今还没有发现关于“生命树”的资料。在古埃及神话、古印度神话中都有“生命树”的典型故事。在我国蒙古族佛教神话中也有“生命树”的说法。据说世界上有一棵“赡部”树，它的根生长在须弥山下，树梢直达天上，树上的果实是天神腾格里们的粮食，同时也作哺养众生灵之用。久居深山峡谷的魔鬼阿修罗为此十分嫉恨天神，扬言说这棵大树根生在它统治的地下冥国，果实应当属它。于是神魔之间发生了战争，最后阿修罗败了。这则神话显然是从印度传来的。因为在印度佛教神话中就有关于“赡部”树这种“生命树”的故事。

满族世界树神话片断中，也有居住在深山峡谷的地下魔鬼耶路里与天神战争失败的情节，只不过争斗不是以夺树为线索，而是公然反抗天神，反抗天神赐恩于人类。在《东西伯利亚部纪要》的1890年文献资料中，有关于雅库特人的世界树神话的原始记录，展示了萨满教信仰的某些特点，可供参照。“天地开初，在大地的黄色肚脐上，耸立着一棵大树，树上有八个繁茂的树枝，树干一直穿过三层天。树皮和树疖都是银的，树液闪着黄金色的光芒，果实像巨大的酒杯，树叶像张张马皮。从树梢经过树叶流淌着神圣的黄色泡状液体，人们饮过它就得到了大福。”这种世界树观念也是把神树视为养育人类、赐福人类的生命树。可以设想，满族在神赐给的大树枝杈上繁衍生息，这种神话的原始构思，一定也会幻想出大树供给人类珍贵的食物，养育和赐福人类的动人情节和形象。

原文刊载于《满族研究》，1985（1）

满族神话及其发展

[日] 稻叶岩吉著　乌日古木勒译　陈岗龙审校

一

研究历史的人经常会听到这样一些问题："神话时代和历史时代的界限是什么？譬如在日本，神代和人皇的区别是什么？"这个问题提出来容易，实际上却很难回答。我的朋友，大家所熟悉的日本历史大师黑板博士却作出了非常巧妙的答复。他反问那些提出上述问题的人们："白昼与黑夜的界限是什么？"黑板博士说，只有根据气象报道才能准确判断出白昼与黑夜的界限是几点几分，但是在平时，人们还没有意识到的时候白昼已经变成黑夜，或者黑夜变成了白昼。日本的神代和人皇的界限也是同样的道理，我们很难准确界定二者的界限。我们划分神代和人皇只是为了便于研究而已。

笔者所探讨的神话和历史的界限也正如黑板博士所说明的那样，我们很难断定哪一段属于神话，又从什么时候开始步入历史时代，我们的划分也只能是为了研究的方便。神话精神也不仅仅是神话时代诸神所独有，而是现代历史中也充满着神话精神。正是神话创造着所谓的历史。而我们却很难认同历史是神话的发展的观点。在日本的民众生活中包含着诸多神话因素是用不着多说的。我虽然并不准备就此提出历史就是神话或神话就是历史，但是我认为它们是人类天生的或后天的思想的发展。在这一点上，我们绝对不能忽视各民族的神话，反而要高度重视各民族的神话。

二

满族虽然历史悠久，但是早期的时候并没有文字记录的国家历史（作者当时在伪满洲国，因此此处的“国家”指“清朝”或“满洲国”，我们应该批评地对待这个“国家历史”——译者），只是到了渤海国时代才有了文字记录的历史。而在渤海以前的肃慎、扶余等古代部落两千多年的历史却是没有文字的，就拿有文字记录历史的渤海国时代而言，遗憾的是没有历史文献保存到现在。相当于渤海国时代的日本，有一位叫大江匡房的学者写了一本叫《江谈抄》的书，书中记录了一两个渤海字。《江谈抄》一书，可能是大江匡房生活的时代，渤海国的使者到日本，大江匡房与使者对话的基础上写成的。随着渤海研究的开展，在原来渤海国的都城宁古塔附近出土了一些不同于汉字的文字，虽然这些考古发现引起了这种文字可能是古代渤海国的文字的联想，但是我们却无法确认出土的就是渤海文字。因此，我们还没有见到过用渤海国的文字记录的渤海国的历史。其次是，契丹即辽朝在满族现在的领土上活动过。众所周知，在奉天博物馆（今沈阳博物馆）藏有契丹碑文，显然是用契丹文写的很美的文章。可是我却一点都读不懂。不过，目前虽然还不能解读这些契丹碑文，但是能够搜集到如此多的资料，总算是学术上的一大进步。在中国，宋元之际成书的《书史会要》只收入了四个契丹字。而今天，契丹文已经增加到几千字。将来，这些契丹文完全被解读出来的时候，我们的学术研究会获得一批非常丰富的文献资料。再次，到了金代，有了女真文，各地现在发现了女真文碑文，朝鲜两处，中国三处，发现了女真文碑文。女真文与契丹文不同，能够读出几分来。但是，遗憾的是用女真文记录的历史书籍连一本都没有遗留下来。据文献记载，古代朝鲜曾经把诸如《十二诸国记》等女真文写的历史书当作教科书来使用过。可是今天，包括史书在内的所有女真文的文献都未能遗留下来。因此，可以说满族先民用自己民族文字记录的历史没有流传到后世。不过，民族文字和文字记录的历史的消亡，并不意味着一个民族的思想和语言的消亡。在日本，远古的时候也并没有文字，而《古事记》、《日本事记》所记的都是那个时代的历史，都是后来的人根据口头传统记录了古代的历史。在没有文字的地方，反而人们的记忆力异常发达，而所谓的古代神话就是依靠人们的记忆力流传下来的。满族先民虽然没有留下民族文字和历史，但是我们并不能据此断定满族没有古代神话流传。值得庆幸的是勤于笔耕的汉族在他们的文献中记录下了满族最古老的神话，从中我们也可以看出汉族学者在记录满族古代神话的过程中肯定了满族神话的价值。

三

在东汉王充的《论衡·吉验篇》中记载了扶余神话，这是保存至今的满族最古老的文献神话。在扶余神话的基础上演化出种种神话类型。我今天所谈的扶余神话只限定在创始开国神话类型，而民间流传的其他神话类型则另文再谈。

扶余的开国神话由于《论衡》的记录，晋代《三国志》、《魏书·扶余传》中都有了大同小异的记载。《论衡》记载道：

> 北夷橐离国王，侍婢，有娠，王欲杀之。婢对曰：有气，大如鸡子，从天而下我，故有娠。后产子，捐于猪溷中，猪以口气嘘之，不死；复从置于马栏中，马复以口气嘘之，不死。王疑以为天子，令其母收而畜之，名东明，令牧马牛。东明善射，王恐夺其国也。东明走南，至掩淲水，以弓击水，鱼龟浮为桥，东明得渡，鱼龟解散，追兵不得渡。因王扶余。

根据这个神话，古代曾经有过橐离国。那么橐离在今天的何处呢？内藤博士认为橐离就是达斡尔，古代橐离国指的是黑龙江上游的地方。我也赞同内藤博士的观点。橐离国的侍婢无故怀孕，国王认为侍婢行为不端，要杀她。侍婢对国王说：“有一种灵气，大如鸡子，从天而降，我受灵气而怀孕。”国王听了之后，允许侍婢生下她的孩子。但是由于孩子是异常怀孕的，因此国王依次把婴儿弃于猪圈和马栏中，企图让猪吃掉和让马践踏，但是猪和马都出乎意料地保护了婴儿。国王认为这孩子是“天子”，因此命侍婢收其孩子抚养长大，并取名东明，让东明放牛牧马。可是东明善射，引起国王的不安，于是国王决定杀东明。东明逃到“扶余”地方，成了扶余王。

该神话有几点值得注意：第一，怀孕的女子不是国王的夫人，而是一个普通的侍婢。第二，所谓的“有气大如鸡子”指的是中国古代的感生神话。无论是尧舜还是其他古代帝王都是感生而非平凡身世。侍婢感天之灵气而生东明，就是感生神话。第三，神话中出现了东明这个名字，并说东明善射，又东明逃到南方去。我们应该注意这些情节。与扶余并存的沃沮、挹娄、乌桓、鲜卑等古代民族中却没有发现类似的感生神话。

四

然而，这篇神话又作为高句丽的开国神话出现在历史文献中。高句丽与扶余同属一个系统，因此两者有相同的神话不足为奇。但是，根据《北魏书》的记载，高句丽的神话发生了一些变化。《北魏书》云："高句丽者，出于扶馀，自言先祖朱蒙。"东明和朱蒙者比较接近，但是朱蒙神话有了发展："朱蒙母河伯女，为扶余王闭于室中，为日所照，引身避之，日影又逐，既而有孕，生一卵，大如五升。"扶余神话中的"有气大如鸡子"变成了"日影"即太阳，"大如鸡子"完全变成了五升大的卵。《日本书记》"开卷·第一"也记载了"有气云云"。研究日本历史的学者都认为"有气云云"的说法是从中国的《淮南子》引出来的。但是，我不这么认为。没有读过《淮南子》的扶余不是同样也有"有气大如鸡子"的神话吗？因此，我以为《日本书记》是借用中国文字对所记神话做了润色而已。并且，《北魏书》又记："扶余王弃之与犬，犬不食，弃之与豕，豕不食，弃之于路，牛马避之，后弃之野，众鸟以毛茹之，扶余王剖之，不能破，遂还其母，其母以物囊之，置于暖处，有一男，破壳而出，及其长也，字之曰朱蒙。"这里，朱蒙并不是河伯女直接生育的，而是河伯女先生一卵，由卵孵出了朱蒙。朱蒙非人类正常性交所生，而乃"感生"。日本的"桃太郎"最初也是老婆婆吃了桃，有了身孕，而后来才变成了桃太郎直接从桃中生出来。"桃太郎"实际上也是感生神话的产物。"东明"变成"朱蒙"意味着什么呢？在好太王碑中，将"朱蒙"写作"邹牟"，日本的《姓氏录》则作"都慕"，实际上都是从"东明"演化而来的。不过在《北魏书》中云："其俗言朱蒙者善射也。"在高句丽，神箭手叫做"朱蒙"。内藤博士认为，东明、朱蒙、邹牟、都慕这些相近的名字实际上都是扶余部落首领的尊称。我认为，现在的萨满就是东明的转音，部落首领就是萨满，他们掌握着与神灵沟通的本领。这个萨满又是神箭手或者是弓箭神，于是高句丽时代出现了"朱蒙者善射也。"从中我们可以看到神话新的变化。《北魏书》又云："扶余人，以朱蒙非人所生，将有异志，请除之，王不听，命直养马，朱蒙每私试，试私知有善恶，骏者减食令瘦，驽者善食令肥，扶余王以肥者自乘，以瘦者给朱蒙，后狩于田，以朱蒙善射，限之一矢，朱蒙虽矢少，殪兽甚多。又谋杀之，朱蒙母阴知，告朱蒙曰，国将害汝，以汝才宜远适四方，朱蒙乃与乌引，乌违等二人，弃扶余东南走。”从橐离国来到扶余的东明又从扶余向鸭绿江方向走去。中途遇到一条河，“中道遇一大水，欲济无梁，扶余人追之甚急，朱蒙告水曰，我是日子，今日逃走，追兵垂及，如何得济？于是，鱼龟并浮为之桥，朱蒙得渡，鱼龟乃解，追兵不得渡。朱蒙逐至普述水，遇见三人，其一人著麻衣，一人著衲衣，一人著水藻衣，与朱蒙至蹊纥升骨城逐居焉，号曰高句丽，因以为氏焉。”与满族神话相比，这是一个非常大的发展。不仅仅是神话，人类的整个文化在其发展的过程中都体现了一定的价值。就日本的开国神话而言，虽然后来变成了民间故事，但其生命正在于它后来的发展。我们所谈的“东明善射”必然已经不是神话原始含义，而是在尚武精神盛行的时代逐渐变成了高句丽的主神即善射的朱蒙。在古代，没有比弓箭更先进的武器，因此拥有强弓利箭就成了高句丽人引以为豪的资本。

五

众所周知，高句丽是唐高宗时代灭亡的。那么，朱蒙神话的命运如何？让人不可思议的是，该神话再次变成《东明王的故事》流传到朝鲜半岛的高丽。高丽定都于开城，统治朝鲜半岛长达五百年，然而高丽国王仍然是继续的高句丽王统。高句丽开国先祖东明王被当作高丽的开国君主受到崇拜。东明王的祭祀出现在《高丽史》中，金富轼所编《三国史记》的《高句丽本纪·第一始祖东明王》中说，东明王即位的年代相当于汉元帝建昭二年，而东明王的诞生则是早二十一年的神爵三年。我们虽然不明白金富轼的根据是什么，但是根据高丽学者李奎报的《东明王篇》，《三国史记》之前有过《旧三国史》，金富轼只采用了《旧三国史》中不太涉及神异诡怪的记载。李奎报对此持有批判态度，他说：“世多说东明王神异之事，虽愚夫傻妇亦颇能说其事，仆闻之笑曰，先师仲尼不语怪力乱神，此实荒唐奇诡之事，非吾所说，及读魏书、通典，亦载其事，然略而未详，岂详内略外之意耶。”因此，可以推断李奎报是根据类似的记载写成了他的《东明王篇》。高句丽最初在鸭绿江流域建国，后迁都平壤，这篇神话也随着带上了地方特色的影响。而且，高丽朝是佛教全盛的时代，因此不少小乘佛教的因素也影响了该神话。然而，其结构依然由原来的神话因素所构成，朱蒙的感生过程依次是：作为母亲的少女由于太阳钻于怀里而有了身孕，于神雀四年四月生了朱蒙；刚生下来的时候是五升大的一个卵，据说是从女子的左腋生出来的；王最初恶心这个卵，认为不祥，于是“使人置之马牧，马群不践，弃于深山，百兽皆护，云阴之日，卵上恒有日光。”实际原原本本地传承了东明王神话。有趣的是，朱蒙的母亲是河伯的三个女儿中的长女柳花，即叫做金蛙的国王和柳花结合而生了朱蒙。“河伯三女”实际由前面讲过的著麻衣、著水藻衣、著衲衣的“三个人”演化而来。他们是不是扶余神话所固有虽然不得而知，但是这“三个人”的内容一直流传到后世。在这个故事中，在三个女儿中，似乎长女最有福气，那么这个叙事是不是故事固有的形态呢？大体上，汉族以外的各民族的民间故事中似乎三女比长女更有福气，清朝先祖的故事也不例外。清朝开国神话记载于《清实录》的开篇是大家都知道的。其中讲道，在长白山东边的一个叫布库里的小山脚下有一个叫布尔湖里的池子。有一天，恩固伦、正固伦、佛固伦三个仙女在湖里沐浴，有一只鸟飞来，把一颗红果落在第三个仙女的衣裳上。第三个仙女沐浴完，上岸来就把红果吃掉了。结果，另外两个仙女飞回天上去了，吃红果的仙女却突然身体变重，飞不起来了。于是，第三个仙女留下来，生了她的孩子。这就是清朝的开国祖先。该神话中的三个仙女相当于上述神话中的“河伯的三个女儿”。红果实为“卵生”的合理化变化。从前的神话要素都留在了这篇神话中。其中，“天女的浴池”实际上是日本和朝鲜半岛广为流传的“天鹅处女故事”，在松花江下游的赫哲族民间现在也流传着类似的故事。

六

从上面的论述我们可以比较清楚地看到由扶余东明王神话所云“有气大如鸡子”演变成卵生传说的脉络。《李氏朝鲜实录·光海君日记》记载说，清太祖努尔哈赤是其母吞雀卵所生。因此，当时就流传着清太祖感天而生的信仰，由此可以窥见当时女真人的一般思想，即他们与现代人不同，他们不仅认为清太祖是英雄，而且还坚信清太祖是神子。距清太祖时代六百年前，在朝鲜南端全罗道有一个地方叫“灵岩”。这个地方有一个叫“道诜”的著名人物，他是至今还支配着朝鲜思想界的风水说大师。

灵岩地方有一个大姓叫崔氏，崔氏家有一个大菜园，一天，崔家的姑娘发现菜园里长了一个很大的瓜。姑娘把瓜这个摘下来吃掉，突然肚子就变大了。父母见女儿怀孕了，就严厉训斥女儿。女儿解释说："这孩子并不是我和他人发生不正当关系而怀孕的。我是吃了菜园里的瓜而怀孕的。"并坚持把孩子生下来了。但是，由于孩子不是正常怀孕所生，所以就把他遗弃在叫鸠林的地方。然而，不可思议的是，猪和马都避开这个婴儿，以防践踏。天冷的时候，飞来很多鸟保护婴儿。于是人们认为这孩子是神子，就把他捡回来收养了。他就是后来的著名人物道诜。

这个传说应该也是东明王神话的发展形态。朝鲜的卵生传说是多种多样的。举个例子，说江原道麟蹄的乡下有一个叫汗生台的地方，有一只鸡生了一只黄色的卵，有一个道士通过占卜找吉地把黄色的卵埋下，卵生了后来的清太祖。在江原道这样的地方流传着清太祖的卵生神话或传说不能不说是一个意外。这样的例子举不胜举。新罗的开国神话有卵生神话，济洲岛的耽罗也有同样的神话流传。越过大海，日本也流传着类似的卵生神话。我以为，这个神话不是在朝鲜、日本等地独立产生的，而更像是扶余神话东传的结果。前面讲过的三个仙女在赫哲族传说中变成了七仙女。赫哲族的传说中，七仙女在湖中沐浴的时候，有一个男子偷走其中一个仙女的衣服，并和仙女结为夫妻，生了孩子。这篇传说完全是《天鹅处女故事》的变体。我以为，《天鹅处女故事》是满族本土的传说，越海流传到了日本。日本的《天鹅处女故事》分布在西北海岸地方，这不是说明该传说从朝鲜沿海州地方越海传播到日本来的吗？不仅仅是故事，在松花江下游还常常见到校仓式的房屋。校仓式的房屋在朝鲜的咸镜南北道的高地最多见。欝陵岛也遗留着校仓式的房屋。由此我们可以观察到，不仅仅是故事，还有各地的各种生活样式之间都有着联系。这是值得深入探讨的问题。

原文刊载于《民族艺术》，1999（2）

满-通古斯语族民族神话

孟慧英

一

“通古斯”作为族群名称出现于17世纪初俄国人向东扩张的报告中。此后无论是18世纪的旅行者、外交人员，还是19、20世纪的民族学家、考古学家，在他们的报告和学术研究中都普遍使用这一语汇，尽管人们在有关民族单位、民族志复合、民族语言等人类学观点上，对这个术语有着巨大分歧。总的看来。“通古斯”一词有广狭两义。在民族学界，狭义的“通古斯”是指埃文基（即鄂温克）一族，而广义的“通古斯”族则包括主要分布在北亚与东北亚的俄国和我国境内的过去和现今在语言上相似的各集团。理想主义的人类学者试图在通古斯若干不同集团中发现共同的人类学和文化典型，这方面的成就虽然可观，但涉及到每一个通古斯族体的起源，族体演化，语言与文化成分的特别之处和复杂性时，颇感“通古斯”作为含义特定的概念并非十分适合。目前我国学界在某种情况下通常使用“满-通古斯语族”这一语言学用语来代称“通古斯”一词，它特别强调各民族曾有过的共同语言及与此相关的历史时代形成的通古斯区域文化个性。我国属阿尔泰语系满-通古斯语族的民族包括满族、鄂伦春族、鄂温克族、赫哲族和锡伯族，它们是本文探讨的主要对象。从我国的史料记载来看，上述民族无论在渊源上，还是在民族形成阶段上的民族的组合中，都不尽相同。但是这些民族单位的祖先乃至这些民族发展的早期阶段都曾经依赖于通古斯的文化与生态环境，存在过通古斯集团的那些共同文化要素。在一定历史阶段内，上述民族的通古斯文化特征曾处于十分典型且又相当活跃的历史时期。

二

满－通古斯语族各民族中神话的生命活力存在于它的生态环境、生计手段、氏族社会组织以及人们的行为准则之中。神话作为观念的表达方式，其把握现象、赋予现象以意义的过程，反映了人类在早期人天关系信仰中创造的经验智慧和实用规则。从满－通古斯各族的萨满教面貌来看，神话与萨满教总的原则一致，并且与宗教仪式和法术活动联系紧密。同时神话对有关宇宙结构、物质本源、不同生命形态和演化以及生命形态之间的沟通基源与方式等方面，在象征逻辑和认知价值上，亦给予永恒且超越的表达。犹如荣格所说：“神话不仅代表着而且就是原始部落的精神生活。”①

满－通古斯各族的动物神话是其神话的重要种类，其中的角色，主要由人们熟知的动物来充当。人们天真率直地表述自身与动物之间的血缘关系，其情感态度蕴藏于具体可感的形象之中。鄂伦春族传说：

> 一个猎人为雌熊所掠，关在山洞里，同母熊住在一起。不久，雌熊生出一个半人半熊的小崽。后来猎人趁雌熊携子出洞觅食之机逃走。雌熊发觉后追来。猎人沿河岸奔逃，恰逢上游漂来一木筏，于是跳上木筏。雌熊追赶不及，愤而将所带小崽撕为两半。一半掷还猎人，一半留给自己。从此随雌熊生活的一半成为熊，随猎人生活的一半成为鄂伦春人。②

赫哲族中人变熊后生熊，熊与人婚媾生氏族等故事，也都围绕熊和它的生命活力，说明熊与人间相系相生的直接性。与动物通婚而成氏族，或由此得到充足的猎物，成为各族普遍的神话叙述类型，这些动物包括虎、鹿、狐狸等。与掌握着生命力量的图腾形象相比，人们对作为监护神灵的动物亦热诚鼓吹其超自然的神力，并赋予其神圣的创世荣誉。例如海豹从洪水中驮出一对男女，保护人类不致灭绝③。许多动物是创世者的助手、上天入地的报信者、地方的守护神，乃至大神灵的跟随。还有的动物用自

① ［美］阿兰·邓迪斯编：《西方神话学论文选》，343页，上海文艺出版社，1994年。

② 徐昌翰、隋书今、庞玉田著：《鄂伦春族文学》，32页，北方文艺出版社，1993年。

③ 富育光著：《萨满教与神话》，辽宁大学出版社，1990年。

己庞大的躯体支撑着亘古长存的宇宙。鄂温克神话讲，阿尔腾雨雅尔（意为金蛤蟆）用四只脚擎天，后来它们变成了粗大的柱子，擎举茫茫无边的苍天。有时它觉着太劳累了，就松动一下身子。它一欠动身躯，天地都跟着剧烈地摇晃不已，有时还要燃起天火，溢出滔天洪水。这样，就在世间出现了地动。①

满－通古斯各族的植物神话亦内涵丰富，所包含的观念层次不尽等同。其中最有代表性的是"柳"神话。柳作为自然力的化身，诗一般地表达了万物酝生阶段生机勃勃的自然形式和运化能力。神话中保留了两者混融的解释："阿布卡赫赫（天女）与恶魔耶鲁里鏖战时，善神们死得太多，阿布卡赫赫只好往天上飞去。耶鲁里紧追不放，一爪子把她的下胯抓住，抓下来是一把披身柳叶。柳叶飘落人间，这才生育出人间万物"。柳的孕生万物的象征意义，在氏族祖先神话中，被作为生命之源，融入奇迹般的个人经历。"大水中只剩下一个人随波漂流，眼看就要被淹死了。忽然水面漂来一根柳枝，他一把抓住柳枝，才免于淹没。后来，柳枝载着他漂进了一个半淹在水里的石洞，化成一个美丽的女人，和他媾合，生下了后代"。②

满－通古斯各族神话中，众多女神以其遍布宇宙的创造伟力，创建出一个神圣的女神王国。阿布卡赫赫是这个王国里的主神。

> 世界还在天水一界之时，由于水流溢不定，水泡增多，其中生出阿布卡赫赫。她其大无外，其小无内，小的像水珠，大的如天穹，轻能浮空，重能沉水，无处不在，无处不有，无处不生。她能气生万物，光生万物，身生万物。空宇中万物增多，清浊分野，轻清上升，重浊下降。于是阿布卡赫赫下身又裂生出巴那姆赫赫（地女）女神。清光成天，浊雾成地，天地姊妹尊神位立。气浮于天，光游于气，气静光燥，气止光行，气光相搏，气不束光。于是阿布卡赫赫的上身裂生出卧勒多赫赫。这个女神好动不止，周行天地。她用阿布卡赫赫的眼睛之气光生日、月、七星。阿布卡赫赫、巴那姆赫赫、卧勒多赫赫，同身同根，同显同现，同存同在，同生同孕。三神永生永育，肩有大千。三位女神性情各异，顺其本性造人造物，因而出现千差万别的生物种类。就连敖钦女神，其骨肉魂魄也来自三女神，后来变成恶魔耶鲁里，由

① 隋书金编：《鄂伦春族民间故事选》，上海文艺出版社，1989年。
② 隋书金编：《鄂伦春族民间故事选》，上海文艺出版社，1989年。

于吐出的云气和烈火干扰地女神的宁静，被打成能自生自育、一角九头八臂的两性怪神。从此它化气升天，化光入日，凭角入地，毫不畏惧女神们。它闹得地动山摇，地水横溢；闹得风雷四震，日月无光；飞星（流星）满天，万物惨亡。

神话《天宫大战》讲的就是女神们与恶魔耶鲁里之间的斗争。三女神还有自己的女儿神，像西斯林女神是阿布卡赫赫的爱女，是穹宇中的力神，统管天地风气，神威无比。地女神最宠爱的女儿福特锦生得四头六臂八足，身高齐天。四头分视四方，眼睛能看穿岩土峦岳。她的六臂托天摇地，拔山撼树，能缚捉千里之外的飞鸟奔兔。闭眼能采摘野果，辨百草。她长着人脚、兽腿、鸟爪、百虫的足，跑起来连风也追不到。女神们还有一大批女性助手神，像多喀霍女神，她住在地神肌体的石头里，能自生自育，帮助众神获得生命和力量。长在地母心上的突姆火神用自己身上的火毛火发抛到夜空，变成千星万星，为地母设光，而她却全身精光，变成光秃秃、赤裸裸的白石头，吊在三星上，发着最后的微光，为生灵造福。还有为苍穹制造香云的依尔哈女神，帮助三女神生育万物、付给灵魂的者固鲁（刺猬）女神，迎日女神兴克里（鼠），洞测寰宇信息的德登女神等。这些女神的身躯都与三女神肉体有渊源，有的是她们的不同部位或质量的肌肉所变，有的是由她们的身泥而成，等等。女神的数量，据《天宫大战》称，有三百余位。

满-通古斯各族还有许多散在的女神故事。其中《三仙女》神话由于后来成为清代皇族的始祖传说，影响较大。《满文老档》记载天聪九年（1625年）一个叫穆克什克的人讲的“三仙女”故事：古来传说，在布尔和里池的三个女子恩古伦、曾古伦、佛库伦来沐浴，最后的女子获得神鹊衔来的果实，含在嘴中进入咽喉就受孕了，生下布库里雍顺。这则神话在后来的《满洲实录》、《清史稿》、《皇清开国方略》、《满洲源流考》等书中，将布库里雍顺称作爱新觉罗氏的始祖。他生而能言，貌奇，乘柳蒿设座之舟，凌空而去。适逢三姓动乱之地，自曰：“我天女所生，以定汝乱者”，众人以“天生圣人迎之，推为国祖”。虽说附加部分有美誉祖先之嫌，但仍不失天真质朴的神话风格。从掌握自然力的万物之母，即三位一体的姐妹神，到三仙女这般纯洁无瑕的童贞女，不难看出人们赞美生命的热情，她们是赐予生命的“太阳女人”，是生命的火种。童贞品质则代表着神的价值和不朽的神性。

满-通古斯语族各民族对自然表现出无可比拟的创作自觉性，无论是系统的创世神话，还是对自然力各类神灵的具体化、形象化、人格化的表述，都包含了无穷的幻想。可以说，把活的生命加到全部自然身上的哲学，推动了神话的发展。在这类神话里，创世神祇本身就是宇宙物质本原"气光"能量的体现，她身体的每一部分都代表一种神秘力量，由她派生的无数生命体均有表现其个性的名字和事迹。雷神是阿布卡恩都力（天神）酣声所化，风神是他的双脚化生，一个声啸裂地劈天，勇不可挡，一个风驰电掣，威风凛然。两神为争天神额头红瘤所化的其其坦女神争斗。而这女神却私盗天神心中神火，下凡到冰厚齐天、无法育子的大地。她为大地和人类送来了火种，招来了春天，而她自己却在运神火中被烧成虎目虎耳、豹头豹须、獾身鹰爪、猞猁尾的一只怪兽。她变成赐人火种的拖亚拉哈大神，四爪趟火云，巨口喷烈焰，驱冰雪，逐寒霜，驰如电闪，光照群山。日月永恒却又不断更新，阳光与黑夜，完美与缺陷，更迭与延续，在神话中都被赋予生命形式。太阳、月亮本性是人，通常是丈夫和妻子，或是兄妹。太阳常被视为女性。恩都力在天上划出界线，让太阳、月亮分开行走，只有天黑的时候，他们才能到一块①。太阳给人类带来温暖和光明，也造成酷热和干旱。当众多太阳就要烧尽世界时，人与自然之间发生了激烈的冲突和斗争。射日神话展示了人类控制太阳运行节律和光热发散的大胆奇想。《达公射太阳》、《三音贝子》中的英雄犹如法力无边的大萨满，有的射下十一个太阳，有的用五彩大绳套住八个太阳。太阳落地砸出了河湖，或被埋葬，而葬处的土色被烧得通红。②

纵观满－通古斯语族各民族神话，其对崇祀的各种自然神祇、祖先神、英雄神、萨满神及各类专门祭典都有直接的观念表达。如三女神信仰也和世人熟知的猎熊仪式一样，是相关神话的基源。三女神在祖先神、萨满神、自然神中有其神位，有的还将她们雕成连体木制神偶，装入代表宇宙的桦皮盒内，盒正面刻有云朵、水和柳叶，象征光明和生命。萨满仪式的形式与内容在一定程度上制约了神话的叙事方式和结构，这是不言而喻的。此种仪典神话，观念和象征与自然和存在浑然天成，画面充满奇幻意境，语言亲切热诚，情感丰富且饱含生命力。此外，在文化土壤中已经习惯了神话叙事模式，反复应用于相似或不同的表现主题，也是满－通古斯神话的一种特色。如造人神话中造人者为神、萨满老太太、普通人，造人质料有泥土、桦木、石头。除了物质形体，造人者还赐果实、水、气等，使人类有了生命灵气。人们还将男女在体质、性格、性别上的区别，归之

---

① 富育光著：《萨满教与神话》，辽宁大学出版社，1990年。

② 富育光著：《萨满教与神话》，辽宁大学出版社，1990年。

于神的造人质料。大同小异的日月神话也展现了一些同样的情节。这种贯穿于各类神话中的操作技术，显示了稳定的民族文化兴趣及神话表达的风格特色。另外神话在自然现象上展现的精神哲学，借助神话逻辑、神话想像范畴的系统关系，放射着智慧火花和古老的思想光辉。比如从生命之光到宇宙本原物质的光，其象征物体包含着不同级类的形象，无论是创世神、火神、星神，还是女祖先、东海女神、创世助手鸟、蛇、刺猬等，都曾作为光明与生命属性的负载者。在变幻多端的神话里，种种形象中的共同品质所开示的认识意义，使神话奇诡的象征主义传达出理性。因而神话对包罗万象的世界的综合与构想，不仅协调流畅，而且气魄宏伟，意贯寰宇。神话是文学早期形态的土壤和宝库。满－通古斯民间创作里有显而易见的神话象征形态特征的遗留，诚然，其民间文学的情节模式和它的结构功能也发轫于他们的传统神话。

三

《天宫大战》是满－通古斯语族各民族内普遍流传的创世神话。其来源有个重要传说。据《爱辉祖风遗拾》说，此“乌车姑乌勒本”（神龛上的故事）九段是一白发神婆在凡人梦中口授示人，因其内容超过其前所传，为萨满敬佩崇拜。《天宫大战》开篇为“颂”，赞颂传讲神话的神灵，实为介绍神话的来源。“不知是几辈奶奶管家的年头，从萨哈连大下游的东头，走来了骑着九叉神鹿的博额德音姆萨满，百余岁了，还红光满面”，“是神鹰给她精力，鱼神给她水性，阿布卡给她神寿，百鸟给她歌喉”。黑龙江土著人中的这个博额德音姆萨满，走屯看卜行医，甚有效验。她能歌善舞，行走携带用九块鳇鱼大骨做的“恰拉器”（响板）说唱故事。她死后成为萨满神龛上的歌舞神、记忆神。这部神话，相传出自她口。白发神婆，亦传为她的显现。该神话流传的地区与传说所述基本一致，可以断定它是满－通古斯人传统生活区域内传播的东西。这一神话起初并无定名，以其内容被传称为“神魔大战”、“天神会战耶鲁里”、“博额德音姆故事”等。20世纪30年代，根据黑龙江爱辉、孙吴地区满族萨满所传，吴纪贤、富希陆译满语为汉文，记录于册，遂定名《天宫大战》。现所见简译本载于富育光所著《萨满教与神话》一书。《天宫大战》全篇九章，是目前所见满－通古斯语族各民族内流传的唯一长篇创世史诗，它讲述了创世三女神与恶魔耶鲁里之间的剧烈征伐的首次宇宙大战，其结果产生了一部连贯一致的神圣历史。

《天宫大战》中，由创世三女神为一方，以恶魔耶鲁里为另一方的数十位生机勃勃的形象组成了无所不包的同一世界。神话依据具体且定性的象征规划，对如此广博的形象进行合乎其内在属性及神话想像的动态刻画，使得故事形象和情节生动活泼，气象万千。创造世界的无所不能的造物主阿布卡赫赫原来是宇宙第一物质与能量，即气与光，运化积聚而成的天地尊神。她的神性无与伦比，她的力量无以穷尽。她掌持天地，运用天地资源，化幻穹宇，育生万物。“她能气生万物，光生万物，身生万物”。与其同体的地神巴那姆赫赫是从她的下身裂生，因此，她代表了上升成天的清光，巴那姆则是下降成地的浊雾。升天的气光中，两者运动也不同步，气静光燥，气止光行，气不束光。阿布卡上身又裂生出卧拉多赫赫(光明神)。由于清浊不同的元气属性，气光束离的运化差别，三女神由此引发出一系列不同的性格和功能表现。阿布卡赫赫（天神）、巴那姆赫赫和卧拉多赫赫虽然同根同身，同存同现，但禀赋不同。阿布卡性慈，巴那姆性憨，卧拉多性烈。三神造就的物种由于与她们的不同因缘，获得了不同的种类和属性。巴那姆嗜睡，不履行合力造人的约定，阿布卡和卧拉多只好先行造人，她们造的女人心慈性烈。巴那姆所造由于天光而生，不管禽、兽、虫，都白天喜睡，夜间活动，惧怕光亮，嗜好穴居。因缺少阿布卡赫赫的慈性，它们相食相残。敖钦女神是阿布卡用身肉给她作成九个头，卧拉多用身肉给她作了八臂，让她看守酣睡不醒的地神。两位大神的云气与烈火使她有称霸苍穹之能量，她的九头八臂又使她的聪明和能力威逼天下。况且她又在地神的怒气中砸出能入地插天的利角，能自生自育的生殖器。三女神的能力集于一身，她终于变成恶魔耶鲁里，与创世主雄争天下。神话中对立双方的面貌、成败，都与其当时保持的能量状态和它的聚失有关。卧拉多赫赫被耶鲁里打败，神光被夺走大半，变成十分温顺的天上女神，背着桦皮星袋，蹒跚西行，哑默无言。耶鲁里最后因气泄光败，光尽气竭，被打入地底层，连篝火灯光都不敢看，是一个只会在黑暗中号叫的九头恶鸟，成为黑暗与无能的符号。

《天宫大战》中，对立双方各据自己的能量和智慧，展开惊心动魄的斗争。反主神的势力吞噬光明与生命，施诡计要阴谋，制造混乱。众神为了维系宇宙秩序，全力同破坏者抗衡，并一往无前地惩治它。变混沌为宇宙是该神话的主旨，人们的精神伦理倾向从中得以展现。耶鲁里的身、眼、耳、汗毛都能生出蜂群一般的成千恶魔。它能吞噬万物，使浊雾弥天，禽兽丧亡。它的每一次成功，都扰得天昏地暗，日月无光，冰雪盖地，生机无存。耶鲁里行事往往诉诸机巧和诡诈，是个十足的骗子。它用九头变做九个太阳般的亮星，使卧拉多赫赫受骗，当把它们装入布星口袋时，她自己却被带入地下，成了耶鲁里的俘虏。它乔装成赶鹅的老太婆，将越变越多的生鹅化作筋绳，抓住阿布卡赫赫，结果天摇地晃，日月海暗，禽兽灭亡。与它的欺骗和戏弄这类低劣的本能相对，阿可布卡赫赫代表了智慧。她用七彩神火照穿化光而逝的耶鲁里的真面貌；她用身上的香肉变成香气四溢的秀美草地。她天地一般的慈悲愿力，给万物以生命及温暖和光明。万物母子一根藤，荣辱共存，相感相应。在同恶魔斗争中，天地众神，飞禽走兽都曾是阿布卡赫赫的生死帮手。每逢阿布卡遇难，都是其手下的将帅侍从舍生忘死，全力救护，使她转危为安，休养生息，奋起再战。阿布卡赫赫再战耶鲁里，吃石补身，壮力生骨。她的侍女白腹号鸟、白脖厚嘴号鸟日夜不停飞往东海采衔九纹石向她供养；在阿布卡赫赫被杀的一刹那，者固鲁女神变的芳香四散、光芒四射的芍药花打击耶鲁里的眼睛，疼得它闭目打滚，吼叫震天，捂着九头逃回地穴之中，阿布卡赫赫因此得救。最后一战，阿布卡赫赫搓下身泥变成的无数米亚卡神，除掉耶鲁里的无敌长角的威力；通天树上的三百女神继而将它赶到水中；水里的鱼母神咬住化形成蚯蚓的耶鲁里的尾巴。耶鲁里化成黑风逃窜，在它歇息之时，落在德登女神化变的星斗上，女神把它踩入地心，正被地母的女儿福特锦逮住。它被掐破肤甲，轧漏光气，恶风骤减，三女神和众神、禽兽齐上阵，一直将它打到再不能扰害天穹的地底为止。耶鲁里的失败是众神通力合作的结果。神话歌颂了自我牺牲、团结互助的原始人道主义美德。

《天宫大战》集注于解答万物起源的奥秘，这也是它生命力之所在。万物的生成自然离不开造物主的积极作用，人类、云雷、谷泉、日、月、七星等都是大神自强不息、矢志不移的创造。宇宙创生为神圣的善举，大神无所不能的力量是完美的自由。神话里神祇之间的鏖战和搏击，无不带有宇宙性，它展示了自然的生命化、人格化的过程。阿布卡赫赫被耶鲁里骗入雪山之底，她只好啃巨石充饥，不料将多喀霍女神吞进腹内。因她是光明和火的化身，烧得阿布卡赫赫肢身融解，眼睛变成日月，头发变成森林，汗水变成溪河。神幻骗子的属性并不影响耶鲁里创造宇宙成果。在神魔双方的对立斗争中，万物产生作为结果，是某种力量流溢的必然转化。如耶鲁里战败逃跑时放散的魔气，化成了山岚恶瘴，疫病；片片黑甲，变成龟蛤蛛神，供后人占卜之用；它的败魂化作满盖，妖害人间。由于耶鲁里扯断了捆绑神鹰的神锁，神鹰魂力大长，其形扩大，因此天神命它抚育世上第一个萨满。自然面貌的纷繁变迁还归之于大神的辛勤整肃。战胜耶鲁里之后，阿布卡赫赫分派各路神祇安顿河山。太阳鸟被派到水中，冰水之中开始有了生命；四位神侍被派往人间，职掌方位；阿布卡拔下腋毛化成水龙，大地上重现江河沟岔，养育人类。

《天宫大战》代表着满－通古斯语族神话的辉煌成就。在波澜壮阔、精彩奇异的宇宙生命运化中，人们利用形象与意义的象征关系，将形象行为同宇宙现象结为相互依存的统一体，以富于哲理的方式解释万物来源和古老氏族的精神原则。无比广大，生生不息的宇宙力量和形象展示的伦理道德在这里达到天真而又精彩的统一。形象显而易见的两相对立的属性和品质，不仅分解出相应的象征序列，也在天体宇宙和伦理观念之间建立了关联。对立双方相互粘着的冲突，成为神话情节发展的动力。无论情节还是形象，神话都以其相互连属的制约关系，给予动态的描述，从而传达了一种复杂曲折的活动。在神魔起伏跌宕的胜负之间，神话唤起热情、兴奋，或恐惧、愤怒。神话在运动与变化中展现的气势与力量，既优美又壮丽。此外，降魔除妖堪为神话的中心主题，在满－通古斯的史诗、传说、英雄歌、神幻故事等民间叙事作品中，神话的这一传统话题在不同程度上的延续是不言而喻的。①

原文刊载于《满族研究》，1996（3）

① 本章未加注的例证引文均见富育光《萨满教与神话》。

中国的普罗米修斯：拖亚拉哈和托阿恩都哩

——东西方盗火英雄比较研究

汪玢玲

一

《雷州师专学报》1987年1月号发表了蔡茂松同志的文章《中国神话有普罗米修斯吗?》，他列举了前人的研究成果：茅盾认为夸父是中国型的普罗米修斯；袁珂认为鲧是中国的普罗米修斯；旅美台湾学者陈鹏翔认为普罗米修斯是火神，故中国的燧人氏、炎帝、神农氏、祝融、回禄和《封神演义》中的赤精子、罗宣、刘环等也算普罗米修斯。陈氏指出这些火神“唯无人代表和完成普罗米修斯所代表和做过的所有的事，所以事对事、功能对功能的比较是不可能的，并且是不实际的”。[①] 因此作者以为上述这些中国神话人物与普罗米修斯相比，虽有相似之处，却对不上号，“因为在中国神话中没有相同的事”。所以作者得出的结论是含混的，回答自己提出的命题（中国神话有普罗米修斯吗?）是自相矛盾的：“既有，又无”。我领会其意思大约是不甘心说中国没有普罗米修斯式的文化英雄神，但实事求是，又觉得这种比附有些勉强。于是蔡茂松同志探求了平行比较研究方法的一些原则问题，定出八项标准：要搞清产生这些类似现象的原因和理由；搞清研究对象各自产生及形成的社会条件和个人条件；比较主体的地位必须平等，不能硬套；要注意内容与形式的有机结合；文学的自律性是相对的，不是绝对的，应结合其他学科（如艺术、史学、哲学、社会

① 原文见台湾大学外文系《中外文学》5卷2期《中西文学里的火神研究》。转引自蔡茂松的文章。

学、生物学等）和社会生活综合研究等等，总之既要注意其微观方面的细节可比性与差异性，更重要的是要考虑比较对象的可比性和差异性。这些探讨是有益的，也是比较正确的，至少可以约束一下随意乱比的现象。按此标准他概括出普罗米修斯主要功业并列举许多实例，认为“普罗米修斯这一形象，在中国神话中由女娲、燧人氏、伏羲、神农这几个形象组成。从泛义上说，还可以包括了鲧。所以我说：在中国神话中，普罗米修斯这一形象既有又无。其论据就是如此。”①

其实，前人的比较研究没有掌握中国真正盗火英雄神话的资料，而蔡茂松同志的结论也并不令人满意。因为按他所掌握的资料和他所规定的平行比较研究方法的原则，他应该勇敢地说“无”，何必又说“有”呢？而我按这些标准来衡量，却毫不犹疑地说“有”。因为我看到了我们中华民族更为古远的盗火英雄神话的新资料——满族拖亚拉哈的故事。她是当之无愧的中国的普罗米修斯。她的事迹直到近年才被公布如下：

传说洪荒远古，阿布卡恩都力（男性天神）高卧九层天上，呵气为霞，喷火为星。只因他性喜酣睡，故而北地寒天，冰河覆地，万物不生。阿布卡恩都力额上红瘤（其其旦）化为美女，嫁与雷神西斯林为妻。风神将她盗走，欲与她繁衍子孙，播送大地。但见大地冰雪齐天，无法育子，便私盗阿布卡恩都力心中神火下凡。她怕神火熄灭，就把神火吞进肚里，嫌两脚行走太慢，便以手助驰。天长日久，终于被烧成虎目虎耳、豹头豹须、獾身、人心、鹰爪、猞猁尾的一只怪兽。她四爪趟火云，巨口喷烈焰，驱冰雪、逐严寒，驰如闪电，光照群山，为大地和人类送来火种，招来春天。这位盗火女神，就是满族萨满教中虔诚崇祭的拖亚拉哈大神。现在人们还传说，天上所以打雷，是雷神西斯林在咆哮着向风神索还妻子呢！②

这则满族神话是吉林省民族研究所富育光同志从萨满教神本《天宫大战》中挖掘出来的，发表已经两三年了，似乎至今尚未引起人们足够的重视。看来它的产生是相当古远的。因为它一开始就和原始宗教结合在一

① 蔡茂松著：《中国神话有普罗米修斯吗?》，载《雷州师专学报》（社会科学版），1987（1）。

② 富育光、于又燕著：《满族萨满教女神探析》，载《社会科学战线》，1985（4）。原文个别地方有些费解，后再次向富育光同志了解，某些字句作了修改。

起，抄本被早已前行的人们长期搁置和掩埋，口头传说亦不完备，故向无人知。另一则满族火神神话是满族故事家傅英仁讲的《托阿恩都哩》故事：

传说远古时，人间没有火，也不会用火，每年秋天由天神阿布凯恩都哩（即阿布卡恩都力）率领天兵天将带着天上神火到人间举行天火大会，在这一天内让人们尽情地享受火的温暖和幸福，过此一天，当阿布凯恩都哩回天的时候，仍把火带回天宫。人们请求把火种留给人间，天神总是不肯。后来在举行天火大会时，部落里生了一个小男孩，他母亲就将他起名叫托阿（满语“火”的意思），此子身强力壮，善于骑射。天神因他名叫托阿，就把他带到天上，让他看管火库。这个本是人间生的孩子，不习惯天上生活，怀念故乡，又羡慕天上有火，于是他就思索怎样“偷一葫芦火种”，把它带到人间，自己留在大地上，教会人们用火。后来他借陪伴阿布凯恩都哩到人间举行天火大会之机带着“一葫芦火种”偷偷躲在榆树尖上，把火种带给了人间。结果由于田鼠告密，托阿被阿布凯恩都哩抓回天上，把他倒悬在大树上，给以严酷惩罚，从人间收回天火，让田鼠看管火库。由于白喜鹊和黑喜鹊的帮助，托阿得救，又盗出一葫芦火种撒放人间。结果天神又一次收回火种，关押托阿。托阿再一次得到黑喜鹊（白喜鹊已在上次救他时被恶魔吃掉）的帮助，并得到神牛的据理力争，托阿得免一死，被阿布凯恩都哩派去石灵山打石头修宫殿。念念不忘把天火盗到人间的托阿隐身偷来一葫芦天火，就在“每天打石头的时候，找一些白色的石头，暗暗把天火一星一点地装到石头里。”正好阿布凯恩都哩找托阿往人间运送石块修行宫，托阿就借着运石的机会，把装火的石头一同运到人间，并把石中藏火的事，告诉了人们。人们拣回白石用力撞击，果然击出火星，从此人们又用起火来，可是那位为人间送火的托阿仍然在天上做打石的苦工。人间为了感谢他，把他奉为火神，春秋两次祭祀。①

① 见傅英仁搜集整理：《满族神语故事》，北方文艺出版社，1985年。“拖亚”或“托阿”都是满语“火”的意思。“恩都里”为男性天神。“拉哈”据说为通古斯语，有女神之意，故“拖亚拉哈”有女性火神之意，而“托阿恩都哩”为男性火神。

这两则生动的满族神话，不但说明我们有盗火英雄，还有男女两种盗火英雄。并且明显地看出，后者托阿恩都哩是从拖亚拉哈发展而来的。前者是母系社会或母系向父系社会过渡时期的神话，而后者是父系社会以后的神话。如果远在南疆的蔡茂松同志能看到这两份资料，我相信他会果断地说：中国神话中是有自己的普罗米修斯的。不但有男性的普罗米修斯，还有女性的普罗米修斯。

二

按恩格斯的说法，火的发明当在蒙昧时代中级阶段。此时“从食物中采用鱼类，与使用火开始。”① 人类对火的认识与利用是原始文化进程的一个突变和跃进，对人类文化的发展具有里程碑式的重大意义。“就世界性的解放作用而言，摩擦生火还是超过了蒸汽机，因为摩擦生火第一次使人支配了一种自然力，从而最终把人同动物界分开。”② 从这些盗火英雄神话中，可以窥见，在原始人的生活和想像中，火的获得和应用，给他们留下了非常强烈的印象，在母系社会或向父系社会过渡之间，产生了火的崇拜，同时或稍晚，塑造了自己的盗火英雄形象。

普罗米修斯（希腊语意为“先知者”）是希腊神话中的提坦神之一，是被天神宙斯放逐，与宙斯对抗的英雄神。他的功业有三：一是造人。他仿照自己天神的形象，用泥土塑造了人，智慧女神雅典娜又给了他们以灵魂和生命，于是世上有了人类。二是盗火。由于普罗米修斯维护人类利益，他叫人们把牛肉和牛骨分开，牛肉上敷以牛皮、牛肚；牛骨上敷以牛油，供天神选择。结果宙斯被骗，选了敷有牛油的牛骨，一怒之下，给人间断了火源。于是普罗米修斯到奥林匹斯山上，从太阳的火焰里盗出火种，播散人间。三是他教会了人们怎样用火，教会人们观察天象、学会航海术和建筑术，掌握文字、知识等各种技艺，把文明带给人间。而他的功业主要是盗火，盗火解决了人类生存的主要矛盾。很明显，盗火神话产生在父系社会男子统帅一切的时候，而且是在人们对最高主宰神的崇拜有了动摇的时候。正义始终在普罗米修斯这边，而宙斯成了嫉恨人类文明最早的凶恶统治者的代表。如此，希腊神话便都是“希腊人由野蛮转入文明所带来的主要遗产。”它反映的是父系氏族社会末期到奴隶社会初期的社会

① 恩格斯著：《家庭、私有制和国家的起源》，22页，人民出版社，1959年。
② 恩格斯著：《反杜林论》，112页，人民出版社，1979年。

生活。而东方的拖亚拉哈盗火女神，她所处的时代，当离发现火的蒙昧中期时代不远，作品交代得很明白："在洪荒远古"，此时主宰宇宙的虽也是男神，已有由母权制向父权制过渡的迹象，统治者已不是女神阿布卡赫赫，而转化为男神阿布卡恩都力了。但是这位男性天神的社会属性并不明显，却带有浓厚的原始自然神的色彩。他能"呵气为霞，喷火为星"，他酣睡不醒（不忠于职守），就会天寒地冻，万物不生。而能与他对抗，向他夺取火种的却是从他体内分化出来的女神，她出于育子的目的（这和普罗米修斯造人是一致的），杰出地完成了使无数生灵活命的女盗火英雄拖亚拉哈的形象，明显地带有母权特色。如果说此时已过渡到父系社会，那也是男性神尚未树立起自己的威信，父权制尚未稳定，妇女在人民心目中仍具有较大权威的历史时代。无论从主神的形象和女神盗火的目的来说，拖亚拉哈都比普罗米修斯早一个历史阶段。普罗米修斯之盗火，是人类于火的失而复得，与人类之初次得火，要晚得多。而托阿恩都哩的盗火事迹，在时间上却与普罗米修斯相当，都是父系社会末期或奴隶社会初期的生活反映。所不同的是托阿恩都哩是三次盗火（得火比普罗米修斯还艰难），其盗火方法不同，不是用芦苇，而是用葫芦装火，最后把火种藏在石头里才得运往人间，这反映了东方人文主义重视实际经验的特点。从东西方三个盗火英雄来说，普罗米修斯和东方的托阿恩都哩都是英雄时代典型男性英雄神（托阿恩都哩甚至被说成是人升格为神的），或者说是半人半神英雄。英雄时代是男子建功立业的时代，此时妇女已失去其荣耀地位，变为男子"淫欲的奴婢"。而东方早期的盗火英雄拖亚拉哈却带有原始生育女神的特征？她为了人间育子，亲自去盗天神心中的神火，而且不惜牺牲自己，把火种吞到肚里，被烧成怪兽，这不仅反映出北方浓郁的地方特点，也可见先民爱火之深，牺牲之大。无论从拖亚拉哈英雄形象的构成和盗火方式方法来看，都更带有东方信仰的特色。

关于神的形成和发展过程，历代神话研究者都有个普遍的认识："最初人是按照动物的样子创造神的，人形神是后来产生的。"① "原始狩猎民族在自己的发展中得到低级实体动物的支持，由此就产生了动物崇拜。"②于是和人类生存攸关的动物，"对于人来说，就是上帝。"而虎、豹、鹰、獾和猞猁，又是女真初民和萨满教奉为图腾的动物。于是这盗火女神因保存火种而被烧成虎目虎耳、豹头豹须、獾身、鹰爪、猞猁尾的一种怪兽。且意味深长地只保留一颗人的心没有被烧毁，这是她完成盗火神圣使命的

---

① 曹葆华译：《普列汉诺夫哲学著作选集》，386～387页，三联书店，1959年。

② 《马克思恩格斯全集》第27卷，第63页。

唯一动力！它很像闻一多之释龙图腾：龙这一团族是由马首、蛇身、鹿角、鱼鳞、狗爪各种图腾的一部分综合虚构而成。半人半兽的拖亚拉哈之变形，正是这样多种图腾物的综合形象。她不仅是妇女崇拜的产物，也是动物崇拜的遗迹。从旧石器晚期到新石器时期漫长的历史时期，都是这半人半兽神产生的盛期。如此看来，拖亚拉哈的形象正是人类童年时期即母系氏族社会的产物。从她的未与自然神分开、半人半兽的造型上看，她比普罗米修斯（也比托阿恩都哩）要早上整整一个历史阶段。她“四爪趟火云，巨口喷烈焰，驱冰雪，逐严寒，驰如闪电，光照群山，往人间送火，招来春天，”这个原始人想像中的火神形象，具有地母一样的生育能力，怀有极大的自我牺牲精神，自我燃烧地从天庭滚驰而下，给人间带来一片生机，多么炽热博大而强悍的创世祖母！而普罗米修斯是典型的父系社会中的抗暴英雄，是英雄时代的产物，这种文化英雄神或文化超人，更多具有人性，实际上是早已进人文明时代的精神遗产。普罗米修斯被宙斯派来的神鹰啄食着心肝，鹰不断地啄，他的心肝不断地自己生长；鲧被斩后，他的尸体三年不腐，从中生出禹来继承他的事业，显示了男性英雄神的无限神力。

从天神宙斯和阿布卡恩都力的形象来说，阿布卡恩都力也比宙斯要早，他带有早期自然神的特点，本身就蕴藏着火种，他额前的红瘤就可以幻化为美女，嫁给雷神西斯林。由于她象征温暖和生命，被风神抢去繁衍子孙。这里很难得的是在中国原始女神雕像中闪露出神族的男女风情，曲折地反映出杂婚时代的信息。而“冰雪齐天，万物不生”的严寒景象，却被理解为男性天神酣睡怠职的结果，这当然是生产力极为低下的北方原始人观念中互渗律和自然观的反映。无处不与自然界充满矛盾斗争的原始人，自然把火的获得视为极大的功业。在先民的生产经验中，首先是妇女在炊事和育儿方面发现火的价值。于是把人类寻找火源时所付出的巨大牺牲，加以想像神化，就创造了拖亚拉哈的英雄形象。这里的阿布卡恩都力，作为宇宙的自然神（自然力的代表），却显得憨痴无力，缺乏制约性。因为它与人的意愿背道而驰，就连他身上长的肉瘤也会化为美女，从他身上盗出火种，被风神雷神追逐着，到人间去繁衍子孙。盗火女神拖亚拉哈代表着人类的利益，懒惰的天神却被孤立着、分割着，可见东方的女盗火英雄神话，反映了人与自然斗争的艰苦过程和伟大的胜利。而宙斯和后期的阿布凯恩都哩，嫉恨人间的幸福，对人类的盗火，采取了一系列报复手段，不但垄断火源，给盗火者以严酷的惩罚，还通过潘多拉把灾难、欺骗、忌妒、恶魔和疾病统统带给人间！同样是掌管宇宙的天神，宙斯（包括后期的阿布凯恩都哩）的社会性则更为明显，它更多地反映了私有制下世俗的矛盾，在他身上奴隶社会中统治者的恶德，昭然若揭。

三

最后，从盗火方法来说，也可以看出东西方取火经验之不同和宗教信仰之有异。普罗米修斯从太阳那里盗火，把火种藏在芦苇管里带向人间，并教会人们用火，反映了希腊人对太阳的崇拜和保存火种方法的古老回忆。中国东夷各族也是崇拜太阳的。但东方的日崇拜总是和神鸟（鸟图腾）结合在一起。天火与地母之间的传递者是用飞鸟的翅膀联系、叠合着的。而在北方萨满教神话中，太阳火是被天神垄断着，存放在他的神体里，充满神秘意味。因此天神的睡与醒，闭眼与睁眼，就直接影响着气候的寒暖、天时的变化。所以盗火不是直接从太阳索取，而是要到神体内盗取。如果说希腊盗火是超验论的本体论的体现，则中国之盗火更富于人文主义、经验论的色彩。中国火神神话更着重于从木石取火，如汉族的燧人氏钻木取火、满族的葫芦装火、白石或燧石藏火神话则更具特色。一则神话说突姆妈（火奶奶）见天地无光，人类谋食艰难，便把自身发光的毛发拔光，抛出去成了天上的千万颗明星，给人间带来光明，可是她自己却变得全身赤裸，只好躲进石头里。火神住进石头，或被藏进石头，正是先民钻燧取火经验的写照。更古老的满族火神神话阔霍女神也是住在石头里，宇宙得到她就有生育能力。一次阿布卡赫赫（比阿布卡恩都力还早的女性天神）和恶神耶鲁里打仗，被骗进深山，饥饿难忍，吞食山石活命，连阔霍火神也被吞进肚里，烧得阿布卡赫赫坐卧不宁，一下子闯出大雪山，热火烧得阿布卡赫赫肢体融解，眼睛变成日月，头发变成森林，汗水变成溪河……①

这个具有无限能源和生命力的火神是暴烈地火的象征。甚至连最早的天神阿布卡赫赫都是靠她赋予无穷的火力，才创造出宇宙和人类。这应该说是生活在原始长白山火山口（今之天池）东北的女真先民们对火山爆发威力的强烈感受和绚丽的幻想。它反映出原始人朴素的唯物主义观念和东方人文主义的特色。在这些东方火神神话里差不多都包含着石崇拜和火崇拜的内容。特别是后者，更常见于萨满的吞火术。因为北地天寒地冻，对

① 富育光著：《满族火祭习俗与神话》，载《民间文学论坛》，1986（4）。

火和光明温暖的渴望，是出于人们的实际需要，故“萨满教徒所举行的每一个仪式都必须有火。”① 拜火、祭火、舞火成为驱邪跳神所不可缺少的仪式。如跳神时表演豹神临凡，便有喷火的豹形火神，模拟豹的吼声和跳跃，口含火炭，喷火如彩练；表演蛇神临凡，萨满就手舞火红的铁钎，在地里爬行穿梭；表演金花巨蟒临凡，萨满就双手舞转火香，形成金花火轮，满屋飞旋。若表演风神、火神、雷神降临时，萨满就在铺满殷红炭火的院中赤脚迅跑，俗称“跑火池”，也叫走火术（在鄂伦春族、达斡尔族、鄂温克等北方各少数民族皆有此等火技，也有许多火的禁忌）。从萨满教的吞火术和走火术也可以追溯出它们和远古盗火女神神话拖亚拉哈吞火变形故事的承传关系，甚至可以说后世萨满教中的火技就是原始盗火神话英雄形象的再现。如此看来，东方的盗火英雄神话，宗教色彩十分明显，她本身也可以说就是宗教神话。可是它却如此古朴、雄浑，充满先民征服自然的宏伟气魄和自我牺牲精神，丝毫没有后世宗教中的愚昧和奴性。中国的拖亚拉哈盗火女神和托阿恩都哩完全可以和希腊神话普罗米修斯的伟大形象媲美，她们也完全可以称之为东方“哲学日历中最高尚的圣者和殉道者。”

可是文化有弘扬与贬抑之别，神话也有幸有不幸，希腊的普罗米修斯产生不久就是西方哲学家与文学家的宠儿，他们以各种文学形式不断地加工，进行再创作。自埃斯库罗斯的悲剧《普罗米修斯》问世以来，一直是后世作家、诗人、音乐家如卡里德朗、伏尔泰、赫尔德、雪莱、歌德、拜伦、贝多芬等歌颂的对象，以致被马克思称为“哲学的日历中最高尚的圣者和殉道者”。“普罗米修斯之火”，被用来表达同恶势力斗争，达到最高尚目的和从事正义的革命事业的崇高警语，鼓舞着世代人民前进。可是东方的拖亚拉哈和托阿恩都哩的盗火故事却长期（几千年地）被埋没在原始宗教里，秘不外传，不为人知。除了少数满族姓氏中尚有口头流传，他们的名字对所有人都是陌生的。也很少有人从近代保留的萨满火技中探知它的原始含意。而它一旦被挖掘出来，却是那般惊世骇俗，光彩照人！

我们怎样补偿几千年历史的掩埋给文化史带来的巨大损失呢？过去我们长期干着洗孩子倒脏水时连孩子也一齐倒掉的蠢事，一提原始宗教，就以革命者姿态避得远远地，不屑一顾，或盲目狠批，岂不知，先民的智慧和伟大精神才力的集结，却正在这种宗教“神本”里。过去我们只重视汉族的典籍，成年累月爬行在故纸堆里，皓首穷经，所得甚微。而有志于民

① ［土耳其］阿·伊南著：《萨满族今昔》，转引自《满族火祭习俗与神话》。

族口碑文学的同志们，立志发扬民族文化，深入民间，长期从事田野作业，却常常有所创获，这不能不引起人们的崇敬和深思。我们真真应该打开自己封闭的门窗，走出窄屋，多方吸取阳光和空气，开阔视野，捕捉新的课题，为繁荣我们的祖国文化做出重大贡献。

原文刊载于《北方民族》，1988（1）

满族萨满教女神神话初析

富育光　于又燕

满族是一个有着悠久历史和文化传统的少数民族，其先民曾以传奇般的弓弩骑猎，开拓并繁衍于广袤丰饶的黑水白山，创造了绚丽多彩的民族文化。

过去，由于一些历史上的原因，致使许多富有科研价值、十分宝贵的满族民间文化遗产未能得到妥善保留和及时的搜集整理。至于满族古代神话的研究，更始终处于一种极为薄弱的状态之中。人们也许会有这样的疑问：满族作为一个民族共同体，出现于明末清初，又与汉民族有较长期的生活接触，本民族的文字语言久已废弃，民族特点似乎不突出了，那么，还有什么神话可言？

诚然，作为一个民族概念，满族只有短短三百余年的历史，满族神话很少见于典籍，即使有个别满族族源神话传说的官方记载，也似有后世伪述之嫌①。但，我们能否据此推断满族没有自己的古代神话传世呢？

关于这个为世人关心的问题，笔者曾于1958年、1962～1964年以及1978年以来，在东北三省满族聚居区和京津等地做了较为翔实的调查，发现有大量满族先世神话，藏于满族诸姓萨满教神谕②和萨满故事中。特别是近年来，随着党的民族政策的近一步落实，一些满族聚居区相继成立了满族乡，一些满族穆昆（族长）和各姓萨满老人，积极提供了不少代代传承、极其珍秘的神本和神词赞语，使我们得以对满族及其先民创造并保留下来的众多古代神话，有了较为广泛的接触和了解。恩格斯说："荷马的叙事诗及全部神话——这些都是希腊人由野蛮转入文明所带过来的主要遗

---

① 《长白山三仙女传说》，系清皇室本姓传说，最早见于清崇德元年（1636年）官修的《清太祖武皇帝实录》，后清文献《满洲实录》、《满洲源流考》等照录。查此神话系由女真古神话编纂而成，笔者将另文专叙。

② 萨满祭神用的歌词赞语，叫神谕，或称神本。

产。"①满族古代神话，正是满族古代先民们遗留下来的最珍贵的远古社会的印记，是我们了解和打开我国北方远古时代社会生活神秘之宫的一把钥匙。本文试图结合多年来实际调查，专就颇有影响的女神神话，作一粗浅探讨，以求教于各位专家和同道。

一、满族萨满教女神神话的产生及其流传的条件

满族同东北地区的赫哲、达斡尔、鄂伦春、鄂温克、锡伯等少数民族一样，自古以来就信奉建立在原始社会渔猎经济基础之上的原始宗教——萨满教。

萨满教的世界观认为，宇宙分为三层，代表美与丑的神住在光明的天界，代表丑与恶的神住在黑暗的下界，中间为人类和禽兽草木所居。具有特殊能力的萨满，通过一定的祭告形式，招请善神，抚慰恶神，为本族祈福消灾。随着萨满教之发展，后来又产生天分五层、七层、九层诸说。

在具有这样世界观的萨满教中，必然会遗存丰富的神话故事。可是，由于"没有明确的教义教理，所遗史料又甚贫乏，萨满自身又绝禁公开宣泄秘密"②，且因清代作为统治民族的满族对之又不可以妄加臆测，清亡后世人一直沿袭旧说，所以对满族萨满教史前神话情况，始终不甚了了。

满族先民信奉萨满教始于何时？一般人从文献记载分析，多认为"萨满"一词在史书上最早见于宋人徐梦莘著《三朝北盟会编》，讲完颜金的女真风俗，有"珊蛮者女真语巫妪也，以其通变如神"之语。往上寻觅，确难发现有关满族先世信奉萨满教的明确记载。然而，国外土耳其学者阿布杜卡迪尔·伊南在《萨满教今昔》一书中却有记载："据公元519年的一份资料记载，在肃慎人中有一个女萨满，让一个王子到天上去旅行，然后把他招回来……在帐篷里斋戒了七天"。公元519年，正是佛教盛行的南北朝中期，从上述富有神话色彩的记述中，可见满族先民信奉萨满教，当更远在南北朝以前。

流传于民间的满族一些姓氏的萨满教神谕，为我们揭示了在史册上难以寻觅的例证。满族《富察氏家传神谕》记载：

> 在天连水、水连天，遍地大水的时候，人们呵，无法生活

① 恩格斯著：《家庭、私有制和国家的起源》，26页，人民出版社，1957年，

② 参见《满洲宗教志》，第117页。

> 了，是阿布卡赫赫给人世万物扔下了柳枝，拯救了生灵。阿布卡赫赫，还教人唱乌春，这就是神歌……

这个神谕中记述的天神，无疑是一位在洪水时期拯救满族先人，使其得以繁衍的始母女神。阿布卡赫赫，“赫赫”系满语，为“天母”的意思。又如，珲春《瓜尔佳氏神谕》中说：

> 本姓瓜尔佳哈拉，敬祀赫赫瞞尼。她是阿布卡赫赫身上搓下来的泥所变。赫赫瞞尼摘下一片青天作鼓，拿起一座高山作鼓鞭，当青天和山岩撞击的时候，从那震天动地的冬冬鼓声中，生出了男女和宇宙生灵……

这位用青天作鼓、高山当鼓鞭的女神，在神谕中不但是人类的始母，而且是位伟大的女萨满的形象。正因为人类万物包括一般鬼神都是从鼓声中产生的，所以神鼓才具有能震慑并驱使人鬼万物灵魂和招请诸神的神秘力量。“瞞尼”是满语，意为地位稍低于天神的神。

像这样记载萨满教远古历史的神话，在满族各姓氏神谕中还有很多。过去曾流传在嫩江、瑷珲等地，在国际上被誉称满族文学史诗《音姜珊蛮》（即“尼山萨满”）也记述了这样的故事：

> 在刚有宇宙时，阿布卡赫赫派音姜做世上第一个女萨满。她摇动神鼓，斗邪恶，救苦难，迫使鬼王放回两名已死的幼童的魂灵。她自己虽被杀死，却给世上留下了神鼓和萨满教。后世女萨满自诩是她的化身……

这位能上天入地，起死回生的女萨满，已是一位英雄女神的形象了。

从上述神谕和萨满教神话传说中，可以窥见萨满教在满族先民中流传久远、影响深远之一斑。这些萨满教神谕和传说中的主人公，都是女性大神，她们实际就是满族先民在神话中颂扬的开天辟地、孕育万物、繁衍人类、造福后世的始母神和创世英雄们。她们显然是北方渔猎民族在母系氏族时期对自然界朦胧认识的产物。

据历史文献记载，满族的先世，即史书所载的肃慎人，早在四千年前，便生活在白山黑水的广大地域了。近些年，在东北出土的建平南地乡、安图明月沟、榆树周家油房、呼玛十八站等多处旧石器时代晚期文化遗址和本溪后山及营口金牛山旧石器早期文化遗址，将这一时间推到了一万三四千年前的母系氏族社会时期。

从我们目前掌握的为数众多、珍存至今的萨满神谕和作为口碑文学流传于民间的萨满教女神神话，进一步反证了国内外考古发现的成果。在有些神话中保留着不少母权制社会“树上人”和“穴居人”的故事。它告诉我们：在人们只知其母、不知其父的时候，祖先们艰难地在冰封雪飘的漠北荒林中生活。夏天住在树上，冬天像野兽一样藏进地穴或山洞里。人们像蘑菇一样，一堆一堆地聚在一起。认为自然万物都有神灵，尤其敬畏火神。白天黑夜都有不同的女神来掌管，人们虔诚地向她们祈求光、热、水和好运气……可见，这些神话故事，正是北方母系氏族社会极珍贵的历史记录。

高尔基说过：“在原始人类的自觉生活的初期，宗教的创造是他们的一种尝试，要想组织自然现象的混乱状态，而把这些现象变成人类的神道的形象，——这是民众的创作，里面没有丝毫恐吓，而有一定的社会利益的意义，帮助思想、想像的发展，直到现在，还没有丧失一种‘艺术’创作的价值。”在这里，高尔基清楚地论述了人类童年时期原始宗教创造产生的实质，也揭示了它与作为一种原始艺术形式的古代神话的渊源关系。它们都是对史前期自然和社会的曲折、艺术的反映，都是具有朴素唯物论因素的“万物有灵论”的产儿。

满族萨满教女神神话的产生，和其他古代民族一样，都是出于对自己始祖起源、自然奥妙的探求以及其本身要求征服自然、支配自然的强烈意念，而且丰富的幻想中创造了自己民族的始母神和英雄女神们。他们以带有本民族地域特色和独特的民族心理气质的语言、歌舞等形式娱神自娱。久而久之，这种活跃的颂神举动，便被以一种日趋稳定的祝告形式固定在原始宗教中，逐渐凝集成奇幻斑斓的神话。原始宗教的祝告人，往往就是母系氏族的首领。从某种意义上讲，如果去掉神秘的巫术外衣，这种宗教仪式不过是用绘形绘色的语言和动作，宣讲本族的神话，传承本民族的文化历史，团结部族成员，共同战胜险恶多变的大自然，以求得本部族更好地生存繁衍。由于这些祝告人和氏族首领在当时生产生活中的重要地位，她们备受尊崇，很多就成为本族后世子孙所信奉的始母神、英雄女神和萨满女神了。

人类童年时代创造的女神神话，就这样与同属原始人类早期意识形态的原始宗教一起渡过了漫长的岁月。满族萨满教女神神话也正是这种历史传承与融合的产物。

与其他一些北方民族一样，满族先民经历了漫长的母系氏族社会。金代以降，留居在松花江下游和黑龙江地区的女真人，仍处于原始社会末期的落后状态。直到明末清初，东海窝稽部女真人中还保存不少母权制形态。这种落后的社会形态正是满族萨满教女神神话繁荣的土壤和一个重要条件。满族先民没有文字，只能结绳纪事，以语言为约，直至女真时期虽有过文字，但在民间未被普遍使用。这就决定了，富有魅力的群众民间创作、说古习俗和歌舞等艺术形式，在该民族中将得以充分发展。它普及到满族的宗教信仰和日常生活中，就表现为满族萨满教神话蕴藏丰富、说古习俗悠久和满族民间口碑文学必定成为满族文学史主流这样一个基本事实。

二、满族萨满教女神神话类型

满族萨满教女神，大致可以分为历史久远的“妈妈神群”和产生于母权制转化为父权制时期的年轻的“格格神群”。我们主要讲前者。

（一）自然女神神群与神话

在原始初民中，最早产生的神话主要是自然崇拜神话。这在世界各民族中大体相似。原始人对天体和自然现象当作有人格、有意志的实体予以崇拜，使之人格化、神格化，并根据自然万物给人类带来的恩惠和灾难不同，而把神分为善与恶、温顺与残暴两种性格。满族萨满教神话《天宫大战》，最早流传于黑龙江中下游的野人女真部落，其中有将近三百位音容不同、性格各异，神职神技也各不一样的自然女神，宛若神女的王国。它告诉我们，宇宙间第一位大神是阿布卡赫赫（后演变成男神，即阿布卡恩都里）。信奉萨满教的满族先民认为，天就是女人，是她生育并主宰着宇宙。但是，传说中最早最早以前，天神是没有形体的，像水一样流溢，像云一样缥缈，后来云水在雷战中凝生三女神，这便是最初的阿布卡赫赫，主宰宇宙的三姊妹大神。阿布卡赫赫，涵天生万物之意。她和另一位大神巴那吉额姆（地母），实为主宰宇宙天地的众姊妹神。巴那吉额姆形象伟岸，腹乳高隆，巨若山丘，威力无比，宽厚仁慈。她身上搓落的碎泥软毛，化作了树海山岩，滴出的汗水，化作了淙淙清泉。这位大地女神与奥地利维林多府出土的维纳斯女神有某些相似处：肥大的乳房，突出的骨盘与腹部，夸张了女性的特征，正深刻地表现出原始人类思维的相似和他们祈愿人类生息繁衍及生殖崇拜的观念。

世界各民族都有自然天体传说，其中尤以太阳神地位最为显赫。汉民族认为日神羲和和月神常羲，是造物神俊的两位妻子；羿射十日的神话，把太阳的精灵说成是巨大的金鸟。在满族《天宫大战》神话中，却记述了这样一个独具特色的太阳河神话：

> 洪荒远古，善神阿布卡赫赫与恶神耶鲁里争夺宇宙统治权。耶鲁里口喷黑风恶水，淹没大地，打败了阿布卡赫赫，一把扯去了她用九座石山九座柳林编成的战裙。阿布卡赫赫赤身露体地逃回天上，昏倒在滚动着一束束金光的太阳河旁。太阳河边一棵高大的神树上，住着一位名叫昆哲勒的神鸟。它扯下自己的羽毛，为阿布卡赫赫擦拭伤口，编织护腰战裙。又衔来金光流漾的太阳河水，喷洒她的全身。当阿布卡赫赫身穿九彩神羽战裙，从太阳河水中苏醒过来时，她成为一位金光灿灿、永远不死和不可战胜的大神。耶鲁里再也无法与她匹敌，被阿布卡赫赫打回地底……

在这个神话中，昆哲勒神鸟似乎是金光流泄的太阳河的精灵，它有着可以赋予宇宙主神以生命和神力的巨大能量。这个“太阳金鸟型”神话，表现了生活在冰雪严寒中的北方民族对光、热的迫切追求和由衷赞美。比起西方的阿波罗神话和汉民族的羲和、金鸟神话，具有更为宏伟的气魄和浓郁的北方地域色调。

《天宫大战》中还记载了一个盗天火的“普罗米修斯型”神话，这就是最为满族诸姓氏敬仰的大神拖亚拉哈故事：

> 洪荒远古，阿布卡恩都里高卧九层天上，呵气成霞，喷火为星。只因他性喜酣睡，故而北地寒天，冰河覆地，万物不生。阿布卡恩都里额上红瘤“其其旦”，化为美女，脚踏火烧云，身披红霞星光衫，嫁与雷神西斯林为妻。风神将她盗走，欲与她繁衍子孙，播送大地。拖亚拉哈见大地冰雪齐天，无法育子，私盗阿布卡恩都里心中神火下凡，怕神火熄灭，她把火种吞进肚里，嫌两脚行走太慢，便以手为足助驰。天长日久，她被烧成虎目虎耳、豹头豹须、獾身、人心、鹰爪、猞猁尾的一只怪兽。他四爪趟火云，巨口喷烈焰，驱冰雪，逐寒霜，驰如电闪，光照群山，为大地和人类送来火种，招来春天。现在人们还说，天上所以打

雷，是雷神西斯林在咆哮着向风神索还妻子呢！

这个“盗火”神话，与太阳河神话一样，寄托了满族先民对生命和光热执著的追求，热烈的歌颂，表现了他们战胜自然、无所畏惧、火一样炽热奔放的民族性格。这个神话中的天神，已是一个专横懒惰的男性形象。后来，人们又把日、月、星辰和白云都说成阿布卡恩都里的女儿，她们显然是等级制产生后新起的“格格神”了。满族先民也把风、雷、闪电、冰雹、雨、雪奉为“妈妈神”。她们大都是严峻凶狠、体态丑怪，颇有些像西王母女神。这反映了原始人在自然淫威下的恐惧心理。

恩格斯曾指出：“一个部落或民族生活于其中的特定自然条件和自然产物，都被搬进了它的宗教里①。”居住在白山黑水之间的满族先民，崇奉高山神石，为北方众多的大山赋予了萨满教女神的形象。

比如，位于黑龙江以北的穆林穆林山被称作“穆林穆林额姆”。黑龙江萨哈连部野人女真称其“奇莫尼妈妈”。“奇莫尼”，满语意为“乳房”。原来，她是一位雪山女神，平时总是赤裸着雪白的肌肤，向着黑龙江侧卧而睡。当她酣眠之时，天空晴朗静谧，大地草沃花香，雪水消融，涓涓细流沿山而下，滋育大地，牲畜肥壮。当她睁眼南眺时，就会风雪大作，冰雹成灾，人畜死亡。所以，萨哈连人敬她为畜牧女神。后来，随着社会形态的发展，男神地位的增高，她才在萨满祭中变成了“穆林穆林罕”——一位男性山神了。

总而言之，目前我们在满族萨满教神话中见到的众多自然女神神话，对宇宙、星河、人类、生物、电闪、雷鸣、风云、雨雪乃至美与丑、善与恶的出现，都作了朴素而美妙奇幻的解释。随着父权制和奴隶社会的出现，这些妈妈神们逐渐改换为男装男貌，在萨满祭祀中开始出现了“额真”、“玛法”、“占爷”等男性大神。

（二）始母神群及其神话

满族各姓氏普遍奉祭的始母神，当推“佛朵妈妈”。民间传说中，说她是明代辽东总兵官李成梁小夫人的化身。据说她因救护努尔哈尔外逃而死，死时赤身露体，所以满族萨满跳神时有背灯祭。其实不然。满族萨满认为，白天和黑夜分别由日神与夜神司掌。背灯祭实为追念古昔先祖在星光古洞中祈请夜神护庇安宁的情景。背灯祭的神秘色彩被后人附会出不少

① 《马克思恩格斯全集》第27卷，第62页。

传奇故事。在《奉天通志》、《清朝野史大观》、《沈阳县志》和一些论著及民间传闻中，把佛朵妈妈叫“完立妈妈”，甚至认为是明万历帝母后，等等，尤属附会。

佛朵，即满语“佛特赫”，汉语“柳枝”。《清史稿》卷八十五·礼四中称“佛立佛多鄂谟锡妈妈”，即民间“佛朵妈妈”。《满洲四礼集》中并载祭该神序礼。“佛立佛多”汉译为“求福柳枝”，“额莫西”汉译为“众子孙”。不论在民间或在清宫堂子祭中，都将这位女神奉为祈福送子的女神。原居东海的库雅拉氏满族，专有妈妈祭礼，尊称谓“东海肃慎女主”。满族石姓萨满家祭中，萨满神词写道：“恳求石姓始母，万古神灵通天”，将佛朵妈妈直呼为本姓始母。

佛朵妈妈的形象，除有些姓氏悬有木制或帛制神偶外，多以柳枝为女神象征，俗称“柳枝祭”。从历史记载看，满族自古就有祭柳、敬柳、娱柳等习俗。辽代女真人沿袭契丹风俗：“重五则射柳祭天”。金代女真人清明时分，“儿童戴柳，祭扫坟茔”，“以五色纸制成幡盖，陈于墓左，祭毕……焚之，谓之‘佛多’”。“清明男女簪柳出扫墓”。[1] 在《大金集礼》中也有类似记载。祭祖上坟必用柳，可见柳在满族先世观念中，与氏族繁衍的密切关系。柳，既是祖先的象征，又是保佑子孙日繁的神物。

从民间习俗看，女真人曾以柳木为家法，供于堂子，代祖宗笞责不肖子孙；甚至金代官吏笞罚罪人，亦使柳杖；儿童降生，以柳枝及小弓箭悬于门；童子习射，首箭多选用柳竿；女真嫁女，要吃柳叶饽饽，并焙柳叶嫩茶以待宾朋（柳叶炒干烘腹祛寒湿，传可治妇女不孕诸症）；直至清初，满族家舍则喜用柳条编篱抹泥制墙。满族跳神换锁祭祀，自古沿袭以柳枝、清水、线锁为祭物，代代相因。相传，金太祖完颜阿骨打和后金太祖努尔哈赤起兵所祭神树，皆为千年古柳。对柳的虔诚供奉，成为满族及其先民的一种民族心理。对柳的崇敬，在满族口碑文学中更是不胜枚举[2]。

从大量考古发掘中，也可看出东北古代民族对柳有一种特殊感情。石器常雕成柳叶花纹，箭头、骨针也制成柳叶形的。柳树在东北地区是最普及最易于繁衍的乔木。满族先民长期生活在喜生柳树的河滨与平原，柳与他们的生产生活有着密切关系。在采集困难的远古时代，柳叶是一种最易得的应急食物。柳皮可制衣帽、编筐篓，柳干可制箭架屋，人们喜住柳丛旁，久而久之，便产生以柳为祖、以柳为母的观念。

---

① 引文均见《北平风俗类征》，第50页。

② 参见乌丙安编：《满族民间故事选》第一、二集中《柳大哥》、《三格格》、《白鹿额娘》等篇。

这种对柳的崇拜，更明显地反映在一些满族萨满神谕中。珲春《那木都鲁氏神谕》中讲道：

> 很古很古的时候，世上还刚刚有天有地，阿布卡恩都里把围腰的细柳叶摘下了几片。柳叶上便长出了飞虫、爬虫和人。大地从此有了人烟。直到今天，柳叶上还好生绿色的小包，包里生虫子，这就是那时候阿布卡恩都里留下来的。

满族镶黄旗富察氏家祭中，神板要供柳枝。在其家传神谕中传讲：

> 在古老又古老的年月，富察哈拉祖先居住的虎尔罕河突然变成虎尔罕海。白水淹没万物。阿布卡思都里用身上搓落的泥做成的人只剩下了一个。他在大水中随波漂流，忽然漂来一根柳。他手抓柳枝才漂进石洞。柳枝幻化成一个美女，从此留下后代……

由上述崇柳敬柳的萨满神话中，柳变成一个部落生命之母，实际是柳枝造人说，人类源于柳，人是柳之子孙，子孙应像大地上柳叶那么繁茂孳生。

我们认为，柳很可能是满族先世最原始部族中的一个植物图腾。在世界各民族中，植物图腾虽少于动物图腾，但也不乏其例。日本古代就有以柳枝为祭礼祈祷的习俗。马来半岛的黑人相信：他们的灵魂和动物的灵魂，都起源于植物。我国台湾高山族雅美部落以竹为图腾。我国古代周朝姬姓氏族以五谷为祖，称其神为后稷，类似之例，还有很多。综上所述，佛朵妈妈的形象柳，实为满族先世共同的氏族图腾，后世才将其逐渐人格化，变成了一位女性大神。

满族各姓氏除共祭佛朵妈妈女神外，还有各姓的始母神。如梅赫勒氏敬奉石头神，唐古禄氏供鹿骨，相传祖先吃鹿奶才留后人等等。显然这些始母神话，依然留有图腾崇拜的痕迹。

（三）创世女神神群及其神话

在满族萨满教女神神话中，还有一大群声威显赫的英雄女神，或称创世女神。她们有的长着半人半兽的身躯，有的是半人半神的英雄。传说大地女神巴那吉额姆生下的第一个女儿，就是一位四头六臂八足的大力英雄女神。她身高齐天，四个头分管四方，眼睛能观测到鸟儿也飞不到的地方。她的六臂托天摇地、拔山撼树，能缚住千里之外的飞鸟奔兔，闭着眼一伸手能摘来野果，分别百草。她长人的脚、兽的腿、鸟的爪、百虫的足，跑起来风儿也追不上。这位地母大神英雄的女儿，和宇宙同岁，与天地共朽。这位大力神，集狩猎、采集、疾驰、远望等多种超人的劳动技能于一身，表现了原始人幻想依靠自身力量，挣脱自然界种种桎梏，在大自然必然王国中寻求自由的美好愿望。

奥都妈妈，是一些满族人家共祭的一位女性战神。相传她体健敏慧，箭法神妙。每当出征，必骑双乘神骥，夜驰八百，昼行千里。“奥都”，满语意为射箭坚实、或骑马稳当坚实之意，保佑征战时人马平安。1964 年笔者在敦化采风，满族老人传讲奥都妈妈是渤海国阿克敦城女罕阿克敦妈妈，因建寨统一诸部有功，奉祀为神。实非一人。奥都妈妈为居住在东北的原先不同部族的满族先世共祭，证实其年代古远。她当是母系氏族后期、部落争战中出现的一位英武女酋，被后世奉为本族守护神，像希腊神话中的雅典娜一样，庇护着本族出兵旅次的安宁。

创世女神中，比奥都妈妈稍晚一些的女神还有很多。宁安郭赫勒氏家祭，要祭一位名叫塔拉伊罕的女神。她原是乌苏里江东部一位联合噶珊达(部落联盟长)，办事公道，安抚了乌苏里江东海窝集部的分散部落，泯仇为友，被后世敬奉为女神。东海窝集部的尼玛察氏，家祭一位名叫多龙格格的女神，她因治理荒漠的东海窝稽，制服东海凶雕，为部落造福，成为一位伏鹞女神。为居住在松花江流域中游的马氏和富氏家族所敬奉的西伦妈妈，据传原是一位猞猁神，为拯救苦难的部落，化为人形，被部落推为首领，降伏火龙，寻找水源，后被长白山山口热流烧死，成为长白温泉女神。此外，满族各姓氏还供奉很多习俗女神。如金代流传下来的布苏妈妈，系首创北方渍菜习俗的女神。还有畜牧女神、缝织女神、歌舞女神、百花女神等。祭祀中禁忌颇多，溯其源流，大多都有优美的创世神话或者英雄传说。

（四）萨满女神及其神话

国内外大量材料证实，萨满教最早的祝祭人都是女萨满。故此，在满族萨满教女神神话中，女萨满自身神话便占有一定的重要位置，为世人喜爱并传诵着。它主要分两类：一是萨满死后成神成为本部族守护神的神话；一是萨满救困扶危，招请外神驱邪降魔，比武斗法的神话故事。

为人们熟知、并在北方许多少数民族中广为流传的满族民间史诗《音姜珊蛮》，就是歌颂一位敢与鬼魅争斗、伸张正义、拯救黎庶的女萨满。

除此之外，在民间还流传着散韵体的《阿济格萨满》、《西林色夫》等脍炙人口的动人神话。

载歌载舞是萨满教的祝祷形式。所以，很多萨满女神降凡后，都要表演神鼓、舞蹈等各种特技。有些姓氏祭神时，专门请歌舞女神降凡，传授舞技。还有些姓氏供祀“姑娘神”，神祇临降神堂，便要翩舞彩袖，艺高精湛。有的姓氏敬祭吹琴抚弦女神，有的姓氏敬祭会要弄数个铜镜或手舞银铃等杂技的女神。绥滨陈姓供奉蟒氏瞒尼、乌春瞒尼，都是女神。这些女神，本来就是本族本姓能歌善舞的女祝神人，或是民族歌舞的传承人，后为子孙崇奉成像希腊神话中伟大乐师恩非洪那样的神人。

特别引人注意的是，在辽代，出现了一大批惩恶扬善、抗击大辽暴政的萨满女神故事。当时，因辽主经常派出金牌和银牌天使到女真部落搜刮财物，抢掠妇女，杀人放火，无恶不作。伸张正义、救护弱小，以神术惩治淫虐的萨满女神故事，因之大量产生了。

此外，还有一类萨满教众女神，以机智高超的神力，与藏传佛教斗法的神话故事，大量残存在萨满教女神神话中。

三、结　语

前文所述满族神话，产生年代虽不尽一致，有的较古远，有的产生较晚近些，但都不同程度地反映了满族先民的史前文化遗迹。女神神话的研究探讨，不仅证据确凿地说明了满族远古神话的存在，而且将打破多年来在“左”的思想影响下，忽视蕴藏于原始宗教中富有生命力的艺术内涵，纠正把萨满教简单地视为一种愚氓的巫术活动的偏见，激起对萨满教研究的情趣，为科学地研究我国北方民族史前文化，提供一幅生动形象的历史画卷，揭示出一个崭新的课题和领域。

我们只要调查一下北方各民族萨满教女神神话的异同，就可以大略看到他们在文化历史、宗教信仰和风俗习惯、民族心理上的差异和相互影响。北方各民族都有自己的始母女神，大致相似地称其谓“妈妈神”或“娘娘神”。如西清在《黑龙江外记》中介绍达斡尔萨满教女神时，曾有“妈妈神噢咻，姑娘神腼腆”之语，在北方各族中颇有普遍性。锡伯族信奉“锡利妈妈”为始母，祭祀时也祭柳枝，神形神职都与满族祭奉的佛朵妈妈相似。鄂伦春族的始母女神也是柳的形象，赫哲族求子仪式亦数柳枝多见。可见柳图腾及由其化生的始母女神佛朵妈妈在北方诸民族中的影响之一斑。此外，鄂温克、赫哲等族都认为风神是一位形体魁伟、远居天边的老妈妈，她同满族萨满教中崇敬的风神一样，有吹云遮日、摇山撼树的无敌神力。赫哲族相信宇宙由天、地、水组成，并分掌在根给娘娘、苏合娘娘和四海娘娘三女神之手。这很像满族三姊妹宇宙大神的威严。赫哲族崇敬神鹰和铜镜，也与满族近似。又如，古代蒙古族信奉大地女神爱土良，又与满族先民崇祀的大地女神巴那吉额姆相似。总之，北方民族中许多宗教信仰与观念形态有许多相通相近的地方。只有我们对满族等北方少数民族神话进行深入比较和剖析，才有助于我们对北方民族文化史、关系史，得以深刻地理解与认识。

恩格斯在《路德维希·费尔巴哈和德国古典哲学的终结》一文中说过："这样在每一个民族中形成的神，都是民族的神，这些神的王国不越出它们所守护的民族领域"。从这个观点出发，我们对于神系的研究，正是对于族系的研究。只要这些民族存在，和他们自古生活过来的各种神祇也就活在人们的观念中。满族等北方少数民族神话这一瑰丽的宝藏，有待进一步整理和研究，使其在古老的东方艺术之宫中，焕发出璀璨的光彩。

原文刊载于《社会科学战线》，1985（4）

满族始祖神话《三仙女》研究中的几个问题

程 迅

近年来,《三仙女》如同磁石一般,将不少中外学者紧紧吸引,尤其伴随五六种民间传说的相继发表,一时间,举凡探讨满族源流,阐发清朝前史,考辨满族迁徙踪迹,勾索满族图腾系谱,追溯爱新觉罗氏国姓之缘起以及论析满族何以称母亲为额娘等等问题时,无不引《三仙女》为证。且与此同时,还每有声称《三仙女》这个"具有史诗一样意义"的"古老神话",反映了一定的社会历史真实,这是不容否定的;或断言《三仙女》的传说,世代人云如此,必有所据,不然如何能流传至今云云。诚然,传说也许不无某些历史的影子,但求实言之,却也未必尽可征信。阅现今某些辗转援引、论析评说,就不无商榷之处,兹略举数例,是耶,非耶,请读者自辨之。

一、三仙女·鹅娘·额娘

东北地区的满族,多有称母亲为额娘者,这一称谓民俗,是在何代缘于何故而产生的呢?往者无人能道出所以然来。1980年,《吉林民间文学丛刊》第四期首次发表了一篇名为《鹅娘与鄂娘》的满族民间传说(实际就是《三仙女》),其中有这样一段内容:三仙女姐妹化作天鹅飞临长白天池同浴,浴毕,佛库伦因吞下一枚红果而孕,不久生下一个男孩。甫长成,佛库伦又变成天鹅返回天宫,就在她盘旋空中频频眷顾、依依难舍之时,那孩子望着变成天鹅的妈妈,伸张小手,不住嘴地喊"鹅娘!鹅娘!"从那以后,凡是满族人,就都称自己的母亲为鹅娘了。一辈一辈,时间久了,就叫成额娘了。这篇传说,经整理者稍加润色,改名《天鹅仙女》,

被收入《满族民间故事选》[①]。时隔不久，在辽宁出版的一本故事集中，又发现了类似的情节[②]。这个天鹅仙女型解释称谓民俗起源的故事，举世罕见，很快就被学术界加以引论。最近，又有人以《天鹅仙女》为题材，创作了一首满族民间故事诗[③]，作者在《仙女离世》一章中写道："那鹅就是你们的娘，猎人对着孩子泪如雨落。满族人对母亲称'鹅娘'，大概是来自这一传说。"在诗的结尾处又写道："布库里雍顺是满族祖先，这一传说也许不会是假，不然为什么直到今天，人们还深深地敬重着他？"

读了上述故事、著述、创作，颇多感慨，这篇被誉为"也许不会是假"的传说，真像某些人心目中想像的那样，是世代流传于民间的古话吗？满族称母亲为额娘。果真与始祖神话《三仙女》有某种渊源关系吗？经笔者调查与研究，认为这对某些信仰或引用者来说，至少是一场误会。

《鹅娘与鄂娘》的故事发表后，也曾一度引起笔者的研究兴趣。为取得第一手资料和了解更广泛的内容，我在1981年4月，同吉林省社科院的富育光同志一道，专程拜访了《鹅娘与鄂娘》的讲述人——满族农民关世英[④]。当我们说明来意之后，他兴致勃勃，一口气讲了二十多分钟，语如贯珠，有声有色。可出乎意外的是，他所讲的内容情节与所读发表稿颇多出入，当时我唯恐他前后讲得不一致，于是当即将我随身带来的《鹅娘与鄂娘》发表稿念给他听，他听后十分愕然地说："我不是那么讲的呀！"问："你上次也像今天这样讲的吗？"答："是呀！这个故事我讲过多少遍了"。他是怎样讲的呢？为说明事实，只好先把我当时的纪录摘引如下：

> 长白山是东北第一高山……王母娘娘有三个女儿，最小的叫佛库伦，她在天宫生活，总觉得不大得劲儿，除宫廷外冷冷清清，心里常想：能到哪儿玩一玩呢？于是，三姐妹就到天池去游花逛景。她们看见山上到处是茂盛的森林，长着奇花异草，心里很高兴。三姐妹脱了衣服，在天池里洗澡，玩到高潮时，就看见由空中飞来一个金翅金鳞的鸟，嘴里叼一个红果，落到佛库伦的衣服上。三仙女上岸，一看那红果，香气扑鼻，拣起来闻一闻，要尝一尝，红果就溜到肚子里。

---

① 见中国民间文艺研究会辽宁、吉林、黑龙江三省分会编：《满族民间故事选》第1集，1页，春风文艺出版社，1981年。

② 见中国民间文艺研究会辽宁分会编：《满族三老人故事集》，15页，春风文艺出版社，1984年。

③ 见《满族文学》，1987（2），第53页。

④ 关世英是吉林省永吉县乌拉街满族乡的农民，曾给多人讲过民间故事。

大姐、二姐洗完澡，上岸要走，佛库伦不能走了，觉得身子沉了。怎么不能飞腾了呢？姐姐说："你前世照定，吃果怀孕，不能飞回天宫了，等你产儿之后，我们姐俩再来接你。"说完，姐妹们洒泪而别，把佛库伦留在长白山。

佛库伦在长白山呆了一年，生了一个白胖小子。满月这天，把他带到松花江，发现一只小船，特别漂亮，就把孩子放在船上。怕他晒着，佛库伦就折些花草、树枝，插在船上。弄完了，就摸着小孩的头顶说："你是天生的，为娘嘱咐你几句，你去下方定乱，你姓爱新觉罗，名字叫布库里雍顺，孩儿你切记切记。"说完，用手一推小船，小船顺水漂流，向下流漂去。佛库伦洒泪望着小船越走越远，这时，两个姐姐来接妹妹，一同飞回了天宫。

把上述纪录和《鹅娘与鄂娘》或《天鹅仙女》加以对比，其根本差异就在于故事并无三仙女变成天鹅飞来飞去的情节，亦无布库里雍顺望着变成天鹅的妈妈，不住嘴地喊"鹅娘！鹅娘！"的内容。这一事实就充分表明，"鹅娘与鄂娘"这一标题的立意及部分情节，很可能是整理者发挥想像力的产物。

退一步说，即使果有这类传说，我们从"鹅娘"这一词语的构词法和记音来考查，也可发现一些问题。原来满族呼天鹅为"嘎娄"（GaLou），呼母没有直接称娘的。据说，为了便于交流思想，满语以"阿扎"对译汉语之"娘"字。若是，则布库里雍顺当初呼天鹅为母时。按女真族的语言，理应呼喊"嘎娄阿扎"或"嘎娄 XX"才对，怎么会直呼"鹅娘"呢？按故事说，今之"额娘"一词是来自"鹅娘"的传承，而鹅娘又是源于天鹅妈妈。照此逻辑，现在我们再反过来说"天鹅妈妈"，简称"鹅娘"，久而久之，叫白了，就变成"额娘"了。这种汉人一看便知其义的称谓，是满语构词法吗？满族的先祖当不会将女真语"嘎娄 XX"译成汉语"鹅娘"，然后以汉语语义呼母为"鹅娘"的，亦不会叫久了就变成"额娘"的。且据请教，今之"额娘"一词，根本延伸不出"天鹅妈妈"之义。

再从民间称谓的实际状况来考查，满族后世也并非都叫母亲为额娘。据粗略统计，计有"额尼"、"额涅"、"额谟"、"额娘"、"涅涅"以及"讷讷"、"奶奶"等，且呼唤时，其发声重音在前，尾音较轻，而在书写时，一般是一个字不具有实义，仅是记音符号而已。今之所见，把口语之

“额尼”、“额涅”写成“额娘”、“额娘”，恐怕是便于汉人理解所为，亦可能是汉人根据“额涅”、“额尼”的音义写成“额娘”的。某些地区称母亲为“额娘”而不称“涅涅”或“讷讷”，亦很可能是受汉族称谓影响所致。鉴于上述情况，我认为“额娘”的称谓与《三仙女》传说未必有渊源关系。一切沿着《鹅娘与鄂娘》故事轨迹寻求“额娘”称谓根源的努力，恐怕将得不到预期的效果。

二、美人松·天女·佛库伦

美人松，这个神奇瑰丽的嘉名，征之于史，不见经传，但伴随长白山旅游业的日趋兴盛，她那亭亭玉立的英姿，被人们通过各种形式和渠道传播开去，很快便名闻遐迩。在这一为乡土增辉的历史活动进程中，民间风物传说的问世、流传，其功不可低估。但是在学术界，如何评价和引用美人松的传说，就值得研究了。例如，把美人松说成是天女佛库伦化身的名篇《天女浴躬池》①，由于故事的全部内容统属满族始祖神话系列，故为学人所瞩目，这是可以理解的，在自己的著述中加以引论，这也是正常的。然而，令人忧虑的是，某些著述之所以引论，完全是建立在她是一个古老神话的信仰基础之上的，如果这一前提并不存在，那么其研究成果，显然就会黯然失色。据我所知，《三仙女》中天女变成美人松的情节，不但不是古来传说的内容，也不是纪录于文献或民间传说中故有的成分，乃是搜集整理者根据形势的制约，为满足编者的某种要求以及由于个人的兴趣所至而加工增饰的。何以见得？请看《天女浴躬池》于1982年发表在吉林民间文学丛书《百花点将台》上时的结尾与1984年上海文艺出版社收入《满族民间故事选》时结尾一节的内容，可见第一稿没提到美人松，第二稿结尾增添如下一句：长白松因为它是美丽的天女变的，后来人们就称它为美人松。

这前后的差异是怎样造成的呢？会不会是整理者在编订第二稿前，又搜集到新的资料而加以补充的呢？笔者也曾带着这一疑问请教了整理者。整理者直言不讳地表示，他是出于对乡土风光的热爱，加以联想而创编的，主要用意是为增强故事的艺术情趣和文学色彩，使其更有可读性，仅此而已。并非是奉献给学者们用以研究史实的资料，如有讹误，以为历世

---

① 见吉林民间文艺研究会编：《吉林民间文学丛书·百花点将台》，5页，吉林人民出版社，1982年。

传说如此，则出乎初衷，深表抱憾。

事实再次告诉我们，运用民间传说，无论是探求它的历史价值，或是评论它的艺术成就，也不管是从民俗的角度挖掘，或是从美学情趣观察，如果不事先对故事的有关情况加以仔细鉴别，见某一说法正合所需，便自认和人云如此，必有所据，或是以为虽未必有来历，亦可姑备一说而照引不误。这其实于己于世皆无大益。

三、神鹊·乌鹊祭·图腾

目前，在探讨满族文明发展史，研究满族神话传说，考论满族萨满跳神习俗等著述中，断言《三仙女》传说中的神鹊，就是满族图腾者屡见不鲜。综观这类大作所提出的种种依据，其中虽不乏有识之见，但穿凿之说也并非绝无仅有，今摘其要者，略述一二。

在中国上古东方诸民族中，如商、秦等族，皆有卵生始祖神话，时下研究上古 神话的学者，皆谓玄鸟、燕子便是商、秦族的图腾。今之论者见三仙女佛库伦吞果而孕的传说，正与《玄鸟生商》的故事同为卵生类型，由此而导出神鹊就是满族图腾的结论。这一联想看似顺理成章，但按感生说的理论，在图腾崇拜的时代，通常认为妇女的生育现象是由图腾物入居妇女体内所致，在中国古籍中，多用妇女接触某物意有所感而孕来描述，今人则认同妇女与某物相交接（或说结为夫妇），那一个交接物或感生物便是图腾。据此观察《三仙女》传说，故事中明明说佛库伦所吞之物为红果，有人按长白山区特征猜测那红果就是刺芒果，且不管这一看法正确与否，这红果当属植物类乃是无疑的。按感应说，如一定要给满族先世找一个图腾，也只能是以红果当之。事实很清楚，在商、秦的始祖神话中，以燕卵与燕子或玄鸟相比附，还犹可说也，而红果与燕卵也可视为同类吗？把一个不见卵之物的传说，硬说成是卵生神话，然后在这个根本不存在的基础上纵论古今，实不免有些牵强。

满族后世一直保留有祭乌鹊之俗，于是诸论者便指说这是图腾崇拜在宗教礼仪中所留下的遗迹。这个颇为某些引述者所自信的力证，恐怕也未必像想像那样不可动摇。

众所周知，按图腾信仰惯例，图腾不仅是一种集体名称或标志，也是一种祖先的象征物。当其时，一般说来，在若干相邻的氏族中，图腾总会有些差别，虽然在历史上，不同氏族也多有相同的图腾，但在一个广阔的地域，总不会只有一种图腾吧？以东北地区的满族来说，其先人原属野人女真、海西女真、建州女真等三大族系的数十部族，按今已所知的姓氏来分，不下百数之多，如果他们在往昔确曾都有过图腾崇拜，至少也当会有数十种之分，那么今之所见在东北各地不同姓氏间，所遗存的敬祭乌鹊的习俗，都表明是他们的图腾吗？

提起满族民间萨满教祭祀习俗，其所祭祀的动物有数十种之多，并非只有乌鹊，且据笔者调查，在吉、黑二省萨满祭祀中，乌鹊并不占重要地位，反而是鹰神、虎神、蟒神、雕神地位更显赫，神力非凡，崇祀有加。萨满祭祀中所供奉的动物神灵，其中可能有些曾是先民的图腾，但这种推测，在解决具体问题时，并无多大意义。例如在吉林省石氏、杨氏、赵氏、高氏等家族中，所敬祀的动物神灵，少者六七种，多者数十种，怎样辨别哪种动物是某某氏的图腾呢？一看便知的情况是较少的。以本文所讨论的乌鹊来说，祭祀者皆不认为它就是自己的祖先，都说是“听说神鹊救了老罕王的命，大家就跟着祭乌鹊”。此说虽未必道出真谛，亦当是各地同祭的重要因由之一。由此看来，乌鹊并不都是祭者的图腾。

也许有人会说，神鹊当然不是满族共有的图腾，我们所说是满族的图腾，乃是从族别来区分的，本意是指爱新觉罗氏的图腾。若这般说法，从下面事实来观察，似乎也难以定论。

《太祖实录》叙凡察遇难时写道：“后兵追至，会有一神鹊栖儿头上，追兵谓人首无栖鹊之理，疑为枯木桩，遂回，于是凡察得出，遂隐其身以终焉。满族后世子孙俱以鹊为祖，故不加害。”凡察是布库里雍顺数世后的子孙，在那个时代，在“遂隐其身以终焉”的微不足道的小人物身上，也会产生被后世敬之如祖的图腾物吗？满族后世子孙恐怕也疑其说之虚妄。故在《满族源流考》等清史文献中，改“俱以鹊为祖”作“俱德于鹊”，或是“俱以鹊为神”了。这也间接地证明，在满族后世子孙中，并不存在以鹊为祖的观念。

近年来，笔者先后搜集到一些有关反映女真完颜部的传说，如《祭娑腊杆的传说》（叙阿骨打其母遇难为乌鹊所救）、《满族祭鸦鹊神的来历》（叙凡察遇难为鸦鹊所救）以及《乌鸦救主的传说》（叙努尔哈赤及皇太极脱险）。综观这些传说的显著特点，一是都与战争有关，二是与英雄人物相伴。其主要情节都是主人公以乌鸦吵闹的征候，联想或发现敌人的埋伏，使自己幸免于难；或是在穷途末路之际，因乌鸦盘旋或降落，示无扰不惊之兆，迷惑了敌方，使自己脱险。由于被救者或其子孙们心存感戴之情，出于报恩之思，进而产生酬报敬祭之举。如清初在盛京每于二八月发钱粮时，府差便将粮食撒在皇宫西边空地，或盛在清宁宫东南角索罗杆上的锡斗里，让乌鸦来吃，俗称喂老鸹。此后，在清初的传说中，便有意无意和祭杆之俗附会在一起，久而久之，竟至与祭天相混淆。尤须注意的是，在《三仙女》中，叼红果的神鹊以及使凡察幸免于难的，都指的是喜鹊，但在有清一代，在民间流传的多是《乌鸦救主的传说》，其所敬重的也是乌鸦，几乎很少提到喜鹊了，可见爱新觉罗氏对神鹊感情是十分淡薄的。总之，仅以卵生说或民间有祭鸦鹊习俗便认定神鹊是满族的图腾，理由似乎还不够充分。

四、爱新觉罗·金子

爱新觉罗这个姓氏是怎么来的？它到底是什么意思？史学界已探讨多年，众说纷纭，莫衷一是。本文前节所引民间传说，叙名姓的来历及含义，却言之凿凿，似有渊源。那么民间传说与文献所录是什么关系？它们的诠释有无根据？这也是我们检验《三仙女》是否是“古老神话”的重要问题之一。

关于爱新觉罗氏的来历，考之文献，始见于辽宁大学历史系新译《满文老档》壬子年（1612 年）十月记事，当努尔哈赤攻打乌拉城时，愤怒指责布占泰说：“你举出动手打天生的爱新觉罗的人的先例吗？百世可能不知，十世、十五世以来的事也不知道吗？如果能举出有人动手打我爱新觉罗的先例，那你布占泰是正确的，我兵来攻是错误的。”①

对于爱新觉罗一词的涵义，初《太祖实录》于“爱新”之下注曰：“华言金也”，于“觉罗”之下注曰：“姓也”。据此，有些学者判定“爱新觉罗”是金姓之义，或云姓金。针对这一看法，郑天挺先生在《爱新觉罗得姓稽疑》② 一文中指出，《太祖实录》注“觉罗”为“姓”，当理解为姓氏之一，“觉罗”乃旧姓，清之国姓即出于此，于族人则称觉罗，赐姓则赐觉罗，同姓疏族则加“民”字以示区别，所谓“爱新觉罗”者，谓金之罗觉也。

按“爱新觉罗”便是金姓或姓金说，这在努尔哈赤之前找不到证据。如在《朝鲜实录书》、《东国舆地胜览》等典籍中，皆称猛哥帖木儿为童猛哥帖木儿，其父曰童挥厚，其子曰童仓或董山。查阅《朝鲜李朝实录·端

① 见辽宁大学历史系编：《重译满文老档》太祖朝第一分册，第 15 页。

② 郑天挺著：《探微集》，见《清代皇室之氏族与血系》，38 页，中华书局，1980 年。

宗》卷十三所载，14世纪末叶，努尔哈赤的先祖从斡朵里迁居朝鲜会宁附近居住于四里江内吾音会的部落，是由马、童二姓三个血族团体组成，在会宁西十三里江内的斡朵里部落，是由童、高、李三姓六个血族团体组成。在这些血族部落中，从无姓金的，更不用说“爱新觉罗”了。

近读爱新觉罗·瀛生《谈谈满族人姓名》一文，颇受启发。他指出，爱新觉罗是穆昆和哈拉的连称，爱新是穆昆（族），觉罗是哈拉（姓），一个大的血缘集团是一个哈拉，根据亲缘关系的亲疏远近，再划分为次级血缘集团，即形成一个哈拉之内的一些个穆昆。哈拉是一个大的范围，穆昆是包括在其中的一个小范围。文中还举出一个例子：满族人崇信萨满教，每一个哈拉有自己的萨满，为本氏族祭祀跳神，读祭词。爱新觉罗氏萨满祭天时，读的祭词中有这样的话：“abka donji……hala qioro”（上天听着！……姓觉罗的人家……）。意思是说现在姓觉罗的人家上供祭天，希望上天赐福。这是爱新觉罗氏自己家世代相传的祭词，明确地说自己的哈拉是觉罗。满族除爱新觉罗外，还有伊尔根觉罗、舒舒觉罗、通颜觉罗等诸氏。其实所有“觉罗”这个哈拉的人皆为同族，只是清代爱新觉罗氏妄自尊大，把自己单划出来①。这些论证都是很有说服力的。

那么，我们再来看看近几年所发表的几篇民间传说，其可信程度到底如何？

目前，在学术界比较有影响的是《天女浴躬池》、《天鹅仙女》、《布库里雍顺》等民间传说整理稿，这几篇传说讲到始祖姓名来历时，《天女浴躬池》是这样记述的：“额娘金子一般明亮、纯洁的心，作为你的姓，你就姓爱新觉罗吧”。《天鹅仙女》写道：“生你的地方是果勒敏珊延阿林（长白山），你的姓名是爱新觉罗·布库里雍顺”。《布库里雍顺》叙述佛库伦说：“我吃红果的地方是布库里山，我想就叫布库里雍顺吧。”“恩古伦说：‘听说世间金子最贵重，最纯正，布库里雍顺就姓爱新觉罗’。”该文在注中说：“爱新觉罗是金子的意思”。《太祖实录》于“爱新”之下注曰“华言金也”，往者某些学者便以姓金释“爱新觉罗”之义，今通过上文引论，乃知爱新觉罗为努尔·哈赤所自创，托之于古，以神其祖。而民间传说亦云名姓为三仙女所赐，统言“爱新觉罗”乃金子之义，这显然都是承袭《太祖实录》之说，而且是错误的诠释。明乎此，则不必举出其余的事例，就可知今之民间传说，其价值是很有限的。

① 辽宁省民族研究所编：《满族研究》，1985（2）。

五、布库里英雄·三姓·满洲国

一部民族古歌，或是一则古老的始祖传说，其价值和意义必将是多层次的，人们不仅可从中发现这一民族的社会形态、社会组织、婚姻状况以及其他习俗的概貌，有些还可寻觅出这个民族流动、迁徙的轨迹。那么《三仙女》是否蕴涵这样丰富的内容呢？不少学者指出，从《三仙女》可以看出满族先祖迁徙的踪影。原来《三仙女》中有这样一段情节：母告子曰："天生汝，实令汝为夷国主，可往彼处"。乃与一舟，顺水去，即其地也……彼时长白山东南鳌莫惠鳌朵里内有三姓夷酋争长，终日互相杀伤。布库里英雄漂到鳌朵里，三姓夷酋和群众见之惊异，说道："此人不可使之徒行"，遂插手为舆；拥捧而回，三酋长争共奉布库里英雄为主，以百里女妻之，其国定号满洲，及其始祖也。把这段记载概括一下，就是布库里英雄从出生地乘船顺水至鳌莫惠之野的鳌朵里城。解决了三姓夷酋间的纠纷，遂后建立了满洲国，这便是某些学者所谓满族先祖的迁徙史迹。

如果上述史事是布库里英雄后裔们根据古来传说自行校定的标准纪录，按某些学者又作出《三仙女》传说反映了一定历史真实的判断，那么，这段记事理应大体可信，或说学术界的讨论即或有歧见，亦应相去未远、然而令人惊讶的是，以往的讨论几为人人各殊。例如，单就布库里英雄的出生地而言，就有长白山天池、长白山下圆池、布库里山下、黑龙江镜泊湖、黑龙江城（瑷珲）以北布尔和里池等不同说法。而布库里英雄顺水而去的鳌莫惠鳌朵里城的所在地，亦有长白山东南、朝鲜北界镜城一带的阿木河，今吉林省敦化境内乏古敖东城，今黑龙江省伊兰县境内古斡朵怜城，今黑龙江瑷珲城以北沿江一带等四说，方向有东南西北之异，间距有数百千里之差，仅从这一现象就可知多数考证未必符合实际，尤其当我们用信史来检验，以传说来校勘时，就会发现哪一说也讲不通。

传说布库里英雄平定了三姓之乱，对这一事迹，人们在长白山东南，或是在敦化古城都几经探索，结果是形影皆无。由是今之学者，转而指说布库里英雄的出生地布尔瑚里泊就是镜泊湖，顺水而去之地就是伊兰县境。这一观点与传说有某些相合之处，如伊兰县境内有斡朵里城，又有三姓人，满族的先祖也确曾有人在其地活动过。初观之，此说似较它说为胜。然稍加辨析，则又难以自圆其说了。以三姓人来说，按县志所载，他们是元末明初居于其地的赫哲人，关于他们的来历及状况，除了正史可征以外，近年又发表了一篇名为《七姓人和伊兰》的古传说，在这一赫哲先祖传说中，丝毫也没有涉及他们曾拥戴一个什么人为共主的迹象。而问题还不在于此，众所周知，三姓这一地名的出现，乃是清太宗七年（1633年）当虎尔哈部加入清籍以后，根据当时居于是地的葛依克勤、努雅勤、胡什哈里等三姓人的事实而命名为“伊兰哈拉”（满语，三姓）的，此前没有这一地名。且按传说，布库里英雄在这三姓地方建立了满洲国，成了满族的始祖。那么三姓人理应就是满洲国的第一代公民，亦当是满族后世的先祖。如史上有这等大事，为什么古书上从无提起呢？今已探明，建国满洲同样是托古之言，并非如皇太极声称“统绪绵远，相传奕世”的。据莫东寅考证，满洲一名在更原始的材料——《老档》中，除一见于天命十年（1625年）八月太祖与蒙古科尔沁国书外，在“秘府”所藏皇太极天聪年间公文及散在东北的金石文字以至明朝的纪录里是见不到的。莫氏还指出，满文太祖老档多有日后追述，天命九年（1624年）以后部分，实乃编纂于皇太极时代①。是故，今之史学界多认为满洲一词为明末女真始以自始。由此可知，所谓在三姓建满洲国，纯属虚构。

上述种种事实说明，满族始祖布库里英雄，从长白山天池或圆池顺流而下，到三姓夷酋争长之地平定内乱，尔后受爱戴建立满洲国这个所谓迁徙的踪迹，之所以百证而不得其解，其主要原因就是这个传说不是古史传说的真实记录，把它当成“知母不知父”时代的民族史诗去研究，得不出正确的答案将是必然的。

六、《三仙女》·《玄鸟生商》

纵观研究《三仙女》神话的著述，几无不征引《玄鸟生商》加以对比，对比分析的结果，其结论却大相径庭。早期的观察，多以为《太祖实录》所载之《三仙女》，是从《玄鸟生商》脱胎而来。又因见其内容多嵌入明末清初史实，故疑其为托古之伪作。近年的考证，多认为《三仙女的传说》反映了“唯知其母不知其父”的氏族社会的生活，或说反映的是由母系社会向父系社会伟大过渡的情景，故推断它是一个具有史诗意义的古老神话。有的学者更明确指证《三仙女的传说》就是古肃慎族的始祖神话，并认为这个神话通过东北地区商族的先世——东北夷人的一支带入中

① 莫东寅著：《明末建州女真的发展及其建国》，转引自中国人民大学清史研究所编《清史论文选集》第一集，100页，中国人民大学出版社，1979年。

原地区，尔后演化为殷族始祖传说《玄鸟生商》的[①]。文中还指出，神鹊是肃慎族的图腾。这一观点可说是“古老神话”说中最新研究成果的代表。该文立论新颖，引证翔实，读之颇受启迪。但倘若以是说为准，似乎还有某些疑难问题，需要进一步澄清，方能证明其说的价值。

第一，怎么能证明神鹊就是肃慎族的图腾呢？仅仅证引《满文老档》天聪九年五月初六日穆克什克所说：“我的父祖世代生活在布库里山边的布尔和里池，我们地方没有档子。古来传说：在布尔和里池的三个女子恩古伦、曾古伦、佛库伦来沐浴，最后的女子获得神鹊衔来的果实，含在嘴中进入咽喉就受孕了，生下布库里雍顺。”这样几句话就可以定论吗？这里尚有不少问题需要辨别清楚。首先，这个从赫哲族和锡伯族等生活地域带回来的降人，其本人的身份、族属不明；他所讲的传说是哪一个民族、哪一个氏族的？背景亦不清；那个布库里雍顺是何许人物？怎知他就是始祖？他与肃慎族或后世的满族又有什么必然的联系？从故事内容中无从了解。其次，若以古之东夷人多以鸟为图腾，肃慎族也是东夷人的一支，推想他们亦就必然拜鸟为图腾，进而确认神鹊就是他们的图腾，这种联想的可靠性怎样？据近年黑龙江考古工作者从肃慎族活动的重要基地如镜泊湖、大小兴凯湖等文化遗址中所发掘出来的骨雕鹰头、骨雕游鱼、陶熊、陶犬、陶猪等具有宗教性质的遗存物来看[②]，并无神鹊的影子。另据《东北民族史略》[③]一书的分析：肃慎又作稷慎，稷是黍的一种，据此推断肃慎族可能是植物图腾发展来的。又据肃慎与爽音近，爽与慎是同一个字的转译，进而又判断肃慎族之称可能是以名为肃号鹴（属雁，鹰类）的鸟为图腾的缘故[④]。诚然，这些推断未必就是史实，但在这些推断及遗存物中，却恰恰都没有喜鹊的情况，亦足以令人深思。再考查东北现存少数民族，明确将喜鹊视为本氏族的祖根或图腾物者，亦很少得以与闻，因此，说神鹊就是四千年前肃慎族的图腾，至少还缺乏旁证。

第二，怎样证明布库里雍顺就是肃慎族的始祖呢？在白山黑水间这片广阔的土地上，从肃慎时代至明朝年间，曾发生多次民族大迁徙、大变革、大融合，许多习俗必然伴随时代的更移而有所变迁，尤其是口头文学的自然传承，更难以保存原貌。因此，即或古之肃慎族曾有过始祖神话，

---

① 赵志辉著：《〈三仙女的传说〉与〈玄鸟生商〉比较研究》，载《民间文学论坛》，1986（1）。

② 见孙秀仁、于志耿著：《黑龙江古代民族史纲》。参见定国《黑龙江原始宗教》，裁《黑龙江民族丛刊》，1986（1）。

③ 傅朗云、杨旸著：《东北民族史略》，13页，吉林人民出版社，1983年。

④ 傅朗云、杨旸著：《东北民族史略》，14页，吉林人民出版社，1983年。

传至四千年后，亦恐怕难识庐山真面目了，更何况原本不知肃慎始祖传说为何物而可与之对比的情况下，怎么能仅凭穆克什克的只言片语即可定论呢？今设使《三仙女的传说》是所谓世代相传的始祖神话，那么，在其后裔诸如靺鞨之建渤海国、完颜氏之立金朝，皆去古相对未远，当他们追溯或探索本族源流时，理应提及才是，哪怕有一点的影子。可事实上却谁也未曾提及布库里英雄，岂不怪哉！而满族出现在明末之世，去古甚远，却忽然间得闻肃慎族始祖的传说，亦可谓奇事。亦且满族爱新觉罗氏所述布库里英雄，乃努尔哈赤十世祖或十五世祖，依此估算，这布库里英雄，最早亦不过是金末元初的人物，如今，一下子将其视为肃慎族的始祖，究竟有多少凭证呢？

第三，《三仙女的传说》其主人公的取名规则及涵义也一直是一个有争议的问题。《史记·殷本纪》记《玄鸟生商》的传说曰："殷契，母曰简狄，有娀之女，为帝喾次妃。三人行浴，见玄鸟坠其卵，简狄取吞之，因孕而生契。契长而佐禹治水有功，帝舜乃命契为司徒，封于商，赐姓子氏。"所叙母子姓氏脉络清楚。而《三仙女的传说》中，其布库里英雄之义为布库里山英雄，对此早有人怀疑它不像人名。又三仙女之恩古伦、曾古伦、佛古伦其义为何？有人据满语之"佛"有陈、旧之义，而"古伦"是国的意思，因此将"佛古伦"译为"旧国"，并分析其义有怀念旧国先祖之意。那么三姐妹同以国为名，是什么历史背景的产物呢？由母系社会向父系社会过渡的时代，能否产生这种现象呢？如上述诠释不确，又当怎样解释呢？这恐怕也是一个不能回避的问题。

第四，在东北少数民族中，在曾经建立过地方政权的民族始祖神话里，某女子感应某物而生子，其感应物亦未必就是图腾，亦未必就是"唯知其母不知其父"原始社会征象的反映。如扶余始祖，"东明"的传说，叙北夷索离国王外出归来，发现留在宫中的小妃怀了孕，国王要杀她。她哀告说，请不要杀我，我是受了上天降下的大如鸡子的气体而怀孕的，国主信以为真，免其一死。再如高句丽始祖"朱蒙"的传说，叙金蛙太子与河伯三个女儿中之小女柳花成亲，因感日影而孕，后生一卵，破壳而出一男孩，人称"朱蒙"，后建高句丽国。我们对上述二始祖神话中女子所感"大如鸡子的气体"或"日影"能否都说是图腾崇拜的反映和遗迹呢？她们所生出的"东明'和"朱蒙'，也是只知其母而不知其父的社会生活的写照吗？故事说东明和朱蒙的父亲乃是国王或太子一类人物，尤其是已知夫不在而妃受孕构成大罪，几欲杀之，这种种情态与母系社会有何相干呢？由此可见，事物是复杂的，简单的类比，未必皆能达到触类旁通的目的。

七、结束语

《三仙女》研究中所存在的问题，还不仅只有上述几个方面，但通过本文所初步披露和辨析的有关情况，是否大体可说明《太祖实录》等清文献所录之《三仙女》以及目前所发表的几篇民间传说，虽不无某些历史的影子，但有史可征的事件，应说是去古未远，明末清初的史事，更是斑斑可考，如果从这一事实出发，若说它反映了一定社会历史的真实，也未尝不可。若一定说它是“古老神话”，是母系社会向父系社会过渡的生活缩影，仅是简单的类比、推演，便拍板定案，恐未必那么简单。

《太祖实录》叙三仙女佛库伦吞果受孕，身重不能腾飞时，其姐告之曰：“吾等曾服丹药，谅无死理，此乃天意。”《满洲源流考》则云：“吾等列仙籍，无他虞也”，皆自认己身为仙辈，无疑是受了道教及东海神仙传说的影响。关于三仙女的身份，在民间传说中，更明确地说明她们是玉皇大帝、王母娘娘的女儿；清史文献说布库里英雄由其母赐姓爱新觉罗，民间传说便诠释爱新觉罗是金子的意思；文献叙布库里英雄平定三姓之乱，民间传说就极尽铺陈之能事，把赫哲族之三姓人作为征讨对象，如同果有其事一般。这种种迹象说明什么问题呢？它是否反映官方的纪录有民间传说为之依凭呢？不，事实恰恰相反，官方文献所有附会之处，都被民间传说照搬过去，只不过是略有变异而已。从我所知某些民间传说的整理过程，将传说与文献纪事熔为一炉，间或加入自己的想像，亦并非绝无仅有。本来《三仙女的传说》就存疑甚多，清代的统治者及其御用文人又不断加以粉饰，民间传说也随之照葫芦画瓢，其可信程度显然越来越低，因此，我认为，虽世代人云如此，却未必尽可征信。

原文刊载于《学术丛刊》，1987（4）

从黑龙江到台湾

——射太阳神话比较研究

［俄］李福清（B. Rirftin）

七十多年前，即 1926 年，德国 E. Erkes 教授在荷兰《T' oung Pao》（《通报》）杂志上发表了一文题为《Chinesisch Amerikanische Mythen - parallelen》（《中美神话比较》）的文章。据笔者所知，这是最早专门写中国神话比较研究的著作。除了美国印第安人及古代中国射日神话之外，Erkes 教授还提及 B. Laufer 发表的 Nanay（那乃，19 世纪俄国称 Gold，中国称赫哲族），即满 - 通古斯语系民族之一的射日神话。1937 年另一个德国汉学家 O. Mänchen - Helfen 教授发表了一篇题为《射日》的文章，继续E. Erkes 的研究。他根据许多中国、中亚、印尼以及美洲印第安人的神话作了很仔细的有不少创见的研究。第一次也提到台湾 Puyuma（卑南族）射太阳神话或玀玀（彝族的一支）及越南（僈族）等民族的材料。现在我们知道满族及其他住在西伯利亚南部的满 - 通古斯语族，如 Oroch（奥罗奇）族、Negidal（涅吉达尔）族、Ude（Udehe?）族及住在黑龙江下游、库页岛上，起源不详的 Gilyak（Nivkh）族都有射日神话。

中亚蒙古语系中的几个民族，如内外蒙古人、贝加尔湖区的布里亚特人也都有射日神话。中亚突厥语系的受蒙古文化影响的，也信藏传佛教的图瓦族，也有射日神话。中国大陆南部壮侗语族的壮族、布依族、傣族、水族、侗族、毛南族；彝语支的彝族、傈僳族、哈尼族都有此神话。苗瑶语族的苗族与瑶族有射日神话。语支未定的独龙族、土家族（其所使用的土家语可能是一种独立的语言）、景颇族（藏缅语族）亦有此神话[①]，云南及缅甸北部南亚语系的佤族虽无几个太阳的概念，但也同样有射日神话（即太阳被射成两半，一半成了月亮）。[②] 中国台湾原住民：布农人、泰雅

---

① 本书编委会编：《中国民族宗教与神话大辞典》，学苑出版社，1993 年。

② 艾荻、诗恩编：《佤族民间故事》，18 ~ 19 页，云南人民出版社，1990 年；《佤族民间故事集成》，54 ~ 56 页，云南民族出版社，1990 年。但据佤族另一个神话所述，佤族也有两个太阳的说法。

人、鲁凯人、邹人（包括 Kanakanavu 即南邹族）、赛夏人、卑南人（Puyuma）、Sediq（一说泰雅人一支）都有射日的神话（兰屿岛雅美人也有特殊的征伐多余太阳的神话）；菲律宾吕宋岛 Apayao 族、Nabaloi 族、Igorot 族；印度尼西亚 Dajak 族；印度东部 Abor 族、Minyong 族（很可能属 Munda 语系统，即澳斯特罗—亚细亚语族民族，但笔者查不到）；印度东部其他民族，如 Singpho、Kaman－Mishi 也有消灭多余太阳的神话，但不是用弓箭射太阳。除了射多余太阳的神话之外，台湾泰雅人还有和佤族相同的神话：太古时有一个太阳，但无昼夜之分，后来有人把它锯成两半，分为太阳与月亮（据 1920 年出版《蕃族调查报告·太么族后篇》）。越南中部占族（Cham，南岛（马来—波里尼西亚）语系的一族）也有射太阳的神话。[①] 日本太阳是三足乌神话观与射太阳神话，大概是唐代从中国传来的。[②]

E. Erkes 教授与 O. Mänchen－Helfen 之后，中国和西方不少人研究射太阳的神话，但是专门做比较研究的著作，只有美国佛罗里达大学 Ho Ting－jui（何廷瑞）教授的《A Comparative Study of Myths and Legends of Formosan Aborigines》（《台湾土著的神话传说比较研究》）[③] 及瑞士神父 H. Egli 在他 1989 年所编的台湾排湾人神话故事集之附录。[④] 最近中国大陆及台湾学者出版很多中国神话研究书籍，如陶阳、牟钟秀的《中国创世神话》；萧兵的几本论著；王孝廉的《中国神话世界》等，都谈到中国各族的射日神话，引用的材料非常丰富，但却没有用到中国以外民族的材料。本书问世之后，笔者才看到日本山田仁史先生的《太阳の射手》修士论文（1996 年），搜集了全世界射日神话。

虽然射日神话的研究不少，但笔者认为这个神话还是可以继续研究。第一，最后几年中国发表了许多少数民族的太阳神话（E. Erkes 只提到赫哲神话；何廷瑞加了儸儸（彝族）及苗族神话；H. Egli 主要根据西方的材料，所以只用何廷瑞引的中国两个民族的神话）。第二，据笔者所知，这些学者都还未做到神话发展阶段的比较研究，所以有好几个有趣的问题尚未提到，如：射日神话最原始的原型是怎么样的？征伐太阳或消灭多余太阳的是谁？即谁是文化英雄？动物、一群人、无名的人、猎人或还是神？

---

① Nu than Po Naga（婆约加尔神），69 页，河内，1989 年。

② 山田仁史，太阳の射手，京都大学修士论文，59～69 页，1996 年。

③ Ho Ting－jui，A Compatatiue Study of Myths and Legends of Formosan Aborigines，Taipei，The Orient Cultural Service，1971.

④ 山田仁史，太阳の射手，京都大学修士论文，309 页，1996 年。

用什么方法消灭多余的太阳？吞、啃、用竹竿打、用刀杀、用弓射……？征伐太阳的神话与信仰和风俗是否有什么关系？射日神话如何发展到民间故事？如何成为民间叙事诗描写的题材，即射太阳情节是如何演化的？这个情节及射日母题是怎么淡化的？虽然在此无法详细回答这些问题，但应该提出来做初步的分析。笔者 1992 ~ 1998 年在中国台湾进行田野调查时，专门采录布农与泰雅人神话及民间故事，因此本篇讨论以这两个族群的射日神话为主。

太阳神话是世界流行的神话之一，根据神话理论家 V. N. Toporov 的结论，在原始的神话中有些讲太阳的来源，有些则是消灭多余太阳的故事。

台湾原住民没有太阳起源神话。笔者只知道一个例外的故事，1998 年去花莲县秀林乡富世村调查赛德克族太鲁阁人，遇到一位会讲故事的牧师(汉名“许通益”)。他讲的神话说从前没有太阳，人平日生活用的光是柴火。有一天太鲁阁两个老人拿着柴火到外头去时，大风把他们吹上去，黏在天空，两个老人就成了太阳。虽然太阳起源原则上是原始的说法，但在赛德克人神话中不一定是那么古老的母题，因为其他地方的赛德克人（如南投县的）及其他台湾原住民都不考虑宇宙起源，亦即认为天、海、太阳等等是原来就有的。也可能是许通益的“个人异文”。中国大陆南部一些民族，如布依族神话中，祖先力嘎造太阳与月亮；毛南族说天皇造了十二个太阳；苗族神话中冷王榜养鹏容把十二个太阳和十二个月亮扛到天上。根据另一个在滇东北苗族流行的神话：铜匠炼金、炼银造了八个太阳和八个月亮等等。由此看来，创世者、神或匠人造太阳的神话可能不是那么原始。较原始的民族，如台湾原住民只有几个太阳的说法，其他上述的民族都有消灭多余太阳的神话，但大多数没有太阳来源神话。要注意社会的发展一般是缺乏什么（如缺乏太阳），或有时完全相反，什么“东西”过剩、太多而引起的。太阳神话的起源是缺乏光亮，或太阳太多，酷热难当，在这个观点基础上而发展的。

许多民族征伐（射）太阳的神话情节非常相同，基本上有两个主要的情节单元（motif，母题）。一是天上同时出现几个太阳，另一个是英雄要消灭多余的太阳。许多民族的此类神话还有一些其他母题，如剩下的太阳躲起来了，黑夜笼罩大地，大家派各种动物叫它出来，但都无效，只有公鸡能叫太阳出来。

第一个神话母题即天上同时出现几个太阳，除了上述的民族外，其他的民族也有。且其流传地比第二个母题广，除了上述的民族之外，如西伯利亚西部 Khanty 族也有七个太阳的说法，南洋美拉尼西亚一些地区，米克罗尼西亚的 Yap（雅浦人），马来西亚 Semang（塞芒族），北美洲印第安人（如加州 Shasta 人），墨西哥印第安人，南美 Inka 人及 Kashinawa 人，非洲 Yoruba、Eve 及其他一些民族都有几个太阳的概念。

古代印度神话中（在《Vishnu purana》一书）也有七个太阳的说法，但不是在当时有七个太阳，而是将来会同时有七个太阳照耀大地直到世界末日。Vishnu 神下降人间，帮助太阳使其光芒膨胀成七个太阳，七个太阳将要烧掉三个世界。锡兰民间传说中也有同类说法。

西伯利亚贝加尔湖之北雅库特族（较古老的突厥民族）神话中，描述上帝 jurjung ajy tojon 老人居住在最高的天上，那里有两个太阳。后来他把这两个太阳拉开了，造了第三个太阳，把它挂在天地之间，让这个太阳照耀雅库特人。

汉族古代神话中说天上有十个太阳，中国学者以为与古代中国的“十干”概念有关，因此这种说法并非那么古老。但除了汉族（《淮南子》记载后羿的神话）之外，瑶族也有“十日”的神话，而在加州的 Shasta 人也有“十日”的说法，所以十日与十干不一定有关系。其他民族的记载则不同，如儸儸人（彝族一支）有六十六个太阳，四川苗族神话中有日、月各三十六个[①]的说法；儸儸人（彝族）神话中也有七个太阳之说；日本人的神话中也是七个太阳；印尼 Dayak 人也是七个；傣族也是七个；越南的泰族神话中是九个；仡佬人是七个太阳、七个月亮；布依人是十二个太阳；蒙古人有十二个太阳，也有三个、五个太阳的说法；壮族是十二个太阳；越南占族也是十二个太阳与十二个月亮。十二个太阳的概念可能与十二个月竟有关系。

地理上离汉族较远的民族，其神话中的太阳数目较少，如：黑龙江一带的那乃（赫哲）族、奥罗奇族都只有三个太阳的说法；台湾原住民除了卑南人有八个太阳的神话外，都只有两个太阳的说法。菲律宾、美拉尼西亚、米克罗尼西亚及印度东北区的几个民族神话也是两个太阳；台湾原住民与菲律宾、美拉尼西亚、米克罗尼西亚等地区的神话中太阳数字相同，应该不是偶然的，这些民族在古代可能有些关系。

台湾林衡立教授认为汉族原始神话中只有两个太阳的说法，后来因有“十干”的说法而有了十个太阳的母题。[②] 这种说法有其道理，但证据还不够充分，因为瑶族和美国加州的 Shasta 人也有十个太阳的概念，但他们并没有“十干”的观念。

---

① 袁珂著：《中国民族神话词典》，72 页，四川省社会科学出版社，1989 年。

② 林衡立著：《台湾土著民族射日神话之分析》，载《民族学研究所集刊》，1962（13）。

虽然数个太阳的母题常见于许多亚洲及美洲一些民族的神话中，但在St. Thompson“Motif - Index”中只有三条记载（F961. 1. 3 天空几个太阳；F961. 1. 3. 1 两个太阳［爱尔兰及冰岛古神话］及 F961. 1. 3. 2 三个太阳）。但是根据上述材料来看，此记载应该需要再增加。

第二个母题——消灭多余的太阳。在大部分民族的神话中，多记载以弓箭射日，如《淮南子》记载后羿射十日就是用弓箭。据《山海经·海内经》所载“帝俊（即上帝）赐羿彤弓素矰”[①]，虽然这是消灭多余太阳神话中最早的记载，但是从人类社会发展的过程来说，这并不是最原始的，因为只有在人类能制造弓箭之后（在旧石器时代），才可能有这样的说法；此外，该神话中人物是降生于地上的上帝之子，而上帝观念并非原始的。在中国古代神话影响发展的日本射日神话中，弓矢是天子赐给英雄的。

有的民族则保存了可能是最古朴的说法，如台湾兰屿岛的雅美人；实际上雅美人与其他台湾原住民不同，雅美人属于 Malaya - Polynesian 族群，其文化同于菲律宾北部 Ivatan 族。住在兰屿岛上的雅美人是一个捞鱼民族，他们不狩猎，岛上没什么野兽；他们不用弓箭，所以消灭多余太阳神话中描述他们借着诅咒或是用曾濡人血的短剑（这件器物被认为具有巫能，对人类生命具有极大的害处）来消灭（赶走）第二个太阳。

排湾人某些部落有弓箭射日的神话（可惜瑞士 Hans Egli 没说是在什么地方采录的），但在 butsuI 部落虽用弓箭，却仍保存了最古朴的神话形式，例如：女人用杵戳天，使天上升，同时也打下太阳。据日本学者采录的材料，排湾人十多社有杵型消灭第二个太阳神话。因为阳光太强、太热，所以用 Word Magic（诅咒）责骂或诅咒太阳。这个母题，在St. Thompson 的索引中也有（L351. 2），但只提到一个印度的例子，也没说是否赶走了太阳。兰屿岛雅美人也有咒诅两个太阳的神话。云南景颇族也有这种说法，人类咒骂多余的太阳，且戳（没说用何种锐器）它们，将多余的太阳赶走。景颇族神话中消灭多余太阳的母题较模糊。20 世纪初最早在缅甸采录的景颇神话中叙述：太阳有九个儿子（小太阳），因人类从米与棉之父母（Waren La 与 Phungtang Majan［女］）处将米偷走了，于是太阳之父教九个太阳一起升天，惩罚人类。人类预备大弓及许多活蛇想与太阳家族开战，太阳看到这情况后就逃走了，同时也带走了月亮家族。此神话异文虽然提及大弓，但没有说人射中了太阳，好像太阳看到大弓与蛇（疑要用毒蛇代替箭）之后就马上逃走了。在云南采录的景颇神话中只说

---

① 袁珂著：《〈山海经〉校注》，466 页，台北，里仁书局，1981 年。

大家一起来，骂的骂、戳的戳，赶走了九个太阳，也没有射日的母题。

在中国大陆某些民族神话中，征服太阳的英雄使用比弓箭还简单、还素朴的“武器”。如贵州省仡佬族中，仍保存着很原始的类型。根据其神话所载，古时天上有七个太阳，也有七个月亮，有个壮汉阿鹰持长竹竿从高山上的大树攀至天上，用竹竿击落六个太阳及六个月亮。用梯子上天这个母题在 St. Thompson 索引中也有（A666），但少见，只提到爱尔兰古代的神话。用植物杀两个太阳的母题及故事内容也不一样，只说用鸡冠花来杀太阳的兄弟，但没说是否杀死了他们。此种神话应该也是属于消灭多余太阳的类型。根据 1903 年英国人 J. Davidson 记录台湾卑南人（Puyuma）的神话，有壮汉用草造梯子攀天与太阳打架，杀了六个太阳（没说用什么武器）。加州 Shasta 印第安人的神话中，记载 Coyote（小狼）用他的刀杀九个太阳，不知此部落是否用弓。上述的大部分民族，如汉、苗、瑶、壮、布依、侗、傣、独龙、哈尼、傈僳、毛南、彝、水及台湾原住民，还有菲律宾吕宋岛上的 Apayao 族、Nabaloi 族、Bontok 族；赫哲（那乃）、奥罗奇（Oroch）、Udehe；黑龙江下游及库页岛的 Gilyak 族；蒙古、布里亚特族；印度东部 Arbor 及 Minyony 两个族；锡金 Lepcha 族；越南占族；日本等，都有用弓箭射日的母题。

不过，在用弓箭射太阳的神话中，人（英雄）所使用的不是一般的弓箭。中国大陆有些民族神话中也说射日的英雄用的不是一般的弓箭，如水族神话中说创世者牙巫（女）把铁弓与铜箭赐给人类，有一个壮士就用它来射太阳。傣族神话中说的射箭的能手（巨人）做了一把十万斤重的大弓去射日；瑶族神话中白胡老人告诉英雄雅拉如何制虎尾弓、虎筋弦、鹿角箭。我们可以肯定雅拉射日神话不是原始的，因为原始神话中绝无像白胡老人那样的神奇帮助者，也不会细述制造武器的过程。

射日不能用一般的武器，这个概念大约很早就有了。《山海经》叙述帝俊赐羿彤弓素矰，表示那射日的弓是从另一个世界来的，云南省傈僳族神话叙述设法取到龙王的金弩银箭，便可征服天上的九个太阳、七个月亮；① 其中的弩也是从另一个世界（水府）取得的，台湾原住民神话中则没有这类的概念，但有时也述及用一般的弓箭射不中太阳。如日本藤崎济

① 祝发清等编：《傈僳族民间故事选》，5 页，上海文艺出版社，1985 年。该书发表的傈僳神话述金弩银箭藏在龙王的龙宫。根据《原始宗教资料丛编，纳西族、羌族、傈僳族卷》，732～733 页，上海人民出版社，1993，第傈僳族崇拜龙神，每年三月中到龙潭的大树下祭祀，据《中国各民族宗教与神话大辞典》（第 382 页）。云南维西傈僳有古老的“鲁扒底”仪式，意为“祭龙”，实则“骂龙”，因为傈僳人认为，人四肢生疮是龙神作祟，但两本书却未提龙工及龙宫这个概念，是否整理或者翻译者用汉族习语，待考。无论如何，弩箭是从水府拿来的。

之助教授1930年发表的泰雅人射日神话中，人拉弓射箭，但是太阳毫发未伤，最后用松鼠阳具射日才命中。这是很特殊的，因为其他民族都没有这种说法。大概是他们认为普通弓与箭无法射日，可是为什么要用松鼠阳具？这个东西有什么特殊神力？笔者问了几个泰雅人，他们都不知道，待考。

其次要讨论的是：消灭或射中太阳的英雄是谁？笔者所知的三个民族如印度东部 Arbor 族及 Minyong 族、锡金的 Lepcha 族射日的是青蛙或蟾蜍。黑龙江下游及库页岛 Nivkh 族神话中射日的英雄不是人，那时世上还没有人类，只有两只小山雀兄弟，山雀弟弟骑了飞鹿升天用弓箭射中了多余的太阳。后来山雀弟弟与金雀结婚，生了天上的人；山雀哥哥与银雀结婚，生了地上的人类。北美加州 Shasta 人虽无弓箭说法，但是用刀消灭九个太阳的也是动物，即印第安神话中常提到的 Coyote（北美小狼）。

从比较民间文学的眼光来看，以北亚民族或美国印第安人的神话为例，最原始的神话主角（创世者或造万物者或布农与邹人阻止洪水的英雄）大多不是人而是动物，如乌鸦、兔子、螃蟹等等。Eskimo 人偷日的主要英雄是兔子，有少数的神话说是乌鸦，较晚的 Eskimo 人的神话中，则有太阳被隐藏，经由动物偷取后大地始见光明的叙述。有的异文中小偷是某个不知名的人，其后的异文则说是 Eskimo 人最喜欢的人物——孤儿（但孤儿也是先变成乌鸦再去找太阳）。

由此推测，在最原始的神话中，消灭太阳的英雄很可能不是人而是动物，这与图腾观念有关。上面提到的贵州仡佬族英雄阿鹰，用长竹竿打击多余的太阳，但是中国少数民族神话中也有动物消灭太阳的神话，如土家族神话中，消灭十一个太阳者与印度东部、锡金神话一样都是青蛙，但不是射日而是爬上天吞下太阳。[①] 海南岛黎族消灭多余太阳的也是动物，也没用什么武器，不过是由山猪啃太阳，用牙齿咬下四个多余的太阳与四个多余的月亮而已。[②] 山猪神话大概不是最素朴的，因青蛙吞食太阳不要报酬，而山猪要求人类要给它吃稻子。在一般较素朴的神话中，动物帮助人类不会要求报酬（比较布农与邹人洪水神话，前者的螃蟹停止洪水不要报酬；后者只要少女的阴毛）。俄罗斯远东区 Udehe 族神话中，世上第一个人射下了两个太阳，剩下第三个。布依族神话中布依族祖先力嘎造了十二个太阳，并吩嘱它们轮流出来，哪知十二个太阳同出同落，于是力嘎造了

---

① 刘城淮著：《创世神话的形成发展与意蕴》，见《中国民间文化》第四集，学林出版社，1994年。

② 陶阳、钟秀编：《中国神话》，185页，上海文艺出版社，1990年。

弓箭，射下十个太阳。布依族还有其他说法：其一，根据神话古歌，人类受不了十二个太阳的热气，英雄年王去射太阳；其二，根据另一个古歌，天上有九个太阳，人民公推卜丁射日，他连续射落七个太阳。[①]

越南占族也把射日的事挪到创世时代，但没有描写太阳的来源，只提及创世时代天上有十二个太阳与十二个月亮，人们热得难受，什么植物都不能生长，Nomaisbaicadong神人（这当然是较晚期的概念，但不知原文用什么词）射中了十二个太阳与十二个月亮，全世界就黑了。根据20世纪初英国J. W. Davidson记述的台湾卑南人神话，消灭多余太阳的（天上一共有六个）是最早的第一个偶（男女）的第一个儿子。

有些民族（如傈僳族）把射日挪到洪水退后的时代，即天上出了好几个太阳是世上的第二个大灾难。

大多数民族神话中射日的是好射手，是古代的神话英雄。当然每个民族神话中的英雄名字不同，有的民族有几个说法（可能各地各部落有自己的说法）。例如除了布依族之外，苗族也有几个射日的英雄，如“天外神系”中最好的射手是流星的儿子桑扎、杨亚、张果老（与汉族八仙之一的张果老不同）。但不少民族神话中射日的是无名氏，如那乃（赫哲）族的是一个勇敢的人，另一个异文说是一个老人，但在1911年采录的黑龙江那乃的另一个异文中是白桦树生的孩子Dahsur长大后射落了两个太阳。

20世纪采录的台湾原住民神话，其射日英雄都是人。有的神话，如我们所采录的花莲县布农神话，前往征伐太阳的是一群人，他们没有名字，不像古代汉族射日神话是由一个有名的英雄后羿来完成这项使命。从前布农人与其他台湾原住民不同，他们无神的概念，也没有头目（日本人迫使布农部落选一个头目），只在打仗时临时选一个领导者。也没有歌颂英雄的歌，只有各人歌颂自己功绩的歌，叫做Malastapam（夸功宴），每个人都要唱（实际上不是歌唱，而是有节奏的朗诵），介绍自己的功绩，因此，他们可说还没有全族（或全部落）的英雄的概念。

值得注意的是在花莲县所采录的布农神话中，是由一群人前去征伐太阳，原因是由于天气太热，不能耕作。泰雅人射日的原因也一样，人们开了一个会，决定去射杀太阳，当场推出三个魁梧有力的青年来担此大任。泰雅人的溪头群部落是由五人组队去征伐太阳；赛德克人内太鲁阁部落则是壮年、青年、少年人各一队，但是只有青年、少年两队抵达并完成任务。[②] 泰雅人Maboala部落神话中是先推选三个年轻人去征伐太阳，因路途

---

① 何积全等主编：《布依族文学史》，34～36页，贵州民族出版社，1992年。

② 佐山融吉、大西吉寿编：《生蕃传说集》，台北，杉田重藏书店，1923年。

遥远，年轻人变成老人，只有其中一个人回到部落；大家又派三个人前往，他们身上各背一个小孩，结果他们也都老了、死了，但是那些在路上长大的孩子终于到达太阳上升的地方并且射下一个太阳，此为20世纪初日本人所采录的异文。[①]

印度东北区Kaman Mishmi人的神话与上述情形相似：当时有四个太阳，族人开会决定灭掉三个太阳，于是推出八个壮汉、两只狗。其他民族未曾提到狗，只有台湾平埔人英雄带犬征伐太阳，在路上死了七个人，只剩一个人带了一只狗消灭（不知用何方法）了三个太阳，然后就回来了。

这些例子证明了台湾原住民许多神话中，征伐多余的太阳并不是单一英雄的功绩而是集体的成就。不过有的异文（如布农峦社）虽描述征伐太阳是集体的事，但是大家仍推Karitan社Boan家一个素享武誉的勇士。因为布农人和其他台湾原住民相同，在组成独立家庭之后，原始神话慢慢地发展成民间故事。所以群社也有另一个说法：有个女人在田里干活，把小孩子留在阴凉的地方，但是太阳把孩子晒死了，他变成蜥蜴（这与我们采录的花莲布农神话一样）。但是去征伐太阳的不是无名的“他们”，而是失去孩子的父亲去为自己的孩子报仇。故事中虽然没有“报仇”的字眼，但意思是这样：女人将情形告诉丈夫，丈夫大惊，猜测是遭太阳的毒手而死，即下决心，整装踏上征伐可恶的太阳之旅。说故事者也称这位父亲为复仇者。同样的异文，20世纪初日本人也在大社采录到了。神话的人物为全人类做事（如后羿射日），而民间故事的人物则是为了自己或自己的家庭做事；父亲去射日的目的并非因人类受不了热，而是为死亡的孩子报仇，这是民间故事的特征。

此一流行在群社的故事还有一个特点，即受伤的太阳对复仇者说：“路途遥远，吃了这些东西再走吧！”并且赠送很多木珠和琉璃珠。故事中并没有说明这些珠子是什么东西，有何作用？可惜的是我们没有采录到布农与珠子的信仰有关的传说。但是根据许美智先生对排湾族琉璃珠传说的研究，琉璃珠在台湾原住民生活中有许多作用，如护身、赐福，也有琉璃珠神灵观念。排湾人也有关于琉璃珠与太阳的故事，认为琉璃珠是太阳的眼泪，[②] 这个观念与布农人神话中受伤的太阳赠送木珠或玻璃珠（应该是琉璃珠）的神话很接近。

---

① 藤崎济之助著：《台湾の蕃族》，临时台湾旧惯调查会，492～495页，台北，台湾日日新报社，1915年。

② 许美智著：《古楼村排湾琉璃珠的传说与信仰》，载《思与言》，23卷2期，第122～127页。

前面所述太阳赠送珠子的故事细节，很像民间故事中所谓神奇的宝物，如汉族民间故事中送食物给主角的神奇葫芦等等，这是民间故事的特点之一。布农族的其他神话及原始的故事中并未提到什么神奇的宝物，所以神奇宝物这个概念在布农人中还未完全形成。当然，也要注意的是日本人最早记录的布农群社神话说："太阳赐的珠子是稀世之宝，人人都把它佩挂在胸前，这便是项链的由来。"但在第一个神话中，太阳赐英雄珠子是因为他回家的路程遥远，需要食物补充体力，然而此神话中也没有以珠子当钱或换食物的概念。第二个说法可能是较早期的，因为项链是很原始的饰品，而且在神话中解释东西的来源也是神话基本的特点，很可能太阳赠送珠子是为了要帮助人们在路上获得食物，而这是神话朝民间故事发展的特点。

有趣的是在黑龙江一带与台湾原住民没有直接关系的那乃（赫哲）族，其射日神话中也有与布农人类似的民间故事化的异文：同时出现的三个太阳把老夫妇生的独子晒死了，其父悲愤异常，发誓射日以复仇，其区别是那乃射日神话中把这个事件归于开天辟地之时，即典型的神话时代。

类似为亲人复仇而征伐太阳的故事，据笔者所知，在印度尼西亚加里曼丹岛 Dusun 族的神话中也有，但情节不完全相同。故事是说：太阳打了一位孕妇的肚子，孕妇因此而生病，丈夫一怒之下就去复仇。他造了七个吹矢箭（许多原始民族所使用的武器），射下六个太阳，只剩下一个。这个故事也一样，虽然保存神话英雄的功绩，但是与神话不同，因为射杀多余的太阳并不是为人类除害，而是替自已的亲人复仇。

许多神话常有同类的行为却又有完全相反的结果，例如有人向太阳报仇；也有较特殊的太阳复仇母题，如水族神话中，英雄阿劳去射日，最后反而被太阳烧死了，连他在石洞中的妻子与孩子也被火熔为人形石块。

前面提到古神话可以发展为民间故事，此外也可能成为民间叙事诗的题材，如中国大陆侗族及苗族的叙事诗都有射太阳情节，苗族有一百七十余行，侗族有二百余行。①

布农人与其他台湾原住民族一样，其征伐太阳的神话还有一个特点就是把太阳人格化了。泰雅人讲神话故事的人说，太阳有生命，所以有血。②这是泰雅人射日神话的一个特点，太阳被射中了，流下血水，溅满射日老人全身，老人无法承受滚烫蚀骨的溶液终于死了。笔者在和平乡采录的异文亦同，布农神话只说射日时射中它的右眼，在泰雅人神话中，太阳之血

---

① 陶阳、牟钟秀著：《中国创世神话》，220～221 页，台北：东华书局，1990 年。

② 李亦园著：《台湾土著民族的社会与文化》，344 页，台北：联经出版社，1982 年。

有很大的作用。除了上述的说法外还有其他说法，如日本佐山融吉教授1917年发表的泰雅人射日神话中所述，两只箭射穿了太阳的正中心，顷刻间鲜血滚滚而下，其中一个人不幸被鲜血冲倒，跌入海中死了。[①] 日本藤崎济之助先生1930年发表的泰雅人射日神话中说：射日命中后，太阳落下的血块打死一人。射日者被太阳的血打死了，这样的情节单元在其他民族射日神话中都未出现，可以看作是太阳“死后”报仇的一种方式。与泰雅人接近的赛德克人神话中无太阳报仇的母题。上面提及的赛德克人太鲁阁许通益牧师从他父亲那听的神话中说道：太阳的血块发出“pak”声成月亮，小块的血飞往上面，它们成了天上的星星，有些掉落到地面就成了石头，所以月亮、星星和地上的石头全是太阳的血。由此可见讲神话的人利用古神话来解释宇宙的来源，即加强神话主要的功能——解释性。其他台湾原住民神话只说射中了太阳，太阳会流血。这是不是一定与太阳人格化有关系，也是个问题，因为日本射日神话中讲述射中了太阳，流的血不是人血，而是三足白乌鸦之血。但是台湾原住民好像没有太阳是鸟的观念，只在布农有一种神话讲述太阳脚像鸡足。布农人说太阳也有眼睛，其祖先射中了太阳的右眼，因右眼的光最强最亮。布农人认为最尊贵的是右边而不是左边。

台湾其他原住民大概没有射日眼睛的说法，但是在菲律宾吕宋岛 Pampango 族有这个概念。根据他们的神话，造物主 Bathala 造地，他有两个孩子，一男一女，他们眼睛的光芒照耀着大地。有一次，他们俩用竹竿打架，哥哥不小心将妹妹的一只眼睛打瞎了，因此，她的光变得很微弱。[②]

叶舒宪教授引四川民族出版社1985年出的《中国少数民族神话传说选》中布农人《太阳和月亮的故事》，说太阳与月亮是一对亲兄弟。日本人早期采录的布农神话及笔者采录到的都无太阳与月亮是兄弟的说法，所以笔者怀疑此材料的可靠性及叶教授的分析（他以为布农射日神话与邪恶化身的哥哥及人心所向的弟弟两个亲兄弟之母题有关），布农人并无两个兄弟的故事，所以笔者认为这样的解释是不妥当的。[③]

上述的吕宋岛神话概念与布农人神话概念较接近，许多民族认为太阳和月亮是兄妹或夫妻，但是没有具体描写他们是否与人一样有血有肉，是否有人的各种器官。根据我们所看到的材料，大概只有布农神话把太阳完

---

① 尹建中编：《台湾山胞各族传统神话故事与传说文献编纂研究》，77页，台北，1994年。

② Fensler D. S. Filipino Popular Tales，Hatboro，1965，p406.

③ 叶舒宪著：《英雄与太阳——中国上古史诗的原型重构》，80页，上海社会科学出版社，1991年。

全人格化：太阳有眼睛、有手（指头很粗）、有脚（长得像鸡爪）。据布农人林圣贤先生采录的异文，可能是较晚期的说法：太阳的脚像树根，太阳也有睾丸，可以排泄。① 布农人的征伐太阳故事只提到眼睛、血、手、睾丸。类似的概念在排湾人也有，但是好像不太详细，排湾 Tona 社神话提到，有个似人样的东西变成太阳。如我们采录到的神话中，月亮可以蹲下，也有睾丸，可以排泄，也会说话。

台湾原住民征伐太阳神话的另一个特点就是：特别详细地描述征伐太阳的路途，而这条路非常遥远。前面提到有的民族神话中，如较原始的仡佬族，或者是台湾的卑南人 Puyuma 部落神话中，英雄用草编的梯子攀天消灭太阳。印度东北区的 Kaman Mishmi 人的神话虽然没有讲明征伐太阳的八个人上天，只说剩下一个人回到地上，但这也暗示他一定是从天上下来。这个说法应该不是很早期的说法，因为在古老的观念中，地与天是连在一起的，即使分开了距离仍然很近。台湾许多民族有这种说法，云南佤族，菲律宾 Mindanao 岛 Bagobo 族，吕宋岛与 Mindoro 岛的 Tagalog 族都有同样的神话概念。认为天很低的民族不会有用梯攀天的神话母题，但是有路途遥远的叙述（可能是指太阳上升、可以射日的地方）。如台湾泰雅人神话中，要射日必须“前往太阳上升的地方”（据笔者 1995 年在台中县和平乡采录的“两个太阳”神话）。其他民族，如赫哲族“三个太阳”神话中说：“有一个勇敢的人拿着弓箭等待三个太阳落下来，就跑去射日。他翻过九座山岗，渡过九条河流，穿越密林，横跨平原。他鞋子坏了，衣服破了，全身擦伤，皮破出血。但他不眠不休地跑着，从不休息，天将破晓之时，他跑到了三个太阳上升的地方。”

不少民族神话中，射日的英雄上高山或爬上很高的树。如布依族祖先力嘎登上高山顶爬到摩天的马桑树上射下太阳，这座高山大约是神话中的宇宙山，摩天树是宇宙树。

布农神话只记载离开家时，征伐太阳的人种了一棵橘子树。我们采录的神话异文解说，人们出发时种橘树，回家之时，“橘树已长得很高”，也有人说“已经结果了”，这表示过了很长的一段时间。这种以树的成长结果作为时间流逝久远的象征，在日本人搜集的布农射日神话及我们所采录的三则征伐太阳的神话中都有出现，但是其他台湾原住民射日神话也有一样的“副母题”（林衡立的用词），如鲁凯人、泰雅人、赛德克人、赛夏人，都有出发前种树的说法。神话中大部分是橘树，有时是柚子树，只有

---

① 据 1993 年布农人林圣贤先生报导。

赛夏人说是橘树或竹子。

第二种描述征伐太阳路途遥远的说法是通过前往征伐者在半路老了、死了的方式。如前面谈到的神话中，必须等到第二批人所带的小孩长大后才能到达射日之地完成任务。在日本人所采录的布农射日神话中提到：过了数十年才接近射日之地，因为布农征伐太阳的神话特别强调前往射日的路途遥远，要等第二队所带来的小孩在路上长大后才可以射下太阳。所以布农人把家里的长子与那位射日的小孩结合在一起，当家里其他小孩要与兄长吵架时，父母就会说："Katuansasais maismasituhan - iaupa saigaus vadi"，意即不可顶撞兄长，因为他先看到太阳。

泰雅人神话对于路途遥远的描述更是详细，射日的人回来一看，路旁的果树均已枝叶扶疏、果实累累，社里的人没有一个认识他。社里的人说："听说那是三代之前发生的事，原来你们就是那时的勇士！"

主角（英雄）回家时已相隔数代，见不到以前认识的人。这样的母题是由"人间与另一个世界时间不同"的观念而来的。一般认为人间的岁月流转较快，另一个世界较慢。在六朝小说中已有阴世三年、人间三十年的说法。[①] 例如，两个猎人回家时已相隔数代。据 St. Thompson 母题索引（F377；D2011），许多西方及东方（亚洲）民族如英国人、立陶宛人、印度人、日本人、亚北 Koryak 人、因纽特人等，都有两个世界时间不同的概念。这个概念一定不是太原始的概念，只有在情节较发达的神话才有另一个世界的概念。这证明去太阳的地方等于到另一个世界。布农神话中没有表明到"什么地方"可以射日，但是有的民族的英雄从高山或是树上射日，即要往上走。

我们所采录的第三个布农族征伐太阳的神话内容中，还仔细地描写射日者的回程，这是此异文的特色，也是很少见的。

布农及其他台湾原住民射日神话都说射下一个太阳之后，大地变得一片漆黑。这个母题在中国许多少数民族如苗、壮、瑶、景颇等族神话中都有，越南占族神话中也有。一般是请公鸡叫醒太阳，但也有其他动物的说法。但是另有其他的异文，如林圣贤先生在高雄所搜集的材料：太阳送给布农人一对白鸡，并且告诉他们公鸡一叫就得起床。老人说：布农人身上所穿的外衣和太阳赠的白鸡是此次的盟约物，以前布农人未用猪做供品时，是以公鸡做替代品的，由此证明太阳与公鸡有相当的关系。此外布农族把日出之前的时间分为第一次鸡啼、第二次鸡啼、第三次鸡啼和第四次

① 金荣华编：《六朝志怪小说情节单元索引》（甲编），66 页，台北，中国文化大学，1984 年。

鸡啼，而且每一次鸡啼都有专门的名称，如第一次是 Metama'an，第三次是 Mint akalon 等等。[①] 由此看来，或许布农与其他许多民族从前都有公鸡叫太阳出来的神话。

古代神话有时也吸收一些新的、较晚期形成的因素。如布农或泰雅神话中有从《圣经》借用的情节；越南占族信回教，所以在占族神话中描述 Nomaisbaicadong 射中十二个太阳之后，世界变黑暗，后来来了 Auloahu (即伊斯兰教的阿拉)，世界就亮了。

布农人征伐太阳的另一个特色是征伐太阳与祭仪的关系。布农人每个月（除了九月）都有岁时祭仪，在满月、新月、五月或缺月时举行，而大部分的祭典与农业有关，因此这种类型的神话的说法应是属较晚期的。只有四月或七月举行的射耳祭与狩猎有关，这一定是早期的祭典，凡是在六七岁以下的男孩子都要参加射鹿及其他动物耳朵的祭典（即“打耳祭”），目的是希望他们长大之后成为神射手，[②] 但这祭典与射日神话没有关系。根据此一神话，被射中的是已变成月亮的太阳，它告诉人类要开始祭祀，大概是因为祭典与月的圆缺有关而产生的。

最古老的神话通常将山、川、湖泊与造物主或人类祖先的行迹结合在一起，说是他们自己建造或是所经之处产生了山、川、湖泊。较古老的说法是造物主的身体变成山、河，如盘古的神话；晚期的说法则与仙人有关，如澎湖岛的一些地形特征就与吕洞宾有关。而在布农射日神话中提到，台湾的日月潭是“变成月亮后的太阳坐下来，其两个睾丸着地，产生两个很大的洼地，就成了日月潭”。事实上，“日月潭”这个名称并不古老，布农语为 Niikitang，可见是由汉语直译为布农语，因此这种说法应是较晚期的。布农人还说地上也有太阳的脚与膝盖的痕迹，这是因为布农人蹲的姿势与汉人不同（布农人是左脚着地、右膝与右脚尖同时着地）而产生的说法。

泰雅人与其他台湾原住民最大的不同是其有“Gaga”概念及与它有关的训律、规范。所以神话故事中也讲各种规范、伦理问题，泰雅人的射日神话也不例外。还有另一个特点，即社人感谢射日英雄（或与他一起去射日的青年人即在路途中长大的孩子）时只说一句话：“社人亦感谢射日之英雄”或“自此社人即尊敬他们”等等，这类的神话结尾在其他民族都没

---

① 丘其谦著：《布农族卡社群的社会组织》，(台湾) 中央研究院民族学研究所专刊之七，41 页，南港，1966 年。

② 达西乌拉湾·毕马（田哲益）著：《台湾布农族的生命祭仪》，69 页，台北：台原出版社，1992 年。

有。1995年笔者在台中县和平乡采录的射日神话中，社人把怎么感谢射日英雄讲得特别详细：把年轻又美丽的姑娘嫁给他，特别是神话中说去射日时，那老人已与族人约好了，在孙子回社之后要给他娶一个姑娘以延续家族。1998年采录的赛德克人射太阳神话中也讲述部落人怎么感谢射太阳的人，同胞们就杀了猪来庆贺英雄们的荣归。泰雅与赛德克两族语言很接近，一说赛德克是泰雅族的亚族（一支），所以神话细节相似，没有什么奇怪。为什么大陆及台湾其他民族的射日神话无此类似的结尾？大概这个母题与泰雅人的“Gaga”概念有关系。

当然消灭多余太阳的神话有时会变为较特殊的神话故事，如西藏南部较原始的藏缅语族的珞巴族神话中，有两个太阳兄弟。弟弟的力量很强，火热的光照耀整个大地，使人类受不了。但是神话中无射日的母题，要避灾难时安雅神（珞巴族义都部落神灵，地位仅次于最高的神恩尼达雅）和其他神商量，要派一个神到太阳家送礼物（即祭祀太阳的祭品：猪、鸡、鸟等），告诉太阳，太阳光太强。当太阳哥哥听到弟弟给大地带来了那么大的灾难，很生气地把弟弟扔到泥潭里变成了月亮。这个义都部落的神话很特殊：到太阳那里的不是人，也不是动物（土家族的神话中，上天吞太阳的是青蛙），而是某一个神；完全没有射日的母题；消灭多余太阳的是哥哥，但第二个太阳变成月亮则是常见的母题。但是除了这个部落流行的特殊神话之外，珞巴族也有与其他民族相似的射日神话：天和地结婚生了九个太阳；七个兄弟住在天和地相连的地方，谁都看不见他们，另外两个太阳住在父亲怀抱里，其中一个由于晒死了它的同胞穷究底乌的孩子，被穷究底乌用箭射穿了眼睛，使它再也不能发光。这个异文像台湾布农神话（也是因为孩子被烈日晒死，父亲为了报仇去射太阳，射中了太阳眼睛，使其不会发光），这当然不是两个民族互相交流的结果，而是一个共同情节发展出同样的规律，只是在珞巴族神话中，把事情归于神话创世时代，被太阳晒死的孩子是太阳同胞的儿子。而在布农神话中，主角是一般的布农人，与民间故事人物较接近。珞巴义都部落神话提及祭祀太阳的祭品，这也与布农人征伐太阳神话中太阳教给他们仪式很相似。

在民间文学中，母题有标准的形式、有淡化的形式，也有强化的形式。射日神话的说法也有变成民间故事而完全淡化的形式，如甘肃回族的《太阳的回答》这个民间故事，其情节是：有一个小伙子，他的父亲早死，母亲改嫁，他和爷爷住在一起，因此特别关心他的爷爷。有一天，小伙子去帮爷爷买梨子，回来一看，太阳把老人晒死了（与布农晒死小孩的细节类似）。小伙子很悲伤，打算到太阳落下之处，但其目的不像古代神话是去征伐（射）太阳，而是去和太阳母亲谈一谈（这是完全淡化的母题）。到太阳那里的路途一样很远，小伙子说，就算要走一百年的路，他也不怕（民间故事通常都会有神奇的帮助者或某人以神奇宝物帮忙，使得主角很快地到达目的地；这个故事也一样）。有一只长毛的羊（即神奇的帮助者）告诉小伙子，可以送他到太阳的家里，小伙子马上就被载到海滨的高山上（在古老的神话中，这是射日的高山）。山上有太阳的宫殿，小伙子向太阳的母亲控诉她的儿子晒死了他的爷爷，太阳的母亲承认儿子的罪行并且说要教训太阳。最奇怪的是，太阳回家后说小伙子的爷爷并没有死，只是昏倒了，只要用干净的泉水弄湿老人的前额，老人就会苏醒（完全淡化的母题）。[①]

前面已说过，民间文学常有相同的题目或母题，却有说法完全相反的情形。除了回族之外，壮族也有拜访太阳的故事，但壮族人拜访太阳并不是因为太阳晒得太厉害，而是因为那时太阳照不到壮族住的地方，所以拜访太阳的目的是请太阳升起以照亮大地，这与许多民族神话相同。这个故事很仔细地描写到达太阳的路途很远，因太阳离人住的地方很远，去拜访太阳的是二十岁左右的孕妇。她走了七十年，很累，就叫在路上出生且已经长大的孩子自己去。因故事记录不完整，没有说清楚孩子怎么到达太阳的所在。[②]

在布农人的口头文学中，我们看到这个情节的原始神话形式，也看到刚要开始从神话往民间故事发展的形式。在甘肃回族的民间文学中，我们发现这个情节最晚期和已完全淡化的形式，与世界普遍的母题“人类去找太阳，要他回答问题”（St. Thompson，H1284）也合并在一起。除了说明自己爷爷的死因外，小伙子还问了在路上遇到的人所提出的问题。“太阳回答问题”也是民间故事常见的母题（St. Thompson，D1311. 6. 3）。

消灭多余太阳的神话也可以变形产生一些较特殊的、晚期的故事。如吉林省农安县采录的《贪狼赶日》故事中没有几个太阳的母题，只剩下“日头毒辣辣地晒着”的话，贪狼受不了，很生气地向天宫奔去，张开血盆大口，想一口把日头吞进自己的肚里。但与古代神话不同的是，贪狼撵不走太阳，反而被日头晒得头昏脑涨，从空中掉下来摔死了。[③] 在原始的神话中，如上述的土家族神话中，青蛙上天吞食太阳；在晚期的汉族故事中，贪狼吞不了太阳，自己却摔死了。因为人们的思想变了：消灭太阳的

① 本社编辑部编：《甘肃民间故事选》，190～195 页，甘肃人民出版社，1962 年。
② 《妈勒带子访太阳》（侗族民间传说），载《民间文学》，1958 年 2 月号。
③ 本书编委会编：《中国民间故事集成·吉林卷》，8 页，中国文联出版公司，1992 年。

企图是徒劳无功的，企图消灭太阳的动物只有死路一条。

前面说过，中国大陆有的少数民族，如苗族或侗族，其民间文学中射日神话发展成民间叙事诗的形式，布农人则无此现象。但是台湾邹人的射日神话却有一些成为民间叙事诗的雏形。日本人所记录的邹人简仔雾社的一篇神话异文，内容是描述一个少女捞鱼时，捞到一根小木棍，回家一看，腰带里的棍子不见了，女孩却怀孕了，生下不寻常的男孩，名叫Napaarama。Napaarama自小聪颖异常，力量过人，五六岁起就能自制弓矢射鸟，百发百中。这篇故事中有神奇人物的诞生，有些像古代神话的感生母题（St. Thompson，A511）。

有关英雄童年时代叙事诗性质的描写，以在黑龙江同江县所采录的赫哲族射日神话最为明显：英雄长到十六岁时，膀大腰粗，臂力过人，他一使劲，能推倒一座大山；他一喝水，能喝干一条大河；他一蹬脚，能蹬出一个深潭。儿童时代的英雄有不凡力量的母题在神话中较缺乏，但在全世界的民间叙事诗中常见。小英雄与其他小孩不同，与同年龄的小孩打架或较量时，其力量往往胜过他们。但在邹人Napaarama的故事中，他并没有和其他小孩打架或较量，这个母题只有较淡化的形式：母亲请孩子们挑水，但是他们都不愿意，只有Napaarama自愿挑水。叙事诗描述英雄童年的另一个模式是孩子养在树林中，像孤儿。类似的情况在后羿神话中也有，《太平御览》卷三五0引《括地图》说“羿年五岁与父母入山。其母处之大树下，待蝉鸣，还却取之，群蝉俱鸣遂捐去。羿为山间所养”。因为邹人Napaarama的故事不是完整的民间叙事诗，只是朝这个方向发展的神话，它同时也包括了民间故事的母题，如Napaarama前往射日之前，以容器盛水并且告诉母亲：如果我能回来，则此容器中的水不动，里面的水会自动溢出来；反之，如果我死了，那容器无论怎么摇，水也不会溢出。欧洲的民间故事常有这样的母题，很可能与原始思想中水的两种功能——地府中有两种水，一种可以令死人复活；另一种却会令人死亡——有关。Napaarama死了以后便化成鸟而升天。

俄国学者N. A. Nevskij1927年在阿里山特富野村记录的邹人神话中，射月英雄叫做Oazumu，死后变成一只鸟；这也是值得注意的细节。在古代神话中，神话人物死后会变成图腾（或他原来）的相貌，但邹人大约没有鸟的图腾。同时我们应该想起库页岛Gilyak族神话中，射日的是一种鸟；而后羿的“羿”字也有“羽”。据《说文》，“羿，羽之羿风”，即鸟张翅旋风而上，因此后羿可能也和鸟有关。很可能有些民族神话中的射日英雄都与鸟相关。Nevskij也记录了少女捞木材而生子的故事，但是这是分开的两个故事，与射日射月英雄无关。最近邹人学者浦忠成先生采录邹人神话故事时，只发现射月亮的说法（太阳与月亮的光非常热，月亮光比太阳光还强烈），射月的大概只有伊弗（巫师）。Nevskij 及浦先生前后所采录的射日或月亮的神话，都没有叙事诗的成分，而开始向叙事诗发展的邹人射日射月神话，仍是没有正式形成叙事诗的作品。射日神话情节具有叙事诗的雏形，叶舒宪教授专门谈了这个问题。

分析射太阳神话之时也应该指出有的异文讲述的不是射太阳而是射月亮。1998 年笔者访问住在南投县的一位赛德克族太鲁阁人，他讲的射月神话，特别专门强调不是射太阳。八十年前日本学者也采录与赛德克人接近的（一说是一个族）泰雅人射月亮的神话。日本阿伊努族也有射月神话，说古时突然出来了两个月亮，人们因害怕逃走了，始祖 Oinakamui 用银小弓把一个月亮射中了。① 许多民族神话述有几个太阳与几个月亮。Mänchen－Helfen 早说出推测来，射月神话比射太阳可能形成的早，他也以为古代中国常羲女神形象比太阳的母亲羲和形成得早。有学者推测月亮神话是不是最早有射月神话，后来太阳的角色越来越重要，射日神话代替射月神话，笔者不敢说，待考。

射日的神话很可能与古代的一些信仰及风俗有关。因为东亚有些民族在天体产生变异之时，如下大雨、落大雪时，会向天空抛掷一些神奇的东西。如青海藏族，从前下大雨、落大雪之时，当地的萨满（巫师）就会向乌云投 Ochir（仪式用品，中文译为伐折罗，是佛教七宝之一；释帝之权杖或特制的丸）。最有趣的风俗是民族学家在黑龙江下游及库页岛发现，当地的 Nivkh 族（旧称 Gilyak，吉亚克人），如果家人狩猎时突然刮起很强的旋风，猎人的家属就会做打风或射风的动作，向风射箭或放枪（这应是晚期的说法）。

据俄罗斯民族学家、语言学家 E. A. Krejnovich 1927—1928 年所写，有一个 Nivkh 的老人告诉他古代人如何射风——首先预备一支特殊的箭，箭尾插火绒，Nivkh 拿此弓箭出门。射风时一定射向风中心，如果不这样做，就射不死风。出门时一定要点火绒，去射风时，会有另一个人在后面跑，抓射风者的衣服、肩膀，说："不要射，不要射死"。射风的人最好不要回答，要沉默往前走。瞄准风的中心，射出箭之后，一定要说："射死了"，然后转身回家，绝对不能看他发箭射中的地方。人家说射中了风，可见其血，所以那支箭不可动。这很像射日神话中的描述，射日也用特殊的箭，

① 山田仁史，太阳の射手，京都大学修士论文，1996 年。

射中太阳就流血，同样也把风人格化了一些。

在中国汉族民间故事中有一个情节：英雄遇到旋风（有时说黄风）就用扁担往天空一扔，意思是将那兴起旋风或变成旋风的妖怪打下来。故事没有说他为什么扔扁担，结果从天上掉下一只花鞋——因为妖怪抢走了一位姑娘，而扁担刚好打到妖怪，使妖怪受伤。这种不寻常的行为，基本上可能是同类型的迷信，也可能与射日神话一样基于相同的原始信仰。现在的学者认为多太阳的神话与“假日”（即天空好像有两个太阳）现象有关，可惜无确实的证据。俄国 I. S. Lisevich 以为：第二个太阳指的大约是六千至八千年前，天上有颗特别靠近地球的新星，它大概有几个月像太阳那么亮地照着地球。这在古巴比伦文字中有记载，1968 年澳大利亚天文学家更证明了此记载符合事实。

20 世纪 20 年代德国有名的汉学家 E. Erkes 教授开始从事射日神话的比较研究；30 年代德国 Mänchen – Helfen 继续他的研究；60 年代何廷瑞教授根据当时所有的资料，作了这样的结论：他认为射日神话的起源很可能是在中国，或者中国是这个情节很重要的中心，其后，从这个中心传播扩散到其他地区。

如今，我们拥有很多新采录的资料（尤其是大陆少数民族的），从整个资料来看，征伐太阳的情节是在天上有数个太阳的前提所发展下来的。数个太阳的概念在欧洲或非洲虽然也有，但不普遍，主要流传在太平洋一带，即东亚和美洲，可是，射下多余太阳的神话只在中国大陆、台湾、菲律宾、印度尼西亚与印度东北边等地区才有。有的学者认为后羿的形象是在东夷形成的，东夷大概住在山东、江苏、浙江及淮河一带，与他们语言文化最接近的是古代吴越人。在更早的时代，约公元前三千年左右，山东半岛的中南部和江苏北部是古代大汶口文化的分布地区。考古学家认为：大汶口文化带有波里尼西亚人的特征，“而台湾的原住民在生物分类上属原马来—波里尼西亚人……今天太平洋上的各民族，其起源地应该是在东亚大陆”。[①] 笔者尝试从语系来看，许多有射日神话的民族皆属 Austro – Asiatic 语系，其中包括东印度的一些民族。很可能较原始的消灭多余太阳的神话是产生在古代东亚大陆，其后，各种民族将它带到台湾、菲律宾、印度尼西亚及太平洋上的一些岛屿，这个神话传播路线的研究仍待后人详加考证。但此问题大概较复杂，因满 – 通古斯语族民族也有射日的神话，待考。据笔者所见的材料显示：在苗族最流行射日的神话，但不能因此断定

① 宋光宇著：《华南边疆民族图录》，台北：中央图书馆，1991 年，前言第 19 页。

其为发源地。这种神话情节大概产生于上古时代，现在的民族在那时还没有形成，因为黑龙江往北、西伯利亚往西、中亚细亚突厥诸族及西藏都没有射日神话。Mänchen - Helfen 早就写到这个神话是流行在太平洋西部（亚洲）及东部（美国加利福尼亚与墨西哥印第安一些部落）。希望将来有人可以继续这方面的研究以解答射日神话的起源。

原文刊载于《神话与鬼话——台湾原住民神话故事比较研究》，社会科学文献出版社，2001 年

满-通古斯语族民族射日神话比较研究

黄任远

一、射日神话的情节母题比较

在北方通古斯-满语族的满、锡伯、赫哲、鄂伦春、鄂温克诸民族中，流传着情节结构大同小异的射日神话。这些神话的情节母题可归纳为：

① 多日并出带来灾难。

② 英雄出世超凡脱俗。

③ 英雄遭难神灵相救。

④ 英雄练功神力护身。

⑤ 英雄射日力量非凡。

⑥ 留下一日为民造福。

⑦ 其他解释。

如满族神话《三音贝子》的情节结构可归纳为：①+②+③+④+⑤+⑥+⑦；满族神话《太阳和月亮的传说》的情节结构为：①+⑤+⑥+⑦；赫哲族神话《射太阳》的情节结构为：①+②+⑤+⑥+⑦；鄂伦春神话《太阳的传说》的情节结构为：①+②+⑤+⑥+⑦。下面比较一下射日神话情节结构的相同与不同。

（一）多日并出，带来灾难

在满族射日神话《三音贝子》开头，讲天神阿布凯恩都哩派四徒弟给地上的人们造了九个太阳，结果把九州十八川七十二道河晒得干干巴巴。山上村子晒焦了，飞禽走兽晒死了，地上的人没处藏没处躲。①

满族一位老萨满讲述的射日神话，讲的是天神鹰出了十个火焰托里②，两个女儿拿着它们往地上照着玩，热得地上的百鸟百兽东跑西躲，热得江里的鱼儿不敢伸头，热得地上的人躲进了密林里。③

赫哲族古老的射日神话，讲早先天上有三个日头，像火盆一样，把地上的土都烤红了。④

居住在山岭上的鄂伦春人的射日神话，讲从前天上有十二个太阳，像十二团大火球，把水烤干了，把树烤枯了，把地烤裂了，把人晒死了。

从以上四则神话开头部分的比较，不难看出流传在通古斯－满语族诸民族中的射日神话，多日并出带来灾难这个神话情节母题基本是相同的。所不同之处主要有三：一是天上日头数不同，分别为九个、十个、三个、十二个。二是造日者不同，满族神话分别提到阿布凯恩都哩，天神的四徒弟为造日者，而鄂伦春、赫哲神话中则没有提及。三是对太阳的炎热的比喻不同，分别为火炉、火盆、火球等，这和民族本身的习俗有关。

（二）英雄射日，力量非凡

仔细分析这个共同的神话母题，笔者发现它又由四个共同的神话母题分子组成，即英雄出世，英雄遭难，英雄练功，英雄射日。

（1）英雄出世，超凡脱俗。

满族神话中的射日英雄叫“神力阿呀”，又叫“三音贝子”。他原是长白山神的大儿子，因为祭天时喝醉了酒碰洒了祭天的米酒坛子，被天神一气之下打到人间，出生在一个猎户家里。这孩

① 付英仁著：《满族神话故事》，95页，北方文艺出版社，1985年。
② 满语，铜镜。
③ 中国民间文艺研究会编：《满族民间故事选》，5页，上海文艺出版社，1985年。
④ 黄任远记录整理：《赫哲族民间故事选》，7页，上海文艺出版社，1986年。

子生下来不同凡人，三天能走路，一个月能举起一百斤重的石块，三个月能拉满三百石硬弓，不到一年，就身高一丈开外。赫哲神话中的射日英雄叫莫日根，他长到十六岁，膀大腰粗，臂力过人。他一使劲，能推倒一座大山；他一喝水，能喝干一条大江。① 由此可见射日英雄不是普通的人，而是神或神的后代，他们的出世不同凡人，超凡脱俗，充满了神奇色彩，笼罩着神的光环。

(2) 英雄遭难，神灵相救。

满族神话中有这样的情节：

三音贝子一口气跑到长白山顶，高声喊叫，让太阳回去八个，留下一个。九个太阳不听，还烫得三音贝子双手起泡，浑身发烧。其父长白山主用天池神水治疗了他的烫伤。

这种母题情节为满族射日神话所独有，其他民族射日神话中没有这个母题情节，反映了其神话的古老和久远。

(3) 英雄练功，神力护身。

为了达到射日的目的，射日英雄都有一段练习射箭掌握神功的情节。如赫哲射日神话讲：

莫日根遵照父亲的话，天天练习弓箭。一晃过去了一年，莫日根拉断了九十九支弓，射了九万九千支箭，练出了射箭的硬功夫。弓弦—拉，大风呼呼；箭头碰处，无坚无摧。

满族神话中讲，三音贝子的射日神功是其父长白山主神授的。给了一条可以套日可以搬山的五色天绳，给了一葫芦天池神水，助其射日成功。

(4) 英雄射日，拯救万物。

射日母题是射日神话中最主要的母题，因此都讲述得十分精彩。满族射日英雄射日细节十分突出：

射日主人公三音贝子拿着强弓硬箭、砍山刀、五彩天绳、天

① 黄任远记录整理：《赫哲族民间故事选》，7页，上海文艺出版社，1986年。

池神水，去寻找太阳。最后用弓箭把五彩天绳射上天，套住了太阳，拖到万丈沟，运来大山压住，用天池神水熄灭火焰，拯救生灵。赫哲族射日英雄和满族射日英雄不同，没有用神水、天绳，而是用他的神箭，射落了两个日头，吓得第三个日头躲到云层里去，不敢露面了。

而鄂伦春族神话射日情节比较简单，讲射日英雄大公吃饱喝足之后，开弓射箭，一口气射掉了十一个太阳。

比较射日母题情节，可以看出射日神话不同之处有以下几方面：一是射日英雄的称呼不同。满族称“神力阿哥”，又叫“三音贝子”；赫哲族称“莫日根”（原意为“神箭手”——编者），即汉语英雄之意；鄂伦春族称为“大公”。二是射日英雄的身世不同。满族称射日英雄是长白山神的儿子，带有浓厚的神话色彩。赫哲族神话较接近现实生活，讲的是射日英雄是当地渔民的儿子。三是满族神话有射日英雄与太阳较量，被烫伤后，其父用神水治伤的情节。这个情节为满族射日神话所独有，其余民族射日神话中均未见到。四是射日英雄的本领不同，满族讲的是由其神水治伤的情节。这个情节为满族射日父长白山主所“神授”，而赫哲神话讲的是英雄“苦练”而成，“射了九万九千支箭”。五是射下的日头数不同，满族是十一个，赫哲是两个，鄂伦春族是八个。

（三）留下一日，为民造福

满族神话《三音贝子》结尾讲：天神让三音贝子留下一日，另一日被天神收回了，在晚上出来照亮大地，成了月亮。另一则射日神话结尾讲两位神女轮流用太阳镜照大地，形成了太阳和月亮，人间有了白天和黑夜。赫哲神话《射日头》讲：现在，每当天气不好，要闹天头的时候，人们站在高处，还能够看到三个日头。一个挂在天上，另两个在东西两边，紧贴着地，真像天上那个日头的耳朵。鄂伦春神话《太阳的传说》讲：秦始皇为了修万里长城，派人用竿子把太阳支住，这一来没个白天黑夜。有个哈刻梯恩都力①一锤砸断了那根竿子，太阳又像从前那样一升一落，人间也就又有白天和黑夜了。

比较以上四则神话的结尾，所不同的是：赫哲神话讲被射下的两日形成“日珥”，在闹天时能看见；鄂伦春神话结尾加进秦始皇修长城的情节，

---

① 满语，雷公。

很明显是神话的口头传承者后来加上去的；满族神话则具体生动地解释了太阳出来成白天，月亮出来成黑夜的由来。以上这些神话在内容上、想像上都呈现出五光十色、丰富多彩的特点，比较真实地反映了满-通古斯语族诸民族上古社会的社会生活、历史进程以及上古时期人民的精神面貌。

二、射日神话的深层文化内涵

射日神话属自然神话，是远古人类关于自然现象的一种幻想的艺术反映。我们都知道：太阳和水、空气是人的生命源泉。人一旦离开了太阳、水和空气，就不能生存。作为原始人，也懂得太阳和人的密切关系，故而崇拜太阳，视之为日神。如鄂伦春人认为太阳是给人间以温暖和光明的神。赫哲人认为太阳是光明、幸福、兴旺的象征，故婚礼都在太阳初升时举行。赫哲神话还称男子是太阳的后代，表现了赫哲先人对生命的源泉——太阳的尊崇。但是过多的炎热和干旱，会给人类带来灾难和痛苦，大片的土地干裂，成片的树木枯死，甚至河水也晒干了，人类和万物都难以生存。射日神话的产生，大约就是原始人经历了可怕的干旱炎热之后，希望战胜干旱，战胜炎热的一种美好愿望，一种想像的产物。追索射日神话产生的时代，“弓箭”是指示我们寻找那个年代的可靠标志。恩格斯指出，弓箭出于人类原始社会的早期所谓“蒙昧期”，它的高级阶段便是“从弓矢发明时开始的”，“弓矢对于蒙昧时期，正如铁剑对于野蛮期和枪炮对于文明期一样乃是决定性的武器”。① 射日神话是随着弓箭的出现而产生的，可见射日神话产生的时代应该正是蒙昧时期的高级阶级向野蛮时期的低级阶段过渡期，即母系社会向父系社会的过渡阶段。

原始人崇拜太阳，又憎恨太阳，要射太阳，表面上看起来是自相矛盾，从深层看，实际上有一个共同的现实生活的根源，那就是当时生产水平低下，人们渴望征服自然，求得自身的生存。这正如恩格斯所指出的“这各种各样的关于自然，关于人类本身的构成，关于神灵，关于魔力等等的不正确概念，大多数是只有着一种消极的经济基础的；史前时代低级的经济发展，把这些关于自然的错误的概念当作了它的补充，有时甚至当作了它的条件，并且甚至当作了它的原因。”② 因此，可以认为

---

① 恩格斯著：《家庭私有制和国家的起源》。

② 恩格斯著：《给史密斯的信》，转引自《民间文学论坛》，1986（5）。

射日神话是原始人原始思维的结果。原始思维带有很大的具象性，它的概括、推理、判断，都伴随着表象的分解和综合，这就使神话表达人的认识都出之以生动的形象。在射日神话中，原始人把炎热和干旱想像成天上多日并出，天上有火焰镜、火球、火鸟等。他们采用现实的手段，用藤条、树枝做成弓箭进行反抗，和作恶的太阳进行斗争。从射日神话中，可以看到人们渴望战胜旱灾的愿望，也说明了弓箭在当时狩猎生产中的作用。

射日神话中奇妙的幻想也和原始人的心理特点有关。人们总是希望过上平平安安的生活，有吃有穿，丰衣足食。但是在当时，原始人控制自然的能力很低，很难达到自己的愿望，经常没吃没穿，很难克服干旱、洪水等困难。主客观矛盾的尖锐化，大大激发了原始人的幻想。在射日神话中，人们幻想可以管束太阳，战胜炎热，叫它听从人们的调遣，白天出来，晚上落山。法国杰出的马克思主义者法拉格指出："神话既不是骗子的谎言，也不是无谓的幻想的产物，它们不如说是人类思维的朴素的和自发的形式之一。"我们认为，射日神话就是人类社会初期原始人独特的原始思维和原始心理状态下的认识，是人类思维的朴素的和自发的形式。

射日神话在满－通古斯语族诸民族中流传有许多相同和不同之处，究其原因，有以下几点：

（一）相同的原因

满－通古斯语族绝大多数生活在东北三省。这些民族居住地域的相近和相邻，使他们有近似的生产力和生产关系，产生相同的心理，近似的想像。反映到他们的口头神话中，自然也会大体相同。这些民族的先人过着相同的以自然采集经济为特征的渔猎生活。因此，这些民族的文化均属于"渔猎文化"类型。满－通古斯语族的族源，是多源多流的民族共同体。因此，射日神话的相似，这是毫不足怪的。另外，这些民族的语言基本相通，据统计，赫哲语和满语有 30% 相同，与鄂伦春语有 20% ~25% 相同，其中相同部分又与满语相同①。这些民族都信仰万物有灵，共同信仰萨满教。在共同信仰的基础上创造的神话势必存在相同之处。

---

① 黑龙江少数民族社会历史调查组编：《赫哲族社会历史调查》，289 页，黑龙江朝鲜民族出版社，1986 年。

（二）差异的原因

第一是生活环境的差异性。任何民族的生活，总有一定的活动地域，这种地域性构成，成为神话的基本成分。居住地域、生存环境的差异，使他们所创造的神话，有了明显的区别。第二是口头传承的变异性。神话是由传承者口头讲述的，随着讲述次数的增多而不断地变化着，由此而出现了射日神话的差异。第三是神话发展的不平衡。各民族的神话起源有着相类似的民族心理基础和社会基础，但是其发展却是多种多样的，千姿百态的。神话发展的种种不平衡性，为射日神话差异的现象作了最好的解释和回答。

原文刊载于《黑龙江民族丛刊》，1995（4）

东北亚诸族创世与起源神话考原

——兼与“东北亚的圣母柳花”说商榷

喻权中　张碧波

读罢韩国全北大学李钟周教授在《社会科学战线》2000年第一期发表的《东北亚的圣母柳花》（以下简称《柳》文）一文，确感有值得商榷之处。《柳》文主要学术观点大致有三：其一，将满族兼及东北亚诸族的创世与起源神话都归之于柳母神；其二，又将东北亚诸族的柳母神崇拜起始尽归之于《三国史记》中始现的“河伯之女柳花”；其三，再将高句丽神话的“解慕漱+河伯之女→朱蒙”结构与檀君朝鲜神话的“檀君+河伯之女→夫娄”结构加以比附，最终推导出高句丽及东北亚各族的文化精神是源于檀君朝鲜系列，今日犹存的东北亚诸族创世及生命起源神话，不过是“柳花作为东国圣母和东北亚的圣母而根植于后人的意识”的结果。

客观地讲，《柳》文在收集东北亚诸族的柳母神崇拜上是下了一些工夫的，然而这些资料却被《柳》文不顾历史真实地进行了主观曲解。因此，《柳》文的三个主要观点正构成了其三大败笔。剖析被资料堆积所隐藏的败笔，借以深入探讨东北亚诸族创世与起源神话等谜团，还东北亚神话发生史以清白，是我们责无旁贷的使命。

一、满族创世女神与柳母神比较

（一）创世女神自足性与柳母神基本三态比较

《柳》文为了论证“东北亚的圣母柳花”说，大胆地将创世功能和始祖功能一起判给了柳母神。为此，《柳》文未做任何解释，便将满族神话中的宇宙女神阿布卡赫赫与柳母神等同起来：“意味女人的赫赫原是意味女阴。而原来的女阴又是由佛佛变化而来，佛佛与满语中的佛朵、佛多毛一样具有柳叶、柳树的意思。阿布卡赫赫作为女阴人格化的名字，可以说是可命名为天母或圣母的生命原型的存在。由于同音异义而含有柳树或柳叶之意，故也可称之为柳树天母。”问题是，《柳》文竟然连一条支持其“赫赫（女人）＝佛佛（女阴）＝佛多毛（柳树）”的证据也举不出来。

将满族创世神话《天宫大战》中的宇宙女神局限为柳树天母，是对创造出这一神话的满族先民智慧的贬低。不妨再来领略一下《天宫大战》中的智慧之光。

> 世上最先有的是什么？最古最古的时候是什么？世上最古最古的时候是不分天不分地的水泡泡，天像水、水像天、天水相连，像水一样流溢不定，水泡渐渐长，水泡渐渐多，水泡里生出阿布卡赫赫。她像小小的水泡那么小，可是她越长越大，有水的地方，有水泡的地方，都有阿布卡赫赫。她小得像水珠，她长得高过寰宇，她大得变成天穹。她身轻能漂浮空宇，她身重能深入水底。无处不在，无处不有，无处不生。她的体魄也看不清，只有在小水珠里才能看清她是七彩神光，白亮湛蓝。她能气生万物，光生万物，身生万物，空宇中万物愈多便分出清浊，清清上升，浊浊下降，光亮上升，雾气下降，上清下浊。于是，阿布卡赫赫下身又裂生出巴那姆赫赫（地神）女神。这样，清光成天，浊雾成地，才有了天地姊妹尊神。清清为气，白光为亮，气浮于天，气静光燥，气止光行，气光相搏，气光骤离，气不束光，于是，阿布卡赫赫上身才裂生出卧勒多赫赫（希里女神）女神，好动不止，周行天地，司掌明亮。阿布卡赫赫、巴那姆赫赫、卧勒多赫赫，同身同根，同现同显，同存同在，同生同孕。阿布卡气生云雷，巴那姆肤生谷泉。三神永生永育，育有大千。①

神话体现了满族先民对宇宙的总体把握。首先是将宇宙的基本物质界定为“水、气、光”。然后才有象征大千的诸神诞生：“水泡里生出阿布卡赫赫”，才使其具有“无处不在，无处不有，无处不生”的本质特征；再由阿布卡赫赫裂生出地神巴那姆赫赫、“周行天地、司掌明亮”的上天女神卧勒多赫赫。体现出满族先民对大千世界皆源于水的认识。神话通过对三女神“同身同根，同现同显，同存同在，同生同孕”的强调，则进一步反映了满族先民对宇宙基本物质相互依存和作用的哲学理解。在这种理解

---

① 富育光著：《萨满教与神话》，227～229页，辽宁大学出版社，1990年。

中，“水、气、光”相当于“道生万物”之“道”，甚至连宇宙中的“云雷”、“谷泉”、“日月”、“七星”，也都因之才能生发。

满族先民赋予阿布卡赫赫这宇宙创世女神身上的深刻内涵，显然是用女阴、柳母的象征所无法包容的。因此，《柳》文才无法找到一例能将宇宙创世女神和柳母神二者等同的语言学或神话学上的例证。相反，即便是在《柳》文所列举的满族神话中，也处处显示出宇宙创世女神阿布卡赫赫与始祖母柳神佛多妈妈之间那种整体与部分、涵盖与被涵盖、决定与被决定的关系。

古时候，洪水泛滥时，世上一切生灵都被淹没了，一切生命都停止了，只剩下一块石头，叫乌克伸，还有一棵柳树，叫佛多妈妈，没有被淹没。于是它们两个便从两处相互喷火，这样水就渐渐没有了。后来，它们不知道为什么又打起来，被阿布卡赫赫（即天女）看见，她调解说：你们不要再打了，可以结为夫妻。这块石头乌克伸和柳树佛多妈妈便生了四男四女。这四男四女又互相结为夫妻，生儿育女。后来四女都同自己的丈夫反目，把丈夫杀死，带着儿女们向北边去了，就是现在的黑龙江下游，成为赫哲族等民族的祖先。若干年后，石头乌克伸和柳树佛多妈妈又生了四男四女，它们又互为夫妻，生儿育女。四女又与各自的丈夫反目，杀夫后带着儿女向南去了，就是现在的黑龙江上游，成为达斡尔、鄂温克等民族的祖先。后来石头乌克伸和柳树佛多妈妈又生了一男一女，他们结为夫妻，生儿育女便繁衍了现在的满族。①

第一，神话中阿布卡赫赫虽然只被一笔带过，却明显地被赋予了其对乌克伸和佛多妈妈的支配与指导权力。显示此则神话是在具有了创世神话所体现的对世界的总体意识之后，再对人的社会性起源的关注。根本不存在可将阿布卡赫赫与柳神佛多妈妈相等同的内容。

第二，神话中的“乌克伸”，并非《柳》文认为的同“佛多妈妈”一起“其名称和形象分明是象征着男女的生殖器”。在整个满－通古斯语族系统中，男性生殖器称谓都是以“tʃ'ɔsk'ɔ”为基本单位而有所衍化。赫哲族衍生为“tʃ'ɔsk'ɔ”。② 鄂伦春语的变化在语尾“tʃìtʃìn”（阴茎）或

① 宋和平著：《满族萨满神歌译注》，22页，北京社会科学出版社，1993年。

② 尤志贤、傅万金著：《简明赫哲语汉语对照读本》，107页，黑龙江民族研究所，1987年。

“tʃïxəlt’ə”（男生殖器）。[①] 现代满语则称“阴茎”为“tʃ’ɔtʃ’ɔ”。[②] 其词源尚可通过满语词的类比找到。如下表：

tʃ’ɔkï　插入，镶嵌，啄。

tʃ’ɔrxɔ’　管子。

tʃ’ɔkətʃ’ɔxɔn　直竖的、高出的、高耸的、突起的。

tʃ’ɔŋkïsak’u　杵、槌。

tʃ’ɔŋkïsambi　①啄、啄食。②捣，用杵研。③夯砸，夯杵

tʃ’ɔŋkïmbi　①啄。②捣。

tʃ’ɔkɔ　鸡。

原来“tʃ’ɔkɔ”中含有“像管子般突起，像杵那样捣或夯，如鸡喙状插入啄”的形态和行为意义。以此来观照满-通古斯语神话，则男性生殖器不仅在其中广泛存在，而且以一个非常优美的形象显现在神话的中心地位，即诸神话中离不开的生命树上魂鸟“乔卡”。在赫哲-那乃人神话里，“尚未出世的人的灵魂呈乔卡鸟模样，它们在落到地球上以后，附到本氏族的妇女体内，于是这个女人便开始怀孕。”[③] 这里，明显表现出对生殖行为的象征。所谓“乔卡”，历来学者认识不一，有谓鸡者，也有谓鸭雏者。[④]［苏］C. B. 伊万诺夫通过对那乃人大量的氏族树图案上充当乔卡角色的鸟类进行分析，得出结论：“这一切表明，鸟表示的是各种鸟类。其中，能够辨认出种类的便有七种之多。”[⑤] 因此，虽然“乔卡”也有可能是以某种飞禽鸟为符号，如上表中满语“鸡”的称呼，便与“乔卡”十分接近。然而，由其可代指多种鸟类的事实考察，“乔卡”似乎更多地是借鸟强调一种功能，即“插入”妇女体内的功能。由上表已知，在满语中，表示鸟“啄”的动作与表示“插入”动作是一个词，且语音与“乔卡”具有同源性。再结合神话中“乔卡”插入的对象是妇女体内，可知这里的“啄、插入”，或用隐语象征或直写，都是在强调人产生生命的生殖行为。

---

① 韩有峰、孟淑贤著：《鄂伦春语汉语对照读本》，90页，中央民族学院出版社，1993年。

② 安双成主编：《满语大辞典》，824页，辽宁民族出版社，1993年。

③ 孙运来编译：《黑龙江流域民族的造型艺术》，148、151、159页，天津古籍出版社，1990年。

④ 孙运来编译：《黑龙江流域民族的造型艺术》，148、151、159页，天津古籍出版社，1990年。

⑤ 孙运来编译：《黑龙江流域民族的造型艺术》，148、151、159页，天津古籍出版社，1990年。

"乌克伸"神话则不然，其着意强调的不只是生命，而是在思考人的社会性起源，亦即族、家族、宗族的起源。因此，神话中与始祖母柳树佛多妈妈结合的，才不是只盛载生命的"乔卡"，而只能是"uksn"，满语即"族、家庭、宗族"。① 神话用象征手法申述了一种民族意识：赫哲、鄂伦春、鄂温克等黑龙江上下游民族，都与满族具有可追溯的社会性与血缘性关系。然而，神话又借杀夫和多女，造成社会性族源缺损和血缘性不纯意象，来强调这些民族同满族亲缘性的古老与遥远。只有满族是由一男一女，直接承袭了石头乌克伸象征的社会性文化传统和柳树佛多妈妈纯正的血缘性亲情。对满族宗族传统的强调和满族与黑龙江上下游民族关系的表述，这才构成了乌克伸神话的主旨。

第三，由此可见，神话中柳树佛多妈妈生命创生功能显然需要受同创者的限定或支配者的行为约束，并视这种限定和约束内涵的不同，而构成柳母神功能的变化差异。这种功能的依托性，与宇宙女神创世功能的无限性，一起构成了满族先人对世界有限与无限多样统一的哲理认识。这一点，在与满族其他柳母神神话的比较中会显现得更真切。例如，在另一则满族神话中，正是同创者身份的变化，约定了由长白山柳树演变来的佛赫妈妈功能的变化：

人类始祖母佛赫妈妈是由长白山柳树演变而来，始祖父乌申阔玛发是由北海中支撑天下之天顶的一根石柱演变而来。在战胜恶魔的战争中，女始祖佛赫居主导地位。她使四对子女结为夫妇，并教授夫妇之方法，使人类不断延续下来。另外，她还将天上的新鲜黏土和柳树分给他们，让他们按自己的模样继续生产更多的生命。②

《柳》文引用这则神话时，想当然地将"乌申阔"与前引神话中的"乌克伸"一律视为男性生殖器。由于未能认清"佛赫妈妈"同创者身份，因此《柳》文也无法认识此则神话中柳母神功能的变化。满族以至满 - 通古斯语诸族中"男性生殖器"称谓以及其在神话中的象征物已如前述。由此可反证"乌申阔"并非"男性生殖器"。其实，"乌申阔"一词今天满语中仍在使用，即"精液"（usxə）。③ 神话中也讲得很清楚，它只是那个与"男性生殖器"称谓同源的"tʃ'əkətʃ'əxən"（高耸的）"演变而来的"，

① 安双成主编：《满语大辞典》，189、195、179、167、531、507、508、456、362 页，辽宁民族出版社，1993 年。

② 王宏刚著：《佛赫妈妈与乌申阔玛发》，载《民间文学论坛》，1992（3）。

③ 孙文良主编：《满语大辞典》，189、195、179、167、531、507、508、456、362 页，辽宁大学出版社，1990 年。

是那“男性生殖器”象征物“撑天石柱”的“结果”。“男性生殖器”——乔斯卡（tʃ'ɔsk'ɔ）只能提供产生生命的生殖行为，而生命的最终确认，却有赖于“乌申阔”。在满语中，“精液”除了被称做“乌申阔”，还被称为“奥伦”（oron）[①]、“鄂里”（oor）[②]。其中，“奥伦”又含有“魄”义，[③]即所谓的“附形之灵”，[④]而“鄂里”同时又义为“精神”。[⑤]神话在告诉人们：满族先人认为，柳母神最终生产出生命，不仅要依赖于生殖行为，还要看这行为是否会演变出“乌申阔”，使未来的生命形体具备了魂魄与精神。柳母神功能在“乌克伸”神话中成为人的社会性与家族性的检验，而在“乌申阔”神话中，则显现为生命魂魄与精神的盛载物。

神话中，柳母神的功能有时也会扩展到化生万物方面。当然，这只有在神话将柳母神功能纳入宇宙大神创世行为的一部分时。“满族为何崇拜柳？原来在善神阿布卡赫赫和恶神耶鲁里战斗时死了许多善神，只有阿布卡赫赫逃到了天上，没被耶鲁里抓住。但是，耶鲁里的手指甲却抓住了她的裤裆一拽，使其遮身的一片柳叶掉到了世上。由此才产生了人类和万物。”[⑥]“很古很古的时候，世上还刚刚有天有地，阿布卡恩都里把围腰的细柳叶摘下了几片，柳叶上便长出了飞虫、爬虫和人。大地从此有了人烟。”[⑦]

神话的主角虽然有男女主宰神身份之区别，但与柳叶的关系却是同一的，都用柳叶来“遮身”或“围腰”，以此来强调由于这种关系使柳叶具备的特殊功能。柳叶也只有在这一特殊语境中才具备了几分宇宙创始者的资格。

综上三点，满族神话中的柳母神，不仅其神格始终处于被支配、被决定的地位，而且其生成生命的功能，也因神话给定的语境、对象的不同而显现出差异，形成化生生命、民族、万物三种基本形态。显然，这与一直

---

① 孙文良主编：《满语大辞典》，189、195、179、167、531、507、508、456、362 页，辽宁大学出版社，1990 年。

② 孙文良主编：《满语大辞典》，189、195、179、167、531、507、508、456、362 页，辽宁大学出版社，1990 年。

③ 孙文良主编：《满语大辞典》，189、195、179、167、531、507、508、456、362 页，辽宁大学出版社，1990 年。

④ 《左传·昭公七年》：“人生始化曰魄，既生魄，阳曰魂。”疏：“附形之灵为魄，附气之神为魂。”

⑤ 孙文良主编：《满语大辞典》，189、195、179、167、531、507、508、456、362 页，辽宁大学出版社，1990 年。

⑥ 王宏刚著：《珲春喜塔拉氏萨满神谕》，转引自李钟周《东北亚的圣母柳花》。

⑦ 富育光、于又燕著：《满族萨满女神神话初探》，载《社会科学战线》，1985（4）。

处于元支配、元决定地位，“无处不在、无处不有、无处不生”的宇宙创世女神神格有着质的区别。

（二）柳母神中介与祈福功能

柳母神生成生命的功能和功能语境化、对象化特性，在其他神话中得以泛化，便又衍生出中介角色和祈福辟邪功能。于是，才产生了神话中的以榆柳为“通天树”，通过与通天桥相接，可上达“九天九股住着的宇宙神”。[①] 而“每当遇到海退潮、江河干涸、瘟疫骤起或柳叶生出绿色小虫包时”，满族所举行的柳祭，则是借柳母神丰饶的生命力与女阴的生命生产力，“以使神灵庇佑部族人安鱼丰，风调雨顺”。值得注意的是，在这些神话或仪式中，带着明显中介特质的柳母神，并不是来取代那些鱼神莫德喝恩都力、天花女神他拉哈妈妈，或者海神、水神和河神。柳母神在其中起的作用，就是让自已丰饶的生命生产力，通达至这些各司其职的专业神身上，使其更充分地发挥功能。如神话所言，“唯有这样，神圣的鱼神莫德喝恩都力才能庇佑族人鱼产丰收”。《柳》文因柳祭仪式，便简单地将柳母神格与这些专业神神格等同起来，提出“两者意义的同质性”。其结果同将柳母神与宇宙天神等同一样，表面上强化了柳母神的功能，实际使柳母神在普泛化之后化去了自我。

《柳》文记载了两则满族祭祀仪式，一则是明代忽坦河部族载于《东海沉冤录》中的柳祭，一则是东海窝集部的鱼祭。认为“在上述的两个资料中，无论是腰围柳叶跳舞的裸身姑娘，还是藏在鱼形神偶中入水成鱼的姑娘，她们都是天上阿布卡赫赫即柳树天母的地上化、现在化，作为阿布卡赫赫的现身，可以说她就具有柳花神格的形象。”所谓“柳花神格”，我们会在下一个题目中探析。这里只谈所谓“阿布卡赫赫的现身”，既然连《柳》文也不得不承认，“阿布卡赫赫”已经成为宇宙创世女神格的代名词，为什么还一再要用始母神的佛多妈妈，甚至现实中做柳祭、鱼祭的女神职人员来混淆其神格和形象呢？其实，类似满族柳祭、鱼祭仪式，弗雷泽在其《金枝》一书中早就做过大量记载和得到公认的分析。弗雷泽将其定为“顺势巫术”，是人们依据“同类相生”的“相似律”，试图凭借超自然的力量来控制自然的一种最古老的行为方式。[②] 这种行为方式形成的历史，应该比天母阿布卡赫赫的形成史早得多。因此，如果说阿布卡赫赫

---

① 富育光著：《天宫大战》，吉林人民出版社，2009 年。

② ［英］詹·乔·弗雷泽著，徐育新等译：《金枝》，21～56 页，中国民间文艺出版社，1987 年。

在神话中的形态在某一点上与仪式中形象相似，也只能是将古老仪式因素升华的结果，而不是相反。因此，“阿布卡赫赫现身”说才无法得到神话与仪式记载的支持。

《柳》文还列举了一系列“射柳仪式与英明罕的诞生”神话和“努尔哈赤与佛多妈妈相结合”的传说，这里，乌布西奔成为女罕的神话，将柳枝在射柳仪式中起的作用以一句话交待了出来，即：“由于能告之天意，所以射柳将决定部落的兴旺，化解族间的争斗也以射柳决定胜负，它意味老天的决定。”也就是说，柳枝通过被射，起到了把老天的决定传达于射者的作用。在不同的神话里，介绍与被介绍的双方或有身份的不同、功能的不同，但介于其中的柳或者柳母象征所起的中介作用，却始终不变。

总之，东北亚诸族柳母神形态、功能都是具体的，不应该将其与“育有大干”的宇宙创世女神混为一谈，从而失掉神话各自具有的特色。

二、柳母神与柳花神格比较

《柳》文颇费笔墨地将宇宙创世女神同柳母神相等同，其目的是为了能由此推导出：神话中人格化的“柳花”即“阿布卡赫赫的地上再现”，“综合看，柳花作为柳树天母阿布卡赫赫乃至柳始母佛多妈妈的又一不同名字，可谓是柳树神格的地上存在，是事实化、历史化的名字”。因为推论出后起的“满族与我们（意指高句丽—高丽—朝鲜）都把柳花神格看作是生命的产生者和王权的始祖母”，所以“柳花也作为东国圣母和东北亚的圣母而根植于后人的意识。”换言之，即满族及东北亚后起民族的柳母神崇拜神话与仪式，应溯源于“柳花”。

然而，只要对东北亚诸民族的柳母神起源作一考证。不难发现，柳母神崇拜起源要比“柳花”神话出现早许多。其次，夫余族“柳花”神话虽有收柳母神崇拜影响的痕迹，但“柳花”之得名，却是源出于夫余族习俗与信仰，“柳花”只能是后起的受到柳母神崇拜一定影响的“别种”神话。

（一）柳母神崇拜溯源

欲追溯“柳花”之前的柳母神崇拜痕迹，其遇到的主要难题是语言。因为这种追溯已经将视角移入了被历史语言比较学称之为“原始阿尔泰语”的时期。原始阿尔泰语是个语言学概念。以芬兰学者 G. J. 兰司铁为代表的一批历史语言比较专家，用历史比较法研究阿尔泰语，认为阿尔泰语系中的突厥、蒙古、满－通古斯三个语族之间有亲缘关系，“也就是在三个语族各自的共同语言上还有一个原始阿尔泰语。”① 重要的是，兰司铁还进一步考证出了原始阿尔泰语的策源地：“阿尔泰语系诸语的发源地可能在满族的兴安岭一带。兴安岭也许已经充当两个语族的分界：岭西居住过蒙古人和突厥人的祖先，岭东曾是满洲－通古斯人和朝鲜人的定居地。”② 将文字记载中留有的原始阿尔泰语言现象，同曾在满族兴安岭附近留存过的民族语言及透过语言反映出的文化习俗、神话传说，做一比较训诂，将是认清原始阿尔泰语言文化内涵的有效方法。

原始阿尔泰语时期，在其发源地范围内，已知最早的柳崇拜记载当为《山海经·海外西经》的“肃慎雄棠，先人伐帝，于此取之。”我们曾著文《肃慎雄棠考》，从多方面考证“雄棠”即柳树，经文本记载的是肃慎借助柳木进行的两种祭祀方式——“伐”（伐柳木为神杆，以为通天之中介）、“禘”（祭柳树以香火，以庇佑宗族与生命之强盛）。③ 而“于此取之”，后人注释为“于此取衣”，也反映出肃慎祭祀时有以柳枝编成神服之习俗。上文例举神话中，有两则内容分别记宇宙大神阿布卡赫赫（女神）和阿布卡恩都力（男神）以柳枝遮身，并由这一遮身柳枝叶创生人类万物，可做“于此取衣”的注脚。综上言之，肃慎时期，东北亚民族已经赋予了柳树以三大功能，即：

被“伐”祭成为神杆所赋予的人神中介功能；

被“帝（禘）”祭成为生殖神所具备的生命缔造功能；

被“取衣”所规定的遮羞与庇护生命功能。

对照元明清以来直至今日仍在使用的阿尔泰语系三大语族诸多的柳树称谓，可知东北亚诸族对柳母神的认识，一直延续了肃慎的传统而又有所损益。可见下表：

① 《中国大百科全书·语言文字卷》“阿尔泰语系”条，1页，中国大百科全书出版社，1988年。

② 转引自波普著：《阿尔泰语理论》，载《民族译丛》，1981（8）。

③ 喻权中著：《肃慎雄棠考——兼论中国北方民俗传播史上的“三化”》，载《学习与探索》，1995（2）。

语言族系	柳树称谓	称谓出处
蒙古语	阅车孙	《至元译语》
	希扯孙	《华夷译语》
	补儿阿速	《登坛必究》
	布力嘎素	《新刻校正买卖蒙古同文杂字》
女真语	速黑莫	《女真译语》
满洲语	佛多和	《满汉大辞典》
鄂伦春语	解赫塔帽	《鄂伦春语汉语对照读本》
赫哲语	布尔干帽	《赫哲语汉语对照读本》

对照肃慎柳木神的三大功能，这众多柳木称谓，也恰好可分为三类，并与三大功能相对应着。

首先看“阅车孙”、“希扯孙”，二者应是同一称谓略有差异的音译。“希扯”一词，在蒙古语中又义为“羞”，① 从而揭示了从原始阿尔泰语时期起“柳”便与女阴、生殖崇拜的密切关系。因为在阿尔泰语系诸族中，“羞”、“羞处”本来就与“女阴”一词同源。如属突厥语族的维吾尔语，称“令人羞愧的”为“uyatlewi”，而称“阴唇”为“uyatlik”，称“下身”为“uyyatyeri”。② 将“希扯”与“雄棠”相比较，其同一性是显然可见的，即：

çìcʤ'ə = 柳树 = 羞

çìcɔŋʤ'aŋ = 柳树 = 取衣遮羞处

不难看出，只要将“雄棠”的韵腹、韵尾略去不读，“雄棠”音读正与“希扯”相同。因此，可以认为，蒙古语中的柳树“希扯”称谓，正是原始阿尔泰语时期肃慎柳树“雄棠”称谓的遗存。又以其同样的“羞”、“遮羞”之意，似可将阿尔泰语系诸族的以柳枝或柳叶为象征的女阴或始祖母崇拜追溯至肃慎时期。至于满语的柳树称谓“佛多和”，已有多人指出其与满语“女阴”称谓“佛佛”的密切关系。满族源出肃慎族系已有定论，如今“雄棠”与“佛多和”渊源关系既清，使这一结论更加坚实

① 分见《卢龙塞略·译部》、《华夷译语》、《鞑靼译语》，见贾敬颜编：《蒙古译语女真译语汇编》，176、48、107页，天津古籍出版社，1990年。

② 《维汉词典》第581、574、721、257、575页。

起来。

其次，再来分析“速黑莫”。作为古女真族、蒙古族共名的“速黑”，本是被用来称谓“斧”的。[1]之所以出现“柳”与“斧”齐名现象，则只能用《海外西经》记载的肃慎祭柳以“伐”的习俗来解释。伐柳为神木，也就是作“托罗”杆，自然是非斧子莫属。因此，女真与蒙古语中，“速黑莫”便不是一般意义上的乔木榆柳，而是适宜被用斧伐作神杆的那类灌木柳丛，即所谓“山川柳，又叫柽柳、红柳”。事实上，在《满汉大辞典》中，上述引文正援自“suxaì”（速黑）条目。[2]而现实中，据《吉林通志》云：“祭杆，置丈余细木于院南偶，置于其上……谓祭天。”此细木当为红柳“速黑莫”。可见伐造“托罗”杆，是以此为人神、天地间中介。从上古肃慎的伐“雄棠”木（柳木）为祭，到中古诸书所载的女真、蒙古、满族均以“速黑”（斧）称呼用来伐造“托罗”杆的红柳，再到现今仍在东北亚诸族特别是满族中流行的以柳木为“托罗”杆祭天的风俗，满族神话中柳木的通天或天神代言者的功能，便找到了其渊源。

这里需要对柳木称谓中的“解赫塔帽（çixət'amɔ）”多说几句。满语中与之最音近的同源词是“çìlxat'a”，义为“孤独的”。[3]柳木称谓又含有“孤独的”之义，则此称谓当是用来对无枝的柳木神杆的特指。我们注意到满语称樯、桅和杆子为“çìlt'an”（解勒坦）[4]，另有神树称为“çìlt'anmɔ”（解勒坦帽），[5]这神树又指定为“堂子内供的树”。再结合其修饰限定词具有的“船樯、杆子”之意，显然在强调，这无枝的神树具备与船樯、桅等同的中介和指路作用，其功能与特性，和用来作为神杆以成人神中介的柳木“速黑莫”大致相同。在《满汉大辞典》中，并没有指出这种“堂子内供的神树”、“解勒坦帽”的具体原型。但当鄂伦春人把与“解勒坦帽”具有相同功能的柳木也称做“解赫塔帽”时，满语中“堂子内供的神树”、“解勒坦帽”亦应为“柳木”就词意自明了。

最后，该对“补儿阿速”、“布力嘎素”、“布儿干帽”进行考证。其

① 贾敬颜编：《蒙古译语女真译语汇编》，283、252、235页，天津古籍出版社，1990年。

② 孙文良主编：《满语大辞典》，189、195、179、167、531、507、508、456、362页，辽宁大学出版社，1990年。

③ 孙文良主编：《满语大辞典》，189、195、179、167、531、507、508、456、362页，辽宁大学出版社，1990年。

④ 孙文良主编：《满语大辞典》，189、195、179、167、531、507、508、456、362页，辽宁大学出版社，1990年。

⑤ 孙文良主编：《满语大辞典》，189、195、179、167、531、507、508、456、362页，辽宁大学出版社，1990年。

中，“速”、“素”即“树”之记音；“帽”则源于东北亚诸族对“树”的称谓“mo”。至于“布儿干”，［苏］《世界各民族的神话》中称其为突厥语一些民族以及蒙古语民族中神、佛的通称。[①] 然观满－通古斯语诸族，“布儿干”也十分盛行。如鄂伦春族，一方面泛称神为“色翁”，另一方面则把所有具有分工的神都附上“布儿干”称谓。鄂温克族泛称中的“神仙”——“恩都里”（Enduri）、佛——“巴尔肯”（Barìk'en）分得很清楚。而具体到每位神身上，则除了天神、土地爷冠之以“恩都里”外，其他专职神便都附有“巴尔肯”，也就是“布儿干”称谓。赫哲族话略有不同。其在所有人格化神称谓后附加上表现男女性别的“Mafa”、“Mama”。并在天神的称谓上附加义为祖先英雄神的“玛音”（Mayin），[②] 表明其天神崇拜尚未完成从祖先神到至高神的过渡。其他非人格化神，称谓便冠以“色翁”做区分。这其中，只有“柳树”特别，被冠以通称佛或神的“布儿干”，[③] 当正是因其以非人格化神而却司育人之神职的神话功能使然。也许，还与满－通古斯语族传统的“于此取衣”柳树神话以及同佛教中“树上生衣”神话内容相合有一定关系。

总之，东北亚诸族柳树称谓及其神话内蕴的分析论证，已可将柳树神话及其始母神格与中介功能追溯至原始阿尔泰语时期的肃慎族，“柳花作为东国圣母和东北亚圣母”说也就不攻自灭了。[④]

（二）“柳花”神格正名

将“柳花”神话与柳母神佛多妈妈神话相等同，进而推演为柳树天母神阿布卡赫赫的地上再现，不仅是对东北亚柳母神神话传统的阉割，也是

---

① ［苏］托卡列夫编著：《世界各民族神话大观》，545 页、548 页、647 页，国际文化出版社，1993 年。

② 喻权中著：《赫哲－那乃族天神神话》，载《黑龙江社会科学》，1996（6）。

③ 《简明赫哲语汉语对照读本》，113 页，黑龙江民族研究所，1987 年。

④ 中华北方民族多有崇柳、祭柳文化习俗见诸于历代史籍。《史记·匈奴传》曰：“岁正月，诸长小会单于庭，祠。五月，大会龙城，祭其先、天地、鬼神。秋，马肥，大会蹛林，课校人畜计。”《史记集解》引《汉书音义》曰：“匈奴秋社八月中皆会祭处。”《史记正义》颜师古云：“蹛者，绕林木而祭也。鲜卑之俗，自古相传，秋祭无林木者，尚竖柳枝，从骑驰绕三周乃止，此其遗法也。”（《史记·匈奴传》）“（高车人）喜致震霆，每震则叫呼射天而弃之移去。至来岁秋，马肥，复相率候于震所，埋羖，燃火，拔刀，女巫祝说，似如中国祓除，而群队驰马旋绕，百匝乃止。人持一柳枝，回竖之，以乳酪灌焉。”（《魏书·高车传》）在北方民族中，以自然林木或竖立树枝作为祭场，供献牲畜，绕之而走，以祭天地神灵的风习，是普遍的，而且这是萨满教普遍的祭祀形式。鲜卑族的“绕林木而祭”、“竖柳枝，众骑驰绕”，是把柳树神格化，柳树是生命之树、民族之树的自然崇拜观念的反映。诸史籍已可说明，北亚、东北亚的崇柳文化之源，要远早于“柳花”的出现。

对“柳花”神话原义的抹杀。

然而，恢复“柳花”的神话原义并不是一件简单的工作，人类天生的缺陷——惰性，很容易便把人导向一种望文生义的误区，因此，读懂“柳花”神话，就必须先读懂产生其神话的中华古族橐（索）离—涉貊—扶余族神话系统。弄清这一系统必然诞生“柳花”的历史与文化的原因。

“柳花”神话与东北亚特别是满族柳母神话最大的不同在于神话系统的性质。东北亚特别是满族的柳母神话已如上文考证，可溯源至原始阿尔泰语时期的肃慎“雄棠”崇拜，基本上属于一元系统。而“柳花”神话，则是橐（索）离—涉貊—扶余神话系统复合的产物，并且这种复合也规定着“柳花”神话特有的神格与功能。

在一个多元复合的神话系统中，“柳花”神话稳定不变的因素只有一个——“东明”之母。他的存在和被记载皆因为“东明”，而她神格与功能的变化也缘于“东明”历史身份与地位的变化。

作为“东明母”，其在早期的橐（索）离—涉貊—扶余系统之外的史载中，身份一直是“北夷橐（索）离国王侍婢”（《论衡》、《魏略辑本》）、“侍儿”（《后汉书》、《梁书》）。也因为各种史载，均置身在利害关系之外，使这些早期记载具备了相当的可靠性。这里只择最早的记载为剖析之用。据东汉王充《论衡·吉验篇》：

> 北夷橐离国王侍婢有娠，王欲杀之，婢对曰：“有气大如鸡子，从天而下，我故有娠”。后产子，捐于猪溷中，猪以口气嘘之，不死，复徙置马栏中，欲使马借杀之，马复以口气嘘之，不死。王疑以为天子，令其母收取奴畜之，名东明，令牧牛马。东明善射，主恐夺其国也，欲杀之。
>
> 东明走，南至掩滤水，以弓击水，鱼鳖浮为桥。东明得渡，鱼鳖解散，追兵不得渡，因都王夫余，故北夷有夫余国焉。

这里将引文析为两段，是有意强调“东明走”前后文化统系的不同。

“东明走”之前，东明只具有橐（索）离国一非婚子身份，而从橐（索）离国赋予东明的神验可知，橐离国文化习俗以贵天赋生命之“气”及猪马验为特征。贵万物生长之“气”及猪马验，应是农耕民族文化的表现。可说明橐（索）离国为宜农耕的原野之国。［日］白鸟库吉先生在考证匈奴语“逗落（冢或种）”时举证“韩语名原野曰 teul”,[①] 音与槖离相同。而白鸟库吉先生所谓的“韩”，又正源自槖离同一语族文化系统。这个以“原野”冠名的国家，现在已有愈多的学者认为：主要分布在松嫩平原北部嫩江汇松花江处的白金宝文化考古类型，这里即是槖离国所在地。[②]

“东明走夫余”最大的变化，便是赢得了水族灵物的帮助，反映出夫余是一个以河伯为主要崇拜对象的国家。据《周书》与《北史·高句丽传》:“又有神庙二所，一曰夫余神，刻木作妇人之象；一曰登高神，云是其始祖夫余神之子，并置官司遣人守护，盖河伯之女与朱蒙云。”可见，河伯之女即夫余神。另外，据《三国志·夫余传》:“今夫余库有玉璧、珪、瓒数代之物，传世以为宝，耆老言先代之所赐也。其印文言‘涉王之印’，国有故城名涉城，盖本涉貊之地，而夫余王其中，自谓‘亡人’。”此记载又见于《晋书》、《通典》、《太平寰宇记》等，可见涉与夫余关系之密切。因此有人干脆称：“涉即夫余二字之合音。”[③] 如此，则又可将“河伯之女＝夫余神＝涉神”等同起来。满语中今尚有以“涉”（xuei）释“大水貌”，而“浮余”，亦是指“水多溢出貌。”“涉”为大水，才能进一步被“不耐（而）”所修饰。《三国志·涉传》云：“其八年，诣阙朝贡，诏更拜不耐（而）涉王。”这个“不耐（而）”,《满汉大辞典》记为“Bur”，意为“水开或泉水涌出状”。“不耐（而）则应为涌泉水”。

“东明走”，即是从一个原野农耕国进入到一个出“斑鱼”（《魏略辑本·涉国》）、敬“河伯女”的大水农耕国。为此，一旦东明成为夫余王时，他必须要被人们附丽上河伯女。于是，举凡五六世纪完成的史书及碑文记载中，开始一致将东明与河伯女联系在一起。如立于公元414年的《好太王碑》、始修于公元534年的《魏书》、撰成于公元6世纪末的《周书》等。其中以《魏书》为详：

> 高句丽者，出于夫余。自言先祖“朱蒙”。朱蒙母河伯女，为夫余王闭于室中，为日所照，引身避之，日影又逐，既而有孕，生一卵，大如五升。夫余王弃之与犬，犬不食；弃之与豕，

① ［日］白鸟库吉著：《匈奴民族考》，见《匈奴史论文集》，200页，中华书局，1983年。

② 干志耿著：《古代槖离研究》，载《民族研究》，1980（2）。

③ 何秋涛著：《周书·王会篇浅释》卷下。

豕又不食；弃之于路，牛马避之；后弃之野，众鸟以毛茹之。夫余王割剖之，不能破，遂还其母。其母以物裹之，置于暖处，有一男破壳而出，及其长也，字之曰朱蒙。其俗言“朱蒙”者，善射也。

正是在《魏书》中，朱蒙在“道遇一大水，欲济无梁”情况下，道出“我是日子，河伯外孙”，以至重复上演了《论衡》中“东明走夫余”时那幕神话剧，于是“鱼鳖并浮，为之成桥，朱蒙得渡”。标志着东明作为高句丽统治者身份的确立。

然而，当东明神话的框架结构基本成型时，史书中尚未见为河伯女冠以“柳花”名。可见河伯女是否叫“柳花”并无大碍。“柳花”最早载于1145年的《三国史记》，扶余王解夫娄移都迦叶原，国号东扶余后：

其旧都有人，不知所从来，自称天帝子解慕漱，来都焉。及解夫娄薨，金蛙嗣位。于是时，得女子于太白山南优勃水，问之，曰：“我是河伯之女，名柳花，与诸弟出游，时有一男子，自言天帝子解慕漱，诱我于熊心山下，鸭绿边室中私之，即往不返。父母责我无媒而从人，遂谪居优勃水。”

《三国史记》接下所述至“扶余俗语，善射为‘朱蒙’，故以名云”，大致与上引《魏书》相同。值得注意的是，文中将河伯女得名“柳花”，与天帝子得名“解慕漱”同提并举，显示出其间具有的相关性。关于“解慕淑”，［朝］孙永钟博士以为“朱蒙的父亲也应是现实人……那么解慕漱就只能是附近某一贵族门阀的子弟。”① 事实上，称朱蒙是“日子”或“解慕漱子”是一码事。解慕漱不过是将原始阿尔泰语中的“东日”称谓拿来，赋予其人格化。有一个有趣的现象，当东北亚的夫余将“日子”与“解慕漱子”相等同的时候，西域的突厥国，也正将同样的名字赋予其创基者，即《酉阳杂俎》中所说的：“突厥之先曰射摩舍利”。时至今日，属突厥语族的维吾尔人，仍称太阳为“解慕斯”（çems）。维吾尔人还另称太阳为“库雅赫”（k’uyaxə）。比较之，二者又有着不同。其中，“库雅赫”作为太阳的专有称谓，其词义具有不可分

① ［朝］孙永钟著：《高句丽的建国》，载《东北亚历史与考古信息》，1995（1）。

割性；而“解慕斯”则不然，一是词义可分的两部分叠加而成，其中“Musbet”本身有“阳的、阳性的”之意，加上“çerk”——“东、东方”，正好可以略读为“çmus”——“东日”。二是“解慕斯”具备了人格化功能。这不仅因其组成部分“musbet”，可以泛指阳性的，而且“解慕斯”在被解为“太阳”的同时，也被解为“男性”。

“解慕漱”、“解莫”或“解慕斯”，其作为太阳或太阳人格化称谓，在今日的阿尔泰语系诸族间，超越了民族间历史地形成的文化差异，超越了各民族对太阳的专有称谓，神奇般地生存着，其形成的困惑便只能到与原始阿尔泰语时期的肃慎族，或更早的殷商文化中寻求答案。有一点不应忘记，以殷人为代表的东北夷人，有着很悠久的称“东”为“析”或“析木”的历史，殷人的甲骨卜辞中即云：“东方曰析，风曰劦。”① 卜辞文简，而《国语·周语》则称：“昔武王伐殷，岁在鹑火，月在天驷，日在析木之津。”经丁山先生考证：“殷周之际，析木之津确在东宫。”② 则甲骨文中的析，当是析木之省称。至于“漱”或“斯”，当是由满－通古斯语中太阳的称谓“顺”的轻重音不同的急读而来。同时，“解慕漱”也正是“肃慎”的另一称“息慎”之缓读。“肃慎”族称所具有的“既为箭人亦为东人”、“东阳”、“阳鸟”三层含义及其含义间的原初、引申、借代关系，我们曾著文做了考证和探讨。③

东明或朱蒙之所以要改变自己原有的“气”生神话为解慕漱生神话，是因为扶余王族已在其前制造了王权“日”（解慕漱）授的神话。如《三国遗事·北扶余》：

> 古记云：前汉书宣帝神爵三年壬戌四月八日，天帝降于纥升骨城（在大辽医州界），乘五龙车，立都称王，国号北扶余，自称名解慕漱，生子名扶娄，以解为氏焉。王后因上帝之命，移都于东扶余。东明帝继北扶余而兴，立都于卒本川，为卒本扶余，即高句丽之始祖。

可见，在东明走夫余王前，夫余王扶娄已经托日神解慕漱为其立国之本，并且，把其移都于东扶余，也说成是因上帝之命，遂以“解”亦

---

① 《殷墟文字乙编》4876。

② 丁山著：《中国古代宗教与神话考》，上海文艺出版社，1983年影印本，第83页。

③ 喻权中、麻晓燕著：《肃慎系统族源神话的历史考察》，载《黑龙江民族丛刊》，1999(1)。

即以“东”为姓氏，表现出了扶余王族对天帝或日神解慕漱崇拜程度之深。这一点，从史载中扶余国著名的殷正月祭天仪式中亦可见端倪。东明要获取夫余王权，就必须努力在神话中把自己也确认为“解慕漱子”，并将自己进入夫余初获得的河伯女象征的势力范围，都打上日神崇拜的烙印。于是，一方面，河伯女仍脱不了水禽形象的长唇吻形象特征；[①] 另一方面，河伯女因为是感日影所孕而生东明或朱蒙，使河泊崇拜与日神崇拜可以合二为一。

在此之前，据《世宗实录》载，河伯势力曾与天帝子或日神势力进行了激烈的斗法和较量，构成了夫余神话中非常精彩的一章。另外，“解慕漱子”解扶娄代表日神崇拜势力统掌王权之后，以“夫娄无子，得金色蛙形儿，养之，名曰金蛙，立为太子”，[②] 把权力移交给象征河伯崇拜势力的金蛙。这些，都决定了河伯女因日神得名而得名，纳入日神崇拜的势力范围内。

河伯女因为生朱明而与日神势力合二而一之后，不仅得名为“柳花”，其诸妹也一并得以命名，即“城北青河河伯有三女，长曰柳花，次曰萱花，季曰苇花”。[③] 仔细分析“柳花”和“苇花”都是在强调一个色彩——白，亦即日明、东明的“明”。这里不但体现着夫余尚白的风俗特色、文化心理，而且，闪着白光的花絮漫天飞舞，也象征了由河伯女柳花为中介的日神崇拜与河伯崇拜势力的趋于和谐。

这，应该才是柳花神格的真实所在。

至于以“萱花”名其族诸母之一，则在夫余族与殷民同样的“尚白”外，进一步显示了夫余文化为中华文化重要组成部分的真相。因为只有在中华文化传统中，才早早地将“萱草”与生殖和母亲母居联系在了一起。[宋] 洪咨夔有诗云：“庭下宜男萱草，墙头结子榴花。”知萱草又名“宜男”，显然与生殖相关。其根源，至少可溯至《诗经》时代。[清] 赵翼《陔馀丛考》卷四十三：萱草“俗谓母为萱室，盖因《诗》‘焉得萱草，言树之背。’注云：‘背，北堂也。”……按古人寝室之制，前堂后室，其由室而之内寝有侧阶，即所谓北堂也。见《尚书·顾命》注疏及《尔雅·释言》：“凡遇祭祀，主妇位于此。主妇则一家之主母也，北堂者母之所在也，后人因以北堂为母，而北堂即可树萱，遂称曰萱堂耳。”由此可知，中华传统中，古称母亲居室为萱堂，后因之以萱为母亲或母亲居处的代

① 据《世宗实录》，金蛙造铁网打捞河伯女时，“其女唇长不能言，三截其唇乃言”。

② 《世宗实录》。

③ 《世宗实录》。

称。原来，“柳花”及“萱花”、“苇花”，虽与东北亚柳母神崇拜无缘，内涵文化却依然源出于中华文化，这是与夫余族作为中华文化一部分相互吻合的。

既然柳花神格并非来自东北亚柳母神崇拜系统，反倒与东北亚的日神崇拜有着千丝万缕的联系，则所谓檀君朝鲜神话的“檀君+河伯之女→夫娄”结构，更无从推导出“柳花作为东国圣母和东北亚的圣母”的结论。

三、结　论

中华北方诸族均有柳树崇拜，以后则演变为东北亚诸族的创世与起源神话，自有它的文化系统，而不属于朝鲜文化史范畴；满族兼及东北亚诸族的创世与起源神话内涵丰富，不可以简单归之于“柳母神”；东北亚诸族的柳母神崇拜，当溯源于原始阿尔泰语时期肃慎的“雄棠”神话与仪式；柳花神格在于赋予朱蒙日神崇拜势力与河伯崇拜势力和谐统一，同柳母神崇拜没有精神与法理上的联系。

原文刊载于《社会科学战线》，2001（1）

满－通古斯语族民族海洋神话初论

王海冬

19 世纪后期，中俄签订《中俄瑷珲条约》后，环日本海、鄂霍茨克海居住的通古斯人逐渐离开了海滨地区，其海洋崇拜民俗在近代已逐渐消失，所以，关于通古斯人的海洋神话与相关民俗还没有得到系统的研究。但在相当漫长的历史时期，环海居住的通古斯先民有悠久的海洋航运、捕捞历史，如渤海时期，仅满族先民靺鞨人渡海到日本的政府使节、民间商队就有百余次。通古斯先民世代传承的海洋神话及崇拜民俗，是通古斯文化的重要组成部分，也是中国海洋文化的重要组成部分。

在 20 世纪 80 年代，相关的民族学家[①]在吉林省珲春地区田野调查时，在哈达门、三家子满族乡还有一部分满族老人会唱民歌《跑南海》，内容都是在家的妻子怀念在日本海捕捞海参的丈夫，说明某些海洋民俗仍存活在口碑中。而在近 20 余年田野调查所发现的通古斯萨满教资料中也有相当丰富的海洋崇拜内容，本文以此为基础，来初步探索通古斯海洋神话的文化意蕴，并揭示其海洋文化与海洋开拓的互动关系。

一、满－通古斯语族民族先民的海洋神话

鄂伦春族神话中说：

兴安岭猎户的小女儿阿牙乌那吉（鄂伦春语，姑娘），生下来就箭术高超，还能识辨许多草药，很多好小伙想娶她为妻。一天，风平浪静，海民们要出海，乌那吉告诫大家不要出海，大伙儿不听。不久，狂风暴雨袭来，海上黑暗一片，乌那吉点了三十

① 如当时在吉林省社会科学院文学所的王宏刚、富育光诸先生。

> 三回火，将火把点亮，照得库页岛一片红，渔民有了方向得救了。可是乌那吉为救落水的父亲，被海浪卷走。三岁的女孩乌那吉成了海神，被鄂伦春族称为“达来乌那吉”（鄂伦春语，海神姑娘）或妈妈祖神，世代供奉，海上彩虹就是她的化身[①]。这位女海神原是普通海民的女儿，鄂伦春人曾在库页岛海边立一神位，祭典女海神达来乌那吉。

满族恰克拉人[②]信奉海神奶奶泰木，相传她吹口气，海里就刮起了大风，她不仅可以庇佑族人行船捕捞安全，并能告诉海民哪里有鱼群，哪里有海珠。她降临时，海面上会出现一道白光，里面走出一个白衣、白发的老太太就是海神[③]。另一则神话讲：她的形象有时是个老太太，有时变成喜鹊，甚至变成一个拄拐老头，是一个保护勤劳、弱小人们的善神。有一次，一帮小伙抢婚顺利，忘乎所以，辱骂化形成喜鹊的海神，泰木怒抛风浪，使他们葬身海底，在族人再三哀求下，她才使他们转生为螃蟹[④]。女海神有人类一样的喜怒哀乐，她的变形，反映了女神向男神的演化轨迹。

从上述线索来看，爱奴人、基立亚克人海祭的主“泰母”与满族恰克拉人的海神“泰木”指的就是同一个神，恰克拉人的海神明确是女神，爱奴人、基立亚克人的海神泰母也应为大海女神。

三江流域的赫哲族供奉鲸鱼形神偶，赫哲族语称为“黑额恩木热”，还祭祀鳇鱼神“珠尔瞿力阿金”[⑤]，当是古代海祭的遗迹。因近代疆域变迁与民族迁徙，不少环海居住的氏族、部落内迁，海祭演变成江祭、水祭，上述赫哲族祭鲸神便是一例。在某些满族姓氏如伊尔根觉罗氏、舒木氏的《萨满神谕》中仍保留了海神祭祀规程。在尼玛察氏、何舍里氏等满族姓氏的萨满祭礼中仍保留了某些海祭余趣。如珲春地区的著名萨满何玉霖称该姓在珲春河上的河祭为“奥木赫音阵必”，正是满语“海祭”一词。在舒木氏的《萨满神谕》中载：东海女神居住在遥远的“吉里精海”中，那里是一个清一色的女神王国，而且鱼神显灵“巨首如山岩，能装满大海的水”[⑥]。那海洋女神的气魄是何等宏大、强劲！

---

① 根据1990年王宏刚、富育光在大兴安岭调查中，鄂伦春大夫孟秀春提供的资料。

② 在我国境内属满族，在俄罗斯境内称乌德赫人。

③ 参见穆尔察·晔骏讲述，孟慧英整理：《收珍珠的故事》，载《黑龙江民间文学》，第19期。

④ 孟慧英著：《东海螃蟹的来历》，载《黑龙江民间文学》，第18期。

⑤ 参见乌丙安著：《神秘的萨满世界》，105页，上海三联书店，1989年。

⑥ 根据20世纪80年代富育光在珲春的调查资料。

在朝鲜族神话中，有一位海岛女神。故事中讲，古代有一位巨神老妪，用自己的裙子抱起一座又一座山的土，运到海里填造了济洲岛，她所撒下的土块变成了岛上的大小丘陵。这位老妪巨大无比，躺在济洲岛上，头枕汉拿山，双手与双脚伸到海里，踩水玩耍。女神与本地百姓商定，如果他们给她做一样裙子，她就用自己的双脚在岛屿和陆地之间架一座桥梁。老百姓纷纷献布，总共凑上九十九匹缎子，但只够做她的一条衬裤，因此巨神老妪不肯完成这项工程①。海岛女神形象伟岸，却要与人类讨价还价，颇似一个老小孩，可亲可近。

二、满族创世神话中的原始海洋与海洋神系

创世神话《天宫大战》在满族民间有各种叫法，如“神魔大战”、“天神会战耶鲁里（满语，意为恶魔）”等，这一类神话故事讲述了创世之初善神与恶神、光明与黑暗、生命与死亡、存在与毁灭两种势力的激烈搏斗，回答了我们这个充满生命的宇宙世界是如何创生、造天造神的运动是如何开始与结局的等重大问题。其中 1937 年，满族先贤富希陆、吴纪贤纪录了瑷珲四季屯满族萨满白蒙古（人名）讲述的“乌车姑乌勒本”（神龛上的故事），是同类神话中最完整的范本，本文的论述以此范本为主。

白蒙古讲述的神话共有九个“腓凌”（满语，意为几次或几番），这里可理解为九章。其中“贰腓凌”中讲：

> 世上最古最古的时候是不分天不分地的水泡泡，水泡里生出阿布卡赫赫。她小小的像水珠，她长长的高过寰宇，她大得变成天穹。她身轻能飘浮空宇、她身重能深入水底。她的体魄谁也看不清，只有在小水珠才能看清她是七彩神光。她能气生万物，光生万物，身生万物，下身裂生出巴那姆赫赫（满语，意为地母神）女神，上身裂生出卧勒多赫赫（满语，意为布星女神）。三神永生永育，育载大千。②

“贰腓凌”用诗的语言描绘了一幅宇宙、地球、生命、神灵创生的形象图画，反映了北方初民本初的宇宙观。至高无上的天母阿布卡赫赫是从

① 崔常寿编：《朝鲜民间故事集》，56 页，辽宁民族出版社，1990 年。

② 富育光、王宏刚著：《萨满教女神》，18～19 页，辽宁人民出版社，1985 年。

水泡中生出来的，不分天不分地的水泡实际上就是原始海洋。水是孕生生命的母体，这一命题已被近代科学证明是真理。

“伍腓凌”中讲述：

耶鲁里凭着恶魔的眼力，在暗夜的冰块上找到了白冰，理直气壮地说：我敢打赌天与地都是白色的。说着，它让自生自育的无数耶鲁里，到遥远的白海把冰山搬来。阿布卡赫赫苦无良策，巴那姆赫赫派去了身边的九色花翅大嘴巨鸭，把阿布卡赫赫从被囚困的冰天中背上蓝天，躲过了灾难。可是，冰海盖住了天穹，蔽盖了大地。大嘴巨鸭，口喷烈火，把冰天给啄个洞，一连气儿啄了千千万万个洞，从此才又出现了日月星光，才有了光明温暖，可鸭嘴给挤压成了又扁又圆的了，双爪也给挤压成三片叶形了。①

神话中的白海是位于北亚北端的北冰洋。这则发生在海洋的故事反映了当时先民的一种清醒的认识：从混沌中创生的宇宙世界并不是一次完成的，而是变化、演进的，其间要经过善恶两种势力的惨烈拼杀，这种善恶的评判标准完全是以人类为本位的——利己还是异己，表达了初民的人本主义思想。

“陆腓凌”讲述了在天宫大战中“谁是长生不死的神？谁是不可抗争的神圣大神？”神话中讲：

九头恶魔耶鲁里率领自生自育的成千恶魔，吞噬万物，称霸苍穹，浊雾弥天，禽兽丧亡。阿布卡赫赫杀死一群又一群，耶鲁里连生不灭，恶魔反倒比以前更凶更多。在分不清天分不清地的时候，有个以石为屋的多喀霍女神。她能帮助众神获得生命和力量，并有自育自生能力。她让西斯林女神施展风威，用飞沙走石驱赶恶魔。耶鲁里仓皇逃到地下，天穹才又现出光明。耶鲁里不甘心，又跟阿布卡赫赫比试飞力，阿布卡赫赫凭着七彩神火照射，便追了下去，被耶鲁里骗进了北天雪海里。阿布卡赫赫饿得无法，只好啃着多霍女神的白石充饥。因为多喀霍是光明和火的化身，热力烧得阿布卡赫赫坐立不安，浑身充满了巨力，烤化了

① 富育光、王宏刚著：《萨满教女神》，27～29页，辽宁人民出版社，1985年。

雪山，一下山又重新撞开层层雪海雪山，冲向穹宇。可是热火烧得阿布卡肢身融解，眼睛变成了日、月，头发变成了森林，汗水变成了溪、河……①

“陆腓凌”描绘的神战地点有雪海，说明故事的发生地在亚洲北部高寒的海洋。

“玖腓凌”讲述了神战的结局：

阿布卡赫赫派神鹰哺育女婴，使她成为世上第一个大萨满。神鹰受命后便用昆哲勒神鸟衔来的太阳河中的生命与智慧的神羹喂育萨满，用卧勒多赫赫的神光启迪萨满，使她通晓星卜天时；用巴那姆赫赫的肤肉丰润萨满，使她运筹神技；用耶鲁里自生自育的奇功诱导萨满，使她有传播男女媾育的医术。女大萨满才成为世间百聪百伶百慧百巧的万能神者，抚安世界，传替百代……不知又过了多少亿万年，北天冰海南流，洪涛冰山盖野，大地上只有代敏大鹰和一个女人留世，生下了人类。这便是洪涛后的女萨满，成为人类始母神。是阿布卡赫赫把太阳光和昆哲勒神鸟派到水中，从此冰水才有了温暖，才生育出水虫、水草，重新出生鱼虾、水蛇、水獭、水狸，又在东海有人首鱼身的江湖沼海之神，称为“德立格”女神。②

神话中，北方的洪水时代是一个冰水世界，天母将太阳光与昆哲勒神鸟（太阳精灵）派到了水中，冰水融化，重创了水中生物。这与一般的洪水神话有别，体现了北方的区域特色。在洪水中，应阳光而生的德立格女神成为东海女真人的主要神灵——海洋女神。

在萨满教创世神话《天宫大战》中记录了萨满教的三百女神神系，九层天宇中有各层的女神神系：一九雷雪女神三十位；二九溪洞女神三十位；三九鱼鳖女神三十位；四九天鸟长翼女神三十位；五九地鸟短翼女神三十位；六九水鸟肥腿女神三十位；七九蛇、猬追日女神三十位；八九百兽金洞女神三十位；九九柳芍银花女神三十位，计二百七十位女神。实际上，在“天宫大战”中，出现或提及的女神要超过三百位，统称三百女神。其中三九鱼鳖女神三十位；四九天鸟长翼女神三十位；五九地鸟短翼

① 富育光、王宏刚著：《萨满教女神》，30～32页，辽宁人民出版社，1985年。

② 富育光、王宏刚著：《萨满教女神》，47～51页，辽宁人民出版社，1985年。

女神三十位，六九水鸟肥腿女神三十位都是与海洋有关的女神神系[①]。

无独有偶，在萨满史诗《乌布西奔妈妈》中，当炖鱼皮的哑女乌布西奔成为天女萨满后，向众徒传授了三百女神的神位神讳，她们是：

天母阿布卡赫赫三姊妹：阿布卡赫赫（天母神），卧拉多妈妈（满语，布星女神，亦称穹宇妈妈），巴那吉额姆（满语，地母神）。由这三姊妹神统辖的天女神神系共一百五十六位女神，其中：

阿布卡赫赫神系三十九位；

巴那吉额姆神系二十七位；

卧勒多妈妈神系四十二位；

山、云、雷、闪、雨、雪所统属的众神共四十二位；

日、月、星、光女神共六位。

东海女神德里给奥母妈妈统辖的水系女神有十一位，为海豹、海熊、鱼、龟、蛇、蛙、蜥蜴、海岛、海风、海石、海草（花）诸女神。

托户离妈妈神系，统辖安班、阿吉、图们三位女神，主司光明、照耀、眼明、心亮、温暖。

查依芬妈妈神系，统辖主管女、男、老、少、兽、禽、万牲等七位女神。

阿米塔妈妈神系，统辖离苏、丘琴、安班、塔户、邦离、米牙、卡古、难奇、阿米、阿勒、胡吉、库鲁、班克恩、图库、沙浑、混沁、库伦、堵离等十八位女神，司掌疾病、生育、难产诸事。

合布离妈妈神系，统辖布凡、布安、班哥、毕亚金、毛新、宏克、波叶、都七、鄂林、莫音十位女神，司掌死亡及亡魂。

记录在这里的女神实际上仅二百十余位，其余的可能在漫长的传承岁月中已经失落，但乌布西奔妈妈传授了三百女神神位神讳，可以推断当时确有三百女神的完整神系[②]，其中的神名大部分是女真语或萨满教通用的满－通古斯古语，今已难确考。但从中已经看到一个相当完整的女神王国，而且，宇宙生成、日月运行、生命的起源与繁衍、人类的生活与生产都与这女神神系息息相关。其中东海女神德里给奥母妈妈统辖的十一位女神构成了守卫海洋的女神神系。海洋是满族先民物质与精神生活的重要领域。

---

① 富育光、王宏刚著：《萨满教女神》，40页，辽宁人民出版社，1985年。

② 富育光、王宏刚著：《萨满教女神》，16～18页，辽宁人民出版社，1995年。

三、满族海祭

《三国志》卷三十《魏书·东夷传》记云："毋丘俭讨句丽，句丽王宫弃沃沮，遂进师击之……王欣别遣讨宫，尽其东界。问其耆老，'海东复有人不?'耆老宫国人尝乘船捕鱼，遭风见畋十日，东得一岛，上有人，言语不相晓，其俗常以七月取童女沉海。"取童女于七月沉海成一风俗，必不是溺女婴之陋俗，因为女婴不可能都在七月降生，而且文中所说的童女，可能已是七八岁左右的女孩。为什么要在特定时间沉海，极可能是向海神的一种献祭。记录者当时记的就是一种传说，详情阙如，但透露了古代北方岛民曾有过人殉海祭之俗的蛛丝马迹。据相关萨满教调查资料表明，环海居住的东海女真人，包括恰克拉人、费雅喀人等曾有过隆重的萨满教海祭仪式。其中，世居瓦尔喀 部的满族库仑七姓于清光绪十六年整理的《海祭神谕》与反映东海窝集部兴衰史的《东海沉冤录》中关于海祭的记载较为详尽，其主祭对象是东海女神德里哈奥母妈妈等所属众母神。简述如下：

人殉海祭，多为"神选"新女罕、部落征战、祈愿海猎丰收等部落重大事项而行。其中，以部落老罕王过世，新继女罕需东海女神认定的海祭仪式最为壮观。海祭神坛设在辽阔的海面上，这是一个用鱼筋、龟筋缠于海底石上的大木筏，四周坠有巨石，筏面上铺有砂石，上搭木架柴即圣火堆，火堆中泼洒了鲸油。时值星辰升空的深夜，大海沿岸燃起百堆篝火，全体族人面向大海波浪中的海神神坛，叩拜行礼，焚香焚柴。海面上，新继女罕王（酋邦首领）、各部落长、众萨满簇拥着主祀女萨满足登流筏，排队列阵，向海神神坛踏浪而进。众萨满赤臂光脚，腰围鱼皮神裙，系腰铃，佩挂各种鱼骨神偶灵物、蛤蚌、鱼眼珠及石饰灵物，涂满鱼油鱼血，击鼓祈请东海女神德里给奥母妈妈。当主祀女萨满靠近海神神坛时便拜鼓吟唱，点燃火堆。霎时火光冲天，族众叩拜欢呼。同时点燃起神坛四周众多编筏上的火堆，一时白烟直冲天宇，火光照闪着汹涌海浪，辉映着百里海面。一部分族人架木筏、骑木雕鱼龙，随之入海，鼓声、铃声、螺号声排山倒海。主祀女萨满跪拜祈请东海女神，询问新女罕即位之事。东海女神将会踩踏圣火神光而来。东海女神，满语称“德里给奥母妈妈”，为海洋主神，司太阳与光明之神。萨满教观念认为：太阳与光明为人类和一切生灵生命之源泉，故亦为生命之神。东海女神统辖众海神，掌管整个太阳出升的东海，而海是该部落生活之根基，故她又兼命运之神。她的形象为鱼首女人胴体，一对硕乳高耸，腹部隆起。她的形象被制成神偶，绘在主祀萨满的神鼓上。她的降临会带来太阳与光明，使部落绵延强盛，她能带来数不尽的海产品，并带来甘雨，使百禾孳壮，使族人有吃有穿。东海女神踏着火光降临海祭神坛后，主祀女萨满昏厥过去，等她醒来，则意味着女神已附女萨满体了。女萨满割一段新继女罕的头发置于海涛中，又用鱼骨针刺女罕前额，使她的鲜血滴入海浪中，如海上涌起白色漩涡形的浪花，则意味着通过了神卜，女罕已可继位。但往往一次滴血不见神示，便要再滴血于海中，并同时往海里扬撒祭品——有野猪、鹿、熊、牛、羊及其他各种家禽野禽等。如海面仍未卷起白浪，便牵来圈养于海中（北方多有江海中的鱼圈）的牛鱼（即鲸），主祀女萨满骑在鱼背上，亲刺牛鱼血入海，霎时海面殷红，萨满再刺新女罕额面，致使鲜血不断滴入海水中，直到海浪中翻绽出银白色的浪花，便意味着一位能统辖东海众部的新罕王被神认定了，族众欢呼。

在神鼓声中，众萨满领出赤裸男孩数名，女罕亲抚男孩阳物后，将童男投入大海，意味着女罕将她最珍爱之人献给了海神。族众是虔诚的，因为神赐女罕，意味着部落的强盛，应该将最神圣的礼物献给东海女神。

今人看这一幕宗教历史剧，无疑会触目惊心，但这不仅仅是神话传说，而是历史上实有的文化现象。《三国志》记录的“童女沉海”很可能有相近的宗教意义，只不过北方各氏族、部落长期经济文化发展不平衡。这里叙述的海祭，带有浓郁的母系氏族社会的色彩，而古籍中记载的海祭则是进入父系氏族社会后的祭程。

在古希腊罗马的神话传说与英雄史诗中，古代人祭的遗迹斑斑可见。如在陶里斯祭祀阿耳忒弥斯时，要在一人的喉上割一小口，这是古代用人献牲的痕迹①。最典型的是希腊神话传说中《特洛亚故事》（又名《伊利

① 鲁刚等编译：《希腊罗马神话词典》，101页，中国社会科学出版社，1984年。

亚特》）中记载的希腊联军统帅阿伽门农将自己爱女伊菲革尼亚献祭，使阿耳忒弥斯息怒，联军舰队才驶出奥利斯港口①。至近代，南太平洋托雷斯海峡诸岛与加里曼丹的某些民族仍保留了猎人头祭祀的古俗②。这一切说明，人类为了摆脱动物形态，曾采取过野蛮的、近乎动物般的手段。人类的历史与文化不总是在宁静的牧歌中展开的，而是曾为自己的蒙昧、迷惘与失误付出了沉重的代价。只有在这个历史视角中，我们才可能理解上述海祭这悲壮一幕的必然性。

海祭的时间由深夜至黎明，再至深夜，待第二次旭日东升时方结束，期间还要敬祀海底女神吉姆吉妈妈等女神。

以上所述海祭仪式主要是“神选女罕”仪式，部落征战、祈求丰收等海祭仪式与此大致相同，只不过规模与祭祀重点略有差异。祭仪中有一特点耐人寻味，即献牲必用雄性。这也许是母系时代母权至上观念的反映，从某些神话传说透露的信息来看，先民在母系时代可能存在过殉男不殉女的古俗（最典型的例子是满族著名民俗专家傅英仁搜集的《东海窝集部传奇》，故事的主干就是兄弟俩反抗为女罕殉葬女儿而展开的）。这里还可能寓含着近世萨满教已经湮灭了的宗教观念——神人相交。因东海主神是女性，许多重要而显赫的海神是女性，所以殉人是男性，牺牲为雄性。在古希腊神话中，人神相交成为许多神祇、英雄诞生的主要方式。在萨满教的发展过程中，很可能存在过一个人神交合的时代。

四、满族海葬

据世居东海窝集部的某些满族老人的口碑资料，海滨先民古代葬俗多为海葬、天葬（树葬），很少采取土葬、火葬。那时，无论是萨满，还是一般族人，都喜葬身大海。当人死后，萨满祈祷，将死者尸体放置一流筏上，四周安放死者曾使用的器皿衣服、猎犬及珍爱的鸟禽。萨满们在神鼓声中，将流筏推入海中。萨满与族人乘威呼（满语，小木舟）随后，乘风破浪，驶进大海深处。萨海拜鼓焚烟，祈请海魂女神塔希图离降临。

海魂神降临附萨满体，萨满在昏迷中指告氏族、部落头领与死者家主将装尸体的流筏引入某一海湾或白浪翻涌的海域，便是海魂女神指示的葬

① ［德］斯威布著，楚图南译：《希腊的神话和传说》，81 页，人民文学出版社，1977 年。

② ［英］海顿著：《南洋猎头民族考察记》，上海文艺出版社，1989 年影印本，第 26～27 页。

所。萨满与族人将流筏推到指定场所，向海面滴所携鹿、狍等祭物鲜血，并遍撒糕点、果品等供品。当海面出现红色彩丝状水纹时，意味着海浪下丛生着海魂草，是女神的居所。萨满击鼓祝唱，族众和呼，围着流筏，将巨石一块块压到尸体上，石堆越来越高，流筏徐徐下沉，连同猎犬、禽鸟等死者生前钟爱的活物一起随葬。流筏完全沉入海底后，族人投活牲向海魂女神致祭答谢，然后族人用一石礁坠住一小木筏，上置石、瓦或木罐，内放鲸鱼油或兽油，点燃后，族人方返回部落屯寨。这油灯常燃几日方熄，灯熄则族人再也用不着惦念死者了，因为依照其萨满教信仰，人的生命之魂是东海女神送来的，现在灯灭了，意味着海魂女神已指引其魂到了东海女神统属的海宫中永生，那是一个幸福美妙的居所，只有当活着的族人危难时，这些祖魂才会在女神帮助下前来相助。①

海魂神塔希图离妈妈，形同海草。萨满将深海珊瑚礁上的海魂草编成神偶，即为摄魂带，死者魂附其上，便可随女神到存身的海宫，海魂女神便专司海中疫症与海中亡魂，将其收摄送至海宫中居住。否则死者魂魄永在风涛海浪中漂泊，不得安身。塔希图离妈妈是海葬的主祀对象。

上帝耶和华曾对人类始祖亚当说："你是从土而来，你本是尘土，你也要归于尘土！"② 这些强悍的北方海民出自大海，又回归了大海。

值得注意的是，这种"魂归故土"的宗教功能是由女神承担的。萨满教的基本观念之一便是三魂说：一是命魂，满语"发扬阿"，人与各种生物都有之，它与人和生物的生命共始终。二是浮魂，其有两种形态：梦魂与意念魂。梦魂是人与高级禽兽鸟虫才有的魂魄，可以暂时与主体游离而与其他生物魂灵联络，梦便是此魂活动的结果。意念魂是人类的求知魂，人的意志、卜择、暗示、潜诱、慧测等技能源自此魂。三是真魂，满语"恩出发扬阿"，意为"神魂"，是生物生命力的本魂，是能转生与永生的灵魂③。在其他信奉萨满教的民族中，对三魂的名称与表现形态略有差异，但其实质是相同或相近的。萨满教的一切祭仪、禁忌都是围绕这种基本认识展开的，也就是说其一切活动的直接目的就是召请、处理、安抚各种魂魄，协调、组合它们之间的关系。萨满教的三魂说是北方民族先民对生命现象与人类的精神现象的认识、思考、归纳所形成的一种宗教思想体系，从整体上说，它并非科学，但含有某种真理的基因。至少，它为我们今人探索生命之谜与人类精神现象之谜提供了意味深长的题目与积累了发人深

---

① 富育光、王宏刚著：《萨满教女神》，160～161页，辽宁人民出版社，1995年。

② ［波兰］科西多夫斯基著，张会森等译：《圣经故事集》，15页，新华出版社，1981年。

③ 富育光著：《萨满教与神话》，16～17页，辽宁大学出版社，1990年。

省的思想资料。

在上述人葬海祭中，是小小的海草所象征的海魂女神塔希图离妈妈完成了海民死后真魂的去向安所，一方面它突出了女性海神的伟大，一方面寓含着我们先人抗拒死亡，追求永恒的希冀与憧憬，它的实际社会功能是防止人类的群体文化因个体的死亡而可能造成的震荡与断裂。

五、海神妈妈与金色的海路

在某些东海古渔歌中，也留下了海祭的遗迹，最典型的是黑龙江省东宁地区伊尔根氏女萨满刘淑琴留下的一支古歌：

嘿，嘿依，嘿依依…
跪向托里（满语：铜镜）一样光闪闪的海啊，
跪向蚌片一样光亮亮的海啊，
跪向月光一样白光光的海啊，
给神母海妈妈漂去三只肥胖的鹿，
给神母水妈妈送去三只长牙的野猪，
安吉岛上的阿哥、阿玛们呀，
朝着金色的夜路撒下牛渔网吧。
……

古渔歌透露了古代海祭的主祭对象是女性海神的历史信息，而且把女海神称为“神母”、“妈妈神”，是何等亲切，女神给人类铺出了海上“金色的夜路”，其神功又是何等伟大。

海祭圣坛上的女神给我们复绘出一幅已经消失在历史长河之中的风景画图：无数衣着简单的北方先民，踩流筏，驾威呼（满语，独木船），手持原始的生产工具，在诸海神妈妈的召唤下，在狂风巨浪的大海中，踏出了一条金色的海路。由此，他们征服了大海，征服了严寒，征服了自然，开创了雄浑的北方海域文化。今天南北美洲的印第安人很可能经历了这历史的一幕，才创造了灿烂的印第安文化。在这条金色的海路中，不乏渔民的痛苦、磨难、血泪与汗水，但是响彻云霄的主题歌是人类文化力量对大自然的抗争！从中也揭示了通古斯人海洋文化与海洋开拓的互动关系。

鄂伦春族神话《无头神》研究

白水夫

《无头神》[①] 是个濒临失传而又具有一定研究价值的鄂伦春族神话。

依据讲述者提供的线索，《无头神》曾于清末年间在鄂伦春族五百马队中广为流传。当时，被编入五百马队的来忠和刚通等较有影响的人物都是目前可以查询到的当年的讲述者之一。据史料记载，“来忠，伍查罕姓，号善亭，识满文，曾任哨长”[②]，“1900 年，吴来忠被挑入镇边新军右路马队”[③]，在瑷珲城保卫战中“右手心受枪伤”[④]，后“由领催升镶黄旗头佐佐领”兼“劝学员”[⑤]，“刚通，莫尼西尔姓，光绪十一年由领催升为饶骑校，民国二年又被拔（擢）为正蓝旗头佐佐领”，“其人诚实明白，颇通汉话”[⑥]。除讲述者莫庆云老人外，车景珍老人亦证实说：“我们家掌柜的吴银河（1908—1972 年）也讲述过这个没脑袋神的故事，他是在那翁河打围时听孟田宝他们讲的”[⑦]。目前，在刺尔滨河畔定居的伍查罕和莫尼西尔姓的中年猎民中，尚有个别人还知道神话题目以及“用肚脐眼喝酒”、“射奇格达”、“同自己十来个女儿成亲”等部分情节[⑧]。

根据笔者调查情况表明，《无头神》至少是在小兴安岭东麓的那（南）翁河、库玛尔河、那亚河、刺尔滨河、卧都里河、坤河、脑温江（嫩江）诸流域内，以原库玛尔路鄂伦春人为主的猎民中流传过。

因为《无头神》“听说是件真事，这个神太操蛋（不像话之意），还

① 《中国民间故事集成黑河市资料本》。
② 《黑龙江省瑷珲县志》库路卷上。
③ 引自《吉林师大学报》，1959（3）。
④ 《黑龙江省瑷珲县志》库路卷上。
⑤ 《黑龙江省瑷珲县志》库路卷上。
⑥ 《黑龙江省瑷珲县志》库路卷上。
⑦ 《鄂伦春民间文学调查资料》之一、二。
⑧ 《鄂伦春民间文学调查资料》之一、二。

和自己的十五个姑娘成亲过日子，真不真假不假，怪丢人的"[1] 而羞于出口，几乎濒临失传。

我国是一个多民族国家，民间神话千姿百态，浩如烟海。然而，有关《无头神》之类型神话，特别是像《无头神》所表现的这种人类早期直系血亲交媾关系的神话，在鄂伦春族神话中却是从未发现。《无头神》的重要价值在于它既反映了人类由直系血亲交媾关系向血缘群婚制发展过程中，两性关系的重大变革，又填补了这一时期鄂伦春族神话史的空白。本文试图就《无头神》所涉猎的几个主要问题探讨如下。

一、神话中的"无头神"是鸟图腾崇拜观念的产物

《无头神》主要反映的是人类由直系血亲交媾关系过渡到血缘群婚制这一两性关系的重大变革。但是，要探讨这个问题首先必须要弄清楚"无头神"是怎样产生的？因为它直接关系到《无头神》的真伪，就是说《无头神》究竟是鄂伦春人的古代神话，还是近代的赝品？

神话中的"无头神"不存在头颅，它以"屋混"——乳头为目，视力异常锐敏；它以"窃固鹿儿"——肚脐眼为口，喝酒时直接用桦皮篓向里面倾倒即可，胃口大得惊人。似乎是个令人难以置信的神。但是，只要我们对其特征、功能以及与其相关的民俗事象、神话等进行具体分析，就可以做出科学的解释。

从其特征上看，"无头神"首先具备同人一样的一颗"血汁忽拉的活蹦乱跳的心"，这颗被称之为"无头神灵魂"的心，不是存在于"无头神"的体内，而是游离于体外，藏在桦树的鸟窝中。即"无头神"的灵魂像鸟一样栖息在树上。特别是当"无头神"的心被米里哥恩用箭射中从桦树上掉下来之后，"无头神"不是坠地身亡，而是又变成一只大鸟飞走，将神体还原于大鸟。

从其功能上看，"无头神"不仅具备像鸟一样能飞上天的本能，而且又具有鹰一样敏锐的视力。虽然以乳头代目，但是这种"隔着十座八座山就能看清什么野兽"的本领，不同于一般神话中所表现的那种先见之明、万事皆知的神，而是依据鸟在高空盘旋俯视时，目力所及之经验而虚幻夸

① 《鄂伦春民间文学调查资料》之一、二。

张出来的功能。

从与其相关的信仰民俗角度看，在近代鄂伦春人依然信奉的诸神中，除天神、山神之外，神盒中绝大部分是虎、熊、蛇等动物神，认为这些图腾物与本民（氏）族有着特殊的血缘关系，有的视其为本民族的亲属，有的则视其为本民族的始祖而加以供奉，并由此产生出种种称谓。其中，不乏鸟类乏神，诸如鹰、鹊、鸦等图腾之物的布或白桦树皮画像①，由此可见，某些鄂伦春人确实曾以某种鸟为图腾之物，而且经久相沿，流传至今。

从与其相关的神话看，在鄂伦春族关于人类起源的诸种神话传说中，亦有扎鸟毛鸟肉成人之说②。鄂伦春人认为由于思都力（天神）将飞在半空中要闹事的大鸟震死之后，扎其毛肉，才产生了人。显而易见，鄂伦春人的鸟图腾崇拜观念也源出于此。

图腾崇拜曾普遍存在于世界各民族之中，它是原始社会一种最早的宗教信仰。南澳 洲人曾以鹫鹰为图腾，希腊神话中也曾将鹫和苍鹭作为图腾物，我国古代的华夏族以熊虎等动物为图腾，苗蛮族以龙、蛇为图腾，东夷族则以百鸟为图腾。由此可见，处于原始社会生活的鄂伦春人除了受生产力发展水平和思维观念制约等因素之外，同时也由于游猎区域的自然环境不向，图腾物也不尽相同，他们所崇拜的对象只能是存在于他们狭小生活范围之内的走兽或飞禽。他们对某种动物或自然物的图腾，在于要表示对自己祖先的崇拜。而“无头神”则正是这种鸟图腾观念下的产物。

二、《无头神》所表现的是人类早期杂乱交媾关系在血缘家庭历史阶段的遗迹

鄂伦春人同我国其他几个少数民族一样，社会发展极为缓慢，曾经历了人类最为漫长的原始社会生活。他们以口承形式保留下来大量的反映人类从远古时代直到原始社会末期这一历史全程中的神话传说等口碑资料和某些原始社会遗俗，成为我们研究鄂伦春社会发展史必不可少的资料和佐证。

诚然，神话不等于现实，传说也不能同历史等同，但是作为文学源头和原始宗教观念表现形式之一的神话、传说，毕竟是这个特定历史时期社

① 《鄂伦春族民俗调查资料》之七。

② 《黑龙江民族丛刊》，1986（3）。

会生活在人类头脑中反映的产物。《无头神》所表现的这种两性交媾关系的重大变革，正是原始初民在人类社会发展的桅杆上，刻下的一道带有神秘色彩的生活痕迹。

首先，《无头神》，展示了人类早期杂乱交媾关系的重要特征。

两性交媾是人类的自然属性所决定的。而婚姻家庭这种社会现象却不是与人类产生的同时俱存的，它是人类社会发展到一定阶段而出现的一种以两性和血缘关系为纽带的复杂的社会形式。婚姻家庭是人类在其社会关系制约下和其自然属性作用下的一种特有的社会组织形式。当人类处于原始群时期，由于性本能和性意识的局限性，两性之间还是一种自然交媾的关系，并无婚姻家庭，其两性交媾关系完全处于一种自然的毫无限制的杂乱交媾状态。《无头神》所展示的正是这种不论辈分的所谓“父”与“女”结为“夫妻”，又尚无任何伦理观念制约的杂乱的两性关系。这种两性关系与人类历史上的血缘群婚制的主要区别在于尚未排除直系血亲之间的两性交媾关系。有关这种人类早期的杂乱交媾关系，在国内外的文献中都曾有过记载。例如，古希腊历史学家希罗多德在《历史》一书中，对利比亚的欧赛埃司人的社会习俗做过这样的描述：“那里的男女之间是乱婚的，他们并不是夫妻同居，而是像牲畜那样地交媾”；我国战国末期秦相吕不韦命宾客编著的《吕氏春秋·恃君览》文献中所引证的许多古史旧闻中也有“其民聚生群处，无亲戚、兄弟、夫妻、男女之别；无上下、长幼之道”的记载。以上所引证的中外文献都表明，在人类从游群时代向氏族社会过渡的这一漫长的历史阶段中，两性关系完全是处于一种杂乱的交媾状态。它既符合恩格斯在《家庭、私有制和国家的起源》中所论述的“不仅兄弟和姐妹起初曾经是夫妇，而且父母和子女之间的性关系今日在许多民族中也还是允许的”① 的观点。同时又可以证明这种特定历史阶段中的两性关系，是产生《无头神》及同类神话的土壤。

其次《无头神》展示了其产生的重要历史特征。

随着原始社会不断地由低级阶段向高级阶段发展，人类逐渐摆脱了那种毫无限制的杂乱的性交关系，逐渐演变出人类特有的社会关系——血缘家庭，其主要特征是排除了直系血亲之间的交媾关系。按照恩格斯的观点，人类“群婚制是与蒙昧时代相适应的，对偶婚是与野蛮时代相适应的”。但是，人类社会的发展由于受生产力发展水平的制约，各地区、各民（种）族之间的发展速度是极不平衡的，更不可能同期并行。新生的与

① 《马克思恩格斯全集》第21卷，第46页。

原始的各种婚姻形态的变革也是一个漫长而又错综复杂的交替过程。它必然导致婚姻形态上的千差万别。犹如当今社会中，发达国家已运用先进的科学技术设备去征服宇宙，而某些地区的落后民族却依然是群居而生，停留在刀耕火种的生产水平上一样，其差异之大是令人难以想像的。《无头神》所表现的是一直处于原始社会的鄂伦春人，残存在血缘家庭历史阶段中人类早期杂乱交媾关系的遗迹。其主要根据是：一是从称谓上看，社会组织形式已进入血缘家庭。原始群时期，由于杂乱性交的结果，子女决不可能识别父亲，只有血缘家庭的社会组织形式出现，才能产生出辈分及与其相应的称谓。当然，如前所述，尽管此时已经进入了血缘家庭的社会组织形式，但是其杂乱的交媾关系也只能是一个逐渐过渡、逐渐规范的过程。因此，即使是群婚制已经形成，其间，直系血亲之间的杂乱的交媾关系依然可以作为一种残余而得以保留。二是从生产工具上看，生产方式已发生了较大的变革。按照马克思关于“区别各个经济时代不是生产什么，而是怎样生产，用什么劳动资料生产”的观点来推断，《无头神》中所涉猎的生产工具主要是“奇格达”——没头的箭及桦皮篓。这几种生产工具正是人类蒙昧时代高级阶段开始出现的典型的生产工具，它标志着人类已经摆脱了原始群时期用石块、棍棒袭击野兽的生产方式。由于弓箭的产生，猎物便成为主要食物来源，打猎也就成为首要劳动。依据狩猎生产的经验，继而出现了通过射箭比武——这种原始的决斗方式来争夺女人。尤其是射“奇格达”——没头的箭的场面，较之后来神话或传说中普遍使用的弓更带有浓厚的原始色彩。三是从思维特征上看，人类的图腾崇拜观念已经产生。如前所述，神话中的“无头神”是鸟图腾崇拜观念的产物。它反映出“在野蛮期的低级阶段，人类的高级属性开始发展起来”①，他们已借助想像来认识和理解社会，并由此产生了自然崇拜和关于人格化的神灵等模糊概念以及与其相关的神话、传奇和传说等文学。《无头神》正是在这个特定的历史阶段中，通过这种古代文学艺术形式——神话，将人类的图腾崇拜观念同关于两性交媾关系变革的生物进化事象融为一体，以口承方式加以记忆，给人类强有力的影响。

综上所述，我们可以推断出《无头神》应该属于人类由蒙昧时代高级阶段向野蛮时代低级阶段发展过程中，群婚制与对偶婚制交替时期的产物，它所表现的是人类早期杂乱性交关系在血缘群婚制历史阶段的遗迹，是原始初民们对其曾经历过的某种社会生活现象的神圣理解与记忆。

---

① 马克思著：《摩尔根〈古代社会〉一书摘要》，54页，人民出版社，1965年。

三、《无头神》表现的宇宙观是人类认识史上的一次飞跃

神话是原始初民思维的产物。在漫长的历史岁月中，人类在生产力极为低下的情况下，一直启动着其特有的机器——思维，自觉或不自觉地同蒙昧进行斗争，不断探索大自然乃至人类自身的种种奥秘，拓宽视野，寻求生存条件。最初，他们将自身的生活经验同种种不切实际的臆想合成为深信不疑的解释，即关于大自然和人类自身的种种奥秘的解释性说法，由此产生出一对孪生姐妹——原始宗教和神话。随着生产力的发展，特别是社会生产方式的一系列变化所推动的经济基础的变革，物质生活条件得到了某种程度的改善，人类的认识能力也必然要发生变化，“神与神们的行事”① 的观念也就相应地发生了变化。《无头神》所表现的宇宙观正是在人类认识史上的渐变过程中出现的一次飞跃。

其一表现在神的意识衰弱，人的意识的增强。神话是人类童年时期借助想像征服和支配自然力的反映，因此，作为原始初民们臆想中的神，通常都是力大无比、变化多端的形象，越是远古的神话，神的威力也就越大、不可战胜。但是，这些充满神奇与奥秘色彩的“神和神们的行事”无非是原始初民最初的一种理解和认识，而且首先是将自身与大自然抗争的能力进行类比。当人类生产力发展到一定程度，征服大自然的能力也就随之增强，人类对自身功能的理解程度也就愈深，从而导致神的观念的逐渐淡化，而逐渐将神取而代之的是人类中的生产能手——英雄好汉。正如神话中“无头神”那样，它虽有能上天入地的超人本领，但是，较之于米里于哥恩，缺少的是足智多谋，因此，它不可能不败在米里于哥恩的脚下。这种反映人与神斗争的神话是人类在掌握了较为先进的工具——弓箭的同时，同用石块、棍棒等工具进行狩猎生产能力进行比较之后，认识到这种工具更容易猎获到较大的野兽，由此产生出一种朦朦胧胧的人能战天胜神的观念。对米里于哥恩歌颂的实质是对新型生产力的肯定，是一种朴素的唯物主义哲学思想的体现。

其二表现在直系血亲交媾关系的消亡，群婚制的产生。两性之间的直系血亲交媾关系向血缘群婚制演变有其深厚的社会基础，因为任何一种两

---

① 参见茅盾著：《神话研究》，百花文艺出版社，1981 年。

性交媾关系和婚姻家庭形态都不是抽象的，它只能以具体的历史形态存在于社会发展的一定阶段。这种演变不仅要受到人类社会属性所制约，即由社会经济基础的生产关系来决定，而且必然为人类自然属性所影响，即生理本能和性意识的增强所作用。《无头神》表现人类两性关系重大变革的主要特征是一个又高大的小伙米里于哥恩，通过一种原始的决斗方式——比武，战胜同自己“女儿”交媾的无头神，将其十六个“女儿”据为妻子，继续从事游猎生活。这种变革的重要原因，除去本文多有阐述的在社会物质生活条件中，物质资料的生产方式起着决定性作用之外，还有一个不容忽视的因素，就是人类自然属性对两性关系的演变也起着重要的影响。神话中的米里于哥恩之所以能够战胜并取代“无头神”，是同“无头神”第十六个“女儿”的自然选择分不开的。她在同“父亲”和米里于哥恩这两者之间谁将作为自己丈夫的问题上，排除了同“父亲”成亲婚媾的可能性，自然地选择了米里于哥恩。这种选择并非出于她的科学意识，而是以一种不自觉的性意识增强为基础，以有选择条件为前提，以性欲的满足和原始的审美观点为标准进行的自然选择，从而排除与父辈交媾的关系，进入血缘群婚关系。这种两性关系与人类早期的直系血亲交媾关系相比较，无疑是一种文明和进步。

《无头神》所表现的宇宙观，证明了人类在其社会发展过程中的某一阶段，开始意识到人是自然界的主人，从而开始摆脱愚昧的宗教观念，并导致了直系血亲交媾关系的消亡，所以说，《无头神》所表现的宇宙观是人类认识史上一次划时代的飞跃。

由于讲述者提供有限，笔者对“无头神”为什么没有头以及这个神话究竟源于何时等问题，尚难以做出进一步的考证。本文所言，未必在理，愿质之高明。

原文刊载于《北方民族》，1989（1）

鄂温克族神话中人与动物的超自然关系

汪立珍

鄂温克族神话当中，以人与动物的种种关系为母体的内容占有相当多的篇幅。仔细审视这些神话中的故事情节、叙述模式、结构方式等构成元素，无不是为鄂温克人与动物之间形成超自然的特殊婚姻关系神话而存在的。这种超越我们现代人类意识范围之内的“人与动物婚”神话，尤其是人与动物和谐自然地组成家庭、繁衍后代的主题，按照我们现代人秉持的惯性思维，我们无论如何也无法理解这种现象。然而，在鄂温克族神话中却蕴藏着大量此类母题的神话，生动而鲜活地向人类昭示着人与动物之间存在的超越自然与常理的神秘婚姻关系。本文通过鄂温克族神话中“人与动物婚”神话结构类型的分析，探求鄂温克族神话中人与动物间的神秘关系以及潜藏其中的动物保护观念。

一、鄂温克族神话中“人与动物婚”神话的类型

“人与动物婚”神话是鄂温克族神话体系中具有独特内容和结构模式的典型代表，其篇幅和数量在鄂温克族神话中也占有很大的比重。对这类神话母题、内容和结构进行系统的梳理和总结，大致包括三种类型：人与纯粹动物婚神话、人与半人半兽形动物婚神话、人与变形动物婚神话三种形式。以下，选取鄂温克族神话中几则具有普遍意义的有关“人与动物婚”神话的文本，对上述三种神话类型的意义进行具体、详细的解读。

（一）人与纯粹动物婚神话

关于鄂温克族神话中人与纯粹动物婚神话，最为有代表性的是熊与鄂温克猎人婚配的例子。至于猎人与熊成婚的神话故事，在鄂温克族神话中

有多种变体的存在。下面这则猎人与熊成婚的神话在鄂温克人中广为流传，其故事梗概是：

> 有一天，森林中的一只母熊看见年轻、英俊的猎手古尔丹，便对他一见钟情，并被猎手超众的容貌、魁梧的身躯所吸引。从此，母熊每天都要来到古尔丹的住处，给他做可口的饭菜，给他收拾里里外外的东西。每当到了晚上，还要给他铺好狍皮被褥。最后母熊的所作所为感动了古尔丹，古尔丹跟母熊组成了家庭，开始了共同生活。过了几年，他们有两个孩子。不过，后来由于猎手感到跟母熊的生活无聊，就离开母熊和两个孩子。猎手和母熊的那两个孩子后来成为森林中的两个英雄。①

这则神话用生动而形象的话语，描写出猎人与熊结为亲族的神话故事。在这里，这个雌熊的纯粹动物形象充满了女性的品格，它作为自然界里的动物在鄂温克人的神话思维意识里，完全变成与人类拥有同样的感情、思维的同类。由此可见，自然界里充满了纯粹动物品性的熊，在鄂温克族神话当中被高度神格化、人格化为具有人性的动物。任何一种意识形态的产物都与滋生它的历史文化背景和具体环境有密切的关系，鄂温克族神话中猎人与熊成婚的母题也不例外。这是鄂温克族在特殊的历史时期、独特的生产方式和自然生态环境等多种因素的影响下，产生的本能而又符合当时人类思维规则和意识形态的物化反映。

审视鄂温克族神话中猎人与熊婚配神话的母题内涵及其外在的表层叙事结构，可以说，以超自然的想像力和艺术虚构形式表现了远古时代人与动物和谐统一的思想意识。鄂温克人与熊超自然的婚姻神话表象下，还渗透着他们对熊产生的种种复杂而神秘的崇拜心理。如，一方面，他们在精神世界中把熊作为远古人类的婚姻伴侣，甚至是升华到祖先的地位加以崇拜、供奉；另一方面，在日常生活中他们却又猎熊、食熊。不难看出，他们与熊之间形成的复杂关系应该从两个层面来理解：一是精神生活中和谐、亲密、尊崇的超自然关系，二是自然生活中紧张、敌对、难以协调的现实处境。这种二元对立的认识，鄂温克人以其特有的神话隐喻思维，用猎人与熊婚配的特殊关系加以神话般地解释，间接地反映了鄂温克族远古时代狩猎生活的真实面貌，以及他们面对动物、自然给人类造成严峻威胁

① 1994 年，本人在鄂温克族自治旗调查。

时，所采取的积极而巧妙合理的解决方法和态度。

（二）猎人与半人半兽形动物婚神话

猎人与半人半兽形动物婚神话，在鄂温克族神话中要数猎人与半人半兽形的蛇构成婚姻关系的神话最为典型，而且有关情节的记述也相当含蓄、神秘，不像上述猎人与熊婚姻神话那样直接而明显地表述婚姻血缘关系。如《拉玛湖》神话中关于猎人与蛇的婚姻关系描写十分隐讳，丝毫见不到任何具体感情情节铺垫，便突兀地进入婚姻的结果。下面是《拉玛湖》神话中的一段叙述：

> 在湖岸上，大蛇遇上留辫子的人。怀了孕，生了儿女，儿女生儿女，繁衍为索伦人。

另外，流传在鄂温克族自治旗辉河一带的神话《火神节》，也是猎人与半人半兽形蛇婚姻神化的类型，不过，其中关于猎人与蛇婚姻关系的描写更加隐讳：

> 不知什么年月，山里的一个穷猎人进山打猎，一整天也没打着一只野兽。当太阳压山的时候，忽见山石底下钻出一条花皮草蛇，随后又钻进一个山石洞里。猎手很虔诚地把蛇爬出来那个地方的青石舔了舔，发现有一种从来没有尝到过的甜味。猎手仍下枪走进蛇钻进的大洞，从此他就在洞里生活。①

在上述神话中，我们如果不加以细致分析和洞察的话，很难从语言的表面叙述意识到其中蕴涵的猎人与蛇产生的婚姻关系母题。但是，只要我们对鄂温克族神话及其产生的特殊背景有所了解，我们能够从不同的词组搭配和语句结构中发现那些隐含的特殊婚姻关系的寓意。如，猎人“舔青石上蛇水”、“猎手扔下枪走进蛇钻进的大洞”等细节的描写，显然是猎人与蛇婚姻关系的一种隐讳表达方式。实际上，这种隐讳的叙述方式包含丰富的文化底蕴。

在《拉玛湖》神话中，蛇不仅是单纯的动物，还具有深刻的象征意义。“蛇遇到留辫子的鄂温克人怀孕生孩子。这说明蛇是雌蛇，代表着以

---

① 王士媛等编：《鄂温克族民间故事选》，33～36页，上海文艺出版社，1989年。

蛇为图腾的氏族女性。而那个留辫子的人肯定是男的，男子留辫子的特征，是女子择偶的标志。这说明婚姻的主动权掌握在女性手里，处于母系氏族制社会。同一氏族人是不通婚的，这表明那条大蛇本是蛇图腾母系氏族的女子。这位女子可是功勋卓著的氏族首领，所以受到儿孙们的敬仰、爱戴、崇拜，被奉为始祖女神。”①

至于《火神节》神话，我们从表层情节发展脉络来看，也丝毫觉察不出蛇与鄂温克猎人发生过奇妙的婚姻关系。但是，如果从这个神话产生的历史背景去分析的话，能够从那含蓄的话语表象当中，领悟到其背后存在一种强烈的婚姻亲族关系认同，如“猎手很虔诚地把蛇爬出来那个地方的青石舔了舔，发现有一种从来没有尝到过的甜味。猎手扔下枪，走进蛇钻进的大洞，他在洞里生活好多年后，从洞里出来”。显然，这个情节里关于猎人在洞里与蛇生活多年的神奇经过和繁衍后代情况只字未提，但是我们通过这种淡化的情节描写，能够领悟到隐藏在鄂温克人内心深处对蛇的崇拜观念以及猎人与蛇间存在的超自然的婚姻神话。

同一母题的神话在不同的地区，根据当地风俗习惯、自然环境、民族性格等因素的影响，会经过能动性的接受与传播，从而形成具有地方风格和内涵的神话。下面这段神话虽然也是人与半人半兽形蛇的婚姻神话，然而它却十分鲜明地讲述了蛇与人特殊的婚配关系，而不是采取含蓄、隐讳的叙述方式：

> 在一条大河附近有一个大湖，大湖的日出方向有个河口。河口水深，里面住着大蛇。蛇是天上来的，十五尺长，有两只犄角。在湖岸上，大蛇遇上留辫子的人，怀了孕，生了儿女。儿女生儿女，繁衍为索伦人（历史上鄂温克族的一个分支）。大蛇对儿女极好。但他不跟他们说话，只跟萨满说话。②

这个神话向我们清晰地讲述了索伦人是由从天上来的“人身蛇头”这种半人半兽的动物蛇与留长辫子的鄂温克人相遇，蛇怀了孕而繁衍了索伦部落。很明显，在鄂温克人的观念中，鄂温克人与半人半兽的蛇神异地组合成繁衍后代的婚配关系。基于他们内心深处对于蛇这种动物的独有认识，在神话情节、结构的安排中，有序地把人与蛇婚配并繁衍部落的母题表现得淋漓尽致。

---

① 乌云达赉著：《鄂温克族的起源》，68页，内蒙古大学出版社，1998年。
② 乌云达赉著：《鄂温克族的起源》，68页，内蒙古大学出版社，1998年。

（三）人与变形动物婚神话

鄂温克族神话中，猎人与变形动物婚神话的代表作是《狐狸姑娘》，这则神话讲述猎人与狐狸姑娘生育后代繁衍部落的故事：

> 很久以前，有一位年轻的猎人，打猎时遇见一条狼欺侮一只狐狸，猎人一箭射死狼，救活那只狐狸。猎人每天上山打猎，回来时“仙人柱”（在山上用树枝、兽皮等物搭成的临时住处）里总是打扫得干干净净，备好饭菜。猎人感到奇怪。有一天，猎人提前回来，看见“仙人柱”里有一位漂亮的姑娘，旁边放着狐狸皮，猎人明白这个姑娘是那只狐狸变的。后来，他们结婚，生了十个孩子，有的能使弓箭，有的擅长驯鹿，有的爱摆弄木头，有的喜欢抠土，兄弟十个长大后，分成打猎、放牧、种地三个部落。①

这则神话里，鄂温克人把狐狸看作与人类同格的一种奇特动物，他们把狐狸人格化、神灵化为知恩报恩的漂亮姑娘，她为了报答猎人的救命之恩，变形为年轻女性，并且与猎人结婚，生了十个孩子。十个孩子长大后，各有所长，使用弓箭和擅长驯鹿的成为狩猎鄂温克族部落；爱摆弄木头的成为牧业鄂温克族；喜欢抠土的成为农业鄂温克族。很显然，这则神话透露出鄂温克族对狐狸这种动物的特殊崇拜意识。这种特殊的崇拜意识以猎人与狐狸婚配这种至高无上的姻缘关系来表述，只不过这里出现的狐狸已经完全超越动物本然的样子，呈现出人类的形体与仪容。

在黑龙江省讷河县鄂温克族生活地区，还流传着人与狼婚配繁衍鄂温克族的神话。这个神话的故事情节比人与狐狸生育后代的神话要曲折，故事性也比较强，神话中的人物形象有猎人、猎人的三个女儿和狼，人与狼成亲的经过也描写得非常细致。特别值得注意的是，在这里人与动物的性别发生变化，人为女性，狼为男性，这里人与动物的性别与上述“人与动物繁衍人类”中的“人为男性、动物为女性”的常规发生变异。其神话故事梗概为：

> 从前有个老猎人，他有三个女儿，一天，猎人上山拉木头，

① 黑龙江省民间文艺家协会编：《黑龙江民间文学》，1983（6）。

把斧子丢失了。斧子被山中的一只狼拣到，狼要猎人把自己的一个女儿嫁给它才把斧子还给猎人。大女儿、二女儿都不愿意嫁给狼，三女儿答应父亲嫁给了狼。狼每天外出，妻子跟在后面，发现狼进入一个屋子，在屋里，狼变成美丽的少年。从此，三姑娘和美少年开始幸福生活，而人与狼的后代成为鄂温克族。①

在人与变形动物婚神话中，与人类达成婚姻关系的动物在外形上完全由纯粹的动物、半人半兽形动物转化成与人类趋于一致的面貌，这种转变跨越了相当长期的历史界限，其目的在于突出鄂温克族对人类与动物关系的认识不断走向深入，尤其是加强了对人类自身力量与自然和谐统一的肯定。

二、鄂温克族神话中“人与动物婚”神话的底蕴

如上所述，鄂温克族神话中“人与动物婚”神话从内容到形式经历了一个非常复杂而变化的过程。其中，“人与动物婚”神话类型经历了人与纯粹动物、人与半人半兽形动物以及人与变形动物三种形态，而最为显著的变化是动物由外观的兽形向人形转化。但是，与猎人婚配的动物逐渐转形为人，并不是单纯的形体变化，而真正的含义是通过具有变化特征的动物形体，象征鄂温克人对动物以及动物生存的大自然形成的浑然一体的超自然关系。尽管鄂温克族神话中“人与动物婚”神话的结构发生三种形态的变迁，但是每一种形态都没有脱离人与动物超自然的婚姻关系，其结构、故事情节都是围绕“人与动物婚”的母题而展开具体的叙述，明显包含鄂温克人与动物、大自然天人合一的信仰观念。

狩猎是鄂温克族早期传统的生活方式。在森林里依靠猎取动物以及获取森林资源维持生命的繁衍和延续是他们生活的根基，在这种情况下，动物不仅成为他们生活中不可缺少的物质原料，而且在精神世界里也成为他们的心灵支柱。更为重要的是，他们还把那些与他们自身生活密切相关的动物视为氏族、部落的祖先神，加以崇拜。这种超乎寻常的信仰观念，在鄂温克族神话中形成“人与动物婚”的母题。

---

① 黑龙江省民间文艺家协会编：《黑龙江民间文学》，1983（6）。

在这里需要指出的是，鄂温克族神话内部关于人与动物超自然的婚姻关系组合中，人与动物的性别划分问题往往具有一定的规则。一般来讲，人是男性，动物是女性，而作为女性之所以为动物，这应该是突出早期鄂温克族社会当中女性的主权地位与繁衍能力。而在动物形象的刻画方面，概括地讲，动物具有三种形态：一是动物的原型，即纯粹的兽形形态；二是动物形态发生了部分变异，呈现出半人半兽的形态；三是动物完全摆脱动物原型，转变为人形。总之，在鄂温克族神话中人与动物形成的超自然婚配关系内，与人类产生婚姻关系的这些动物，在鄂温克人的视野中逐渐由纯粹兽形动物向半人半兽变化，最终发展成完全变形为与人类同样形态的动物。这种理想境界的追求与实现始终贯穿在鄂温克族的神话中。

鄂温克族神话中“人与动物婚”神话，体现了他们在远古时代对其生存的客观世界的超越一般的感性认识。他们在与自然、社会的接触中，无可怀疑地认为自然界里的动物与人类同样，都有自己的思维、语言和感情，因此，他们在神话世界中，把与他们生活紧密相关的熊、蛇、狐狸、狼等动物作为他们婚姻关系的伴侣。我们从上述三类神话故事情节中可以感受到，在特定的历史条件和生存环境中，人与动物的结合是那么自然、合理，又充满了神奇色彩。这与鄂温克人在历史发展进程中对熊、蛇等动物产生的图腾崇拜观念有密切关系。鄂温克人认为熊、蛇等动物与他们有直接的血缘关系，这一人类萌芽时期的思想意识，将人和动物视为一体化，使自然界中的熊、蛇等动物充满了人的性格、人的精神、人的思想。他们在远古时代对动物产生的这种人格化、神圣化的原初认识，在某种程度上奠定了“人与动物婚”神话产生的基础。

综上所述，通过对上述“人与动物婚”神话的类型、结构模式、文化底蕴的具体分析，我们对于鄂温克族神话中人与动物的超自然婚配关系在神话中的表现有一个大致的认识，其主要经历以如下三种结构来展现：人与原型动物婚配型；人与半人半兽动物婚配型；人与变形动物婚配型。其中，人与原型动物直接婚配型神话中的动物，从其外观特征来看，具有非常明显的兽性表象；人与半人半兽动物婚配型中的动物，既有人的外部特征，又有动物的外观形象，是半人半兽形的合体，显现出动物由兽性向人性转化的趋势；而人与变形动物婚配型神话中的动物，其外观特征的兽性相对弱化，这种弱化表现在动物从原有的兽形转为具有人形特征的异类，表现出人性的善良与能力。而这种转变的根本是人类自身主观创造的。这种渐趋明朗的动物人性化，显然说明鄂温克族神话中鄂温克人对人与动物产生的特殊婚配关系的认识，在情理上更加趋向合理，从而通过主观的感知在客观上营造出人与动物、自然与人和谐相处、共同生存的人文景观。

鄂温克人在远古神话时代就已萌生的这种人与动物超自然关系的信仰观念，自然有它特殊的社会背景、时代特征以及审美取向等多方面因素的影响。但是，时至今日，经过数千年历史风尘的侵袭，人与动物，或者说人与自然的关系摆在何种地位，仍然是我们不可回避的现实问题。从某种意义上说，鄂温克族神话中对于人与动物关系的超自然处理或许会对科学技术高度发达的今天以及生活在当今信息化时代的我们，能够带来有益的思索与参考。善待动物与自然，它是我们人类永恒的朋友，人类与动物共同生活在地球上，创造着我们共同的家园。

变形于世界神话体中的“哈多”

——赫哲－那乃族创始神话的异型比较

喻权中

“哈多”是赫哲－那乃族创始神话中的主人公，其他不同版本的神话中，“哈多”也称为“达赫苏尔—哈多”、“霍代”、“哈顿”等。在由那乃语视角剖析了“哈多”神话的创造生死、成就初始萨满母题之后，“哈多”神话使赫哲－那乃族民族精神的重要性得到了充分揭示。① 由此，人们已经可以从神话比较的角度，进而考辨“哈多”神话诸异型的来源，从中发现世界诸古老文化对赫哲－那乃族文化的多种影响。

归纳赫哲－那乃族众多的“哈多”神话，就内容而言大致可分为四个类型：

A 型，宇宙创始神话；

B 型，人类起源—创造生死—初始萨满神话；

C 型，展示神验—沟通阴阳两界—初始萨满与射日神话；

D 型，浓缩与简约后的初始萨满神话。

若按发展脉络划分，“哈多”神话则经历了单一（A 型）—复合（B、C 型）—简约（D 型）三个阶段。而“哈多”神话之所以会构成如此的内容异变与脉络演进，则只有将其置入世界神话体中才能认识得清楚。

一、A 型“哈多”与泛原始阿尔泰语区域创始神话

A 型“哈多”神话是赫哲－那乃族创始神话中的一种，神话大意为：

当初世界上只有水，水上只有一名叫哈顿的大鸟在不停地翱

① 见拙文《死亡的超越与转化——赫哲－那乃族初始萨满神话考疑》，载《黑龙江民族丛刊》，1998（3）。

翔。一天，哈顿背负青天朝下看，看到还有一只大鸟浮在水面上，名字叫米亚米利吉，哈顿轻轻地落在米亚米利吉的身旁，然后潜入水底，用双爪抓住泥土，浮上水面后，将泥土留下便飞走了，于是便出现了大地。①

这则神话在赫哲－那乃族及其先人中流传了多少年，已无法准确计算。然而，前苏联学者确认，在黑龙江下游那乃人居住地萨卡奇—阿梁村，那江边石崖上，具有数千年历史的各种那乃人祖先神话母题的岩刻中，便有着这一神话的记载。［苏］奥克拉德尼科夫曾特别论及了这一神话与岩刻：“例如，岩画上的一对水禽图像可以借助于同萨卡奇、阿梁岩画有关的那乃人的创世神话得到解释。这个神话讲的是两只水禽（天鹅）创造宇宙的故事，据说他们潜到水下，从淹没世界的一片汪洋的海底衔出泥土。”② 可惜的是，一种狭隘的民族主义情绪作祟，使得奥克拉德尼科夫不顾事实地割断包括“哈顿”创始神话在内的赫哲－那乃族文化与其他文化的密切联系，使这一创始神话的深层内涵得不到认识，从而也影响了对赫哲－那乃族源的进一步廓清。

事实上，“哈顿”创始神话并非赫哲－那乃族的独创。［前苏］Л. П. 波塔波夫在《萨彦—阿尔泰突厥语诸民族的神话》中，便列举过突厥语族中与“哈顿”创始神话大体相同的神话：

洪荒太初之际，为漫无涯际的水域。有两鸭漂浮于其上。其一决意以泥土造地。另一潜入水中，并从水底啄取泥土。前者将泥土向水上抛去，陆地赫然而现。后者上得岸来，将石块向四处抛去，一座座山峦随之而现（禽鸟造物主的形象，广布于西伯利亚诸民族中）。据萨满之说，一只鸭名叫“乌尔根”，为至高世界的主宰，另一只名叫“艾尔利克”，为地下世界的统摄者。③

显然，这则突厥语族创始神话中的“乌尔根”与“艾尔利克”，正相当于作为满－通古斯语族的赫哲－那乃人创始神话中的“哈顿”和“米亚

① 姚凤、林树山著：《满－通古斯语民族那乃人的神话传说》，载《北方民族》，1997（2）。

② 奥克拉德尼科夫著：《远东考古的新发现》，载［苏］《远东的问题》，1972（3）。奥克拉德尼科夫为苏联科学院院士，著名的考古学家和历史学家。

③ ［苏］谢·亚·托卡列夫、叶·莫·梅列金斯基等著：《世界各民族神话大观》（中译本），642 页，国际文化出版社，1993 年。

米利吉”。

今天，“大多数阿尔泰人氏族都认为乌尔根是上界神明的首领。”[①] 其中的特伦吉特人，在其祷文中吟唱道：

噢，伟大的父亲，乌尔根！
在你神秘的帽子上，
你有三条不同颜色的飘带，
有三条长梯通往你的宝座。
……[②]

当然，这并不是说，已经没有人能解释“乌尔根”由创生宇宙的鸭子到至高世界主宰间的转换因由。根据亲身调查过突厥语族特伦吉特人的Л. Э. 卡鲁诺夫斯卡娅的资料，在成为至高世界主宰之前，“布拉坎（乌尔根）是灵魂的创造者，是某个遥远地区的人的保护者。”[③] Н. Н. 迪连科娃的调查，也将乌尔根上溯至特伦吉特人某一氏族的超自然祖先[④]。从而最终将乌尔根溯源至“库带”（灵）神形象上。[⑤]“南阿尔泰人的第三个民族群团特伦吉特人崇奉的是库带神，该神具有两种形象，善的形象——乌勒根，恶的形象——艾尔利克。这两个形象彼此互相争斗，创造着生命和死亡”。[⑥] 鸭子或者拟人形神，不过是库带（灵）神的不同外显形式罢了。

耐人寻味的是，亦同样外显为水鸟或拟人神形的“哈顿”，有时又称“哈多”或“霍代”，其音则正与“库带”或“胡特”相近。“库带”或“胡特”义为婴儿或孩子之灵，而“霍代”或“哈多”在赫哲－那乃语中正意为“儿子（孩子）”。[⑦]“哈多”的另一名字“达赫苏尔”则义为“非

---

① 〔苏〕Н. А. 阿列克谢耶夫著：《西伯利亚突厥语民族的万物有灵概念》，见《萨满教文化研究》（第二辑），168、177～178页，天津古籍出版社，1990年。

② 〔苏〕Н. А. 阿列克谢耶夫著：《西伯利亚突厥语民族的万物有灵概念》，见《萨满教文化研究》（第二辑），168、177～178页，天津古籍出版社，1990年。

③ Л. Э. 卡鲁诺夫斯卡娅著：《阿尔泰人关于宇宙的概念》，载《苏联民族学》，1935（4）。

④ 参见Н. Н. 迪连科娃著：《特勒乌特人萨满资料》，载《苏联科学院人类学与民族学博物馆文集》（第十辑），第138～145页。

⑤ “库带”亦称“库特”、“胡特”，《世界各民族神话大观》称其为“突厥语民族神话中的佑护精灵”。见该书第1069页。

⑥ 〔苏〕Н. А. 阿列克谢耶夫著：《西伯利亚突厥语民族的万物有灵概念》，载《萨满教文化研究》（第二辑），168、177～178页，天津古籍出版社，1990年。

⑦ 尤志贤、傅万金编著：《简明赫哲语汉语对照读本》，104页，黑龙江省民族研究所，1987年。

婚生子之灵”。[①] 可见，突厥语族的“库带”或“胡特”神，当与满－通古斯语族的“哈多－达赫苏尔”同出一源。

综上，满－通古斯语中的大鸟“哈顿”便从音形义和生命行为上均与突厥语中的创世鸭“乌尔根”统一起来。这一统一消融了千年的时空隔阂，甚至长久的称谓之谜，也在这统一的比较互证面前释然。那个神秘的水鸟“米亚米利吉”，由突厥语创始神话的互证而被进一步落实为“创世鸭”，则“米亚米利吉”称谓当必与“鸭”有关。果然，满语中，至今仍称“修饰、打扮、化妆、点缀”为“米亚米莫比”。[②] 至于“利吉”，则只能是“利贺锦”的异读，即赫哲－那乃语中的“鸭子”。“米亚米利吉”－“化妆为鸭子”，既揭示了神秘创世神的鸭子原形，又暗示了其未来向人形神的变异。

其实，不只通古斯－满语族与突厥语族间的创始神话具备这种原一，蒙古语族也残存有这一创始神话的痕迹。［苏］C. Ю. 涅克留多夫经过深入考察认为：“蒙古族并不乏有关下界（冥世）的神话观念……其首领为艾尔利克。艾尔利克的意志，由众艾尔利克（即艾尔契，意即使者）付诸实现。”[③] 也即是说，蒙古族神话中的艾尔利克虽然已定型为冥世首领，但人们还记得：“艾尔利克”原意为“使者”，即那个负着创世使命而来的灵禽。

同一创世神话为阿尔泰语系的三大语族所共有。甚至与阿尔泰语系密切的乌戈尔语民族，也有大致相同的神话流传。[④] 而萨卡奇—阿梁村的岩刻，又将这创世神话的上限几乎延伸到三大语族尚未形成的新石器时代。于是，这一切便成为 G. J. 兰司铁等学者构拟原始阿尔泰语的进一步佐证。[⑤] 以芬兰学者 G. J. 兰司铁为代表的一批历史语言比较专家，用历史比较法研究阿尔泰语，认为阿尔泰语系中的突厥、蒙古、满－通古斯三个语族之间有亲缘关系。“也就是在三个语族各自的共同语言上还有原始阿尔

---

① 详见拙文《死亡的超越与转化——赫哲－那乃族初始萨满神话考疑》。

② 安双成主编：《满汉大辞典》，763 页，辽宁民族出版社，1993 年。

③ ［苏］C. Ю. 涅克留多夫著：《蒙古语诸民族的神话》，见［苏］卡托列夫编：《世界各民族神话大观》，550 页，国际文化出版公司，1993 年。

④ ［苏］佩特鲁欣和赫利姆斯基指出：“鄂毕河流域乌戈尔人两民族（汉特人和曼西人）的神话，甚至因部族集团之不同迥然而异。据主要的宇宙起源神话，大地在原初瀛海中形成于泥土；相传，这些泥土为潜水鸟（卢利）三度入水中自海底啄取。一说，潜水鸟为一切神之始祖科尔斯—托鲁姆所遣；另说，为努力—托鲁姆所遣，众恶灵的主宰者库尔—奥特尔又以潜水鸟为形。”（《世界各民族神话大观》，第 211 页）。

⑤ 在《中国古代北方民族文化史》专题文化卷“神话章”和《昆仑神话：原始阿尔泰语与汉语文化的结晶》一文里，笔者已通过神话比较，从多方面论证了存在原始阿尔泰语的可能性。

泰语，它的构拟工作正在进行。”① 据兰司铁考证：“阿尔泰语的发源地可能在满洲的兴安岭一带。兴安岭也许已经充当两个语群的分界，岭西居住过蒙古人与突厥人的祖先，岭东曾是满－通古斯人和朝鲜人的祖先的安居地。”② 古老的灵禽创始神话当与原始的阿尔泰语一样历史悠长，因此它才能一面在石崖上留下千年痕迹，一面随阿尔泰语系民族的分化而走向天涯极地。这种文化上的渊源与流布，绝不是奥克拉德尼科夫先生们的一厢情愿所能抹杀的。

在共同始源于原始阿尔泰语群之后，创世鸟随民族的分化而异变开来。比较突厥语族创世鸟神话可看出，赫哲－那乃人的创世鸟神话有三变：一是角色的变化，那数千年前便被铭刻在石崖上的两只水鸟，神话中变成了翔于天和浮于水的对峙；二是功能的变化，原初神话中的两只鸭子共同创造大地，到头来改变成“哈顿”鸟为了“米亚米利吉”单独潜水挖泥造大地；三是称谓的变化，那已经无从知道的原始阿尔泰语称谓，分别转化为突厥语的“乌尔根”、“艾尔利克”和通古斯－满语族中赫哲－那乃语的“哈顿”、“米亚米利吉”。

现在看来，翔于天和浮于水的对峙，正是“哈顿”和“米亚米利吉”也具有可能转化为突厥语中的“乌尔根”和“艾尔利克”再生语义的证据，即分别转化为天界与冥界的首领。是赫哲－那乃人文化中形成的对创造生死与萨满崇拜的执著，割断了这一转化进程。“哈顿”或“哈多”、“霍代”，在保存与“乌尔根”原初语义相同的“灵魂”守护神义的同时，派生出了“儿子（孩子）”之引申义，成了具人形的男性文化英雄。于是，开天辟地乃至其后起神话中的射日，便都成了“哈顿”们的专利——因为成了“达赫苏尔”（非婚生子之灵），而具备的超越生死值掌生死转换的权力。同理，创世鸟在获得“哈顿”称谓的同时，也只剩飞走、去掉鸟形的选择了。另一只创世鸭呢，它并不只是被动地去接受那“灵魂”守护神浸润过的大地，在它被赋予“米亚米利吉”称谓的瞬间，变形实际也正悄悄发生，因为“米亚米”（修饰、打扮、化妆、点缀）从古至今只属于女人们。虽然在赫哲－那乃人为婴儿招魂的仪式上，尚有萨满将婴儿灵魂负载物描绘成“像鸭一没有羽毛的小鸟”，③ 并反复在其民族各种装饰图案中描绘出来，被“П. Я. 斯特恩堡深信不疑地把它说成鸭雏，可是萨满却称鸟

① 《中国大百科全书·语言文字卷》“阿尔泰语系”条，1 页，中国大百科全书出版社，1988 年。

② 转引自波普著：《阿尔泰语理论》，载《民族译丛》，1981（4）。

③ 孙运来编译：《黑龙江流域民族的造型艺术》，151 页，天津古籍出版社，1990 年。

为‘像鸭的东西’”。[①] 但这时的鸭已经与创世无缘，而在执行着女人的给婴儿以生命的使命。如此，人们才能理解，为什么在以后变化的创始神话中，同“哈多”并提的不再有“米亚米利吉”，而换成了执掌创生人类使命的大母神“米亚门迪”。

从某种意义上讲，神话的精髓在于其深层蕴含的历史意识，在于其对文化流变的历史象征。在比较之中，赫哲－那乃人创始神话使人们既领略了其原始阿尔泰语时期的精神与生存状态，又展示了随民族文化的演进，宇宙创始神话向着将人类起源、神验、创造生死等多种母题兼容于一体的初始萨满神话的演变。可见赫哲－那乃族先人们运思之妙。

二、B、C 型与兼容式初始萨满神话

B 型“霍代”（哈多）神话是由俄国学者洛帕金收集到的，[②] 其情节母题主要是：

（1）姐姐米亚门迪以自身鲜血造人；

（2）弟弟霍代射落两个太阳，留下一个太阳；

（3）霍代打开通往死亡之路；

（4）霍代按色翁托梦吩咐，找到萨满树，成为送魂萨满。

比较 A 型、B 型神话的新变化，主要体现在五方面：

一是主人公由两创世鸟变为人形的姐弟俩，这标志着赫哲－那乃人经济文化的进一步发展，人作为万物之主的地位得以确认；

二是姐弟关系的构拟与用自身鲜血造人，反映了民族或氏族意识产生之初，对血缘的强调；

三是两主人公的关系由平等型变化为姐弟的辅导型，无论射日还是打开通往死亡之路，都是姐姐吩咐弟弟去做的，突现了在很长时间内，母权都在赫哲－那乃族中占有相当地位的文化特性；

四是神话主题由宇宙创始转换到初始萨满上，也就表明赫哲－那乃人的文化意识中心，已经由对宇宙的被动适应发展到努力去把握和改变人类生死之命运。“传说把第一个萨满的诞生明确地同解决死者安葬、送亡魂进入阴世的任务联系起来，清楚地说明了萨满的主要功能。传说还告诉我

① 孙运来编译：《黑龙江流域民族的造型艺术》，151 页，天津古籍出版社，1990 年。

② ［苏］N. 洛帕金：《戈尔德人》，237～238 页，符拉迪沃斯托克，1922 年。神话中译文见《赫哲族文学》，73 页，北方文艺出版社，1991 年。

们，一个人成为萨满，那是来自神的意思，出自神灵的选择。萨满最初是同各个氏族联系在一起的。他们是氏族的萨满"①

五是被神灵选中的萨满，还必须找到长着托力果、铃铛花和角杈子的萨满树，用这些东西做法器，萨满才能具备法力。

这五种变化，把泛原始阿尔泰语的"哈顿"神话变成了具有鲜明氏族或民族特色的"霍代"神话。像所有新形成的民族一样，这时期的神话强烈地表现出认同精神和社会整合欲望。

一方面，认同精神强化了对人的关注、对净化血缘血统的偏爱。因此，赫哲－那乃族人的始祖母便必定是非婚生的形式创生新人，即以血统纯净的自身鲜血造人，也因为此，宇宙创始神话中的"米亚米利吉"必然要变成为姐姐"米亚门迪"（Miyamiəət' i）。对照前者可知，"米亚门迪"即由"Miyəmi"（米亚米）与"ənt' i"复合而成。考虑到复合时带来的音变，再结合上下文给定的语义内容，则"ənti"便只能出自赫哲－那乃族语中的"ət' i"，意为"丈夫"。"米亚米"（女性的）＋"丈夫"，这种自相矛盾的称谓偏要冠在赫哲－那乃祖先神霍代姐姐的头上，原因只有一个：塑造一个雌雄同体的大母神，且"先在"的就是赫哲－那乃祖先"霍代"的姐姐，便从根源上保证了氏族和民族血缘的净化，而血缘的纯净化，又成为氏族与民族得以存续的重要依据。

另一方面，氏族或民族意识又使神话具备社会整合意识。塑造米亚门迪，是为了展示"所有人便这样生了出来"的根由；②"射日"是为了能"日子好过多了，人也生得越来越多"；③开辟通往冥世之路，更是为了防止社会膨胀、出现"人多得没地方住了"的现象；④至于成就初始萨满，让各个哈拉（姓氏）都有这种神人之间的使者、阴阳世间的沟通者，⑤则更是维持氏族和民族的社会秩序所必需的。

总之，当神话首次由对原始的宇宙创生的冥想，转向对氏族、民族社会构成的关注与参与时，哈多神话便出现了这种有趣的结构：既竭力于对

---

① 徐昌翰、黄任远著：《赫哲族文学》，73～74页，北方文艺出版社，1991年。

② ［苏］N. 洛帕金：《戈尔德人》，237～238页，符拉迪沃斯托克，1922年。神话中译文见《赫哲族文学》，73页，北方文艺出版社，1991年。

③ ［苏］N. 洛帕金：《戈尔德人》，237～238页，符拉迪沃斯托克，1922年。神话中译文见《赫哲族文学》，73页，北方文艺出版社，1991年。

④ ［苏］N. 洛帕金：《戈尔德人》，237～238页，符拉迪沃斯托克，1922年。神话中译文见《赫哲族文学》，73页，北方文艺出版社，1991年。

⑤ ［苏］N. 洛帕金：《戈尔德人》，237～238页，符拉迪沃斯托克，1922年。神话中译文见《赫哲族文学》，73页，北方文艺出版社，1991年。

内的民族秩序所必需的文化整合和文化沟通，又倾心于对外的民族独立所必需的文化纯净和文化隔断。纯净到了他们认为没有一个非满－通古斯语族神话单元进入其神话为止。

与此相反的是C型“哈多”（霍代）神话。C型“哈多”（霍代）体现了赫哲－那乃民族最兴盛时期的一些文化特色——族源神圣的宣扬和文化兼容的气度。其情节母题主要为：

（1）“达赫苏尔—哈多”由桦树里诞生；

（2）“哈多”的神验与马迈尔迪的婚事；

（3）为儿子祖尔丘追魂，堵塞冥界入口；

（4）找到萨满树，哈多夫妻成为萨满；

（5）哈多盖房以对抗三个太阳；

（6）哈多弄死两个太阳，留下一个太阳。①

同B型“霍氏”神话相比，C型“哈多”神话的主要变化有五方面：

一是“哈多”与“马迈尔迪”同族姐弟原型演变为异族夫妻结合，显示了族外婚意识及与外族文化交往的日渐兴盛；

二是“哈多”的愈加神圣化和“马迈尔迪”的进一步世俗化，展现了赫哲－那乃族“英雄时代”的进程与母权遗存的更加衰败；

三是儿子“祖尔丘”的出世与自愿返回阴世，表明了次新神意识在赫哲－那乃族中形成；

四是萨满树被赋予专门的称谓，体现出萨满树的功能已愈加专业化；

五是太阳不再是被弓箭射落，而是被哈多凭本领弄死，揭示出神话进一步从创世功能向萨满作法功能的转移。

这其中，需要进一步探讨的则是外来文化的容纳和萨满化程度的进一步提高。首先看外来文化的容纳。在神话中，“哈多”在被塑造成一个“由桦树里生出来的”亦即非婚生的“小小子”时，同时也获得了一个新称谓“达赫苏尔—哈多”。“哈多”之义已由上文而知，即赫哲－那乃语的“儿子（孩子）”，也就是神话中的“小小子”，则“达赫苏尔”理当由神话内容的另一部分“非婚生子”而得名。事实正是如此，在今日西伯利亚的布里亚特族留存的神话中，仍称非婚生之灵为“达胡尔”，称非婚女之灵为“达哈巴里”，② 施腾伯格在考察哈巴罗夫斯克一带戈尔德人（即赫哲人）的族源问题时曾经指出，“达赫苏尔”一词同“达斡尔”一词在语音

① 见施腾伯格著：《关于基利亚克人，奥罗奇人、戈尔德人、涅基达尔人、阿伊努人的著作与资料集》。中译文见《赫哲族文学》，第68～70、74～75页。

② ［苏］卡托列夫编：《世界各民族神话大观》，422、535页，国际文化出版公司，1993年。

上相近，他还特别指出，在当地戈尔德人的语音中，达斡尔人正是被称为“达赫苏尔人”的。[①] 施腾伯格的考察恰好证明：“达赫苏尔”即赫哲－那乃人对“非婚生子之灵”的称呼，“哈多”由B型神话中赫哲－那乃人“先在”的祖先神，一变而为有了进一步神圣起源的“达赫苏尔”，显然，这其中无法忽略掉西伯利亚诸族对赫哲－那乃人文化的影响。

除了北方西伯利亚民族的影响，西方文化的影响在C型哈多神话中也反映出来。我在其他文章中已考证过，B型神话中的姐姐“米亚门迪”变成C型神话中那个外族女人哈多妻子的“马迈尔迪”，其与印欧语神话中雌雄一体的丰产神“摩默尔”之间有着千丝万缕的联系。[②] 赫哲－那乃族人历史上与世界的文化交往，实际上远比传统认识要宽广得多。还需指出，赫哲－那乃人的邻族扶余人和高句丽人对C型神话的影响。尤其是哈多神验部分，明显受到扶余族“东明”神话和高句丽“朱蒙”神话的交融影响。[③] 现列表比较如下：

显然，神话是借“东明”、“东蒙”的神验内容，来张扬哈多“非婚生子之灵”身份的神圣，强调其身份具有的超越生死之权力。

东明神话	朱蒙神话	哈多神话
神胎而生	日照有孕卵生	树生鸟喂食
弃之于猪圈、马厩而不死		扔进猪圈、马群中而不死
善射	善射	善射

总之，C型哈多神话表现出了文化兼容的多元性。其总的文化引力指向了赫哲－那乃族的西方。

关于C型哈多神话显示出的萨满化程度加深，主要体现在“祖尔丘”塑造与萨满树的命名上。

首先看哈多与马迈尔迪之子“祖尔丘”。“祖尔丘”在施腾伯格采集

① 转引自黄任远著：《赫哲族文学》，75页，北方文艺出版社，1991年。

② 见拙文《死亡的超越与转化——赫哲－那乃族初始萨满神话考疑》，载《黑龙江江民族丛刊》，1998（3）。

③ “东明”神话载于《后汉书》卷八五《东夷列传》，“东蒙”神话见于《魏书》卷一〇〇《高句丽列传》。

的另一则同类神话中又被称为“祖依尔库”,[①] 身份是帮助达赫苏尔“往波妞发送灵魂”的色翁，就住在波纽随时听候萨满的召唤。[②] 由此可看出，如果说达赫苏尔是初始神，则“祖依尔库”应当是“次新神”。实际上,“祖依尔库”在满－通古斯语中即“次新（神)”之意。“祖”即赫哲语“二”。赫哲语中。“二月”叫“祖八”、“二两酒”叫“祖彦·阿尔克”,“次子”叫“祖敦·喝特”，都说明“祖”有“二”、“次”之意。“依尔库”则见于鄂尔伦语，意为“新”。鄂伦春语称“新年”为“依尔库狠·尼啊也”，称“新历”为“依尔库狠·尼啊恩”称“新衣服”为“依尔库狠·特替”[③]。“次新（神)”换个说法就是第二代“色翁”神的意思。耐人寻味的是，满－通古斯语中，“色翁”既有“神仙”、“偶神”之意，又有“新奇的”之意。[④] 换句话说，在满－通古斯语族文化中，成神与出新的意义在某种程度上是同等的。具体体现在“祖依尔库”身上，其成神的主要条件正是通过赴阴间而摒弃自然婚生的旧我，出新为非婚生的、超越生死的“色翁”。

对于赫哲－那乃族神话而言，非婚生的初始萨满达赫苏尔—哈多、马迈尔迪，从某种意义上讲是无法复制的。而后来的婚生普通人，其通往送魂萨满之路，便更多的是通过死而复生成为次新神来完成的，即成为“祖依尔库”。凌纯声在20世纪30年代初于松花江下游采集到的一则赫哲长篇说唱故事《萨里比五》，对主人公萨里比五成为萨满的经过有详细的说明：他先得到萨满诸神附体，说明成为萨满是出自神的选择，然后他又被卓禄马法和卓禄妈妈这二位萨满祖师将他放入锅中烹煮，象征着他经历了一次死而复生的过程，这样他才学到了萨满神术，成为一个真正的萨满。在鄂伦春族，这种死而复生的仪式更加严酷，“许多人由于未能经受住各种考验而把命送掉了”。“通常认为，这一行动是通过下述方式进行的，被选中者的整个躯体‘被肢解’成碎块，众神‘吃掉’其原来的灵魂和以后的生活所不需要的肉体部分，将臂骨、腿骨和

---

① C型神话即《哈多与马迈尔迪》，见施腾伯格著：《关于基利亚克人，奥罗奇人、戈尔德人、涅基达尔人、阿伊努人的著作与资料集》。中译文见《赫哲族文学》，第68～70、74～75页。

② C型神话即《哈多与马迈尔迪》，见施腾伯格著：《关于基利亚克人，奥罗奇人、戈尔德人、涅基达尔人、阿伊努人的著作与资料集》。中译文见《赫哲族文学》，第68～70、74～75页。

③ 韩有峰，孟淑贤著：《鄂伦春语汉语对照读本》，164、279页，中央民族学院出版社，1993年。

④ 韩有峰，孟淑贤著：《鄂伦春语汉语对照读本》，164、279页，中央民族学院出版社，1993年。

头椎骨重新进行排列并在火中炼烤。它们只留下七至九对肋骨和九根椎骨。将所有这些骨头按解剖顺序摆好，给它们铺上必须的筋肉并将庇护神被分离开的灵魂奥米‘迁入’新造的躯体内。然后，将躯体‘置入’专门准备的溶液中，停放二十七昼夜，之后再‘晾干’。于是，被选中者便成了准备跳萨满神的人”。①

经历了如此非凡的神验，追魂萨满便具备了常人理解的人神中介的能力，在赫哲族的长篇说唱史诗《伊玛堪》中，具备送魂资格的“莫日根”们（其本身便兼萨满的身份，详见《赫哲族文学》一书），有时自身就充当起色翁神来。更与其他宗教神职人员不同的是，送魂萨满自身便能驾驭许多“色翁神”。这一点，达赫苏尔神话已有明示。萨满与色翁神浑然不分的境地，正是萨满独特的、以死而复生方式出新的历练所决定的。神话对“祖依尔库”的强调，实际上正是对这种历练的强调。

其次，C 型哈多神话萨满化成分提高还来自于对萨满树的命名——“亚拉图伊吉·空果尔扎格达”。在拙文《对死亡的超越与转化》中，已经详细考证，“亚拉”即是满语中的“jala”（亚拉），《满汉大辞典》释为：“媒人、媒物，月下老人”；② 而“图伊吉”即“下界”或“地之彼方”之意。［苏］M. 吉姆在《满族神话》中指出：“满族神话中的宇宙分为：“天之上界、地之中原、魔怪之下界……所谓下界，位于地之西南部，为幽暗的冥世，由伊尔蒙·哈诺伊掌管。”“亚拉图伊吉”合起来，即“沟通冥世”或“冥世媒介”之义。至于“空果尔扎格达”，也是来自满语。“空果尔”即“konggir”，《满汉大辞典》释为：“［象］丁当、丁令，即铃声。”“扎格达”则只能是《满汉大辞典》中的“jakdan”，义为“松”。③“空果尔扎格达”即“响铃之松”或“神器之松”。“冥世媒介·响铃之松”，便是“亚拉图伊吉·空果尔扎格达”的全部含义。能对萨满树给出如此含义清楚、界限分明的界定，正反映出神话萨满化程度之深。

综上所述，B 型和 C 型哈多神话，虽然都可归为兼容式初始萨满神话，但却因分别代表了赫哲－那乃族的两段历史时期而呈现出截然不同的文化内涵。B 型哈多神话是赫哲－那乃族民族独立意识初醒时的产物，因此，其神话构架表现出对外竭力营造文化隔断，突现民族文化的纯净

---

① ［苏］A. И. 马津著：《埃文克—鄂伦春的萨满教》，见《萨满教文化研究》（第二辑），102 页，天津古籍出版社，1990 年。

② 安成双主编：《满汉大辞典》，839、284、835、573 页，辽宁民族出版社，1993 年。

③ 安成双主编：《满汉大辞典》，839、284、835、573 页，辽宁民族出版社，1993 年。

化；对内则多方兼容，以建立起支撑 社会的秩序，表现出图腾崇拜神话与萨满神话间的中庸性和过渡性。C型哈多神话则似乎代表了赫哲－那乃民族的全兴时期，因此，其神话构架则表现为与B型哈多神话截然相反的对外乐于兼容、对内趋于统一的特色。因为这时的兼容不仅不构成对民族的威胁，反而正体现出一个民族的发展与强大；而这时神话内涵由中庸兼容渐向神圣族源和萨满神话方向强调的统一，也正映照出赫哲－那乃族走向“英雄时代”鼎盛期的历史影像。时代没有停止过变动，“哈多”又怎能不变呢？

三、D型哈多与神话的浓缩

D型哈多神话是施腾伯格在哈巴罗夫斯克附近采集到的，其情节母题主要为：

（1）达赫苏尔射萨满树，获得法器；

（2）获得法器的达赫苏尔招来色翁；

（3）达赫苏尔在波纽（阴世）摆案，招待帮助其往波纽发送灵魂的色翁。

（4）达赫苏尔射落两个太阳，留下一个太阳。

与前三个类型的哈多神话相比，D型哈多神话的变化主要体现为三方面：

一是“哈多”与“达赫苏尔”被分割开来，原有的“哈多”老化为辅助萨满的色翁神，主人公成了更具有广泛意义的“达赫苏尔”——“非婚生子之灵”的泛指；

二是神话简约去了人类起源内容，使其萨满神话的性质更加纯粹；

三是神话对赫哲－那乃族有着重要意义，神话角色用一句话浓缩了起来——“达赫苏尔在波妞摆了大宴，最主要的色翁是哈多、祖依尔库、马迈尔迪、古兰塔，这些色翁帮助往波纽发送灵魂”。

其实，当C型哈多神话将哈多的神奇诞生和神验张扬到极致时，凡人已不可企及的哈多便注定要归入色翁神行列，而把初始萨满的位置留给世人通过死而复生能够实现的“非婚生子之灵”。至于神话的愈加专业化、宗教化，也是神话从兴盛走向衰落的必然经过。

真正需要具体分析的，还是那些被浓缩起来的主要神话角色们。其中，一直让人们感到神秘和陌生的，便是“古兰塔”。《赫哲族文学》综合前人的研究成果，对“哈多”神话进行了卓有成效的分析，但该书也不得不承认：“这里只有古兰塔是一个陌生的名字”。[①] 其实，古兰塔的出现是萨满神话发展的必然。不妨试想一下，有了达赫苏尔、马迈尔迪初始萨满和大母神的创造生死，有了次新萨满或次新神“祖依尔库”监魄护魂和保证萨满的后继有人，惊心动魄的追阴返阳、监魄护魂故事本可以一代代演下去了；问题是，不具备特异功能的肉眼凡胎，又怎么能透过凡尘欣赏到这一切？显然，哈多这一超越和转化生死的初始萨满神话系统中，还缺少一位包括赫哲－那乃族在内的满－通古斯语族《问答神歌》中的主角之一——问事神。通过问事神的问答，才能把那些追阴返阳、监魄护魂、驱邪除魔的神迹和萨满行为，还原成凡夫俗子都所得懂的神歌神词。

于是，赫哲－那乃族的初始神话便注定要有“古兰塔”。在施腾伯格收集的初始神话中，“古兰塔”与“祖伊尔库”一样，都是帮助达赫苏尔往波妞发送灵魂的主要色翁。至于具体职责，可由其名“古兰塔”得出。“古兰塔”当同于赫哲语“kurə”，意为“萨满的问事神”。达赫苏尔在送魂时表现出来的“能言善辩”，大概就靠这位问事神“古兰塔”引发出来的。

哈多神话在变形到D型状态后，由衰微走向了消亡。取代哈多的，正是古兰塔这位与凡世联系最密切的问事神。当赫哲－那乃族的文化发展，使人们对萨满神的问事功能的关注明显地超过了对萨满神神异出生或死而后生功能的关注时，这种取代便不可避免地发生了。在晚近出现的改造后的宇宙创始和起源神话中，世界原初之人改成了“丈夫古兰塔、夫人米亚麦利吉”。[②] 古兰塔不仅长出人形，而且接管了哈多所有的壮举：八子为了解决人满为患的灾难，放弃永生而赴死地；古兰塔自己，为了拯救人类而射落两个太阳，留下第三个。从这个意义讲，这也是一种变形。哈多似乎是在与古兰塔合二而一后，变形为古兰塔死而再生了，并且因为兼容了问事神功能而变得愈加强大起来。谁能否认，在今天的赫哲－那乃族文化生活中，变形的哈多仍然活在某地，仍然在以某种形式扇动着生命的翅膀。于是，赫哲－那乃人便仍然满怀着生活的希望。

原文刊载于《黑龙江社会学》，1998（3）

① 黄任远编：《赫哲族文学》，75页，中央民族学院出版社，1992年。

② 姚凤、林树山著：《满－通古斯语民族那乃人的神话传说》，载《北方民族》，1997（2）。

论锡伯族和蒙古族神话传说及英雄故事的共性问题

佟中明

早在上个世纪，俄罗斯学者在阿尔泰语系民族居住区进行民族学、地理学和考古学调查研究时，就发现突厥、蒙古和满－通古斯三个语族人民的民间文学存在许多共性。如著名学者V·N·波塔宁（1835～1920年）曾在阿尔泰语系民族中做过长期调查研究，收集了大量珍贵的原始资料，他运用传播学理论将哈萨克、维吾尔、蒙古以及西伯利亚和阿尔泰突厥语诸民族的民间文学进行比较研究，对许多相同或相似的主题、情节和母题探本究源，提出了有益的见解。显然，这些相同或相似的民间文学现象不是偶然发生的。近年来，随着我国阿尔泰语系民族大量民间文学作品的搜集出版，许多学者运用各种理论方法探讨和研究阿尔泰语系民族民间文学的共性和个性，取得了可喜的成绩。然而，遗憾的是对作为在我国历史舞台上显赫一时、功绩卓著的鲜卑人的直系后裔锡伯族与蒙古族民间文学的共性现象，至今尚未引起研究者们的注意。须知，在锡伯族和蒙古族的传统文化中，不仅在宗教信仰（萨满教）、艺术、经济、饮食乃至民族心理和民族性格，而且在民间故事中存在大量共性和相似性。无疑，探讨和研究锡伯族与蒙古族民间文学的共性，对考察两者的历史文化渊源、发展和相互影响以及族源和民族关系都具有重要意义，理应成为与蒙古学相关的一个研究课题。在此，笔者根据实际资料，对锡伯族与蒙古族的民间文学——神话传说和英雄故事的共性和文化亲属关系作初步的探讨。

在流传至今、反映原始人类世界观和社会生活概貌的古老神话传说中，锡伯族和蒙古族之间存在惊人的共性。如锡伯族的《天神与大地》和蒙古族的《雪、狗和庄稼》，基本内容讲述的是：

在远古时代，苍天降下的不是纷飞的雪花，而是白花花的面粉，供人类食用，生息繁衍。这样，人们看到不用为食物而发愁，就变得好逸恶劳，任意糟践和浪费面粉。一日，一个懒婆娘竟用发面烙饼为大便的孩子擦屁股。天神得知后大怒，便停止降面粉而代之以白雪惩罚人类，使他们饥寒交迫，不得不种植庄稼生活……狗由于被芨芨草（蒙古族是小土丘）绊倒，从此见到芨芨草就翘起一条后腿撒尿，发泄怨气。

神话无论多么奇异怪诞和迷离扑朔，但都是原始人类在关于对现实世界的认识和对自身信仰、行为的解释的基础上创作的，绝无来历不明、虚无缥缈的神话。神话具有解释和证实功能，与宗教信仰和社会习俗密切相关，集中反映了原始人类的世界观。因此，上述具有反思意义的解释神话至少告诉我们两个信息，一是锡伯族和蒙古族的先祖在很早时代就开始了作为狩猎—采集和畜牧经济补充的种植；二是两个民族的先祖亦很早就驯养了狗，当作得力助手和忠实朋友。实际上，在原始人类社会的经济演变过程中，根本不存在纯粹单一的生产方式。阿尔泰语系民族的先祖在狩猎—采集经济生产过程中，常进行粗陋的种植，以获得补充性的食物来源；而在游牧经济占据主要地位时，亦进行补充性的狩猎和种植。这些经济类型具有相互依赖和促进的关系。据考古学研究，在旧石器时代晚期，人类在妇女长期进行采集生产的过程中发明了原始农业；在中石器时代，人类在狩猎生活中驯养了狗。阿尔泰语系民族原始农业的出现亦源远流长，凿凿有据。广阔的唐努山和萨彦岭，森林密布，河流纵横，自远古时代就居住着阿尔泰语系民族。据《新唐书·黠戛斯传》载，那里“气多寒，虽大河亦半冰，稼有禾、粟、大小麦、青稞。在奥布斯河和伊尔库特河流域发掘的12—13世纪的坟墓中，常常发现有黍籽……在色楞格河流域类似的坟墓里，找到荞麦籽。”① 根据这些事实，可推测锡伯族和蒙古族的先祖在母系时代就学会了粗陋的种植，在狩猎—采集经济生活中驯养了狗。科学家认为，狗是人类在狩猎生活中从狼驯养演化来的，是人类最早驯化的野生动物之一。狗聪明、忠实、勇敢，以高度灵敏的听觉和嗅觉为人类服务，始终是人类最好的助手和朋友。狗在锡伯族和蒙古族先祖的狩猎生活中占据重要地位，故创作并世代相传关于怎样驯养狗的过程的故事——即锡伯族的《狗和人是怎样交朋友的》和蒙古族的《狗是怎样给自己找到主人的》。这两个故事的叙述结构和内容一样，不过蒙古族的多了狗和狮子交友的细节。此外，锡伯族民间亦流传一种变体《狗撒尿时为什么翘起一条

① 见杨堃著：《民族学概论》，207页，中国社会科学出版社，1984年。

后腿》，解释了狗翘起一条后腿撒尿的原因。不仅如此，至今在锡伯族和蒙古族民间流传的少量神话中，有关开辟类型的神话亦有共性可寻。如上面所说锡伯族的《天神与大地》和蒙古族的《麦德尔娘娘开天辟地》，这两个神话的一个情节都解释某一神物（锡伯族是神牛，蒙古族是神龟）支撑大地，当它们疲倦时（神牛将大地换到另一只犄角，神龟舒展躯体）就发生地震。神物（往往是鱼、龟、牛）支撑大地是一个独特的神话母题，在阿尔泰语系的锡伯、蒙古、柯尔克孜、哈萨克、维吾尔、鄂温克等民族中广泛流传。通过这一神话母题，我们可对上述民族远古时代的经济形态、社会概貌和心智状况略见一斑。

传说作为一个民族的口传历史，具有显著的历史性、真实性、解释性、纪念性诸特征以及认识和考察该民族的古代历史、人物、风物、习俗、语言等的珍贵科学价值。每一个民族都有根据自身的特定历史、社会生活、地理环境、物质文化和精神文化而创作的不同于其他民族的独特传说。但是，在锡伯族和蒙古族的大量传说中，笔者发现在反映文化深层结构中的原始宗教信仰和古老习俗领域，亦同上述神话一样存在共性或大致相似性。如锡伯族的《达尔洪爷爷的传说》、《老人为什么受尊敬》和蒙古族的《吉雅其的传说》、《可汗的命令和老人的智慧》（这里是布里亚特蒙古传说，另一种变体是卫拉特蒙古的《阿爸救老人》）。此外，这两个民族世代相传关于十二生肖动物的古老传说，其中“小老鼠”母题亦趋于相似。《达尔洪爷爷的传说》讲述，很久以前，锡伯族在大兴安岭一带靠放牧、狩猎、捕鱼生活。达尔洪爷爷孑然一身，一年牲畜瘟疫滋生时，他赶着乡亲们的牲畜去远地放牧，从而避免了灾祸。乡亲们对达尔洪爷爷不胜钦仰，恭敬赡养，一直到他耄耋之年故世。此后，乡亲们为了永远铭记达尔洪爷爷的恩德，每家都请画匠画一幅他的肖像，虔诚地供奉在屋外西南墙角的神位，逢年过节供献祭品，焚香磕头，并把最好的骏马献给在阴间的达尔洪爷爷乘骑。久而久之，达尔洪爷爷的形象演变成锡伯族全体人民共同崇拜的牲畜保护神——海尔堪。而“吉雅其”是蒙古族全体人民世代崇拜的牲畜保护神，关于他的传说内容和《达尔洪爷爷的传说》大同小异，他在民间成为牲畜保护神的原因亦与达尔洪爷爷相同，即从瘟疫中拯救牲畜，为子孙后代造福。因此，无论从主题或文化功能来说，这两个传说简直像一个民族传说的不同变体。《老人为什么受尊敬》和《可汗的命令和老人智慧》（包括变体《阿爸救老人》）也反映了一个共同主题，即在原始社会生产力十分低下的条件下，氏族部落在艰难生活、迁徙和战争中形成了遗弃或虐杀老人的习俗，后来一个老人帮助儿子找到水源、认辨奇怪的动物（老鼠）、找到金碗等，终于使君主领悟到老人聪明睿智、富有经验，便下令废除了遗弃或虐杀老人的恶习（法规）。从此，老人受到人们的普遍尊敬。某一种习俗是在一定的社会经济和思想意识的基础上形成的，在社会成员中发挥诸项功能。据此，上述传说反映的遗弃或虐杀老人的习俗，说明锡伯族和蒙古族的先祖在远古时代经历了相同的社会形态，并且文化心态趋于一致，否则难以创作并世代相传主题、情节和母题如此相似的传说。在此，也应该说明古代人类在社会形态、生产方式、地理环境大致相同的情况下，往往能够创作相同或相似类型、内容、情节、母题的民间文学作品。这一现象早已在国际民间文学界的历史类型学比较研究中得到证实。我们这里所说的“遗弃或虐杀老人母题的传说也一样，据笔者搜集，不仅在阿尔泰语系的锡伯、蒙古、鄂温克、维吾尔、哈萨克、柯尔克孜、塔塔尔等民族，而且在俄罗斯、朝鲜、大和民族流传，主题内容和母题意义相同。寻根究底，这些传说都是古代几乎在世界各地普遍流行的原始氏族部落遗弃或虐杀老人习俗的基础上产生的，具有历史真实性和回忆性，反映了当时人类社会极其低下的生产力状况和道德价值观（按照P·B·普列汉诺夫之说，杀死非生产的成员对社会来说是一种合乎道德的责任）。”[①] 有关“遗弃或虐杀老人”母题的传说在如此多的民族和横跨亚欧大陆的广阔空间流传，显然是今后需要专门进行认真调查研究的一个课题。而对锡伯族和蒙古族的该母题传说的来历，本文将在下面作初步探讨和总结。

当锡伯族和蒙古族的先祖进入父系制社会后，便揭开了轰轰烈烈的“英雄时代”的历史序幕，大规模的畜牧经济打破长期处于封闭状态的母系氏族社会组织形成的桎梏，迅速提高社会生产力并开辟商品交换市场，有力地推动了历史发展和进步。这一时代，锡伯族和蒙古族的先祖用丰富的智慧和艺术想像力创作了大量生动地反映“英雄时代”社会生活的故事——英雄故事，并世代加工完善，相传至今。由于锡伯族较早地从事大面积农业生产[②]，并且从清代康熙三十一年（1692年）起，就被清政府从科尔沁蒙古旗陆续调遣至东北各军政要地驻防屯垦，甚至于乾隆二十九年（1764年）一部分锡伯族军民又被调遣至伊犁西陲驻防屯垦，故不仅造成大分散的状况，而且在清代和民国时期的政治风云中遭到重大的人口损失。这样，锡伯族的很多英雄故事遗失，少量流传下来的也随着社会生活

① 普列汉诺夫著：《论艺术——没有地址的信》，88页，三联书店，1964年。

② 据史料载，“锡伯米”在清朝颇负盛名，1683年伊屯口锡伯将2500石大米运至黑龙江，可见锡伯族的农业规模。

和地理环境的变化而发生了诸多变异。据锡伯族民间文学研究家忠录先生讲，他童年所听的英雄故事，往往散文中夹带韵文，老人们讲述时用一定的曲调演唱这些韵文，甚是娓娓动听，现在，锡伯族英雄故事的这一特点已消失。但是，现存锡伯族的少量英雄故事也反映了“英雄时代”社会生活的诸多内容和文学特点，保存着与蒙古族英雄故事在类型、情节、形象（人物和恶魔）、意象、叙述结构、母题等方面可资比较的共性和大致相似性。如这些故事的开头都讲述某一富人牛羊满圈，驼马成群，家业兴旺，儿子们放牧畜群；富人骑马行走三个月路程为儿子们提亲。这里反映的是锡伯族在原始社会的父系家庭公社从事畜牧经济和实行族外婚的概貌。此类描述在蒙古族英雄故事中也常见。而锡伯族英雄故事中“三兄弟”类型的故事，叙述结构和基本情节都和蒙古族的相同。两个民族产生于父系制社会时代的恶魔形象，更是具有很多相同的文化内涵可以比较。在此，笔者不妨条分缕析，参照锡伯族的《额尔登巴图的故事》、《三兄弟》、《诚实的真肯巴图》和蒙古族的《聪明的苏布松·都日勒格可汗》、《英雄布赫蒙贡·希克萨尔》、《桑斯尔大战蟒古斯三兄弟》、《剑童阿敏·依勒德》、《阿勒坦·沙羞·麦尔根》等故事，从几个母题结构论证两个民族英雄故事的共性。

（1）英雄娶妻。锡伯族——他救出被恶魔抢来的美丽姑娘，最后与她成亲。蒙古族——桑斯尔救出被恶魔抢来的娜仁古德和萨仁古德姑娘，最后与她俩成亲（《阿勒坦·沙盖·麦尔根》的该母题亦相同）。

（2）英雄与恶魔作战。锡伯族——当他与恶魔鏖战时，一个姑娘（后来成为妻子）在他脚下撒灰土，在恶魔脚下撒豆粒，从而获胜。蒙古族——桑斯尔与恶魔鏖战时，让一个姑娘（后来成为干妹妹）在他脚下撒灰土，在恶魔脚下撒豆粒，从而获胜。（《英雄布赫蒙贡·希克萨尔》和《巴特尔消灭蟒古斯》的该母题，英雄的姐姐与恶魔勾结，相反而行，使英雄蒙难身亡或坠入万丈深洞。）

（3）英雄的朋友。锡伯族——英雄为婚事出行，途中与神奇的“飞毛腿”、“搬山”、“顺风耳”、“吞湖”、“神箭手”、“快斧手”英雄相遇交友，他们帮助英雄完成婚事考验。蒙古族——剑童阿敏·依勒德为消灭妖婆阿尔玛斯出行，途中与搬山英雄和吞湖英雄相遇交友或结为兄弟，他们帮助英雄消灭妖婆阿尔玛斯（《梦想》中亦有该母题）。

（4）英雄遭难。锡伯族——英雄远行寻找两个长兄和丢失的畜群，如愿以偿。两个长兄无能、贪婪、凶残，设计使英雄坠入枯井。在那里，英雄斩死欲吃雏鹰的大蟒，鹰为了报恩将他驮着飞到地面，其间他割下大腿肉喂鹰，鹰得知后吐出肉贴在英雄的大腿原位。蒙古族——《聪明的苏布松·都日勒格可汗》和《桑斯尔大战蟒古斯三兄弟》的该母题相同，但使用了藏传佛教用语，把深洞里的地下世界称“下赡布洲”，地面世界称“上赡布洲”。

这些母题结构如出一辙，显然说明锡伯族和蒙古族英雄故事存在共性。而类似母题都是“英雄时代”的产物，在现存的英雄故事和幻想故事中经常出现，构成某一情节中稳定和持续的成分，生动地反映了锡伯族和蒙古族先祖的社会生活和丰富的文学创造力。

以上，本文从人类最久远和构成文化基本部分的神话传说，以及“英雄时代”产生的英雄故事母题，例证了锡伯族和蒙古族之间存在的共性和大致相似性。而随着时间推移和社会历史的发展，这两个民族民间故事的共性不但没有弱化或消失，而且表现得十分鲜明和普遍，在各种类型（英雄故事、幻想故事、世俗故事）的故事、情节和母题中蕴含和传承。认真考察和研究这两个民族民间故事的共性和个性的来历或形成过程，是一个令人感兴趣并很有学术意义的课题。下面，笔者钩玄提要，对两个民族民间故事共性的来历提出如下见解：

（1）族源与地理环境。锡伯族人口虽少，但历史悠久。在我国的历代汉文典籍中，“锡伯”一词被写成鲜卑、西卑、犀毗、室韦、失韦、失必、席伯、斜婆等二十余种音译字体。据清代文献《朔方备乘》载：“锡伯利路本鲜卑旧壤，故有锡伯之名……今黑龙江境有锡伯一种……即鲜卑遗民也。”“东汉魏晋之鲜卑，其庭幕在喀尔喀，而封畛则在北海①。”今史学家和考古学家研究证实，锡伯族是拓跋鲜卑的直系后裔，长期居住在大兴安岭、呼伦贝尔草原和嫩江流域。若追本溯源，不难知晓锡伯族的先祖鲜卑与更古老的东胡和山戎有着渊源关系。而关于蒙古族源，现大多数学者的研究认为源于东胡，“公元9世纪前后，蒙族逐步进入蒙古高原，开始了同突厥等北方民族的融合，通过突厥等北方民族继承和吸收了匈奴、鲜卑、柔然等北方民族古老的游牧文化传统②。”12世纪初“一代天骄”成吉思汗建立强盛的蒙古汗国，北方众多游牧和狩猎部落联合形成统一的蒙古民族共同体。概括而言，锡伯族和蒙古族源于一个东胡，当时东胡各氏族部落处在北亚大体相同的地理环境下，从事狩猎—采集、游牧和兼营粗陋的种植。我国各种史籍关于乌桓游牧、狩猎、居住、饮食、服装、婚丧以及耕种和造酒的记载，即说明了锡伯族和蒙古族的古代文化形貌。我们

① 何秋涛著：《朔方备乘》卷一七《锡伯利路疆域考》，卷三一《汉魏北徼诸国传》。

② 荣苏赫著：《蒙古族文学史》，3页，内蒙古人民出版社，2000年。

知道，一个现代民族和文化传统的形成过程绝不是一个封闭、孤立的系统，而总是处在开放和吸收、适应和选择、继承和摈弃、演变和发展的文化机制运行状态下（狩猎和游牧民族更是如此）。但是，也不能认为一个现代民族和一种文化传统是没有原本的产物。因此，关于上面所谈的神话传说和英雄故事母题，可以说是锡伯族和蒙古族的共同先祖创作的。而在两个民族的形成、发展过程中，由于长期采取的经济生产方式和比重的不同以及社会政治因素的影响，故两个民族的传统民间文学越来越具有各自的民族特色，如锡伯族现存的英雄故事除反映狩猎和畜牧生活外，又反映了农业生活，而蒙古族的英雄故事则基本上反映了畜牧文化景观。

（2）宗教与习俗。锡伯族和蒙古族在历史上长期信仰萨满教。尽管两个民族对祭司的称呼不同，锡伯族将男女祭司都称："萨满"（"Saman"或"Samen"），蒙古族将男萨满称"博"，女萨满称"伊都干"，但他们的萨满教宇宙观和信仰观念相同，即认为宇宙分三界，万物有灵和灵魂不灭，并且表现形式亦有很多相同性，祭司都担负同样的社会职能。如两个民族的古老传说都认为萨满祭司是神鹰的后裔；锡伯族的萨满徒弟要完成上"刀梯"领神仪式（"刀梯"称"Cmakur"，即把18～49柄锋利的铡刀或马刀，刃朝上一左一右横捆在两根木杆，高度十米以上）成为正式萨满，而蒙古族的博徒弟要完成"九道关"领神仪式成为正式博。据有些学者研究认为，很早时代的锡伯族和蒙古族的萨满祭司举行的是通过桦树完成领神仪式。锡伯族萨满和蒙古族博的神服（包括神帽）、神器（包括鼓、矛、铜镜、鞭子）大同小异，具有大致相同的神秘功能和意义。而两个民族的萨满祭司为患者"跳神"治疗的过程和方法亦大致相同（尤其与科尔沁蒙古更相同），即跳神狂舞，进入昏迷状态，常采取用嘴咬烧红的烙铁和赤脚踩烧红的犁铧的方法。两个民族的萨满教都认为有三个灵魂，各有功能和处所；虔诚崇拜火和某些视为神圣的山川河流（两个民族都崇拜大兴安岭、不儿罕山、阿尔泰山等）、动物（锡伯族更多的保留了动物崇拜的遗迹）等。诸如此类，都说明锡伯族和蒙古族的萨满教具有共性和一致性，并且对民间文学产生了广泛而深刻的影响。如上面所说的"英雄遭难"母题实际上形象地反映了萨满教的宇宙三界观，英雄遭到暗算坠入枯井或深洞不死，反而骑着神鹰上来，显然说明该母题的产生与萨满能够沟通宇宙三界、具有超凡本领的观念相关，是萨满教信仰和思维基础的直接产物。

习俗是一个民族传统文化领域比较稳定的组成部分，在社会成员中发挥调节行为和体现社会道德标准的功能，具有显著的民族特征和很强的传承性。至今，锡伯族和蒙古族民间有许多相似的习俗。如两个民族都非常爱护狗，两者民间世代流传爱护狗的神话传说，锡伯族民间还流传一个猎人之女与狗配婚的古老故事，不打骂狗，更不食狗肉和穿用狗皮，狗死后要在固定地点掩埋。布里亚特蒙古认为，杀狗者罪孽深重，不许参加宗教仪式；锡伯族视杀狗者大逆不道。寻根究底，两个民族爱护狗的心意民俗，一方面与狗在长期狩猎、畜牧经济生活中所起的作用相关，另一方面与远古时代的狗图腾崇拜观念相关，反映了北亚从事渔猎、畜牧经济生产民族的一种独特的文化心态。而古代锡伯族和蒙古族都施行“猎物共同分配”的原则（至今锡伯族仍保留了该习俗）；两个民族都用摇篮养育婴儿（现蒙古族的摇篮已失传，锡伯族仍使用），这说明他们的先祖都经历了长期的狩猎—采集经济生活，当时使用的交通工具不是烈性的马，而是温顺的驯鹿，而源于与经济生产、游戏、军事密切相关的骑马、射箭、摔跤等民间体育比赛活动，不仅是锡伯和蒙古两个民族，而且是整个阿尔泰语系民族中普遍盛行的民俗。

（3）语言。现代锡伯语和蒙古语分属阿尔泰语系的两个不同语族，但较之突厥语族有更多的亲属关系。笔者经对照发现锡伯语的很多词汇与蒙古语的意义、语音形态存在共性和相似性。

任何一种民族语言都经历了随着社会变化而分化、整化、混合和融合的发展过程。不过，锡伯语和蒙古语在各类基本词汇及其语音形态方面保留了很多相同性，不能简单地视为混合的结果。据历史学家亦邻真先生研究：“形成蒙古民族的核心部落是原蒙古人——室韦—达怛人。蒙古语是在室韦—达怛人的语言的基础上经过突厥化过程而形成的①。”可见，现代蒙古语在12世纪初成吉思汗建立蒙古汗国时期发生过操蒙古语和突厥语诸部落的方言整化、融合的现象。而作为古代鲜卑后裔的锡伯族，虽然经历了蒙古族和满族建立和长期大统一的朝代，但始终没有被其他民族同化，在继承先祖语言的基础上形成了本民族的现代语言。因此，笔者认为既然锡伯和蒙古的主要族源是一个东胡，那么现存的一部分共同词汇极有可能是古代鲜卑语词汇。关于这一问题，有待今后运用历史比较方法并参考文物资料做细致而深入的研究，得出更加符合客观事实的结论。

综上所述，锡伯族和蒙古族祖先传说及英雄故事的共性是在历史上的共同族源，相同文化生态、宗教、民俗、语言的基础上形成的。当然，也不能排除在历史上相互影响的因素。探讨和研究锡伯族与蒙古族以及整个

---

① 亦邻真著：《中国北方民族与蒙古族族源》，见《蒙古史论文选集》第一辑，1983年。

阿尔泰语系民族民间文学的共性和个性是一个很有学术意义的课题。本文不当文处，敬请学者们批评指正。

参考文献

1. 本书编委会编：《中国各民族宗教与神话大词典》，学苑出版社，1990 年。

2. 郝苏民选编：《西蒙古——卫拉特蒙古传说故事集》，甘肃民族出版社，1989 年。

3. 郝苏民、薛守邦译编：《布里亚特蒙古民间故事集》，中国民间文艺出版社，1984 年。

4. 青海省海西州民间文学集成办公室编：《海西民间故事》，1990 年。

5. 忠录编：《锡伯族民间故事选》，上海文艺出版社，1991 年。

第五编

朝鲜族神话研究

朝鲜族神话类型与象征体系新探

金东勋

朝鲜族的祖先在它的童年时代创造了许多美丽、动人的神话。但是在长期的口耳相传过程中，这些神话有的已散失，有的被后人按自己的观点加以修改吸收到历史著作中。在古代，朝鲜族没有系统地记载神话的专书，只是在封建社会初期的一些典籍，如《论衡》、《魏书》、《古记》、《三国史记》、《三国遗事》、《帝王韵记》等书及碑刻、古墓壁画及家谱等文物中保存了神话的片断。除了古籍中所记载的神话之外，还有一部分流传在人们的口头上，有些融会进了传统的叙事巫歌中。

朝鲜族神话按照它的内容，可分为图腾族源神话、卵生感生神话、洪水神话、天地开辟神话、巫俗神话等多种类型，其中最有代表性的是图腾族源神话与卵生感生神话。

在图腾族源神话中，最著名的要数《檀君神话》。《檀君神话》是流传至今的朝鲜族最古老的族源神话之一。

> 相传，檀君是古朝鲜的开国者，他的父亲桓雄是天帝桓因的庶子。桓雄率领三千部下降于太白山顶的神檀树下，主管农事、治病、刑罚、善恶等人间大事。其时有一熊一虎同住于一个洞中，它们来到桓雄大王面前请求大王用神术把它们变成人。桓雄便赐予神灵的艾草和蒜头，叮嘱它们将它吞进腹中再到洞穴避日百天，则可以实现各自的愿望。大熊遵嘱，避日二十一天，结果提前变成了人类，做了熊女。老虎因性急，跑出了洞穴，未能变成人类。熊变的女人没有配偶，就去祈求桓雄大王，桓雄就与熊女结合，生了一子，称“檀君”，名“王俭”。这个檀君就是古朝鲜的开国君王。

该神话故事反映了朝鲜族祖先生活在父系氏族公社阶段的社会现实与

历史意识。一方面，它把檀君的父亲说成天帝的儿子，反映了古人的敬天思想；另一方面，把其母亲说成是由大熊变来的熊女，给动物赋予人的灵魂，表现了对熊的图腾崇拜。古代朝鲜人还不能把自己同自然作任何区别，认为周围的自然物同自己一样有思想、有感情、有灵魂。由于有这种万物有灵观念，他们把动物视为自己的祖先而加以崇拜。这在地理上与古代东北亚诸族中出现过的对熊、虎的图腾崇拜有一定联系。

卵生感生神话是朝鲜族神话中内容最完整、形式最活泼的部分，著名的有《高朱蒙神话》、《朴赫居世神话》、《昔脱解王神话》、《金首露王神话》、《金阏智神话》等。《高朱蒙神话》是关于高句丽始祖高朱蒙的出生与建国经历的故事。

相传朱蒙的父亲解慕漱是天帝的儿子，他与龙王河伯之女柳花结下姻缘。龙王河伯责怪柳花无媒而从，因此将她谪居优渤水。柳花为东扶余王金蛙所搭救，幽闭于王宫，为日所照，感而生一卵，朱蒙从卵里破壳而出，自幼才智非凡，七岁能自作弓矢，射而百发百中。金蛙王的七个王子因嫉妒他的才能而图谋杀害他，母亲柳花对此早有察觉，劝朱蒙赶快出奔。朱蒙乃辞别母亲，到遥远的卒本川畔之纥升骨城建立了高句丽国。

这篇神话把朱蒙神化为天帝的孙子、龙王的外孙，而且是受日照感应而由肉卵中诞生。《朴赫居世神话》、《昔脱解神话》、《金阏智神话》分别叙述了古代新罗国三个国王的出生与建国经过。朴赫居世神话称：

朝鲜半岛东南部的六部酋长聚议立邦立君时，看见杨山麓萝井旁有一白马跪拜，寻迹而至，发现其地有一紫卵，剖其卵，得童男，叫赫居世。同日，沙梁里阏英井边又有鸡龙出现，左胁童女，叫阏英。六部酋长奉养二圣，男立为王，女立为后，国号鸡林国，后世定新罗为号。由于王以卵生，卵如水瓠，故以朴为姓，称“朴赫居世王”，为新罗始祖，昔脱解王是新罗的第四代国王。故事称，脱解母亲原是多婆那国王后，婚后有娠，逾七年才生大卵，国王以为人而生卵是不祥之兆，因此要抛弃它。王后不忍心，以帛裹卵，并置于柜中，浮于海上，任其所往。漂至辰韩阿珍浦口时，有一海边老母以绳子将它拉到海岸上，打开柜子发现其中有一少儿，容貌俊秀，才智超人。因柜子漂海时曾有喜鹊飞鸣而守，故取姓为昔，又因他是解开柜子后出生的，故又取名为脱解。南解王见昔脱解贤智，即招为女婿，并将王位传给了他。金阏智是新罗第十三代王味邹尼师今的六代祖，关于他的出生，也有与朴赫居世的出生相似的神话故事。一日树中有紫云从天垂地，接着有一黄金柜挂于树枝，又有一只白鸡鸣于树下，打开柜子一看，里面有一童男卧而即起，因他是从金柜里出生的，因此叫金阏智。他的六代孙味邹继新罗国的王位。

新罗的这三个国王的出生都有一个共同点，即由卵而生，授命于天，神话中的白马、喜鹊、白鸡等都是以天帝的使者出现的。伽倻国始祖金首露王的故事，也是一篇著名的卵生神话。故事称：

古代伽倻地方的九个酋长在龟旨峰下唱着迎神歌，欢喜踊跃，迎接自天而降的金盒子。打开金盒子一看，里边有六个圆如太阳的黄金卵。六卵化为童子，相貌非凡，其中第一个由蛋里钻出来的称之为首露。金首露创建大驾洛，又称伽耶国。后在望山岛迎接海上漂来的阿踰陀国公主为王后。

以上列举的卵生神话，一般都不直接说明人类的来源，而是间接地解释某一氏族的首领是自天而降，授命于天。这些卵的形状像太阳一样圆，如太阳一样发光，而且都是由天马、白鸡、喜鹊等有翅膀的天帝使者来保护，这反映出朝鲜族先民对天神、太阳神的崇拜。无疑，这些神话是朝鲜族人民在狩猎生产实践中观察到飞禽、蛙、龟等鸟类、爬行类动物从蛋里孵化出来，并受到这一自然现象的启示而推想出自己的祖先以及其他自然物，甚至想像中的神，也必定是从蛋里出来的。这较合乎原始人类的思维特点。

这些神话，同我国上古时代中原地区流传的卵生神话，如简狄吞玄鸟卵而生契等故事有某些共同之处。

朝鲜族神话中也有近似汉族盘古天地开辟的神话。朝鲜族传统的叙事巫歌《创世记》里有这样的内容：

太初无人，天地混沌未分，天上挂着两个太阳和两个月亮。自从盘古氏出现，才把天地分开，以阳清为天，阴浊为地，并立上四根铜柱把地撑起来，天上只留下一个太阳和一个月亮，用另外的那一个太阳和一个月亮分别作南斗、北斗和大小星座，缀满天空，然后取火找水，分别造出男人和女人来。

反映在叙事巫歌里的这些神歌，一方面塑造了超人的神格化的英雄，另一方面与巫术礼仪等原始宗教杂糅，表现出了一种祈求于自然的消极倾向。在朝鲜族的开辟神话中，还有解释大地、山河、海岛由来的故事。有一篇关于巨神老妪造海岛的神话，说老妪用自己的裙子包起一座山一座山的土，运到海里填造出了济洲岛，她所撒下的土块儿变成了岛上大大小小的山峰和丘陵。这位老妪巨大无比，竟能用她的身体盖住整个济洲岛，头枕汉拿山，脚和手可直接伸到海里踩水玩耍。老妪曾向当地老百姓许下诺言，如果百姓肯给她做一条大裙子，她就用自己的双腿在岛屿和陆地之间架一座大桥。但老百姓总共才凑上九十九匹缎子，只能做千件她的衬裤，因此巨人老妪也不肯兑现她的诺言。另一篇关于巨神老头儿造山河的神话，说由于他长得太高大，身影竟长达几百里，有碍于农事，所以被放逐异域。在遥远的路途上，这位老头儿吃了很多很多的土，又喝了很多很多的海水，结果泻肚子走不动了。他所排泄的泥土和海水竟变成了长白山、鸭绿江、图们江等大大小小的山河水系。这些神话中的巨神，已经不是至高无上的神，而是与人类讨价还价或被人驱使的身份相等的一个阶层的形象，反映了农耕时代人们的劳动生产意识。

朝鲜族洪水神话，也很有民族特色。朝鲜族洪水神话有两种类型：一种是兄妹结婚繁衍后代，另一种是异性结婚繁衍后代。兄妹婚配型神话称：

远古的时候发了一场大水，陆地变成海洋，无数的人都被洪水淹死。只有一对兄妹侥幸抓住一根木头，漂流至白头山的顶峰，才免于死亡。洪水退出后，兄妹俩再到世间一看，人类仅剩下他们俩。兄妹俩担心照此下去人类就要灭种，可是兄妹结婚又为人伦所不容。他们想不出好办法，约定各自跑上相互对峙的两座山顶，同时往山下滚动石磨，然后向苍天祈祷。此时有一股紫烟飘动在松林之间，那公石盘和母石盘滚到山底下正好合到一块儿。兄妹领会此乃天意，便结为夫妻。从此人类再行繁衍。

这篇洪水神话与唐人李冗所编《独异志》中的《女娃兄妹造人烟》的神话有些相似。朝鲜族兄妹结婚神话主要采取占卜形式，以兄娃滚石磨和烧松叶烟作占卜并决定成婚为主要情节，对远古社会血缘婚姻制的某些现象作了曲折的反映。但是在这里，兄妹成婚带有不可避免的被迫性质，暗示着在没有洪水灭绝其他人的条件下，兄妹婚姻将是不可以成立的。异性婚配型神话的要点是：

远古时有一位天上仙女降落于古木上，感孕于木神而生一男子，叫木道令。遇到一场特大洪水，木道令便骑在古木（即父亲）的背上顺水漂流，一路上搭救了蚂蚁、蚊子和一位同龄少年。他们一起漂流到海中孤岛，找到一间茅屋。那里住着一位白发老妪和她的两个女儿，其中一个是她的亲生女儿，另一个则是养女。洪水退后，人世间只留下了这位老妪和两对少男少女。老妪有意让他们在家从事奉侍性劳动，考验一个时期后结为夫妻，以再繁衍临近灭种的人类。可两个少年都想娶她的亲生女儿为妻子，为此被搭救的少年有意加害于木道令。但在被搭救的蚁群和蚊群的帮助下，木道令顺利度过种种难关，最后娶了老妪的亲生女儿。那个忘恩负义、想加害木道令的少年则无可奈何地与她的养女结了婚。从此，这两对夫妻便成为人类的始祖。

这篇洪水神话反映的是族外对偶婚及古代奉侍性婚姻制度，其中也多少反映了佛教教义中的因果报应等思想。这些神话所描绘的从血缘婚姻观念到非血缘婚姻观念的发展，为后人留下了人类祖先最早走向文明起点的轨迹。

巫俗神话在朝鲜族神话中占有很大比重。它是以韵文形式口头传诵的，被融化进巫女神歌中的神话。著名的有《巴里公主》、《成造本歌》、《先门后门》、《帝释歌》、《初公本歌》、《军雄本歌》等。《巴里公主》，一般演唱于祭仪上，巴里被称为朝鲜族巫女之始祖。神歌的要点是：

国王有独生子，独生子继承王位之后，王后连生七个女儿。一气之下国王把第七个女儿巴里公主不要了。可是把她扔在后院里，就有喜鹊飞来守护，装进木柜扔在水里，就有金色乌龟背起游进海里。有一神仙发现后把她搭救上来，交给叫花子老太婆收养。老太婆告诉她毛竹和梧桐是她的父亲和母亲，每天三顿饭都要向他们祈祷。国王和王后生病，请来天下宫和地下宫的两位博士，占卜问吉。博士说必须把遗弃的巴里公主找来，吃她送来的药酒才能于免于死亡。巴里公主得知消息，便去找巫山仙官，给他生了七个儿子，回到父母的灵前，用药酒使死去的父母复活。

该故事宣扬了尊重血缘关系的思想。《成造本歌》是古代每年收成之后，举行祈福祭时最常被传唱的巫歌之一。朝鲜族祖先把成造视为家宅之内的一座神祇，左右一家老小的健康、安宁、运气、寿命和整个家室的人丁兴旺。所以每当新建华堂或是乔迁他居，家家都张贴成造的神像。《成造本歌》唱的是成造神的由来：

古代天下宫的一千栏杆倾圮，为了修复天下宫，派出差使到地下宫的堂皇山平原，把黄羽阳氏抓去当民夫。离家时，他的妻子叮嘱他一路上别和陌生人交谈。黄羽阳氏在途中受坏人沼津郎之骗，换穿衣裳。沼津郎心怀歹念，冒充黄羽阳氏来找他的妻子，企图霸占她。黄羽阳氏的妻子临危不惧，想出良策打发走沼津郎，并写下血书藏在屋柱砖下，而后被迫到沼津国，在荒郊野外挖一地洞，在洞内躲藏三年之久，受尽了千辛万苦。三年之后，黄羽阳氏在劳役结束后赶回故乡，在乌鸦的暗示之下找出妻子藏在屋柱砖下的血书，连忙爬到井边的老松树下，用法术给妻子托了一梦。他们俩从梦中叙罢离情，施用法术变为青鸟和红鸟，把沼津郎囚禁于石洞之中，解了心中之恨。之后，黄羽阳氏成了家家户户祀奉的成造神，其妻也成了土主神，即地神。

《成造本歌》中所述成造神是天神之子，早在太古时代即教民建屋定居于平原，成了保佑家家户户的家宅神，接受黎民百姓的祈祷和祭祀，它把世界分为天上、地上、地下三界，强调占卦、魔法和巫婆神棍的作用，反映了巫觋们的宗教世界观。

朝鲜族神话的体系，与中原地区的汉族神话和东北亚地区诸民族神话既有联系，又有区别。从形象系列看，朝鲜族神话所反映的神际关系网络不同于印欧英雄体系，而较接近于中国帝王体系，但还没有三皇五帝之类自己独立的、完整的帝王体系。从空间系列看，朝鲜族神话中的诸神可分为三个系统，即天系、水系和地系。始祖神话中的父系或帝王，一般都来自天神系统，如古朝鲜的开国君主檀君是天神桓雄的儿子，高朱蒙的父亲解慕漱也是天帝的儿子，朴赫居世、昔脱解、金阏智、金首露等究其根源，也都是从天上降下来的。他们降生时或奇光如同闪电，光彩照人，天马下跪叩头，鸟兽为之起舞，日月分外明亮；或喜鹊绕着柜子飞鸣，日夜守护；或金柜挂在树枝上，白鸡鸣于其下；或有一条紫色的绳子从天上悠悠降下，下系红布包裹的金盒，金盒中有金色的蛋。这些都反映了初民的敬天思想，即对天神和太阳神的崇拜，朝鲜族始祖神话所表现的独特的卵生观念，也与天神、太阳神的崇拜有密切关系。水神系统一般与母系联系在一起，如高朱蒙的母亲柳花是龙王河伯之女；首露夫人和岛上三公主，皆从海上漂来。这些女神或来自江河，或来自井水，或来自大海，均属水神系统。随着狩猎生活向农耕生活的过渡，山神、堂神、家宅神等各种地神，又形成一个系统。著名的耽罗三姓始祖神话称，太初无人，耽罗高、良、王三神人耸地而出，“射矢卜地，游猎荒辟，皮衣肉食”，岛国有三公主“备五谷牛马之种”，由神人护送至耽罗。三位男神分别娶三公主做夫人，居住于毛兴穴附近，从此农耕生产逐渐繁荣起来。这篇神话中男人被神化为地神、狩猎神，女人被神化为水神、农耕神。

朝鲜族神话所固有的这些类型，在漫长的历史过程中被浸润、融化到朝鲜族的传统文化和传统思维模式里，不断孕育和建构出许许多多色彩斑斓的叙事文学作品。

朝鲜古代神话略考

文日焕

一、古神话的起源与原始文化

有关神的故事以及以神的名义流传下来的世间万物之起源的故事，可谓是神话的一个属性。神话用故事解释着宇宙的诞生、国土的形成、天地间的区分、生与死的起源等等。毋庸置疑，神话是人创造的。但是，这与神话是由神来创造、由神来传于世间的这一命题并不矛盾。因为，当人们创造出一个神话的时候，他们深信神应该是这样一形象。

我们不能简单地认为神话是原始人凭借自己的想像而虚构出来的，实际上，神话里包含着一个民族的最原始的文化原形。神话是原始人原始思维的最真实的反映，也是原始文化的产物。也就是说，神话体现了人类原始的文化精神和思想意识。

朝鲜的古神话，以其性质，尤其是以神话中主人公的出生背景来看，主要是以包含着原始信仰意识的天降文化、卵生文化、龙神文化、岩石文化、隧穴文化等诸文化为根源而发生、发展起来的。

（一）卵生文化和神话

卵生文化首先与鸟崇拜意识有关。朝鲜的信仰、风俗，绝大部分都与鸟有着密切的关系。

从考古发掘的文物及民俗中可以看出，朝鲜早期先民崇拜鸡、喜鹊、鹰、鸽子等鸟类。如朝鲜北方的诸种族鸟夷人以鸟名来命名官名、南方的诸种族马韩人举行的“苏都”仪式、辰韩人举行葬礼时贴鸟的翅膀等等。

笔者认为，这种信仰与原始时代的狩猎生活、自然力崇拜和敬天意识是分不开的。

朝鲜的卵生文化和鸟崇拜信仰是从南北两个地域发生、发展起来的。北方指的是渤海湾沿海平原，南方主要是指南海沿海平原。北方的崇拜对象主要是鹰、鸽子、布谷鸟、燕子等，南方则是喜鹊、鸡等。

发生、发展在韩地方的卵生文化是产生卵生神话的母体，如《朴赫居世神话》、《金阏智神话》、《昔脱解王神话》、《金首露王神话》等，都是以卵生文化为母体而产生的。

（二）天降文化和神话

朝鲜古代南北诸种族的习俗、神话有很多共同点。首先以原始信仰为例，他们都以上天的崇高、神圣而加以崇拜。

《三国志·涉传》有这样的记载："常用十月节祭天，昼夜饮酒歌舞，名之谓舞天。"《三国志·夫余志》有这样的记载："……以殷正月，祭天国中大会，连日饮酒歌舞，名曰迎鼓。"由此得知，三国时代也有这样的民俗。

上述文献证明，涉族、貊族、韩族等南北方诸族中，崇拜天神是一种普遍的习俗，在诸多神话中也可以看到这样的天神崇拜信仰。如在古朝鲜的《檀君神话》中，天神桓雄从天上下凡到太白山山顶神坛树下，他与熊女所生的儿子檀君，在人间创建一个古朝鲜，成了朝鲜的始祖王。

天神神话及体现在神话中的天神信仰说明，在古代南北方诸种族中对天神的崇拜已成为一种普遍的信仰，天神信仰普及得如此广泛，可见这种信仰的渊源之深。它的悠久性可以通过朝鲜天降神话中所表现出来的人与天神的关系尚未超出自然界这一点来证明。祖先们按照自己的观念将自然力加以拟人化。在《檀君神话》中，风、雨、云彩、树木等自然现象都以风神、雨神、云神、树木神等拟人化的形象出现。

朝鲜天降文化的形成和发展，与萨满教的发生、发展有历史的关联性。朝鲜天降神话中的天神信仰，其根源虽然在于对超自然的精灵的崇拜，但是它是在原始共同体瓦解时期的萨满教的基础上继承和发展，并视天神为至高无上的最高神来加以崇仰的。

原始人的神话或思维终于把"上天"从自然中分离出来，赋予它社会的观念，把它奉为具有绝对权威的神祇。从而出现了"上天"这一代表社会诸力量的神祇，"上天"也就具有了社会属性。

（三）龙神文化和神话

龙神文化是一种东方特有的文化，对龙的崇拜也如此。如朝鲜民族视龙为神圣的神祇来崇拜，龙主管着人世间的降雨，在水界里它又是水中万物的领将，也就是说，龙像天上的天王一样，它是水中的大王。这种信仰到中世纪也相当普遍，各地都设有龙神龛拜龙神。

在朝鲜，龙神信仰是一种对水神的崇拜，只是将一种自然力加以拟人化罢了。在这方面它同中国的龙神崇拜有着本质上的差别，龙神可以与希腊神话中的波塞冬相比较。

龙神信仰在其发生初期，绝不像前面所说的那样具体、鲜明，它只不过是对自然和自然力的一种幻想的产物，也是对自然、自然力的一种神话而已。这种信仰之所以能够产生，与其地理环境有着密切的关系。它主要发生在生活在海岸、河川、湖水边的原始人之中，而生活在穷乡僻壤或平原上的，即远离大海和江河的内陆地方的原始人当中是很难看到龙神信仰的。如涉族、貊族中我们没有发现龙神信仰。一种信仰或神话是原始文化的一部分，它这样或那样反映着当代社会历史现实。要想知道龙神信仰的根源在哪里，首先应从生活在沿海地带的三韩诸种族中寻找，因为他们具有产生这种信仰的自然地理环境，更因为他们继承着很多有关龙神的神话遗产。

龙生神话是在长期的历史时期中发生、发展的龙神文化为基础而形成的，它是南方诸种族在长期的海上活动中创造出来的原始艺术。

在研究龙神文化以及以龙神文化为基础而形成的龙生神话时，应注意区分它们与熊、老虎或鸡、喜鹊等图腾之间的关系。龙神并不是图腾，龙不是具体的动物而是抽想的动物，所以龙神信仰是对超自然的精灵的信仰，即万物有灵论的表现。

朝鲜的神话遗产中有两篇龙生神话，一篇是《昔脱解王神话》，另一篇是《金阏智神话》。这两篇神话在丰富朝鲜的神话遗产方面占有重要的地位。

（四）隧穴文化和神话

隧穴文化与隧穴信仰有密切的关系。

《三姓穴神话》的主人公良乙那、高乙那、夫乙那就是从称为毛兴穴的隧穴中迸出来的。因此，可以假设这个神话与隧穴信仰有关系。那么，朝鲜的民俗及其他方面有没有存在着隧穴信仰的痕迹呢？

《檀君神话》——古时候，有一只熊和一只老虎同住在一个山洞里，它们每天祈祷上天赐予它们人身。

《三国志·肃慎氏》——“夏则巢居，冬则穴处”。

《三国志·韩传》——居处作草屋土室形如冢，其户在上，举家共在中。

由此可见，《三国志·高句丽传》所说的隧神是与隧穴居住现象有关系的。《三国志·高句丽传》记载："其国东有大穴，名隧穴，十月国中大会，迎隧神还于国东上祭之，置木隧于神座。"很明显，隧穴居住同隧穴信仰是密切相关的，上面所引用的内容同样反映在《后汉书》、《旧唐书》、《通典》中。

高句丽人的隧穴信仰是相当虔诚的，祭隧神时国王亲自主祭。《旧唐书·高句丽传》记载："国城东有大穴，名神隧，皆以十月王自祭之。"从这一记载中可以看出当时重视隧穴信仰的程度之深。从高句丽国王到下层庶民都把祭隧神的仪式当作全国性的年中活动来进行。据《后汉书·高句丽传》记载，他们参加祭隧神仪式时"其公会衣服，皆锦绣金银启自饰"。

这种隧穴信仰，今天在济州岛也可见一斑。居住在济州岛汉拿山附近的居民每年都到毛兴穴祭隧神。神话记载，从毛兴穴中迸出了良乙那、高乙那、夫乙那三位神人。这种祭隧神活动是这一带居民每年进行的最重要的活动之一。毋庸置疑，隧穴信仰是在洞穴居住条件下，即自然条件的逼迫下产生的观念。隧穴信仰成了隧穴文化的根源，而隧穴文化又成了隧穴神话这一原始艺术的基础。

（五）岩石文化和神话

《金蛙神话》虽与天降神话有一定的联系，但它具有独特性。朝鲜神话中的原始信仰集中表现在神话中主人公的诞生背景上。从这一点来考察《金蛙神话》，就可以看出它所表现出来的信仰区别于其他神话的信仰。

《金蛙神话》中主人公诞生在岩石下面，其形状像金蛙。朝鲜民俗中常见的信仰之一是岩石崇拜。这种岩石崇拜思想与金蛙诞生在岩石下面这一故事有没有关系呢？

如上所述，朝鲜有崇拜岩石的习俗，到了中世纪乃至近代，民间还有到有名的岩石处或形状雄奇的岩石处祭拜的现象。

史料中也有这样的记载，如《三国志·韩传》"辰韩条"中说："初生子，便以石压其头使扁。"《后汉书》、《晋书》、《梁书》中也有同样的记录。综合分析这些古文献的记录可以看出，这是辰韩族中普遍存在的习俗。《三国志·韩传》"辰韩条"中还有这样的记载："儿生便以石压其头，欲其褊，今辰韩人皆褊头。"由此可见，崇拜岩石不仅是当时的习俗，而且是流传很久的传统习俗。这一习俗反映了辰韩人的美学观念，但其根源不一定仅在于此。

《三国志·高句丽传》记载，高句丽人埋葬死人的方式为“石积为封”。从考古发掘出来的文物中也可以看出石坟中半屈身葬的痕迹，这是巨石文化时期的文物。当时死了人也可以土葬，而他们为什么不行土葬而行巨石葬呢？这是否与岩石信仰有关呢？当然，有关这个问题，一些历史学家和考古学家也许有与之不同的观点。为了得出一个较客观的答案，我们不妨考察一下古埃及人的巨石文化时代。

古埃及人认为人有灵魂，灵魂与肉体为一体，一旦灵魂离开肉体人就会死去。他们想，肉体要是腐烂了，灵魂就无法再回到肉体中来。因此，他们寻找防止肉体腐烂的方法，用巨石建立起金字塔式的建筑物来安葬死人。后来他们又发明了香油，把香油涂在尸体上制成木乃伊，把木乃伊装入石棺安放在金字塔中的石室里。

埃及、苏丹等非洲北部国家的巨石文化与灵魂不灭的观念有密切的关系。朝鲜的巨石文化也不能不说与信仰毫无关系，这两者之间必有一定的关系。灵魂不灭的信仰在朝鲜古神话中有许多痕迹。

以上事实说明，举行半屈身葬时在死人怀里放石头是因为怕死人复活，或者是防止死人复活的解释是没有根据的。可以说朝鲜的巨石文化也同非洲北部各国的习俗一样，与灵魂不灭的信仰有着密切的关系。岩石不怕风雨的洗礼，千年万年基本保持原状，原始人崇拜的就是岩石的这种威力。

由此可见，岩石崇拜的根源，本质上是对幻想的、超自然的精灵的信仰。也就是说，它的本质是万物有灵论。这种信仰创造出了《金蛙神话》中主人公诞生在石头下面，后来创立国家、登上王位的神话故事。由此可以推断，岩石神话《金蛙神话》的根源就在于岩石文化。

二、朝鲜古神话的特点

从文艺学角度讲，神话的本质反映了原始人生活的那个历史时期的自然和社会现实。

首先，朝鲜神话的特点表现在神话的结构上。

虽然朝鲜神话大都篇幅很短，但是场景复杂、内容丰富。场景的复杂性也表现在神话的结构上，神话的场景往往以天界和神、动物同住的世界及人世间构成。

朝鲜神话一开头展现的大都是天界，因为天界的神是天神，天神具有人类所不及的威力和智慧，万事皆通。接下来是神、动物同住的世界。在天界和神、动物同住的世界中间往往设有一座山，作为天神下降的地方，如《檀君神话》里桓雄下降的地方就是太白山山顶。

尽管朝鲜神话中神、动物同住的世界与人世间的区别不太明显，但是也不能说完全没有区别，如在《东明神话》、《高朱蒙神话》、《金阏智神话》、《昔脱解王神话》等神话中，都是有区别的。

朝鲜神话中极个别的神话设有两个场景，如《金首露王神话》中展现的是天界和人世间；《三姓穴神话》里有地下世界和地上世界；《昔脱解王神话》中说的是水界和地界。

朝鲜神话的特点表现在神话中主人公形象的创造上。

朝鲜神话中的神祇形象没有神与英雄之间的区别，只有天神、动物神、水神及地神之分。如《檀君神话》中熊神和虎神隶属于天神桓雄；《东明神话》中猪、马、鱼、龟等动物神帮助天神之子东明神，这些动物只有在东明神存在的条件下有其存在意义。

天神与水神之间也有区别，水神不能战胜天神，天神大都具有人的性格，以人的形象出现，死了以后大都复归为天神。解慕漱神、东明神、赫居世神亦如此，即使不能复归为天神，但终究复活为天神以外的其他神。如《檀君神话》中檀君死了以后复活为山神。但水神是绝对不能复活为天神的，它只能复归为原来的形象或山神。

希腊神话就与之不同。希腊神话中的神和英雄有严格的区分，在极个别情况下也有神变为英雄、英雄变为神的事例。如阿伽门农虽然是神，却成了英雄；阿斯克勒庇俄斯原来是英雄，后来成了神。但这并不是希腊神话中普遍存在的现象，希腊神话中的神是永生不死的，但英雄逃脱不了死亡的命运。

朝鲜神话中神的形象随时可变，从天界到神、动物同住的世界，再到人世间，每经过一个世界，随着活动舞台的变化而变换其形象。如赫居世神、朱蒙神一开始是以天神的形象出现的，但到了人间，他们都以人的形象出现，而死了以后又复归为天神。这样的例子在朝鲜神话中随处可见。但在希腊神话中绝大多数形象是一成不变的。中国古代神话《盘古神话》、《黄帝蚩尤神话》也是如此，其神话形象从开始到结束大都没有变化。

最后，朝鲜神话具有强烈的传说性。

有人认为，朝鲜神话可以称为建国神话，这个见解不无道理。《檀君神话》关系到古朝鲜的创立；《东明神话》与夫余国的建立有关；《朴赫居世神话》包含着新罗国的建国过程；《高朱蒙神话》反映了高句丽的创建；《金首露王神话》说的是驾骆国的建立；等等。由此可见，朝鲜的古神话无不与古代国家的形成有直接的关系。

那么，朝鲜的神话为什么大都与建国历史有关呢？这是朝鲜古代神话研究中的重要问题之一。

神话是原始人在集体劳动过程中创造的，对原始人以及还没有从神话世界观中脱离出来的以后时期的人类来说，神话仍然是崇高的、神圣的。所以，统治阶级在建立阶级的初期，以神话中主人公的名称来命名新的王朝和第一代国王，或者把人们绝对信奉的传统神话同第一代国王融合在一起，以此来将自己的王朝神圣化，使人们服从于自己的统治，达到其巩固统治的目的。如夫余的《东明神话》被高句丽统治者所利用；而百济统治阶级与高句丽争宗统，把《东明神话》当作百济的建国神话。檀君并不是高句丽、新罗、百济的始祖神，可是高丽王朝打破了后三国鼎立的局面以后，为了达到麻痹三国遗民的反抗意识、巩固王权、击退北方外夷的侵略和收复高句丽旧版图的目的，把檀君奉为唯一的始祖神，并把那些独立神话加以体系化。这足以说明朝鲜神话都和建国神话有关。

如上所述，朝鲜神话大部分被统治阶级所利用，以至于人们难于分辨其主人公是历史上实际存在过的真人，还是被创造出来的虚构形象。《檀君神话》中的檀君、《东明王篇》里的东明、《朴赫居世神话》中的赫居世等，如果他们是真实的人物，那么，传承下来的神话被利用是肯定无疑的。

三、古神话的分类

朝鲜古神话可以以主题的构成、内容来分类，也可以以主人公的出生背景来分类。

朝鲜古神话按主题的构成和内容可分为以下五类。

（一）宇宙神话

宇宙神话指的是有关宇宙和日月星辰的起源、变化的神话。朝鲜的宇宙神话只有一篇，即《延乌郎和细乌女》。此篇记载在《三国遗事》中，神话梗概如下：

延乌郎和细乌女是一对夫妻，他们生活在东海边上，有一天，丈夫延乌郎出海采海藻，突然有一岩石（又一说是一条鱼）出现在他的面前，把他背到了日本。日本视延乌郎为非凡人物，推奉他为国王。细乌女在家等丈夫回来，左等右等总不见人影，便到海上去找。她发现有一岩石上面放着丈夫的鞋，那岩石又把细乌女背到日本去了。日本人见到她感到很惊奇，便把她送到王宫里。于是，夫妻二人重逢，细乌女成了王妃。而这时，新罗国的日月失去了光芒，一位大臣上奏国王说："这是因为降临在我国的日月之精流到日本去的缘故。"国王立即派两名使臣到日本，劝夫妻二人归国。但是，延乌郎说："我到此地是上天之意，我岂能离开？这里有王妃亲自织的锦缎，你们把它带回去以此祭天，日月便会复明的。"随即赐予他们锦缎，使臣带着锦缎回国祭了天。果然，日月重放光芒。他们把那锦缎视为国宝保存在御库里，称御库为贵妃库，而祭天的地方叫迎日县或都祈野。①

朝鲜的宇宙神话为数极少，因此，上述神话成了宝贵的资料。

（二）建国神话

这类神话与国家的创立有关，主要以君王的诞生及建国过程为主要内容，朝鲜神话中这类神话占有很大的比重。其代表作有古朝鲜的《檀君神话》、高句丽的《高朱蒙神话》、新罗的《朴赫居世神话》、驾骆国的《金首露王神话》、探罗国的《三姓穴神话》等。

（三）始祖神话

始祖神话指有关某姓氏或种族始祖的神话。这类神话往往与建国神话相联系，如上述的建国神话大都具有始祖神话的性质，但它又是普通姓氏或家族的神话。因此，这类神话和家族的家谱、碑文等记录一起传承下来的也不少，如《南平文氏族书》、《昌宁赵氏族谱》等，这些家谱中所介绍的始祖的出生经过，大多具有始祖神话的性质。下面是南平文氏的始祖神话：

南平郡以东千丈绝壁下有一湖水。有一天，君王游览到此

---

① 《三国遗事》卷一，延乌郎、细乌女。

地，见一巨石笼罩在白云之中。忽然，从那里传来婴儿的啼哭声，君王觉得蹊跷，令部下到那里看个究竟。部下利用绳索下到岩石处一看，原来岩石上有一男婴，面如冠玉，神奇异常。君王收男婴为养子，男婴到了五岁，聪明伶俐、文武双全、万事皆通，故以文为姓氏，名为多省，字为明达，世人叫他文多省。因为他的才华如日月星辰，所以号为三光。①

（四）部落神话

部落神话与供在部落神龛中的神有关，这类神话中叙事巫歌占很大的比重。《竹岭山神多子口婆婆》、《日月山黄氏夫人》等都是部落神话。但这些部落神话与其说是神话，还不如说是传说。

神话学里常有“英雄异常出生”说，这就告诉我们神话主人公的出生在古代神话的结构中处于重要的位置。因此，也有根据主人公的出生来分类的。尤其是就朝鲜古代神话的基本性质而言，以主人公的出生来分类是较为妥当的方法。用该方法可将朝鲜古神话分为五类。

（一）卵生神话

神话《高朱蒙神话》、《朴赫居世神话》、《金首露王神话》等，主人公都是卵生的，而且这些主人公大都与各国的建国历史结合在一起成为该国的第一代国王。这类神话的共同点，主人公都是卵生的，个个智慧超群，才华非凡，个个都创立了自己的国家，成为第一代国王。这类神话在形式和结构上都有共同点。

（二）天降神话

天降神话不同于卵生神话，主人公不是卵生的，而是从天而降的。如《檀君神话》中桓雄带领三千天神降到太白山山顶；《解慕漱神话》中解慕漱也带一百多天神到熊心山，他们在地上创建新的世界，建立国家。卵生神话和天降神话混在一起的现象形成了朝鲜古代神话的一大特点。

（三）龙生神话

朝鲜古代神话中龙生神话为数不多，这类神话的主人公出生于龙所产

---

① 摘自《南平文氏家谱》。

下来的卵或出生于龙的胳肢窝，如《昔脱解王神话》和《金阏智神话》。

（四）隧穴神话

《三姓穴神话》中主人公是从隧穴中迸出来的，良乙那、高乙那、夫乙那迸出于毛兴穴，他们创造人间世界，建立国家。像这样主人公出生于隧穴的神话，谓之隧穴神话。

（五）岩石神话

《金蛙神话》中金蛙被马偶然发现，出生于岩石下面。文氏始祖也是出生于岩石之中的。民俗中的这些岩石崇拜信仰，寻其根源也可能与巨石文化时期的原始信仰有一定的关系。

四、文献与资料考

历史给我们留下了有关朝鲜神话的丰富资料，如《三国遗事》、《三国史记》、《桓檀古记》、《海东高僧传》、《高丽史》、《世宗实录》、《东国舆地胜览》、《东国文献备考》、《揆园史话》、《大东韵府群玉》、《芝峰类说》、《星湖塞说》、《五洲衍文长几散稿》、《稗官杂记》、《雅言觉非》、《东京杂记》、《淤于野谈》等等。

这些资料是我们研究神话的依据。但是，我们也应知道这些资料所记载的神话，都是在长期的历史过程中被加工润色而成的。同样，记录着神话的这些历史文献资料也在悠久的历史过程中经历了发展变化。由此可见，历史文献资料具有双重性，且有它的局限性。

神话起源于原始社会，但它的发展和完成却经过了阶级社会，因此，现有的古代神话资料保留着很深的阶级社会的痕迹。这就是古代神话在经过文字化的过程中不能保持其纯粹性的原因之一，从而使古代神话资料给神话研究带来了诸多疑问。

原文刊载于满都呼主编《中国阿尔泰语系诸民族神话故事》，民族出版社，1997 年。

朝鲜族族源神话研究

傅朗云

在民族学研究领域内，族源学占有重要地位，族源神话研究也很重要，研究民族史同样离不开族源神话研究。

在朝鲜半岛及其沿海岛屿上存在过数以百计的历史民族。晚至朝鲜“三国时期”（313～668年）仍然是新罗、高句丽、百济三个民族国家鼎立，还有任那、耽罗、州胡，肃慎、靺鞨等民族并存相当一个历史时期。秽、不耐秽、韩秽、貊、梁貊、小水貊、貉、秽貉、韩貉、秽貊、沃沮、东沃沮、南沃沮、夫租、耽罗、于夷等历史民族，也曾各领风骚。公元918年，王建取代了弓裔，统一了后三国，成为高丽王朝一代君主，新罗、百济等民族逐渐消失，渤海、靺鞨、女真虽相继活动在朝鲜半岛的东北一隅，且不时同高丽族融合，但朝鲜的民族过程，已从多源趋向单一民族。公元1329年，李成桂通过“禅让”，建立李氏朝鲜，最终完成单一民族的历史任务。研究朝鲜民族族源神话的演变历史，探索朝鲜民族长期融合的伟大历程，为当务之急。

一

朝鲜古代历史学家金富轼认为：“海东有国家久矣，自箕子受封于周室，卫满僭号于汉初，年代绵邈，文字疏略，因莫得而详焉。至于三国鼎峙，则传世尤多。新罗五十六王，九百九十二年，高句丽二十八王，七百五十年；百济三十一王，六百七十八年。其始终可得而考焉。”又认为：“唐贾言忠云，高丽自汉有国今九百年误也。”[①] 这说明朝鲜的历史悠久、文化古老，在世界上占有重要地位。

① 《三国史记》卷二九。

朝鲜古籍的积聚，同样有着悠久的历史。据徐逸樵先生搜集的资料表明，朝鲜古籍《百济记》约成书于公元7世纪初，“其记事从百济近肖古王时代开始。是成书远较日本的《古事记》、《日本书纪》和朝鲜《三国史记》、《三国遗事》为早的史书，近肖古时代就是百济和日本开始勾结的时代。据日本史学界研究，这书记载比较翔实，《日本书纪》中不少记载，尤其其中关于神功皇后纪后半有关新罗、百济的记载，都以这书的记载为依据。”① 不仅成书年代早，而且影响深远。朝鲜佚书《新罗古记》见于《三国遗事》，另一部古籍《东史》见韩致奫《海东绎史》，《三国史记》中也收录了《新罗古记》、《罗古记》、《海东古记》、《古典记》、《古记》、《目录》等佚书。中国唐代张金楚撰、雍公睿注《翰苑》一书引用了朝鲜古籍《东夷记》和《高丽记》。可见，朝鲜民族族源史和族源神话的资料十分丰富，研究的历史也很长，不同于无文字民族的口头传说。

朝鲜国王李成桂曾说：“本国与尧并立。”② 这句话的根据就是《三国遗事》所收《檀君神话》。其云：“檀君千检，以唐高即位五十年庚寅(唐高即位元年戊辰。则五十年丁已，非庚寅也，疑其未实。）都平壤城(今西京)，始称朝鲜。”③ 唐高即唐尧。就是说早在尧舜时代，朝鲜已有了国家。中外史学界一度将唐尧、虞舜等三皇五帝归入“传说时代”，即史前历史时期，在红山文化遗址中出土的大批祭器中，发现了女神庙、祭坛等文化遗址，将中国文明史推至五千年前，尧、舜等传说人物必然恢复其历史地位。1980年，我国公布了当代天文学界新的科研成果，考定《左传》昭公十七年引《夏书》记载的一次日全食，发生在公元前2137年10月22日，即夏中康甲申年九月初一日。“这是世界上最早的日全食记录，已为国际天文学界所承认。”④ 又有人考证出尧生于公元前2397年，岁次甲子，即位于公元前2377年。⑤ 安徽省颍上县一农民又考证确定“公元前2517年是中国干支纪历的第一个甲子年”⑥。古朝鲜立国当在公元前2327年。自然是历史悠久。

另一位朝鲜古代史学家柳得恭有一首缅怀檀君的诗：“大同江水浸烟芜，王俭春城似画图，万里涂山来执玉，佳儿尚忆解夫娄。”⑦ 援引《东国

① 徐逸樵著：《先史时代的日本》，332页，三联书店，1991年。
② 《李朝实录》卷一。
③ 《三国遗事》卷一。
④ 见《安徽日报》，1980年3月6日第3版。
⑤ 见《安徽史学》，1985（5），第4页。
⑥ 见《信息日报》，1990年9月3日第1版。
⑦ 柳得恭：《二十一都怀古诗》，见《玄览堂丛书》。

通鉴》云:“东方初无君长，有神人降于檀木下，立为君，是为檀君，国号朝鲜，唐尧戊辰岁也，至商戊丁八年入阿斯达山为神。”又引《东史》云:“夏禹十八年会诸侯于涂山，檀君遣子夫娄朝焉。”早在涂山之会上，朝鲜族人解夫娄已执王朝贡。

历史上的汉民族、蒙古民族、朝鲜民族、大和民族都自称其族源于抽象的“天”，自称“天子”、“天可汗”、“天帝”、“天之孙”、“天神之子”、“天孙”等。毕竟任何一个民族都生活在地上，靠地上的动植物维持生活，繁衍子孙，最早意识到人和动植物的关系，认为养活人的动植物是人的祖先，每一个民族都用一种动物或植物充当族神，便出现了图腾崇拜和图腾社会。朝鲜民族的族源神话始于东汉时期记录的《东明神话》，高句丽、百济都以《东明神话》为蓝本，创作了一个又一个本民族的族源神话故事。连同最南端的新罗族，都离不开“禽卵”为本民族生命的起源和基因。普遍存在一种“卵生”说，以鸟为图腾的“东夷”，包括古代朝鲜民族在内。《檀君神话》追溯到尧、舜，后又以彭吴附会。尽管文献记载不多，但在民间流传很广泛。其载体《古记》虽已失传，但所载神话传说当始于遥远的过去。朝鲜汉文古籍《旬五志》载称：古有九夷，其君自檀君始。《纪寿四闻录》则谓：檀君化行有年，九夷共尊之，立为天王。汉文古籍以“九”为多，或代替“若干”一词。后有人从众多的民族或族团中抽出九个充数。泛指的“九夷”、“九貉”、“九貊”、“九秽”中，只有“九夷”具备九个实在的族体。其中《后汉书·东夷传》谓“东夷有九种：畎夷、于夷、方夷、黄夷、白夷、赤夷、玄夷、风夷、阳夷”。黄、白、赤、玄以颜色各族，畎、于、方、风、阳则为图腾。可见，“九夷”是原始民族。《风俗通》则谓“九夷：一曰玄菟，二曰乐浪，三曰高丽，四曰满饰，五曰凫臾，六曰索家，七曰东屠，八曰倭人，九曰天鄙”。已是九个具体的历史民族。历史上的“东北夷”几乎包括“九夷”的全部。在古代，淮有“九夷”，楚也有“九夷”，甚至“蜀西西南夷亦九：曰西番，曰罗果，曰伯夷，曰摩梦，曰猓㺐，曰达旦，日僰人于，曰回回，曰渔人”①。历史上的西南夷非止9个民族，四川省西部地区也习惯，或许出于文人之手。无独有偶，古代朝鲜的文人炮制出一个“九韩”。根据《海东安弘记》载称：“九韩者，一日本，二中华，三吴越，四乇罗，五鹰游，六靺鞨，七丹国，八女真，九秽貊。”很明显，这是10世纪前后东亚地区的民族分布情况，当出自百济遗老手笔。

---

① 《蜀九种夷记》，见《小方壶斋舆地丛抄》。

“韩”是“夷”的对称，最早的“爽”是同“华”或“夏”相对称谓，汉以后才出现汉同爽的民族关系。“韩”与东北亚汉文化中经常使用的“汗”、“汉”、“哈”相同，意即“人”，引申为“族类”。据考证，黑龙江上的岩画有“九萨满”的画面，“这些图形属于某一个哈族”，而且“他们的脸形很像汉人”，但又考证出“古朝鲜人种韩同果尔特的哈又十分相似”，相传“哈族原来远居在太阳升起的海边……哈人则先于汉人来到这里……哈人同果尔特人征战，但汉人把他们赶跑了”。学者们“很肯定地确定，关于被认为与黑龙江岩画有关系的哈族的传说究竟属于远东的哪个民族……岩画本身没有提供任何东西。根据书写的技法来看，它们同西伯利亚岩画确实毫无共同之处，但却无疑地来源于远东，而且同样可以认为属于汉人、朝鲜人和日本人”①。汉、哈为近音汉字。历史上有一与“汉”近音的犴图腾族，西周初年来到中国中原。据《尚书·序》孔氏传云：“海东诸夷，驹丽、扶馀、犴、貊之属，武王克商，皆通道焉。”驹、犴都是马。犴可读为“旱”；馯，是一种凶悍的马，又是一个姓氏，西周初年，犴族分布在“海东”，即朝鲜半岛和黑龙江下游，也有可能分布在渤海以东黄海日本海的岛屿上。

犴图腾族当出自旱魃女神，旱魃又作女魃或女妭。《山海经·大荒北经》有一则神话：“有人衣青衣，名曰黄帝女魃。蚩尤作兵伐黄帝，黄帝乃令应龙攻之冀州之野。应龙畜水，蚩尤请风伯雨师，纵大风雨。黄帝乃下天女曰魃，雨止，遂杀蚩尤。魃不得复上，所居不雨。叔均言之帝，后置之赤水之北。叔均乃为田祖。魃时亡之，所欲逐之者，令曰：‘神北行！’先除水道，决通沟渎。”这个女魃又见于《魏书·帝纪·序纪》：“黄帝有子二十五人，或内列诸华，或外分荒服。昌意少子，受封北土……其裔始均，入仕尧世，逐女魃于弱水乏北，民赖其勤，帝舜嘉之，命为田祖。”女魃与鲜卑族祖先曾共处于同一时代、同一地区。

旱魃主旱，实为久旱不雨的自然现象，远古人类将旱灾归咎于太阳。古“旱”字作“暵”，另有一个“莫”字，是一个头戴鹿角高帽的巫师或萨满，据所含“夫”字考析，“暵”当是男性，居于水滨的暵族便写作“漢”。《山海经·海内西经》载云：“东胡在大泽东，夷人在东胡东，貊国在汉水东北，地近于燕，灭之。”此汉水当在貊国西南，和东胡、夷人处于同一地域内。有汉族才会有汉山、汉水等地名。古代西伯利亚和北太平洋都有“大汉”民族。中国中原的华夏族、汉族源源不断地进入朝鲜半

① 《基立亚克人、吴罗奇人、果尔特人、捏吉达尔人、爱奴人》，1933年哈巴罗夫斯克俄文版。

岛、日本列岛以及东北亚广大地区。见载于文献和流传于民间的传说可证汉族和东北亚其他土著民族的密切关系。《东北古代女神考述》认为："黄帝之少子与炎帝之少女会于海滨，炎黄互为婚媾，最后融合为民族，史不乏例。从考古资料上看，辽西地区的红山文化对河北地区同类文化的影响十分明显。"① 暗示红山文化的女神庙就是旱魃庙。《牛河梁"女神庙"族属考》认为："昌意或帝喾的少子厌越君临北夷，即到外族去做皇帝，似乎是东北地区许多历史民族的通例。王充《论衡·吉验篇》、鱼豢《魏略》扶馀条、陈寿《三国志》卷三十和范晔《后汉书》卷八十五都记载了夫余、高句丽等民族的族源传说，自北南下，君临他族。这些民族的许多族俗又为五千年前"女神庙"的族属问题提供了重要证据。"② 朝鲜民族的文明史也不会晚于五千年前。

二

朝鲜民族族源神话的多源性和其他东方民族族源神话大致相似。古朝鲜或王俭朝鲜的《檀君神话》谓"昔有桓因庶子桓雄，率徒三千，降于太伯山顶神坛树下……将风伯雨师、云师……在世理化"③ 云云。桓因、桓雄、太伯山、神坛或神坛树、风、雨、云等人物、自然现象，都可能是朝鲜民族中某一个民族的族神。桓与因是两个汉族姓氏，桓是四柱并举的总称，雄也是汉姓之一，又雄性代表男性。桓和雄又含"大"的意思。朝鲜族族源神话的男性始祖是桓雄，女性始祖是"熊女"。当桓雄等三千徒众从天而降即自远方来到朝鲜时，朝鲜尚未开发，其"时有一熊一虎同穴而居，常祈于神雄愿化为人，熊得女身无与为婚，故每于檀树下咒愿有孕，雄乃假化而婚之，孕生子，号曰檀君王俭"④。未开发不等于没有人类活动，熊与虎代表两个图腾族，均处于母系氏族社会，桓雄一伙则来自奴隶制社会的国度。熊图腾族先进入文明时代，由"野人"化为"文明人"即神的子民，虎图腾族仍处于"野人"地位。

《檀君神话》载于《三国遗事》、《帝王韵记》、《东国李相国集》、《世宗实录》、《龙飞御天歌》、《八域志》等朝鲜古籍中，其内容大同小异，

---

① 傅朗云：《东北古代女神考述》，载《图书馆学研究》，1987（2），第156页。

② 傅朗云：《牛梁河"女神庙"族属考》，载《北方文物》，1993（1），第47页。

③ 《三国遗事》卷一。

④ 《三国遗事》卷一。

学者一般以《三国遗事》所载为据。据《八域志》记载："古尧时有神人，化生于平安道价川县妙香山檀木下石窟中，名曰檀君，遂为九夷君长，年代子孙不可记。"另一部史书《龙飞御天歌》卷一载："唐尧戊辰岁，神人降于檀木之下，国人立为君，都平壤，号檀君。"一般史书都删减那些"不雅顺"的文字。《朝鲜史略》卷一亦云："东方初无君长，有神人降于太白山檀木下，国人立为君，国号朝鲜，都平壤，徒白岳，后入阿达山为神，是为檀君。"古朝鲜民族的形成在唐尧时代，发源地在以平壤为中心的朝鲜半岛西北一侧。

《檀君神话》的时间包括唐尧即位五十年庚寅到周武王即位己卯年的约两千年时间。《三国遗事·纪异》篇云："周虎（武）王即位己卯，封箕子于朝鲜，檀君乃移于藏唐京，后还隐于阿斯达，为山神。"该神话围绕着唐尧做文章。檀君于唐尧即位第五十年建立朝鲜，1500年后又"移于藏唐京"。古今中外文献仅于此书见载"藏唐京"一名。"京"是城堡，"唐"是唐尧。唐尧因何而藏，藏于何处，一直是一个谜。据《史记集解》一书考证："尧为唐侯，国于中山，唐县是也。"《史记正义》引《括地志》云："故尧城在濮州鄄城县东北十五里……又有偃朱故城，在县西北十五里。"又引《竹书纪年》云："昔尧德衰，为舜所囚也……舜囚尧，复偃塞丹朱，使不与父相见也。"[①] 舜囚尧的城堡即藏唐京。周武王东封箕子于朝鲜，可能也囚禁于最后一位檀君。

朝鲜学人曾称"檀君朝鲜"族为"倍达族"，且云："倍达朝鲜即檀君东明之意，是故称檀君为东明天帝。"又引《方言》："称檀曰倍达，谓朝曰开东，释鲜曰光明。"全译当为"倍达（君）开东光明"[②]。其族名和族源都成了历史的迷惘。纵观朝鲜民族的史料记载，檀君主父桓雄可能是唐尧的族人之一。最后一位檀君被"移于藏唐京"这一历史事实，可能寓意于"舜囚尧"故事，实有箕子囚檀君的举措。藏唐京的方位问题一直无人问津。根据檀君"还隐"的阿斯达又名无叶山或云在开城东，藏唐京可能在箕国境内，不可能在开城以南或以东，而应在以西或以北。

箕子朝鲜的族源传说虽无神话色彩，但却影射着檀君神话的源头。《朝鲜史略》卷一记载："周武王克商，箕子率中国人五千人朝鲜，武王因封之，都平壤，是为后朝鲜。教民礼义，田蚕织，作设八条之教（相杀以当时赏杀，相伤以谷赏，相盗者，男没入其家为奴，女为婢，欲自赎者，人五十万，虽免为民，俗犹羞之，嫁娶无所雠），其民终不相盗，无门户

---

① 《史记正义》卷一。

② 《倍达族疆域形势图》。

之闭，妇人贞信不淫。群饮食以笾豆，有仁贤之化。”《海东绎史》卷一亦载：“箕子率五千人入朝鲜，其诗书礼乐医药卜筮皆从而往，教以诗学，使知中国礼乐之制，衙门官制衣服悉随中国。”这与《檀君神话》对比多有相似。

箕子是商朝大臣，箕族是商代东北地区的一个大族。辽宁省喀喇沁左翼蒙古自治县出土文物中发现有箕族的铜器。朝鲜古籍所载箕子东迁是主动的，可能是箕族向东北的一次开拓。

继箕子朝鲜之后有卫满朝鲜，一批燕人流入朝鲜半岛，再次增添朝鲜民族的成分。

高句丽族和百济国的王族相传都出自扶馀族。扶馀族同朝鲜族的关系，主要反映在上文考述的神话人物解扶娄的出身上。解夫娄是一个族体，存在的历史相当长远，既是檀君之子，又曾是高句丽始祖朱蒙的异母兄弟，对此《檀君记》一书早有辨析。而《文献备考》一书却仍坚持“檀君解夫娄为扶馀始祖”说。若非族体，仅一个人是不能活到几千年的。檀君朝鲜族融入高句丽族才会有檀君之子为扶馀始祖的神话。

《三国史记》所载高句丽始祖东明神话云：

> 先是扶馀王解夫娄老无子，祭山川求嗣，其所御马至鲲渊，见大石相对流泪，王怪之，使人转其石，有小儿，金色蛙形（蛙亦作蜗）。王喜曰：“此乃天赉我令胤乎！”乃收而养之，名曰金蛙，乃长立为太子……及解夫娄薨，金蛙嗣位。于是时，得女子于太白山南优渤水，问之曰：“我是河伯之女，名柳花，与诸弟出游，时有一男子，自言天帝子解慕漱，诱我于熊心下、鸭绿边室中私之，即往不返。父母责我无媒而从人，遂谪居优渤水。”金蛙异之，幽闭于室中，为日所照……因而有孕，生一卵，大如五升许，王弃之与犬、豕，皆不食，又弃之路中，牛、马避之，后弃之野，鸟覆翼之。王欲剖之，不能破，遂还其母，以物裸之，置于暖处。有一男儿，破壳而出，骨表英奇。年甫七岁，嶷然异常，自作弓矢射之，百发百中。扶馀俗语，善射为朱蒙，故以名云”（卷十三）。

朱蒙为高句丽族始祖。据该卷原注云：“朱蒙至卒本扶馀，王无子，见朱蒙，知非常人，以其女妻之。王薨，朱蒙嗣位。”以卒本扶馀改名高句丽。扶馀王解扶娄率众避居东海之滨迦叶原、新建东扶馀国。其旧都由

“自称天帝子解慕漱”的人袭位。金蛙继位东扶馀王，朱蒙继位卒本扶馀王。朱蒙是解慕漱和柳花的私生子，为金蛙的养子，为卒本扶馀王的女婿。三个扶馀王国中的卒本扶馀是高句丽族的前身。《三国遗事》直书：“北扶馀王解夫娄既避地于东扶馀，及夫娄薨，金蛙嗣位。”夹注引《坛君记》云：“［坛］君与西河河伯之要亲，是有产子，名曰夫娄。”从解夫娄所建北扶馀、东扶馀的系统，扶馀族当出朝鲜族。

朱蒙神话的一些情节近似西周族源神话的记述。如《史记·周本纪》云：

> 周后稷，名弃。其母有邰氏女，曰姜原。姜原为帝喾元妃。姜原出野，见巨人迹，心忻然说，欲践之，践之而身动如孕者。居期而生子，以为不详，弃之隘巷，马牛过者皆辟不践；徙置之林中，适会山林多人，迁之；而弃渠中冰上，飞鸟以其翼覆荐之。姜原以为神，遂收养长之。初欲弃之，因名曰弃。

此处所弃为人，前者所弃为卵。《史记·殷本纪》所载商族族源神话云：“殷契，母曰简狄，有娀氏之女，为帝喾次妃。三人行浴，见玄鸟堕其卵，简狄取吞之，因孕生契。”故高句丽族源神话兼有商、周两族族源神话的内容。

夫馀族族源神话最早见载于东汉王充《论衡·古验篇》，其云：

> 北夷橐离国王侍婢碻娠，王欲杀之。婢对曰：“有气大如鸡子，从天而下，我故有娠。”后生子，捐于猪溷中，猪以口气嘘之，不死。复徙置马栏中，欲使马借杀之，马复以口气嘘之，不死。王疑以为天子，令其母收取，奴畜之，名东明，令牧牛马。东明善射，王恐夺其国也，欲杀之，东明走，南至掩淲水，以弓击水，鱼鳖浮为桥，东明得渡。鱼鳖解散，追兵不得渡。因都，王夫馀，故北夷有馀余国焉。

高句丽族族源神话最早见载《魏书·高句丽传》：

> 高句丽者，出于夫馀。自言先祖朱蒙。朱蒙母河伯女，为夫馀王闭于室中，为日所照，引身避之，日影所逐。既而有孕，生一卵……有一男破壳而出，及其长也，字之曰朱蒙。……朱蒙乃

> 与乌引、乌违等二人弃夫馀东南走……至纥升骨城，遂居焉。号曰高句丽，因以为氏焉。

《好太王碑》云：“惟昔始祖邹牟王之创基也，出自北夫馀，天帝主子，母河伯女郎。《高丽大兄冉牟墓志》云：“河伯之孙，日月之子，邹牟圣王，元出北夫馀，天下四方，知此国都。”

夫馀国王东明是北夷櫜离人，櫜离即九夷之一的索家。夫馀一作扶馀、凫臾、浮渝。有人认为符娄、扶娄、夫娄、胡不与等也是夫馀的别称，也属于九夷。齐齐哈尔地区出土的刻画有凫、鱼的文物，考古学界认为是复合民族凫鱼图腾族。追溯其历史，櫜离族跨有黑龙江上游两岸。夫馀王国则以今吉长地区为主，西与乌桓、鲜卑为邻，曾被这些民族俘获卖为奴隶，史称“夫馀之口”[①]。据《魏书》所载，高句丽始祖当来自松辽平原的西北，而不是北方。当与东胡、山戎、乌桓、鲜卑为邻。

高句丽又作高丽、句丽、驹丽、句骊、高句骊或高夷，以高为姓氏。《三国遗事》所载高句丽族源神话夹注云：高氏“本姓解也，今自言是天帝子，承日光而生，故自以高力氏”。寓意于“天高地厚”，或太阳之高。《晋书·慕容云传》记载：“慕容云字子雨，宝之养子也，祖父和，句丽之支庶，白云高阳氏之苗裔，故以高为氏焉。”《资治通鉴》卷一〇五胡三省注云：“高句丽自云高阳氏之后裔，故以高为氏。句，如字，义音驹。”《三国史记》卷十八也记载了北燕王高云自云“高阳氏之苗裔”一说。突出了“承日光而生”的神话情节。帝颛顼为高阳氏，“黄帝之孙而昌意之子也”[②]。东胡、鲜卑的族源神话均自称是昌意的后裔。舜即位时，辽西地区尚有颛顼城。只是东明鲜卑又自称出自高辛氏帝喾，“高辛于颛顼为族子”[③]。另一说则出自炎帝。

《朝鲜史略》卷一记载：

> 高句丽始祖朱蒙立（汉元帝建昭二年，新罗始祖二十一年）光是东扶馀王金蛙（扶馀王解夫娄老无子求嗣，祭山川，所御马至鲲渊，见大石相对而泪，转石有小儿金色蛙形，喜而养之，名曰金蛙，及长，立为太子）得河伯女柳花于太白山南优渤水（今宁边府）幽于室中，为日影所照而娠，生一卵，蛙欲剖之，不

---

① 《太平寰宇记》卷一七四。
② 《史记》卷一。
③ 《史记》卷一。

能，母裸置暖处，有男子破壳而出，骨表英俊，七岁自作弓矢，发无不中，名为朱蒙（扶馀俗谓善射为朱蒙）。蛙七子，忌欲杀之，朱蒙乃与乌夷、陕夫、摩离等行至淹淲水，无梁，祝曰："我天帝子，河伯外甥，今逃乱，追者将及，奈何！"于是鱼鳖成桥，得渡，桥解，追兵不及。至毛屯谷，遇三贤（麻衣、衲衣、水藻衣）俱至卒本扶馀（今成川府），其王无子，妻以女，生沸流及温祚。王薨，朱蒙嗣，自称高辛氏之后，国号高句丽，因姓高。"

这一段文字涉及扶馀王解夫娄、东扶馀王金蛙、卒本扶馀王及其女婿朱蒙，还有乌夷、陕父、摩离、麻衣、衲衣、水藻衣六族。神话所涉天神、日神、马神、石神、蛙神和蜗神。其中的蛙神和蜗神又暗示为女娲的子孙。

金王朝皇族完颜氏的始祖父来自新罗和高丽，故有"本朝绍高辛"一说传世，但"按《始祖实录》止称自高丽而来，未闻出于高辛"①。晚至金代，中国中原王朝仍有高丽出自高辛的族源神话资料。高丽族名古称"高夷"，新罗时期的"高伊部曲"又作"高阳"，据说"高伊者，方言猫也"②。颇富图腾色彩。另有鸡图腾为高丽族族神的传闻，相传："鸡贵者，梵云：矩矩吒瑿说罗，矩矩吒是鸡，瑿说罗是贵，即高丽国也。相传云：彼国敬鸡神而取尊，故戴翎羽而表饰矣……西方唤高丽为矩矩证说罗也。"③很显然是受新罗族族源神话影响。

百济国王族出自扶馀，且以扶馀为姓。据《三国史记》卷二十三记载：

百济始祖温祚王，其父邹牟，或云朱蒙，自北扶馀逃难，至卒本扶馀。扶馀王无子，只有三女子。见朱蒙，知非常人，以第二女妻之。未几扶馀王薨，朱蒙嗣位，生二子，长曰沸流，次曰温祚（或云朱蒙到卒本，娶越郡女，生二子）。及朱蒙在北扶馀所生子来为太子。沸流、温祚恐为太子所不容，遂与乌干、马黎等十臣南行，百姓从之者众。遂至汉山，登负儿岳，望可居之地。沸流欲居海滨，十臣谏曰："唯此河南之地，北带汉水，东

① 《金史》卷一〇七〇。
② 《东国舆地胜览》卷四十。
③ 《大唐西域求法高僧传》卷上。

据高岳，南望沃泽，西阻大海，其天险地利，难得之势，作都于斯，不亦宜乎！”沸流不听，分其民，归弥邹忽以居之。温祚都河南慰礼城，以十臣为辅翼，国号十济。是前汉成帝鸿嘉三年也。沸流以弥邹土湿水咸，不得安居，归见慰礼，都邑鼎定，人民安泰，遂惭悔而死。其臣民皆归于慰礼。后以来时百姓乐从，改号百济。其世系与高句丽同出扶馀，故以扶馀为氏。

其注所引传说很有参考价值。注引：

一云，始祖沸流王，其父优台，北扶馀王解扶娄庶孙。母西召奴，卒本人延拖（陀）勃之女。始归于优台，生子二人，长曰沸流，次曰温祚。优台死，寡居于卒本。后朱蒙不容于扶馀，以前汉建昭二年春二月，南奔至卒本，立都，号高句丽，娶召西奴为妃。其于开基创业，颇有内助，故朱蒙宠接之特厚，待沸流等如己子。及朱蒙在扶馀所生礼氏子孺留来，立之为太子，以至嗣位焉。于是沸流谓弟温祚曰：“始大王避扶馀之难，逃归至此，吾母氏倾家财助成邦业，其勤劳多矣。及大王厌世，国家属于孺留，吾等徒在此，郁郁如疣赘，不如奉母氏南游卜地，别立国都。”遂与弟率党类，渡贝、带二水，至弥邹忽以居之。《北史》及《隋书》皆云：东明之后有仇台，笃于仁信，初立国于带方故地，汉辽东太守公孙度以女妻之，后为东夷强国。未知孰是。①

百济国的王族既有扶馀族高句丽族血统，也有汉族的血缘。章太炎对百济王族族源提出疑问，他考证“吴公子柯卢，其后为柯，利用于柯拔袭有之。独《风俗通义》言吴夫概奔楚，其子在国，以夫馀为氏。其后百济王亦氏夫馀，也莫知其同异。汉则有鲜于妄人荐第五伦者，鲜于褒也，应氏以为箕子之世。今在朝鲜者，尚氏鲜于。二国与神州故同柢。”夫馀、高句丽、百济和西周皇族的同源历史又同吴、越挂上了钩。虽是历史之谜，但又令人玩味。

朝鲜半岛上的高丽王朝，虽以高丽为国号，然其王族亦未详其源。朝鲜古史《高丽史·高丽世系》云：“高丽之先，史阙未详。”若出自高句丽，早有史书详载。据金宽毅《编年通录》云：

① 《三国史记》卷二三原注。

有名虎景者，自号圣骨将军，自白头山游历至扶苏山左谷，娶妻家焉。富而无子。善射，以猎为事。一日与同里九人捕鹰平那山，会日暮，就宿岩窦，有虎当窦口大吼，十人相谓曰："虎欲啖我辈，试投冠，揽者当之。"遂皆投之，虎揽虎景冠。虎景出，欲与虎斗，虎忽不见，而窦崩，九人皆不得出。虎景还告平那郡，来葬九人。先祀山神，其神见曰："余以寡妇主此山，幸遇圣骨将军，欲与为夫妇，共理神政，请封为此山大王。"言讫，与虎景俱隐不见。郡人因封虎景为大王，立祠祭之。以九人同亡，改山名曰九龙。虎景不忘旧妻，夜常如梦来合，生子曰康忠。康忠……娶西江永安村富人女，名具置义……生二子，季曰损乎述。（损乎述妻兄女德周），后生二女，季曰人名，美而多才智，年甫笄，其姊梦登五冠山顶而旋，流溢天下。觉，与辰说。人名曰："请以绫裙买之。姊许之。"人名令更说梦，揽而怀之者三，既而身动，若有得，心颇自负。唐肃宗皇帝潜邸时，欲遍游山川，以明皇天宝十二载癸巳春，涉海到贝江……抵摩诃岬养子洞寄宿……代以人名，遂荐枕，留期月，觉有娠，临别云："我是大唐贵姓。"与弓矢曰："生男则与之。"果生男，曰作帝建……年十六，母与以父所遗弓矢……于是欲觐父，寄商船，行至海中，云雾晦暝，舟不行三日。舟中人卜曰宜去高丽人。作帝建执弓矢自投海，下有岩石，立其上，雾开风利，船去如飞。俄有一老翁拜曰："我是西海龙王。每日晡，有老狐作炽盛光如来像，从空而下，罗列日月星辰于云雾间，吹螺击鼓奏乐而来，坐此岩读《臃肿经》，则吾头痛甚。闻郎君善射，愿除吾害。"作帝建许诺。害除，携龙女以七宝与豚东归，豚至松岳南麓而卧，遂营新第……龙女为元昌王后，元昌生四男，长曰龙建，是为世祖，即太祖王建之父。

"七宝"见于新罗族源神话，以豚卜居仅见于此。王氏高丽王国的王族非源于高句丽族。

新罗族或新罗国的王族分朴、昔、金姓氏，由朴氏开国。《三国史记》卷一载：

先是朝鲜遗民分居山谷之间为六村。一曰阏川杨山村，二曰突山高墟村，三曰觜山珍支村（或云干珍村），四曰茂山大树村，五曰金山加利村，六曰明活山高耶村。是为辰韩六部。高墟村长苏伐公，望杨山麓萝井傍林间，有马跪而嘶，则往观之，忽不见马，只有大卵，剖之，有婴儿出焉，则收而养之。及年十余岁，岐嶷然夙成，六部人以其生神异，推尊之，至是立为君焉。辰人谓瓠为朴，以初大卵如瓠故，以朴为姓。

又传：

龙见于阏英井，右肋诞生女儿，老妪见而异之，收养之，以井名名之。及长有德容，始祖闻之，纳以为妃，有贤行，能内辅，时人谓之二圣。

其时，中国已进入封建社会的汉王朝，这一时期图腾文化，无论著述还是艺术，都有一批作品传世，朝鲜半岛和日本列岛深受其影响。由于人类开发地球或人类社会发展的不平衡，汉代东邻的朝鲜和日本仍有许多地方的土著民族处于原始社会的解体时期，女王频频，是女权遗制的特殊表现形式。从男女两个方面寻求族源的特殊现象，是一个民族学和民族史学研究的特殊任务。

新罗脱解王或吐解王，姓昔，妃阿孝夫人。

（脱解），本多婆那国所生也。其国在倭国东北一千里。初，其国王娶女国王女为妻。有娠七年，乃生大卵。王曰：“人而生卵，不祥也，宜弃之。”其女不忍，以帛裸卵并宝物置于椟中，浮于海，任其所往。初至金官国海边，金官人怪之，不取。又至辰韩阿珍浦口，是始祖赫居世在位三十九年也。时海边老母以绳引系海岸，开椟见之，有一小儿在焉。其母取养之。及壮，身长九尺，风神秀朗，智识过人。或曰，此儿不知姓氏，初椟来时，有一鹊飞鸣而随之，宜省鹊字，以昔为氏，又解韫椟而出，宜名脱解。

（脱解王即位第九年三月），夜闻金城西始林树间有鸡鸣声，迟明，遣瓠公视之。有金色小椟挂树枝，白鸡鸣于其下。瓠公还告，王使人取椟开之，有小男儿在其中，姿容奇伟，上喜，谓左右曰：“此岂非天遣我令胤乎！”乃收养之。及长，聪明多智略，乃阏智，以其出于金杖。姓金氏。改始林名鸡林，因以为因号。

朴、昔、金三王族的来历均已交代。

《三国遗事》卷一释“赫居业”一名缘于削卵得童男，“浴干东泉，身生光彩，鸟兽率舞，大地振动，日月沾明”。王妃“姿容殊丽，然而唇似鸡嘴”。脱解王的神话故事谓：

南解王时，驾洛国海中有船来泊。其国首露王与臣民鼓噪而迎。将欲留之，而舡乃飞走，至于鸡林东下西知村阿珍浦（今有上西知、下西知村名）。时浦边有一妪，名阿珍义先，乃赫居王之海尺之母，望之谓曰：“此海中元无石岩，何因鹊集而鸣，拿舡寻之。”鹊集一舡上。舡中有一杠子，长二十尺，广十三尺。曳其船，置于一树林下，而未知凶乎？吉呼？向天而誓尔。俄而乃开，见有端正男子，并七宝、奴婢满载其中。供给七日，乃言曰：吾本龙城国人（亦云正明国，或云垸夏国。垸夏或作花厦国。龙城在倭东北一千里），我国尝有二十八龙王，从人胎而……生时我父王含达婆，聘积女国王女为妃，久无子胤，祷祀求息。七年后产一卵，于是大王会问群臣：人而生卵，古今未有，殆非吉祥。乃造杠置我，并七宝、奴婢，载于舡中，浮海而祝曰：任到有缘之地，立国成家。便有赤龙护杠而至此矣。因鹊开杠，故去鸟字，姓昔氏。解杠脱卵而生，故因名脱解。”

新罗国的王族有一支来自日本列岛。

《三国史记·新罗本纪·总论》云：

新罗朴氏、昔氏皆自卵生，金氏从天入金杠而降，或云乘金车，此尤诡怪，不可信。然世俗相传，为之事实。政和中，我朝遣尚书李资谅入宋朝贡，臣富轼以文翰之任辅行。诣佑神馆，见一堂设女仙像。馆伴学士王黼曰：“此贵国之神，公等知之乎？”遂言曰：“古有帝室之女，不夫而孕，为人所疑，乃泛海抵辰韩生子，为海东始主。帝女为地仙，长在仙桃山，此其像也。”臣又见大宋国信使王襄《祭东神圣母文》有娠贤肇邦之句，乃知东神则仙桃山神圣者也。然而不知其子王于何时。今但原厥初，在上者其为己也俭，其为人也宽，其设官也略，其行事也简，以至

> 诚事中国，梯航朝聘之使，相续不绝。常遣子弟，造朝而宿卫，入学而讲习，于以袭圣贤之风化，革鸿荒之俗，为礼仪之邦。又凭工师之威灵，平百济、高句丽，取其地郡县之，可谓盛矣！

中国中原民族对新罗国的影响，不言而喻。

三

古代朝鲜半岛上的众多民族，在一定的历史条件下附属于一个强大族体，形成以小事大的历史传统。如高句骊族，“其人性凶急，有气力，习战斗，好寇抄，沃沮，东会涉皆属焉”。又“句骊一名貊耳。有别种依小水而居，因名曰小水貊”[①] 沃沮又分东、北两族，“东沃沮在高句骊盖马大山之东，东滨大海，北与挹娄、夫余、南与涉、貊接”。相传“又有北沃沮，一名置沟娄，去南沃沮八百余里。……其耆老言，尝于海中得一布衣，其形如中人衣，而两袖长三丈。又于岸际见一人乘破船，顶中复有面，与语不通，不食而死。又说海中有女国，无男人，或传其国有神井，闚之辄生子云”[②]。朝鲜半岛南端“韩”有三种：

> 一曰马韩，二曰辰韩，三曰弁辰（韩）……凡七十八国，伯济是其一国焉……辰韩耆老自言秦之亡人，避苦役适韩国，马韩割东界地与之。其名国为邦，弓为弧，贼为寇，行酒为行觞，相呼为徒，有似秦语，故或名之为秦韩……马韩之西海岛上有州胡国，其人短小，髡头，衣韦衣，有上无下。好养牛、豕，乘船往来货市韩中。[③]

他们不仅与陆地民族关系密切，而且与海洋民族也有千丝万缕的联系，海上贸易的历史也十分悠久。那些散在山海间的小国小族，许多国名族称展示着他们神秘莫测的来历。

前引《高丽史·高丽世系》中的“圣骨将军虎景”似有所本。检《后汉书·西羌传》云：

---

① 《后汉书》卷八五。
② 《后汉书》卷八五。
③ 《后汉书》卷八五。

羌无弋爰剑者，秦厉公时为秦所拘执，以为奴隶。不知爰剑何戎之别也。后得亡归，而秦人迫之急，藏于岩穴中得免。羌人云："爰剑初藏穴中，秦人焚之，有景象如虎，为其蔽火，得以不死。既出，又与劓女遇于野，遂成夫妇。女耻其状，被发覆面，羌人因以为俗。遂俱亡入三河间。"诸羌见爰剑被焚不死，怪其神。共畏事之，推以为豪。

虎景当是有景象如虎的名物化。神话中的岩穴相同。劓女与鼻荆郎相对应。虎景神话和新罗有关神话传说，可能是逃避到三韩的秦人后裔的再创作。

朝鲜半岛上的貊族，其族图腾原为貘，此兽产于东南亚和南亚，东北亚无此兽。貊族也有可能来自中国西南地区。三韩境内的月支、狗奚、狗卢、狗素、冉奚、州鲜、马延、干马、感奚、莫卢、卑离等族名国名，颇有自从相识之感，但又缺乏充分史料说明其族源。

《日本全史》卷二载百济国学者"王仁祖曰狗，狗先曰鸾，出自汉高祖。狗始至白济，因家焉"。事涉汉族刘姓族源问题，早在夏代，刘累代豕韦氏豢龙，故后人以刘姓为豕韦支系。父祖以"狗"、"鸾"等畜、禽为名字，汉族中不多见。可能是中原一些图腾民族不断徙居朝鲜半岛，保留一些畜、禽图腾的痕迹。

新罗国宪康王十二年（公元886年）春，"北镇奏：狄国人入镇，以片木挂树而归，遂取以献，其木书十四字云：'宝露国与黑水国人共向新罗国和通'"①。金毓黼先生曾考证："黑水国者，黑水部也，在渤海之北。宝露为勃利之对音。唐玄宗拜黑水部酋倪属利稽为勃利州刺史，是勃利与黑水初为一部，后或分立。所称狄国，殆即渤海。其时，黑水勃利欲通新罗，必经渤海，而渤海阻遏之。且密遣人挂此牌，盖以揭其密约，间其和好耳。"② 关于"宝露国"的历史谜团至今不曾揭开。

据《日本全史》卷二仲哀天皇八年（公元200年）九月五日，天皇"与群臣议讨熊袭，时有神凭后曰：'天皇何忧熊袭之不服，是膂之空国也，岂足烦兵哉。别有空国，金、银、彩色多生其地，谓之拷衾新罗国，若能祭我，从御船及穴门直践立所献水田为币，则曾不血刃，其国必自服，而熊袭亦服从矣，帝疑焉。'"前揭首露王即金官国国王，金官国是新

① 《三国史记》卷一一。
② 《渤海国志长编》卷一九。

罗国的国中之国，日本神只以“拷衾新罗国”为“宝国”，因产金银财宝之故。

《职方外纪》卷四载：

> 南墨利加之西曰孛露……大小数十国，广袤一万余里。中间平壤沃野亦一万余里。地肥硗不一。肥者不烦耕治，种子自能生长，凡五谷百果草木悉皆上品，本地人自目为天下之苑圃也。其鸟兽之多，羽毛之丽，声音之美，亦天下第—。地出金矿，取时金土互溷，别之金多于土。故金银最多。

《坤舆图说》记作“白露”。中国唐代“勃利”亦作“伯力”（卷下）。笔者认为，美洲的“孛露”或“白露”，中国古代的“勃利”或“伯利”，朝鲜史书记作“宝露”，日本史书所指的“宝国”，在民族关系史上有一定的联系。只是古今中外史学界将海洋视为人类交往的畏途，故不敢相信太平洋两岸的民族自古就有交往。

朝鲜半岛上的檀君朝鲜、箕子朝鲜、卫满朝鲜，史称“三朝鲜”。马韩、辰韩、弁韩并称“三韩”。朝鲜《崔志远文集》中的《上大师侍中状》云：“伏闻东海之外有三国，其名马韩、卞韩、辰韩。马韩则高丽，卞韩则百济，辰韩则新罗也。”今朝鲜半岛北部称“朝鲜”，南部称“韩”，国际文献则称“高丽亚”。

综上所述，历史上的朝鲜民族多源多流，长期融合，终归统一，可以说是一个单一民族。

原文刊载于《黑龙江民族丛刊》，1995（2）

朝鲜古代鸟类崇拜与卵生神话之起源探究

文日焕

朝鲜古代神话中以卵生神话居多。关于卵生神话的产生，学术界一般认为与太阳崇拜、鸟类崇拜、稻作文化有关。但是，笔者认为，卵生神话的产生与鸟类崇拜有直接的联系。据考古发现和史料记载，在朝鲜的上古时代，很多信仰和风俗与鸟类有着密切关系，如朝鲜北方种族之一的鸟夷人以鸟名做官名；南方种族之一的马韩人举行的“苏涂”仪式；辰韩人举行葬礼时给尸体戴上鸟翅膀的习俗等，都说明朝鲜原始人已把鸡、喜鹊、鹰、鸽子当成了崇拜物，他们认为这些鸟是崇高的。这种现象在其他国家和民族中也可以看到，因纽特人禁止姑娘吃鸟蛋，认为吃了鸟蛋会怀孕；吉普赛人为怀孕生子，将鸟蛋穿一个孔，丈夫和妻子各咬一端，丈夫通过蛋孔给妻子的嘴里送进蛋黄，诸多民族都把鸟蛋看做具有繁殖能力的圣物或看做授胎的咒法并信仰它。

上古时期，朝鲜的卵生文化及鸟类崇拜思想的产生可分为南北两个地域。北方指的是渤海湾沿海平原，南方主要指的是南海沿海平原。北方的崇拜对象主要是鹰、鸽子、布谷鸟、白鹅、燕子等，南方则以喜鹊、鸡等为主。

一、北方卵生神话

殷墟出土的甲骨文有“佳夷”的记录。一些学者认为，此“佳夷”是“鸟夷”的误记。[①] 从后世的文献，包括《商书》、《史记》以及《汉书》、《左传》等史籍中可以找到很多与“岛夷”混用的事例，司马迁则把“鸟

① ［韩］金烈圭著：《韩国神话》，121～133 页，一潮阁，1976 年。

夷”和“岛夷”记做两个不同种族。[①] 经一些学者考证，认为“岛夷”是“鸟夷”的误记。[②]《唐石经》把“鸟夷”误记为“岛夷”，王先谦把岛夷正为鸟夷。[③] 综合分析这些史料，可以推测“鸟夷”是一个种族的名称，早在中国殷代就存在，并且与殷商有一定的关系。这一推测被许多史料所证实。

“鸟夷”生活的地域大概为渤海湾沿海平原，班固《汉书》注释道：“此东之夷，捕取鸟兽，食其肉衣其皮，一说，居住海曲，被服容止，皆像鸟也。”[④] 又有郑贤《尚书》注释：“鸟夷东北之民捕食鸟兽者也。”[⑤] 对此王勇注释为：“鸟夷东北夷国名也。”[⑥] 通过这些史料，我们可以得出两个结论：第一，汉人以自己生活的地域为中心指出“鸟夷”生活的方位，可见，是山海关方向，即渤海湾沿海地区可以推定为“鸟夷”生活区域；第二，“鸟夷”以捕鸟为生，食其肉，衣其皮，皆像鸟。由此，可以想像他们当时的生活情况，进而理解“鸟夷”名称之由来。

“鸟夷”人崇拜鸟。《左传》记载：

> 秋，郯子来朝，公与之宴，昭公问焉，曰少皞氏鸟名官何故？……我高祖少皞氏挚之立也，凤鸟适至，故纪于鸟为鸟师而鸟名，凤鸟氏历正也，玄鸟氏司分者也，伯鸟氏至者也，青鸟氏司启也，丹鸟氏司闭者也，祝鸠氏司徒也，鴡鸠氏司马也，鳲鸠氏司空也，爽鸠氏司寇也，鹘鸠氏司事也。[⑦]

此文中的凤鸟氏为凤，玄鸟氏为燕子，伯鸟氏为苍鹭（灰鹭），青鸟氏为青鸟（三宝鸟），丹鸟氏为天鹅，祝鸠氏为白鸽，鴡鸠氏为鸳鸯，鳲鸠氏为布谷鸟，束鸠氏为鹰，鹘鸠氏也为鹰。他们以这些鸟名为官名，可见他们视这些鸟为神圣的灵鸟而加以崇拜。类似的情况在伊鲁库俄人中也有。他们以动物的名称为种族内各氏族之名，即以鹂（绀燕）、白鹳、鹰之类鸟名命名氏族。

那么，“鸟夷”是哪个系统的种族呢？据出土文物及历史研究，推定

① 《史记·世家》。
② ［韩］金烈圭著：《韩国神话》，121～133页，一潮阁，1976年。
③ 《汉书》补注。
④ 《汉书·地理志》。
⑤ 《尚书·正义》。
⑥ 《高丽史节要·注释》。
⑦ 《左传·昭公篇》。

“鸟夷”是早在古朝鲜之前就已经生活在渤海湾地区的原始人，后被强大的濊族融合。

“鸟夷”人基于鸟类崇拜信仰，创造了许多卵生文化及卵生神话。“鸟夷”人的卵生神话，在濊族天降文化占压倒优势的情况下仍能在北方地区存续至今，这一事实足以说明“鸟夷”人创造的卵生文化及卵生神话的生命力之强。对这一点我们可以通过“鸟夷”的后裔徐夷族的卵生神话《徐偃神话》等，推知其“鸟夷”卵生神话的大体内容。

虽然神话的产生时期被认为是人类的幼年期，但是这也不能一概而论，因国家、地区和民族的不同而有所不同。希腊人的幼年期为公元前20世纪前后，而伊鲁库俄人则在几百年以前依然处于人类幼年期。但我们可以推断，“鸟夷”人的图腾可能产生于人类未开化期的后期。黑格尔说，对动物的偶像化是比物神崇拜更高的宗教形态，可见动物崇拜是超自然的精灵信仰产生以后出现的一种信仰。

朝鲜的卵生神话中主人公的母体一般很清楚，但父系很模糊，只说是大帝。从这一点也可以得到重要的启示，即卵生文化和天降文化互相融合，后来被较发达的天降文化所压倒。天降神话与父系制的确立有着密切的关系，从天降神话的内容和形式可以看到父系制与父系制历史时期的各种社会现象。在《东明神话》、《高朱蒙神话》中，母系只起着把天帝的儿子送到地上的桥梁作用，这一点是值得我们注意的。因为天降神话虽然源于超自然的精灵崇拜，但是又与原始共同体瓦解前后发展起来的萨满教有密切关系。在朝鲜的人类学发展史上，母系制贯穿于整个旧石器时代，甚至在新石器和青铜器时代还留有母系制的残存痕迹。所以，图腾发展于旧石器时代，朝鲜的卵生神话反映的正是人类从母系社会向父系社会的过渡时期。

一些历史学家也考证“鸟夷”和殷商之间的密切的关系。① 据此推断，殷商的卵生文化是受“鸟夷”卵生文化影响的。如殷商时代中国人崇拜凤凰的习俗，神话《简狄生契》，都是受卵生文化影响的结果。《燕子生契》说道：

> 古时候，娀家有美丽的姐妹，其中一个叫简狄。她们被软禁在九层高的楼台之中，朝夕两次鸣鼓报信，天帝还不放心，派燕子去探虚实。简狄姐妹争相抓住燕子关在玉篮子里。过了一会儿，打开

① ［韩］罗景洙著：《韩国神话研究》，116～131页，教文社，1993年。

玉篮子一看，燕子下了两个蛋。简狄吞吃了其中一个蛋，有了身孕，生了契。这个契成了商代的始祖。①

在这个故事里，两姐妹被关、天帝派燕子监视她们等，均可分析为阶级关系的反映。这个时期，应该在前18世纪—前17世纪，即向奴隶社会过渡时期。但我们通过神话的基本元素，依然能感觉到它的远古性和原生意义。

二、南方卵生神话

《魏略》中有这样的记载："辰韩人常用马韩人作主，代代相乘。其地宜五谷，善作缣布，服牛乘马，其俗嫁娶，男女有别，以大鸟羽送死，其意欲使死者飞飏。"②《三国志·韩传》中有"以大鸟送死，其意欲使死者飞扬"的记载，③《翰苑》中有"鸟羽彼设，方尽送往之仪"④ 的记录。由此可以看出三韩人的原始心理及神话思维方式，即鸟羽具有送人灵魂飞扬的威力。与此相关，马韩人的"苏涂"之仪，也成为了解韩人信仰的主要资料。《三国志》记载："又诸国有别邑，名之为'苏涂'，立大木，悬铃，事鬼神。"⑤ 而《魏略》称"'苏涂'之仪，有似浮屠"⑥，可见，"苏涂"之仪与信仰有着密切的关系，而且《后汉书》中也有这样的记载："诸国邑各以一人主祭天神，号为天君，又立苏涂，建大木以悬铃鼓，事鬼神。"⑦ 由此可见，立一根大木头，上面悬挂鼓与铃，就叫做"苏涂"。这种"苏涂"被设在邑上，由天神管辖。而苏涂的木头上端放着一只或者多只鸟像。因此，应该说"苏涂"之仪不仅与天神崇拜有关，而且还与鸟类崇拜信仰有密切的关系。

从朝鲜南方的新罗神话内容看，韩地方人是以喜鹊和鸡为图腾的。《昔脱解王神话》中记录，装有鸟卵的一条船停泊在鸡林东面的阿珍浦，无数的喜鹊飞落在这条船上，而且由喜鹊孵蛋而生了脱解。所以从喜鹊的

---

① 《诗经·商颂·玄鸟》。
② 《魏略·辰韩条》。
③ 《三国志·韩传》。
④ 《翰苑·三韩》。
⑤ 《三国志·韩传》。
⑥ 《魏略·辰韩条》。
⑦ 《后汉书·韩传》。

“鹊”字里，借了“昔”作为脱解的姓氏。[①] 可见，当时人认为喜鹊是一种吉祥之鸟、睿智之鸟，朝鲜民俗中也有“喜鹊叫，贵人到”的俚语，反映了朝鲜人崇尚喜鹊。

韩人还有鸡崇拜信仰。《三国遗事》“赫居世王条”中有这样的记载：“起先，大王生于鸡井或叫鸡林国，是因为鸡龙呈祥。”“一说，脱解王时得金阏智，而鸡鸣于林中，乃改国号为鸡林。”[②] 庆洲地方出土的陶瓷表面刻有鸡女像。《三国遗事》归竺诸师记载曰：“天竺人呼海东云，矩矩吒䃜说罗，矩矩吒言鸡也。䃜说罗言贵也。……彼土相传云，其国敬鸡神而取尊，故戴翎羽而表饰也。”[③] 由此可见，新罗人崇拜鸡，是鸟类崇拜信仰的地方变种。《三国志·韩传》及《后汉书·韩传》等史料中说：有一个地方长尾鸡很有名，尾巴有五尺多长。[④] 长尾鸡与普通鸟均属于鸟类，因此，鸟信仰在具体的历史条件下会发生变化，所谓具体的历史条件指的是从原始狩猎转向农耕生活。

综上所述，在朝鲜南方诸种族中存在着鸟类崇拜信仰，图腾为喜鹊、鸡等。

笔者认为，南方卵生文化是南方原始住民在长期的历史过程中创造的原始文化。与北方相比较，貊族系统的扶馀神话《东明王神话》中的卵是人生的，而主人公是从这个卵中诞生的。但是，南方神话，如《朴赫居世神话》中，赫居世得以诞生的卵是从天而降的白鸟生的，又如在《金阏智神话》、《金首露王神话》中，卵是被装在系着绳子的一个盒子里从天而垂下来的。这说明这些特征比北方的卵生神话更具强烈的原始特征，更具原始人朴素的感情和思维方式。南方神话中，主人公诞生一般都有一种征兆，如《金首露王神话》有“空唱巫”的暗示；《金阏智神话》则有林中鸡鸣；《朴赫居世神话》便是天地震动，等等。这些特征在北方诸种族的卵生神话里并不存在。笔者认为，这些现象证明南方的卵生文化是独自发生、发展的，即使是在漫长的历史过程中，北方的卵生文化对南方的原始住民产生过一定的影响，但并没有给南方文化带来本质上的变化。

从现有的文献资料来看，能够阐明南方卵生文化形成期的资料很少，但根据现有的资料推测，《朴赫居世神话》、《金阏智神话》、《金首露王神话》等神话所反映的是南方部族社会的历史事实，它们比北方卵生神话更

---

① 《三国遗史》卷一。

② 《三国遗史》卷一。

③ 《三国遗史》卷一。

④ 《后汉书·韩传》。

具有浓厚的原始特征。

可以想像，卵生神话的起源历史悠久，图腾文化是原始种族在狩猎劳动过程中所创造的文化，即原始狩猎历史时期产生的文化。由此推测，卵生神话早已形成于部族共同体社会时期。朝鲜也不例外，朝鲜古代卵生文化是原始人在狩猎劳动过程中所创造的艺术，其卵生神话（原初形态）的形成也不应晚于公元前20世纪。

三、南北方卵生神话的演化与相互关系

其实，就朝鲜古代卵生神话的产生而言，学术界也有人曾提出过南方流入说。① 即认为朝鲜古代卵生神话来源于中国的淮夷原始文化或中国南方的稻作文化。对此，笔者在论证朝鲜古代卵生神话的起源时已做明确的阐述，在此不予赘述。但不可否认的是，中国南方稻作文化对朝鲜卵生神话的演化与变迁所产生的影响是巨大的，朝鲜南北卵生神话的差异的形成也与之有着密切的关系。

对稻作文化的流入途径，有以下三种看法：其一，稻作文化源于中国华南、华中，后经山东半岛、辽东、朝鲜北部、朝鲜南部传播开来，最终流入到日本九州，即陆路说；其二，稻作文化通过山东半岛或中国南方的海上通路传播到朝鲜半岛西南部，即海路说；其三，稻作文化来源于日本九州的自生稻作文化，② 笔者倾向于第二种观点。

稻作文化是一个进步的、崭新的原始文化，稻作文化不仅产生了天降神话，而且对卵生文化及卵生神话也带来了巨大变化。笔者曾指出，南北卵生神话是各自发生、发展的，可是，自有稻作文化的传入，尤其是随之出现的敬天思想、天神意识、天帝观念，改变了南北卵生神话的基本内涵和原型结构，几乎所有的神话模式要么定型为天父地母型，要么形成为天地配偶型，强化了天神、天帝的神话元素，突出了上天的主宰与神圣力量，其卵生神话要素也分类成天降卵型、人生卵型或动物生卵型。

稻作文化的传入推动了朝鲜古代卵生神话的演化与发展，同时也造成了朝鲜南北卵生神话的差异。其主要差异在于：南方卵生神话的上天象征体系是以凡天神为主导的，但大多北方卵生神话却开始突出天帝的存在与主宰；南方卵生神话大多为天降卵型或动物生卵型，而北方卵生神话则大

① ［韩］罗景洙著：《韩国神话研究》，116～131页，教文社，1993年。

② ［韩］罗景洙著：《韩国神话研究》，116～131页，教文社，1993年。

多为人生卵型。

南北卵生神话的演化与差异，源于稻作文化的流入。笔者认为，稻作文化先传入朝鲜南部，并与朝鲜南方卵生神话相融合，应该说当时的朝鲜南方仍处于狩猎阶段，敬天思想很不成熟，神话结构与象征体系也尚未摆脱图腾文化的阶段，处于相对原生的状态。所以，在当时南方卵生神话里虽有天神但不见天帝，虽有天降卵型、动物生卵型，但未出现人生卵型。反而，在后来的北方卵生神话中却蕴涵着天帝及人生卵型等神话要素，这恰恰说明它接受稻作文化晚于南方，是南方稻作文化北上的结果。它所处的历史时期应该是以天帝崇拜、天帝信仰为主导的母系社会向父系社会过渡的历史发展阶段。

原文刊载于《中央民族大学学报》，2003（6）

试论朝鲜神话所表现的原初宇宙观

许辉勋

从原始文化到哲学理论，其间有很大的历史距离。但是，原始思维发展到一定阶段时，原始人便开始对世界进行根基上的思考。这样，在原始文化中就出现了哲学的萌芽，而它的母体主要是原始神话，即原始人通过神话思考天地万物的来源以及世界的结构等问题。世界各民族都有表现自己宇宙观的神话，这些神话所显现的种种宇宙图式，为后来的哲学世界观提供了原生的思想基础。本文拟就朝鲜神话所表现的原初宇宙结构观，进行考察分析，并对其文化意义做一些探讨。

一般来说，世界各民族的神话大多把宇宙分为天界、地界、冥界。这在朝鲜神话里也不例外，如朝鲜创世神话之一的《天地王本歌》里说，天地开辟以后，有个叫天地王的神祇掌管天界，而该神的两个神子，即小星王和大星王则分别司管人界（地界）和冥界。这表明，朝鲜神话关于宇宙的基本观念，就是认为世界分为天、地、冥三界。下面就具体分析它们的具体状貌及其文化意蕴。

一、天界

在朝鲜神话的天界里，栖息着代表整个天穹的天神和属于人体神的太阳神、月亮神、星辰神以及属于天象神的风神、雨神、云神等神灵。

朝鲜先民很早就对天具有崇仰之情，他们的原始崇天观念是对自然天空的崇拜。这种“天”还没有获得和地神相对的地位，如《成造本歌》里的成造氏就是具有这种性质的天神。这一时期，朝鲜先民所构想的天神意象是带有泛鸟性质的鸟。《高朱蒙神话》里的天神解慕漱头上插着的羽毛和朝鲜民间信仰里作为通神之具和守护神的神竿，其顶端所立的木鸟就是一种文化学痕迹，这一时期的天尚未具备至上神的神格。在古代东北亚萨满文化圈里，天和神用同一名词，这说明最初对神的崇拜是和天连在一起的，这表明原始的天神崇拜是对自然天空的崇拜。[①] 朝鲜先民的原始崇天观念也具有与之相同的性质。到了青铜器时代以后，随着农耕生产的开始，出现了与天神相对的地母神，“天父地母”观念得以确立。可见，朝鲜先民的“天父地母”观念形成于半狩猎、半农耕阶段的青铜器时期，这时的天神由自然界的主神变为凌驾一切的至上神。《檀君神话》里的桓君就是这样的神祇。这位神祇是对原初的成造氏那样的天神进行升格的产物。由于朝鲜先民原来就具有古老的天神崇拜观念，又把这种天神信仰升格为至上神来崇拜，因此，他们就能够在东北亚地区具有萨满文化的诸民族中，得以领先建立中央集权制。朝鲜先民的天神崇拜还在民族文化心理中积淀下来一种“重上”的集体无意识。如上所述，天神在朝鲜先民的宇宙观里占有显赫地位。

在天界中，和天神一起组成天神族群体的有代表日、月、星等天体和风、雨、雷、电等气象现象的神祇。在这些天象神祇中，最突出者为太阳神和月亮神。

太阳为人们带来光明和热，它是人类离不开的生存条件。因此，在原始人类中，对太阳神的崇拜是极为普遍的。生活在东北亚寒冷地带的朝鲜先民也出于对北方酷寒和冰雪的畏惧，对赐给人们温暖的太阳神寄予敬仰之情。但是，在朝鲜神话里，太阳神的地位不如天神，如《高朱蒙神话》里的解慕漱虽然具有太阳神的神格，但是却被描述为天帝之子，不像埃及的太阳神拉（Re）和日本的太阳神天照大神那样居于最高神的地位。前文中已经提到，朝鲜的天神意象为鸟，而在这里，太阳神又是天帝之子，可见在朝鲜先民的观念里，太阳是天鸟（天神）所生下的卵（子属）。笔者认为，要解开朝鲜的卵生神话与鸟类崇拜关系之间的神秘之谜，应从这个角度进行更深入的研究。

在朝鲜神话的天界神祇中，月亮神只在创世神话中出现，在其他神话中却几乎见不到。然而，一些神话研究者提出了引人注目的论题：在流传至今的一些朝鲜民间舞蹈中，可以找到月亮神神话的原型痕迹。[②] 朝鲜的民间舞《羌羌水越来》，就是一种在明月当空的夜晚由妇女们来跳的舞蹈。其跳舞方式为许多妇女手拉着手围成一个大圆圈，顺着这个大圆圈转着跳。跳着跳着，散开，再跳，再散开，如此反复多次。这个民间舞的由

---

① 富育光，孟慧英著：《满族萨满教研究》，185 页，北京大学出版社，1991 年。

② ［韩］金烈圭著：《韩国神话》，11 页，汉城：一潮阁，1976 年。

来，被推定为古时农耕仪式上所跳的仪式舞。① 后来，朝鲜的爱国名将李舜臣把它利用于壬辰卫国战争之中。对于这种民间舞蹈，韩国的神话学家金烈圭做出如下推断：其跳舞方式取法于月亮的盈亏。在神话学上有一个命题，就是“神话的表现方式之一为舞蹈”。从这个角度来看，《羌羌水越来》舞可以看做是一种表现月亮之舞，即这个舞是朝鲜初民把月亮的盈亏想像为月亮的死亡与复活，祈求人们也能像月亮那样活得长久。所以，这个舞蹈一开始可能是用来表现对月亮崇拜的。② 为什么朝鲜初民向月亮祈求长生呢？这是因为原始初民把月亮当做生命力的象征，即意识到死亡的人类所关注的是自然的回归法则。对此，西方的人类学家 M. 俄里阿得（Elade）指出，月亮表现的是一种永生原理，即月亮由朔到望，再由望到朔，是一个循环过程，这对人类感受自然的回归法则起到了很大作用。③ 这使原始人类执著地追求能像月亮那样的永生。可见，月亮崇拜也是原始初民求生意识的一种表现形态。

二、地界

朝鲜神话里的地界，被分为人界和动物界，而对地界的描述重点则放在动物界上，这与朝鲜先民是狩猎部族有关。从生态环境角度来看，朝鲜先民栖息的东北亚大森林地带，历来就是天然的动物园，是人类与动物密切杂处的野生空间。在这一广大的野性空间中，人类从远古就和各种动物结成天缘，结成难解难分的肉食食物链。在狩猎文化圈中，人离开了动物世界几乎是无法存活的，因而狩猎民族的主要生计方式是猎取动物，其特点是直接从自然攫取。他们并不像以种植业为主要生产方式的农耕民族那样视土地为生存根基，也没有强烈的土地占有欲和“固土重迁”观念。他们反而善于通过移动来寻找生存空间。由此可见，在朝鲜先民的心目中，地界自然被视为动物界。在朝鲜神话中出现的农耕文化因素，则是朝鲜先民进入半农半狩猎阶段以后的产物。半农半狩猎文化开始以后，随着“天父地母”观念的树立，朝鲜先民渐渐把原来作为狩猎神、兽祖神的动物神改造成为具有农耕文化色彩的地母神。然而，由于始初文化顽强的传袭

---

① ［韩］韩国民俗事典编纂委员会编：《韩国民俗人事典》第 1 卷，53 页，汉城：民族文化社，1991 年。

② ［韩］金烈圭著：《韩国神话》，12 页，汉城：一潮阁，1976 年。

③ ［韩］李尚佑著：《现代小说的原形研究》，207 页，汉城：集文堂，1988 年。

性，朝鲜神话里地母神并没能完全清除其身上的动物性，如像柳花那样的地母神身上所残留着的原来作为渔猎神的长长的鱼嘴等便是其例证。由于朝鲜先民的狩猎主导型文化模式存续到青铜器时代才消亡，因此，在朝鲜先民中，狩猎文化意识并不像较早进入农耕阶段的其他民族那样很快消失，而是作为一种文化原型积淀在民族文化心理之中。还有自青铜器时代开始形成的农耕文化意识也作为一种文化原型，沉积在民族文化心理之中。这样，以古老的天神崇拜文化为始基的，既具有狩猎文化特性，又带有农耕文化特点的朝鲜民族文化的两大原型得以形成。近来，一些朝鲜文化研究者所提出的“高句丽型”文化原型和“新罗型”文化原型①，就植根于上述的两大始初基元之中。

朝鲜先民在长期的狩猎实践中，对周围的动物有了初步的整体认识，而且他们很早就懂得各种动物在动物世界中的地位，因而对动物区别对待，在把各种动物神化的过程中，能够区别出在动物世界中居于霸主地位的大猛兽，并把它们供奉到重要的神座上。朝鲜先民的动物崇拜可分为鸟类崇拜和兽崇拜，这两者在地位上虽然没有高低之分，但是在神格上稍有差异。鸟类神更近于天神，兽类神则更近于山神或人祖神。

在朝鲜神话中出现的鸟类有鸠（《高朱蒙神话》）、喜鹊（《昔脱解王神话》）、鸡（《金阏智神话》）、鹤（《堂今姑娘》）等。此外，有关西述圣母的神话称，西述圣母是鹰神。还有《初感祭歌》里的创世神形象是一只大鸟。可见，朝鲜先民所崇尚的鸟类不尽统一，其神性也大不相同，从而具有一种泛鸟类崇拜的特点。朝鲜先民认为，鸟类都是神灵，是来往于天人之间的神圣存在，又认为鸟能给人以恩惠。这样就形成了古老的神鸟惠世观念和崇爱灵禽的民俗心理。朝鲜先民的这种鸟类崇拜文化与北方萨满教系统诸民族的灵禽崇拜文化有着很大的趋同性。

朝鲜先民的鸟类崇拜观念，是他们在北方特有的自然生活条件下形成的独特文化意识。朝鲜先民所栖息的东北亚地区是世界上鸟类群聚区之一。从地理图志中可见，这一地区南临黄海，东近日本海，北面有鄂霍次克海。在黑龙江入海口有众多的岛屿，湖沼密布，河川若网，夏季日照又长，春秋季不燥热，多雨湿润，是多种鱼虾繁衍之所。因此，东北亚地区为各种留鸟和远方候鸟提供了充足的食源和繁殖后代、避暑栖息的理想环境。所以这一地区向来是百禽的乐园。② 朝鲜先民就生活在这个百鸟竞翔的北方鸟族王国里，与各种鸟类共朝夕，同相邻。这一地区又史称“漠

---

① 金宽雄著：《朝鲜文化精神之两大原型》，载《艺术殿堂》，1995（4）。
② 富育光著：《萨满教与神话》，64页，辽宁大学出版社，1990年。

北”、“极地”，遍野密林，蔽日遮天，山高地寒，人烟稀少，素有“绝域”之称。因此，鸟类在生产力极为低下的原始时代虽不能给人类衣食之利，但对于生息在神秘可怖的原始大森林之中的北方先民却是很好的生活伴侣。而且鸟类有着无与伦比的凌空本领，可以无拘无束地随意升降于天地之间。于是，对天穹充满神秘感的朝鲜先民想像鸟与天之间有联系。先民们还凭借鸟群的惊鸣与飞向，卜测灾异，鸟有利于人，而无害于人，故他们把鸟类视为守护神。笔者认为，朝鲜的卵生神话与朝鲜先民的鸟类崇拜密切相关，而不是东南亚农耕文化影响的产物。

在朝鲜神话中占有重要地位的动物，除了鸟类，还有熊、虎等兽类。

熊是朝鲜民族的古老崇拜对象，据考古发现，朝鲜先民在两万多年前，已产生熊崇拜的萌芽。在韩国忠清南道石壮里遗址出土的石雕熊就是其例证,[①] 朝鲜地名如熊上、熊阳、熊川、熊村、熊峙、熊浦、熊津等和熊石山等山名,[②] 也可看做是熊崇拜所留下来的文化学痕迹。还有一些古籍记录则表明古代朝鲜人有祭熊习俗：

> 立春后亥日，明活城南熊杀谷祭先农，立夏后亥日，新城北门祭中农，立秋后亥日，蒜园祭后农。[③]

这里的地名熊杀谷，很可能就是古代朝鲜人举行熊祭祀活动的场所，而上述记录中的祭农也可能原来就是祭熊。因为朝鲜古代地名的产生，多与该地所发生的重要事件密切相关。因为熊的许多特征具有与人类近似的地方，所以朝鲜先民想像熊与人可能有血亲关系，从而产生视熊为祖的观念。《檀君神话》里的熊母故事就是这种观念的神话式表现。可见，朝鲜先民对熊的尊崇，是源于古老的图腾崇拜习俗。但在原始时代以后，熊的经济价格逐渐超越了信仰的价值，熊皮成为珍品，熊掌成为美味，熊胆成为良药，在东北亚，熊的内脏自古以来就有被人生食的习惯，这样吃会使熊的灵魂和威力转移到人身上。于是，古老的熊图腾崇拜逐渐动摇，发生了变异。

熊崇拜是带有世界性的一种文化现象。据人类学家的调查，熊崇拜文化在世界版图上从北欧的斯堪的纳维亚半岛开始，经乌拉尔—阿尔泰地域，到西伯利亚和大小兴安岭以及日本列岛北部，再跨越白令海峡，一直

---

① ［韩］赵东一著：《韩国文学通史》（1），60页，汉城：知识产业社，1994年。

② ［韩］韩国语词典编纂会编：《附录·地名标记规范》，载《大国语词典》，1976年。

③ 《三国史记》卷三十二《杂志》。

延伸到北美的因纽特人和印第安人居住地域。① 这样就在北半球的亚北极带，形成了一个独特的“熊文化带”。一般来说，崇拜熊的北方诸民族大多以狩猎或半农、半狩猎为主要生计方式，并把熊当做守护神或祖先神。但是，“熊文化带”横跨东、西两半球，其民族成分相当复杂，随之而来的地区间差异也很大。所以从宏观上看，“熊文化带”大体上被分为两大区域，即“欧美熊文化区”和“北亚熊文化区”。② 两者的区别在于，前者把熊当做守护神，而后者则把熊视为祖先。那么，朝鲜先民的熊崇拜属于哪一类型呢？

首先，从地理位置上看，朝鲜先民的活动区域与“北亚熊文化区”接壤。其次，《檀君神话》等神话资料所透露出的信息表明，朝鲜先民也把熊看做是自己的祖先，如《檀君神话》就把母熊描述为古朝鲜开国始祖檀君的生母。这与“北亚熊文化区”诸民族称呼熊多用亲族称谓的习俗相通，即鄂伦春族称熊为“雅亚（祖父）”、“太贴（祖母）”；达斡尔族称之为“额特尔肯（老爷子）”；鄂温克族称公熊为“合克”，其意为曾祖父、外曾祖父，而称母熊为“鄂我”，意为曾祖母、外曾祖母。③ 从这种称谓习俗来看，《檀君神话》里的熊女应称为古朝鲜人的祖母。由此可见，朝鲜先民的熊崇拜属于“北亚型”。最后，鄂伦春族的有关熊的族源故事和韩国锦江流域的“熊津”地名由来故事如出一辙，这表明朝鲜先民与鄂伦春族等东北亚萨满教系统诸民族很可能有同源关系。对此，一些历史学家指出，《檀君神话》里的熊故事证明了具有熊崇拜文化的朝鲜先民并不是阿尔泰族，而是古亚细亚族。④

在朝鲜神话中，与熊一起占据重要地位的兽类是虎，朝鲜先民的虎崇拜也很古老。对此，古籍有如下记录：

> 常用十月祭天，昼夜饮酒歌舞，名之为舞天，又祭虎以为神。⑤

朝鲜先民的活动地区是驰名世界的“满洲虎（东北虎）”的产地。朝鲜先民自古以来把老虎看做是神圣的存在，尊称之为“山神之灵”、“山

---

① ［韩］金烈圭著：《韩国神话》，18 页，汉城：一潮阁，1976 年。
② ［韩］罗景洙著：《韩国神话研究》，80 页，教文社，1993 年。
③ 乌丙安著：《神秘的萨满世界》，74 页，三联书店上海分店，1989 年。
④ ［韩］李基白著：《檀君神话论集》，100 页，汉城：新又社，1988 年。
⑤ 《三国志》卷三十。

君”。在他们看来，虎既是猛兽，更是圣兽。被称为朝鲜上古神话传说大典的《三国遗事》里出现的自然界兽类中，虎的出现次数为26次，位居榜首。这表明，虎在朝鲜古人心目中，占有相当重要的位置。

朝鲜先民的崇虎观念，主要表现为把虎视为山神的化身。这可以从《檀君神话》里的虎为什么没有变成人找出其端倪。因为虎没有变成人与檀君成为山神有一定内在联系。在《檀君神话》里，熊和虎一开始同在动物界，是栖息于地界的动物神。但熊经过人化，转入人界，成为人类始祖神。这样留在动物界的虎就成为代表动物神的本原存在，起到能够照出熊女的动物原貌的镜子作用。从这种视角来看，熊与虎既是两种不同存在物，又是具有同样性质（指动物神性而言）的一种存在物。后来作为人界存在的檀君，转入神界，成为山神。值得注意的是，檀君没有像朱蒙、朴赫居世那样升天为神，而是进入地上神界为山神，而山正是动物神的神域。这个神域里原来有熊与虎，然而熊已转入人界，作为动物神本原而留在那里的只有虎。因此，檀君成为山神，意味着或化为虎，或把虎作为其使者。这与朝鲜民间信仰里的山神或为虎的形象，或为一位老翁与虎的形象相吻合。因而一些神话研究者指出，朝鲜人把虎视为山神或山神的使者，其原型在于《檀君神话》里的虎与檀君。①

在朝鲜神话里，把虎视为山神，这与朝鲜先民的天穹崇拜也有关联。在朝鲜先民的观念里，天穹是诸自然神祇中的主神，而虎也是山中的诸动物之王。按照原始思维中的类比方法，天穹与虎是同样的神圣存在，再说，虎所栖居的山，特别是高耸入云的山峰，在朝鲜先民心目中是可以通天的“天梯”。所以，虎自然会被认为是通天者，对虎的崇拜也是神圣的。把朝鲜先民的崇虎观念与崇熊观念做一比较，就可以发现朝鲜先民熊崇拜更多地带有祖先神意识，而虎崇拜更多的是守护神观念。

三、冥界

冥界，又称“阴间和幽界”，是鬼魂亡灵的居处。在世界各民族神话中，埃及神话里的冥界最具代表性。那么，朝鲜神话里的冥界是一个怎样的亡灵世界呢？它又位于什么地方？

一些神话资料表明，朝鲜先民所构想的死后世界是天穹，即人死后就

① ［韩］罗景洙著：《韩国神话研究》，42页，教文社，1993年。

升到天界，如《高朱蒙神话》和《朴赫居世神话》里的主人公都是死后升天。因为朝鲜神话并没有像埃及神话那样对冥界作详细描述，所以我们无法知道朝鲜先民所想像的冥界内部的具体细节。但大体上弄清它的初步轮廓还是可能的。要了解朝鲜先民的冥界，还需要从他们对天穹的奇特认识说起。

在纷纭变幻的各种自然现象中，对于人的想像影响最大的莫过于天穹。在人类产生之初，变幻无穷的天空，一时万里晴空，一时又漆黑一片，这对于原始人来说不可思议，但他们从自身的需要出发，在缓慢的按照自己的思维方式认识着客观世界，朝鲜先民也是如此。他们看到天空伴随着黎明之光而渐渐变白，又随着夜幕的降临而变黑，就想像天有“白色天”和“黑色天”，它们的轮流出现，使世界有了白天和黑夜。也就是说，朝鲜先民把昼夜交替想像为“白色天”和“黑色天”的交替出现。他们认为“白色天”来到世上，世界就充满光明，而“黑色天”的到来则使世界一片黑暗。这种认识也见于其他民族。对此，普罗斯（Preuse）在详细研究了科拉族印第安人神话后认为，关于黑夜的天空和白昼的天空的观念一定先于日、月及各个星辰的观念。卡西尔进一步指出，印度一日耳曼语诸民族的大量迹象表明，对作为尚未区别的整体经验而出现的光的崇拜要先于对个别天体的崇拜。个别天体仅仅作为光的媒介，作为光的特殊显现才占据一席之地。例如，在《波斯古经》中，密特拉神（Mithra）最初并不是太阳神，而是天光之神，只是后来才演变成太阳神。中国人称日为“太阳”，称月为“夜光”。“太阳”指最亮的光气，最初也可能包括白昼的天空和早晚的霞光在内。“夜光”指夜间的光气，最初也可能包括夜间天空和星星在内。其实，白天、太阳、霞光和夜间、月亮、星星等神灵，都是从笼统的光明神和黑暗神中分化出来的，因而无形中光明神、黑暗神之作为神灵的形象，最初都还是一个未分化的混沌的整体。据考证，在早期鄂伦春人的想像中，各种自然神并无确定的外形，而属于一种朦胧的“神幻存在”，后来才慢慢形成各种偶像。试想，其他民族何尝不是如此呢？混沌神之先于个体神，虽然很多人不曾注意，但是这个思维过程实际是很自然的。因为只有混沌整体的分化，才有具体个别的出现。[①] 朝鲜先民看到“白色天”和“黑色天”的交替出现，各自给地上的众生灵带来不同的影响，即“白色天”所带来的是光明，随着光明的出现，众生灵开始活动起来，世界充满了一片生机。而“黑色天”所带来的是黑暗，它的降临使众

① 刘文英著：《漫长的历史源头》，513～514页，中国社会科学出版社，1996年。

生灵停止活动而休息——睡觉，世界变得死气沉沉。在朝鲜先民的观念里，天界就是神界。既然天界里有“白色天”和“黑色天”，那么，天神也有“白色天”和“黑色天”。“白色天”上的天神司管着活动的众生灵。原始人往往把睡觉和死亡联系起来，在他们看来，一直睡着不醒，就是死亡。这样，朝鲜先民的冥界就露出了初步的轮廓。原来，朝鲜先民所构想的冥界，就是他们想像中的“黑色天”。朝鲜神话里的“死后升天”，就是指升到“黑色天”上。可以说，朝鲜巫俗里作为死灵超度神和巫祖神的巴里公主就是专门负责把死灵引到“黑色天”去的巫俗神。在前文已经指出，朝鲜先民宇宙观的基石是天穹崇拜。上述的朝鲜先民之冥界观念也正植根于天穹崇拜之中，真可谓万变不离其宗。乌丙安、富育光等萨满文化研究家指出，北方萨满教系统诸民族原来没有地狱观念，他们所想像的冥界不在地下，而在地上世界的某一个遥远之处。它是与人间有着相反关系的“另一个世界”，即人间白天，那里黑夜；人间是夏季，那里是冬季。当人世夜间睡眠时，那里的亡灵开始昼间活动，所以人世只能在夜间供祭亡灵。这种冥界观念在黑龙江流域的许多民族中很普遍。它与朝鲜先民的冥界，即“黑色天”的观念颇为相似。

认为天穹有“白色天”、“黑色天”的独特天穹观念，使朝鲜先民不仅产生了他们特有的奇异冥界观念，也形成了好白恶黑、喜明厌暗的民族文化心理，因为“白色天”主生，“黑色天”主死。笔者认为，朝鲜先民把“白色天”视为光明与生命象征的天穹观念，正是朝鲜民族的尚白意识的文化根基，其深层文化底蕴就是作为集体潜意识的“重生”意识。

从对朝鲜神话所体现的原初宇宙结构观的考察中，我们既可以看到朝鲜先民描绘宇宙结构的哲学萌芽，又能发现这种神话式宇宙结构论所隐含着的“重现世”的文化价值取向。可见，朝鲜先民的原初宇宙观是朝鲜民族文化精神的重要基石。

原文刊载于《延边大学学报》，2002（4）

朝鲜族与满族始祖传说、神话之比较

崔羲秀著　王化文译

一

人类历史研究的主要依据是文献资料和考古学资料，而在史料未曾记载的历史或文化方面的研究上，传说和神话是可以利用的十分重要的资料之一。因此，诸多学者利用传说和神话来进行古代社会，尤其是文字创制以前社会的哲学、宗教、文学、艺术以及科学等古代文化诸方面的研究。

神话和传说是被一个特定民族创造并传承下来的，是每个民族古代文化研究领域中不可或缺的一部分。迄今为止，我们主要凭借中国的史书对朝鲜民族的古代以及古代文化进行研究，而对未被载入史册的古代的历史、文化的研究尚为粗浅。

民族共同体的形成和发展是与其居住地域的共同性密不可分的。朝鲜族的祖先曾经以中国的东北部为其生活舞台，创造了灿烂的古代文化。位于辽宁省北部的红山文化的发掘，领先于中原文化一千余年，它的发掘证明了东北地区是古代文明的主要发源地之一。红山文化研究将为在此地区繁荣的诸民族的古代文化研究提供宝贵的资料。

历史上，东北地区曾经居住过不同民族，他们在创造各自民族的历史与文化的过程中，留下了很多美丽的传说和神话。一般来讲，神话与传说具有民族性与地域性，从不同民族的神话与传说的相似性可以看出其形成的地域性。我想这种相似性的形成原因有两种：其一，他们可能派生于同一原型，它的发展过程有可能与语言的亲族关系的发展相似。众所周知，语言从一个共同的祖语分别派生出不同语族、不同分支，从这些不同语族以及分支的比较，我们可以推断出共同祖语。由此我们认为，神话、传说的研究也可以借用语言学创造的历史的比较的方法来推断出一个共同原型。神话、传说中的共同原型抑或是在原始社会创造并流传下来，抑或是到了一定历史阶段，某个民族成员的一部分在被其他民族同化的同时又保留和传承了自己原有民族的神话和传说。此外，在地域上相隔甚远的不同民族的神话、传说也会有相似的特点，如动物图腾并非局限于一个地域，而是在世界各地司空见惯的现象。与此同时，我们不能否认神话、传说所带有的地域性，如属于阿尔泰语系的诸民族的神话、传说、民俗的相似性与地域性是分不开的。因此，从历史上不同民族遗留下来的神话、传说的比较中，可以推断出其共同的原型。其二，不同民族之间的传承中出现的相似性。一切事物的发展都有其不均衡性，各个民族的发展也如此。因此，一般来讲，相对先进的民族文化往往给相对落后的民族文化施加影响。从此类神话、传说的传承中可以看到其历史的、地理的移动方向。如大陆的夜来者型传说经由朝鲜半岛流传到日本的历史事实就说明这样的传承过程。

东北亚地区是孕育朝鲜民族古代文化的摇篮，朝鲜族的语言与历史研究需要同类属阿尔泰语系之诸民族的语言与历史的比较研究。同样。在朝鲜民族的古代文化研究方面，也需要同类属阿尔泰语系之诸民族的神话、传说的比较研究。在这种比较过程中，我们不仅可以推断出神话、传说的共同原型，而且也可以考察其变化过程。

神话、传说是经过历史的沉淀并传承下来的，它体现了某个特定民族的心理素质和美的感受。我们应该对民间流传的神话、传说、民间故事、民谣等进行认真的分析与研究，采撷朝鲜民族文化艺术的精华，并使之成为朝鲜民族文学艺术发展的养分，从而对古代文化的研究有所借鉴。

二

《三国遗史·高句丽》篇有如下记载：

> 河伯的女儿柳花与其姊妹们游玩时，天帝之子海慕漱勾引她并与其私通。柳花父母感到受辱，将女儿流放到边远地区。扶馀王金蛙得知这个消息后，将柳花关在一个房间里，柳花受到日照之后，有了身孕生下一个蛋。金蛙把这只蛋喂给狗和猪，看见它们不吃，又将蛋扔到路上，可是牛马又有意躲避，最终蛋被扔到

野地里，鸟兽又悉心遮护它，于是，金蛙王无可奈何地将这只蛋还给柳花。柳花小心翼翼地把它包起来，放置在暖和的地方，过了一段时间，有一男婴从蛋里破壳而出。这个男婴长至7岁便已成人，其射弓术高超得无人能够与之匹敌，人们便给它取名朱蒙。金蛙王令他做养马的差事。朱蒙自然能辨别马匹的优良，他有意将骏马喂瘦，将驽马喂肥。最后，分配马匹时，肥马名正言顺地就落到金蛙王手里，而被喂瘦的骏马归于朱蒙。但扶馀王金蛙的儿子和臣下们妒忌朱蒙的才能与聪颖，企图谋害他，朱蒙的母亲柳花得知这个消息以后，劝他赶紧逃走，金娃王发觉朱蒙业已潜逃，使命令部下将其捉拿归案。朱蒙逃到“淹递水”，无法渡河，便对河说道：“我是天帝之子，河伯之孙。现在身后有敌人在追，如何是好?”此时河中便出现一群乌龟和鱼，它们排成“一”字形，让朱蒙踩着过河后便消失得无影无踪，追捕在后的敌人也无从过河。朱蒙到达卒本部，在此立国，国号为高句丽。

上述为高句丽朱蒙传说，这个传说载于多种文献资料，其内容皆大同小异。这个传说告诉我们，高句丽始祖朱蒙是感应于阳光而诞生的。

满族也有相似的神话故事。

长白山高达200余里，周围1000里，山上有一池叫做达门，其四周为80里，鸭绿江、浑东江、爱胡江发源于此。鸭绿江源于山的南端，向西流，汇入辽东的南海；浑东江源于山的西北端，向北流，汇入北海；爱胡江向东流，汇入东海。这三条河流盛产珠宝。满洲起源于长白山东端布苦力山下的布里胡里池。有一天天上的三个仙女恩古伦、正古伦、佛库伦下凡到布苦力山下的布里胡里池里去沐浴。等她们找衣服穿时，发现三仙女佛库伦的衣服上有鹊神落下的鲜红的果实。佛库伦舍不得将它放在地上，便含在口中穿衣服。刚穿完衣服，含在口中的果实不小心被咽了下去，同时，佛库伦感到有身孕，不能飞翔，她焦急地说：“我有了身孕你们不能丢下我不管啊。”两个姐姐安慰她道：“我们是吃过药了的，不会死的。你现在有身孕，说明你有福气，等你身子轻了，再回到天上来吧。”说完，她们便离她而去。后来，佛库伦生了一个儿子。由于是上天给的儿子，生下来便会说话，并且没过多久便长成一个大孩子。他的母亲佛库伦教诲他说：“上天令你下凡的目的是让你治乱世、平天下，你理应完成这个任务。”接着佛库伦告诉了他的出生故事。佛库伦给她儿子一叶扁舟，说道：“顺着这条河下去吧。”说完便飞回上天。佛库伦的儿子到了渡口到达江岸，他用柳条和蒿子草做了一把凳子，坐在那上面。其时，三姓地区的人们因相互抢夺王位，战乱不止。其中一人跑到河里来挑水，看见这位不寻常的少年颇感惊讶，回去告诉那些争执的人们。于是，不少人围过来，很稀奇地问道：“天神的儿子，你是什么人?”于是，少年按照母亲教他的话向他们说明了自己出生的经过以及自己的姓为天赐的爱新觉罗、名为布库力翁顺。围观的人们倍觉惊讶，恭恭敬敬地请他坐到倍励座上去，并使其娶一倍利姑娘为妻，布库力翁顺在长白山东麓旲摩胡的平原五道卫城平定战乱，建立满洲国。这就是满族人的始祖。

有关满族起源的神话亦被载于各种文献。其故事梗概大致相似，但在一些细节和地名上有一定程度上的差异。

从高句丽始祖朱蒙的诞生神话和满族始祖布库力翁顺的神话、传说的比较中，我们可以找出以下五条相似性。

第一，朱蒙的母亲和布库力翁顺的母亲都是神的女儿，即朱蒙的母亲柳花为水神河伯之女，布库力翁顺的母亲佛库伦为天神之女。

第二，柳花与布库力翁顺的母亲都是借助天神之力而怀孕的。

第三，朱蒙和布库力翁顺均为天才，是非凡才能的所有者。

第四，柳花与佛库伦同样是三个姐妹当中的一个。

第五，朱蒙与布库力翁顺同样是开国英雄。

勿庸置疑，这两个神话同样是在将本民族的始祖神格化的过程中形成的。通过对这类神格化中出现的特征的分析，我们可以考察古代文化的一个侧面，也可以看出朝鲜族与满族神话中反映出来的古代文化的同质性。

三

朱蒙神话与布库力翁顺神话的核心在于两个人物的诞生，围绕这两个人物的诞生而出现的相似性的思想基础，是对天体的崇拜。天体崇拜为自然崇拜的主要组成部分，它起因于万物皆有灵魂的观念。原始人认为，不仅人类有灵魂，而且世上万物种皆有灵魂。他们尤其把天体和天体的运动视为由神的意志和神的力量造就的，并崇拜天体，祈求它能够为他们祛除灾难，赐福于他们。天体崇拜和自然崇拜在原始社会极为流行，并留下了许多美丽的传说。天体崇拜中有关日月星辰的崇拜，遍布于世界各地，并与宗教意识密不可分。高句丽疆域内，每年都要举行一次十月祭天仪式，这个聚会被称作“同盟”。扶馀国有殷历正月祭天聚会的仪式。每逢聚会，人家便会“吃”、“喝”、“玩”、“乐”，因此，这个聚会又被称作“迎鼓”。“秽”国也在下月举行祭天仪式，他们将这个仪式称为“舞天”。

部分学者认为，扶馀国的祭天活动是从中原传入的，事实上，各种形式的祭天活动在东北地区的形成、发展由来已久，它并非是受中原文化的影响才形成的，这一点可以从生活在东北隶属阿尔泰语系的诸民族宗教、民俗所反映的天体崇拜中看得出来。例如，满族萨满教的天神住在比日月还远的地方，认为天有 17 层；鄂伦春族每年正月初一参拜太阳，自 1 月 15 日至 25 日参拜月亮；哈萨克族忌讳朝着太阳解手的风俗习惯；维吾尔族、蒙古族向着太阳许下承诺。朝鲜族巫俗中的祭祀即在雄星左神灵，神俗中将死人放在七星板上，对晨星的崇拜以及“日和月”传说等，都来自于对天体的崇拜。

天体崇拜的主要对象为日和月，先人们将太阳即“阳”看作是男性的化身，将月亮即“阴”看作是女性的化身。《高朱蒙神话》中，朱蒙的母亲柳花是受阳光照射而怀孕的，这与将太阳跟男性等同起来的观念是一脉相承的。布库力翁顺的母亲佛库伦咽下的红色果实为天赐之物，它代表着“阳”。因此，我们可以认为，朱蒙与布库力翁顺的诞生是同出一辙，两者事实上是源于一个原型。英雄人物的诞生大多具有有母无父的神话色彩，这与对英雄人物的神格化有关，并且是母系社会的社会形态繁荣的延续。

传说中布库力翁顺的诞生是源于解决三姓地方部落之间的冲突和纷争，这是以特定时期的民族、历史事实为基础，并在此基础上加工而成的。在这一点上，它又与新罗的朴赫居世的诞生有相似性。新罗始祖朴赫居世诞生前辰韩有六个村落，因无君主，百姓无治，白马落下一颗红蛋，打开一看，里面竟有清秀、端庄的童子，人们给他取名叫朴赫居世，拥戴为王，并以从鸡龙肋骨出生的龙女阏英为王妃。可以看出，这两个传说有很多相似的地方。

朱蒙与布库力翁顺的神话甚至与殷国薛的神话也有相似性。《史记·殷本记》里记载：

殷国薛的母亲为干嫡。干嫡为戎氏之女，乃皇帝曲之次妃。

一日，三个人洗澡时，有一只黑鸟落下一颗蛋，干嫡取之并吞之，于是有了身孕，并生下薛。柳花受阳光照射而有了身孕，佛库伦是咽下红色果实后有了身孕。

后两者在借助鸟的力量怀孕这一事实上有相似性，而朱蒙与薛的诞生与蛋有联系这一点有相似之处，并且柳花、佛库伦、干嫡三个女人同样是在三人嬉戏、玩要的特定环境下无意之间有身孕的。这些相似性都源于对天体的崇拜，起源于同一原型。

有些历史学家认为，殷文化起源于中原种族文化，并认为东北地区的文化是接受中原文化的传播和影响而形成的。但吕振羽教授却指出，太古时期，今日蒙古地方的地层与气候发生了巨大变化，一部分原始祖先便背井离乡，迁移到亚洲东北部并形成了后来的通古斯种族各部落。有鉴于此，通古斯种族来自西部之说是错误的。一部分通古斯种族抵达海边地区之后，沿海南下，到达今日的山东半岛，随后迁向内部方向。这一部分人便是商族的部落联盟和后来的商国的主体。其余部分的人后来转变为满族、朝鲜族以及我国东北境内的鄂温克、鄂伦春、锡伯、赫哲等兄弟民族。笔者认为，蒙古族与大和民族的主要构成部分也是通古斯人，吕振羽先生的这一论断极为妥当。20世纪80年代发掘出的红山文化更加有力地证明了吕振羽先生论断的正确性。

从此可以看出，殷文化便是朝鲜族、满族共同先祖的东夷族文化的继承与发展。天体崇拜思想早先产生于太古时期，这是东夷族文化构成的一部分，也是薛、朱蒙、布库力翁顺、朴赫居世等历史人物的诞生神话原型产生的蓝本。

值得注意的是，这些英雄人物诞生的神话都带有共同的特性，即他们的诞生不仅与天体有关，而且与卵生有关。布库力翁顺的诞生虽然与红色果实有关，但是这个果实的传递是与喜鹊相关的，这个事实表明，布库力翁顺的诞生借助了鸟的力量。

天体崇拜与鸟之间的关系反映在殷国薛诞生的这一事实，表明卵生说历史的悠久性。《山海经》的《大黄铜》里记载太阳里有一只鸟，《嫦娥》传说中有嫦娥飞到月亮上去化为蝉蜍的故事。马王堆汉墓出土的画卷中绘有太阳里的黑鸟和月亮上的蝉蜍，这意味着为殷国奠基的东夷文化被传播到中原并传承下来。

萨满教和朝鲜巫俗中，鸟被认为是天体和人之间的使者。在满族萨满教里举行的祭天仪式中，立“神杆”时，将血涂在杆枝上面，并把猪的内脏和五谷器皿放置在上。涂抹在神杆上的血是祭给天神的，五谷和猪内脏是祭给天神的侍女乌鸦和喜鹊的。朝鲜民间信仰中的部落祭堂形态中有神杆、长丞、石头、石塔等。其中神杆类似于三国时期的长杆。长杆是指立在祭天场所的长杆，在上面系有铃铛和鼓。昔日用于祭天仪式中的神杆如今变成民间信仰。现有的神杆上放置人造的鸟这一事实很令人瞩目，这个鸟是不是将鸟视做天、人之间使者的古代意识的痕迹呢？

卵生神话与鸟、蛇、青蛙（金蛙王的诞生）等有关，而这类动物繁殖的媒介是卵生。原始人将天体分为天、地、地上、天上和地里，闪电、地震等自然现象对原始人的生活构成很大威胁。这类自然现象的存在，产生了对天上和地上动物的崇拜。在原始人看来，英雄人物、才能出众的人物的背后有神力的支持，他们的诞生理应有与众不同之处。于是，原始人将这些人物的诞生与他们崇拜的动物相联系起来，认为他们是卵生的。原始人的这种意识影响和传承到阶级社会中英雄人物神格化的卵生说中去。

殷国的薛、高句丽的朱蒙、满族的布库力翁顺、新罗的朴赫居世的诞生与东夷文化有联系，说明卵生说形成于古代东夷文化之中。中国古代神话中伏羲是东方天帝，这说明伏羲也属东夷族，也是起源于东夷文化的人物。

以上，我们通过对高句丽始祖朱蒙与满族始祖布库力翁顺的诞生神话的比较，推出两者的相似性，指出天体崇拜卵生神话源于古代东夷文化的可能性。但要说明的是，本文中探讨的相似性不过是天体崇拜和卵生神话的一个侧面，而且也不过是一家之言，相信随着比较研究的深入，会有更多的相似性与共同性被挖掘出来，这将有助于人们对朝鲜族古代文化的研究以及东方古代的文化研究。

参考文献

1. 《中国各民族宗教与神话大词典》，学苑出版社，1990 年。

2. ［韩］朴时仁著：《阿尔泰人文研究》，汉城大学出版部，1981 年。

3. 萧兵著：《中国文化的精英——太阳英雄神话比较研究》，上海文艺出版社，1989 年。

4. 富育光著：《萨满教与神话》，辽宁大学出版社，1990 年。

5. 富育光、孟慧英著：《满族萨满教研究》，北京大学出版社，1991 年。

6. 陶阳、钟秀著：《中国创世神话》，上海人民出版社，1989 年。

原文刊载于《延边大学学报》，1998（2）

《三国史记》、《三国遗事》中的始祖神话

——古代朝鲜、日本及中国神话之比较

[日本] 犬饲公之著　郝蕊译

金思烨先生就《三国史记》和《三国遗事》作了如下论述："《三国史记》是朝鲜现存的、贯穿三国、新罗统一时期最古老的正史。""该书是高丽仁宗（第十七代）二十三年（公元1145年）十二月由金富轼奉国王之命撰写。"《三国遗事》于忠烈王十五年（公元1289年）由禅僧一然撰写。这两本书，前一部可以说恰如日本的《日本书纪》，后一部相当于《古事记》。"《三国史记》（五十卷）是关于三国的正史，作者的意图是将中国思想和汉学嗜好一以贯之，采取了中国史书典型的纪传体。为了极力完整地遵循纪传体的写作体裁，任意地去掉、删改了很多三国时代的史料，所以即使外观上很工整，但是无法找到当时国民生活的重要线索。""《三国遗事》的作者，不仅改变了《三国史记》的这些弊端，还将《三国史记》里几乎根本不涉及的弘通佛教的诸多事实也毫无遗漏、竭尽全力地收录进来。既订正了《三国史记》的独断错误，也极力要纠正三国故事整体的偏差。"

在《三国史记》和《三国遗事》里，收集记录了相当数量的神话①，这些神话绝大部分是始祖神话。本文将探讨三国神话。

一

三国神话整体上分为三类，细分可以分为五类。②

---

① 本文参照了金思烨先生对《三国史记》、《三国遗事》的解释。

② 三品彰英先生讲："通观朝鲜的传承始祖神话，其构成的基本因素中，把基本的东西分类的话，可以分为三种类型，即卵生型、箱舟漂流型、显灵型。"见《神话和文化境域》、《三品彰英论文集》第3卷，308页。

第一类，降临神话。

《三国遗事》在讲到“朝鲜”（王俭朝鲜）时，在“古记云”之后作了以下记载：

> 故事一：
>
> 很早以前，桓因（名帝释）之庶子桓雄一心想天下之事，要去人间。其父（桓因）授予桓雄三个天符印，让他治理人间世界。桓雄率领三千部下降落于太白山顶的神坛树下。此人就是桓雄天王。他率领了风伯、雨师、云师，掌管了谷、命、病、刑、善、恶，治理教化了人间总共三百六十余种事情。

《三国史记·高句丽本纪》（第一始祖，东明圣王）中关于东扶馀的建立有如下叙述：

> 故事二：
>
> 以后扶馀的宰相阿兰弗对国王说：“前些时候，天神降临在我跟前，他说：‘从今往后想要让我（天神）的子孙在这里建立国家，所以你们去别的地方为好，东海的海边有个叫迦叶原的地方，土壤肥沃，适合五谷栽培，可以把那里作为都城。’”

故事一和故事二的主题都是神降临人间世界，可以看出在此背后表达了一种古代思想，即，人间世界都是由神之手建立的。《三国遗事》就新罗的始祖神话有如下叙述：

> 故事三：
>
> 在辰韩之地过去曾经有6个村庄，其中之一是阏川的杨山村，南面有现如今的云严寺。村长叫谒平，最初从天上降落到瓢岩峰，成为及梁部李氏的祖先。

《三国遗事》里说：“这六个部落的祖先们好像都是从天而降的。”

以上三个神话讲述的都是从天上降到地上，表达了把天上和地下连在一起的思想。广义上讲，那些都是建立国家、建立村落的始祖神话，一是古朝鲜的，二是东扶余的，三是六部的始祖。

第二类，神婚神话。

《三国遗事》中还有这样的神话：

故事四：

有一只熊和一只虎住在同一个洞穴里，它们经常向神雄（桓雄）祈求"希望化为人类"。后来，神把手里拿着的一把艾草和二十头蒜给了它们，说："你们吃这些，一百天不要见日光就可以变成人了。"到了三七，二十一天，熊变成了女人。可是虎不能坚持斋戒，也就没能变成人。化作人的熊因为没有人能与之结婚，所以每天在神（坛）树下祈求怀孕。桓雄不久摇身一变与之结婚，熊女生了孩子，名字叫檀君王俭。

王俭在平壤城建都，这个国家开始称作朝鲜。据说他就是古朝鲜的始祖，治理国家长达一千五百年。檀君是神（桓雄）和人（熊女）成婚所生。据说由神婚而诞生了人类，这也是始祖神话的重要主题。

第三类和《三国史记》《三国遗事》里的降临神话、神婚神话不同，始祖是由动物变成，或由蛋里脱壳而生，或由箱子、柜子里登场，等等。而且，在此正如降临神话一样，它和天上世界结合在一起的思想、日光显灵的思想、神婚神话等都有联系。

（一）化成神话

这种思想的表达在檀君神话里可以充分看到。熊和虎祈求做人，而且熊变成了人。按照记载那里是为"化"，熊化作了人。

关于化成神话《三国遗事》中还有记载：

故事五：

在此之前扶馀王的解夫娄一直到老都没有孩子，于是祭祀山川想要后代，他所骑的马来到鲲渊这个地方，马看见那里的大石头就流了眼泪。国王（解夫娄）觉得不可思议，让人把那块石头移开看。只见那里有个小孩，长着金色的、青蛙的外形（有的书写的是蜗牛）。国王很高兴地说："这是上天赐给我的贤明继承人。"就马上捡回孩子抚养长大，名字就叫金蛙。那个孩子长大后成为太子。

这里表达了无论是熊、蛙，还是蜗牛，动物和人之间不存在绝对界限，不仅仅限于动物和人的关系。在檀君神话中神雄（桓雄）变成了人，表达了神能够化作人的思想。

另外，马是具有特殊能力的动物这一思想在下面举出的神话得以印证，而且马是为祭祀天神和山川灵魂而用作牺牲的禽兽（《三国遗事》太宗春秋公条）。

（二）卵生神话

始祖由蛋里脱壳而生，这一卵生神话在《三国史记》（卷第一）的新罗本纪（第一）里有如下记载：

故事六：

高墟村长苏伐公遥望杨山山麓，看见在萝井旁的森林里有一匹马跪在地上嘶叫。过去一看，马忽然消失，只有一个很大的蛋。把蛋壳剥开，出来了一个婴儿。苏伐公把婴儿抱回家收养。那孩子长到十多岁时便成了仪表堂堂的大人。六部（六村）的人们对这个孩子的出生感到疑惑不解，所以尊敬、恭维他，以至于拥戴他为国王。辰韩的人们把瓠说成朴，最初大个的蛋很像瓠瓜，所以就把朴作为姓氏了。

在《三国遗事》里也记载着类似的故事：

故事七：

三月初的一天，六部的祖先们登上高处，往南眺望，在杨山山麓萝井的旁边，奇怪的情况出现了，雷电的光亮照射大地，忽然那里有一匹白马跪着，其姿势好像在行礼。大家走近一看，是一个紫色的蛋（也有的说成是大的、青色的蛋），白马一看到人们，长长地嘶叫着飞上了天。他们把蛋壳剥开一看，一个男孩子出现了，把男孩子带至东泉沐浴，从他的身上放出了光芒，马和野兽也一同雀跃起来，天地摇动，日和月更加清亮，于是为孩子取名叫赫居世。

以上两则故事都是关于起名的故事，《三国史记》里讲，蛋的形状像瓠所以姓朴；《三国遗事》里说，身体放出光芒，于是取名叫赫居世。故事七里讲到赫居世“身体放出光芒”，日月很清明，特别是光像雷电一样照射在地面上，这些说法都和光明有很大的联系。这一点值得注意。

故事六和故事七同时讲到了跪着的马，故事六里讲忽然马不见了，故事七里讲的是马嘶叫着飞上了天空，这些都说明了让人们意识到和天上世界的联系。

《三国遗事》的伽倻里对驾洛记赞有如下的记载：

> 故事八：
>
> 按驾洛记赞所说，一条紫色的带子垂落下来，六个蛋从天而降，其中五个回到了各个城里分别做了五驾耶的君主，一个在该城做了首露王。

“紫色的带子”垂落，卵降落。由蛋诞生了首露王，而且也分别诞生了伽倻之王。这是说蛋是从天上世界降落下来的，明确承认了卵生神话与天上世界的联系。

卵生神话具有很复杂的因素，而且又由此展开。在《三国遗事》里记载高句丽的内容如下：

> 故事九：
>
> 北扶馀之王解夫娄退居在东扶馀之地，解夫娄死后，金蛙继位。金蛙遇到了河伯之女柳花。柳花曾和天帝之子解慕漱私通，被父母赶了出来。金蛙就把她关到了房子里。日光照射着这位女子，由此使她有了身孕，结果生下来的是一个蛋。君王把蛋扔给狗和猪等，可它们不吃。没办法又还给了柳花。柳花用东西把蛋包上，放在暖和的地方。不久有一个小孩儿从里面破壳而出。他长到七岁就和常人不同了，可以做弓箭，射出去百发百中。按照当地的风俗，把射箭好的人叫朱蒙，所以朱蒙就作为他的名字了。

这是朱蒙名字的由来，朱蒙是东明圣王的名字。在《三国史记》里也有和该内容相同的故事。

在天帝之子解慕漱和河伯的女儿柳花的故事里，不是由于和解慕漱私通而使柳花怀孕，而是由于日光的照射而怀孕的。可以说是日光显灵。国王的名字叫东明也与其有关。另外东明圣帝的姓是“高”，就此《三国遗事》里讲："原本姓解，现在自己说是天帝之子，是得到了日光恩赐所生，所以把高作为了姓氏。"其后又讲朱蒙不是由人所生的孩子。还写道："我是天帝的儿子，河伯的孙子。"这就是说，朱蒙是天帝之子。按该说法应该说要意识到朱蒙诞生的前提是解慕漱和柳花结婚，即圣婚神话思想和日光显灵思想重叠在一起。也就是说，在日光追逐照射柳花而怀孕这一思想里，日光一定是天帝之子解慕漱的精气，这是潜在意识的存在。

《三国史记·新罗本纪》（第一）里关于解脱王的诞生和命名有如下记载：

故事十：

国王迎娶女国的国王之女为妻，怀孕七年生出了一个很大的蛋。国王说："人生蛋是不吉祥的，必须扔掉。"可是其妻不忍心扔掉，便用布帛把蛋包起来和宝物一起放入了箱子里，放到海上任其漂流。箱子漂到了辰韩的阿珍浦。那时正值始祖赫居世在世三十九年。当时在海边有一位老太太，用绳子把那个箱子系紧拉上了岸。老太太打开箱子一看，里面有一个小孩，就把孩子带回养大。有人说："不知这孩子姓什么，当初箱子从海上漂来时，有一只喜鹊叫着跟着飞来，所以取了'鹊'的偏旁'昔'作为姓，孩子又是从箱子里（榅椟）抱出来的，所以觉得把名字取为解脱为好，于是起姓名为昔解脱。"

这则故事和其他的卵生神话相类似。其不同之处是蛋被装入箱子漂到海里。

（三）箱柜神话

《史记·新罗本纪》（第一，解脱尼师今）有如下的故事：

故事十一：

九月三日，国王听到林子里有鸡叫声。于是拂晓派瓠公去察看。结果发现金色的小箱子挂在树枝上，一只白鸡在其下面鸣叫。瓠公返回告之了此事。国王听了以后就差人把那个箱子拿来，打开一看里面有一小孩。国王很高兴，对左右说："这难道不是天赐给我的吗？"于是就收养了他并取名为阏智，还把始林改叫鸡林，并以此为国号。

同样，这个故事也可在《三国遗事》（金阏智）里看到：

> 故事十二：
>
> 永平三年庚申八月四日，瓠公于夜里走过月城西里时，看见强光从始林里照射出来。紫色的云从天空垂落到地面，云中金色的柜子挂在树枝上，光是从那里发出的。另有白鸡在树下叫着。于是把此事上奏国王。国王亲自到了林中，打开柜子一看，里面躺着一个小男孩儿，见到国王孩子马上站了起来。国王抱着孩子返回王宫，鸟和野兽也一起跟来，高兴地雀跃着。

《三国遗事》也和《三国史记》有同样的说法："因为从金柜子里出来，所以取金字为姓氏。"据说"新罗的金氏是从阏智开始的"。

故事十一和故事十二都讲到孩子在箱子（柜子）里，而且箱子（柜子）挂在树枝上，树下有白鸡在鸣叫，都和动物有关系，这也类似于其他的卵生神话。

此外，故事十二中说紫色的云从天上降落和故事八中提到紫色的带子（缨）从天上降落，其表达的用意是一致的，可以说暗示了阏智从天而降，相当于故事十一的"这难道不是天赐给我的吗?"这就让我们窥探到了和天上世界有关联，即也类似于降临神话。特别是金色箱子可以使人联想到和日光有关系，也就是说故事十一和故事十二和卵生神话、降临神话有关。

二

笔者在《埋没的神话》中曾经试图将日本创世神话和古代中国神话进行比较，以弄清楚其中所表达的古代思想，但是不十分理想。其原因是没有加上朝鲜神话的缘故。于是就重新加上三国神话和日本神话的思想表达作一比较。

但有一点必须注意，就是要考虑到《三国史记》的完成时间是日本平安时代的最末期，《三国遗事》的完成时间要比它更晚，和记、纪神话的完成有时间之差。

当然，三国神话不是在《三国史记》和《三国遗事》的编写期间才有的，而是在高句丽、新罗、百济时期完成的，但也不能认为之后的数百年是一成不变地被继承下来的。

也就是说，要想确认高句丽、新罗、百济三国时代神话思想的基础，这就要看一看高句丽的好太王碑碑文。按照王健群先生的译文："很早以前，始祖——邹牟王建立了国家。邹牟王的父亲是北扶余天帝之子，其母是河神的女儿。（她生了一个大大的蛋）邹牟王是被剖开蛋壳生出来的，与生俱来就有贤明的品德。"①

邹牟就是朱蒙，正如王健群先生所指出的，内容类似于《三国史记》、《三国遗事》等中的朱蒙神话。当然，不是所有的神话都是原原本本的，但至少表达了思想基础。

从碑文中短短的几句话就可以读懂一些思想：其一，具有从神（天帝）联系到人间国王的思想，揭示了邹牟的出身，记录了其父是北扶馀天帝之子。其二，表明了当时有天的思想。其三，有降临的思想。其四，承认了神婚神话的思想。因为邹牟王以天帝之子为父，以河伯之女为母。其五，承认了卵生神话的思想②，记录了"剖蛋"生产。

通过以上探索，可以说前面所举《三国史记》、《三国遗事》神话的思想基础无论是第一类的降临神话，还是第二类的神婚神话和第三类的卵生神话，全都是在好太王碑建立时期。这就强有力地证明了三品先生所说的始祖神话具有把民族神话的基本因素迅速长期保存的倾向。③

显然《古事记》和《日本书纪》吸纳了古代朝鲜的神话，其中在《古事记》（中卷，应仁条）里可以看到天之日矛的故事。据说日矛是新罗国王的儿子，而且《古事记》里讲了日矛来到日本的缘由。

在新罗国有一处叫阿具奴摩的沼泽，沼泽的边上有一个贫贱女子在午睡。日光照射女子的阴部，由此而怀孕。这是日光显灵的故事。另外，感受日光怀孕的思想，在记纪神话里只有这里可以看到，人们认为原本该思想出自朝鲜。正如三品先生所说："无论是天之日矛，还是明姬全都成了日本名字，但其故事内容的确是朝鲜的传说。"④

朝鲜的日光显灵神话是在日本奈良时代或许更早就有了，可以说和好太王碑文同时期或临近朝代就有了日光显灵思想，这就可以在前面提到的碑文的五个思想上再加上一个日光显灵的思想。

① 王健群译：《好太王碑之研究》，京都：雄浑社，1984年，212页。

② 三品彰英著：《神话和文化境域》，见《三品彰英论文集》第三卷，330页，东京：平凡社，1970年。

③ 同①，第304～305页。

④ 三品彰英著：《日鲜神话传说之研究》，见《三品彰英论文集》第四卷，224页，东京：平凡社，1970年。

让我们以此为根据比较一下记纪神话和三国神话的思想。

首先，古代朝鲜降临神话的思想，它被继承，又流传，于是可以在《三国史记》、《三国遗事》等神话里看到，其思想在古代日本也被承认。众所周知的天孙降临神话就是例子。

据说《古事记》是天照大御神和高木神向日子番能迩迩芸命下达圣旨，让他降临世上，去治理丰苇原水稻国。于是迩迩芸命从天降落到筑紫的高干穗峰。

如果把该神话和檀君神话作一比较的话，把桓因（帝释）换成天照，把神雄（桓雄）换成迩迩芸命，把太白山顶换成日向的高千穗峰，可见其结构极其相似。降临山峰的说法又等同于六部村长的情况。

因而可以说天孙降临的思想基础是古代朝鲜。但是，无法确认降临山峰的主题是否来自《好太王碑文》。

与此相关，《好太王碑文》所具有的从神（天帝）联系到人间君王（朱蒙）的思想也是重要的。

在古代，日本也具有从天照到迩迩芸命，特别是神武天皇的系列连续性。

其次，从神到人（国王）的连续思想也可以说是与神化作人的思想相重叠的。在前面列举的三国神话中，桓雄化作人等就是这样的例子。

追溯到新罗时代，该思想是否被承认，还没有明确的说法，但古代日本是有的。如在《日本书纪》（景行十八年六月条）里就可以印证：天皇问："这里有人吗?"当时有两个神，叫阿苏都彦和阿苏都媛。他们忽然化作人回答道："我一人在这里，为什么说没有人。"

最后，古代朝鲜重视太阳，认为它是神圣的。这可以从所举的很多神话里看到。

《三国史记》、《三国遗事》记载的高句丽神话里讲到，"高"作为姓氏，是因为始祖得到日光而生于人世，此外还讲到始祖是在金色的箱子里，鸡在鸣叫等说法，这些都可以认为是和日光有关。这是因为把金作为"太阳精灵"的思想广泛地得到承认。①

对君王名字的认同。金思烨先生就东扶余的始祖解夫娄提到的："解"是"日"的意思；"夫娄"是"火、光明"的意思。特别是上代国王的始祖全是"太阳之子"（天降，而且是卵生）。② 的确，说到姓氏，"夫娄"也罢、高句丽的始祖"东明"也罢、新罗始祖"赫"也罢，都是取光明之

---

① 把《本草和名》里的"金屑者，日之精也"等放在心上。

② 《三国遗事》注，第67～68页。

意作为名字的。

这与古代日本的思想相类似。天照是太阳神，当然也是取光明之意作为名字。另外，神武天皇的哥哥在东征的时候被登美毗古的箭射伤，于是就说："我是太阳神的儿子，朝着太阳打仗不好。"说的也是太阳神的儿子。可以说作为天皇的称谓就有了"高照"、"高光"这类枕词，以至于影响到把琉球国王称作太阳的思想。

在《古事记》、《日本书纪》、《三国史记》、《三国遗事》里读到始祖神话也有很大的差异。

《三国史记》、《三国遗事》作为始祖神话频繁地叙述了人的形成。可是，在日本神话里没有直接讲人的形成，这意味着在《三国史记》、《三国遗事》里始祖神话的必要。相反，在日本神话里其必要性就不大。其原因是：

人们认为，《三国史记》、《三国遗事》都是冠以三国，鲜明地意识到了古代朝鲜王朝的交替，强烈地意识到高句丽、新罗、百济分别是不同的国家，所以有必要称各自是始祖神话。特别强调了氏族的独立性，是因为长期维持以祖宗家族为中心的族内结合。

人们认为在《三国史记》《三国遗事》里频繁地讲始祖，同时还有很多讲述人形成的神话。

日本神话（记纪神话）是以保证皇室统治的正统性为主题的，因而它不像三国神话那样站在国家的立场讲王朝的交替。即使在日本也有国与国或者氏族的争斗，也有称颂各自始祖的神话，但那是在大的文脉中所包含的，散落在历史之外的[①]，也几乎看不到与此相伴随的人类形成的神话。由此可以说作为史实，日本和朝鲜存在差异，同时影响到对历史的认识和史书记载的不同。

但是，在古代日本并不是说丝毫没有涉及人类的形成，在宇宙和诸神的形成中加进了人类的形成，是作为被埋没的神话来讲的，蕴涵了古代日本人一切由人类来掌管的重要思想[②]。

另外，日本神话讲述了宇宙和自然的形成，在此既可以看到古代日本自身的思想，也完整地留下了吸纳古代中国神话的痕迹。可是，这些在朝

---

① 其痕迹在《日本书纪》（神武即位前纪）里有："在遥远的地方，还没有得到天子的恩惠。后来城邑里有了君王，村里有了村长，分成了各自的疆域，开始了相互的战争。"在贺毛郡《播磨国风土记》里写道："在品太天皇时，播磨国田村有180个村长，各个村子相互争战，天皇下诏，把他们聚集在一起都杀掉了。"另外，在《后汉书·倭传》里写有："桓、灵时期，倭国大乱，相互战争，很多年无君主。"

② ［日］犬饲公之：《埋没的神话》，1995。

鲜的三国神话里没有直接讲到。究其原因，大概是作为古代朝鲜，始祖神话是必要的，从而带动了对人类形成的执著。

谈到古代日本和朝鲜神话的比较，还要稍微扩大视野鸟瞰一下中国、朝鲜、日本的情形。大林太良先生把世界的神话大致分为创造型和进化型①，丸由真男先生说世界神话具备“创造”、“产生”、“成为”这三个基本动词的意义。与之相对应，作为神话类型有三个，即“我们居住的世界和万物是由人格的创造者在一定的目的之下创造的”、“由各类神的生殖行为而产生的”、“在世界内在神秘灵力作用下（例如在美拉尼西亚神话里所说的 mana）来实现的”。

以建立基本动词“创造”、“产生”、“成为”思想为基础，再读三国神话，如前所述，从《好太王碑文》里可以看出全部是神婚神话思想和卵生神话思想，在《三国史记》和《三国遗事》的神话里也可以看出。

这是“产生”思想的创立。在卵生神话中含有“产生”思想的同时，也具有“成为”思想。

《三国史记》、《三国遗事》是成为神话，即前文第三类（一）里所指出的那样，是化成神话。

《三国史记》和《三国遗事》的神话具有“产生”思想和“成为”思想，但是，没有看到“创造”思想。当然，只从这些资料里不能断定丝毫没有“创造”思想，但是不能忽视那种倾向。朝鲜神话表达的中心思想是“产生”思想和“成为”思想，可以说“创造”思想是微乎其微的。

这在日本神话里也完全相同，记纪神话基本上是“成为”思想和“产生”思想，“创造”思想微乎其微，但不能说没有“创造”思想，不是从什么都没有的地方创造的，而是修缮那里有的东两，是很牵强的②。

一方面，在古代中国的创成神话里有“产生”思想和“成为”思想的同时，还具有“创造”思想，《女娲补天》神话就是如此。中国神话具有“创造”思想，和古代朝鲜、日本的神话思想不同，“创造”思想在中国传统的历史叙述中，所占比重不是很大。

在古代日本、中国、朝鲜的创成神话里，特别值得关注的是“成为”思想。很明显，在古代中国“成为”思想也是重头戏。万物都以“气”为基础，是和阴气相结合而展开的。

纵观古代中国、朝鲜、日本的创成神话，可以说它们同时具有“成为”思想和“产生”思想，“创造”思想在古代中国的神话里可以看到，

---

① ［日］大林太良著，林相泰、贾福水译：《神话学入门》，中国民间文艺出版社，1988 年。
② ［日］犬饲公之：《埋没的神话》，1995。

但在古代日本和朝鲜就微不足道了。可以说，古代日本和朝鲜的神话思想类似。

另外，可以看出在古代中国“成为”思想传播甚广，这是肯定无疑的，而且在古代中国、朝鲜、日本可以读到类似的思想，即“自然而然地成为”这一思想被认为是在东亚地区生存着的人们的意识根源，是承担文化和文学的基础。

但是，并不是说古代中国、朝鲜和日本全都相同，在古代中国看到的“气”和“物”，与古代日本的“物”可以类比，这是毫无疑义的。可是并不是说那些东西原原本本地被古代朝鲜认同，似乎可以说在古代朝鲜也是由“气”产生了万物，可是在《三国史记》、《三国遗事》神话里找不到把“气”作为原质产生人和万物的思想，大多是动物化为人（化作的思想）。

古代朝鲜的神话也都表达了“成为”思想，类似于古代中国和日本的化成思想。与此相同，在“成为”思想里既具有共同的风土，又可以看到和古代中国、日本的不同。（译者注：因篇幅所限，翻译时有删改。）

原文刊载于《天津师范大学学报》，2003（2）

东北少数民族和朝鲜民族熊神话比较

［韩］全庠赫著　李晶译

有关熊图腾、熊崇拜的信仰文化，曾广泛流传于亚洲、欧洲和美洲等世界各地的诸多古老民族中。中国的《魏书》和《隋书》分别有记载："国南有徒太白，魏言'太白'，有虎豹熊狼，不害人，人不得上山溲污，行迳山者，皆以物盛去"；"有徒太白者，俗甚敬畏，上有熊罴豹狼，皆不害人，人亦不取杀。"这是关于人们敬畏、尊崇熊虎豹狼等野兽的较早记载。而关于熊崇拜的更多资料，则来源于各民族的神话、传说和其他口头文学中。

本文将主要从神话、传说的角度出发，比较研究中国东北的少数民族（主要是鄂伦春、鄂温克和赫哲族）和包括中国朝鲜族在内的朝鲜民族的熊崇拜文化，发掘这些民族熊崇拜文化的共性及发展变化情况，以期实现对这些民族熊文化的再现和引起更为深入广泛的思考和研究。

一、遗留在民族语言中的熊文化要素

语言是反映文化的镜子，又是文化要素的载体。曾经广泛流传于东北亚地区的熊崇拜思想，在各民族的语言当中仍有遗留。中国东北的少数民族鄂温克族直至现在还称公熊为"哈克（祖父）"，称母熊为"恶我（祖母）"；鄂伦春族将公熊尊称为"雅父（祖父）"、"阿玛哈（舅舅）"、"额替堪（老头）"，将母熊称为"太贴（祖母）"。这两个民族用拟人的敬语来称呼熊，反映出人们对熊的极其敬畏、崇拜，不敢直呼其名；同时，鄂伦春、鄂温克这两个民族自古以来就认为熊与本民族有着神秘的血缘关系，因此在他们的称呼中将熊人格化，把熊看成祖先。

在韩国语当中，熊的发音为［kom］或［koːm］。韩国学者徐廷范认为，熊的发音［kom］是由韩国语表示"首长"的［Kan］、［kun］音演化而来的，而［kan］、［kun］音是由阿尔泰语中用来表示神、国家的［kur］音演化而成的。因此，熊的发音［kom］本身就有“君长、神圣”的含义。

而韩国语中表示母亲的单词发音为“a－mani”，也有可能是来源于“kom”这个音。其音变的情况是：kom－hom－om，即破裂音“k”弱化后变成摩擦音“h”，摩擦音“h”又逐渐弱化直至消失。① 韩国咸镜道方言称“母亲”为“O－mani”（简称“om－ma”），后来这个音演变成“a－mani”（简称“am－ma”），成为韩国标准语中“母亲”的发音。

其实，在韩国语中用熊［kom］这个音来标记“母亲”这个音，是有渊源的。在古朝鲜的《檀君神话》中，开国之神檀君王俭就是熊女与天神婚配所生，熊就是以母亲的身份出现的。在后来的农业文明时代，熊也被尊为祖上神、母亲，人们还对以熊命名的山脉、土地赋予地母神的神格化色彩。

综合来看，鄂伦春、鄂温克民族是直接用表示亲属关系的“祖父”、“祖母”、“舅舅”等词汇来称呼熊，用以形容熊与他们自身的亲密关系，表达他们对熊的尊崇。而韩国语中熊的发音则是隐含着“祖上、神”的含义，同时由于“母亲、亲族”的含义有千丝万缕的联系，不论是前者的直接称呼，还是后者的含蓄表意，都反映出鄂伦春、鄂温克和朝鲜民族对熊都曾经是非常崇拜和尊敬的，并认为本民族与熊有着亲密的渊源关系。

二、东北少数民族起源神话同朝鲜民族《檀君神话》的比较

（一）东北少数民族（赫哲族、鄂伦春、鄂温克）的民族起源神话

赫哲族的起源神话：

从前，有一个女人有三个儿子，前两个儿子在冬天时上山打猎没能回来，最小的儿子便去找哥哥，仍未能归来。严冬过后，女人想念儿子，到解冻的河边哭泣。突然一只熊奔过来，女人未能逃脱，并对熊说出自己的伤心事。熊告诉她将会带给她像儿子

① 兰司铁（Ramstedt）在《阿尔泰语言导论》（1949 年）中曾经谈及这种音变的可能。

一样的赫哲族，并嘱咐她回去好好整理房间。女人回家后不久，熊果然找来了。后来，女人生了许多孩子，就是赫哲族。女人这才放心，告诉孩子们她要跟熊一起离开，还嘱咐孩子们三年内不要猎杀熊，否则可能会杀死他们的母亲。孩子们忍耐了两年，第三年无法再忍了，便去猎熊。他们在水池边猎杀了一只母熊，剥皮后发现了母亲的乳房。

从赫哲族的起源神话中可以看到，赫哲族认为熊和人类有夫妻关系，即人类女性可以与公熊结为夫妻并繁育后代，衍生了赫哲族的先民，而熊又是人类的父辈、祖先，因此熊与人类又有直系的血缘关系。在神话当中，赫哲族猎杀母熊并发现她是生身母亲时，人熊神秘而密切的关系被再次确认和确信。

鄂温克族的起源神话：

很久以前，有一位猎人进山打猎，被一只母熊抓走并被带回山洞强行成婚。猎人被逼无奈便在山洞里和母熊共同生活，还生有一只小熊。为防止猎人逃跑，母熊每次出门时都用大石头堵住洞口。终于有一次，母熊带小熊出门时，没有将洞口盖严实，猎人趁机逃出山洞。猎人一直跑到江边，并爬上顺江而下的木排漂走了。母熊发现后，领着小熊沿江穷追不舍，并用前肢招呼劝猎人回来。猎人执意不理，母熊气急了，把小熊用力撕成两半，一半抛给猎人，一半留在身边。留在母熊身边的成了熊，抛给猎人的就是后来的鄂温克人。

鄂伦春族的起源神话：

很久以前，有一个猎人在山中打猎，被一只母熊抓去，关在山洞里与之生活几年并生下一只幼熊。一天，母熊带小熊外出觅食，没有将洞口堵好，猎人便逃了出来。他跑到河边，恰好有一个木排顺水而下，便跳上去。黄昏时，母熊带着小熊背着食物回来，发现猎人逃跑了，非常气愤，带着小熊沿着猎人的踪迹追到河边。沿河追了很久，才发现猎人坐在木排上，母熊用前肢招呼猎人，猎人怎么也不理睬。母熊又气又急，恨不得一下子跳上木排。可是河面太宽跳不上去，急得没有办法，母熊就把小熊抓起来用力一撕，撕成两半，一半抛给猎人，一半留给自己。母熊抱着半个幼熊伤心地哭了起来。这样，随母的一半就是用前肢拿食物的熊，随父的一半就是鄂伦春人了。

鄂伦春和鄂温克民族的起源神话如出一辙，也都描绘了人类与熊的亲密关系，既有夫妻关系，又有直系的血缘关系。在赫哲族的起源神话中，是人类的母亲变成了熊，而在鄂伦春族、鄂温克族的起源神话中，人类的母亲就是熊，也就是说，在这些起源神话中，“熊＝女性”。这种框架的形成，反映了东北少数民族对熊的最直观的认识，因为熊有很多类似人的特征，熊可以用后肢站立，用前肢遮目望远，熊没有尾巴，母熊胸部隆起如同女人的乳房。这些特征使人们很自然地将熊与女性联系在一起。

（二）朝鲜民族的起源神话——“檀君神话”

说从前有天神桓因，桓因有庶子叫桓雄。桓雄很希望到地上治理凡间，他在父亲的允许之下，率领风师、雨伯等三千人到太白山神坛树下治理凡间。熊和老虎想变成人类，便向檀君祷告。桓雄吩咐熊和老虎在洞里呆一百天，不见天日，只吃蒜和艾草。老虎没能坚持到底，而熊一直忍到最后，变成了女人。变成女人的熊到神坛树下祈求怀孕，桓雄借人的身体与熊女结婚。熊女生下儿子，就是檀君王俭。檀君王俭长大后，建国，定都平壤，定国号朝鲜，并治理国家1500年，之后，檀君回到阿斯达山成为山神，享年1980岁。

在檀君神话中，人类与熊仍然有亲密的血缘关系。熊女作为开国者檀君王俭的母亲，自然就是整个民族的祖先，要受到人类的崇敬。

（三）东北少数民族的起源神话和朝鲜民族的檀君神话的异同点

东北少数民族的起源神话和朝鲜民族的檀君神话，都表明了本民族是熊的后代，是熊和人类（或神）的结合产生了自己的民族。而且，这些起源神话中，都遵循了“熊＝女性”的框架，显示了熊与人类的亲密关系，只是檀君神话中熊女的地位格外突出，熊女作为人、神的中介和王俭的母亲，享有较高的地位。因此，可以说东北少数民族的起源神话同朝鲜民族的檀君神话所表达出来的熊文化的主旨是基本相同的。

虽然东北少数民族和朝鲜民族起源神话中关于熊崇拜的主旨思想是基本一致的，在表达方式上也是大同小异的（像鄂伦春族和鄂温克族的起源神话几乎一模一样），但是檀君神话却远比东北少数民族的神话更为复杂、更为完备，它包含了“天降神仙”这样的内容，与熊女结合的不是普通的人类，而是天神。檀君神话作为民族起源的神话，它更侧重于对国家建立过程的描述，更是一个“建国神话”。

其实，檀君神话在最初形态上应该与东北少数民族的神话大致相同。但是，随着生产力的发展和时代背景的变化，要求檀君神话从描述“民族起源和人熊关系”的角度上升到描述“国家起源和国家建立”的高度。如果是单纯的民族起源神话，完全可以将祖先只设定成熊，毕竟熊在当时很受崇敬。但是，要上升到“建国神话”的高度，则需要格外加入更为神圣的、可以让民众引以为豪的要素。因此，檀君神话结合了当时东北亚地区流传甚广的两种神话要素——熊崇拜思想和天降神仙，而最终形成。

这种“熊和天神”的结合，给人一种神圣感和自豪感，远比“熊和人类”的结合更适合建国过程，况且神话中与天神结合的也不是纯生物学意义上的熊，而是受神点化已经变成人类的熊女，这更能体现国家的“以人为本”的思想。

相形之下，东北少数民族的起源神话，则没有这种时代要求，仍然保持着熊崇拜思想的古老原生形态。

三、东北少数民族起源神话同朝鲜民族“熊津传说”的比较

“熊津传说”在韩国被认为是“檀君神话”以外的所有其他熊传说的原型，具有特殊的象征意义。“熊津传说”描述了燕尾山有一只母熊抓走了一个砍柴人，母熊与砍柴人在山洞里共同生活。母熊防范严密，堵住洞口以免男人逃跑。母熊生下幼仔后放松了警惕，不再堵住洞口，男人就趁机过河逃跑了。伤心的母熊和幼熊就一起溺死在了锦江。村里人为安慰母熊的灵魂，建造祠堂，举行祭祀。

鄂伦春、鄂温克民族的起源神话在前文已经介绍过，与“熊津传说”相比，除了结尾有差异外，内容主体部分几乎一样。鄂伦春、鄂温克这两个民族，都居住在中国东北地区，所处的自然环境和社会环境相同，产生相似的起源神话是容易理解的。但是，朝鲜民族却没有与鄂伦春、鄂温克

相类似的环境，尤其是“熊津传说”的发源地忠清南道公州位于韩国的内陆深处，各种环境因素都与中国的东北相去甚远。相异的环境下却产生了极其相似的起源神话，对此韩国学者也各持己见。

有的学者认为，高句丽的统治范围曾扩展到中国东北部和西伯利亚地区，这样高句丽同当地的民族就发生了文化接触和交流，直接吸收了（至少受到深刻影响）鄂伦春、鄂温克等民族起源神话的思想内涵。后来，高句丽王朝的子孙温祚王带领高句丽百姓南下建立百济（熊津传说的发源地公州原属百济）之时也带去了这种起源神话。

也有学者认为，百济在建国之前，居住在公州的原住民就已经有了“熊津传说”，也就是说，如果朝鲜半岛的土著居民是来自贝加尔湖的古亚细亚人，那么，“熊津传说”就可能直接来源于西伯利亚地区的广泛存在的熊崇拜思想。这些观点都有各自的论证，但又存在诸多疑问。因此，这一问题还有待学者们进一步考察研究。

“熊津传说”与东北少数民族起源神话相比，最大的区别在于结尾处。在鄂伦春、鄂温克民族的神话中，都有母熊将孩子撕成两半的场面，而在“熊津传说”中却是发生了母熊和孩子一起溺死锦江的悲剧。这两个完全不同的结局，有着不同的象征意义。东北少数民族的神话传说中，幼熊被撕成两半，意味着人性和兽性的分离，也就是人类（民族）和熊的分离。人类和熊不能再混淆在一起，人类要朝着自己的方向发展进步。

“熊津传说”的悲剧性结局，一般被认为是象征着百济的衰退甚至灭亡。与“檀君神话”相比，“熊津传说”中的男性显得卑微无能。“檀君神话”中的桓雄是天帝之子，带领天兵天将下临人界治理凡间，点化熊成为女人并在熊女的祈求之下，与之生下檀君王俭。桓雄是以神通广大、泽被人世（包括熊女）的形象出现的；而“熊津传说”中的男性几乎没有什么特殊的能力，被熊抓去，被逼成亲，靠熊的供养过活，最后趁熊不备才得以逃脱，在这里人类男性的力量是微弱的。

历史上，百济王在高丽长寿王的进攻中战死，首都被占领，国力大伤。百济新王被逼无奈迁都公州，在公州又受到当地强大的豪门土著势力的排挤，无法建立强大的王权统治，朝野多次发生叛乱，甚至还有两个王在叛乱中被杀。直到武宁王、圣王以后才逐渐恢复国力，并迁都到公州下游的泗沘城。

从百济迁都这一历史事件中似乎可以找到与“熊津传说”相暗合的部分：“熊津传说”中出现的软弱男性象征着落魄的百济王；男性从山洞逃脱，化险为夷象征着百济从公州迁都到泗沘城；绑架挟持人类，决定人类衣食住行的熊，则象征着当时公州的豪门土著势力；最后熊的溺死，则代表百济迁都到泗沘城后，公州的土著势力丧失了对王朝的支配权，势力开始衰微。所以说，“熊津传说”有特定的历史背景，反映了当时百济的兴败盛衰，这一点与东北少数民族的神话完全不同。

四、综合比较

除了起源神话外，东北少数民族还有少量关于熊的传说。例如赫哲族有关于白发老夫妇（亦或年轻夫妻）上山居住 16 天开始长出黑毛变成黑熊的传说；还有传说因家庭不和而离家出走的人，在深山老林的洞穴中住久了就变成了熊。鄂伦春族也有传说一妇女上山采集，迷路误入深山，在山里呆久了渐渐变成了熊。后来，她的丈夫进山打猎，打死一只母熊，用猎刀刺熊的前腿，却刺不动，仔细察看，竟发现了妻子离家时戴的红手镯。

而朝鲜民族，除了“檀君神话”和“熊津传说”外，还有一些关于熊的神话传说。有“人和熊的儿子李如松”、“熊的孩子”、“村民遇玄熊”、“跟母熊生活过的白翎岛的道士”、“与母熊结婚的老人”，等等。这些传说基本上延续了“熊津传说”的模式：人类男子（个别也有女人）被迫与熊生活——生儿育女——人类逃跑。但是各种传说的结局不尽相同，这是因为这些传说出现在不同的历史时期，在不同的社会背景下产生了不同的结局。

总之，综合考察和研究中国东北少数民族的起源神话和少量零散的熊传说以及朝鲜民族的“檀君神话”和以“熊津传说”为典型的各种熊传说，得出以下几点结论：

第一，东北少数民族和朝鲜民族在历史上都曾经盛行过熊崇拜文化，在这些民族的起源神话中，都将熊人格化，认为熊与人类有着神秘而亲近的关系，对熊怀有神秘感和敬畏心理。

第二，东北少数民族的熊神话传说是比较原始的形态，比较忠实于古代熊崇拜思想的主旨。无论是起源神话，还是人变熊的传说，东北少数民族始终把人和熊有血缘关系、人熊共祖这样的信仰作为重点，因此他们也非常重视人类（本民族）与熊的关系。这一点从鄂伦春族、鄂温克族围绕猎熊所举行的祭祀礼仪中可见一斑。

鄂伦春人、鄂温克人在猎到熊以后，先割下熊头用草包好，然后所有猎手跪下叩拜死熊，边敬烟边说“祖父（或祖母）睡着了，请你好好睡吧”，而绝不能说熊死了。接着，点燃包熊头的草，用烟熏熊头，并把熊头收好准备风葬。在把死熊运回和分吃熊肉时，人们嘴里不时发出“嘎、嘎”的叫声，并由长者向熊解释是乌鸦在吃熊肉，祈求熊灵不要降罪人类。最后熊的内脏、骨头和头颅要拿来风葬，风葬时，人们还要敬烟叩拜，祈求熊的谅解和佑护。

人们为了生计，不得不猎杀熊，食其肉寝其皮，但又不能无视熊与人类的亲密关系，因此这些民族用一套完备细致的祭熊礼，来表达对熊的敬畏，求得熊的谅解。

第三，朝鲜民族的熊神话传说是比东北少数民族的神话传说更为发达的形态。之所以这样说，是因为朝鲜民族的神话传说不仅奉行了东北亚和西伯利亚地区古代熊崇拜思想的主旨，更为重要的是这些神话传说都有一定的历史背景，能够从一定侧面反映当时特定的历史事件和主流宗教的影响。

首先，“檀君神话”作为建国神话，除了描述人类与熊的神秘关系外，还加入了“桓雄”这样一个天神的角色，这个天神的作用不仅为“檀君神话”注入了神圣感，使其上升为建国神话，而且这个凌驾于众神之上的天神的出现，反映出当时一神教的思想已经在朝鲜民族中形成、扎根。直至现在，桓雄作为国祖神檀君王俭的父亲，作为天神，在韩国的神坛上仍具有重要的地位。这比东北少数民族起源神话中所反映的图腾崇拜和祖先崇拜思想显然是进了一步。

其次，以“熊津传说”为典型的各传说均与相应的时代背景相结合。从“檀君神话”到“熊津传说”，熊的地位已经明显下降。在“檀君神话”中，熊女作为人、神的中介，是檀君王俭的母亲，地位是很高的。而在“熊津传说”中，熊的神圣感逐渐消失，并用熊母子溺死锦江来预示着人熊结合的悲剧。熊地位下降，熊神话被打破，“熊津传说”不再原原本本地忠实于古代熊崇拜的思想，而是与特定的历史事件（百济迁都公州）相暗合。

朝鲜民族还有其他的一些熊传说，如“大城孝二世父母神文代”讲的是新罗有个叫金大城的人，他前生在一个贫苦人家生活，因其母布施田地，使他死后转生在富贵之家，并作了大官。有一天他在吐含山猎杀了一只熊，晚上便梦见熊对他说，要在来世吃掉金大城。金大城为了赎罪，便答应熊的要求，为他建了一座长寿寺，供奉熊的神灵。从传说中所宣扬的“布施积德”、“投胎转世”的思想来看，当时的时代背景是佛教盛行，佛教是当时的主流宗教，熊也只能借助佛教的寺院接受间接的供奉，熊图腾崇拜的思想正被其它宗教思想逐步代替。

而其他传说，如“人和熊的儿子李如松”、“熊的孩子，是为了适应时代背景，借助广泛流传的熊传说来塑造英雄，而对熊的神秘感和敬畏感已经看不到了”；而“村民与玄熊”、“跟母熊生活过的白翎岛道士”的传说，则强调了警戒贪欲、劝善惩恶的主题，从中反映出儒教思想对传说的形成有很大的影响力。

总之，朝鲜民族的这些神话传说结合了当时特定的历史事件或主流宗教，使熊崇拜思想在不同的时代背景下有不同的演绎。在东北少数民族的传说还在重复着“人变黑熊”、“妻子变熊”的内容时，朝鲜民族的熊崇拜思想已经开始渐渐淡化、变形，直至几乎消失殆尽，被新的图腾和宗教思想所取代。

原文刊载于《东北亚研究》，2003（2）

附录：阿尔泰语系诸民族神话研究论著目录

那木吉拉　编

一、论著类

①满都呼主编：《中国阿尔泰语系诸民族神话故事》，民族出版社，1997年。

②富育光：《萨满教与神话》，北京大学出版社，1990年。

③［蒙古］S. 杜勒玛：《蒙古神话形象》（蒙古文），内蒙古文化出版社，1999。

④那木吉拉：《蒙古神话比较研究》（蒙古文），民族出版社，2001。

⑤那木吉拉：《狼图腾——阿尔泰兽祖神话探源》，民族出版社，2009。

⑥许辉勋：《〈朝鲜民俗文化研究〉——神话传承与民族文化原型》，延边大学出版社，1998。

⑦富育光、孟慧英：《满族萨满教研究》，北京大学出版社，1991。

⑧喻权中：《中国北方神话论稿》，国际炎黄文化出版社，2002。

⑨富育光、王宏刚：《萨满教女神》，辽宁人民出版社，1995。

⑩汪立珍：《鄂温克族神话研究》，中央民族大学出版社，2006。

⑪郭淑云：《原始活态文化——萨满教透视》，上海人民出版社，2001。

⑫D. 曾格仁钦编：《蒙古神话》（蒙古文），内蒙古教育出版社，1990。

⑬黄任远：《通古斯－满语族神话研究》，黑龙江人民出版社，2000。

⑭徐昌翰、黄任远：《赫哲族文学》，北方文艺出版社，1991。

⑮陈岗龙：《蒙古族萨满神话与阿尔泰神话的比较研究》，见陈岗龙著《蒙古民间文学比较研究》，北京大学出版社，2001。

⑯于晓飞、黄任远：《赫哲族与阿伊努文化比较研究》，黑龙江人民出版社，2002。

⑰黄任远：《赫哲那乃阿伊努原始宗教研究》，黑龙江人民出版

社，2003。

⑱马光星：《土族文学史》，青海人民出版社，1999。

⑲徐昌翰、隋今书、庞玉田：《鄂伦春族文学》，北方文艺出版社，2000。

⑳徐昌翰、黄任远：《赫哲族文学》，北方文艺出版社，1991。

㉑毕桪：《哈萨克民间文学概论》，中央民族学院出版社，1992。

㉒赵志忠：《中国少数民族民间文学概论》，辽宁民族出版社，1997。

㉓［蒙古］浩·桑皮勒登德布编：《蒙古神话传说大观》（蒙古文），民族出版社，2002。

㉔富育光：《萨满教与神话》，北京大学出版社，1990。

㉕阿不都克里木·拉合曼主编：《维吾尔文学史》，新疆大学出版社，1998。

㉖黄任远等：《鄂温克族文学》，北方文艺出版社，2000。

㉗［土］阿·伊南著，姚国民、曾宪英译：《萨满教今昔》，中国社会科学院民族研究所《萨满教研究》编写组印，1979。

㉘呼日勒沙：《蒙古神话传说的文化研究》（蒙古文），民族出版社，2004。

㉙［蒙古］Д·策仁苏德那木编：《蒙古神话》（基利尔蒙古文），乌兰巴托，1989。

㉚［日］松村武雄编『シベリアの神话伝说』、世界神话伝说大系（10）、名著普及会、1929。

㉛［日］细谷清『満蒙民俗伝说』、东京苍龙阁、1936。

㉜［日］中田千亩编『蒙古神话』、东京郁文社、昭和十六年（1941）。

㉝［日］白鸟库吉『突厥及び蒙古の狼种传说』、『白鸟库吉全集』第五卷、昭和四十五年（1970）。

㉞［日］荻原真子『东北アジアの神话伝说』、东方书店、1995。

㉟［日］荻原真子『北方诸民族の世界観－アイヌとアムール、サハリン地域の伝承』、草风馆、1996。

㊱［日］田中克彦著「日本神话とモンゴル神话」、大林太良编『日本神话の比较研究』、法政大学出版局、1974。

㊲佟德富等：《萨满教在蒙古文化深层结构中的积淀》，见《中央民族学院建校四十周年学术论文集》，中央民族学院出版社，1991。

㊳姚大力：《“狼生”传说与早期蒙古部族的构成》，见《元史论丛》